文献中的百年党史

李颖——著

学林出版社

目录

1949

1978

2012
中国梦

信念

道路

梦想

文献

见证中国共产党百年奋斗历程

一个政党、一个国家、一个民族，都有为之奋斗的梦想。要实现梦想，就要有信念、有道路。信念指引道路，道路通往梦想。

回望历史，对马克思主义的信仰，对社会主义和共产主义的信念，始终是中国共产党人的政治灵魂，是中国共产党人经受风险和考验的精神支柱，也是中国共产党带领人民探索适合中国国情的革命建设改革道路，从小到大、由弱到强，从胜利走向新的胜利的根基所在。

（一）求索·抉择

1840年鸦片战争以后，帝国主义和封建主义的双重压迫，严重阻碍着中国的社会发展和政治进步，是近代中国积贫积弱、落后挨打和民族灾难、人民痛苦的根源。从那时起，中华民族就一直面临着两大历史任务：争取民族独立、人民解放和实现国家富强、人民幸福。

在近代历史的前80年，中国人民进行过多次不屈不挠的斗争，无数仁人志士苦苦探索救国救民的道路。这些斗争和探索，每一次都对推动中国社会进步产生一定影响，但每一次的结局都是失败。事实证明，旧式的农民战争，不触动封建根基的自强运动和改良主义，资产阶级革命派领导的民主革命，以及照搬西方资本主义的其他种种方案，都不能完成救亡图存的民族使命和反帝反封建的历史任务。

人们仰望苍天：中国的出路在哪里？

人们渴望着、期盼着新的社会力量，寻找新的先进理论，以开辟新的革命道路。

正在这时，世界上发生了两件大事：一件是1914年至1918年的第一次世界大战，让世人领略了战争的残酷，使很多人对西方文明和进步产生了怀疑；一件是1917年俄国十月革命的胜利，让中国的先进分子看到了中国未来的希望。

在各种社会矛盾加剧和俄国十月革命的背景下，一场新的人民大革命不可遏制。这场新的革命，是以1919年5月爆发的五四运动为历史起点的。正如毛泽东所说："五四运动的杰出的历史意义，在于它带着为辛亥革命还不曾有的姿态，这就是彻底地不妥协地反帝国主义和彻底地不妥协地反封建主义。"

五四运动前后，中国的先进分子从巴黎和会的教训中，逐渐看清帝国主义列强联合压迫中国人民的实质，这是社会主义思想在中国进一步传播的主要原因。瞿秋白曾说："帝国主义压迫的切骨的痛苦，触醒了空泛的民主主义的噩梦。""所以，学生运动倏然一变而倾向于社会主义。"

人们对社会主义的认识有一个发展过程，开始还只是一种朦胧的向往，犹如“隔着纱窗看晓雾”，一时还分不清科学社会主义与其他社会主义流派的界限。无政府主义、新村主义、合作主义、泛劳动主义、基尔特社会主义、社会民主主义等观点在各种刊物上纷然杂陈。经过反复的比较、推求，中国的先进分子逐步认识到，与既往一切信仰不同的是，马克思主义是迄今为止最符合社会发展规律和人类良知的科学思想体系。

在中国早期马克思主义传播中，李大钊起着主要作用。他是中国大地上举起十月社会主义革命旗帜和宣传马克思主义的第一人。1919年，他在《新青年》第6卷第5号、第6号上连续发表《我的马克思主义观》，肯定马克思主义为“世界改造原动的学说”，对马克思主义作了比较全面、系统的介绍；他同胡适进行的问题与主义的论争，引起相当强烈的社会反响，扩大了社会主义思潮的影响。

新文化运动的精神领袖陈独秀在五四运动以后宣称，军国主义、金力主义已经造了无穷的罪恶，“现在是应该抛弃的了”，“共和政治为少数资本阶级所把持”，“要用它来造成多数幸福，简直是妄想”。我们不应当再走“欧美、日本的错路”。1920年9月，他发表《谈政治》一文，明确宣布：“我承认用革命的手段建设劳动阶级（即生产阶级）的国家，创造那禁止对内对外一切掠夺的政治法律，为现代社会第一需要。”①这表明，陈独秀已站到马克思主义的立场上来了。

毛泽东是五四运动中比较年轻的左翼骨干，是湖南学生运动的领导人之一。他说，他第二次到北京期间，搜寻和阅读了许多关于俄国革命和宣传共产主义的书籍，其中马克思、恩格斯的《共产党宣言》，考茨基的《阶级争斗》和柯卡普的《社会主义史》三本书“特别深地铭刻在我的心中，建立起我对马克思主义的信仰”。②

天津学生领袖周恩来说，自己到欧洲以后，“对于一切主义开始推求比较”，到1921年秋，终于“定妥了我的目标”即共产主义。他表示：“我认的主义一定是不变了，并且很坚决地要为他宣传奔走。”③

一些老同盟会会员，如董必武、吴玉章等，也在这时开始转向社会主义。吴玉章回忆，他从辛亥革命以来的实践中认识到，“从前的一套革命老办法非改变不可”。他说：“十月革命和五四运动的发生给我启示了

①《陈独秀著作选编》第2卷，上海人民出版社2014年版，第257页。

②中共中央文献研究室编：《毛泽东年谱》（1893—1949）（修订本）上卷，中央文献出版社2013年版，第56页。

③《周恩来书信选集》，中央文献出版社1988年版，第46页。

新青年

LA JEUNESSE

第六卷第五號

上海羣益書社印行

①

我的馬克思主義觀（上）

李大釗

②

社會主義研究小叢書第一種

共產黨宣言

馬格斯安格爾斯合著

陳望道譯

馬格斯

③

① 1919年《新青年》第6卷第5号。

② 李大钊《我的马克思主义观》。

③ 《共产党宣言》1920年9月版。

一个新的方向和新的途径。”“必须依靠下层人民，必须走俄国人的道路，这种思想在我头脑中日益强烈、日益明确了。”①

这些有着不同经历的先进分子殊途同归的事实表明，抛弃资本主义的救国方案，走马克思主义指引的道路，是相当多的中国先进分子共同作出的历史性抉择。

马克思主义在中国的广泛传播及其同中国工人运动的进一步结合，一批工人阶级的先进分子在这个过程中成长起来。由此，一个新生的全国统一的政党，一个将改变中国和世界的力量，就以不可阻挡之势，呼之欲出了！

（二）诞生·征程

1921年7月，在上海法租界望志路106号（今兴业路76号）的小楼里，在浙江嘉兴南湖的红船上，只有50多名成员的中国共产党宣告成立。与在中国政治舞台上纵横捭阖的各种政治力量相比，它是那样的势单力薄、毫不起眼，但它的诞生却是开天辟地的大事变。这是因为，在它手中，握着最有力的思想武器；在它心里，装着对马克思主义的坚定信念。从此，中国人民有了强大精神力量，中国革命有了正确前进方向，中国命运有了光明发展前景。

时光荏苒。如今，这个最初只有50多名成员的小党，已走过100年辉煌历程，发展成为拥有9000多万名党员的世界上最大的政党。

100年来，中国共产党以实现中华民族伟大复兴为己任，坚持把马克思主义基本原理同中国实际和时代特征相结合，独立自主走自己的路，历经几代人奋斗、创造、积累，完成了新民主主义革命，实现了民族独立、人民解放；完成了社会主义革命，确立了社会主义基本制度，进行了社会主义建设的艰辛探索；进行了改革开放新的伟大革命，开创、坚持和发展了中国特色社会主义；中国特色社会主义进入新时代，中华民族迎来了伟大复兴的光明前景。

100年来，中国走过的历程，中华民族走过的历程，是中国共产党和中国人民用鲜血、汗水、泪水写就的，充满着苦难和辉煌、曲折和胜利、付出和收获。这是中华民族发展史上不能忘却、不容否定的壮丽篇章，也是中国人民和中华民族继往开来、奋勇前进的现实基础。

历史证明，“找到一条正确的道路多么不容易”！这条道路的一端连着信念，一端连着梦想。信念是根基，道路是途径，梦想是目标。

①《吴玉章回忆录》，中国青年出版社 1978 年版，第 109—110、112—113 页。

习近平总书记在第十二届全国人民代表大会第一次会议上深刻指出："经过几千年的沧桑岁月，把我国56个民族、13亿多人紧紧凝聚在一起的，是我们共同经历的非凡奋斗，是我们共同创造的美好家园，是我们共同培育的民族精神，而贯穿其中的、更重要的是我们共同坚守的理想信念。"习近平总书记再次阐释了伟大的中国梦。他说："实现中华民族伟大复兴的中国梦，就是要实现国家富强、民族振兴、人民幸福，既深深体现了今天中国人的理想，也深深反映了我们先人们不懈追求进步的光荣传统。"

坚守信念，寻找道路，奔向梦想。在100年波澜壮阔的历史进程中，中国共产党紧紧依靠人民，历尽千辛万苦，接力探索奋斗，跨过一道又一道沟坎，取得一个又一个胜利，为中华民族和世界发展作出了历史性贡献。

（三）文献·见证

在一个政党、国家、民族的发展历程中，总会发生影响深远的重大事件，成为这个政党、国家、民族的集体记忆。对有着百年历史的中国共产党来说，这些重大事件、集体记忆，就是百年党史这部"丰富生动的教科书"[①]的点睛之处和关键历史节点。对于党的文献在党的历史及其研究中的重要作用，习近平同志在2009年2月25日中国中共文献研究会成立大会上的讲话中进行了深刻阐释。他说："我们党在长期奋斗历程中形成的大量文献，特别是党的主要领导人的重要文献，记录了我们党在革命、建设和改革实践中艰辛探索的奋斗历史，记录了党在不同历史条件下完成伟大艰巨任务积累的宝贵经验，记录了马克思主义中国化的理论成果和历史进程，是几代中国共产党人智慧的结晶，是我们治党治国宝贵的政治和精神财富。对这些文献进行编辑、研究和宣传，是党的思想理论建设的基础性工作。"[②]

本书即依据"几代中国共产党人智慧的结晶"的党的重要文献，每年以一件（组）珍稀文献（包括图片）为引，主要讲述一个（组）重大党史事件，一份中国共产党、中国人民和中华民族的集体记忆。100年选取100个（组）重大事件，每个（组）重大事件既能独立成篇，深耕细作，又特别注意大历史背景和后续结果等相关延伸内容，这样前后接续，点面结合，串联起中国共产党100年奋斗历程，构成一部简明百年党史。

在全书撰写过程中，我尤其注意把握这样几个方面：

一是精准选定每个年份重大党史事件的同时，注意利用原始档案文

①习近平同志指出："中国共产党的历史是一部丰富生动的教科书。"2010年7月22日《人民日报》。

②《党的文献》2009年第3期。

献和挖掘大事件中生动的小细节来呈现。一方面，在每一年份叙事主体的选择上，重大性和重要性是关键考量；纵向还要统筹内容的全面性和丰富性问题，注意涵盖经济、政治、文化、社会、生态文明建设以及国防和军队、“一国两制”和祖国统一、党的建设等各方面。另一方面，竭力挖掘使用第一手最新档案文献，如笔者亲赴俄罗斯莫斯科五一村找到的中共六大珍贵文献，在四川绵阳梓潼发现的邓稼先珍贵手记，以及大量俄罗斯解密的共产国际与中国革命有关档案文献，涉及大革命时期国共合作和工农运动、1936年西安事变、1937年十二月会议等；注意典型事例和生动细节的刻画，包括北伐胜利进军期间上海工人三次武装起义的内幕细节，1950年抗美援朝战争的艰难决策过程，1962年七千人大会上毛泽东、刘少奇、周恩来、朱德、邓小平、陈云的发言，1978年中央工作会议突破原定议题引发的“一系列大是大非问题的讨论”，1985年百万大裁军的国际国内背景等。

二是纵向体现党的历史大时段分期的同时，注意全面反映党的不懈奋斗史、理论探索史和自身建设史。一方面，在以历史文献引出每年度的重大党史事件的同时，注意体现党的历史分期，包括“1921　诞生：中国共产党宣告成立”“1949　擘画新世界，建立新中国——开始社会主义革命和建设时期”“1978　十一届三中全会伟大转折——开启改革开放和社会主义现代化建设新时期”“2012　中共十八大和提出中国梦——中国特色社会主义进入新时代”。另一方面，在体现党的不懈奋斗史的同时，注意党的理论探索史和自身建设史的发展脉络。理论探索史包括确立毛泽东思想、邓小平理论、“三个代表”重要思想、科学发展观和习近平新时代中国特色社会主义思想为党的指导思想；党的建设史包括中共五大选举产生第一个中央纪律检查监督机构、党的建设伟大工程的提出、中共十六大新党章对党的性质两个“先锋队”的新概括等。

三是努力做到大视野大格局大站位的同时，注意讲述时代英模和普通人物的感人故事。一方面，充分体现党的领导和中央决策部署的引航作用。除以浓重笔墨展现党中央和党的主要领导人的主要活动和历史贡献，还描写了党的主要创始人革命先驱李大钊的英勇就义、周恩来与亚非会议、刘少奇与八大政治报告的起草、朱德与大生产运动、任弼时与《关于增强党性的决定》、陈云与“一五”计划的编制等。另一方面，深情展示体现民族精神的革命英烈、时代英雄、先进模范和奋战在一线的普通劳动人民的感人形象。如大革命时期选举产生的首任中央监察委员会主席、革命英烈王荷波，土地革命战争时期湘江战役受伤被俘后绞肠壮烈牺牲的34师师长陈树湘、狱中撰写流芳千古的《可爱的中国》的方志敏，抗日战争时期毅然砸枪跳崖的“狼牙山五壮士”、被敌人割头剖腹誓死不屈的东北抗联名将杨靖宇和写下“八女投江”壮丽篇章的冷云等8名年轻女战士、用乳汁救八路军受伤小战士的沂蒙红嫂明德英、“为人民利益而死”的张思德，解放战争时期舍身炸敌暗堡的董存瑞，抗美援朝战争时期身抱炸药包与敌人同归于尽的杨根思、舍身堵枪眼的黄继光、烈火中永生的邱少云、为抢救落水朝鲜少年而壮烈牺牲的罗盛教，社会主义革命和建设时期“宁肯少活二十年，拼命也要拿下大油田”的王进喜、“甘当螺丝钉”的雷锋、“县委书记的榜样”的焦裕禄、“干惊天动地事，做隐姓埋名人”的“两弹一星”元勋……“一个有希望的民族不能没有英雄，一个有前途的国家不能没有先锋。”天地英雄气，千秋尚凛然。尊崇英雄，礼敬人民，理当是一个国家和民族最基本的价值观，也是本书秉持的一个基本价值理念。

需要说明的是，百年党史如此丰富，档案文献如此浩瀚，在一部三十万文字的书中，要控制篇幅，不可能说得面面俱到；还要历史脉络清晰，线条流畅，做到大事要事不遗漏。说得容易，做到难。有所取，必有所舍，有所详，必有所略。但取舍详略，难免考虑不周。无论是全书总体的把控，重大事件的选择，文献资料的取舍，点评的精当，语言的精练等，肯定做得都还不够。但我以勤补拙，倾情投入，尽己所能，反复打磨，力争写出一部政治站位较高、重大史实准确，内容全面、重点突出，角度新颖、鲜活生动的中国共产党一百年奋斗简史。

“明镜所以照形，古事所以知今。”正如习近平总书记指出：“今天，我们回顾历史，不是为了从成功中寻求慰藉，更不是为了躺在功劳簿上、为回避今天面临的困难和问题寻找借口，而是为了总结历史经验、把握历史规律，增强开拓前进的勇气和力量。”①

我们坚信，在以习近平同志为核心的党中央坚强领导下，已走过百年征程的伟大的中国共产党，必将承前启后、继往开来，坚定信念、矢志不渝，在新时代新征程上，团结带领全国各族人民沿着中国特色社会主义道路奋勇前进，为实现中华民族伟大复兴的中国梦再创新的辉煌！

李　颖

2020 年 3 月 8 日初稿

2020 年 8 月 11 日定稿

①习近平：《在庆祝中国共产党成立95周年大会上的讲话》（2016年7月1日），人民出版社2016年版，第7页。

1 9 2 1

诞生：
中国共产党宣告成立
——《中国共产党第一个纲领》第11条缺失

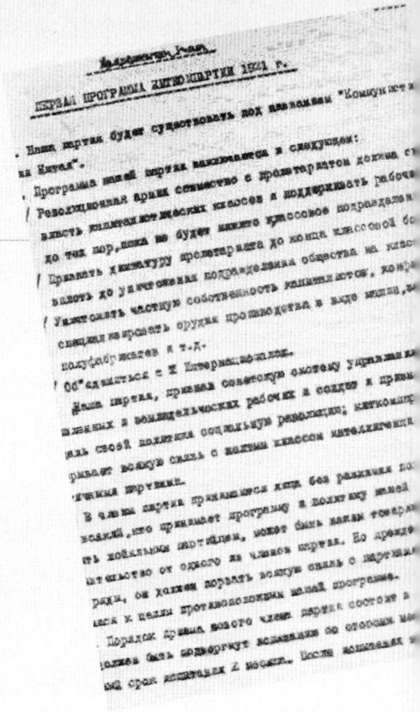
ПЕРВАЯ ПРОГРАММА КИТКОМПАРТИИ 1921 г.

“中国产生了共产党，这是开天辟地的大事变。这一开天辟地的大事变，深刻改变了近代以后中华民族发展的方向和进程，深刻改变了中国人民和中华民族的前途和命运，深刻改变了世界发展的趋势和格局。”①1921年7月召开的中共一大，成为中国共产党百年历史闪光的红色起点。关于中共一大，国内至今没有发现任何中文原始档案文献记载。仅有的两份文献，都是由外文翻译过来的。其中最重要的是一大通过的《中国共产党第一个纲领》，共有15条。但如果你仔细看，就会发现其中的蹊跷——没有第11条。

① 习近平：《在庆祝中国共产党成立95周年大会上的讲话》(2016年7月1日)，人民出版社2016年版，第2页。

①俄文版《中国共产党第一个纲领》。

②英文版《中国共产党第一个纲领》局部截图。

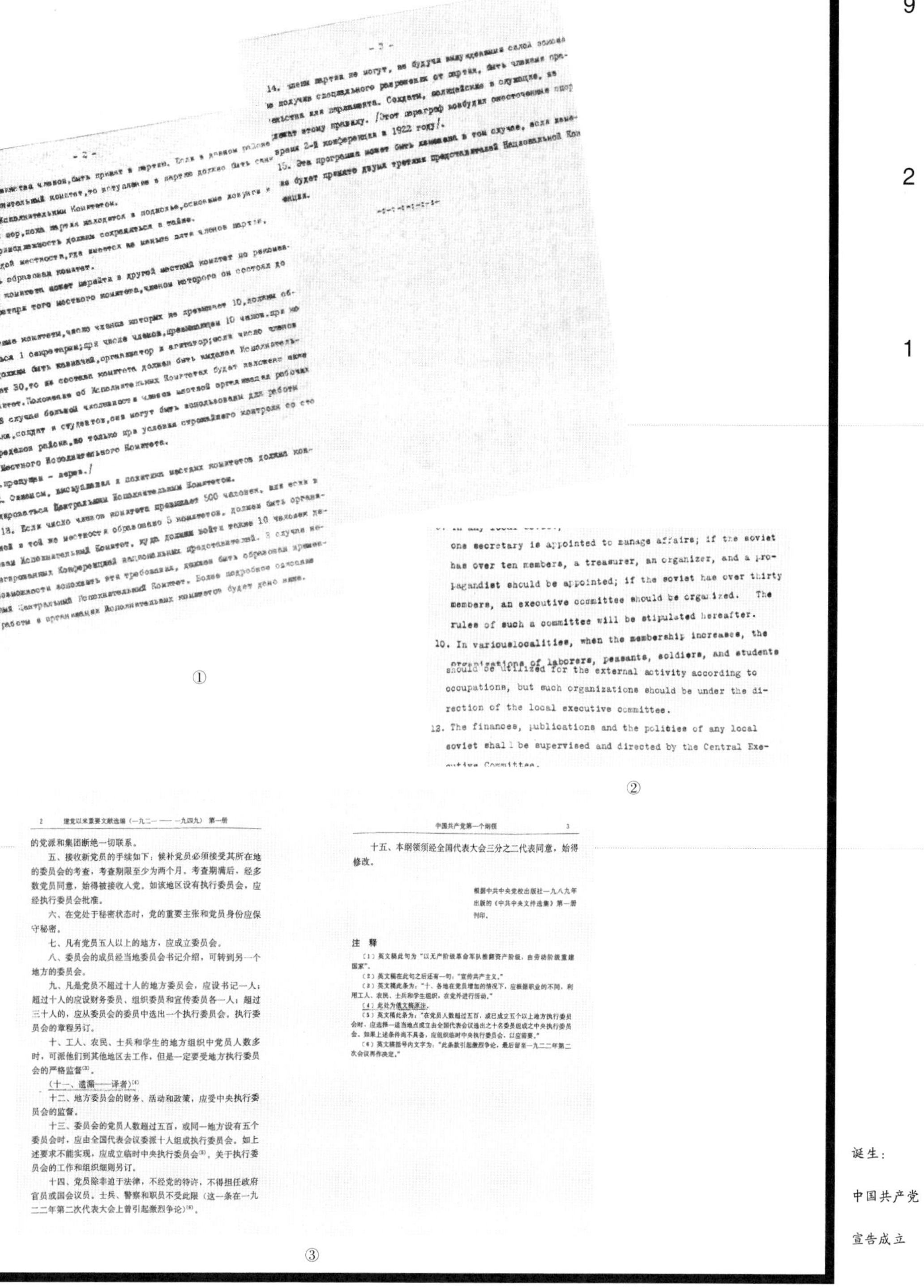

one secretary is appointed to manage affairs; if the soviet has over ten members, a treasurer, an organizer, and a propagandist should be appointed; if the soviet has over thirty members, an executive committee should be organized. The rules of such a committee will be stipulated hereafter.

10. In variouslocalities, when the membership increases, the organizations of laborers, peasants, soldiers, and students should be utilized for the external activity according to occupations, but such organizations should be under the direction of the local executive committee.

12. The finances, publications and the policies of any local soviet shall be supervised and directed by the Central Executive Committee.

①

②

2　建党以来重要文献选编（一九二一——一九四九）第一册

的党派和集团断绝一切联系。

五、接收新党员的手续如下：候补党员必须接受其所在地的委员会的考查，考查期限至少为两个月。考查期满后，经多数党员同意，始得被接收入党。如该地区设有执行委员会，应经执行委员会批准。

六、在党处于秘密状态时，党的重要主张和党员身份应保守秘密。

七、凡有党员五人以上的地方，应成立委员会。

八、委员会的成员经当地委员会书记介绍，可转到另一个地方的委员会。

九、凡是党员不超过十人的地方委员会，应设书记一人；超过十人的应设财务委员、组织委员和宣传委员各一人；超过三十人的，应从委员会的委员中选出一个执行委员会。执行委员会的章程另订。

十、工人、农民、士兵和学生的地方组织中党员人数多时，可派他们到其他地区去工作，但是一定要受地方执行委员会的严格监督[3]。

（十一、遗漏——译者）[4]

十二、地方委员会的财务、活动和政策，应受中央执行委员会的监督。

十三、委员会的党员人数超过五百，或同一地方设有五个委员会时，应由全国代表会议委派十人组成执行委员会。如上述要求不能实现，应成立临时中央执行委员会[5]。关于执行委员会的工作和组织细则另订。

十四、党员除非迫于法律，不经党的特许，不得担任政府官员或国会议员。士兵、警察和职员不受此限（这一条在一九二二年第二次代表大会上曾引起激烈争论）[6]。

中国共产党第一个纲领　3

十五、本纲领须经全国代表大会三分之二代表同意，始得修改。

根据中共中央党校出版社一九八九年出版的《中共中央文件选集》第一册刊印。

注　释

〔1〕英文稿此句为“以无产阶级革命军队推翻资产阶级，由劳动阶级重建国家”。

〔2〕英文稿在此句之后还有一句：“宣传共产主义。”

〔3〕英文稿此条为：“十、各地在党员增加的情况下，应根据职业的不同，利用工人、农民、士兵和学生组织，在党外进行活动。”

〔4〕此处为俄文稿原注。

〔5〕英文稿此条为：“在党员人数超过五百，或已成立五个以上地方执行委员会时，应选择一适当地点成立由全国代表会议选出之十名委员组成之中央执行委员会。如果上述条件尚不具备，应组织临时中央执行委员会，以应需要。”

〔6〕英文稿括号内文字为：“此条款引起激烈争论，最后留至一九二二年第二次会议再作决定。”

③

③中文版《中国共产党第一个纲领》。

中共一大上海会场场景（雕塑）。

嘉兴南湖红船。

陈独秀

李大钊

1921年7月23日晚，中国共产党第一次全国代表大会在上海法租界望志路106号（今兴业路76号）开幕。最后一天的会议转移到浙江嘉兴南湖举行。

国内各地和旅日党的早期组织选派代表参会。上海的李达、李汉俊，北京的张国焘、刘仁静，长沙的毛泽东、何叔衡，武汉的董必武、陈潭秋，济南的王尽美、邓恩铭，广州的陈公博，旅日的周佛海，以及受陈独秀派遣的包惠僧出席了中共一大。他们代表着全国50多名党员。党的主要创始人在广州的陈独秀和在北京的李大钊均因有其他事务未出席一大。共产国际代表马林和尼克尔斯基出席会议。

一大选举产生中央局，陈独秀为中央局书记。中共一大宣告中国共产党的正式成立，中国出现了以马克思列宁主义为行动指南的统一的无产阶级政党。中国共产党的诞生是近代中国社会及人民革命斗争发展的必然结果。"从此，中国人民谋求民族独立、人民解放和国家富强、人民幸福的斗争就有了主心骨，中国人民就从精神上由被动转为主动。"①

一大通过了中国共产党第一个纲领和决议。但是，中国共产党成立100年来，这两份重要文献的原始中文版始终未曾找到，目前我们看到的均译自外文。其中，一大纲领规定了党的名称、性质、任务、组织和纪律等，包含了党章的一些基本要素，具有党章的初步体例，实际上起到了党章的作用，为后来党章的制定和完善奠定了基础。

一大纲领共计15条。但蹊跷的是，其中第11条缺失。这是怎么一回事呢？

① 习近平：《决胜全面建成小康社会，夺取新时代中国特色社会主义伟大胜利——在中国共产党第十九次全国代表大会上的报告》（2017年10月18日），人民出版社2017年版，第13页。

问题的由来

目前我们看到的一大纲领主要来自两个版本：

一是俄文版。1957年苏共中央把原中共驻共产国际代表团档案移交给中央档案馆。其中，有俄文版的《中国共产党第一个纲领》。该件原藏于俄罗斯国家社会政治历史档案馆（全宗514，目录1，案卷13），为俄文打印件，共15条，其中有第11条标号，但注明"遗漏——译者"字样，无具体内容。

二是英文版。1960年美国学者韦慕庭在哥伦比亚大学图书馆发现了中共一大代表陈公博的硕士论文《共产主义运动在中国》，附录一为英文版《中国共产党第一个纲领》。经对照，该英文版与俄文版内容基本相同，仅具体文字稍有出入。同标为15条，其中第10条后直接为第12条，没有第11条。

目前收录在中共中央文献研究室、中央档案馆编《建党以来重要文献选编》（1921—1949）第1册中的《中国共产党第一个纲领》，译自俄文版，在第11条"遗漏——译者"处另加注释："此处为俄文稿原注。"

由此引出《中国共产党第一个纲领》第11条缺失这一问题。从20世纪70年代末80年代初起，陆续有学者关注研究过这一问题，但受档案资料限制，至今未有大的突破，均无果而终。

中共中央党史研究室所著《中国共产党历史》（第一卷）、

《中国共产党的七十年》《中国共产党的九十年》等党史基本著作，在讲到中共一大时，均未涉及此问题。

关于一大纲领第 11 条缺失原因的分析

对于一大纲领第 11 条缺失的原因，学术界曾有过争论，学者们的观点综合起来有以下四种：

一是“遗漏说”。来自俄文版中所加的注释。因俄文版是先被发现的，且与后来发现的英文版无大的矛盾之处，部分学者采用俄文版所持的“遗漏”一说。

二是“技术错误说”。来自美国学者韦慕庭的揣测。韦慕庭在编陈公博著《共产主义运动在中国》时表示：“在陈公博的译文中没有第 11 条，究竟是遗漏了一条，还是从第 11 条起写错了条数，这无法说。”在附录一的注释中，他又指出：“陈公博的稿本无第 11 条，可能是他打印新的一页时遗漏了，或在第 10 条以后排错了”。这里的“遗漏”与“排错”同属技术错误的性质。

三是“删除说”或“抹掉说”。其中，一种说法认为，大会表决时被删除。作家叶永烈认为：“也可能是第 11 条引起很大的争议，付诸大会表决时被删去”。另一种说法认为，在向共产国际汇报时担心引起误解和不快而有意删除和抹掉。正如有学者撰文指出的：一大结束后，“由于某种原因，决定在向共产国际汇报之时，抹去第 11 条，以‘遗漏’为借口搪塞”。“有两种可能性：一是党纲草案一开始就没有这一条，是排序时排错了；二是草案中有，定稿时或翻译时由于某种原因抹掉了。比较起来第二种可能性更大些。”

四是“搁置说”。著名的中共一大研究专家邵维正教授认为，极大可能一大纲领原来有第 11 条，为具有较大争议性的内容。但由于一大召开仓促、时间紧急、环境危险，代表们未能最终达成一致，因而被搁置。

关于一大纲领第 11 条缺失内容的推断

在研究中共一大纲领时，学者们根据一大其他文件、同时期国际共产主义运动文献和一大后中共的革命活动等，对于缺失内容给出推断。概括起来，对一大纲领第 11 条的内容，大致有以下五种推测：

一是关于党的宣传工作。理由是：从行文上看，第 9 条规定党的地方委员会应设书记、财务委员、组织委员、宣传委员；第 10 条是组织工作；第 12 条是地方委员会的财务等要受监督；唯独没有专条谈宣传。这与一大后党的实际工作情况不符，与一大通过的第一个决议精神不符，与俄共（布）章程对宣传工作重视和强调的做法也不相符。因此这一条可能说的是党的宣传方针、计划和政策，因为比较具体、秘密，所以不便公开。

二是有关中共和其他政党关系。理由是：一大通过的决议指出："对现有其他政党，应采取独立的攻击的政策。"但一大纲领中没有专门的条款谈这个问题。估计第 11 条涉及的可能是这方面内容，其所以后来被抹掉，是因为一年后，党制定了民主革命纲领，以后又和孙中山国民党实行了联合。这些都与一大时的认识不一致。为了不致造成言行矛盾，故而删去第 11 条的内容也是有可能的。

三是有关中共和共产国际关系。理由是：中共初创时期，得到了共产国际的大力支持和帮助。按照共产国际的章程，各国共产党都是共产国际的一个支部。在罗马尼亚、南斯拉夫共产党的纲领中，也都有这样的规定和条款。唯独中共一大纲领写的是"联合第三国际"。这似乎与当时的惯例不符。一大纲领没有类似的内容，可以解释为是陈独秀等人的独立主张；但更大的可能是原有这样的条款，后来被人抹去了，以免成为帝国主义和军阀政府攻击的口实。

四是关于党的经费。理由是：（1）一般政党章程都有关于党费经费方面的规定，中共一大纲领以俄共（布）党章等为参考，理应有类似规定。（2）陈独秀等人当时坚持认为中国革命要靠自身力量，不能依赖共产国际的经济支援，所以，第 11 条只有是经费问题，同时涉及共产国际援助，才有抹掉的必要。上海中共一大会址纪念馆坚持此说法。

五是关于民主集中制。理由是：（1）共产国际严格要求凡加入它的政党都必须坚持民主集中制原则。（2）中共一大纲领参照了 1919 年俄共（布）党章遵循的民主集中制原则。（3）介于地方组织和中央组织之间的第 11 条理应是民主集中制。

目前的基本判断

综合前述情况，对于中共一大纲领第 11 条缺失问题，笔者有如下几点看法：

第一，俄文版和英文版中共一大纲领应当均译自中文版本。一方面，中国共产党成立初期，党的重要文件都要及时报送共产国际。所以，中共一大召开后，理应向共产国际报送了相关文件。俄罗斯档案馆所存俄文中共一大纲领，应当就是从中文稿翻译而来。另一方面，陈公博于 1922 年 11 月离华赴美，未去过苏俄，他的硕士论文写作于 1924 年 1 月，目录中《中国共产党第一个纲领》后附“translated from Chinese”（“译自中文”）字样。韦慕庭在《共产主义运动在中国》一书绪言中也说：“按照论文的目录表，六个附录每个都是译自中文。”同时，一大纲领英文版和俄文版的文字又有些许出入，因而陈公博论文收录的英文版转译自俄文版的可能性极小。由此基本可以断定，中共一大俄文版和英文版应当均译自中文文件。

第二，一大纲领中文原件第 11 条极大可能原本就缺失。既然一大纲领俄文版和英文版均来自中文稿，两份稿子带出渠道不同，一份是中共报送共产国际的，一份是陈公博带到美国的，而两份文件又都遗漏第 11 条，这说明两份中文原稿本身就都没有第 11 条及相关内容的可能性极大。

第三，目前未有定论。由于缺乏中共一大纲领原始文献，学界关于一大纲领第 11 条缺失原因和内容的分析和推断，都有其一定的合理性，同时又存在着各自的缺陷和问题。目前为止，各种说法仅仅停留在分析推测阶段，还没有一个档案文献支撑确凿、论证周全、被各方广泛认可、立得住的观点。

总之，因为距离中共一大召开已百年，相关直接或间接当事人大都不在人世，越来越难以找到直接佐证材料。我们期待中共一大原始中文文献的发现。同时，期待学界加强中共一大研究，争取在关于一大纲领第 11 条缺失等相关问题上，早日有新的突破。

1922

反帝反封建民主革命纲领的制定

在中国共产党诞生仅一年后，1922年7月召开的中共二大便第一次明确提出反帝反封建民主革命纲领，区分了最高纲领和最低纲领，对中国革命产生巨大影响，具有重大历史意义。大会制定《中国共产党章程》，这是中国共产党诞生以来第一个章程；大会通过《中国共产党第二次全国代表大会宣言》，第一次喊出“中国共产党万岁”的口号；大会通过《中国共产党加入第三国际决议案》，中国共产党成为共产国际的一个支部。

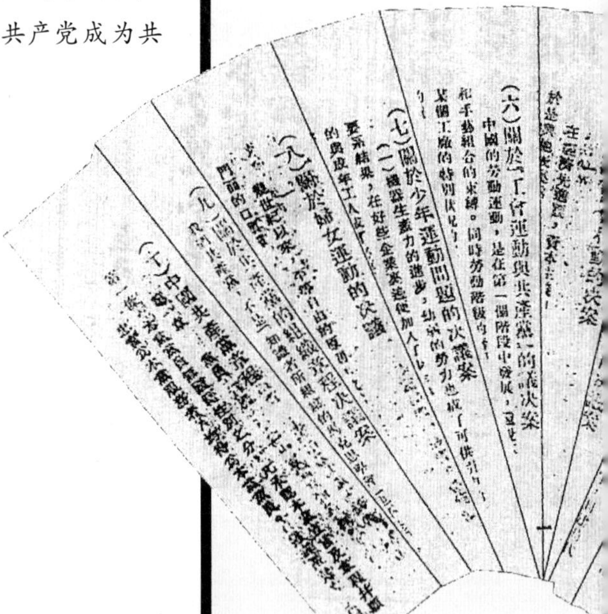

②

①张人亚秘藏的中共二大文件《中国共产党章程》。

②中共二大制定的部分文件。

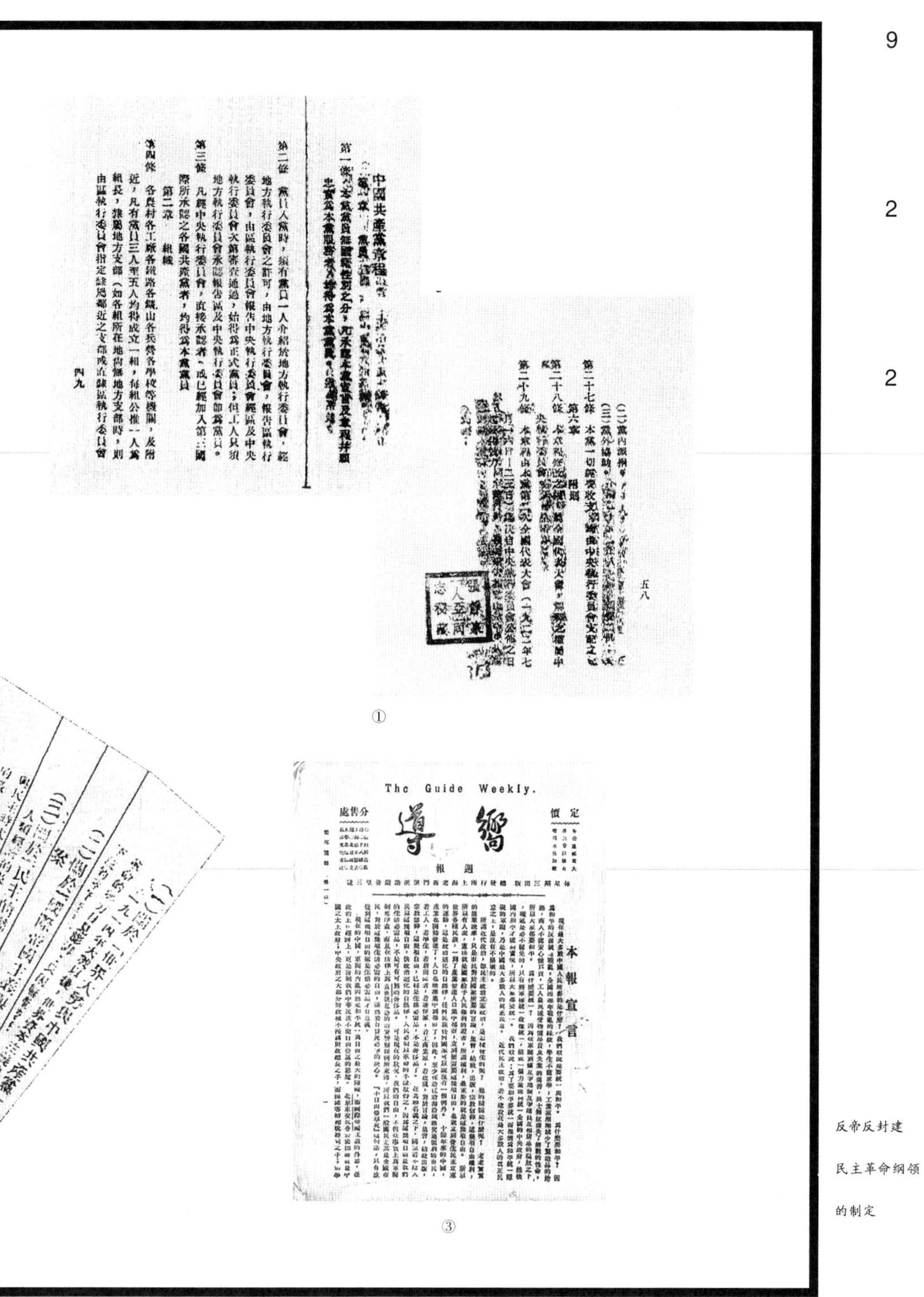

中國共產黨章程

第一條 本黨黨員無國籍性別之分，凡承認本黨宣言及章程並願忠實爲本黨服務者，均得爲本黨黨員。

第二條 黨員入黨時，須有黨員一人介紹於地方執行委員會，經地方執行委員會之許可，由地方執行委員會報告區執行委員會，由區執行委員會報告中央執行委員會，經區及中央執行委員會次第審查通過，始得爲正式黨員；但工人只須地方執行委員會承認報告區及中央執行委員會即爲黨員。

第三條 凡經中央執行委員會，直接承認者，或已經加入第三國際所承認之各國共產黨者，均得爲本黨黨員。

第二章 組織

第四條 各農村各工廠各鐵路各礦山各兵營各學校等機關，及附近，凡有黨員三人至五人均得成立一組，每組公推一人爲組長，隸屬地方支部（如各組所在地尚無地方支部時，則由區執行委員會指定隸屬鄰近之支部或直隸區執行委員會

四九

第二十七條 本黨一切經費收支須……中央執行委員會支配之……

第六章 附則

第二十八條 本章程之解釋權屬全國代表大會，閉會後屬中央執行委員會……

第二十九條 本章程由本黨第二次全國代表大會（一九二二年七月……）議決由中央執行委員會公布之日……

五八

①

The Guide Weekly.

嚮導週報

本報宣言

③

③1922年9月13日中国共产党机关刊物《向导》周报在上海创刊。图为该刊创刊号。

中国共产党成立后，即着手分析中国的具体国情，制定反帝反封建民主革命纲领，开展工农群众运动，中国革命很快展现出崭新局面。

列宁和共产国际十分关心东方各国人民特别是中国人民的革命斗争。早在1920年7月至8月召开的共产国际二大，就根据列宁的民族和殖民地问题理论提出："初期的殖民地革命不会是共产主义革命。""殖民地革命在其初期，应该推行列有许多小资产阶级改良项目的纲领，如分配土地等等。"但无产阶级决不能将革命"交由资产阶级民主派领导"。[①]

①

中共中央党史研究室第一研究部编：《共产国际、联共（布）与中国革命档案资料丛书》第2卷，北京图书馆出版社1997年版，第121页。

为了揭露帝国主义国家利用华盛顿会议进行侵略扩张的真面目，广泛传播列宁在共产国际二大上提出的民族和殖民地问题理论，共产国际于1922年1月21日至2月2日召开远东各国共产党及民族革命团体第一次代表大会。出席这次大会的中国代表团由44人组成，其中有共产党员14人，还有社会主义青年团代表，国民党代表，以及工人、农民、学生、妇女等各界代表。大会强调，帝国主义和封建主义是当前中国及远东被压迫民族的最大敌人，号召"全世界的无产阶级和被压迫的民族联合起来"。

会议期间，列宁抱病接见中国共产党代表张国焘、中国国民党代表张秋白和铁路工人代表邓培。他十分关心中国革命问题，希望国共两党实现合作，勉励中国工人阶级和革命群众加强团结，推动中国革命向前发展。

与此同时，当年轻的中国共产党人抱着推翻反动阶级的黑暗统治、实现社会主义的信念，深入到实际斗争中去的时候，他们开始认识到：在半殖民地半封建的条件下，中国人民的迫切需要，还不是并且还不可能是进行社会主义革命。帝国主义势力的侵略，封建军阀的统治，像两座大山沉重地压在中国各民族、各阶层人民的头上，中国革命不首先推倒这两座大山，国家就不能独立，人民就不能解放，也就谈不到社会主义、共产主义理想。

远东民族大会精神传到中国，而此时中国共产党一方面在革命实践中研究中国社会和中国革命的实际问题，一方面接受列宁关于民族殖民地的理论，并开始把这两个方面加以结合。这样，一个大体上符合中国国情的革命纲领逐渐形成。

1922年6月15日，针对刚结束的第一次直奉战争，陈独秀起草并发表了《中国共产党对于时局的主张》，进一步指出，军阀与国际帝国主义相互勾结是中国内忧外患的根源，提出：“中国共产党的方法，是要邀请国民党等革命的民主派及革命的社会主义各团体开一个联席会议”，以期“共同建立一个民主主义的联合战线”。

《中国共产党对于时局的主张》是党第一次就中国民主革命的重大问题，向社会各界公开自己的政治主张，也是党运用马克思列宁主义分析中国社会状况，解决中国革命问题的新起点，表明党对现阶段中国革命的任务和应该采取的策略，已经有了清醒的认识。这为即将召开的中共二大完成制定民主革命纲领的任务奠定了基础。

1922 年 7 月 16 日至 23 日，中共二大在上海举行。出席大会的代表 12 人，代表全国 195 名党员。中共二大通过对中国经济政治状况的分析，揭示出中国社会的半殖民地半封建性质，指出党的最高纲领是实现社会主义、共产主义，但在现阶段的纲领即最低纲领是：打倒军阀；推翻国际帝国主义的压迫；统一中国为真正的民主共和国。这样，二大第一次提出明确的反帝反封建民主革命纲领。

一个政党的纲领就是它的一面旗帜。中共二大第一次将党在民主革命中要实现的目标同将来进行社会主义革命要实现的长远目标结合起来，不仅明确提出反对帝国主义、反对封建主义的民主革命任务，并指出要通过民主革命进一步创造条件，实现社会主义和共产主义。这是中国共产党人对中国国情和中国革命问题认识的一次深化，是党把马克思主义基本原理同中国革命实际相结合的一个重要成果。

中国的民主主义革命，从鸦片战争开始到五四运动，经历了无数次斗争。但由于历史条件的限制，没有一个政党能明确地弄清革命的对象和动力，从而有针对性地制定革命的纲领。而党成立仅一年后，就在中共二大提出彻底反帝反封建的革命纲领。这充分表明，只有用马克思主义武装起来的中国工人阶级及其政党——中国共产党，才能为中国革命指明方向，才能领导中国革命走向胜利。

1923

毛泽东首次进入党的中央领导核心层

“中央局秘书”一职，是第三届中央执行委员会特设的，委员长与秘书召集“执行委员会之一切会议”，与秘书共同签署一切公文函件。在中共三大会址恢复和重建过程中，有学者撰文指出，在调查中共三大会址时发现，中共中央《通告十三号》显示，三大中央局秘书并非原来说的毛泽东，而是罗章龙。此文一出，立即在网上引起广泛关注。三大中央执行委员会所选的秘书到底是谁？中央档案馆的珍贵文献——1923年9月10日中共中央《通告第五号》，揭开了谜底。

②

②瞿秋白记录的中共三大选举结果。

1
9
2
3

①1923年9月10日中共中央《通告第五号》。

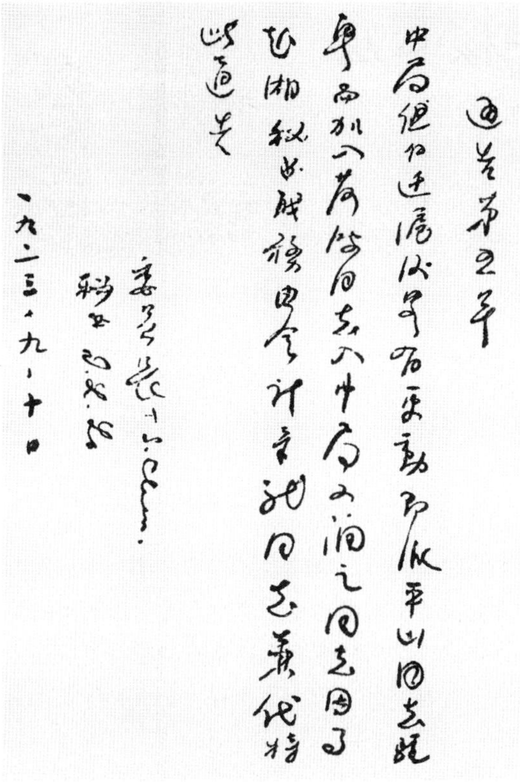

通告第五号

中局组织近因此间同志有更动，即派平山同志赴粤工作，加入荷波同志入中局，又润之同志因赴湘，秘书职务由会计章龙同志兼代，特此通告。

委员长 T.S.Chen

一九二三，九，十日

①

通告十三号

③

毛泽东

首次进入党的

中央领导核心层

③1923年12月25日中共中央《通告十三号》，由陈独秀、罗章龙分别以英文和德文署名。

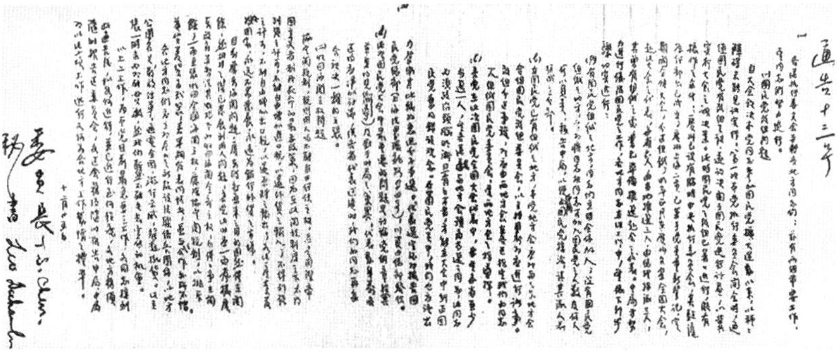

中國共產黨第三次全國大會
決議案及宣言
中國共產黨中央執行委員會印行
（一九二三年七月）

④

⑤

④中共三大通过的决议案及宣言。
⑤1923 年 11 月中共在上海创办上海书店，经售革命书刊，并出版《向导》《新青年》《前锋》《中国青年》等。图为上海书店旧址。

1923 年 6 月 12 日至 20 日，中共三大在广州举行。出席大会的代表 40 人，代表全国 420 名党员。共产国际代表马林参加会议。大会决定采取共产党员以个人身份加入国民党的方式实现国共合作，这是当时能够为孙中山和国民党所接受的唯一合作方式。大会选举陈独秀、蔡和森、李大钊等九人为中央执行委员会委员。由陈独秀、蔡和森、毛泽东、罗章龙、谭平山组成中央局，陈独秀为委员长，毛泽东任秘书，罗章龙任会计。

但有学者发现，1923 年 12 月 25 日中共中央《通告十三号》复印件上，秘书的签名不是毛泽东，而是罗章龙。由此，得出结论："以上种种说明，'三大'中央委员会选出的中央局秘书是罗章龙。"

事实究竟如何呢？

1923 年 9 月上旬，中共中央机关从广州迁回上海。10 日，中共中央发出《通告第五号》，宣布中央局自广州迁回上海后的人事变动："中局组自迁沪后略有更动，即派平山同志驻粤，而加入荷波同志入中局。又润之同志（即毛泽东——引者注）因事赴湘，秘书职务由会计章龙同志兼代。"

由此说明，在 9 月 10 日以前，毛泽东确实是三届中央委员会选出的中央局秘书，而罗章龙是他的接替者。至于 12 月 25

日发出的第十三号通告，上面的签名自然是罗章龙而不是毛泽东了。

“中央局秘书”实际上相当于后来设中央主席时的总书记，9
并不等同于党中央“秘书长”，因为“中央局会计”的职责也属于秘书长工作范围。对于秘书的职责，三大通过的《中国共产党中央执行委员会组织法》规定：“秘书员［负］本党内外文书及通信及开会记录之责任，并管理本党文件。”此外，《组织
法》还特别规定：“本党一切函件须由委员长及秘书签字。”“执 2
行委员会之一切会议，须由委员长与秘书召集之，附加会议之日程。”[①]这既说明了作为中央局秘书的毛泽东在党内的地位，也体现了新生的中国共产党开始尝试通过制定党内法规的形式，制
约最高领导人的权力。3

在中共三大上，毛泽东被选入中央局，并担任秘书，这是毛泽东第一次进入党的中央领导核心层。事实上，毛泽东兼任中央组织部部长，从而使党中央真正有了负责全党自身建设，特别是党务工作的专职主持者。事实也证明，中共三大后全党组织工作取得了很大进步。

“中央局会计”一职也是第三届中央委员会特设的，负责管理全党财务行政，并负中央机关和各区各地方机关财政、行政审议之责，主持审计财务和决算有关事务，稽查现金出纳等项工作。这一职务，到1924年秋即改为由非中央局委员担任。

① 中央档案馆编：《中共中央文件选集》第1册，中共中央党校出版社1989年版，第156—157页。

国共携手

——投身大革命的洪流

③

1924年至1927年，一场反对帝国主义和封建军阀的革命运动，以不可阻挡之势席卷全国。人们通常将这场声势浩大的革命运动称为"大革命"或"国民革命"。而这场大革命是在国共合作的基础上进行的。《共产国际执行委员会关于中国共产党与国民党的关系问题的决议》（1923年1月12日）传到中国，对促进国共合作起了推动作用。1923年6月中共三大决定实行国共合作。1924年1月国民党一大召开，标志着国共合作正式形成。

共产国际执行委员会关于中国共产党与国民党的关系问题的决议

（1923年1月12日）

一、中国唯一重大的民族革命集团是国民党，它既依靠自由资产阶级民主派和小资产阶级，又依靠知识分子和工人。

二、由于国内独立的工人运动尚不强大，由于中国的中心任务是反对帝国主义者及其在中国的封建代理人的民族革命，而且由于这个民族革命问题的解决直接关系到工人阶级的利益，而工人阶级又尚未完全形成为独立的社会力量，所以共产国际执行委员会认为，国民党与年青的中国共产党合作是必要的。

三、因此，在目前条件下，中国共产党党员留在国民党内是适宜的。

四、但是，这不能以取消中国共产党独特的政治面貌为代价。党必须保持自己原有的组织和严格集中的领导机构。中国共产党重要而特殊的任务，应当是组织和教育工人群众，建立工会，以便为强大的群众性的共产党准备基础。

在这一工作中，中国共产党应当在自己原有的旗帜下行动，不依赖于其他任何政治集团，但同时要避免同民族革命运动发生冲突。

五、在对外政策方面，中国共产党应当反对国民党同资本主义列强及其代理人——敌视无产阶级俄国的中国督军们的任何勾搭行为。

六、同时，中国共产党应当对国民党施加影响，以期将它和苏维埃俄国的力量联合起来，共同进行反对欧洲、美国和日本帝国主义的斗争。

七、只要国民党在客观上实行正确的政策，中国共产党就应当在民族革命战线的一切运动中支持它。但是，中国共产党绝对不能与它合并，也绝对不能在这些运动中卷起自己原来的旗帜。

（录自《共产国际有关中国革命的文献资料》第1辑）

①

①《共产国际执行委员会关于中国共产党与国民党的关系问题的决议》（1923年1月12日）。

②孙中山手书国民党一大新的中央执行委员和候补委员名单。

③孙中山等步出国民党一大会场。

④1924 年 7 月旅欧中国共产主义青年团第五次代表大会代表周恩来、邓小平、李富春等在巴黎合影。

1
9
2
4

大本營公用牋

中央執行委員廿四人
胡漢民 汪精衛 張靜江 廖仲愷
李烈鈞 居正 戴季陶 林森
柏文蔚 丁惟汾 石瑛 鄒魯
譚延闓 覃振 譚平山 石青陽
熊克武 李守常 恩克巴圖 王法勤
于右任 楊希閔 葉楚傖 于樹德

大本營公用牋

中央執行委員候補十七人
邵元冲 鄧家彥 沈定一 林祖涵
茅祖權 李宗黃 白雲梯 張知本
彭素民 毛澤東 傅汝霖 于方舟
張葦村 瞿秋白 張秋白 韓麟符
張國燾

②

④

⑤

国共携手

⑤1924 年 1 月广州国民党一大会场现场图。

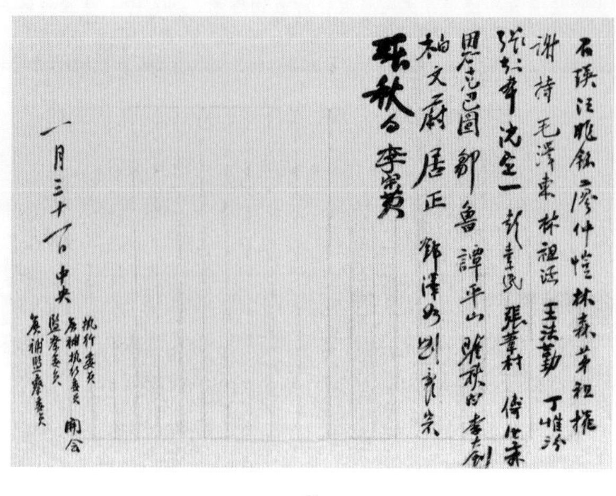

⑥

⑥1924 年 1 月 31 日国民党召开一届一中全会。图为出席全会人员的签名录。

1923 年京汉铁路工人大罢工的失败使中国共产党人认识到：在半殖民地半封建的中国，工人阶级虽然有坚强的革命性，但人数毕竟比较少，如果不团结一切可以团结的力量，结成最广泛的统一战线，党就不可能把中国革命引向胜利。

共产国际最初选择吴佩孚、陈炯明

早在 1920 年 6 月，列宁在为共产国际二大草拟的《民族和殖民地问题提纲初稿》中就提出：在绝对保持独立性的前提下，“共产国际应当同殖民地和落后国家的资产阶级民主派结成临时联盟”。但是，在 20 世纪 20 年代的中国，究竟哪些力量是革命的民主派，不但中国共产党，而且共产国际与苏俄的认识都经过一个曲折的过程。

共产国际根据列宁的民族和殖民地理论，不断地派出使者到中国寻找同盟者。但最初，共产国际和苏俄政府实行的是联合吴佩孚、陈炯明，疏远孙中山的政策。

共产国际实行这样的政策主要是为假象所迷惑。1920 年吴佩孚通过直皖战争掌握北京政府大权后，伪装进步，曾表示愿与苏俄改善关系，同意接纳远东共和国优林使团到北京，并通知原沙俄驻中国使馆停止活动。接着他取消了段祺瑞政府与日本签订的反对苏俄的《中日陆军共同防敌军事协定》，派张斯麟赴远东共和国同苏俄谈判。1922 年，吴佩孚又发出通电，主张劳动立法和保护劳工。同样，陈炯明 1918 年率援粤闽军击败闽督李厚基后，占领汀州、漳州、龙岩等大片地区，建立闽南护法区。1919 年底，陈炯明在漳州办《闽星报》，称颂社会主义，赞扬俄国十月革命。俄共党员维经斯基、波塔波夫等相继到过漳州，他们都极力赞美陈炯明。共产国际研究和指导远东革命运动的《共产国际远东书记处简报》，在第 7 期的一篇文章中报道华南形势时，不仅错误地估计了孙中山与陈炯明之间矛盾的性质，而且表露了明显的褒贬倾向，把陈炯明称作“中国最先进最有名望的人之一”，而孙中山却被说成是“巧妙的外交家，谨小慎微的政治家，根本不是什么革命者”，孙“在中国舆论界尤其革命知识分子中和劳动人民中的威望正在消失”，“他既远离发展中的正在摆脱封建束缚的年青的中国资产阶级，又远离劳动群众”。

共产国际采取联合吴佩孚、陈炯明的政策，还出于苏俄国家利益的考虑。苏俄在十月革命胜利后处境艰难，它希望在中国寻找一个同盟者，以实现中俄睦邻关系。这个同盟者不仅必须对苏俄友好，不会侵犯苏联的边界，还须有一定的军事实力。共产国际认为吴、陈具备这些条件，而孙中山则不具备。

事与愿违，共产国际与吴佩孚、陈炯明结盟的意图很快成为泡影。1922 年 6 月，陈炯明在帝国主义支持下叛变革命，他的名字从共产国际可以结盟的候选人名单中被勾掉。而在北方实行联合吴佩孚的政策在 1921 年下半年也遇到困难：北京政府参加了华盛顿会议；优林使团坚持苏俄在中东铁路的权益，而且苏俄红军未经北京政府的同意就开进外蒙，驻兵库伦，使双方关系不断恶化。1923 年吴佩孚镇压京汉铁路工人大罢工，制造二七惨案。中国工人阶级的鲜血使共产国际认识到，吴佩孚不是资产阶级民主派，而是极端反动的军阀刽子手。至此，经过曲折的过程和血的代价，共产国际联合吴佩孚、陈炯明的政策才得以改变，转而开始重视并最终采纳马林的建议，全力支持孙中山和国民党，促成国共合作。

共产国际转向孙中山国民党

辛亥革命失败后，孙中山及其领导的革命党人继续斗争。

中国国民党由孙中山创立，其前身是兴中会、中国同盟会、国民党、中华革命党。其实，1921年5月，孙中山在广州就任非常大总统后，对国民党本身的涣散是认识不足的，也无意对国民党进行改组，而是热衷于北伐，希望用武力消灭北洋军阀，并且幻想英、美政府能够给予精神上和物质上的援助，以支持其北伐事业的完成。这个时期，共产国际和苏俄政府曾先后派代表来中国与孙中山接触。由陈独秀介绍，1921年12月10日，共产国际代表马林带着翻译张太雷，经过湖南，前去广西桂林拜访孙中山。马林与孙中山进行了三次长谈。在谈到承认俄国与联俄的可能性时，孙中山认为，在北伐还未完成前，联俄实际上是不可能的，过早地联俄会立即引起列强的干涉。马林则认为，国民党进行的民族主义宣传也必然会导致这种干涉，劝说孙中山实行联俄政策。但马林当时并未说服孙中山，孙中山只是表示“允许在其党内进行共产主义宣传”。

会见孙中山后，马林又到广州等地考察，通过与国民党领导人的接触，对国民党颇有好感，认为孙中山可以和苏俄建立友好关系，国民党的党纲使得“各种不同的团体都能加入进去”。基于这种认识，马林回到上海后，便向陈独秀等中国共产党人

孙中山转移到永丰舰上，指挥舰队反击陈炯明叛军。图为1923年8月孙中山在该舰上纪念蒙难一周年时与官兵合影。后来为了纪念孙中山先生，永丰舰更名为中山舰。

提出国共合作问题，建议中共放弃对于国民党的排斥态度，“到国民党中去进行政治活动，通过这一切，会获得通向南方工人和士兵的更方便的门径。党则不需放弃独立”。[①]

马林关于中共加入国民党的建议，立即遭到陈独秀的反对。1922年4月6日，陈独秀致信维经斯基，阐述自己反对马林提出的共产党及青年团加入国民党的理由，包括“共产党与国民党革命之宗旨及所据之基础不同”；“国民党孙逸仙派向来对于新加入之分子，绝对不能容纳其意见及假以权柄”；“广东北京上海长沙武昌各区同志对于加入国民党一事，均已开会议决绝对不赞成，在事实上亦已无加入之可能”。[②]

马林关于国共合作的建议遭陈独秀拒绝后，于4月24日离开上海返回莫斯科。7月11日，他提交了《给共产国际执委会的报告》，再次提出中共应采取加入国民党的途径实现同国民党的合作。共产国际很快采纳马林的建议，要求共产党人支持国民党。马林带着共产国际的指示，于8月回到上海。这时中共二大刚刚闭幕，大会通过了《关于“民主的联合战线”的议决案》，提出联合全国一切革命党派，联合资产阶级民主派，组织民主的联合战线，并决定邀请国民党等革命团体举行联席会议。这样，就改变了中共一大文件中关于不同其他党派建立任何联系的规定。但是，共产党此时提出的与国民党的联合方式，是一种两党并行的外部联合。

1922年6月陈炯明的叛变，是孙中山一生革命事业中所遭受的一次惨重的失败，也是促使孙中山痛下改组国民党决心的一个契机。他没料到“祸患生于肘腋，干戈起于肺腑”，深感国民党内部成分过于复杂，“人格太不齐”，初生改组国民党之意。这时，英、美帝国主义却落井下石，逼迫孙中山避难所乘的军舰离开白鹅潭。在孙中山处于一生中最艰难困苦之际，共产国际通过各种途径，采取多种方式给孙中山以宝贵的支持和援助。

① 《马林在中国的有关资料》(增订本)，人民出版社1984年版，第17—21页。

② 中央档案馆编:《中共中央文件选集》第1册，中共中央党校出版社1989年版，第31—32页。

马林携带着共产国际的指示来到上海。8月25日，在李大钊陪同下，马林在上海法租界再次会见孙中山，双方商谈了改组国民党、联合苏俄，并同中国共产党合作等问题。马林告知孙中山，共产国际领导人已经通知中国共产党人参加国民党。同时，马林劝孙中山不要单纯用军事行动去收复广州，而要以上海为基地，开展一个群众性的宣传运动；并建议孙中山"要使上海成为一个在全国城市工人中以及在农民中积极开展宣传工作的中心"[①]。经过马林等人的艰苦工作，孙中山决定以俄为师，同意和中国共产党实行党内合作，改组国民党，允许共产党员以个人身份加入国民党。

为了解决中共对待国共合作问题，中国共产党中央委员会于1922年8月29日至30日在杭州西湖举行会议。最终，此次西湖会议并未以文字形式，"而是以一种互相谅解的形式，通过了陈独秀先生所提国民党取消打手模以后，中共的少数负责同志可以根据党的指示加入国民党为党员的决定"，"这种决定显然对马林原有的中共党员无条件无限制加入国民党的主张，已作了相当的修正"。[②]

国共合作正式形成

根据共产国际执委会1923年1月12日决议精神，陈独秀为中共三大起草了《关于国民运动及国民党问题的决议案》。6月，三大召开期间，"马林是每会必到的"[③]。该决议案在会上仅以5票的优势（21票赞成，16票反对）通过，反映了党内对这一决议的真实态度。参加会议的徐梅坤回忆说："'三大'的中心议题是讨论国共合作及共产党员是否加入国民党"，"这个问题争论得很激烈，一个多星期的会议，大部分时间是辩论这个问题"[④]。

① 《马林在中国的有关资料》（增订本），人民出版社1984年版，第28—29页。

② 以上参见张国焘：《我的回忆》第1册，东方出版社1991年版，第241—244页。

③ 以上参见罗章龙：《椿园载记》，生活·读书·新知三联书店1984年版，第270—271页。

④ 徐梅坤：《参加中共"三大"》，《中共"三大"资料》，广东人民出版社1985年版，第156页。

中共三大最终正式决定共产党员以个人身份加入国民党，
实现国共合作。这既有利于国民党的改造，使国民党获得新生；
又有利于共产党走上更广阔的政治舞台，得到锻炼和发展。这 9
个问题的解决，是中共三大的重大历史功绩。

中共三大还明确规定，在共产党员加入国民党时，党必须在政治上、思想上、组织上保持自己的独立性。三大后，国共合作的步伐大大加快了。

1923 年 10 月初，应孙中山的邀请，苏联代表鲍罗廷到达 2
广州。孙中山聘请他担任国民党组织教练员（后来又聘为政治顾
问）。国民党改组很快进入实行阶段。

国民党的整个改组工作经历了一个曲折的发展过程。由于
孙中山提出改组的方法是“以俄为师”，“要学俄国的方法，组织 4
及训练”，所以在整个改组尤其是改组文件和党纲制定过程中，
共产国际和苏俄起了举足轻重的作用。

在鲍罗廷和李大钊等的帮助下，孙中山力排众议，坚持改组国民党，经过一年多的努力，1924 年 1 月，国民党改组工作告一段落。至此，国民党一大的准备工作已经基本完成，召开大会的时机业已成熟。

1924 年 1 月 20 日至 30 日，国民党第一次全国代表大会在广州举行。出席开幕式的代表 165 人中，有共产党员 20 多人。李大钊被孙中山指定为大会主席团成员。

国民党一大对孙中山的三民主义作出新的解释，事实上确立了联俄、联共、扶助农工三大政策。这个新三民主义的政纲同中国共产党在民主革命阶段的纲领是基本一致的，因而成为第一次国共合作的政治基础。

国民党一大选出国民党中央执行委员会，共产党员李大钊、谭平山、毛泽东、林伯渠、瞿秋白等 10 人当选为中央执行委员会委员或候补委员，约占总数的四分之一。虽然国民党内部情况相当复杂，但它已开始成为工人、农民、城市小资产阶级和民族资产阶级的民主革命联盟。

国民党一大的成功召开，标志着中国最有前途的两大政治力量第一次握手和第一次国共合作正式形成。此后，以广州为中心，汇集全国的革命力量，很快开创出反帝反封建的革命新局面。

1 9 2 5

五卅狂飙

——中国共产党第一份日报《热血日报》问世

1925 年 6 月 4 日《热血日报》创刊。这是中国共产党历史上的第一份日报，诞生于五卅运动的高潮中，由瞿秋白主编，每天出版 8 开 4 版一张，成为党宣传、组织、推动这一伟大的反帝爱国斗争的舆论先锋、中国被压迫民众的喉舌。《热血日报》只出了 24 期，当年 6 月底被租界巡捕房查封而停刊。它与五卅运动一起，在党的历史上留下了光辉一页。

熱血日報 (一)

熱血日報

民國十四年六月四日

每份銅元一枚

〈第一號〉

發刊辭

①1925 年 6 月 4 日中共为加强五卅运动中的反帝宣传，创办《热血日报》。

②③④⑤五卅运动中的上海。

②

③

④

⑤

1925

五卅狂飙

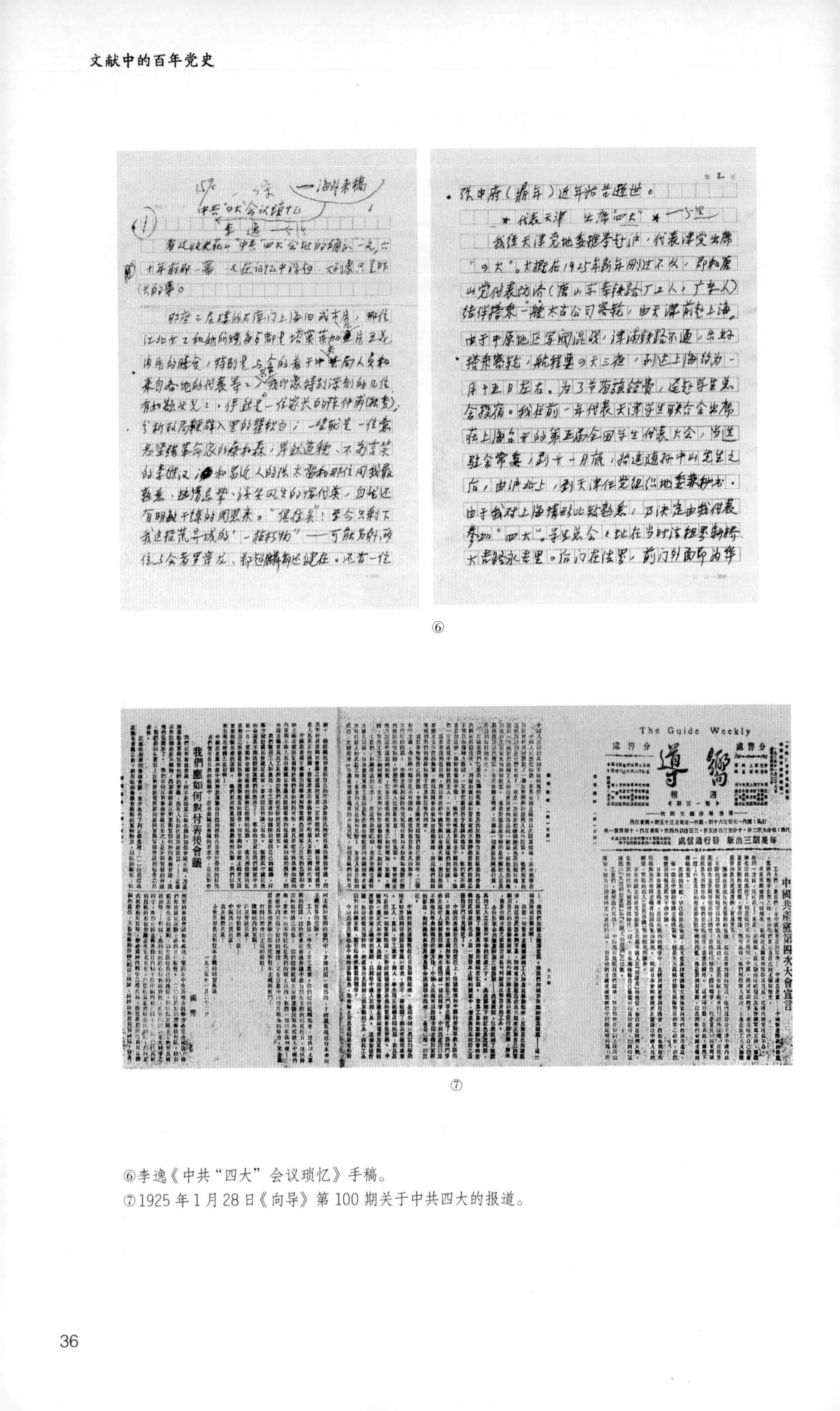

⑥

⑦

⑥李逸《中共“四大”会议琐忆》手稿。

⑦1925 年 1 月 28 日《向导》第 100 期关于中共四大的报道。

随着国共合作的形成和展开，在国共两党的共同努力下，在中国大地上出现一股向着帝国主义和军阀势力猛烈冲击的革命
洪流。1925 年 1 月中共四大的召开，统一了全党的认识，拉开了 9
中国大革命高潮的序幕。1925 年发生在上海的五卅运动和发生在广州、香港的省港大罢工，在全国民众中激发起规模空前的反抗帝国主义怒潮，标志着大革命高潮的到来。

中共四大的召开 2

1925 年 1 月 11 日至 22 日，中共四大在上海举行。出席会议的代表 20 人，代表全国党员 994 人。维经斯基作为共产国际
代表出席会议并作报告，陈独秀代表第三届中央执行委员会作 5
工作报告。

中共四大议决案在党的历史上第一次明确提出无产阶级在民主革命中的领导权和工农联盟问题。关于无产阶级领导权，议决案指出：中国民族革命既“是一个资产阶级性的德谟克拉西革命”，又“含有社会革命的种子”。因此，“无产阶级的政党应该知道无产阶级参加民族运动，不是附属资产阶级而参加，乃以自己阶级独立的地位与目的而参加”，而中国的民族革命运动，“必须最革命的无产阶级有力的参加，并且取得领导的地位，才能够得到胜利”。关于工农联盟问题，议决案强调，“中国民族德谟克拉西运动之发展，当与工人农民及城市中小资产阶级普遍的参加为正比例”。这个议决案和大会通过的《对于农民运动之议决案》，将农民问题同无产阶级领导权问题联系起来，阐明了农民是无产阶级的天然同盟者，不解决农民问题，“我们希望中国革命成功以及在民族运动中取得领导地位，都是不可能的”。①

① 以上参见中央档案馆编：《中共中央文件选集》第 1 册，中共中央党校出版社 1989 年版，第 337、330、333、334、358 页。

参加中共四大的彭述之称："在此次大会上的空气极好，现出和衷一致的精神。""现在可以说我党自经此次大会之后，我党已由小团体而转入真正的党的时期了。"[①]

① 《关于党的第四次全国代表大会——彭述之给中共旅莫支部全体同志的信》，《中共党史资料》1982年第3辑，第20页。

现在看来，中共四大是有其历史功绩的。当时虽然还没有认识到统一战线中的既团结又斗争的辩证关系，没有认识到无产阶级掌握武装的重要性，对于革命发展阶段论和不断革命论之间的关系也没有完全认识清楚。但是，中共四大比较明确地提出了党在民主革命中的领导权和工农联盟问题，并对民主革命的内容作了比较完整的规定，指出在反对帝国主义的同时，还要反对封建的军阀政治和经济关系。正是中共四大，统一了全党的思想，才有以五卅运动为标志的全国反帝运动的掀起，进而拉开了中国大革命高潮的序幕。

五卅运动的爆发

上海是中国最大的工业城市，也是中国产业工人最集中的地方，有工人80万人，占全国工人总数的近三分之一。同时，上海也是帝国主义势力对华经济侵略的中心和基地，有主要由英国控制的"公共租界"和法国的租界，日、英等国在这里开设了许多工厂，残酷榨取中国工人的血汗，民族矛盾一直异常尖锐。其中，日本帝国主义对华实行经济侵略在纺织业中最为突出，而上海更是日资纺织厂的集中地区。到1925年，日本在中国境内有纱厂45家，雇佣中国工人8.2万多人，其中上海一地就有32家纱厂，雇佣中国工人6.1万多人。

中国共产党在上海工人中是有工作基础的。那时，中共中央设在上海，下设中共上海地方委员会。共产党人以上海大学为重要据点，深入到工人中开展工作。1924年初，在邓中夏、项英等领导下，成立了沪西工友俱乐部，在沪西、沪东、浦东、吴淞、南市、闸北、虹口创办7所工人夜校。

1925年2月，上海日资纱厂工人为反对日本资本家打人和无理开除工人，要求增加工资而举行罢工。中共中央专门成立了指挥这次罢工的委员会。先后参加罢工的有22家工厂的近4万名工人。为避免重大经济损失，日本资本家被迫答应工人的部分要求，承认了工会组织。4月，青岛日资纱厂2万多工人举行罢工，历时22天，在党组织的领导和上海等地工人的支援下取得胜利。

这些斗争取得胜利，给全国工人很大鼓舞。为了巩固和扩
大工人阶级的力量，第二次全国劳动大会于1925年5月1日至 9
7日在广州举行。这次大会正式成立了中华全国总工会。共产党员林伟民当选为执行委员会委员长兼总干事，刘少奇、邓培等当选为副委员长。大会通过了《中华全国总工会总章》，宣布中国劳动组合书记部取消，全国工会统一由中华全国总工会领导。
这次大会的召开和中华全国总工会的成立，为即将爆发的五卅 2
运动准备了条件。

5月7日，上海日本纺织同业会开会议决，拒绝承认工人组织工会，要求租界当局及中国官方取缔工会活动。5月15日，日
本资本家宣布内外棉七厂停工，不准工人进厂。该厂工人顾正红 5
率领工人冲进工厂，要求复工和发工资。日本大班（相当于厂长）率领打手向工人开枪，打伤10多人，顾正红身中四弹，后伤重身亡。屠杀事件激起上海内外棉各厂工人的愤怒，当天即举行罢工，以示抗议。这成为五卅运动的导火线。

5月16日和19日，中共中央连续发表第三十二、三十三号通告，就上海日商内外棉纱厂工人罢工失败及日本厂主枪杀工人顾正红、王福金事件，指示各区委、地委、独立支部的同志们，号召工会、农会、学生会及各种社会团体一致行动援助上海纱厂工人，“应该号召一个反对日本的大运动”[①]。这说明，中共中央已决心通过局部事件，把经济斗争引向政治斗争，以上海工人运动为契机，发动一场全民族的反帝解放运动。

5月28日晚，陈独秀、瞿秋白、彭述之、蔡和森等中共中央和中共上海地委组织成员召开联席会议。会议指出，中国工人不但要扩大及巩固自己阶级的联合战线，且急需工农联合斗争，如此才能取得工人阶级在政治斗争和经济斗争上的初步胜利。会议决定以反对帝国主义屠杀中国工人为中心口号，使斗

① 中央档案馆编：《中共中央文件选集》第1册，中共中央党校出版社1989年版，第417页。

争表现出明显的反帝性质，以争取一切反帝力量的援助。会议还决定5月30日在租界内举行大规模的反帝示威活动，反对公共租界的“增订印刷附律”“增加码头捐”“交易所注册”和“取缔童工法案”等压迫华人的四项提案，援助罢工工人。中共中央同时决定成立上海总工会，由李立三、刘华等主持。

5月30日，上海各大、中学校学生2000多人分散到公共租界繁华的马路，进行宣传、讲演和示威游行，先后有100多人被捕，关押在南京路老闸捕房。这更加激怒了广大群众，数千人奔赴捕房前，要求释放被捕者。早有戒备的租界英国巡捕突然开枪，打死13人，伤数十人。这就是震惊中外的五卅惨案。

五卅惨案爆发当晚，中共中央召开紧急会议，陈独秀、蔡和森、刘少奇、李立三、恽代英、王一飞、罗觉、张国焘等人出席会议。会议决定首先发动反抗外力压迫的罢市、罢工、罢课运动，拟出要求条件大纲：租界当局必须承认此次屠杀罪行，并负责善后；租界统治权应移交上海市民，废除不平等条约等。会议同时商定斗争策略：集中打击帝国主义，尽量减轻华资厂商的损失及保障市民的正常生活。据张国焘回忆，在此次会议上，中央领导进行了分工。“由陈独秀先生居中指挥”；李立三代表上海工会同全国学生总会和上海学生联合会、上海商会和马路商界联合会共同组织一个工商学联合会，作为这一运动的领导机构。李立三还奔走于陈独秀和上海总商会会长虞洽卿之间，倾听虞对工人运动的意见，并请他代筹一部分经费，救济罢工工人。

在中国共产党的领导和推动下，五卅运动的狂飙迅速席卷全国，各阶层广大群众积极参加到这一伟大的爱国运动中。同时，中国人民的反帝斗争得到国际革命组织、海外华侨和各国人民的广泛同情和支援，尤其苏联和共产国际更是给予极大的舆论声援和物质支持。苏联各大报刊发表大量文章驳斥帝国主义对中国革命运动的各种歪曲，号召各机关募捐支援中国罢工工人。在莫斯科，有50万人示威游行，声援五卅运动。

罢工工人在争得资本家接受部分经济要求后，于8月下旬至9月下旬陆续复工。

中国共产党领导的五卅运动，是中华民族直接反抗帝国主义的伟大运动。它冲破了长期笼罩全国的沉闷政治空气，大大促进了群众的觉醒，显示了各革命阶级、各阶层民众在无产阶级领导下联合斗争的巨大威力，给了帝国主义和军阀势力一次前所未有的打击。

五卅运动对中国共产党的发展也起了重大作用。正是在五卅运动中，中国共产党开始从秘密的小政党向无产阶级群众性
的大党迅速发展。这年初党召开四大时还只有党员994人，同 9
年10月即增加到3000人，年底更达到1万人，一年内党员人数增加了10倍。随着运动推向全国，不少原来没有党组织的地方建立了党组织，如云南、广西、安徽、福建等。党在斗争中受到很大的锻炼，提高了对中国革命基本问题的认识，扩大了在
群众中的政治影响。 2

省港大罢工

发生在广州和香港的省港大罢工，是五卅运动的重要组成 5
部分。

6月3日，广州各界群众举行声势浩大的示威游行，声援五卅运动。6月19日，香港工人举行罢工。15天内，参加罢工的人数达到25万人，其中10多万人离开香港回到广州。

6月23日，香港罢工工人和广州各界群众10万余人在广州举行大会和示威游行。游行队伍经过沙基时，突然遭到沙面租界英国军警的排枪射击，当场被打死52人，重伤170多人。这就是沙基惨案。随后广州革命政府立刻宣布同英国经济绝交，并封锁出海口，由此在广州和香港爆发了浩大的省港大罢工。1926年10月，罢工委员会根据形势的变化，接受共产国际执委会远东局的建议，宣布结束罢工，并取消对香港的封锁。

省港大罢工坚持达16个月之久。它不仅在中国革命史和中国职工运动史上占有光辉的一页，而且也是国际工人运动史上罕见的壮举。省港大罢工在经济上、政治上给英帝国主义者以沉重打击，促进了广东革命根据地的统一与巩固，为准备北伐战争作出了突出贡献。

1926

“打倒列强，除军阀”“工农学兵，大联合”

——《国民革命歌》唱响“中国最强音”

“打倒列强，打倒列强，除军阀，除军阀。”“工农学兵，工农学兵，大联合，大联合。”这昂扬的旋律和熟悉的歌词，出自《国民革命歌》。这首歌曲诞生于大革命时期，反映了从国共实现合作，开始北伐战争，到工农运动高涨的历史，表明人民群众的革命热情，曾唱遍大江南北，成为当时“中国最强音”。

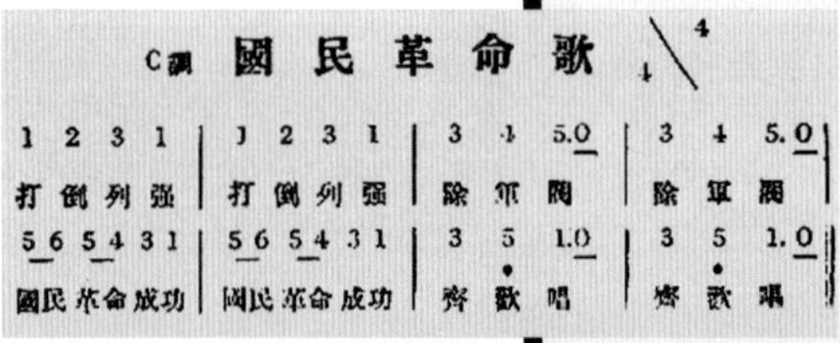

①

①1925年2月20日《中国军人》创刊号上刊登的《国民革命歌》词曲。

1

②1926 年 6 月 10 日出席湖南衡阳县农民协会成立大会的代表们合影。

③广东陆丰县农民协会会员的减租证（1926 年 6 月 18 日）。

9

②

2

6

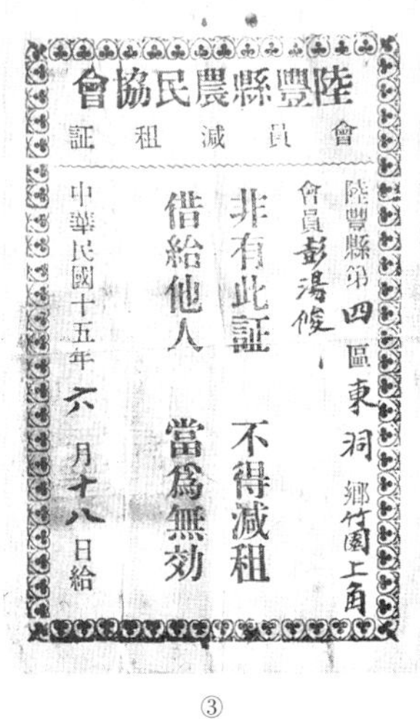

陸豐縣農民協會

會員減租證

陸豐縣第四區東羽鄉竹園上角

會員彭湯偯

非有此證　不得減租

借給他人　當爲無効

中華民國十五年六月十八日給

③

④

“打倒列强，除军阀”

“工农学兵，大联合”

④上海工人纠察队游行，庆祝起义胜利。

北伐战争的直接打击目标是受帝国主义支持的北洋军阀。北洋军阀主要分为三支势力：已经大大衰落的吴佩孚直系军阀，还控制着湖南、湖北、河南三省和直隶保定一带，大约有 20 万兵力，他的主力一时还在北方的南口一带进攻已退守西北的国民军冯玉祥部；盘踞江苏、浙江、安徽、江西、福建五省，号称“五省联帅”的孙传芳，有 20 万兵力，形成一股独立势力，战斗力比吴佩孚部强；实力最雄厚的张作霖奉系军阀，控制着东北三省、热河、察哈尔、京津地区和山东，有 30 万兵力。

从表面上看，北洋军阀依然是一个庞然大物，兵力上有比国民革命军（北伐开始时除广东原有的 6 个军外，加上新归附的广西李宗仁的第七军和湖南唐生智的第八军，只有 10 万人左右）大得多的优势，且 10 多年来一直控制着受到各国承认的中央政府，拥有巨大的财力物力。但是北洋军阀有两个致命的弱点：一是全国人民对他们的统治早已深恶痛绝，渴望早日结束已经持续 10 多年的军阀割据和军阀混战的黑暗局面，渴望实现国家的独立和统一，把越来越多的希望寄托在南方的国民政府方面。民心的向背，是具有决定意义的力量。二是北洋军阀内部四分五裂，三支军阀势力之间钩心斗角，存在着深刻矛盾，难以一致行动，便于北伐军各个击破。

国共合作的北伐战争

第一次国共合作的建立推动了全国革命形势的发展。1925

1

9

2

6

1927年1月武汉各界民众欢庆北伐胜利和国民政府从广州迁都武汉。

年7月1日，广东革命政府在广州成立，组建国民革命军。经过东征和南征，广东革命根据地得以统一和巩固。由五卅运动掀起的全国工农运动迅速高涨。这些都为北伐战争准备了条件。1926年，蒋介石通过三二〇事件、整理党务案等一系列行动，实现排挤共产党的目的之后，便开始把出兵北伐提上日程。

国民革命军在以加伦为首的苏联军事顾问的建议下，制定了集中兵力、各个歼敌的战略方针。根据这个方针，1926年5月，国民革命军先头部队出兵湖南。

1926年7月9日，国民革命军在广州誓师，以推翻帝国主义支持的北洋军阀的反动统治，实现中华民族的独立、自由、民主和统一为目的的北伐战争正式开始。国民革命军第四军、第七军主力同第八军会合后，在7月11日胜利进入长沙；8月22日，占领岳州，随后进入湖北境内。

北伐战争从一开始就得到战区和后方民众的热烈支持。当时，两湖地区因遭受灾荒而严重缺粮，粤汉铁路还没有完全修通，怎样保证军需运输是一个大问题。在中共广东区委领导下，广东省港罢工委员会组织了3000人的运输队、宣传队、卫生队随军北上。北伐军向长沙开进时，中共湖南区委发动工农群众参加带路、送信、侦察、运输、扫雷、担架、救护、慰劳、扰乱敌人后方等工作，还组织农民自卫军直接参加战斗。这种热烈的场面，在中国以往的战争史中是罕见的。

看到北伐军已直逼武汉，吴佩孚才匆忙地将他的主力部队从北方调回，在武汉外围沿铁路线的汀泗桥、贺胜桥凭险要地势设防固守。吴佩孚亲率卫队，并组织执法队，到前线督战。北伐军与吴佩孚部进行了异常激烈的战斗。国民革命军第四军、第七军主力和第八军一部，浴血苦战，终于在8月下旬连克汀泗桥和贺胜桥，击溃了吴佩孚主力，直指武汉。叶挺独立团在这场恶战中英勇搏杀，建立了卓越功勋。接着，第八军主力渡过长江，在9月6日、7日分别占领汉阳和汉口。10月10日，第四军主力和第八军一部攻克已被围困月余的武昌，叶挺独立团指战员首先攀登城头，其他各部相继入城，全歼吴佩孚部主力。独立团所在的国民革命军第四军，因此赢得"铁军"的称号。

继在两湖战场取得重大胜利后，北伐军于11月初在南浔铁路一带发动猛烈进攻，歼灭孙传芳部主力，占领九江、南昌。江西战事的局面根本改观。原来留驻粤闽边境的第一军两个师也乘势向福建发动进攻，在12月中旬不战而下福州。随即，1927年2月，北伐军进占杭州，平定浙江全省；3月，相继占领安庆、南京等地，并开进上海。至此，长江以南地区完全为北伐军占领。

湘鄂赣地区的工农群众运动

1926年9月17日，中华全国总工会在汉口设立办事处，积极指挥湖北及其邻近各省的工人运动。12月，全国工会会员由北伐前的100万人增加到近200万人，其中湖南、湖北、江西的发展尤为迅速。12月1日，湖南全省工团联合会按中华全国总工会章程改组为湖南全省总工会。到1927年2月，湖南全省有工会组织533个，会员达32万余人。1926年10月10日，湖北全省总工会在汉口成立，到1927年春，全省共计成立工会约500个，会员达四五十万人。不仅大、中城市建立了统一的工会，而且大部分县也陆续成立了县工会。湖南、湖北、江西等省还组织了相当数量的工人纠察队。长沙、武汉、九江等城市相继出现大规模的罢工，罢工工人提出增加工资、减少工时、改善劳动条件、反对封建性的工头制和包身工制等要求。这些斗争大都取得了胜利。

随着北伐的胜利进军和工农运动的蓬勃发展，革命势力迅速从珠江流域推进到长江流域。1926年11月26日，国民党中央政治委员会临时会议正式决定将国民政府和中央党部从广州迁往武汉。12月，国民党中央委员和国民政府委员相继抵汉。国民党中央执行委员暨国民政府委员临时联席会议在武汉成立，暂时代行国民党中央和国民政府的最高职权。武汉逐渐成为大革命中心。其间，最引起中外震动的是汉口、九江群众收回英租界事件。

1927 年 1 月初，武汉市民庆祝国民政府北迁和北伐战争胜利。3 日下午，中央军事政治学校学员在汉口江汉关附近讲演，英国水兵突然冲出租界，用刺刀向听众乱刺，当场打死 1 人，打伤 30 余人，接着又在九江打死打伤工人数人。这些暴行，激起了武汉、九江的工人及各界群众的极大愤怒。5 日，武汉市民二三十万人举行反英示威大会，由总工会代表李立三任指挥。会后，游行群众愤怒地冲入并占领了汉口英租界。国民革命军独立第二师也接管了九江英租界。国民政府支持群众的正义要求，由武汉政府外交部长陈友仁主持对英交涉。声势浩大的群众反帝运动同武汉政府的外交谈判相结合，迫使英国当局作出让步，在 2 月 19 日同武汉政府签订协定，将汉口、九江英租界交还中国。这是近百年来中国人民反帝外交斗争史上的第一次重要胜利，使中国人民受到极大鼓舞。

在北伐军占领的地区，农民运动得到了更大规模的发展。1926 年 2 月，毛泽东被任命为国民党中央农民部农民运动委员会委员，3 月，任广州第六届农民运动讲习所所长。11 月，毛泽东担任中共中央农民运动委员会书记后，领导全国农民运动，并决定以湖南、湖北、江西、河南的农民运动为重点。湖南农民运动在北伐进军中迅速发展。1926 年 11 月底，湖南有 54 县已有农民协会的组织，会员共 107 万人；到 1927 年 1 月，湖南农民协会会员增加到 200 万人。毛泽东曾以无比兴奋的心情赞誉道：“其势如暴风骤雨，迅猛异常，无论什么大的力量都将压抑不住。他们将冲决一切束缚他们的罗网，朝着解放的路上迅跑。一切帝国主义、军阀、贪官污吏、土豪劣绅，都将被他们葬入坟墓。”①

与此同时，湖北、江西等省的农民运动也有很大发展。1926 年 11 月，湖北全省的农民协会会员，由 7 月间的 3 万多人增加到 20 万人左右；江西成立省农民协会筹备处，会员从 10 月的 6000 多人发展到 5 万多人。在湖南、湖北、江西农民运动大发展的推动下，其他各省的农民运动也逐渐兴起。

毛泽东始终十分重视农民和土地问题。他于 1926 年 9 月发表《国民革命与农民运动》一文，指出“农民问题乃国民革命的中心问题”，“所谓国民革命运动，其大部分即是农民运动”，“若无农民从乡村中奋起打倒宗法封建的地主阶级之

① 《毛泽东选集》第 1 卷，人民出版社 1991 年版，第 13 页。

特权，则军阀与帝国主义势力总不会根本倒塌”。[①]

① 1926年9月21日《农民运动》第8期。

1927年1月4日至2月5日，毛泽东在参加湖南第一次全省农民代表大会之后，用32天的时间，到湖南的湘潭、湘乡、衡山、醴陵和长沙等县考察农民运动。他在乡下，在县城，召集有经验的农民和农运工作同志开各种类型的调查会，获得大量在武汉、长沙接触不到的第一手材料。在考察过程中，毛泽东会同当地党组织纠正过去指导农民运动方面的右倾错误，释放被当作“痞子”关在监狱里的许多乡农民协会的委员和委员长。在此基础上，毛泽东撰写了著名的《湖南农民运动考察报告》。

在报告中，毛泽东热烈地赞颂农民群众打翻乡村封建势力的伟大功绩，尖锐地批驳党内外责难农民运动的各种谬论，阐明农民斗争同革命成败的密切关系。他指出：“国民革命需要一个大的农村变动，辛亥革命没有这个变动，所以失败了。现在有了这个变动，乃是革命完成的重要因素”，一切革命的党派，革命的同志都应当站在农民的前头领导他们前进。他强调：必须依靠广大贫农作“革命先锋”，团结中农和其他可以争取的力量，把农民组织起来，从政治上打击地主，彻底摧毁地主阶级的政权和武装，建立农民协会和农民武装，由农民协会掌握农村一切权力，然后进行减租减息、分配土地等斗争。报告批评了各种右倾观点，明确地指出：解决农民问题，就要解决土地问题，这已经不是宣传的问题，而是要立即实行的问题了。这个报告，不是靠引证书本和文件，而是通过调查研究，从实践中总结经验，据此制定党领导农民斗争的路线和策略，成为中国共产党领导农民运动的光辉文献。

这一时期，在工农运动迅猛发展的同时，也出现一些过激的倾向。当时在长沙、广州等城市，特别是武汉，工人运动出现许多“左”的倾向，提出了一些脱离实际的过高要求。有些工人、店员的工资增加过速，工时减少过多，使企业倒闭，使部分中小工商业者无合理的利润可图；对有些中小工商业者进行了过火的斗争，不适当地关闭了一些工厂商店；随便逮捕人，组织法庭监狱，以及断绝交通。这些过“左”的偏向对团结民族资产阶级和上层小资产阶级，对国民经济和人民生活都带来严重的影响，从而使工人阶级自己孤立起来。同样，一些地区农民斗争中的偏激现象也比较突出，“擅自捕人游乡，随意罚款打人，以至就地处决，驱逐出境，强迫剪发……禁止坐轿，禁止穿长衫等等”[①]。这些虽是运动的支流，但扩大了打击面，不利于争取本来可以争取的 9
社会力量，给扩大和巩固革命联合战线增加了困难和阻力。

1926年底到1927年初，随着国民政府迁都武汉，党的一些领导干部吴玉章、林祖涵、恽代英、彭湃、毛泽东、瞿秋白、刘少奇等先后到达武汉。他们同原在湘鄂赣地区工作的董必武、方志敏等会合在一起，引导革命继续前进，把工 2
农运动推向新的高潮。

上海工人三次武装起义

6

上海在革命斗争中有着重要的地位，是革命与反革命必争之地。从政治上看，反动军阀依仗帝国主义势力，要把上海变为反革命的据点；从经济上看，上海是中国财富最集中的地方，它操纵着全国的经济命脉。五卅运动之后，暂时处于低潮的上海工人运动，在北伐战争胜利的进军声中重新高涨起来。

中共中央和以罗亦农为书记的中共上海区委密切注视着战事的发展。1926年7月中共中央扩大会议专门讨论上海工作，通过《上海工作计划决议案》，要求：上海区委应提出上海市民的总要求，即上海市民运动的政纲，并依此政纲的意义建立革命民众的联合战线。[②]上海区委很快传达了中共中央扩大会议精神。广东国民政府也于9月派出钮永建为驻上海军事特派员，准备里应外合，策应北伐军推翻北洋军阀在上海的统治。

1926年10月24日凌晨，上海工人在中共上海区委领导下举行第一次武装起义。由于起义是在准备工作刚刚开始、时机极不成熟、大部分工人没有真正组织起来的情况下仓猝发动的，遭到了失败。但是，上海工人在这次起义中经受了锻炼，其中最主要的是提高了政治水平。以前上海工人的罢工大多是提出提高工资、改善待遇等经济条件，而在这次起义中工人们提出了反对军阀、支持北伐军、争取工会公开、追悼死难烈士等多项政治要求，工人的政治斗争意识得到迅速提高。

① 李维汉：《回忆与研究》（上），中共党史资料出版社1986年版，第97页。

② 中央档案馆编：《中共中央文件选集》第2册，中共中央党校出版社1989年版，第259—260页。

1927年初，北伐军分三路向安徽、浙江、江苏等省进攻。由于孙传芳的主力已在江西被击溃，各地人民纷纷起来响应革命，北伐军进展顺利。2月16日，中共上海区委举行全体会议，决定“赶快准备”组织“一个工人为主的武装暴动，主要的总罢工，次要的武装继续”，口号仍是“欢迎北伐军来”。[①]

2月17日，北伐军占领杭州，18日，先头部队抵嘉兴，上海非常混乱。2月19日，上海总工会发布总同盟罢工命令。宣布罢工的决定是2月18日深夜由工会积极分子会议作出的，未经中共中央和上海区委批准，只是取得了参加这次会议的区委代表的同意。

在“罢工响应北伐军”的口号下，先后罢工的工人达36万人。本来罢工是为了配合北伐军夺取上海，但北伐军到达嘉兴后却停止不前。20日，中共中央得知这个消息后，经过反复讨论，决定把总同盟罢工转变为武装起义。21日，罢工工人奋起袭击反动军警，夺取武器，总同盟罢工发展为上海工人第二次武装起义。可是，由于海军两舰配合起义的计划泄露，两舰在来不及通知各区起义工人的情况下不得不提前开炮，打乱了整个起义计划。同时，离上海不远的北伐军根据蒋介石的命令，拒绝工人请予援助的要求。这样，准备还很不充分的工人起义被北洋军阀残酷地镇压下去。

上海工人第二次武装起义刚刚失败，2月23日，中共中央和上海区委举行联席会议。会议决定停止暴动，由上海总工会下令复工，扩大武装组织，准备下次暴动等。会议还决定联合组成起义的最高决策机构和指挥机关——特别委员会，着手准备第三次武装起义。特委由陈独秀、罗亦农、赵世炎、汪寿华、尹宽、彭述之、周恩来、萧子璋8人组成。在特别委员会之下，建立特别军委和特别宣委两个专门委员会，以加强军事准备和宣传发动工作。特别军委由周恩来负责，其成员有顾顺章、颜昌颐、赵世炎、钟汝梅，周恩来同时还担任武装起义的总指挥；特别宣委由尹宽、郑超麟、高语罕、贺昌、徐伟组成。领导第三次武装起义，成为中共中央和中共上海区委的中心工作。

第三次武装起义的整个行动，确定由中共中央和上海区委负责，紧急时则由陈独秀、罗亦农、周恩来、汪寿华四人

① 上海市档案馆编：《上海工人三次武装起义》，上海人民出版社1983年版，第115页。

负责。3月19日，《中共上海区委行动大纲》发布，《各部作战计划》拟定。此次武装起义的策略是：“罢工后立即暴动，夺取警察局；以纠察队维持治安，解除直鲁军败兵的武装；占领各公共机关，成立市政府，欢迎北伐军。”①

这时，孙传芳部在北伐军的连续进击下，已无力支持，只得向盘踞华北的奉系军阀投靠。张作霖派遣鲁军毕庶澄部南下，到上海接防。

3月20日北伐军进抵上海近郊龙华，军阀部队十分动摇混乱。21日，上海工人在中共中央特委领导下，当机立断，及时发动总同盟罢工并随即转为武装起义。80多万起义工人依靠自己的力量，使用劣势的武器装备，经过30个小时的英勇战斗，终于击溃北洋军阀在上海的驻军，占领上海（外国控制的租界除外）。原来屯兵龙华、袖手旁观的北伐军这时才在白崇禧率领下开入上海，迅速抢占具有重要军事价值的江南兵工厂，并把东路军前敌总指挥部设在兵工厂内。这次武装起义共消灭北洋军阀部队3000余人和武装警察2000余人，缴获5000多支枪、若干门大炮和大量弹药、装备。300余名上海工人和群众英勇牺牲，1000余人负伤。上海工人阶级用生命和鲜血换来了上海的解放，使这个东方大都市回到了人民的怀抱。

3月22日，上海工商学各界举行市民代表会议，选举产生上海市政府委员19人，组成上海特别市临时市政府，其中共产党员和共青团员占了10人。这个政府在组织领导和组织成分上都体现了工人阶级的领导权，它的成立，是第三次武装起义的直接成果。

上海工人第三次武装起义是北伐战争中工人运动发展的最高峰，为在中国开展城市武装斗争作了大胆的尝试。起义后成立的上海临时市政府，虽然只存在了24天，但它是在党的领导下最早由民众在大城市建立起来的革命政权。

上海工人三次武装起义是大革命时期工人运动的光彩篇章，在中国工人运动史上留下了闪耀的一页。在中共中央和中共上海区委的领导下，上海工人阶级以大无畏的革命气概，勇于牺牲，顽强战斗，为消灭军阀孙传芳、张宗昌的势力，为北伐战争的胜利，作出巨大贡献。

① 中华全国总工会中国职工运动史研究室编：《中国历次全国劳动大会文献》第1卷，工人出版社1957年版，第179页。

1927

党的历史上第一个纪律检查监督机构的创立

——进入土地革命战争时期

①

这两张中共五大会场现场图片，是中共五大会址纪念馆2017年在俄罗斯档案馆首次发现。其中，一张图片是武昌开幕式会场，图片下方用俄文标注“中国共产党第五次代表大会，汉口，1927年4月—5月”（此处有误，“汉口”应为“武昌”）；另一张是黄陂会馆五大会场。两张图片非常珍贵，是目前为止发现的最早的中国共产党全国代表大会现场图。中共一大到四大的现场图迄今为止尚未发现。中共五大选举产生了党的历史上第一个中央纪律检查监督机构——中央监察委员会，这在党的建设史上具有重要意义。

①在俄罗斯档案馆新发现的中共五大开幕式现场图，图片下方俄文标注：“中国共产党第五次代表大会，汉口，1927 年 4 月—5 月”(此处有误，“汉口” 应为“武昌”)。
②在俄罗斯档案馆新发现的中共五大开幕式现场图背面的中、俄文标注。

中共五次大会
№ 089
V съезд К.П.К.
1927г.
разм. 30×40

②

③

③在俄罗斯档案馆新发现的中共五大会场现场图(黄陂会馆)。

④

④1927 年 4 月 28 日中共五大召开第二天，瞿秋白和杨之华摄于五大会场武昌第一小学。

面对北伐胜利进军过程中工农运动的蓬勃兴起，北伐前便扬言，革命成功后“必须要有一个党、一个主义专政”的蒋介石，开始对共产党发展力量心存不满甚至“切齿”痛恨。况且，国民党的前身同盟会从建立之日起，就是一个成分非常复杂的联盟，内部有很多豪绅势力、封建买办势力的代表。当革命一旦深入并影响到国民党内部这些势力的利益时，国共破裂就不可避免。1927 年 4 月 12 日，蒋介石在上海发动反革命政变。随后，江苏、浙江、安徽、福建、广东、广西等省相继以“清党”为名，大规模搜杀共产党员和革命群众。

狂澜危局下的中共五大召开，李大钊在北京英勇就义

1927 年 4 月 28 日，中共五大召开的第二天，38 岁的李大钊在北京西交民巷京师看守所被绞杀。《晨报》留下了这位党的创始人从容就义的遗照，也留下了这样的记载：他身“着灰布棉袍，青布马褂，俨然一共产党领袖之气概”，“态度极从容，毫不惊慌”。共产国际执委会第八次会议给中共发来电报：李大钊的英勇就义和其他在北京被杀害的共产党员的壮烈牺牲是在国际无产阶级的记忆中永远不可磨灭的。李大钊牺牲在中共五大召开之际，这是当时严峻形势的真实写照。

1927 年 4 月 27 日至 5 月 9 日，中国共产党第五次全国代表大会在武汉举行。出席大会的正式代表 82 人，代表全国 57967

名党员。共产国际代表罗易、多里奥、维经斯基、鲍罗廷等参加会议。陈独秀作《政治与组织的报告》。大会批评了陈独秀的
右倾错误。大会要求会后由中央政治局会议制定《中国共产党第 9
三次修正章程决案》，明确规定实行民主集中制、将中央执行委员会改为中央委员会、设立中央政治局等。

尽管中共五大提出了争取无产阶级对革命的领导权、建立革命民主政权和实行土地革命的一些正确原则，但对无产阶级
如何争取革命领导权，如何领导农民实行土地革命，如何对待 2
武汉国民政府和国民党，特别是如何建立党领导的革命武装等问题，都没有提出有效的具体措施，自然难以承担起挽救革命的任务。从总体上来看，五大没有能在党面临生死存亡的危急
时刻，为全党指明出路，提供坚强有力的领导，而是徒然丧失 7
时机，坐视整个局势继续恶化。

应势而生的“中央监察委员会”

中共五大有一个鲜为人知却又意义非凡的“第一”，那就是，五大在党的历史上第一次选举产生了中央监察委员会。

党从成立之初，就非常重视党的纪律和党内监督机制的建设。一大通过的纲领明确规定：“地方委员会的财务、活动和政策，应受中央执行委员会的监督。”二大通过的《关于议会行动的决议》，明确了共产党员参加议会活动的监督制度。在二大通过的第一个党章、三大通过的《中国共产党第一次修正章程》和四大通过的《中国共产党第二次修正章程》中，均专设“纪律”一章。1926 年 8 月 4 日，中共中央发出关于坚决清洗贪污腐化分子的通告。这是党的历史上第一个惩治贪污腐败的文件。

如此重视党的纪律监督的中国共产党，为什么没有在建党初期成立专门的纪律检查监督机构，而是建党 6 年后，才在中共五大上成立中央监察委员会呢?

从党的发展历程看，党的第一个中央纪律检查监督机构产生于中共五大，是党组织和革命形势发展到一定历史阶段的客观需要和必然产物。

处于幼年时期的中国共产党，从 50 多人，到不足千人，一无政权，二无经费，连党的主要创始人陈独秀和李大钊都要靠教书、当编辑和写作维持生活，东奔西走为党筹集经费。由于党员人数少、质量高，党组织长期处于秘密状态，机构精干且

纪律严明，违纪现象较少发生，因此没有成立专门的纪律检查监督机构，而由党的各级委员会直接维护和执行党纪。陈公博和周佛海两人在建立党的早期组织过程中曾做过一些工作，并被选为代表出席了中共一大，但不久就严重违反党的纪律。党毫不留情地将这样的人清理出去，保持了党组织的纯洁性。

虽然没有专门的纪律检查监督机构，却严格维护和执行党的纪律——便是中国共产党从一开始就能保持清正廉洁作风的重要原因。

随着第一次国共合作的深入和轰轰烈烈大革命的到来，党的影响迅速扩大，党的力量也随之迅猛发展。大批工人、农民、知识分子、进步青年和革命军人纷纷加入党的组织。新党员的急剧增加，党员教育的滞后，加上少数投机分子的混入，使党的先进性和纯洁性面临严峻形势。

然而，更大的考验是，国共合作后，大量共产党员以个人身份加入国民党，在国民党各级党部、军队和政府内任职。这些跨党任职的党员时刻面临着权力地位、金钱美色、灯红酒绿等各种诱惑，加上革命阵营内部分化日益严重，少数意志薄弱的党员出现了追求享受、贪污腐化、思想动摇甚至叛党变节的现象。尤其在蒋介石发动四一二反革命政变、新老军阀不约而同地制造白色恐怖镇压革命的危急情况下，脱党、“自首”甚至叛党投敌等现象屡见不鲜。在这种形势下，在党内设立专门的纪律检查监督机构，就成为一件刻不容缓的事情。

1927 年 5 月 9 日，五大选举产生党的历史上第一个中央纪律检查监督机构——中央监察委员会。王荷波、张佐臣、许白昊、杨匏安、刘峻山、周振声、蔡以忱当选为中央监察委员，杨培森、萧石月、阮啸仙当选为候补中央监察委员。10 位同志都是工农运动和革命斗争中久经考验、在群众中拥有崇高威望的党的领导干部，其中 6 人出身工人。

当选为中央监察委员会主席的王荷波，山西太原人。曾出席中共三大和四大，历任中共中央执委会委员、中央局委员、中央工农部主任、上海地方执委会委员长、中共北方局委员、全国铁路总工会执委会委员长。五大闭幕后 3 个月，王荷波在八七会议上当选临时中央政治局委员，随即又被任命为中共中央北方局书记。王荷波来到天津，调查处理顺直省委组织纠纷，撤销了坚持右倾错误、拒不执行八七会议方针的彭述之的省委书记职务。接着来到河北玉田，传达八七会议精神，部署武装暴动。有的同志出于对陈独秀右倾错误的痛恨，要求开除陈独秀党籍并把他枪毙。王荷波反问：“你们要求枪毙陈独秀，是根据党章上哪一条？

党章上有枪毙党员的规定吗?”接下来，他耐心解释，平息了大家的怨气。几天后，王荷波却因叛徒告密在北京被捕。在狱中，他
受尽酷刑，却始终严守党的机密，留下的唯一遗嘱是请求党组织 9
教育他的子女，让他们坚持走革命的道路。1927 年 11 月 11 日深夜，王荷波在北京安定门外箭楼西边英勇就义，终年 45 岁。

除王荷波外，中共五大选出的 10 名监察委员中，先后有 7 人牺牲在刑场或战场上，却无一人叛党投敌。这些党的监察先
驱，用鲜血和生命诠释了对共产主义的信仰和对革命事业的忠 2
诚，为鲜红的党旗增添了绚丽的色彩。

轰轰烈烈的大革命失败

继蒋介石发动四一二反革命政变后，1927 年 7 月 15 日，汪 7
精卫等控制的武汉国民党中央召开分共会议，决定同共产党决裂，彻底背叛了孙中山制定的国共合作政策和反帝反封建纲领。随后，汪精卫集团同蒋介石集团一样，对共产党员和革命群众实行大逮捕、大屠杀。至此，由共产国际倡议的国共两党的第一次合作正式破裂，轰轰烈烈的大革命宣告失败。

尽管大革命最终失败了，但它仍然具有重大的意义。通过这场革命，中国共产党提出的反帝反封建的口号成为广大人民的共同呼声，党在群众中的政治影响迅速扩大，党的组织得到很大发展，千百万工农群众在党的领导下组织起来，党还开始掌握一部分军队。尤其是通过革命胜利和失败的反复，党经受了深刻的锻炼和严峻的考验，初步积累了正反两个方面的经验。所有这一切，为党领导中国人民把革命斗争推向新的阶段准备了条件。

大革命失败后，国内政治局势急剧逆转，原来生机勃勃的中国南部一片腥风血雨。这时的党遇到了前所未有的困难。蒋介石在南京建立政权后，经过一系列新军阀混战，建立起在全国范围内的统治，残酷地镇压、屠杀共产党人和革命群众。据不完全统计，从 1927 年 3 月到 1928 年上半年，被杀害的共产党员和革命群众达 31 万多人，其中共产党员 2.6 万多人。据 1927 年 11 月统计，党员数量由中共五大召开时的近 5.8 万人，急剧减少到 1 万多人。工会和农民协会到处被查禁、解散。严酷的事实表明，中国革命已经进入低潮。但是，正如毛泽东后来所说：“中国共产党和中国人民并没有被吓倒，被征服，被杀绝。他们从地下爬起来，揩干净身上的血迹，掩埋好同伴的尸首，他们又继续战斗了”。中国共产党独立高举革命旗帜，领导中国人民的反帝反封建斗争进入十年土地革命战争时期。

1928

井冈山根据地达到全盛时期，中共六大召开

②

1928年10月和11月，毛泽东在茅坪八角楼相继撰写了《中国的红色政权为什么能够存在?》《井冈山的斗争》两部著作，总结创建井冈山根据地的经验，系统论证了中国的红色政权为什么能够发生和发展的原因，提出了“工农武装割据”的重要思想。此前，6月18日至7月11日，中共六大在俄罗斯莫斯科南部纳罗法明斯克地区五一村举行。这次大会是在大革命失败、土地革命战争兴起，党内刚刚结束了持续6个月的“左”倾盲动错误，而同期毛泽东创建的井冈山革命根据地经龙源口大捷后达到全盛时期这样的大背景下召开的。2006年，笔者来到五一村，在村文化宫图书馆中查到五一村工厂日志，其中记载着有关中共六大在五一村召开的内容；在五一村村民带领下，在废弃的仓库中，发现了俄罗斯旧报纸，“历史一页”栏目的文章名字是《五一村：中共六大》。

1928

①1928 年毛泽东作词《西江月·井冈山》。

②宁冈县茅坪八角楼。

③井冈山革命根据地全盛时期形势示意图。

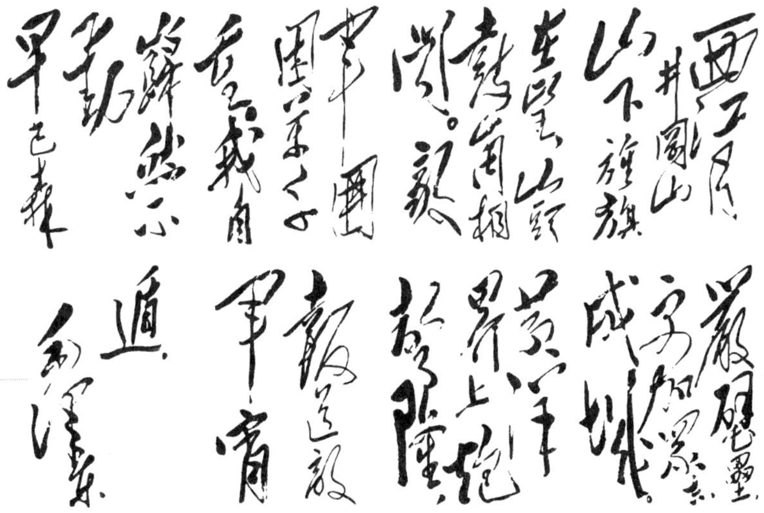

①

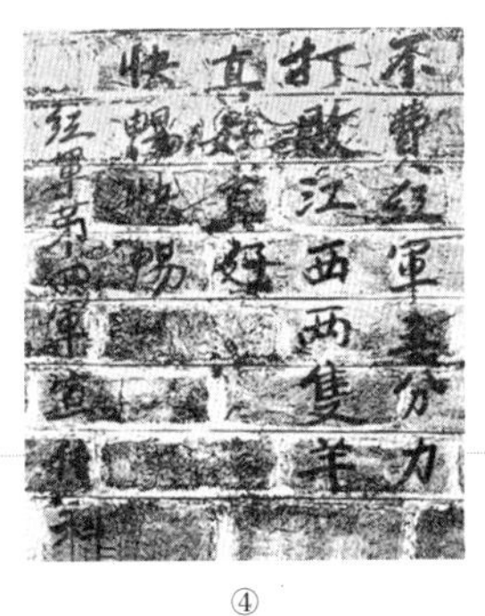

④

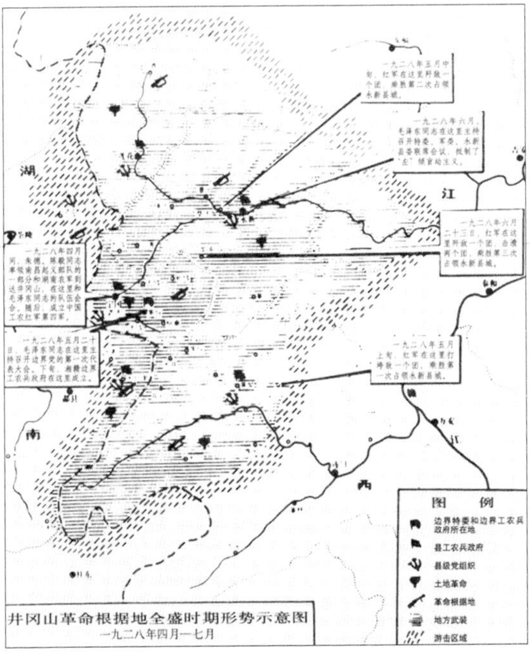

③

井冈山根据地达到全盛时期，中共六大召开

④龙源口战斗结束后，红军在墙上写的标语。

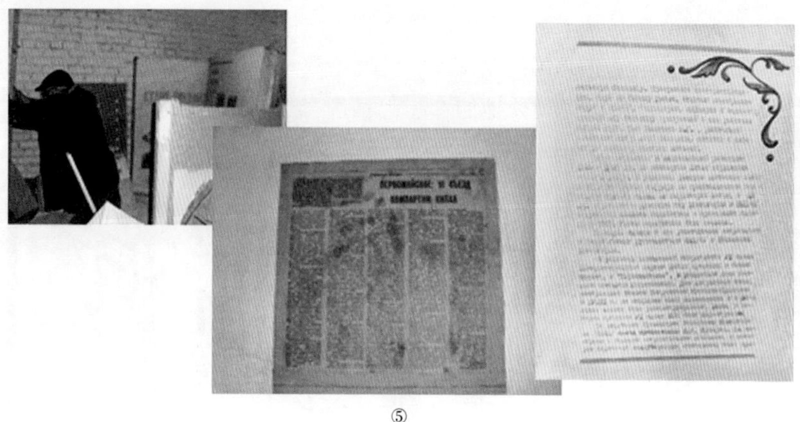

⑤

УСТАВ КИТАЙСКОЙ
КОММУНИСТИЧЕСКОЙ ПАРТИИ

XIII. 中國共產党党章

第一章 名称

(一)党名 中国共產党為共產国际之一部分，命名為：中国共產党，共產国际支部。

第二章 党員

(二)入党資格 凡承認共產国际和本党党綱及党章，加入党的組織之一在其中積極工作，服從共產国际和本党一切決議案且經常繳納党費者均得為本党党員。

(三)入党手續 新党員入党時由党支部通過，並須經过市縣委或等于縣委組織的區委之批准。

入党的条件分下列數種：

(甲) 工廠工人須經党員一人之介紹，由生產支部通过。

(乙) 農民，手工業者，智識分子，及各机関下級服務人員，須有党員一人之介紹。

(丙) 各机関高級服務人員，須有党員二人之介紹。

(丁) 脫離其他政党（如国民党等）而加入本党者須經有党籍一年以上之党員二人介紹，若從前為其他政党之普通党員者，則經省委之批准；若從前為其他政党之負責人員者，則須經中央之批准。

（附註）（一）介紹人应对被介紹者負責，如遇有介紹者不確实時，則受党紀之制裁，以至於開除党籍。

（二）在新党員未批准為党員時，各相党支部得委任該新党員以党的某種工作，藉以考察其程度及其对於党之瞭解。

（三）少共团員入党時由少共委員会介紹，亦須經上項各相当之手續，由支部党員大会通过，或上級党部之批准。

（四）在某種特殊情形之下，党的各級委員会均有

⑥

⑤在俄罗斯莫斯科五一村文化宫图书馆和废弃仓库中发现五一村工厂日志和旧报纸等珍贵资料。作者摄于2006年。

⑥俄罗斯档案馆馆藏中共六大文献。

 1

中国共产党是从大革命失败的惨痛教训中懂得武装斗争的极端重要性的。正是国民党反动派的屠杀政策教育了中国共产党人和革命群众，促使他们拿起武器进行战斗。毛泽东 9
就讲过：“我是一个知识分子，当一个小学教员，也没学过军事，怎么知道打仗呢？就是由于国民党搞白色恐怖，把工会、农会都打掉了，把五万共产党员杀了一大批，抓了一大批，我们才拿起枪来，上山打游击。”①

2

八七会议和南昌起义、秋收起义、广州起义

1927 年 7 月中旬，根据共产国际执行委员会的指示，中共中央实行改组，由张国焘、李维汉、周恩来、李立三、张 8
太雷五人组成中央临时政治局常务委员会。8 月，中共中央在湖北汉口召开紧急会议（即八七会议），确定土地革命和武装起义的方针，并选举了中央临时政治局。中央临时政治局选举瞿秋白、苏兆征、李维汉为常委，瞿秋白为主席。这次会议给正处在思想混乱和组织涣散中的党指明出路，为挽救党和革命作出了巨大贡献。这是由大革命失败到土地革命战争兴起的一个历史转折点。

① 中华人民共和国外交部、中共中央文献研究室编：《毛泽东外交文选》，中央文献出版社、世界知识出版社 1994 年版，第 530 页。

参加秋收起义的部分人员 1937 年在延安合影（前排从左至右：赖传珠、张宗逊、孙开楚、赖毅、谭冠三；后排从左至右：杨立三、陈伯钧、毛泽东、龙开富、周昆、谭希林、罗荣桓、谭政、刘型、杨梅生、胡友才，以及参加过井冈山斗争的贺子珍）。

中国革命进入党独立领导创建红军和开展武装斗争的新时期。党先后发动和组织南昌起义、秋收起义、广州起义等近百次武装起义，创建农村根据地。但是，这时的革命形势依然处于低潮。对敌人野蛮屠杀的满腔愤怒和复仇渴望，像一团火燃烧在许多革命者的胸中，使大家产生一种近乎拼命的冲动。在这种情况下，中共中央主要领导人和许多共产党人对中国政局的复杂性和中国革命的长期性缺乏认识，过高地把一部分先进分子的认识水平看成是广大群众的认识水平。1927 年 11 月召开的中央临时政治局扩大会议，确定了以城市为中心的全国武装暴动计划，使“左”倾盲动错误在全党取得支配地位。到 1928 年 4 月，这次“左”倾盲动错误在全国范围的实际工作中才基本停止。

上井冈山，“朱毛红军”的源起

1927 年 9 月，毛泽东率领秋收起义部队南下时，决定选择在井冈山地区建立革命根据地。这是因为：这个地区在大革命时期各县曾建立过党的组织和农民协会，当地的农民武装首领袁文才、王佐都受过大革命的洗礼，愿意同工农革命军联合；这里地势非常险要，易守难攻；周围各县有自给自足的农业经济，易于部队筹粮；地处两省边界，距离国民党统治的中心城市比较远，加之湘赣两省国民党新军阀之间又存在矛盾，敌人的统治力量比较薄弱。从进攻大城市转到向农村进军，这是中国人民革命发展史上具有决定意义的新起点。

9 月 29 日，起义军在江西永新县进行了三湾改编，实施党的支部建在连上、官兵平等等措施，开始改变旧军队的习气和不良作风，从组织上确立了党对军队的领导，这是建设无产阶级领导的新型人民军队的重要开端。

10 月中旬，国民党新军阀李宗仁部和唐生智部发生战争，井冈山地区敌人兵力空虚，这是工农革命军向外发展的良机。11 月，工农革命军攻占茶陵县城，成立茶陵县工农兵政府，由谭震林担任主席。这是湘赣边界第一个红色政权。1928 年 1 月，工农革命军攻占遂川县城；2 月中旬，打破了江西国民党军队对井冈山地区的第一次“进剿”。以宁冈为中心的井冈山革命根据地初具规模，湘赣边界的工农武装割据局面初步形成。

在创建井冈山根据地的斗争中，毛泽东尤其重视军队建设。1927 年底，他规定部队必须执行打仗消灭敌人、打土豪筹款子、做群众工作三项任务。1928 年 4 月，他又总结部队做群众工作的经验，规定部队必须执行三大纪律（当时称“三条纪律”）、六项注意。三大纪律是：第一，行动听指挥；第二，不拿工人农民一点东西；第三，打土豪要归公。六项注意是：（一）上门板；（二）捆铺草；（三）说话和气；（四）买卖公平；（五）借东西要还；（六）损坏东西要赔。后来，六项注意又增加“洗澡避女人”和“不搜俘虏腰包”两项内容，发展成为三大纪律、八项注意。这些规定体现了人民军队的本质，对于加强人民军队建设、正确处理军队内部的关系特别是军民之间的关系、瓦解敌军等，都起了重大作用。

1928 年 4 月下旬，朱德、陈毅率领南昌起义保留下来的部队和湘南起义农军 1 万余人陆续转移到井冈山地区，与毛泽东领导的部队在宁冈砻市会师。会师后，合编为工农革命军第四军（后改称红军第四军），朱德任军长，毛泽东任党代表。从此以后，他们领导的红军被称为“朱毛红军”，是令国民党军队闻之胆寒的部队。毛泽东和朱德的名字便紧紧地连在了一起。

毛泽东、朱德在总结经验基础上概括出“敌进我退，敌驻我扰，敌疲我打，敌退我追”的十六字诀。红四军连续打破国民党军“进剿”，使根据地日益扩大。6 月 23 日，红四军取得龙源口战斗胜利，井冈山根据地达到全盛时期。

大革命失败以后，中国革命所以能够坚持下来并走向复兴，关键在于找到了一条前人没有走过的正确道路。这条独特的道路，是在全党的集体奋斗中开辟出来的。其中，毛泽东作出了最卓越的贡献。他在实践中首先把武装斗争的重心转向农村，创造出坚持、发展农村根据地的完整经验，而且在《星星之火，可以燎原》等著作中，从理论上初步对中国革命的道路问题作了阐明。

中共六大的召开

在毛泽东创建井冈山革命根据地前后，在如何认识当前的社会性质，以及革命的性质、对象、动力、前途等关系革命成败的重大问题上，党内存在着认识上的分歧和争论。这个时候，迫切需要召开一次党的全国代表大会对中国革命面临的诸多问题，认真加以研究和解决。

中共六大的召开，经过了近一年时间的酝酿和准备。由于国内白色恐怖十分严重，很难找到一个能够保证安全的地方开会。不久，当中共中央得知赤色职工国际第四次代表大会和共产国际第六次代表大会将分别于1928年春天和夏天在莫斯科召开，少共国际也将在莫斯科召开第五次代表大会时，考虑到届时中国共产党将派代表出席这几个大会，而且中共中央也迫切希望能够得到共产国际的及时指导，所以，经报请共产国际同意，决定中共六大在莫斯科召开。

1928年6月18日至7月11日，中共六大在莫斯科近郊如期召开。出席六大的代表142人，其中有选举权的正式代表84人。瞿秋白作《中国革命与共产党》的政治报告，周恩来作组织报告和军事报告，李立三作农民问题报告，向忠发作职工运动报告，共产国际代表布哈林作《中国革命与中国共产党的任务》报告。大会明确中国仍是一个半殖民地半封建的国家，现阶段的中国革命仍是资产阶级性质的民主主义革命，党的总路线是争取群众。

六大认真总结大革命失败以来的经验教训，从而在一系列根本性问题上澄清了党内长期存在的错误认识，对以后中国革命的发展起了积极作用。但是，六大也存在一些缺点：一是对中国社会的阶级关系缺乏正确认识，否认存在中间营垒，把民族资产阶级当作最危险的敌人；二是把党的工作重心仍然放在城市；三是对中国革命的长期性估计不足；四是在组织上片面强调党员成分无产阶级化和“指导机关之工人化”。

俄罗斯莫斯科五一村修复后的中共六大会场。作者摄于2016年。

中共六大会址的确认和修复重建

关于中共六大会址，国内一般只含糊地说在莫斯科近郊一 9
座旧式贵族庄园，而具体到村镇名称则有“兹维尼果罗德镇”（位于莫斯科西北部）和“五一村”（位于莫斯科南部）两种说法。导致这种情况的原因，主要是参加六大的许多当事人，如周恩来、瞿秋白、李立三、蔡和森、王若飞等，在回忆六大时，
只简单地说在莫斯科召开，或者说在莫斯科近郊召开，而没有 2
说明详细地名。就是记述较为详细的张国焘，也只说了个大概。他在《我的回忆》一书中写道，记不得六大会址的名字了，“这所过去属于贵族地主的庄园，虽已陈旧，但还可以看出一些富
丽堂皇的痕迹，附近还有一个国营农场和一些零零落落的农舍， 8
阡陌葱绿，呈现着莫斯科郊外的初夏景色”。

关于“兹维尼果罗德镇”说，最早出自盛岳所著《莫斯科中山大学和中国革命》。这本书是 1971 年在美国出版的，1980 年中国现代史料编刊社内部翻译出版发行。盛岳在“中山大学和中国共产党第六次全国代表大会”一章中专门谈到六大会址。书中写道：“一个出席党的六大的东方共大学生回忆说，大会会址是在塞列布若耶，是莫斯科近郊兹维尼果罗德镇不远的一座乡间别墅。这座乡间别墅原来是沙皇时代一个地主的财产，它的名字的意思是‘银色别墅’，因其白墙在阳光下光耀夺目而得此名。”

盛岳于 1926 年至 1930 年由中共北京市委选派到莫斯科中山大学学习和工作。1934 年，他在上海被捕后叛变，全国解放前夕逃往海外。《莫斯科中山大学和中国革命》一书是近 40 年后写的。他在书中也称，不得不大部分依靠他的记忆，“和其他任何人一样，我的记忆也靠不住”。据盛岳称，其妻秦曼云“对关于党的六大那一章所作的贡献尤为可贵”，因秦当时是从中山大学调去参加六大准备工作的学生之一。但秦自己则说，她连六大会址附近火车站的名称都记不得，“毕竟已事隔 40 年”。

由此，国内众多著述在介绍中共六大会址时，大多借用盛岳书中的说法，甚至对会址及其周边场景的描述都完全相同或相似。如上海人民出版社 1986 年版《瞿秋白传》，写的是“莫斯科郊区兹维尼果罗德镇附近的一座乡间银色别墅”；天津人民出版社 1989 年版《一个人和一个时代——瞿秋白传》，写的是

俄罗斯莫斯科五一村中共六大会址常设展览馆外景。作者摄于 2016 年。

“在莫斯科郊区兹维尼果罗德镇的一个叫做列布若耶（银光）别墅的前贵族庄园召开”；还有北京出版社 1998 年版《中国共产党——从一大到十五大》，中共中央党史研究室拍摄的历史文献片《从一大到十五大》等，都是这么写的。

当然，也有一部分著作采用“五一村”的说法，如北京大学出版社 1988 年出版的《共产国际和中国革命关系史稿》就认为，中国共产党第六次“代表大会在莫斯科郊外那罗福明斯克城附近的波乌麦斯基村举行”（那罗福明斯克城即今俄罗斯纳罗法明斯克地区，“波乌麦斯基”即“五一”的俄语音译——引者注）。1999 年 9 月，笔者在俄罗斯科学院远东所著名汉学家舍维廖夫教授（现已去世）带领下，参观过五一村中共六大会址。清楚记得，当时的路牌上标的就是“五一村”。在俄罗斯网站上查找中国国内革命战争的历史资料，也说中共六大在五一村召开。同时，盛岳书中对中共六大会址及其周边环境的描述，符合我们参观的五一村中共六大会址特征，而具体地名不符，估计是那位“出席党的六大的东方共大学生”搞错了，或者是由于年代久远，盛岳本人或是其妻记错了。此外，虽然两种说法所称的地点名称不同，但所用的图片却是相同的，事实上都是五一村中共六大会址的三层楼。因此，关于中共六大会址的争议，应当说可以释疑了。

后经努力，终于找到了三份能够明确证明六大在五一村召开的原始档案文献：《米夫给皮亚特尼茨基的信》（1928 年 6 月 19 日）、《周恩来在党的六大军事委员会第一次会议上的报告记录》（1928 年 6 月 27 日）、《布哈林在中共六届一中全会上的讲话》

（1928年7月19日）。这三份档案落款都是“莫斯科州纳罗法明斯克地区五一村”，时间是六大召开期间。[①]

六大是在秘密情况下召开的，当时，当地居民知道中国人在开会，后来知道是中国共产党第六次全国代表大会。这么一件大事发生在自己所在的村庄，村民们感到很自豪。他们还说，五一村曾是苏联克格勃的保密区，外人根本无法进入，安全性和保密性都很好，这恐怕也是中共六大选择在这里召开的一个重要原因。

2006年笔者再次去了莫斯科中共六大会址，庄园大门的两根柱子残迹仍在。在岁月长河的侵蚀中，这个曾经辉煌的俄罗斯旧式贵族庄园日渐破败和衰落，到处杂草丛生。会址的楼房墙体已经出现损坏，三层高的楼房类似我们国内所称的“筒子楼”，走廊两侧的墙壁斑驳陆离，走廊尽头堆放着废酒瓶子等杂物垃圾。楼内原住着十几户人家，一次火灾之后，全部搬离。

中共六大是中国共产党历史上唯一一次在国外召开的全国代表大会，具有重大历史意义。中共六大会址恢复重建工作自始至终受到中俄双方领导人高度重视。2010年，时任国家副主席习近平与俄罗斯总理普京就中共六大会址保护问题达成共识。自2013年3月习近平主席与俄罗斯戈洛杰茨副总理共同出席中共六大会址纪念馆建馆启动仪式以来，两国领导人在多个场合就有关工作交换意见，从各方面对工程建设给予关心、指导和支持。俄罗斯各有关部门大力支持、积极配合，俄罗斯民众也给予真诚理解和热情支持，各承建单位和前线工人克服各种困难，辛勤工作，中俄双方经过1000多个日日夜夜的奋战，中共六大在莫斯科召开的场景得以重现在世人面前。

转瞬八十八载风云岁月。2016年7月4日，中共六大会址常设展览馆建成仪式在俄罗斯莫斯科举行。中共中央总书记、国家主席、中央军委主席习近平和俄罗斯总统普京分别就中共六大会址常设展览馆建成致贺词。

中共六大会址常设展览馆是迄今为止中国在海外的唯一关于中共党史的常设展览馆，是建党95周年的献礼工程，是“一带一路”的“中国名片”，是中俄两国传统友谊的历史见证，也是中俄两国领导人和两国人民在新的时代条件下创造的中俄友谊的新篇章。

① 中共中央党史研究室第一研究部译：《共产国际、联共（布）与中国革命档案资料丛书》第7卷，中央文献出版社2002年版，第498—499、501—503、511—512页。

1 9 2 9

古田会议

——制定党和红军建设的纲领性文献

1929年12月通过的《中国共产党红军第四军第九次代表大会决议案》(即古田会议决议),是党和红军建设的纲领性文献,核心是要用无产阶级思想进行军队和党的建设。至今,重读古田会议决议,仍禁不住惊叹不已——惊叹它的勇于创新、求真务实和充满人性,惊叹它对党和军队建设的现实指导意义,惊叹它常读常新的不竭生命力。

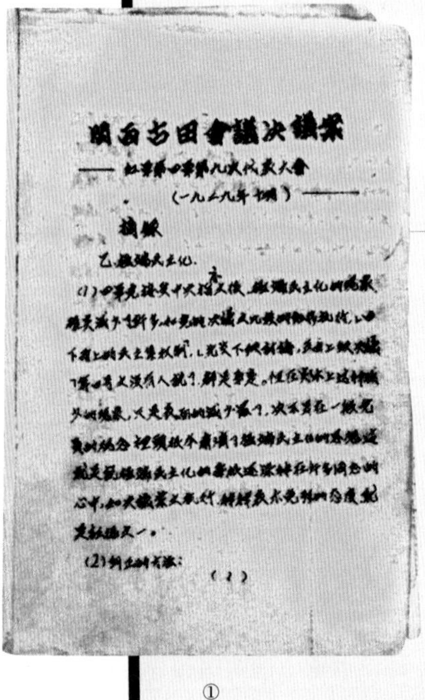
闽西古田会议决议案

——红军第四军第九次代表大会

摘录

乙、极端民主化

①

①古田会议决议。

②古田会议旧址内景。

②

紅軍第四軍司令部政治部佈告

為佈告事。我們紅軍受共產党的指導。執行民權革命三大任務。打倒帝國主義。打倒地主階級。打倒國民党政府。以幫助工人農民及一切被壓迫階級得到解放為宗旨。現在國民党四分五裂。蔣桂馮閻全國混戰。反動政府根本動搖。全國工人農民兵士及受壓迫的小資產階級。聯合起來革命。人數越多。勢力越大。兵士組織紅軍。工人組織工會。農民組織農民協會。各省各縣各鄉各鎮都大大的幹起來了。本軍來到此地。知道民衆痛苦甚深。放債很貴。利息很高。租穀很重。苛捐很多。土豪劣紳掠奪一切。借了祠堂公會。欺壓各姓貧民。這種土豪劣紳百人之中。不过数人。大多数人應該联合起来。打倒這少数的豪紳。求許多数人的利益。現將急於要做的事開列于左。

(一) 收租式百担以上的大地主家裡的穀子及大公會(義倉外)的穀子。一概沒收分與貧民。不取價錢。收租式百担以下的小地主家裡的谷子須減價出糶。規定每担谷價照原價減半(但谷米商人從外境搬運來的不在此例)

(二) 工人農民欠田東債務。一律廢止。不要歸還(但商人及工人農民相互間的債務不在此例)

(三) 從今年起。田地歸耕種的農民所有。不再交租與田東。

(四) 廢除一切苛捐雜稅厘金钱粮。

(五) 工人組織工會。農民組織農民協會。工農聯合組織革命委员会。並參取反革命的槍枝。組織工農的赤衛隊。

(六) 凡平日壓迫工人農民阻碍革命。或經手公款賬目不清的土豪劣紳。農民協會可以把他一概捉起来。按照他們犯罪的輕重。分別處以死刑監禁罰款游行示衆寫悔过字等刑罰。

以上六項自出示之後即刻實行。如有反對的。即是圖他自己的私利。妨碍大多数人的公利。這種人即是反革命。當用全力剷除這些惡人。決不寬貸。切切此佈——

軍長 朱德
党代表 毛澤東
政治部主任 陳毅

公曆一九二九年六月　日

③

③1929 年 6 月朱德、毛泽东、陈毅联合署名的红四军司令部、政治部布告。

在农村游击战争环境中，红军是以农民为主体组织起来的，红军中农民和其他小资产阶级出身的党员占多数。在这种条件下，如何克服党内和军内的非无产阶级思想，把党建设成为无产阶级先锋队，把军队建设成为一支无产阶级领导的新型人民军队，成为亟待解决的根本性问题。

毛泽东十分重视党和军队的建设，早在井冈山时期就认识到，“无产阶级思想领导的问题，是一个非常重要的问题”。红四军出击赣南、闽西后，在军队建设问题上领导同志之间产生了一些不同看法，军内存在的单纯军事观点、流寇思想和军阀主义残余等非无产阶级思想有所抬头。

1929 年 6 月 22 日，红四军党的第七次代表大会在福建龙岩召开。在大会选举中，原由中共中央指定的前委书记毛泽东没有当选，陈毅当选为前委书记。会后，毛泽东到闽西协助指导地方工作。8 月，陈毅到上海向中央汇报红四军工作，前委书记由朱德代理。

9 月 28 日，中共中央发出给红四军前委指示信（即九月来信）。这封信是陈毅按照周恩来多次谈话和中共中央会议的精神代中共中央起草并经周恩来审定的。指示信对红四军党内发生的争论问题作出了明确的结论，要求红四军前委和全体干部战士维护朱德、毛泽东的领导，毛泽东“应仍为前委书记”。

12 月下旬，红四军党的第九次代表大会在福建省上杭县古田召开。这就是古田会议。会上传达了中共中央指示信，通过了《中国共产党红军第四军第九次代表大会决议案》（即古田会议决议）。

勇于创新，提出了涵盖党的建设多方面内容的一系列独创性原则

古田会议决议由八个部分组成，其中最重要的是第一部分“纠正党内非无产阶级意识的不正确倾向问题”。决议在党的建设和人民军队建设方面，提出了一系列独创性的理论原则，比较系统地回答了建党、建军的一系列根本问题。

一是着重强调从思想上建党。从思想上建党，这是中国共产党自身建设的一大理论创新，也是古田会议决议的精髓所在。在党的建设方面，决议着重强调加强党的思想建设的重要性，逐一分析了党内各种非无产阶级思想的表现、来源及纠正办法。

决议强调注重调查研究是加强思想建设的最主要方法，坚决反对各种形式的主观主义，强调必须“教育党员用马克司（原文如此，应为“思”——引者注）主义的方法去作政治的分析和阶级势力的估量，以代替唯心方法的分析和估量”，“使党员注意社会经济的调查和研究，借此来决定斗争策略和工作方法。使同志们知道离了实际调查，便要堕入空想和盲动的深坑”。

二是重视加强党的组织建设。在决议中，党的组织建设是仅次于思想建设的第二大重要问题。决议开宗明义地指出：“红军党的组织问题现在到了非常严重时期，特别是党员的质量之差和组织的松懈，影响到红军的领导与政策的执行非常之大”，由此提出“改造党的组织”的任务，目的是“使党的组织确实能担负党的政治任务”。针对红四军党内极端民主化和非组织意识的错误倾向，强调要坚持民主集中制，“厉行集中指导下的民主生活”，即：一方面党的上级指导机关“要有正确的指导路线，遇事要拿出办法，以建立领导的中枢”；“要明白下级机关的情况，及群众生活情况”；“一成决议，便须坚决执行”。另一方面，上级机关的决议“必须迅速地传达到下级机关及党员群众”，下级机关和群众要详尽地讨论，以求彻底了解指示的意义，并决定执行的方法。决议还强调加强基层组织建设的迫切性和重要性。决议不仅重申了“支部建在连上”组织原则，而且提出了如何加强的措施，从而丰富了“支部建在连上”的思想。针对红四军党的组织松懈的问题，决议确立了一系列加强党的基层组织建设的举措：规定新分子入党的五个条件；提出各级党部的任务“不单是解决问题和指导实际工作”，还有“教育同志的重要任务”；制定理顺上下级组织的关系、开好支委会及支委以上各级党部会议等各种措施。

三是提出党内教育的重要性。在强调党的思想和组织建设重要性的基础上，决议提出了党内教育的迫切性问题，指出：“红军党内最迫切的问题，要算是教育的问题”，这是“提高党内的政治水平”“肃清党内各种偏向”“健全并扩大红军”的基本方式，并详细列出了党内教育的 10 种材料和加强党内教育的 18 种方法。

四是突出宣传工作的地位作用。决议赋予宣传工作特殊重要的地位，指出：“红军的宣传工作是红军第一个重大工作。”“若忽视了这个工作就是放弃了红军的主要任务，实际上就等于帮助统治阶级削弱红军的势力。”

求真务实，制定了一系列针对性和实效性极强的方法措施

对于红四军中存在的各种不良思想倾向和现象，古田会议及其通过的决议，并不是简单地进行批评和批判，而是对其产生的诸方面原因进行深入细致的剖析，对症下药提出了一系列既务实又易于操作的纠正方法和措施。

一是剖析了各种不正确思想倾向和不良现象产生的原因和表现。决议的第一部分，列举了单纯军事观点、极端民主化、非组织意识、绝对平均主义、唯心观点、个人主义、流寇思想、盲动主义的残余等八种“党内非无产阶级意识的不正确倾向问题”，对每一种问题，都深刻分析其不同的来源和表现。

关于单纯军事观点，决议分析其来源有四：一是“政治水平低”；二是“雇佣军队的残余”；三是“过分相信军事力量，而不相信群众力量”；四是“对于军事工作没有积极的注意和讨论”。其表现形式有八：一是“承认军事政治二者的对立，不承认军事只是达到政治任务的工具之一”；二是“认为红军的任务也和白军相仿佛，只是单纯打仗的，不知道红军的任务，在意义上，是一个执行阶级的政治任务的武装集团”……八是“不顾主客观条件，犯着革命急性病，不愿意艰苦地做细小严密的群众工作，只想大干，脑筋里充满着唯心的幻想，这又是盲动主义的残余”。

关于个人主义，决议指出其六种表现形式，即：报复主义、小团体主义、雇佣观念、享乐主义、消极怠工、离队观念。对于其来源，决议分析“在于小农思想直到资产阶级思想影响到党内”。

决议的第二部分“党的组织问题”中，单设一节，专讲一个非常具体的、看似比较小又比较重要的问题，即“怎样使党员到会有兴趣”。对于党员开会普遍无兴趣的问题，决议详细剖析了其产生的原因：一是“不明白会议的意义”；二是“决议案决议了不执行，或对上级请求事项很久，得不到答复，因此，减少讨论的兴趣”；三是“负责人事前没有很好的准备，不准备议事日程，对问题的内容及环境不明了，问题应怎样解决也没有准备一点意见”；四是“主席轻易停止党员发言，发言偶出题外，便马上禁止他，他便只坐不做声了，如发言有错处，除停止外，还讥笑他”；五是“封建式的会场秩序，死板无活气，到会

如坐狱”。

决议第四部分“红军宣传工作问题”，从宣传内容和宣传技术两个方面具体指出宣传工作的缺点，包括“忽视群众斗争的宣传与鼓动”“宣传没有时间性地方性”“宣传队不健全”“传单布告宣言等陈旧不新鲜”“壁报出得很少，政治简报内容太简略，又出得少，字又太小看不清”等。

从以上几个例子中可以看出，决议对党和红军内各种不良倾向和现象不是简单的罗列和批判，而是深入分析倾向和现象背后的原因。难能可贵的是，这种分析不是流于表面形式，而是从内因和外因、主观和客观、表象和深层、必然和偶然等诸多方面进行，这就为下一步制定应对措施奠定了基础。

二是制定了一系列灵活多样和易于操作的具体措施。在透彻分析各种不良现象的表现形式及其产生原因的基础上，决议联系实际，制定了灵活多样和便于操作的具体纠正方法。

对于单纯军事观点的纠正方法，决议提出了五点意见：一是“从教育上提高党内的政治水平，肃清单纯军事观念的理论根源。同时还要肃清机会主义和盲动主义的残余，打破四军本位主义”……三是“发动地方党对红军党的批评，及群众政权机关（苏维埃）对红军的批评，以影响红军党及红军官兵”……五是“编制红军法规，明白地规定红军的任务，军事工作系统和政治工作系统的关系，红军与群众的关系，士兵会的权能及其与军事政治机关的关系”。

对于个人主义的纠正方法，决议提出了三条应对措施：一是“主要是用教育的方法，从思想上纠正个人主义”；二是“处置事件，分配工作，执行纪律要得当”；三是“要设法改善红军的物质生活，利用一切可能时机休息整理，以改善客观条件”。

对于党员开会没有兴趣的问题，决议从大到小、事无巨细地提出了七项便于操作的纠正方法：一是“会议要政治化实际化”；二是“要把会议的政治意义时常对同志们提醒，尤其新党员及工作不积极的党员”；三是“决议不要轻易，一成决议，就要坚决执行”；四是“上级机关要快些答复下级机关的问题，不要拖延大（原文如此，应为‘太’——引者注）长，失了热气”；五是“负责人要事先准备议事日程。议事日程要具体化，对问题的内容和环境先要调查清楚，并对于怎样解决先要想一想”；六是“主席对指导会议要采用很好的技术，要引导群众的讨论潮流奔赴到某一问题。但有重要意义的超出题外的发展，不但不要大杀风景地去喝止他，而且，要珍重地捉住这一发展的要点，介绍给大家，成立新的议题，这样会议才有兴趣，问题才能得到真正的解决，同时会议也才能实现真正的教育意义”；七是“废止封建的会场秩序，共产党的会场要是反映无产阶级之积极的活泼的爽快的精神，把这些做成秩序”。

对于宣传工作中存在的诸多问题，决议详细指明了具体的改正措施。在宣传内容方面，包括“发布一个具体的政纲，名曰红军的政纲”；“宣传要切合群众的斗争情绪”；“到一个地方要适合那一个地方的口号和鼓动口号”，等等。在宣传的技术方面，从明确宣传队的意义、宣传队的具体组成及其指挥和费用，到传单、布告、宣言的审查和起草，以及具体邮寄方法和技巧，如“邮寄宣传品，从邮件中夹带宣传品，或在邮件上印上宣传鼓动口号”；从壁报的意义、名称、内容、出版周期，到编印的注意事项，如“要快”“内容要丰富一点”“字要大点，要看得清楚”；从“非常之重要的”对白军士兵及下级官长的宣传注意事项，到“以大队为单位在士兵会中建设俱乐部”，不一而足。

充满人性，贯穿了一种难得的温暖人心、贴近群众的人文关怀

大革命失败，土地革命战争兴起，红军初建，红军和红军中的党组织长期处于农村游击战争的环境……古田会议召开时，红军面临的外部环境极其艰苦和恶劣，内部思想混乱，各种意见莫衷一是。在这种情况下，对于内部争论，决议没有生硬地无情打击，而是坚持以人为本的主导思想，循循善诱、和风细雨、面向基层，同时文风又异常朴实，自始至终贯穿了一种难得的人文关怀。

一是主导思想上的以人为本。重读古田会议决议，会深刻地体会到，以人为本的思想贯穿于决议始终。从整体结构看，在决议的八部分中，六七两部分专门讲“废止肉刑问题”和“优待伤病兵的问题”，对普通士兵和弱势群体的重视程度可见一斑。从具体内容看，前文列举的关于对错误倾向和不良现象原因实事求是的分析，以及对策措施的切实可行，也彰显着以人为本的思想。同时，这种人文关怀还表现在解决矛盾的过程中，既坚持了原则，又循循善诱，而且照顾了各方面的关系，比较容易为群众所接受。

二是教育对象上的广接地气。尽管决议面对的是红四军
乃至全体红军的各级指战员，但决议的视角却始终向下，官
兵中重视兵的作用，阶层上强调青年和妇女。决议第五部分 9
专门讲述“士兵政治训练的问题”，提出了上政治课、早晚
点名说话、集合讲话、个别谈话、游艺、改良待遇、俘虏兵
和新兵的教育、青年士兵的特别教育等八种方法。其中，“青
年士兵的特别教育”被单列出来。在决议第八部分，单列一
节讲“红军与群众的关系”，指出：凡有全军意义的事项，如 2
发布政纲等，军政机关负责发布；群众工作如宣传、组织群
众、建设政权，以及没收处罚、捐款、审查、募捐等事的指
挥监督，在地方机关没有建设以前，均属政治部职权；凡没
有建立政权机关的地方，红军政治部即代替地方政权机关， 9
至地方政权机关建立为止；帮助地方武装与发动。

三是方式方法上的和风细雨。对于各种思想倾向和不良现象，决议提出的各种纠正的方法，不是强行灌输式的，而是灵活多样、新鲜活泼、群众喜闻乐见的。比如，关于士兵政治训练的方法，第三条是“集合讲话”。具体如何讲话，从讲话的间隔时间、讲话内容、参加的人员到群众对讲话内容的反映，决议都有详细规定。还有如何使党员开会有兴趣的问题，都非常注重方式方法上的和风细雨。

四是语言表述上的朴实无华。古田会议决议虽然是中国共产党和红军建设的纲领性文献，但通篇都是易于理解的白话文，摒弃了以往正式文件中惯用的晦涩的书面语言，收起了统帅机关常有的板着面孔训人的姿态，代之以朴实无华的行文风格。至今读起来，还让人感到亲切和温暖。①

总之，古田会议决议这部诞生于革命战争年代的经典文献，对加强党的建设具有重要的历史启示和现实指导作用。各级党组织和主要负责人，应该扪心自问：在制定方针政策的时候，是否固步自封、因循守旧？是否囿于表面、流于形式？是否高高在上、脱离群众？古田会议决议为我们树立了榜样。它有着常读常新、永不枯竭的生命力，值得我们永远学习和借鉴。

① 以上参见《中国共产党红军第四军第九次代表大会决议案》（1929年12月于闽西古田会议），中央档案馆编：《中共中央文件选集》第5册，中共中央党校出版社1990年版，第800—835页。

左翼文化运动

——“中华民族到了最危险的时候”

田汉作词、聂耳作曲的《义勇军进行曲》，是影片《风云儿女》(夏衍编剧)的主题歌。“中华民族到了最危险的时候，每个人被迫着发出最后的吼声。”这歌声，喊出了中华民族的满腔悲愤，迅速传遍祖国大地，对动员人民奋起救亡起了巨大的作用。这是20世纪30年代前期左翼文化运动的一个缩影和生动事例。这场由中国共产党领导、兴起于国民党统治区的新兴文化运动，发展势头的猛烈，连国民党的舆论也惊呼为“似水银之泻地，无孔而不入”。

①

①报纸上刊登的《桃李劫》《风云儿女》等进步影片广告。由田汉作词、聂耳作曲的《桃李劫》中的《毕业歌》,《风云儿女》中的《义勇军进行曲》，为人们广为传唱。

②刊登在刊物上的《义勇军进行曲》。

③1930年4月《萌芽月刊》第1卷第4期刊登左联成立大会通过的《中国左翼作家联盟底理论纲领》。

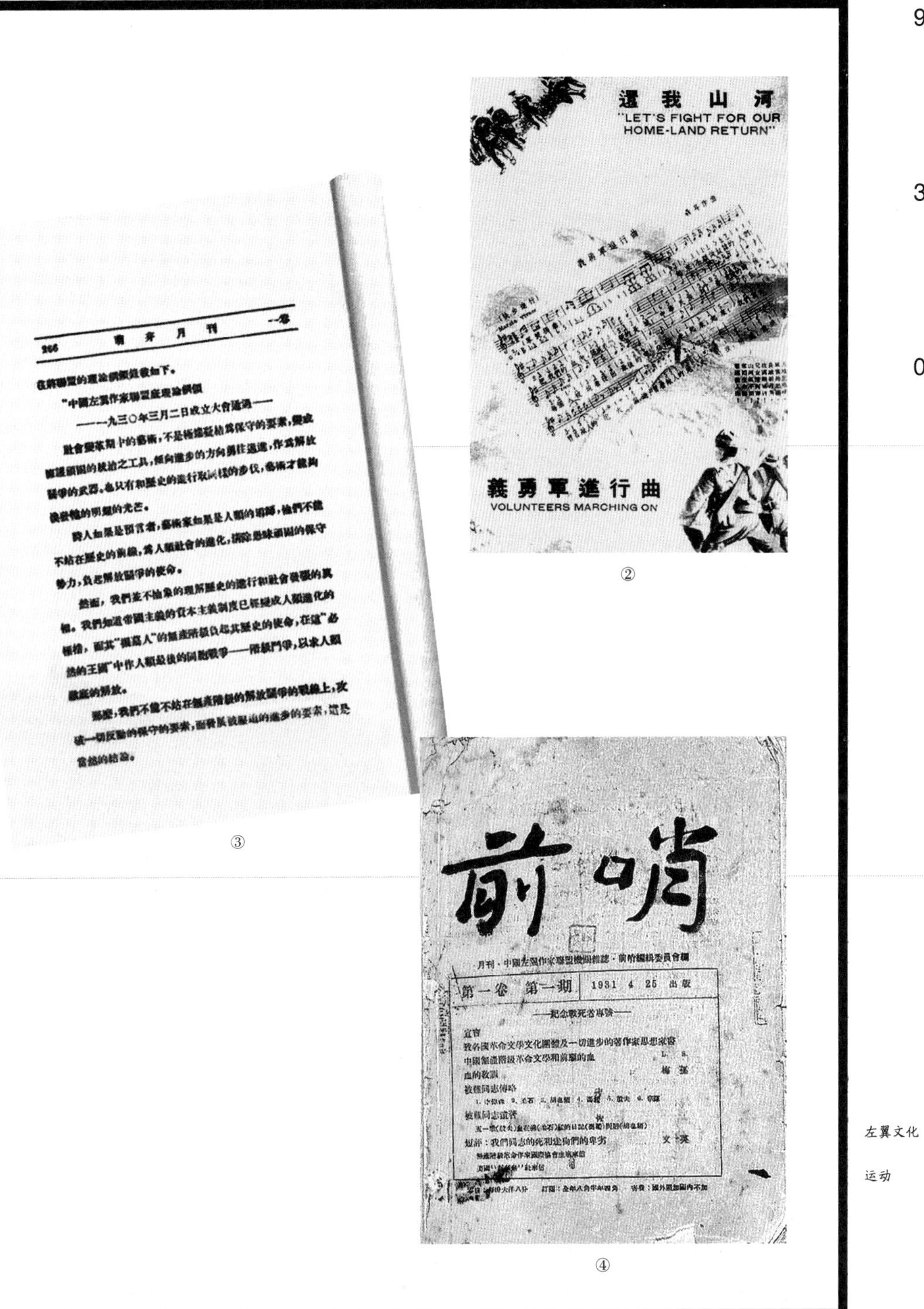

266 萌芽月刊 一卷

在該聯盟的理論綱領節錄如下。

"中國左翼作家聯盟底理論綱領"

——一九三〇年三月二日成立大會通過——

社會變革期中的藝術，不是極端凝結為保守的要素，變成擁護頑固的統治之工具，便向進步的方向勇往邁進，作為解放鬥爭的武器。也只有和歷史的進行取同樣的步伐，藝術才能夠發揮它的明耀的光芒。

詩人如果是預言者，藝術家如果是人類的導師，他們不能不站在歷史的前線，為人類社會的進化，清除愚昧頑固的保守勢力，負起解放鬥爭的使命。

然而，我們並不抽象的理解歷史的進行和社會發展的真相。我們知道帝國主義的資本主義制度已經變成人類進化的桎梏，而其"掘墓人"的無產階級負起其歷史的使命，在這"必然的王國"中作人類最後的同胞戰爭——階級鬥爭，以求人類徹底的解放。

那麼，我們不能不站在無產階級的解放鬥爭的戰線上，攻破一切反動的保守的要素，而發展被壓迫的進步的要素，這是當然的結論。

②

③

④

④中国左翼作家联盟机关杂志《前哨》1931年4月25日创刊号。

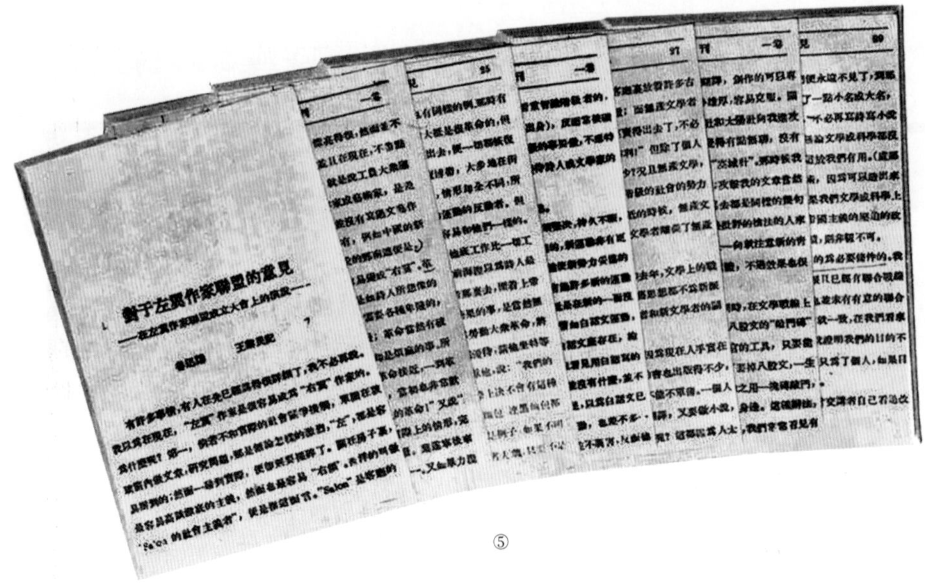
對于左翼作家聯盟的意見

——在左翼作家聯盟成立大會上的講演——

魯迅講　王黎民記

⑤

⑤鲁迅在左联成立大会上的讲话。

在土地革命战争时期极为艰难的环境中，国民党统治区的共产党员仍然坚持斗争，推动抗日救亡运动，反对蒋介石的独裁统治。一批党的和党所影响的文化工作者陆续聚集到上海。他们冲破国民党反动统治的高压，在新开辟的革命的思想文化阵地上，展开了英勇战斗。1929 年下半年，在中共中央宣传部之下成立中央文化工作委员会（简称文委），由潘汉年负责，统一领导这方面的工作。

1930 年 3 月 2 日，经过党的建议和筹划，有党内外作家参加的中国左翼作家联盟（简称左联）在上海正式成立。随后，中国社会科学家、戏剧家、美术家、教育家联盟（分别简称社联、剧联、美联、教联）以及电影、音乐小组等左翼文化团体也相继成立。10 月，各左翼文化团体又共同组成中国左翼文化总同盟（简称文总）。这支左翼文化新军在党的领导下，积极从事马克思主义宣传和革命文艺创作等活动，兴起了一场很有声势和影响的左翼文化运动。

国民党当局对左翼文化运动进行了残酷的迫害和镇压。1930 年至 1933 年间，先后牺牲的有李伟森、柔石、胡也频、殷夫、冯铿、洪灵菲、潘漠华、应修人、宗晖等。国民党当局还培植一批御用文人，竭力宣扬封建文化和法西斯文化，诋毁马克思主义和进步的思想文化，妄图通过种种反革命的文化“围剿”，彻底消灭左翼文化运动。

出乎国民党当局的意料，左翼文化运动不但没有在“围剿”中被消灭，反而迎着迫害的狂风恶浪，在马克思主义和无产阶级革命文学的旗帜下，顽强地发展起来。左翼文化团体的人数不断增加，活动地区不断扩大，由上海发展到北平、天津、武汉、广州，并远及南洋和日本东京。经过艰辛的耕耘和战斗，在文学艺术、社会科学和新闻出版等方面，左翼文 9
化运动都取得卓越的成绩，有力地配合了革命的政治斗争。

左联和其他左翼文化团体先后创办《萌芽月刊》《拓荒者》《文化月报》《北斗》《文学》等几十种刊物，创作和发表了大量为群众所欢迎的作品。

文化革命的主将鲁迅同党保持着密切关系。他撰写大量杂文，无情揭穿地主买办集团种种丑陋嘴脸，尖锐批评当时文化界存在的种种“左”的 3
倾向。1930 年 3 月，他在中国左翼作家联盟成立大会上的讲话中说：“我们战线不能统一，就证明我们的目的不能一致，或者只为了小团体，或者还其实只为了个人，如果目的都在工农大众，那当然战线也就统一了。”毛泽东说过：“鲁迅是在文化战线上，代表全民族的大多数，向着敌人冲锋 0
陷阵的最正确、最勇敢、最坚决、最忠实、最热忱的空前的民族英雄。鲁迅的方向，就是中华民族新文化的方向。”鲁迅赢得进步文化人士的爱戴，成为左翼文化运动的伟大旗手。瞿秋白、张闻天等也都为这一运动建立了重要的功绩。

茅盾的著名小说《子夜》，1933 年 1 月由开明书店出版，3 个月内重版 4 次。还有老舍、曹禺、巴金等许多作家的优秀作品，不仅在当时脍炙人口，而且艺术魅力经久不衰。特别是九一八事变以后，一大批号召人民奋起抗日救亡的文艺作品，包括小说、散文、诗歌、戏剧、电影、音乐、美术、新闻通讯等，充满高昂的爱国主义激情，对于推动群众性抗日救亡运动的高涨，发挥了战斗号角的作用。

左翼社会科学工作者翻译出版了大量马克思主义著作。据不完全统计，从 1927 年 8 月到 1937 年 6 月，翻译出版的马克思、恩格斯、列宁、斯大林等人的著作达 113 种之多。《资本论》(第一卷)、《反杜林论》《政治经济学批判》《唯物主义与经验批判主义》等著作的第一个中文全译本，都是在 20 世纪 30 年代前期问世的。这些革命理论作品启迪了许多青年学生，促使他们的世界观转向辩证唯物主义和历史唯物主义，并投身革命。

20 世纪 30 年代前期的左翼文化运动，虽然曾受到“左”倾错误的影响，但总的来说，它对中国近代思想文化发展所作出的历史功绩，特别是在国民党统治区人民中传播进步思想、促进抗日救亡运动所起的作用，是不可磨灭的。左翼文化宣传的扩大和加强，在城市各阶层人民尤其是知识青年中，产生了极为广泛深远的影响。左翼文化运动不仅取得辉煌的成就，而且锻炼出一支坚强的战斗队伍，其中的许多人后来成为党在思想理论界和文艺界的领导骨干。

中国历史上第一个全国性的工农民主政权

——中华苏维埃共和国临时中央政府成立

1931年九一八事变是中国人民抗日战争的起点。中国人民不屈不挠的局部抗战揭开了世界反法西斯战争的序幕。11月，中华苏维埃第一次全国代表大会在瑞金叶坪村举行，宣告了中共领导的第一个具有国家形态雏形的中央红色政权——中华苏维埃共和国临时中央政府的成立。

②

②中共苏区中央局委员合影。右起：王稼祥、毛泽东、项英、邓发、朱德、任弼时、顾作霖。

①中华苏维埃共和国临时中央政府布告(第一号)。

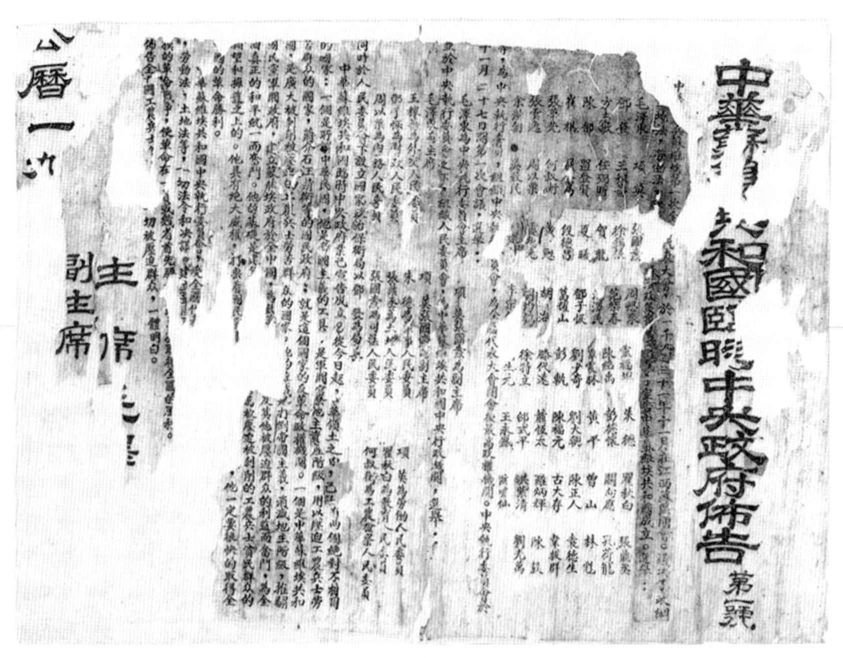
中華蘇維埃共和國臨時中央政府佈告 第一號

毛澤東　項英　張國燾　周恩來　朱德　瞿秋白

十一月二十七日開第一次會議，選舉：

毛澤東為中央執行委員會主席

項英、張國燾為副主席

中華蘇維埃共和國臨時中央政府業已宣佈成立，並從今日起，

主席

副主席

①

1

9

3

1

中国历史上

第一个全国性的

工农民主政权

③

③1931年12月1日中华苏维埃共和国中央执行委员会在瑞金举行第一次会议。

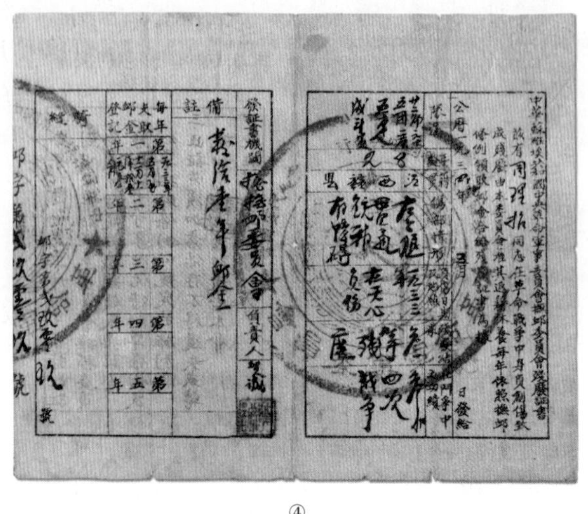

④

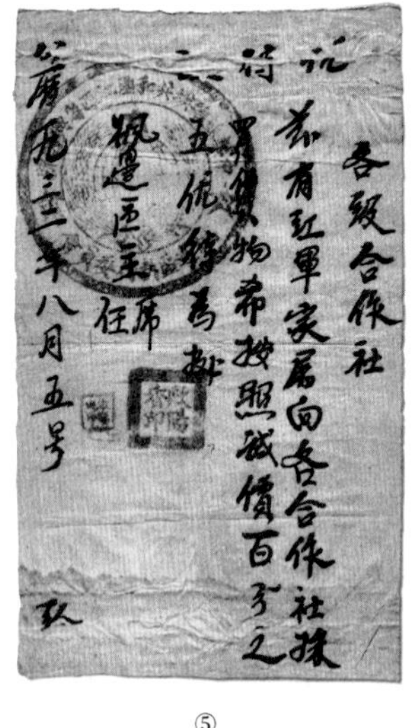

⑤

⑥

④1934 年 5 月中华苏维埃共和国中央革命军事委员会抚恤委员会发给一位负伤致残红军战士的残废证书。
⑤1932 年 8 月 5 日兴国县枫边区苏维埃政府主席签发给当地一位红军家属的手写优待证。
⑥中华苏维埃共和国中央政府粮食人民委员部发行的红军临时借谷证。

1931 年 9 月 18 日深夜，日本关东军自行炸毁沈阳北郊柳条湖附近南满铁路的一段路轨，反诬中国军队所为，并以此为借口，突然袭击中国军队驻地北大营和沈阳城，这就是九一八事变。1932 年 2 月，哈尔滨沦陷。短短 4 个多月内，中国东北 100 多万平方公里的大好河山，沦为日本的占领地。

中共六大后两年间革命走向复兴局面的出现

1928 年中共六大召开后的两年间，在全国范围内出现革命走向复兴的局面。

一方面是客观形势有利。南京国民政府建立后，民族危机更加深重，社会矛盾更加激化，原来对国民党存有幻想的人的不满情绪也日益增长起来。特别是 1929 年 3 月蒋桂战争爆发，国民党新军阀之间重新陷入连年不断的混战，许多原来围攻工农红军的军队纷纷调往军阀混战的战场，造成后方空虚，给了各地红军发展的机会。

另一方面是主观因素。也就是这个时期中共中央的路线基本上是正确的，比较能从实际出发，进行了大量切实有效的工作，特别是注意纠正只依靠少数人拼命、不顾一切地蛮干的“左”倾盲动的指导，努力贯彻“党的总路线是争取群众”的方针，同时非常注意加强党的建设。经过不懈努力，党的组织有了较大发展。更为重要的是，中共中央加强了对各地红军和农村根据地的领导。

各根据地的党组织抓住军阀混战的时机，发动农民实行土地革命，建立革命政权，开展游击战争，使红军和根据地不断巩固和扩大。

赣南闽西革命根据地的开辟和土地革命的开展

1929 年 1 月，毛泽东、朱德、陈毅率红四军主力向赣南出击，随后同从井冈山突围出来的红五军主力会合，向闽西发展，相继开辟赣南、闽西革命根据地。后来这两块根据地连成一片，以其为中心发展为中央根据地即中央苏区。

根据中共六大精神，1929 年 4 月，毛泽东主持制定了兴国县《土地法》，将井冈山《土地法》中规定的“没收一切土地”改为“没收一切公共土地及地主阶级的土地”。这是一个原则性的改正。同年 7 月，在毛泽东的指导下，闽西党的第一次代表大会通过的决议中也规定“自耕农的田地不没收”，并提出“抽多补少”的原则。会后，在闽西进行了分田，60 多万贫苦农民得到了土地。

1930 年 2 月，在江西吉安县陂头村，中共红四军前委、赣西特委和红五、红六军军委举行联席会议（通称二七会议），批评了一些地区迟迟不分田的右倾错误，提出一要“分”，二要“快”；批评了一些地区按耕作能力和劳动力分配土地的做法，肯定了按人口平均分配土地的原则。会后，兴国等六县的全境和永丰等县的部分地区也全面开展分田运动。

1931 年 2 月，毛泽东按照中共中央决定又以中央革命军事委员会总政治部主任的名义，专门致信江西省苏维埃政府，指示省苏维埃政府通令各级政府发一布告，说明田地分给农民后，农民对土地有所有权，可以租赁买卖，田中收获除给政府交土地税外，均归农民所有。这样，又改变了井冈山《土地法》中关于土地所有权在政府而不属农民、农民只有使用权、禁止土地买卖的规定。

在三年多的土地革命实践中，基本形成了一套比较切实可行的土地革命的路线、政策和方法。主要是：依靠贫农、雇农，联合中农，限制富农，消灭地主阶级，变封建土地所有制为农民土地所有制；以乡为单位，按人口平均分配土地，在原耕地基础上，抽多补少，抽肥补瘦，等等。

土地革命的深入开展，使农村革命根据地的面貌发生了根本性变化。1930 年 10 月，毛泽东在《兴国调查》中列举了贫农在 12 个方面得到的利益：第一，分了田，这是根本利益。第二，分了山。第三，分了地主及反革命富农的谷子。第四，革命以前的债一概不还。第五，吃便宜米。第六，过去讨老婆非钱不行，现在完全没有这个困难了。第七，死了人不要用钱了。第八，牛价便宜了。第九，应酬废弃，迷信破除，两项的费用也不要了。第十，没有烟赌，也没有盗贼。第十一，自己可以吃肉了。第十二，最主要的就是取得了政权。他还写道，过去中农在政治上处于地主富农统治之下，没有话事权，“现时，却与贫农雇农一起有了话事权”。这样，绝大多数农民是拥护土地革命、拥护共产党的。广大农民在政治上、经济上的翻身，极大地激发了革命积极性，纷纷参加红军或支援前线。如江西兴国，23 岁至 50 岁的翻身农民基本上都参加了赤卫队；16 岁至 23 岁的参加少年先锋队；8 岁至 15 岁的少年儿童参加劳动童子团，任务是“放哨”“检查烟赌”“破除迷信打菩萨”。翻身农民还经常以粮、肉、鸡、鸭、布草鞋、香烟等物品慰劳红军。

农民是最朴实的，也是最讲道理的。中国共产党领导农民进行土地革命这个事实，使他们迅速地分清了国共两党和两个政权的优劣。大革命失败后，中国革命得以坚持和发展，关键就在于党紧紧依靠占全国人口绝大多数的农民，在农村建立根据地，并在根据地内深入开展土地革命。

一苏大召开

在各根据地和红军不断发展的形势下，1931 年 11 月 7 日至 20 日，中华苏维埃第一次全国代表大会在瑞金叶坪村举行。来自闽西、赣东北、湘赣、湘鄂西、琼崖、中央等根据地，红军部队，以及在国民党统治区的全国总工会、全国海员总工会的 610 名代表出席了大会。毛泽东代表苏区中央局向大会作《政治问题报告》。大会通过根据临时中央有关宪法大纲的来电原则制定的《中华苏维埃共和国宪法大纲》，以及临时中央提供大会讨论的《中华苏维埃共和国土地法令》《中华苏维埃共和国劳动法》《中华苏维埃共和国关于经济政策的决定》等法律文件。大会选出 63 人组成的中央执行委员会，宣告了中华苏维埃共和国临时中央政府的成立。

大会通过的宪法大纲规定："中国苏维埃政权所建设的是工人和农民的民主专政的国家。"在苏维埃政权领域内的工人、农民、红军士兵及一切劳苦民众和他们的家属，不分男女民族和宗教信仰，在苏维埃法律面前一律平等。宪法大纲还规定不承认帝国主义在华政治上、经济上的一切特权，废除一切不平等条约，帝国主义在华的一切财产收归国有等。苏维埃政权的最高权力机关为全国工农兵代表大会，在大会闭会期间，苏维埃中央执行委员会为最高政权机关，中央执行委员会之下组织人民委员会，处理日常政务，并发布一切法令和决议案。11 月 25 日，中华苏维埃共和国中央执行委员会通令成立中华苏维埃共和国中央革命军事委员会（简称中革军委），朱德任主席。

根据宪法大纲的规定，中央执行委员会第一次会议选举毛泽东为中央执行委员会主席，项英、张国焘（一直没有到中央根据地任职）为副主席。会议还选举毛泽东任人民委员会主席，项英、张国焘任副主席，决定中华苏维埃共和国临时中央政府设在江西瑞金。

中华苏维埃共和国是中国历史上第一个全国性的工农民主政权，是中国共产党在局部地区执政的重要尝试。中华苏维埃共和国临时中央政府的成立，在一定程度上加强了对处于被分割状态的各根据地的中枢指挥作用，在政治上也产生了很大影响，并推动了各根据地政权、经济、文化教育等方面的建设。

1932

东北抗日联军英勇抗战

九一八事变爆发后，民族危机空前严重，广大人民要求抗日的怒潮席卷全国。1932年3月1日，日本在东北扶植成立伪“满洲国”。在3月间出任国民政府军事委员会委员长的蒋介石，却置全国人民的强烈抗日要求于不顾，把“攘外必先安内”确定为基本国策。同年，杨靖宇受党中央委派，到东北组织抗日联军，率领东北军民与日本侵略者血战于白山黑水之间。

①

①杨靖宇。

②1932 年 5 月中共河北省委机关刊物《北方红旗》发表《援助东北义勇军扩大民族革命战争》一文。

製攻，所以停戰協定進行中也就是劉峙總司令何應欽，和粵軍余漢謀等出發江西的時候。最近停戰協定簽字，更立刻把十九路軍調去福建進行圍剿蘇區紅軍。

以上幾點是我們看得非常明顯的，在上海協定的締定中，國民黨把民族利益主權送給帝國主義者去瓜分宰割，同時又在帝國主義者指揮之下，瘋狂一般的實行進攻蘇聯與中國蘇維埃區域企圖苟延他們地主資本家的反動統治。

整個的國民黨就是這樣的一個反動集團，蔣介石如此，胡漢民也如此，汪精衛也如此，孫科更是一樣，我們不要以為在停戰協定進行中孫科發表了他的救國綱領，停戰協定後胡漢民的蝦兵蟹將發表了宣言反對，就以為是彼善於此，他們都是一邱之貉，出賣民族投降敵人的急先鋒。汪精衛在廣州的時候罵蔣介石張學良喊什麼民主政治不抵抗政策，一上台來他所幹的那一套與蔣介石有什麼兩樣？孫科現在也在高唱一套「民主憲政」「對日絕交」，他們的用意却無非借此欺騙民眾想維持國民黨垂死的命運而已。祇有根本推翻地主資本家國民黨統治，建立民眾自己的政權才能徹底解放中國于帝國主義鐵蹄之下，這就是上海協定更一度給予我們的鮮明教訓。

援助東北義勇軍擴大民族革命戰爭

李農

九一八事變以後，日本帝國主義在滿洲的軍事佔領和殘無人道的屠殺劫掠，國民黨政府和張學良無恥的不抵抗主義，臧式毅張景惠等官僚軍閥所組織的滿洲傀儡國，

二三

二四

掀起了偉大的反日反帝高潮；從北滿到奉天東部，從遼西到錦西，千百萬的民眾自動武裝起來，和日本最新式的飛機坦克肉搏，民眾義勇軍的組織，雨後春筍般地普遍了東北四省！

在這風起雲湧的義勇軍的反日戰爭中，滿洲傀儡國的統治遭受了致命的打擊，日本帝國主義的軍隊簡直疲於奔命！據日本軍部報告，本年三月間，滿洲發生的所謂『土匪』騷擾竟達六百三十次之多（五月二日大公報）。雖然有許多地方的義勇軍是在豪紳地主甚至土匪軍閥領導之下，如北滿的丁超李杜和最近『反正』的馬占山等，被他們利用了去做爭奪反革命統治權的工具。但是在殘酷的鬥爭的發展過程中，廣大的工農和兵士羣眾一天天地認識了反革命領袖的真面目，而熱烈的要求建立自己的領導。三四月前馬占山投降滿洲國後，在他部下發生的怒潮般的兵士譁變，以及最近丁超部下六千多義勇軍自動宣告脫離丁超的指揮，充分地說明了這一事實。近來撫順，奉天，鐵嶺，一帶農民義勇軍的活動開始與當地工人的反日罷工的運動聯結一起，而相當的建立了無產階級的指導。同時，更有廣大的義勇軍組織，一天天地接受了共產黨的領導，而樹立起鮮明的蘇維埃旗幟。（如今年二月間駐間島教化方面的王德林部隊全體譁變，改編共產軍和間島的蘇維埃區打成一片。）黨在東北反日羣眾中間的影響一日千里的發着，甚至某些地方的義勇軍竟三番五次地到關內來找黨的組織，要求

②

東北抗日聯軍統一軍隊建制宣言

全中國同胞們！

全東北一切抗日武裝軍隊同志們！

日本強盜帝國主義：以"防共自治"為藉口，奪我黃河以北五省，更以"日華提携"欺世盜言，想要實現吞併我全中國，日本寇賊且更加緊向和平的蘇聯國家挑戰，同時又與英、德兩國勾結，作對抗英、美、法的大戰準備，日寇險狠，益見暴露。

日寇全國軍事的冒險，必逸成世界二次大戰，使我中國四萬萬五千萬同胞生命財產做大戰的犧牲品，完全變做亡國奴牛馬奴隸。

每一個有熱血，有頭腦的中國人都知道：除抗日以外無生路。因此自去年秋天以來，全中國南北各地勃發抗日救國運動，中間經過雖有曲折，可是抗日則生，不抗日則死，成為全中國同胞一致的思想行動。

現在全中國正走向："組織國防政府，建立全國抗日聯軍，實行全國總動員，對日宣戰……"這一抗日救國運動，實為我中華民族國家解放自由發展的關鍵。

我們中國海內外同胞應以民團結起來，剷除鄉的寄生虫、魔鬼——日本強盜帝國主義。我們從古今中外一切歷史事變以及最近阿比西利亞反抗意大利的侵略戰爭的例子來看，我們深信：中國抗日救國，終久必能達到成功勝利。

大中華民國二十五年二月二十日

東北抗日聯軍
第一軍軍長 楊靖宇
第二軍軍長 王德泰
第三軍軍長 趙尚志
第四軍軍長 李延祿
第五軍軍長 周保中
第八軍軍長 謝文東
湯原游擊隊
海倫游擊隊

③

东北抗日联军

英勇抗战

③1936 年 2 月东北抗日联军统一了军队建制。这是杨靖宇等发布的《东北抗日联军统一军队建制宣言》。

1931年九一八事变后，中国共产党在东北三省积极组织并领导抗日武装斗争。10月开始，东北各地相继兴起为数众多的抗日义勇军。11月，马占山统率黑龙江驻军在齐齐哈尔泰来县进行的江桥抗战，是一次较大规模的抵抗，打响了中国武装抗日的第一枪，对东北抗日斗争产生重要影响。义勇军的斗争揭开了东北抗日游击战争的序幕。但这些义勇军由于没有统一的组织和指挥，领导人物成分复杂，意见分歧，只奋战了一年有余的时间。

除各种抗日义勇军外，中国共产党领导的抗日武装，依靠群众，直接同日本侵略者进行了极其艰苦的斗争。中共满洲省委指示各地党组织，加强与抗日义勇军的联系，并组织党领导下的抗日武装。从1932年起，先后组织了由汉、满、朝鲜、蒙古、回等民族的爱国志士参加的十多支抗日游击队。这些抗日武装主要在南满、东满和北满地区广泛开展游击战争，打击日本侵略者。

1933年1月26日，中共中央发出《给满洲各级党部及全体党员的信》(即一·二六指示信)，首次提出在东北组织全民族的抗日统一战线策略。中共满洲省委认真贯彻指示信精神，决定扩大党独立领导的抗日游击队，执行统一战线的策略，反对关门主义，改善党领导的抗日游击队同其他抗日武装的关系。从1933年9月起，中共满洲省委把党领导的各抗日游击队相继改编为东北人民革命军。

1936年2月，直接领导东北党组织的中共驻共产国际代表团决定统一全东北抗日军队的名称，建立东北抗日联军总司令部，并以杨靖宇、王德泰、赵尚志、周保中等人名义，发表《东北抗日联军统一军队建制宣言》，宣布东北人民革命军和各抗日游击队改编为东北抗日联军。

东北抗日联军开辟了东南满、北满和吉东三大游击区。活跃在东南满地区的有第一军和第二军。1936年7月，第一军和第二军合编为第一路军，由杨靖宇任总司令，王德泰任副总司令。活跃在北满地区的有第三军、第四军和第六军。活跃在吉东地区的是第五军主力。1936年11月，以抗日联军第四军第二师为基础建立抗日联军第七军。

除上述共产党直接领导的抗联七个军外，到1937年全国抗战爆发前后，还建立了第八、第九、第十、第十一军。从1936年初到1937年秋，东北抗日联军已建立11个军，共3万多人，

密林中的东北抗日联军战士。

在南起长白山，北抵小兴安岭，东起乌苏里江，西至辽河东岸的广大地区内，开展游击战争，同日、伪军进行大小数千次战斗，粉碎了敌人多次“讨伐”。他们的英勇斗争，有力打击了日本在中国东北的殖民统治，牵制了大量日军，支援和鼓舞了全国的抗日救亡运动。

抗日战争战略相持阶段，日军在重点“扫荡”华北，侵犯华中、华南的同时，在东北，他们对抗日联军进行持续残酷的军事“讨伐”。1938 年 10 月，冷云等东北抗联 8 名女战士陷入敌人包围后，舍身投入冰冷的乌斯浑河，英勇殉国。她们中最大的 23 岁，最小的只有 13 岁。1940 年 2 月，东北抗联第一路军总司令兼政治委员杨靖宇在濛江县境内陷入日军“讨伐”队重围，最后只身一人坚持战斗，直至壮烈牺牲。残忍的敌人剖开他的腹部，发现他的胃里竟没有一粒粮食，有的只是枯草、树皮和棉絮。这一幕，震惊了在场的所有人。

1940 年冬起，抗日联军相继转移到苏联远东地区进行野营整训，并不时以小部队越境回国，继续给日、伪军以打击。

星火燎原

——各根据地创建发展和红军反“围剿”斗争胜利

赣南、闽西根据地的成功经验，对各地红军、根据地的发展和建设，起了鼓舞和示范作用。1932年底到1933年3月，中央革命根据地军民在朱德、周恩来指挥下，灵活运用前几次反“围剿”斗争的成功经验，取得第四次反“围剿”的胜利。

紅色中華　第一版

在英勇紅軍的猛烈炮火下
加速着全部粉碎敵人大舉進攻
△敵一縱隊全軍覆沒二縱隊狼狽逃竄
△撫河敵軍一敗塗地後全線總退却

這樣國民黨軍閥的第一縱隊就此全軍覆沒了

叛逆郭炳生當場擊斃

現撫河敵軍全線總退却，我紅軍全部粉碎敵人大舉進攻，建立江西首先勝利的日子，就在眼前了！

河西紅軍直逼瑞昌奉新

甯化地方武裝的積極

尋鄔游擊隊獲得全勝
△六計隊繳游滅淨盡
△繳槍三十餘枝斃匪甚多

汀東地方武裝大勝利

獨立第九師又獲勝利
獲槍兩枝
斃匪六名
捉到大土豪拾名

日軍大動員猛攻長城各口
●冷口危急

日軍增兵五千
●進攻古北
●轟炸密雲

②

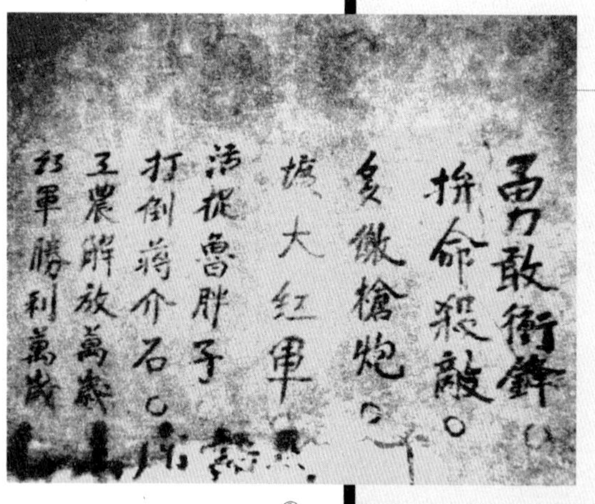

①

①第一次反“围剿”期间根据地群众写的标语。

②1933 年 3 月 30 日《红色中华》第 65 期关于中央革命根据地第四次反"围剿"胜利的报道。
③中央革命根据地第四次反"围剿"要图。

③

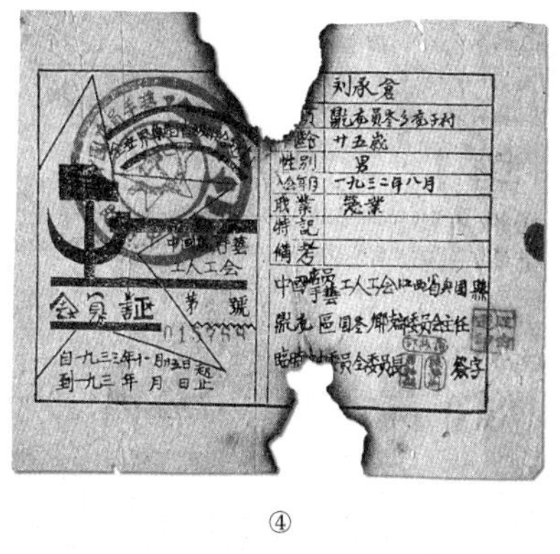

中國店員手藝工人工会

会員証 第 號

自一九三三年十一月廿五日起
到一九三 年 月 日止

性别	男
入会年月	一九三二年八月
職業	[illegible]
特記	
備考	

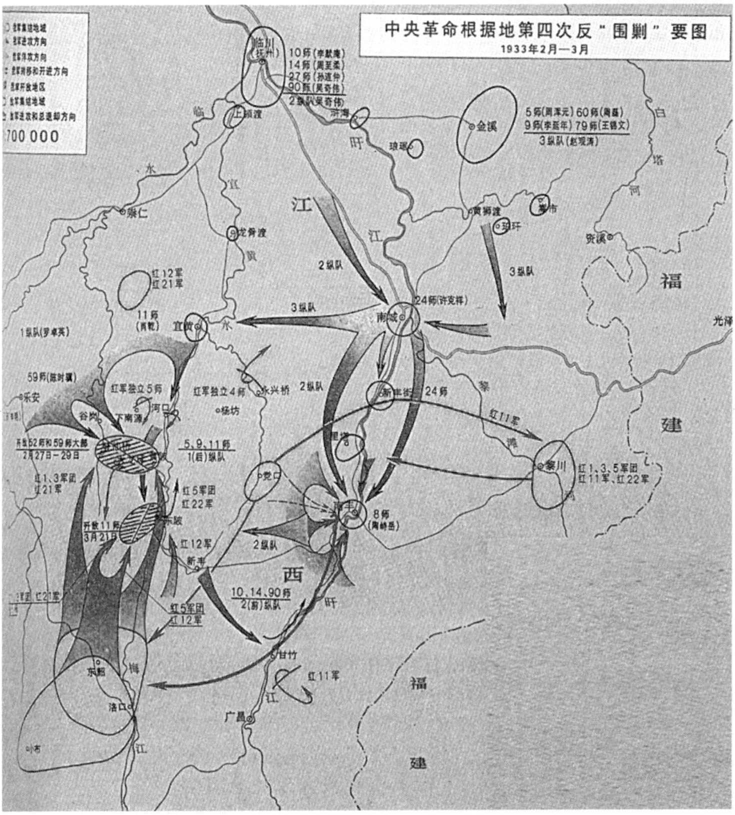

[illegible]

④

④1933 年 11 月 25 日签发的中国店员手艺工人工会会员证。

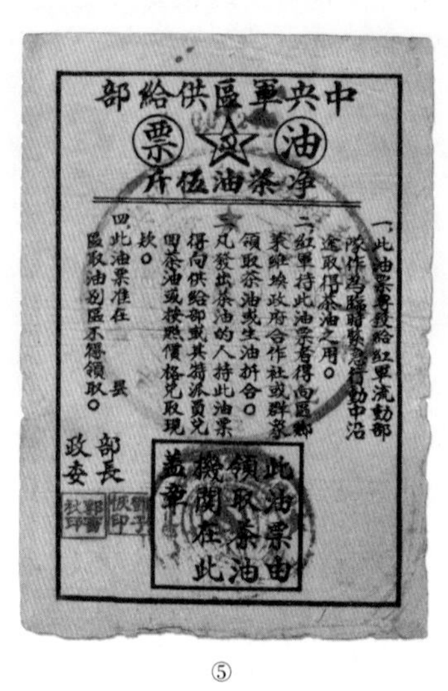

中央軍區供給部

油 票

淨茶油伍斤

一、此油票專發給紅軍流動部隊作為臨時緊急行動中沿途取得茶油之用。

二、紅軍持此油票者得向區鄉蘇維埃政府合作社或群眾領取茶油或生油折合。

三、凡發出茶油的人持此油票得向供給部或其特派員兌回茶油或按照價格兌取現款。

四、此油票准在　縣　區取油別區不得領取。

部長

政委

此油票由領取茶油機關在此蓋章

⑤

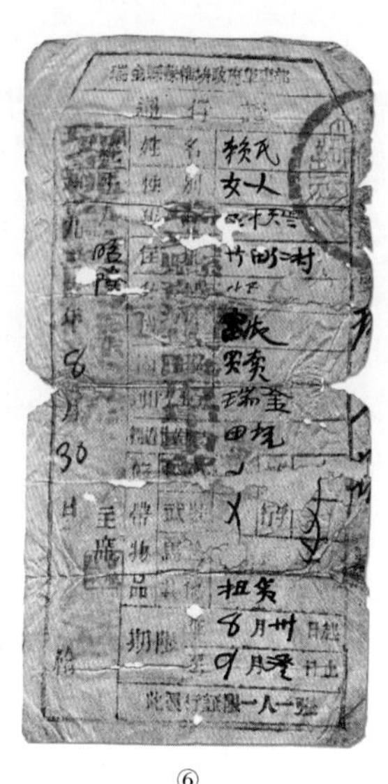

⑥

⑤中华苏维埃共和国中央军区供给部发行的面值为 5 斤的茶油票。

⑥1933 年 8 月 30 日瑞金县苏维埃政府军事部与瑞金县某区苏维埃政府联合签发的一张通行证。

毛泽东创建井冈山革命根据地后，各根据地如雨后春笋般相继建立。

各根据地的创建和红一、红四方面军组成

1928 年 7 月，彭德怀、滕代远、黄公略等在湖南平江领导举行起义，起义部队改编为红军，随后逐步开辟湘鄂赣革命根据地。

1929 年 5 月，中共商（城）罗（田）麻（城）特区委员会领导河南商城南部农民举行武装起义，建立红军。随后，逐步建立豫东南革命根据地。

11 月至 12 月，中共六安县委领导安徽六安、霍山农民举行武装起义，随后成立红军，逐步建立皖西革命根据地。

12 月 11 日至翌年 2 月，中共中央代表邓小平等先后在广西百色、龙州领导武装，建立红军，开辟左江根据地、右江根据地。

1930 年 4 月，鄂豫边、豫东南、皖西革命根据地的红军统一改编。6 月，以郭述申为书记的中共鄂豫皖边特委领导成立鄂豫皖特区苏维埃，鄂豫皖革命根据地形成。

7月，湘鄂边的红四军与洪湖地区的红六军在湖北公安会师，组成红军第二军团，贺龙为总指挥，周逸群为政治委
员兼前委书记。随即，湘鄂边、洪湖两块根据地形成湘鄂西 9
革命根据地。

1931年10月，湘赣省苏维埃政府成立，湘赣革命根据地形成。

1931年11月中华苏维埃第一次全国代表大会召开后，
全国又建立了陕甘、川陕、湘鄂川黔、鄂豫陕、闽东等革命 3
根据地。

红四方面军主力于1932年10月撤离鄂豫皖革命根据地。1933年1月至2月，开辟以四川通（江）、南（江）、巴
（中）为中心的川陕革命根据地。 3

1933年3月后，谢子长、刘志丹、习仲勋等创建先后以照金、南梁为中心的陕甘边革命根据地。“1933年冬天，红军横扫陕甘边的反动武装，以南梁为中心的陕甘边根据地也建立起来了。当地小伙子见红军回来了，高兴地唱起了‘信天游’：‘鸡娃子叫来狗娃子咬，当红军的哥哥回来了。’从此，以桥山中段为依托的红军游击战争，就以烈火燎原之势发展起来了。”[①] 1934年11月，正式成立陕甘边区苏维埃政府，21岁的习仲勋当选为苏维埃政府主席。1935年春，陕北、陕甘边两块革命根据地在反“围剿”战争中连成一片，统一为陕甘革命根据地（又称“西北革命根据地”）。这是土地革命战争时期全国唯一仅存的比较完整的一块根据地，成为党中央和中央红军长征的落脚点和八路军奔赴抗日前线的出发点。

① 习仲勋：《群众领袖 民族英雄——回忆刘志丹同志》，1979年10月16日《人民日报》。

1930年8月23日，红一、红三军团在湖南浏阳永和会师，合编为红一方面军，共3万多人，朱德任总司令，毛泽东任总前委书记兼总政治委员。

1931年11月7日，根据中共中央的决定，鄂豫皖根据地的红四军和红二十五军合编为红四方面军，徐向前任总指挥，陈昌浩任政治委员，全军近3万人。这是继红一方面军之后组建的有进行战役作战能力的一支重要部队。

根据地的政权、经济和文化教育建设

革命根据地大多分布在多个省的边界地区或远离中心城

市的偏僻山区。这些地区交通不便，经济文化落后，占优势的仍是沿用旧的耕作方式的小农经济，生产力低下。群众中大多数人不识字，封建的家族统治和迷信习俗也很普遍。有些地区还带着浓重的流寇思想和游民习气。这种特殊的地理环境和社会条件，既有利于革命力量的存在和发展，同时又使革命力量的存在和发展遇到很多不易克服的困难。为此，中国共产党人在农村革命根据地内大力加强政权、经济和文化教育建设。

为了保证群众能够真正有效地行使自己的选举权和被选举权，苏维埃政府颁布了选举法细则，对于代表产生的办法、选举单位、代表的任期和定期向选举人做工作报告，以及选民撤除代表资格等都作出明确的规定。从 1931 年 11 月到 1934 年 1 月，在中央根据地进行过三次民主选举。在选举中，许多地方参加选举的人占了选民的 80% 以上，有的地方达到 90% 以上。妇女享有同男子平等的权利，在政府代表中一般占 20% 以上。例如福建上杭县才溪乡 1932 年 10 月选举时，上才溪 53 个代表中，妇女 16 人，占 30%。

根据地军民在反对国民党军事“围剿”的同时，还为粉碎国民党经济封锁进行不懈的斗争，根据地的农业、工业、商业、交通、财政和金融等经济工作，也得到一定的恢复和发展。

根据地的经济主要是农业经济，发展农业生产是经济建设中头等重要的任务。1933 年，江西、福建、粤赣、闽赣四省开垦了 21 万石荒田，闽浙赣省开垦了 11 万石荒田。粮食产量方面，在赣南闽西区域，1933 年比 1932 年增加了 15%，在闽浙赣区则增加了 20%，川陕根据地的农业收成同样呈现良好趋势。

苏维埃政府在鼓励发展个体手工业生产的同时，也加强对手工业生产合作社的领导。中央钨砂公司下属有铁山垄、盘古山、小垄等矿场，年产量约计 1800 吨，约有 5000 工人。还有中央印刷厂、中华商业公司造纸厂、瑞金纺织厂等。其他根据地的手工业生产也有较快的发展。川陕根据地在通江、南江、巴中等地开办了兵工厂、被服厂、织布厂等。

发展根据地同国民党统治区域间的“对外贸易”，也是根据地经济建设的重要一环。1933 年 2 月，临时中央政府决定在国民经济部下设立对外贸易局。此后，邻近国民党统治区的一些县也设立了对外贸易分局、采办处、代办处或采购站等。为了奖励私人商业输出输入各种必要的商品，还实行某些日用品和军需品暂时减税的办法。

为了提高工农的文化水平，苏维埃政府采取了多种办法。如建立夜校、半日学校、补习学校、识字班，设立识字牌、墙报，创办报刊，创作演出戏剧等群众文化活动。据统计，到 1934 年 3 月，中央根据地有列宁小学 3199 所，学生约有 10 万人；补习学校 4562 个，学生约有 8.8 万人；识字组 2.3 万多个，仅江西一省就有约 12 万人；俱乐部 1900 多个，固定会员就有 9.3 万多人。妇女在夜校学员中占很大比重，如在兴国县长冈乡的夜校生，妇女占 70%。

各根据地的新闻出版事业也逐步建立和发展起来，创办了许多报纸杂志。1934 年 1 月，中央根据地有大小报纸 34 种，其中《红色中华》的发行量从 3000 份增至 4 万多份，《青年实话》报发行 2.8 万多份,《斗争》杂志最多时达 2.7 万多份,《红星》报发行 1.7 万多份。根据地的革命文艺生活也很活跃，工农剧社、蓝衫团（土地革命战争时期中央革命根据地的主要剧团之一。1933 年 4 月成立于江西瑞金。以演出活报剧为主，演出时演员都穿蓝衫，因而称蓝衫团）、俱乐部等，经常开展文娱活动，受到群众的普遍喜爱。①

特别需要说明的是，根据地的政权、经济和文化教育等事业，是在战争频繁、地瘠民贫、经济文化落后的环境中发展起来的，取得一定的成绩，是非常不容易的。

红军四次反“围剿”斗争的胜利

红军和根据地的存在和发展，使国民党统治集团感到极大的震惊。从 1930 年 10 月起，蒋介石集中重兵，向南方各根据地红军发动大规模“围剿”。国民党军队“围剿”的重点是毛泽东、朱德率领的红一方面军。

1930 年冬到 1931 年秋，在毛泽东、朱德指挥下，中央革命根据地军民贯彻积极防御的方针，实行“诱敌深入”等一整套行之有效的战术原则，先后粉碎国民党军的三次“围剿”，巩固和扩大了根据地。鄂豫皖、湘鄂西等革命根据地也相继取得反“围剿”斗争的胜利。到 1932 年春，各根据地共歼敌 20 多万人，主力红军发展到约 15 万人。

1932 年 5 月，蒋介石自任鄂豫皖三省“剿匪”总司令，调集大批军队向革命根据地发动第四次“围剿”。从 1932 年 7 月到 1933 年 3 月，蒋介石采取两步走的战略部署，先进攻鄂豫皖、湘鄂西根据地，准备在得手之后，再全力进攻中央

① 以上参见中共中央党史研究室著:《中国共产党历史》(第 1 卷)(1921—1949)上册，中共党史出版社 2011 年版，第 358—366 页。

根据地。

1932年10月上旬，苏区中央局举行宁都会议，对毛泽东和其在红军中实行的战略战术进行了错误的批评和指责。会议决定，毛泽东“仍留前方助理”，同时批准毛泽东“暂时请病假，必要时到前方”。会后不久，中央革命军事委员会通令：“工农红军第一方面军兼总政治委员毛泽东同志，为了苏维埃工作的需要，暂回中央政府主持一切工作，所遗总政治委员一职，由周恩来同志代理。”10月14日，红一方面军发布的战役计划上，最后仍列三个人的署名：“总司令朱德，总政委毛泽东，代总政委周恩来。”周恩来并在计划上注明：“如有便，请送毛主席一阅。”到10月26日，才由临时中央宣布以周恩来兼任红一方面军总政委。

朱德、周恩来随军从广昌出发，赴前线指挥作战。他们果断地决定：趁敌方部署未定的时候，迅速击破其一方，并打通同赣东北红军的联系。10月18日、19日、22日，连克赣闽边界的黎川、建宁、泰宁、邵武四城。11月间，又克光泽、资溪和金溪。这是一个重大的胜利，扩大了苏区地域数百里，建立了闽赣省，并使闽北和闽西革命根据地连成了一片。

在此期间，朱德、周恩来、王稼祥连续向红一方面军全体指战员指出：敌人“正将四次‘围剿’的重心从湖北移到江西”，“加速地在布置大举进攻中央苏区”，“敌人大举进攻的时机已经到了”。号召全体红军战士“团结得像一个人一样，来消灭敌人，来争取比（第）三次战争还伟大的胜利”。①12月中旬，临时中央来电，重新提出要红一方面军攻打南城。16日，周恩来在复电中再次提出不同意见。他说：“我们正集全力引动敌人，求于运动战中解决之，如直攻南城，则敌集重兵于此，地形工事较邵武尤险，攻之于我不利。”由于国民党军队的大举进攻已迫在眉睫，12月下旬，朱德、周恩来利用敌军困守南城、南丰的机会，在红一方面军进行战前的整顿改编和军事训练，准备迎接新的大战的到来。

12月30日，国民党赣粤闽边区“剿匪”总司令何应钦下达了对中央苏区进行第四次“围剿”的计划。

红军参战的是第一方面军的一、三、五军团，十一、十二、二十一、二十二军以及两个独立师，约5万多人。由于双方兵力悬殊，红军的决策是：趁敌人部署尚未完成的时

① 1932年11月14日《红色中华》第40期。

候，主动地打到外线去，打乱敌军进攻中央苏区的部署。

这时敌人第四次“围剿”的锣鼓已越敲越紧了。这一点，从蒋介石当时的日程安排上便可看出端倪：1933年1月29日，蒋介石抵南昌；30日，发表演说，声言“剿匪是革命的初步工作，是御侮唯一的基础”，宣扬“攘外必须安内”；31日，主持召开军事会议，部署对中央苏区的进攻；2月6日，决定自兼江西省“剿匪”总司令，并在南昌设立行营。大战已迫在眉睫。

1933年1月下旬，苏区中央局按照宁都会议所确定的军事方针，电示红一方面军总部，要求红军主动出击，迅速攻占南丰、南城。红一方面军领导人不同意这个意见，主张在抚河东岸连续求得运动战解决敌人。2月4日，苏区中央局再电前方，要求红军“猛攻南丰，虽大损失，亦所不惜”，并称中央局的指令必须立即执行。这时国民党军队作了新的部署，在抚河以东调动敌人已无可能，朱德、周恩来决定率领红军主力西渡抚河，进攻南丰城，但同时提出，如果强攻南丰不能奏效，就要转攻宜黄、乐安，调动敌人于山地，在运动战中加以歼灭。2月12日，红军攻南丰城，激战一夜，伤亡400多人。当发觉敌军主力驰援南丰时，朱德、周恩来于2月13日即把对南丰的强攻改为佯攻，留一部分兵力迷惑敌军，主力秘密而迅速地转移到敌前进的右翼宜黄南部，待机歼敌。2月26日，国民党军队向黄陂推进，进入红军伏击圈。

红军出敌不意，集中优势兵力予以各个击破。经过2月28日和3月1日的两次激战，国民党军第五十二、第五十九师几乎全部被歼。接着，国民党军队又调集兵力直扑广昌，寻找红军主力决战。3月21日，红军在草台岗又歼敌近一个师。黄陂、草台岗两战共歼敌三个师，俘敌1万多人，缴枪1万多支。这样，就打破了国民党军队对中央根据地的第四次“围剿”。

中央革命根据地第四次反“围剿”斗争的胜利，是朱德、周恩来等运用和发展以往反“围剿”的成功经验，从实际出发，没有机械地执行苏区中央局进攻南丰的命令的结果，创造了红军战争史上前所未有的大兵团伏击战的范例。

1　9　3　4

红军不怕远征难

红军不怕远征难，万水千山只等闲。

五岭逶迤腾细浪，乌蒙磅礴走泥丸。

金沙水拍云崖暖，大渡桥横铁索寒。

更喜岷山千里雪，三军过后尽开颜。

毛泽东的这首《七律·长征》，家喻户晓、耳熟能详。它以磅礴的气势，形象而生动地再现了中国工农红军长征这一世界历史上前所未有的壮举。

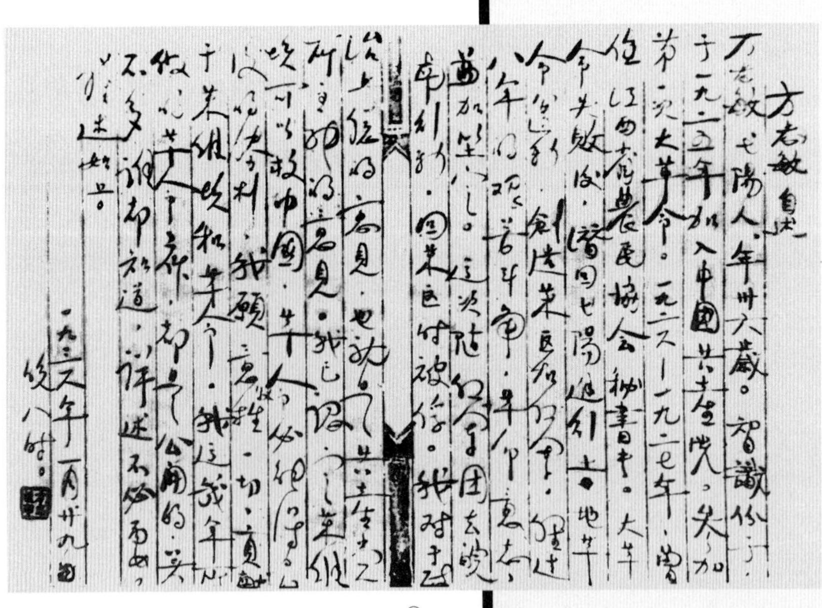

方志敏自述

方志敏，弋陽人，年卅六歲。智識份子，于一九二三年加入中國共產黨。參加第一次大革命。一九二六—一九二七年，曾任江西省農民協會秘書長。大革命失敗後，回到弋陽進行土地革命，創造蘇區和紅軍，經過八年的艱苦鬥爭，革命意志益加堅定。這次隨紅軍團去皖南行動，回蘇區時被俘。我對于政治上的意見，也就是共產黨之所主張的意見。我已認定蘇維埃可以救中國，革命必能得到最後勝利。我願意犧牲一切，貢獻于蘇維埃和革命。我這幾年來……

一九三五年一月廿九日

②

1
9
3
4

①毛泽东《七律·长征》。

②方志敏英勇就义前写的自述。

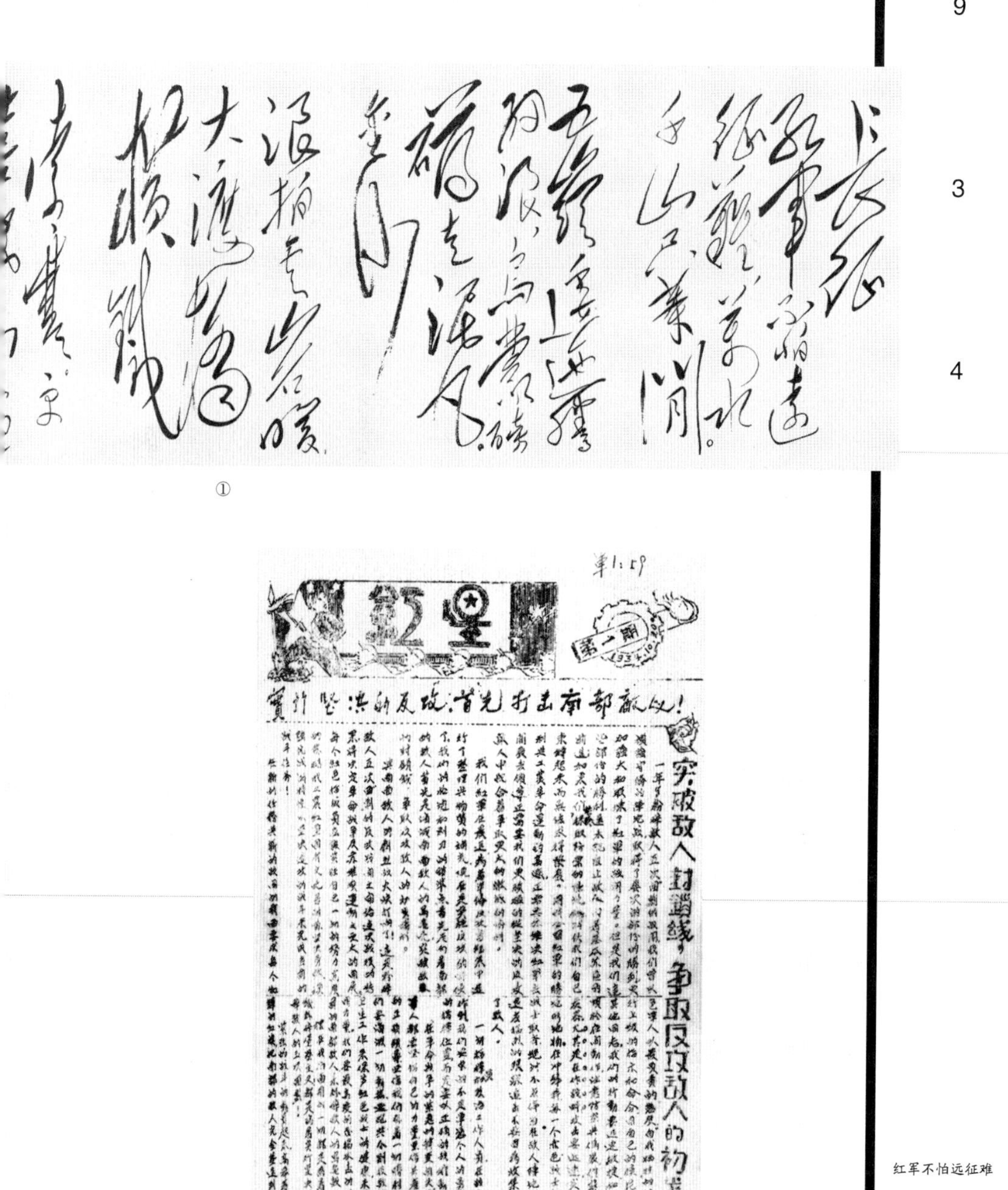

①

紅星

第一期

1934.10

實行堅決的反攻，首先打击南部敵人！

突破敌人封锁线，争取反攻敌人的初步胜利！

③

③邓小平在长征中主编的《红星》报。

④

⑤

④长征期间红军自制的皮草鞋。
⑤长征期间红军御寒用的破麻布片。

1934年10月至1936年10月，中国共产党领导的中央红军（后恢复红一方面军番号），红二十五军，红四方面军，红二、六军团（后编为红二方面军）主力，为粉碎国民党军队的军事“围剿”，保存有生力量，实现北上抗日，陆续离开原革命根据地进行战略转移，经过艰苦卓绝的万里行军（中央红军长征二万五千里），纵横十几省，跨越滔滔急流，征服皑皑雪山，穿越茫茫草地，突破层层封锁，粉碎上百万敌军的围追堵截，胜利前进至陕甘宁地区，实现红军主力大会师，以陕甘宁根据地为大本营和出发点，开启了中国革命的新阶段。历史上把中国工农红军的这一伟大壮举，称为“长征”。

“左”倾错误的危害

1930年6月11日，中共中央政治局召开会议，通过了由李立三起草的《目前政治任务的决议》（即《新的革命高潮与一省或几省首先胜利》），李立三“左”倾冒险错误在中共中央取得了统治地位。在这种错误思想主导下，李立三等制定了以武汉为中心的全国中心城市起义和集中所有红军主力攻打中心城市的冒险计划，要求各路红军“会师武汉”“饮马长江”。

李立三“左”倾冒险错误在党内统治的时间虽然只有3个多月（6月至

9月)，但使党付出了惨痛代价。在国民党统治区，许多地方的党组织因在条件不成熟的情况下组织暴动，而把原先积蓄的有限力量暴露出来，先后有十几个省委机关遭受破坏，武汉、南京等城市的党组织几乎全部瓦解。在红军奉命进攻大城市的过程中，农村根据地有的缩小，有的丢失，红军也受到不同程度损失。

1930年10月，新任共产国际执行委员会远东局书记米夫到达上海。1931年1月7日，在米夫的直接干预下，中共扩大的六届四中全会在上海召开。瞿秋白、周恩来等在会上受到严厉指责。原先不是中共中央委员、缺乏实际斗争经验的王明，不仅被补选为中共中央委员，而且成为中央政治局委员。当时，他只有26岁。扩大的六届四中全会后，中共中央的领导权实际上由得到米夫全力支持的王明所操纵。从这时起，以王明为代表的“左”倾教条主义错误在党的领导机关内开始了长达4年的统治。

扩大的六届四中全会后，国民党统治区内党的工作出现了一系列非常的情况。由于叛徒告密，大批党的重要干部被捕牺牲。中央政治局候补委员顾顺章、在中共六大后担任中央政治局主席和政治局常委会主席的向忠发相继被捕叛变。1931年9月，由于在上海的中央委员和政治局委员都已不到半数，根据共产国际执行委员会远东局的提议，成立中共临时中央政治局(即临时中央)，由博古(秦邦宪)、张闻天(洛甫)、卢福坦(后叛变)三人担任常委，博古负总的责任，随后得到共产国际的批准。10月，王明离开上海前往莫斯科。12月上旬，周恩来前往中央革命根据地。

九一八事变后出现的抗日救亡运动热潮表明，反对日本侵略的民族革命斗争，正在成为中国各族人民的主要斗争，中国的民族斗争和阶级斗争正在进入一个新的阶段。如何科学地估计这一形势，并制定正确的路线和政策，是摆在中国共产党面前的重大任务。但博古为首的中共临时中央政治局未能适应形势发展的需要，继续推行冒险主义和关门主义的方针。

土地革命战争以来，红军反“围剿”斗争胜利和农村革命根据地巩固和发展的大好形势，却因“左”倾冒险主义的严重危害而断送了。

先遣队红七军团北上和红六军团西征，方志敏《可爱的中国》流芳千古

1934年7月，中央根据地第五次反“围剿”作战接连失利，根据地形势极其严峻。中共中央、中华苏维埃共和国中央政府人民委员会、中革军委决定，以中国工农红军第七军团组成抗日先遣队。

中央要求红七军团北上闽浙皖赣边区，发动游击战争，开展抗日民主运动。对于北上的真正战略意图，军团领导人当时并不清楚。参谋长粟裕

曾回忆说："后来我们才知道，当时中央派出这支部队的更加直接的目的，是企图以这一行动威胁国民党统治的腹心地区，吸引和调动一部分'围剿'中央根据地的敌人，配合中央红军主力即将实行的战略转移。"

7月6日晚，红七军团从瑞金出发，经过艰苦转战，11月同方志敏领导的红十军会合后，合编为红军第十军团。当时，中央红军已退出中央革命根据地，开始长征。中革军委要求红十军团全部从闽浙赣根据地出发，集结主力，在运动中消灭敌人，并创建皖浙边新根据地。

方志敏、刘畴西率领部队一路北上，在到达黄山北麓太平县谭家桥时与敌军遭遇。年轻骁勇的红十九师师长寻淮洲身负重伤，不久壮烈牺牲，年仅22岁。军团政治委员乐少华、政治部主任刘英等8名师以上干部都相继负伤，从而影响了红十军团广大指战员的战斗情绪。

敌军分三路围追堵截，红十军团艰苦转战，部队减员达三分之一以上，不得不回师闽浙赣根据地。这时已经是1935年1月，正值寒冬，红军官兵仍穿着夹衣。蒋介石集中近20万兵力，在赣东北设下层层埋伏，对红军形成包围之势。

敌军组成多路"搜剿"队，纵横穿插，把红十军团主力分割成数段。红军经过长途行军作战，十分疲劳，陷入敌重围之后，弹尽粮绝，伤亡不断增加，又遇到天气骤变，雨雪交加，许多指战员几天粒米未进，仅以草根树皮充饥。在这种极端困难的情况下，他们仍顽强战斗，同敌人血战到底。敌人野蛮残忍，见人就杀，见房子就烧，把能搜出来的粮食全部彻底烧掉。由于山高林密，不便搜索，敌人就放火烧山，有些走不动的红军伤病员被活活烧死。最终因众寡悬殊、弹尽粮绝，只有一小部分同志突出重围，至1月下旬大部分壮烈牺牲。军团主要领导人刘畴西、方志敏先后不幸被捕。

面对敌人的严刑和各种诱降，方志敏大义凛然，坚贞不屈。他在狱中写下《我从事革命斗争的略述》《可爱的中国》《清贫》等不朽名篇，满怀激情地讴歌祖国的伟大和美丽，痛切地诉说人民所受的蹂躏和屈辱，表达以鲜血和生命拯救祖国的决心。

"朋友！中国是生育我们的母亲。"

"不错，目前的中国，固然是江山破碎，国弊民穷，但谁能断言，中国没有一个光明的前途呢？不，决不会的，我们相信，中国一定有个可赞美的光明前途。"

"朋友，我相信，到那时，到处都是活跃跃的创造，到处都是日新月异的进步，欢歌将代替了悲叹，笑脸将代替了哭脸，富裕将代替了贫穷，康健将代替了疾苦，智慧将代替了愚昧，友爱将代替了仇杀，生之快乐将代替了死之悲哀，明媚的花园，将代替了凄凉的荒地！这时，我们民族就可以无愧色的立在人类的面前，而生育我们的母亲，也会最美丽地装饰起来，与世界
上各位母亲平等的携手了。” 9

方志敏说：“我是一个黑暗的憎恶者，我是一个光明的渴求者。”“我真诚的爱我阶级兄弟，爱我们的党，爱我中华民族。”面对敌人的屠刀，他在英勇就义前大义凛然地宣誓：“敌人只能砍下我们的头颅，决不能动
摇我们的信仰！因为我们信仰的主义，乃是宇宙的真理！为着共产主义牺 3
牲，为着苏维埃流血，那是我们十分情愿的啊！”

方志敏、刘畴西等坚贞不屈，视死如归，敌人黔驴技穷，无计可施，蒋介石只好下令“秘密处死”。1935 年 8 月 6 日凌晨，方志敏和刘畴西在南昌
城北下沙窝的秘密刑场英勇就义，方志敏年仅 36 岁，刘畴西年仅 38 岁。 4

大致与红七军团开始北上的同时，1934 年 7 月初，湘赣根据地的中心区域被国民党军队占领后，红六军团被分割、压缩在遂川、万安、泰和三县交界方圆数十里的狭小地区，处境十分艰险。此时，进攻中央根据地的国民党军队已开始向根据地中心区域推进。在此情势下，中共中央及中革军委给红六军团和湘赣根据地下达训令，让红六军团离开湘赣根据地，向西转移到湖南中部去发展游击战争，创立新根据地，并对预定转移方向和计划作了具体指示。

8 月 7 日，红六军团共 9700 余人，告别休戚与共的湘赣根据地人民，在地方独立团的配合下，开始西征。8 月 12 日，红六军团在寨前圩召开连以上干部誓师大会，进行战斗动员，并正式宣布军政委员会和红六军团成立，萧克任军团长兼第十七师师长，王震任军团政治委员兼第十七师政治委员，李达任军团参谋长，张子意任军团政治部主任；龙云任第十八师师长，甘泗淇任第十八师政治委员。

但是，中共中央、中革军委下达训令时，并没有明确红六军团是作为前导，为中央红军探寻转移路线的，只是命令红六军团去湘西与红三军（即原红二军团）会合，并将每日行军路线和宿营地用电台报告军委总部。其实，红六军团实际上担任了中央红军实行战略转移向西突围的先遣队。

不幸的是，敌人破译了红军的电报，侦察到总部的行动规律，就定期沿红六军团的宿营地点进行轰炸。

红六军团抢渡湘江，过新化、溆浦，于 9 月 19 日打响新厂战斗。其后，继续向西北挺进，1934 年 9 月 20 日进入贵州境内清水江流域。

进抵贵州后，红六军团遇到的另一大困难就是地形不熟。那时，红军只有中学生用的地图，打到黄平后，在法国教堂里找到一张近 1 平方米大的法文贵州地图，但又看不懂。好在，那里的牧师能说中国话，虽然发音

不准，但勉强能听得懂。军团长萧克对着地图，牧师一边讲，他一边写上中文。有了这张地图，才稍微看清楚贵州山川城乡的大略。

黔东深秋，高原霜降，寒气逼人。一路上，到处是密林高山，峰峦叠嶂，加之人烟稀少，物资奇缺，部队行动十分困难。数千里远征的红六军团指战员冒着寒风，在崇山峻岭中攀援，艰难前进，部队人员日减。

早在红六军团到达黔东地区之前，贺龙领导的红三军就来到这里，建立革命武装和政权。10月24日，红三军主力在印江县木黄与红六军团主力部队会合。会师后，红三军奉命恢复红二军团番号。至此，红六军团胜利完成转移任务，并为中央红军的战略转移起到了先遣队的作用。

告别父老乡亲，踏上漫漫长征路

1934年4月底广昌失守后，形势日趋恶化，红军在内线作战打破敌军“围剿”已十分困难，中共中央、中革军委便开始考虑红军主力撤离中央根据地的问题。自1934年5月起，“左”倾领导者已经提出战略转移的问题，只不过一直举棋不定。直到9月初对打破敌人“围剿”已经完全绝望后，才开始部署战略转移。

为此，中央成立了由博古、李德、周恩来组成的最高决策机构“三人团”。政治上以博古为主，军事上以李德为主，周恩来只是负责督促军事准备计划的实行。他们把战略转移的计划报告了共产国际，共产国际复电同意。李德荒谬地认为：突围成功的最重要的因素是保守秘密。只有保守秘密，才能确保突然行动的成功。

红军中的许多高级干部都蒙在鼓里，一无所知。彭德怀后来说：“最奇怪的是退出中央根据地这样一件大事情，都没有讨论过。”李维汉后来也说：“长征的所有准备工作，不管中央的、地方的、军事的、非军事的都是秘密进行的，只有少数领导人知道……当时我虽然是中央组织局主任，但对红军转移的具体计划根本不了解。……中央红军为什么要退出中央苏区？当前任务是什么？要到何处去？”

像彭德怀、李维汉这样的高级干部对长征的计划都不清楚，更不用说一般的指战员了。由于没有进行解释和动员工作，在军事上，特别在政治上，便很难提高红军指战员的积极性。

对于干部的去留问题，完全由“三人团”决定，事实上由博古一人决定。每个人的走与留，是与博古、李德个人的好恶紧紧地联系在一起的。一些“左”倾领导者不喜欢的干部，像瞿秋白、何叔衡、贺昌、刘伯坚、毛泽覃、古柏、周以栗等人，被留在根据地打游击。当时，担任教育人民委员的瞿秋白得知被列入“留”的高级干部名单之后，去找张闻天，表示

 1

希望能够带他走。张闻天深表同情，随即向博古做工作，但博古一点没有商量的余地。最初，他们连毛泽东也不打算带走，周恩来、朱德等人一再坚持，说毛泽东既是中华苏维埃共和国中央政府主席，又是中央红军的主 9
要创建者，在军队中享有很高的威信，应该随军行动。在这种情况下，毛泽东才被允许一起转移。

10月10日晚，中共中央、中革军委率领第一、第二野战纵队，分别由瑞金的田心、梅坑地区出发，向集结地域开进。中央红军开始实行战略转移。 3

10月16日，中央红军各部队在雩都河以北地区集结完毕。从17日开始，按照中革军委颁布的《野战军渡河计划》，分别从雩都、花桥、潭头圩（龙石嘴）、赖公庙、大坪心（龙山门）、峡山圩（孟口）等十个渡口南渡雩都河。 4

雩都河畔，人山人海，数以万计的男女老幼在各个渡口为红军送行。人们的脸上挂满了忧愁，有的人暗暗地流泪，一面跟着红军走，一面将鸡蛋、糯米团等往红军战士的口袋里装。那些被安排在老乡家里治疗的重伤员和重病号也来了，他们步履艰难地行走在人群之间，寻找自己的老部队和老战友。指战员们也心情低沉，难舍难分的离别之情萦绕在每个人的心头。

深夜，秋风吹动着残枝败叶，群众打着灯笼、火把为红军送行。就这样，在茫茫的夜色掩护下，千军万马离开生活、战斗的中央革命根据地，告别了送别的亲人，实行战略转移，踏上了万里长征之路。

从血战湘江到翻越老山界，34师师长陈树湘受伤被俘后绞肠壮烈牺牲

中共中央的领导者在指挥中央红军实行战略转移和突围的时候，又犯了退却中的逃跑主义错误。战略转移变成了大搬家式的行动。一支由上千名挑夫组成的运输队伍拥挤在崇山峻岭的羊肠小道上，走走停停，停停走走，行动十分迟缓，有时一天只走二三十里路。这种大搬家式的转移，使主力红军变成了中央机关的掩护队，严重地影响了红军的机动能力，极大地削弱了红军的战斗力。

按照原定计划，中央红军准备转移到湖南西部同红二、红六军团会合。部队基本上沿着红六军团走过的行军路线，即沿赣、粤、湘、桂边境的五岭山脉一直向西行动。国民党当局觉察后，在闽南、湘粤边、湘东南、湘桂边构筑四道封锁线，安排重兵进行堵截和尾追。但是，各路国民党军之间存在着复杂的矛盾，对堵截红军的态度并不一样。

广东军阀陈济棠是地方实力派，号称“南天王”，与蒋介石集团之间一直存在着矛盾。他既害怕红军入粤，更害怕蒋介石随红军入粤。早在第五次“围剿”时，身为国民党南路军总司令的陈济棠，在南方战线上与红军作战时就比较消极，并且与红军有过接触。针对这种情况，在中央红军转移前夕，中革军委主席朱德于9月底致信陈济棠，表示愿就停止内战、恢复贸易、代购军火和建立抗日反蒋统一战线与之进行秘密谈判。10月5日，中共中央、中革军委派潘汉年、何长工为代表，同陈济棠的代表在寻邬（今寻乌）进行会谈，达成就地停战、互通情报、解除封锁、相互通商和必要时相互借道等五项协议。

在中央红军突破敌军第一道封锁线进入广东境内时，陈济棠部基本上没有堵截。接着，红军比较顺利地通过敌军第二道封锁线。11月15日，中央红军全部通过第三道封锁线，进入湘南地区。此时，蒋介石已投入兵力近30万人，在湘江以东部署了一个大包围圈，打算自东向西收缩，在湘江东岸逼红军决战，企图依仗其数量和装备上的优势，将中央红军歼灭。

桂系白崇禧认为，红军从湘南西去湘黔边界，只是路过广西，并不打算在广西立足。他表面上摆出决战的架势应付蒋介石，暗地里却保存实力和地盘。11月22日，桂军借故撤离湘江防线。于是，从全州至兴安120里的湘江已无兵防守，湘江防线完全向红军敞开。可惜，红军领导者对敌情的这一重大变化并不了解，未能利用桂军撤防的有利时机大举渡江，而是继续采取甬道式的队形，按常规行军，坛坛罐罐都舍不得丢掉，毫无“抢渡”湘江之意。

直到11月25日，中革军委才正式决定突破国民党军队的第四道封锁线，以红一军团为右翼，红三军团为左翼，向湘江前进。

11月27日，红一军团前锋第二师占领了从屏山渡至界首的30公里湘江所有渡口。但是，还是晚了一步，敌中央军周浑元部于26日占领道县，桂系第十五军返回灌阳，湘军刘建绪部于27日进占全州，形成南北夹击红军的态势。

由于军委纵队行动迟缓，后卫红五军团及最后的红八、红九军团无法及时过江，担任两翼掩护的红一、红三军团，不得不与敌展开激战，付出极大牺牲。

从11月28日到30日，红军以惨重代价，终于保住了向湘江前进的通道，使中共中央、中革军委及直属机关得以通过湘江。

红五军团担任总后卫，该军团第三十四师转战于灌阳、道县一带，最后弹尽粮绝，全军覆没。师长陈树湘身负重任，不幸被俘。敌人听说抓到红军师长，高兴得发了狂，抬着他去向上级邀功领赏。陈树湘乘敌不备，用手从腹部伤口处绞断了肠子，壮烈牺牲，年仅29岁。

突破敌人的第四道封锁线，是长征以来最紧张最激烈的一次战斗。广大红军指战员虽英勇奋战，但由于“左”倾领导者的错误指挥，使红军付出了极其惨重的代价，由长征出发时的8.6万人，锐减到3万多人。湘江一仗，宣告了“左”倾教条主义军事指导的破产。血的事实使大家认识到，只有结束“左”倾教条主义的领导，红军才能取得主动，长征才能取得胜利。

红军渡过湘江以后，部队疲劳，序列不整，军委决定在西延休整一两天，然后再按照原定计划前进。此时的蒋介石计划将红军歼灭于湘江以西，防止红军进入贵州与红四方面军及红二、红六军团会合。为此，蒋介石划分了湘、桂、黔三省的守备区域。

在上述情况下，中共中央、中革军委仍然决定继续西进，北出湘西与红二、红六军团会合。于是，红军进入桂北越城岭（土名老山界）山区。

陆定一撰写的《老山界》一文描述了红军长征中翻越第一座高山的情景，通篇充满了革命乐观主义精神。

满天是星光，火把也亮起来了。从山脚向上望，只见火把排成许多之字形，一直到天上与星光连接起来，分不出是火把的火光还是星光。这真是我平生未见的奇观！

大家都知道这座山是怎样的陡了，不由得浑身紧张，前后发起喊来，助一把力，好快些把山上完！

“上去啊！”

“不要掉队啊！”

“不要落后做乌龟啊！”

一个人的喊声：“我们上天了！”

大家听了笑得哈哈的。

在“之字拐”的路上一步步上去。向上看，火把在头顶上一点点排到天空，向下看，简直是绝壁，火把照着人的脸，就在脚底下。

……不可逾越的老山界，被我们这样笨重的队伍所战胜了。①

正如陆定一所说，以后“当我们走过了金沙江、大渡河、雪山、草地之后，老山界的困难，比起这些地方来，已是微

① 中共中央党史研究室编：《红军长征纪实丛书》，《红一方面军卷》第2册，中共党史出版社2016年版，第771—774页。

乎其微，不足道的了”。确实，老山界与后来长征中的万水千山相比，翻越过程中没有发生什么惊天动地的大事。可为什么那么多老红军在回忆录中都谈到了老山界，都对翻越老山界刻骨铭心？

事实上，红军翻越老山界时遇到的困难是双重的，有自然险境的阻挡，还有当时低落的心情。当时正值红军遭遇湘江失利，人员损失过半，许多人对革命的前途感到困惑与迷茫。下一步红军向何处去？成为红军指战员最关心和最担忧的问题。

当时毛泽东的词中“惊回首，离天三尺三”一句，一谓山之高，二谓危机之严重。但红军毕竟从这个“离天三尺三”的缝隙中闯了过来，这预示着中国革命将迎来光明的坦途。

由此我们似乎可以理解了，为什么老红军对翻越老山界刻骨铭心。翻越老山界这座高山，红军将士不仅振奋了士气，而且对革命的前途问题，也开始有了一个逐步清晰和正确的思路。

毛泽东力主转兵贵州

正当红军沿越城岭山区西进时，国民党“追剿军”主力在城步、绥宁、武冈等地构筑工事，布下口袋阵，张网以待。如果中央红军继续按照原计划行动，必会陷入敌军重围，后果不堪设想。

与此同时，国民党军内部发生了桂粤系军阀同蒋介石争夺贵州的斗争，这使他们在贵州不能集中全力对付红军，造成了黔东南的空虚状态，这对红军进入贵州是十分有利的。

1934 年 12 月 12 日，中央几位负责人在湖南通道召开紧急会议。在会上，李德坚持红军按原定的战略方针，立即北出湘西与红二、红六军团会合。毛泽东坚决反对，提出红军西进贵州，避实就虚，寻求机动，在川黔边创建新根据地的主张。

毛泽东无疑是正确的。此时红军已空前减员，极度疲劳，如果继续北出，势必与五六倍于己的敌军决战，这对红军十分不利。而在各路敌军中，黔军最弱，武器装备差，部队组织纪律涣散，战斗力低下，内部派系多，矛盾重重。如果红军利用黔军的矛盾，各个击破，就可以争取主动。中央领导人张闻天、王稼祥、周恩来和朱德等多数同志对毛泽东的主张表示赞同。

短促的通道会议，是从第五次反“围剿”开始以来毛泽东第一次在中央有了发言权，也是他的意见第一次得到了中央多数同志的赞同。

12 月 13 日，中革军委命令中央红军“迅速脱离桂军，西入贵州，寻求机动，以便转入北上”。当日，中央红军依照中革军委命令，突然改变行军路线，转兵贵州，脱离了险境。

12月17日，中央红军突破黔军防线，进驻黎平。黎平位于黔、桂、湘三省交界处，地形复杂，交通不便，周围敌军的力量十分薄弱。这时， 9
蒋介石对红军作战的重点，仍然是防止中央红军与红二、红六军团会合。他虽然急令黔军王家烈部阻止红军进入贵州，但仍将重兵部署在湘西，并没有向贵州移动。

12月18日，中共中央政治局在黎平召开会议，由周恩来主持。会议 3
争论得十分激烈。毛泽东坚决主张放弃同红二、红六军团会合的原定计划，建议中央红军继续西进，在川黔边建立新根据地。而博古、李德虽然先前暂时同意了毛泽东“西入贵州”的主张，但仍坚持要红军去黔东北，然后与红二、红六军团会合。会议从白天一直开到深夜。周恩来等赞同毛泽东的意见，并对博古、李德顽固坚持其错误主张进行了批评说服。会议 4
通过《中央政治局关于战略方针之决定》。

中革军委连夜电令各军团，决定中央红军分左、中、右路军，向以遵义为中心的黔北前进。为了给敌人造成中央红军仍要去湘西与红二、红六军团会合的错觉，军委规定各部用正常行军速度前进；与此同时，电令湘西红二、红六军团在常德等地积极活动，调动湘敌。蒋介石害怕中央红军与红二、红六军团会合，急忙抽调4个师兵力。红二、红六军团的作战行动，也迫使追击中央红军的敌军兵力相对减少。此时，整个敌情对中央红军向黔北进军非常有利。

12月31日，军委纵队抵达瓮安县的一个小乡镇猴场，准备抢渡乌江、挺进黔北，实现黎平会议确定的战略方针。这时，博古、李德仍对黎平会议的决定持不同意见，再次主张不过乌江，回头东进同红二、红六军团会合。为克服博古、李德指挥上的错误，确定红军进入黔北以后的行动方针，在中央政治局多数同志要求下，12月31日晚至次日凌晨，中央政治局在猴场附近的宋家湾村召开会议，由周恩来主持。会议再次批评了博古、李德的错误主张，重申了黎平会议的决议，决定红军抢渡乌江，攻占遵义，“建立川黔边新根据地，首先以遵义为中心的黔北地区，然后向川南发展，是目前最中心的任务”。会议还决定，“关于作战方针，以及作战时间与地点的选择，军委必须在政治局会议上做报告”，以加强政治局对军委的领导。这个决定，实际上剥夺了博古、李德的军事指挥权。

此后，中央红军突破乌江，敌军围歼红军于乌江南岸的企图化为泡影。1935年1月7日凌晨，红军完全占领遵义。这是中央红军长征以来所经过的第一座较大的城市。又经过几天的征战，红军控制了以遵义为中心的黔北的广大地区，从而为遵义会议的召开创造了有利的条件。

1 9 3 5

遵义会议和红军长征伟大胜利

群龙得首自腾翔，
路线精通走一行。
左右高低能纠正，
天空无限任飞扬。

从这首朱德发表的《遵义会议诗》中，可以看出遵义和遵义会议在老一辈革命家心目中的崇高位置。遵义会议后，红军很快跳出国民党军队的包围圈，1936 年 10 月胜利大会师。

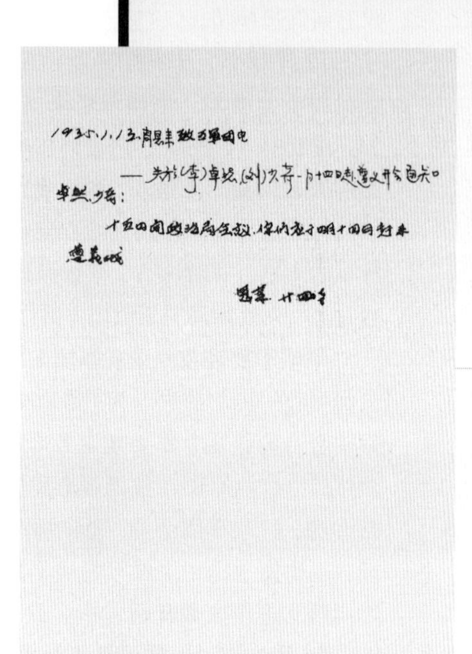

1935.1.13.周恩来致五军团电

——关于（李）卓然、（刘）少奇十四日赴遵义开会通知

卓然、少奇：

十五日开政治局会议，你们应于明十四日赶来遵义城

恩来 十三午

②

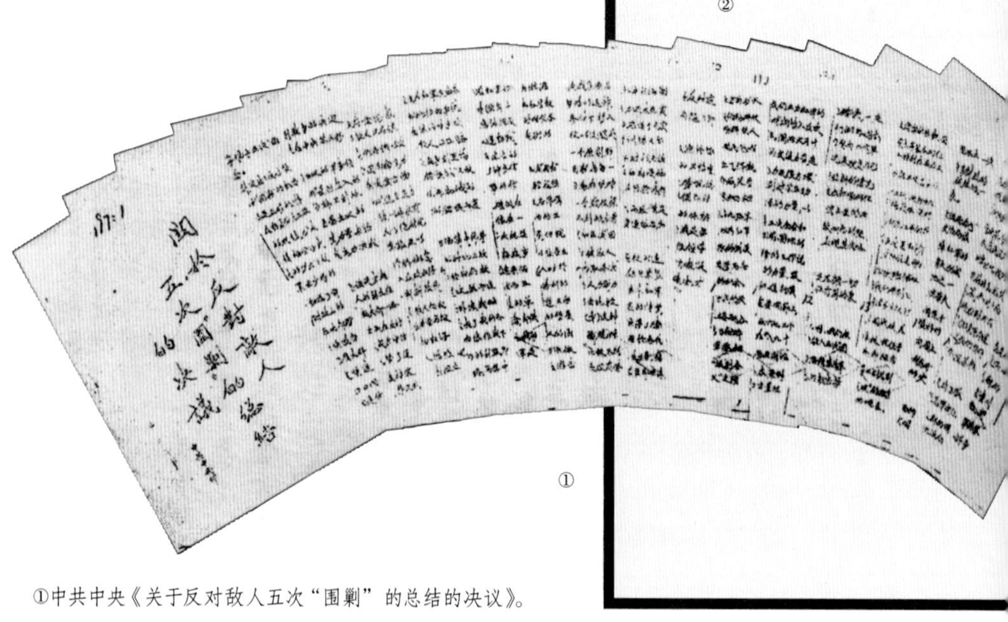

①

①中共中央《关于反对敌人五次“围剿”的总结的决议》。

②周恩来通知刘少奇等参加遵义会议的电报。

③陈云关于遵义会议有关内容的传达提纲。

③

④

④1936 年红一、红二、红四方面军部分同志合影。

1935年1月15日至17日，中央政治局在遵义召开扩大会议，这就是著名的遵义会议。遵义会议后，红军一改之前的被动局面，红军长征取得伟大胜利。同一时期，南方各游击区的同志在主力红军离开后，在极其艰苦的条件下，长期坚持了英勇的游击战争。

遵义会议的召开

遵义会议的召开，经历了一个酝酿过程。

早在第五次反“围剿”过程中，毛泽东就曾多次提出战略性建议，均被“左”倾领导者所拒绝。长征开始后，毛泽东在中央领导层中做了大量细致的思想工作，帮助一些同志明辨了是非，转变了错误立场。

王稼祥当时担任中革军委副主席、红军总政治部主任。在第四次反“围剿”时，他负了重伤，长征中坐着担架随队行动。当时毛泽东也因病坐担架，经常和王稼祥同行。他们一边行军一边交谈，深入地讨论了许多有关党和军队前途的问题。

张闻天是中央政治局委员、书记处书记，在党内的地位仅次于博古。他虽然执行过“左”倾教条主义，但在许多问题上与毛泽东有着相同的看法。长征开始后，他同毛泽东、王稼祥住在一起，进一步加深了对毛泽东的了解。

在同毛泽东商议以后，王稼祥出面提议召开遵义会议，得到张闻天、周恩来、朱德等人的支持。

1月15日晚，中共中央政治局扩大会议在位于遵义城中军阀柏辉章的公馆里举行。这是当时遵义城内最好的建筑，北面主楼上有一小客厅，可容纳20余人。会场就设在这间客厅里。当天，天花板上吊着一盏煤油灯，中间放着长方形的桌子，20把椅子摆成了一个半圆形，客厅里烧着一盆驱寒的炭火。参加会议的有中央政治局委员毛泽东、张闻天、周恩来、朱德、陈云、博古，中央政治局候补委员王稼祥、刘少奇、邓发、何克全（凯丰），还有红军总部和各军团负责人刘伯承、李富春、林彪、聂荣臻、彭德怀、杨尚昆、李卓然，以及中央秘书长邓小平。李德及担任翻译工作的伍修权，也列席了会议。会议由党中央负责人博古主持。

会议首先由博古作关于反对第五次“围剿”的总结报告。他把第五次反“围剿”失败归结于敌人力量过于强大。对博古的这一结论，大家都不同意。与会人员认为，敌人的力量强大固然是反“围剿”失败的一个原因，但不是主要原因。前四次反“围剿”敌我力量同样悬殊，但都胜利了。第五次反“围剿”，敌人虽然强大，但红军力量也增强了，有10多万人。另外，当时第十九路军在福建同蒋介石作战，广东军阀不积极，这些都是前四次反“围剿”所不具备的有利条件。博古在报告中还强调白区工作薄弱、游击战争薄弱、后方物资供应工作没有做好等原因，都遭到大家的反对。

接着，周恩来就军事问题作副报告。他指出，第五次反“围剿”失利的主要原因是军事领导者犯了战略战术方面的严重错误。他主动承担责任，作了自我批评，同时也批评了博古、李德的错误。

按照会前与毛泽东、王稼祥共同商量的意见，张闻天作了反对“左”倾军事错误的报告，即“反报告”，比较系统地批评了博古、李德在军事指挥上的错误。他作的“反报告”，为遵义会议彻底否定单纯防御路线定了基调。

毛泽东紧接着作了重要发言，讲了大约一个多小时。他在发言中指出，第五次反“围剿”失败的主要原因决不在于客观，而是由于博古、李德实行单纯防御路线，在战略战术上犯了一系列错误。他将错误总结为四点：以堡垒对堡垒；分散兵力；军事上没有利用第十九路军发动福建事变这一有利条件；在战略转变上迟疑不决，在实施突围时仓促出击、行动无序。

在毛泽东之后发言的是王稼祥。他表示完全赞同毛泽东的意见，严厉地批评了博古、李德违反民主集中制，在军事指挥上搞个人专断的恶劣作风，并且提议，撤销李德在军事上的指挥权，毛泽东应当参与军事指挥。

朱德历来谦逊稳重，这次会议上却很激动地发言，严厉地谴责博古、李德军事上的瞎指挥，弄得丢掉根据地，牺牲了几万名战士。他说：“如果继续这样错误的领导，我们就不能再跟着走下去！”[①]

周恩来也表示坚决支持毛泽东对“左”倾军事错误的批判，全力推举毛泽东为党和红军的领袖。他指出，只有改变错误的领导，红军才能有希望，革命才能成功。他的发言和倡议得到了与会绝大多数同志的积极支持。

刘伯承、李富春、聂荣臻、彭德怀、李卓然等都相继发言，表示支持毛泽东的发言和张闻天的“反报告”。

在会上，公开反对“洛甫及毛、王的提纲和意见”的，只有担任少共中央书记的凯丰，他甚至对毛泽东说：“你懂得

① 中共中央文献研究室编：《朱德年谱》（新编本）（1886—1976）上，中央文献出版社2016年版，第450页。

什么马列主义？你顶多是知道些《孙子兵法》!”博古虽然是被批判的主要对象之一，但他的态度还是比较端正的，并没有借主持会议的权力去压制别人的意见。

会上被直接批判的是博古，批判博古实际上就是批判李德。别人都是围着长桌坐，李德却坐在会议室门口。别人发言时，他一边不停地听着伍修权的翻译，一边不断地抽烟，神情沮丧。他拒绝大家对他的批评，不承认自己有什么错误，把责任推到客观原因和中共中央领导者身上。

会议一共开了3天，气氛紧张激烈，发言的声音很高，每天总是开到半夜才休会。最后，会议作出了下列重要决定：选举毛泽东为中央政治局常委；指定张闻天起草会议决议，委托政治局常委审查后，发到支部去讨论；政治局常委再进行适当的分工；取消在长征前成立的“三人团”，仍由最高军事首长朱德、周恩来为军事指挥者，而周恩来是党内委托的对于指挥军事下最后决心的负责者。

此后，在红军转战途中，2月5日在川滇黔交界一个鸡鸣三省的村子，中央政治局常委分工，根据毛泽东的提议，决定由张闻天代替博古负中央总的责任（习惯上也称之为总书记）；决定以毛泽东为周恩来在军事指挥上的帮助者，博古任总政治部代理主任。3月4日，中革军委在第二次进驻遵义后设置前敌司令部，以朱德为司令员，毛泽东为政治委员。其后，鉴于作战情况瞬息万变，指挥需要集中，毛泽东提议成立“三人团”全权指挥军事。3月中旬，在贵州鸭溪、苟坝一带，成立由毛泽东、周恩来、王稼祥组成的新的“三人团”，以周恩来为团长，负责指挥全军的军事行动。在战争环境中，这是中央最重要的领导机构。

在紧急的战争形势下举行的遵义会议，没有全面地讨论政治路线方面的问题。对多年来党的工作中所有重大问题取得一致的正确认识，需要有一个过程。因此，会议决议只是一般地肯定中央的政治路线，并没有探讨造成军事指挥错误的深刻的政治原因。但是，遵义会议明确回答了红军战略战术方面的是非问题，指出博古、李德军事指挥上的错误，同时改变中央的领导特别是军事领导，解决了党内所面临的最迫切的组织问题和军事问题，结束了“左”倾教条主义错误在中央的统治。而这些成果，又是在中国共产党同共产国际中断联系的情况下独立自主取得的。

邓小平曾说：“在历史上，遵义会议以前，我们的党没有形成过一个成熟的党中央。从陈独秀、瞿秋白、向忠发、李立三到王明，都没有形成过有能力的中央。”“我们党的领导集体，是从遵义会议开始逐步形成的，也就是毛刘周朱和任弼时同志。”[①]

长征途中，党中央召开的遵义会议，是我们党历史上一个生死攸关的转折点。这次会议确立了毛泽东在红军和党中 9
央的领导地位，开始确立了以毛泽东同志为主要代表的马克思主义正确路线在党中央的领导地位，开始形成以毛泽东同志为核心的党的第一代中央领导集体，这是我们党和革命事业转危为安、不断打开新局面最重要的保证。

3

三大主力红军胜利会师

会后，中央红军在毛泽东等指挥下，四渡赤水，佯攻贵阳，威逼昆明，巧渡金沙江，跳出了国民党军队的包围圈。 5

为了配合中央红军作战，红四方面军于 1935 年 3 月下旬发起强渡嘉陵江战役，实际开始了长征（也有认为红四方面军长征从 5 月开始）。

5 月下旬，中央红军向川西北挺进。6 月中旬在四川懋功（今小金）地区与红四方面军会师。会师后，中共中央政治局在两河口召开扩大会议，决定红军继续北上，建立川陕甘根据地。但张国焘反对中央北上方针，坚持南下。中共中央多次催促、劝说无果。9 月 9 日，张国焘电令右路军政治委员陈昌浩率部南下，“彻底开展党内斗争”。中共中央率红一、红三军和军委纵队先行北上。9 月 12 日，中共中央政治局在甘肃省迭部县俄界（今高吉）召开扩大会议，通过《中央关于张国焘同志的错误的决定》，并决定将北上红军改称陕甘支队。

根据中共中央的指示，1934 年 11 月 16 日，红二十五军以中国工农红军北上抗日第二先遣队的名义，撤离鄂豫皖革命根据地，从河南罗山县出发开始长征。1935 年 9 月 15 日，红二十五军到达陕西延川永平镇（今永坪）。

1935 年 10 月 19 日，中共中央率红军陕甘支队（红一方面军主力）到达陕西吴起镇。

红四方面军南下后，转战于川康地区。1936 年 7 月上旬与红二方面军共同北上。在此期间，红四方面军广大指战员在朱德、刘伯承、徐向前等率领下不畏艰险，英勇奋战，并与张国焘分裂主义进行了坚决斗争；任弼时、贺龙等率领的红二、红六军团的到来进一步加强了红军团结北上的力量。10 月上旬，红四方面军在甘肃会宁与红一方面军会师。

① 《邓小平文选》第 3 卷，人民出版社 1993 年版，第 309 页。

红二、红六军团在完成策应中央红军的任务后，又面临国民党军130个团的重兵“围剿”。1935年11月19日，红二、红六军团主动撤出湘鄂川黔革命根据地，由湖南桑植刘家坪等地出发，开始长征。

1936年7月2日，红二、红六军团到达川西北的甘孜，与红四方面军会师。7月5日，红二、红六军团与红三十二军编成红二方面军，贺龙任总指挥，任弼时任政治委员。

7月上旬，红二、红四方面军共同北上。10月下旬，红二方面军到达甘肃隆德西北的将台堡（今属宁夏西吉）地区，与红一方面军会师。

以红一、红二、红四方面军在会宁和将台堡地区会师为标志，中国工农红军长征胜利结束。

南方三年游击战争

“断头今日意如何？创业艰难百战多。此去泉台招旧部，旌旗十万斩阎罗。”这是坚持南方三年游击战争的陈毅，在梅岭被国民党军围困时创作的七言绝句组诗作品《梅岭三章》，表现了以陈毅为代表的坚持南方三年游击战争的指战员们，献身革命的决心和对革命必胜的信心。

1934年10月，中央红军主力撤出根据地时，中共中央决定成立苏区中央分局和中央军区，以项英为分局书记兼军区司令员和政治委员。同时，成立以陈毅为主任的中华苏维埃共和国中央政府办事处。留在根据地的部队有红二十四师、独立团及地方游击队1.6万多人，加上党政机关工作人员和红军伤病员，共3万多人。中共中央赋予他们的任务是掩护红军主力转移，保卫中央根据地，开展游击战争，扰乱敌人的进攻，准备将来配合红军主力，在有利的条件下进行反攻，恢复和扩大中央根据地。

从1934年下半年到1937年全民族抗日战争爆发，留在长江南北的红军和游击队，在党的领导下，在人民群众的支持下，在江西、福建、广东、浙江、湖南、湖北、安徽、河南等八个省的赣粤边、闽赣边、湘赣边、湘鄂赣边、湘南、皖浙赣边、闽西、闽东、闽粤边、闽北、鄂豫皖边、浙南、闽中、鄂豫边和琼崖等十几个地区，展开了艰苦卓绝的斗争。

红军主力长征后，国民党军队向各革命根据地腹地发动进攻，妄图消灭留下来坚持斗争的红军和游击队。他们采取碉堡围困、经济封锁、移民并村、保甲连坐、大肆烧杀等最残酷最毒辣的手段，实行反复“清剿”。国民党军队所到之处，血流遍地，一片废墟。

面对国民党军队的反复“清剿”和血腥镇压，红军游击队和革命群

1
9
3
5

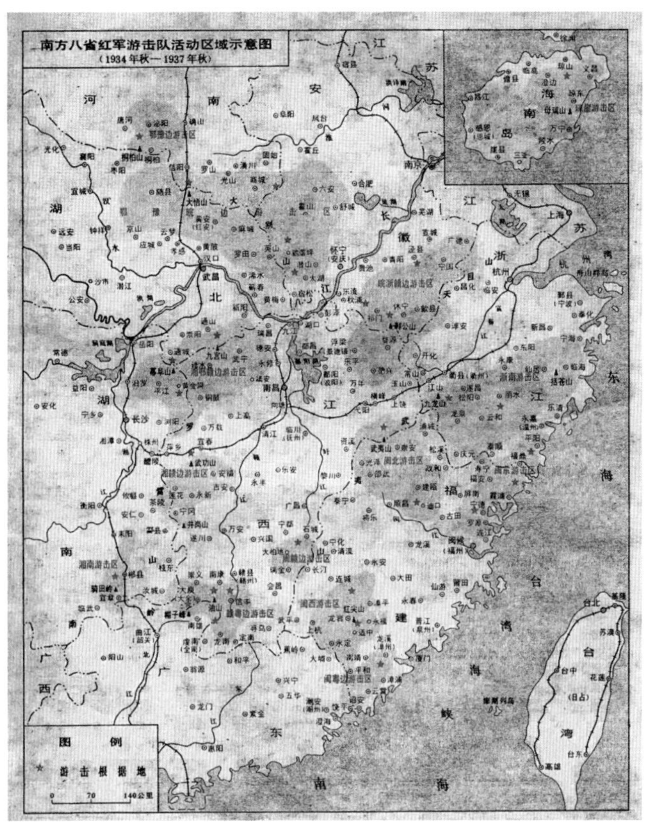

南方三年游击战争示意图。

众一起，进行英勇顽强的抵抗，表现了无比坚毅的英雄气概。他们钳制国民党的军事力量，在战略上配合了红军主力的长征，而且保存了革命的种子，坚持了游击根据地。这些根据地后来成为中国人民抗日战争在南方的战略支点。

在南方红军三年游击战争中，留下来坚持斗争的党的高级干部何叔衡、贺昌、毛泽覃、万永诚、古柏、阮啸仙，以及其他许多干部、战士，为革命英勇牺牲。瞿秋白、刘伯坚等被俘后，坚贞不屈，慷慨就义。陆定一的妻子唐义贞在战斗中被俘，趁敌人给她松绑的瞬间，把藏在夹衣里的一份秘密文件强咽入肚内，惨无人道的敌人为了取出文件，竟把她剖腹。

1937 年中央政治局十二月会议听取了项英关于南方游击区的报告。13 日，会议通过《中共中央政治局关于南方各游击区工作的决议》，充分肯定南方各游击区的同志，“在极艰苦的条件下，长期坚持了英勇的游击战争”，“以致能够保存各游击区在今天成为中国人民反日抗战的重要支点”。[①]

① 中共中央文献研究室、中央档案馆编：《建党以来重要文献选编》（1921—1949）第 14 册，中央文献出版社 2011 年版，第 735 页。

1936

打开红色区域大门，和平解决西安事变

1936年7月，陕西保安[①]，美国记者埃德加·斯诺踏进了中国红色区域的大门。这是红1军团第2师在陕北安排斯诺活动的日程表，以及次年斯诺写成的驰名全球的《红星照耀中国》（中译本题名为《西行漫记》）一书。近半年后的12月4日，陕西西安，国民政府军事委员会委员长蒋介石由南京飞抵这里，严令张学良、杨虎城率部"剿共"。张学良、杨虎城在向蒋介石要求抗日的"哭谏"遭到严厉训斥和拒绝后，于12月12日发动"兵谏"，用武力扣留蒋介石，逼其答应抗日。这就是震惊中外的西安事变。

②

① 1937年1月，中共中央领导机关由保安迁至延安。

①1936 年斯诺由北平出发，经西安进入陕甘宁地区。图为红 1 军团第 2 师在陕北安排斯诺活动的日程表。

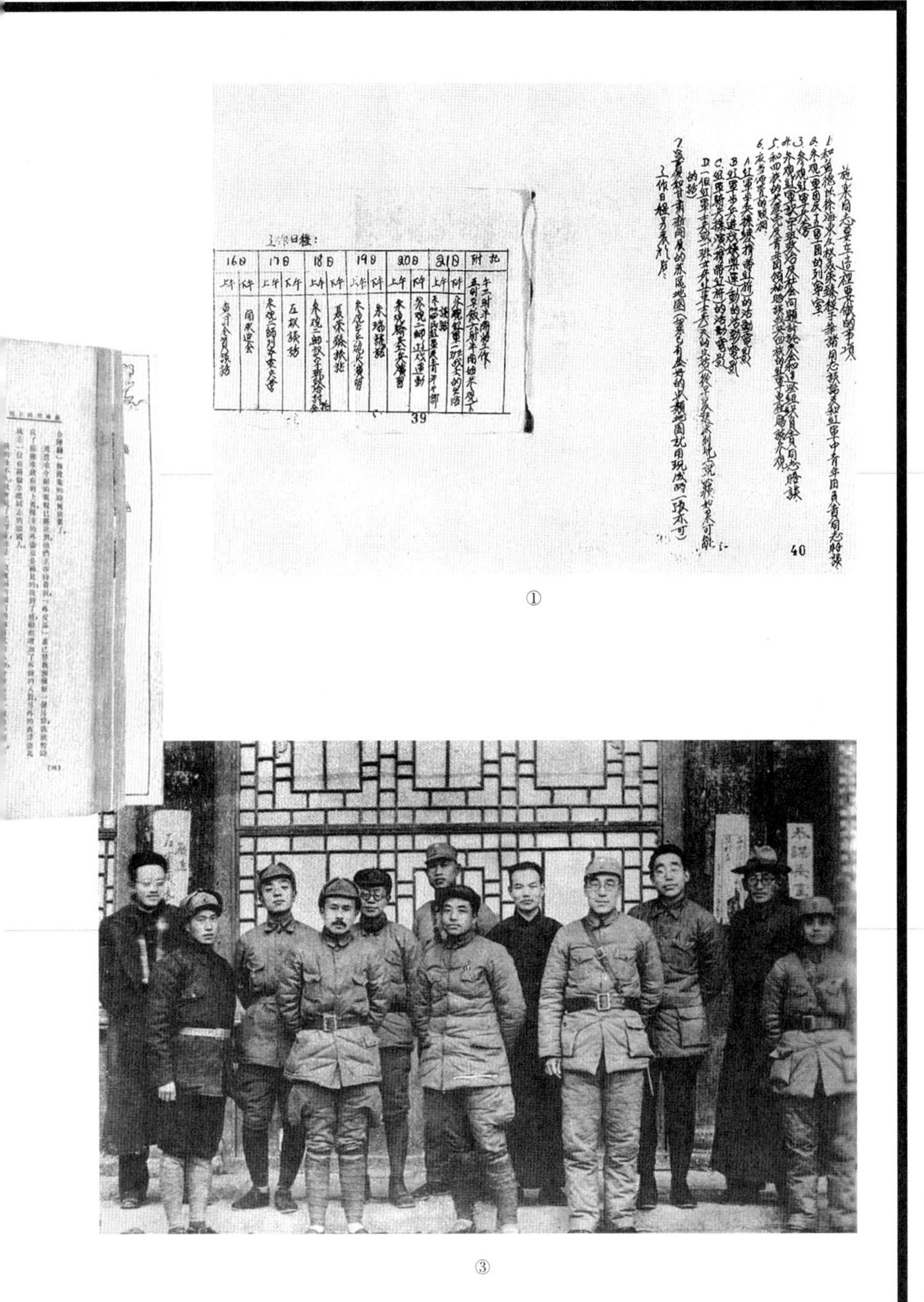

工作日程：

16日		17日		18日		19日		20日		21日		附记
上午	下午	上午	下午	上午	下午	上午	下午	上午	下午	上午	下午	
[illegible]	开欢迎会	[illegible]	左权谈话	[illegible]	聂荣臻谈话	[illegible]	朱瑞谈话	[illegible]	[illegible]	[illegible]	[illegible]	[illegible]

39

40

①

③

②1936 年斯诺访问陕北，写出了第一部向全世界介绍中国革命的书《红星照耀中国》。图为 1938 年复社在上海出版的这本书的中译本《西行漫记》。

③部分红军将领与东北军、西北军将领的合影。

④

⑤

④西安事变前的10月5日毛泽东、周恩来给张学良写信，阐明了我党的抗日主张和自卫原则，并建议国共两党派代表正式谈判停战抗日的具体条件。
⑤1937年3月毛泽东与美国作家史沫特莱谈《中日问题与西安事变》的油印本。

1936 年 7 月，红色区域的大门竟然如此便利地向一个外国记者打开了。美国记者埃德加·斯诺甚至感到有一点惊奇和怀疑，但事实很快就使他相信了中国共产党人给他这样自由活动 9
的诚意。

斯诺来到保安

到达安塞的斯诺，正与安塞赤卫队队长交谈时，突然走来 3
了一位军官，用温和文雅的口气向他打招呼，而且用的是英语！斯诺马上就知道了，站在他面前的就是周恩来，那个“鼎鼎大名”的红军指挥员。

第二天，斯诺来到周恩来的司令部。周恩来对他说，我接 6
到报告，说你是一个可靠的新闻记者，对中国人民是友好的，并且说可以信任你会如实报道。周恩来表示，你不是共产主义者，这对于我们是没有关系的。任何一位新闻记者要来苏区访问，我们都欢迎。不许记者到苏区来的，不是我们，是国民党。你见到什么，都可以报道，对你的考察我们会提供一切帮助。

离开百家坪后，斯诺来到保安，受到热烈欢迎。虽然苏区曾有一个共产国际派来的军事顾问李德，但从严格意义上讲，斯诺是中华苏维埃共和国的第一位“外宾”。

7 月 15 日，毛泽东请斯诺到他的窑洞里谈话。他们的谈话范围很广，内容极其丰富。正是在这种涉及面甚广的谈话中，毛泽东谈到了中国共产党和世界事务的关系，第一次面向一位外国人论述了中华苏维埃共和国中央政府的对外政策。

7 月 16 日晚 9 时至次日凌晨 2 时，毛泽东同斯诺谈中国抗日战争的形势、方针问题。毛泽东说，中国战胜日本帝国主义需有三个条件：第一是中国抗日统一战线的完成；第二是国际抗日统一战线的完成；第三是日本国内人民和日本殖民地人民的革命运动的兴起。就中国人民的立场来说，三个条件中，中国人民的大联合是主要的。

当斯诺问：从政治上、军事上看，中日战争的发展前途如何？毛泽东以其惊人的洞察力，在全面抗战爆发前一年就科学地预见抗日战争的一般形势、发展规律，预见了在战争前期、中期、后期不同的战略战术以及敌我力量的消长变化和最后结局。后来他在《论持久战》中把这三个时期更为精确地概括为三个阶段：战略防御、战略相持和战略反攻阶段。而贯穿于上述谈话的基本精神，就是动员全民族抗战，即全面抗战的思想。抗日战争的进程证实了毛泽东预言的准确性。

谈话就是这样一夜又一夜地继续着。

斯诺在保安的日子里，都是晚上去毛泽东的住处谈话。通过这种交往，斯诺对毛泽东的认识逐渐加深，他看到了一位共产党领袖生活的各个侧面。他在书中这样写道：

毛泽东和他的夫人住在两间窑洞里，四壁简陋，空无所有，只挂了一些地图。……毛氏夫妇的主要奢侈品是一顶蚊帐。除此之外，毛泽东的生活和红军一般战士没有什么两样。

毛泽东的伙食也同每个人一样，但因为是湖南人，他有着南方人“爱辣”的癖好。他甚至用辣椒夹着馒头吃。除了这种癖好之外，他对于吃的东西就很随便。有一次吃晚饭的时候，我听到他发挥爱吃辣椒的人都是革命者的理论。

中国共产党领导的根据地一直是被国民党包围封锁的“禁区”，自斯诺访问陕北，把根据地的新鲜气息传播出去后，外国友人纷纷前来参观访问。继斯诺和马海德来陕北后，史沫特莱、尼姆·威尔斯、厄尔·利夫、托马斯·阿瑟·毕森、拉铁摩尔、菲力普·贾菲等新闻界人士也相继来到陕北，斯诺也于1939年再一次来到延安。中共中央领导人接见他们，向他们广泛宣传中国共产党关于抗日民族统一战线的主张，阐述中共对国际国内形势的看法，预见抗日战争的规律。

红色区域的大门终于敞开了。

和平解决西安事变

1936年12月12日西安事变发生后，南京政府在如何对待事变问题上出现了两种主张。军政部部长何应钦等主张讨伐，调动军队准备进攻西安；以宋子文、宋美龄为首的一派主张和平解决，积极谋划营救蒋介石的办法。中国共产党事先并不知晓。事变发生后，张学良连夜电告中共中央。毛泽东和周恩来立即复电，表示拟派周恩来前往西安商量大计。

12月13日，中共中央举行政治局会议。毛泽东在发言中指出：

这次事变是革命的，是抗日反卖国贼的，它的行动、它的纲

1936

> 领，都有积极的意义。它没有任何帝国主义的背景，完全是站在抗日和反对“剿匪”的立场上。它的影响很大，打破了以前完全被蒋介石控制的局面，有可能使蒋介石的部下分化转到西安方面来。我们对这次事变，应明白表示拥护。同时，也要估计到蒋介石的部下，如刘峙等可能进攻潼关，威胁西安，胡宗南也可能向南移动。在兰州、汉中这些战略要点，我们应即部署。我们在政治上的步骤，应使张学良、杨虎城这些人物在行动上和组织上与我们一致，要派重要的同志去做工作。我们应以西安为中心，以西北为抗日前线，来影响和领导全国，形成抗日战线的中心。围绕这一环，我们要向人民揭露蒋介石的罪恶，稳定黄埔系、CC派，推动元老派、欧美派以及其他杂派赞助西安事变。对英美应很好联络，使它们对西安事变在舆论上表示赞助。我们的政治口号是召集救国大会，其他口号都是附属的。中共中央暂不发表宣言，但在实际行动上应积极去做。

在与会者发言后，毛泽东作结论说：“现在处在一个历史事变新的阶段，前面摆着很多道路，也有许多困难。为了争取群众，我们对西安事变不轻易发言。我们不是正面反蒋，而是具体指出蒋介石个人的错误，不把反蒋抗日并列。应该把抗日援绥的旗帜突出起来。”①

17日，应张学良邀请，周恩来作为中共中央代表到达西安。在弄清情况后，中共中央以中华民族利益的大局为重，独立自主确定了用和平方式解决西安事变的方针。根据这一方针，周恩来与张学良、杨虎城共同努力，经过谈判，迫使蒋介石作出了“停止剿共，联红抗日”的承诺。

西安事变的和平解决，成为时局转换的枢纽，促进了中共中央逼蒋抗日方针的实现。从此，十年内战的局面基本结束，国内和平初步实现。在抗日的前提下，国共两党实行第二次合作已成为不可抗拒的大势。

① 中共中央文献研究室编:《毛泽东年谱》(1893—1949)(修订本)上卷，中央文献出版社2013年版，第622页。

1937

制定党的全面抗战路线，毛泽东与王明的斗争

——全民族抗日战争开始

1937年七七事变（又称卢沟桥事变）后，中国进入全民族抗战阶段，并开辟了世界反法西斯战争的东方主战场。众所周知的是，1935年遵义会议“开始了以毛泽东同志为首的中央的新的领导”[①]。直到1938年9月至11月召开的中共中央扩大的六届六中全会，进一步巩固了毛泽东在全党的领导地位。但从遵义会议到六届六中全会，“中间也遭过波折”[②]，毛泽东后来在延安整风时说：王明回国后，“进攻中央路线”，1937年十二月中央政治局会议“我是孤立的”。从这张毛泽东与十二月会议与会者的合影中，能感觉到些什么：王明意气风发状端坐前排正中；毛泽东站在后排最边上，表情相当严肃。

① 《关于若干历史问题的决议》（1945年4月20日中国共产党第六届中央委员会扩大的第七次全体会议通过），转引自《毛泽东选集》第3卷，人民出版社1991年版，第969页。

② 转引自中共中央文献研究室编：《毛泽东传》（1893—1949），中央文献出版社2004年版，第524页。

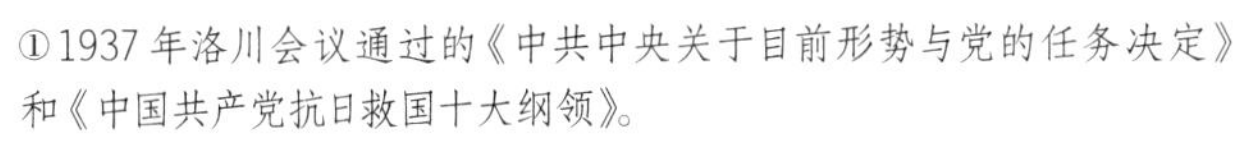

①1937 年洛川会议通过的《中共中央关于目前形势与党的任务决定》和《中国共产党抗日救国十大纲领》。

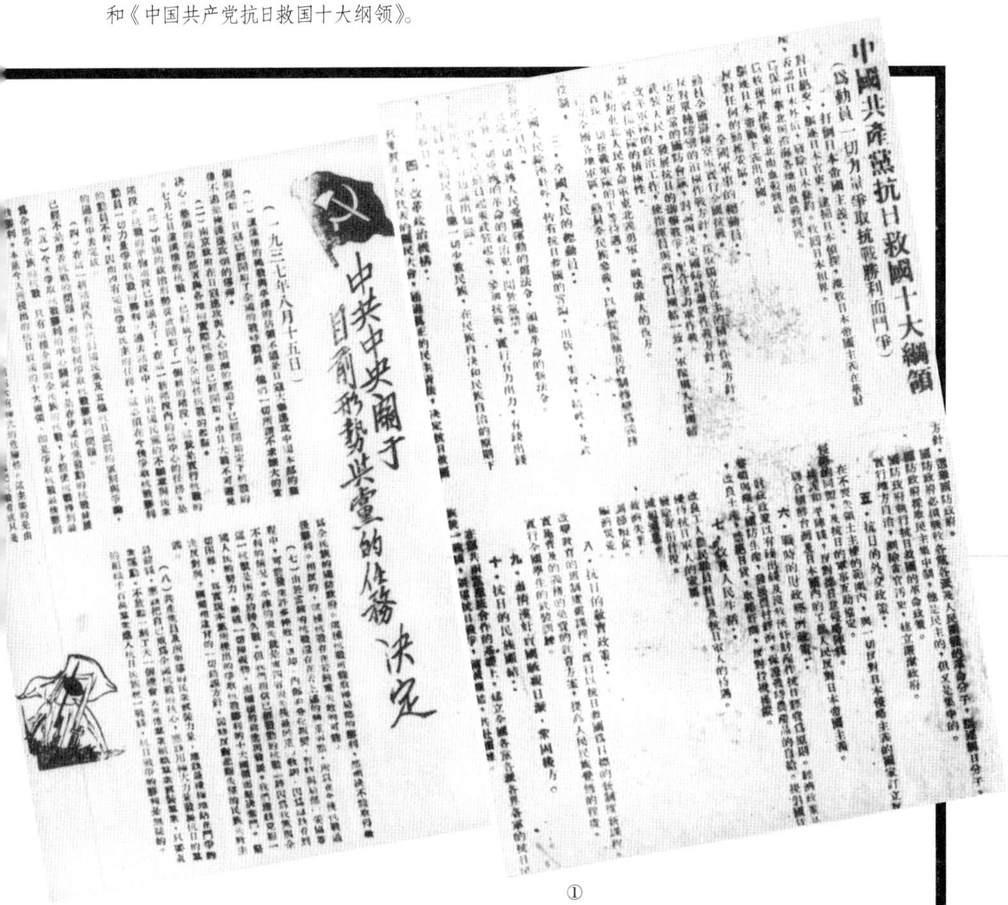

中國共產黨抗日救國十大綱領

（為動員一切力量爭取抗戰勝利而鬥爭）

中共中央關于目前形勢與黨的任務決定

（一九三七年八月十五日）

①

②

②1937 年十二月会议与会者合影（前排从左至右：项英、何凯丰、王明、陈云、刘少奇；后排从左至右：康生、彭德怀、张闻天、张国焘、林伯渠、博古、周恩来、毛泽东）。

③

④

③洛川会议旧址。
④1937 年 11 月 7 日成立了晋察冀军区。图为军区司令员兼政治委员聂荣臻（左二）在前线指挥作战。

1937 年 8 月 10 日，共产国际执委会书记处在莫斯科召开专门会议，讨论中国抗战形势和中共的任务。季米特洛夫担心中国共产党能否适应新的环境和新的任务。他说："关于（中国共产党——引者注）党中央，它的组成人员，它的机构以及它周围的人还能否进行工作的问题，这是一个十分严肃的问题。"对于这些问题，"我们从这里纠正的可能性十分有限制。为达到这一目的，需要有对国际形势很有研究的新人来帮助中共中央。中央本身也需要帮助。尤其是在战争进行的时候"。正是基于上述考虑，共产国际选中王明和康生，派他们回国。

党的全面抗战路线的制定

在全国抗日救亡运动不断高涨和共产党倡议国共合作抗战的推动下， 9
国共双方达成红军主力改编、在国民党统治区若干城市设立八路军办事处
和出版《新华日报》等协议。1937 年 8 月 22 日，国民政府军事委员会发布
红军改组命令。25 日，中共中央革命军事委员会发布命令，宣布红军改名
为国民革命军第八路军（简称八路军），全军约 4.6 万人。9 月，八路军番
号改为第十八集团军，以朱德、彭德怀为正、副总司令。但人们仍习惯地 3
把它称为八路军。同月，陕甘宁根据地改称陕甘宁边区，仍是中共中央所
在地。接着，共产党在南方八省红军游击队（琼崖红军游击队除外），改为
国民革命军陆军新编第四军（简称新四军），叶挺、项英任正、副军长。

9 月 22 日，国民党中央通讯社发表《中共中央为公布国共合作宣言》； 7
23 日，蒋介石发表实际上承认共产党合法地位的谈话。中共中央的《宣言》和蒋介石谈话的发表，宣告国共两党重新合作和中国抗日民族统一战线的形成。

围绕着抗日战争，国内外形势仍然是相当错综复杂的。与国民党实行的片面抗战路线不同，中国共产党一开始就主张实行全面抗战的路线，即人民战争路线。

1937 年 8 月 22 日至 25 日，中共中央在陕北洛川城郊召开政治局扩大会议（即洛川会议），讨论制定党在抗日战争时期的方针、任务和政策。洛川会议是在全国抗战刚刚爆发的历史转折关头召开的一次重要会议。会议通过《中共中央关于目前形势与党的任务决定》，指出：中国的抗战是一场艰苦的持久战。争取抗战胜利的关键，在于使已经发动的抗战发展为全面的全民族的抗战。《决定》与《中国共产党抗日救国十大纲领》的通过，标志着党的全面抗战路线的正式形成。

为贯彻全面抗战的路线，必须正确处理民族斗争和阶级斗争的关系，以及统一战线中统一和独立、团结和斗争的关系。然而，在党内的一些人中，对这些重大问题还缺乏清醒的认识。

第二次国共合作建立之后，“统一战线中迁就国民党的无原则倾向”便开始出现，并对实际工作产生了一些不良的影响。诸如对国民党的压制和干涉政策的无原则的迁就让步，军队中个别人员以受国民党政府的委任为荣，不愿严格接受党的领导，有的人对国民党特务在根据地进行破坏活动不敢进行坚决斗争，等等。

1937 年 11 月 12 日，毛泽东在延安党的活动分子会议上作《上海太原失陷以后抗日战争的形势和任务》报告。报告提出在党内、在全国都必须反对投降主义的任务。报告指出：第一，“在党内，反对阶级对阶级的

投降主义”。第二，“在全国，反对民族对民族的投降主义”。最后，报告指出：“在抗日民族革命战争中，阶级投降主义实际上是民族投降主义的后备军，是援助右翼营垒而使战争失败的最恶劣的倾向。”“必须反对共产党内部和无产阶级内部的阶级的投降倾向，要使这一斗争开展于各方面的工作中。”[①]这样，中共中央在实际工作的指导上，已经对右倾错误倾向进行了必要的批评和纠正。

王明回国

中国的抗日战争是世界反法西斯战争的重要组成部分，一直受到共产国际的关注。当时，苏联正面对着德国来自西面的严重威胁，同时担心日本从东面向它发起进攻，使它陷于两面作战的困难境地，因此十分希望中国的抗日战争尽可能多地拖住日本的军事力量，减轻它在东面的危机。

在共产国际执委会书记处 1937 年 8 月 10 日会议上，决定成立由季米特洛夫、邓发、康生、库西宁、特里利塞尔、王稼祥和王明等人组成的专门委员会，王明为负责人，会议责成该委员会在五天内制订出具体建议。[②]王明 1931 年赴莫斯科后一直留在共产国际工作，并在 1935 年共产国际第七次代表大会上当选为共产国际执委会主席团委员和政治书记处候补书记。康生则是中共驻共产国际代表、共产国际执委会候补委员。该建议制定后，于 1937 年 10 月 10 日被共产国际执行委员会书记处批准通过。《共产国际执行委员会书记处关于中国问题的决议》共计八项内容。决议特别强调：“尤其重要的是应当坚定不移、始终不渝地执行抗日民族统一战线政策和尽一切努力全面巩固统一战线，因为它是战胜日本军国主义最重要的条件。”[③]

1937 年 10 月 21 日，即将回国的王明和康生专门给斯大林写了一封求见信，内容如下：“最近我们要去中国。临行前我们恳请您接见我们，以便得到您对一系列重大问题的建议。这不仅对于我们，对于我们今后的工作具有极大的意义，而且对于中国共产党的整个活动和全中国人民的解放斗争也具有极大的意义。”

王明写信过后 20 天，即动身离开莫斯科的前三天，1937 年 11 月 11 日，斯大林在克里姆林宫召集季米特洛夫、

① 以上参见《毛泽东选集》第 2 卷，人民出版社 1991 年版，第 387—396 页。

② 中共中央党史研究室第一研究部译：《共产国际、联共（布）与中国革命档案资料丛书》第 18 卷，中共党史出版社 2012 年版，第 2—5 页。

③ 中共中央党史研究室第一研究部译：《共产国际、联共（布）与中国革命档案资料丛书》第 17 卷，中共党史出版社 2012 年版，第 512 页。

王明、康生和王稼祥进行座谈。斯大林指出：“现在对于中国共产党来说，最基本的是融入全民族的浪潮并参与领导。”他还说：“现在最主要的是战争，而不是土地革命，不是没收土地。”“口号就是一个：为中国人民的独立进行必胜的战争”，“争取自由的中国，反对日本占领者”。斯大林还强调：“中国人应当用什么方法与外部敌人进行战斗，这是决定性的问题。当这场战斗结束时，就会出现他们应该用什么方法进行内战的问题!”

斯大林说：中国“必须建立自己的军事工业”，“如果中国有自己的军事工业，[那么]任何人都不能战胜它”。在谈到八路军的问题时，他说：“八路军应该有 30 个师，而不是 3 个师。”“这可以通过组建预备团来充实现有师的形式做到。”“必须组建新的团。”至于作战策略，斯大林说：“既然八路军没有炮兵，他的战术就不应该是正面进攻，而应该是迷惑敌人，诱敌深入，从后方袭击敌人。应该炸毁日军的交通线、铁路桥。”

鉴于中共准备在 1938 年召开党的第七次全国代表大会（后因故推迟至 1945 年召开），斯大林指示：“在中国党的代表大会上，不宜进行理论上的争论。理论问题应该[放到]较晚时期，等到战争结束之后。”他说，“与过去相比，现在很少有机会谈论中国非资本主义发展道路的问题”，因为“资本主义在中国已经在发展”。斯大林还谈到“在乌鲁木齐需要有合适的八路军代表和党的代表”等问题。[①]

1937 年 11 月 13 日，季米特洛夫与王明、康生和王稼祥进行了“最后一次谈话”[②]。

在王明动身回国前，季米特洛夫大概意识到了王明可能遇到的困难，嘱咐他说：“回到中国后，您应该同中国同志搞好关系，您不大了解中国的同志们。如果他们提出由您担任（中共中央）总书记的职务，您不要接受这一建议。”[③]

11 月 14 日，季米特洛夫在共产国际执委会书记处会议

① 以上参见中共中央党史研究室第一研究部译：《共产国际、联共（布）与中国革命档案资料丛书》第 18 卷，中共党史出版社 2012 年版，第 12—15 页。

② [保]季米特洛夫著，马细谱、杨燕杰、葛志强等译，马细谱统校：《季米特洛夫日记选编》，广西师范大学出版社 2002 年版，第 62 页。

③ 转引自中共中央党史研究室第一研究部译：《共产国际、联共（布）与中国革命档案资料丛书》第 18 卷，中共党史出版社 2012 年版，前言第 10 页注释 1。

的发言中着重提出：由于共产党力量弱小，因此在国共统一战线中不要提谁占优势，谁领导谁的问题。应当运用法国共产党组织人民阵线的经验，遵循“一切服从统一战线”“一切经过统一战线”的原则，努力从政治上影响国民党，做到共同负责、共同领导、共同发展，不要过分强调独立自主。

总之，在共产国际和斯大林、季米特洛夫看来，中国共产党和中国工人阶级的力量比较弱小，中国的抗战要依靠蒋介石为首的国民党。中国共产党应竭力促成在国民政府基础上的全国的团结统一。

就在 11 月 14 日这一天，被共产国际选中的王明、康生启程回国，以期贯彻共产国际的上述“新政策”，“加强党的领导”，并帮助中共中央“纠正某些东西”[①]。王明、康生等 29 日抵达延安。

① 中共中央党史研究室第一研究部译：《共产国际、联共（布）与中国革命档案资料丛书》第 18 卷，中共党史出版社 2012 年版，第 3 页。

十二月会议的召开及影响

王明回国后只隔了 10 天，1937 年 12 月 9 日至 14 日，中共中央召开政治局会议。这是共产国际派回的“钦差大臣”王明第一次与政治局同志见面并作报告。

会议由张闻天主持，会议日程有三项：一是政治报告；二是组织问题；三是南方游击战争。出席会议的有：张闻天、毛泽东、王明、康生、陈云、周恩来、博古、林伯渠、彭德怀、凯丰、刘少奇、项英、张国焘。

12 月 9 日，会议开始由张闻天作政治报告。报告分析了国民党中的左中右派，指出，“现在克服危机的出路，只有抗日左中派的联合”，“我们的中心便是要联合中派蒋介石的力量”。报告在列举了抗战以来党所取得的成绩之后说：这些成绩“证明我们上次政治局会（指洛川会议——引者注）的决定是正确的”。报告重申：“我们在统一战线中须要保持我们的独立自主性。”[②]

② 中共中央党史研究室张闻天选集传记组编：《张闻天年谱》上卷（1900—1941），中共党史出版社 2000 年版，第 528 页。

随后，王明作题为《如何继续全国抗战与争取抗战胜利呢?》的报告。他讲了要坚持抗战、巩固和扩大以国共合作为中心的抗日民族统一战线等正确意见，但重点是对洛川会议以来中共中央在统一战线问题上的许多正确的观点和政策提出批评。他认为，过去对国民党的根本转变认识不够，对国民政府开始起到全国统一的国防政府的作用，以及对国民革命军开始起到全国统一的国防军的作用估计不够；过去太强调解决民主、民生问题，没有把握住“抗日高于一切”“一切服从抗日”的原则；过分强调独立自主，没有采取“一切通过统一战线”“一切服从统一战线”的工作方法。他指名批评刘少奇在《抗日游击战争中的若干基本问题》一文中所提的要求过高、过多，认为不应提改造旧政府机关，在山西等地区仍应维持旧县政府和旧县长，不能成立抗日人民政府。

由于王明声称他的发言是传达了共产国际和斯大林指示，那时共产国际在中国共产党内有很高的威望，对与会者自然产生了很大的影响。全民族抗战爆发后，国民党的军队又在上海地区进行了三个月的抵抗。会议期间，正好是日本侵略军包围和攻陷南京的时候，正面战场的战局处于危急阶段。会议讨论中，许多同志在一时难以分辨是非的情况下，不同程度地同意和拥护了王明的主张，对洛川会议以来的统一战线工作做了“自我批评”，承认有“狭隘观念”和“不策略”的地方。

11日、12日，毛泽东在会上作了两次发言，重申并坚持洛川会议确定的方针和政策。他说：统一战线的总方针要适合于团结御侮。在统一战线中，“和”与“争”是对立的统一。八路军与游击队是全国军队的一部分，但是要在政治工作上、官兵团结上、纪律上、战场上起模范作用。过去我们反对国民党派大官来是必要的，因为西安事变后国民党要派大批人来侮辱和破坏红军，应该拒绝。国民党与共产党谁吸引谁这个问题是存在的，不是说要将国民党吸引到共产党，而是要国民党接受共产党的政治影响。如果没有共产党的独立性，便会使共产党降低到国民党方面去。我们所谓独立自主是对日本作战的独立自主。战役战术是独立自主的。抗日战争总的战略方针是持久战。红军的战略方针是独立自主的山地游击战，在有利条件下打运动战，集中优势兵力消灭敌人一部。独立自主，对敌军来说我是主动而不是被动的，对友军来说我是相对的集中指挥，对自己来说是给下级以机动。总的一句话：相对集中指挥的独立自主的山地游击战。洛川会议决定的战略方针是对的。[①]

11日，周恩来就抗战问题和统一战线问题发表意见，认为从山西的情况来看由于没有实行抗日高于一切的原则，而把独立自主提得太高，所以党内、军内和各地都有不利于

① 以上参见中共中央文献研究室编：《毛泽东年谱》（1893—1949）（修订本）中卷，中央文献出版社2013年版，第42页。

抗战，不利于统一战线的思想、言论及行动。会议结束时，周恩来就准备同蒋介石、蒋鼎文和阎锡山会谈的具体问题作了说明，并代表中共中央宣布中央的几个组织机构和派往各地的工作人选。[①]

12日、13日、14日，刘少奇在会上先后三次发言，结合华北的情况，阐述了在统一战线中坚持独立自主原则的重要性，指出：我们所说的独立自主，不是破坏统一战线，而是尽量争取合法地位去进行工作。发展民众运动，动员千百万群众参加抗日，是争取抗战胜利的基本条件。我们要经过统一战线去进行群众工作，直接动员群众，领导群众，扩大民族革命统一战线运动。[②]由于毛泽东、张闻天等在根本路线、方针问题上的抵制，这次政治局会议对抗日民族统一战线和战略方针问题没有重作新的决议。

陈云在10日、12日的会上也先后发言，详细介绍了西路军余部在新疆学习军事技术的安排和盛世才的情况。对抗战形势，陈云指出："目前抗战是暂时的部分的失败，这是因为中国军事技术不如日本，同时我们又有许多弱点，这部分的失败是不可避免的。"他提出："对于思想斗争，要正确的执行，不要过分，可以避免时，要避免在群众中公开损害党的威信。对于犯错误的同志，要减少戴大帽子（多穿衣服），使每个同志不要怕讲话。这样，党的生活健全起来，建立真正的集体领导。"[③]

12日，由主持会议的张闻天作总结性发言。由于他一时也没有看清王明鼓吹的右倾错误的本质，所以，在发言中承认了王明所指摘的某些所谓"错误"。但是，张闻天在总的路线、方针上没有动摇。他在总结性发言中肯定："对统一战线问题，自西安事变以来，统一战线基本上是正确的，并获得很多成绩。"他又肯定："洛川会议的方针用［动员］一切力量争取抗战胜利是正确的。"[④]

13日，十二月会议通过《中共中央政治局关于中共驻共产国际代表团工作报告的决议》。决议指出：在王明同志领导之下的代表团，"是满意的完成了党中央与共产国际所给与他们的任务"。[⑤]

此外，会议还通过关于近期召开党的第七次全国代表大会的决议，增补王明、陈云、康生为中央书记处书记，决定由周恩来、王明、博古、叶剑英组成中共代表团，负责与国民党

① 中共中央文献研究室编：《周恩来年谱》（1898—1949）（修订本），中央文献出版社1998年版，第401页。

② 以上参见中共中央文献研究室编：《刘少奇年谱》（1898—1969）上卷，中央文献出版社1996年版，第200—201页。

③ 中共中央文献研究室编：《陈云传》上，中央文献出版社2005年版，第230—231页。

④ 转引自程中原著：《张闻天传》，当代中国出版社2000年版，第460页。

⑤ 中共中央文献研究室、中央档案馆编：《建党以来重要文献选编》（1921—1949）第14册，中央文献出版社2011年版，第734页。

谈判。会后，王明等即去武汉中共代表团和长江局工作。

应该说明的是，共产国际和斯大林强调中国各民族团结、国共两党团结和中国共产党全党团结，这些方面同中共中央是没有分歧的。但是在如何实现团结抗日，如何巩固和扩大抗日民族统一战线方面是存在分歧的。在保持共产党组织上的独立性方面，意见是一致的，而在如何坚持政治上的独立自主方面则存在分歧。这次会议没有展开对这些分歧的讨论，由于毛泽东等的抵制，王明的错误意见没有形成会议决议，会后，中共中央仍按照原来的方针进行工作。

关于十二月会议的影响，毛泽东后来在中共七大上也谈过。他说："十二月会议的情形，如果继续下去，那将怎么样呢？有人（指王明——引者注）说他奉共产国际命令回国，国内搞得不好，需要有一个新的方针。所谓新的方针，主要是在两个问题上，就是统一战线问题和战争问题。在统一战线问题上，是要独立自主还是不要或减弱独立自主；在战争问题上，是独立自主的山地游击战还是运动战。"[①]

正如参加会议的彭德怀回忆所讲："我认真听了毛主席和王明的讲话，相同点是抗日，不同点是如何抗法。王明讲话是以国际口吻出现的，其基本精神是抗日高于一切，一切经过统一战线，一切服从统一战线。""对无产阶级在抗日民族战争中如何争取领导权的问题，他是忽视的。""假如真的按照王明路线办事，那就保障不了共产党对八路军、新四军的绝对领导，一切事情都得听从国民党反动集团所谓合法政府的命令；就不可能有敌后抗日根据地和民主政权的存在；同时也区别不开谁是统一战线中的领导阶级，谁是无产阶级可靠的同盟军，谁是消极抗日的右派，谁是动摇于两者之间的中间派。这些原则问题，在王明路线中是混淆不清的。""王明所说的内容，没有解决具体问题。"[②]

彭德怀的感受很具有代表性。事实上，尽管王明的错误影响了一些与会者，对工作带来一些干扰，但从全局来看，它在党内并没有取得统治地位。从这个意义上看，确实如毛泽东所讲，十二月会议是党的历史上的"一次波折"。由于经过十多年成功和失败锻炼的中国共产党已经逐步成熟起来，使得王明提出的那些不符合中国国情的错误主张在实际工作中因为行不通而遭到抵制，中国共产党很快度过了"一次波折"，经受了挑战和考验。

① 中共中央文献研究室编：《毛泽东在七大的报告和讲话集》，中央文献出版社 1995 年版，第 231 页。

② 《彭德怀自述》，国际文化出版公司 2009 年版，第 232—233 页。

1938

提出持久战，万众向延安

1938 年，爱德华率印度援华医疗队赴延安途中，看到崎岖山路上一队队奔向延安的人流时，不禁赞叹道："奇迹，奇迹。这简直是奇迹！这是 20 世纪中国的耶路撒冷！"

①

②

①毛泽东撰写《论持久战》及《论持久战》的部分版本。

②爱国青年奔赴延安途中。

③1938 年毛泽东在延安和当年参加井冈山斗争的部分同志合影。

③

④

④延安宝塔山。

全民族抗日战争爆发前，由于国民党当局的封锁和“围剿”，共产党在很大程度上被迫处于同外界隔断的状况。全国抗战爆发后，中国共产党提出全面抗战路线，八路军、新四军和其他人民武装，深入敌后，开展游击战争，建立抗日民主根据地。这样，中国共产党及其所领导的人民军队成为抗战胜利的希望。延安和陕甘宁边区代表着未来中国发展的方向，成为万人瞩目的红色大本营。

《论持久战》在延安诞生

早在 1936 年 7 月，毛泽东在同美国记者埃德加·斯诺的谈话中，已经科学地预见抗日战争的发展态势，提出了通过持久战取得胜利的方针。全国抗战开始以后，1937 年 8 月 11 日，周恩来、朱德在国民政府军事委员会军政部谈话会上，进一步阐述了中国共产党关于持久抗战的思想。中国共产党于 8 月下旬在洛川政治局扩大会议上正式确立了持久战的战略总方针。在此前后，朱德、张闻天、刘少奇、彭德怀等相继发表文章，论述持久战问题。

1938 年 5 月，毛泽东集中全党智慧，发表《论持久战》，对持久战问题进行了全面、系统、深刻的论述，指出抗日战争将经过战略防御、战略相持和战略反攻三个阶段。中国的抗战是持久的，最后的胜利是中国的。持久战是中国人民抗日战争的战略总方针。

1938 年 10 月日军占领武汉、广州后，已无力再发动大规模的战略进攻。共产党领导的敌后抗日游击战争的发展，使日军在其占领区内只能控制主要交通线和一些大城市。经过战略防御阶段，国民党军队在正面战场上节节后退，人民抗日力量虽有发展，但仍远没有达到足以进行战略反攻的程度。为了准备战略反攻的条件，中国人民还需要经过长期的艰苦斗争。这样，抗日战争便由战略防御阶段进入战略相持阶段。

在战略相持阶段，日军逐步将主要兵力用于打击敌后战场的人民军队，以保持和巩固其占领地。由此，敌后游击战争成为主要的抗日作战方式。

六届六中全会在延安召开

1938 年中共中央三月政治局会议后，任弼时被派往苏 9
联，向共产国际交涉“军事、政治、经济、技术人才”等问题，说明中国抗战和国共两党关系的情况，这对共产国际正确认识中国的实际状况和中国共产党的主张，起了重要的作用。

1938 年 7 月初，王稼祥回国前夕，共产国际领导人季米 3
特洛夫在接见他和任弼时（已接替王稼祥担任的中共驻共产国际代表的工作）时明确表示，在中共中央内部应支持毛泽东的领导地位。王明缺乏实际工作经验，不应争当领袖。王
稼祥回国后，在 9 月 14 日至 27 日的中央政治局会议上传达 8
了共产国际的指示和季米特洛夫的意见。这为较快地纠正王明的右倾错误创造了有利条件，为六届六中全会的顺利召开做了重要准备。

1938 年 9 月 29 日至 11 月 6 日，扩大的六届六中全会在延安举行。毛泽东代表中央作《论新阶段》的政治报告，这是会议的中心议题。毛泽东指出：中国抗日战争将进入一个新阶段。“抗日战争发展的新阶段同时即是抗日民族统一战线发展的新阶段。”为了使全党切实担当起历史重任，毛泽东号召共产党员要在民族战争中起模范作用。他强调：共产党员应是实事求是的模范，因为只有实事求是，才能完成确定的任务。他明确提出：“马克思主义的中国化，使之在其每一表现中带着中国的特性，即是说，按照中国的特点去应用它，成为全党亟待了解并亟待解决的问题。”①

11 月 5 日和 6 日，毛泽东作会议总结，着重讲了统一战线及战争和战略问题。他批评王明“一切经过统一战线”的口号，是“自己把自己的手脚束缚起来，是完全不应该的”。他论述了民族斗争和阶级斗争的一致性，强调“我们的方针是统一战线中的独立自主，既统一，又独立”。这个独立自主的问题，在本质上就是统一战线中无产阶级领导权的问题。

许多同志围绕毛泽东的报告和总结抗战以来的经验作了发言。毛泽东从抗战以来一直坚持的正确主张，在全会上得到绝大多数同志的理解和拥护。

全会确定敌后抗战总的战略部署是“巩固华北，发展华中”。为此，全会决定撤销长江局，设立南方局（书记周恩

① 中央档案馆编：《中共中央文件选集》第 11 册，中共中央党校出版社 1991 年版，第 594、658—659 页。

来）和中原局（书记刘少奇），东南分局改为东南局（书记仍为项英）；决定充实北方局，由朱德、彭德怀、杨尚昆组成常务委员会，书记杨尚昆。

中共扩大的六届六中全会是一次具有重大历史意义的会议。它正确地分析了抗日战争的形势，规定了党在抗战新阶段的任务，为实现党对抗日战争的领导进行了全面的战略规划。它基本上纠正了王明的右倾错误，进一步巩固了毛泽东在全党的领导地位，统一了全党的思想和步调，推动了各项工作的迅速发展。毛泽东后来在中共七大上说："六中全会是决定中国之命运的。"

千万青年向延安

以延安为中心的陕甘宁边区包括陕北、陇东和宁夏南部，近 29 个县，面积不过 10 万平方公里。此时的延安城，破旧不堪，连一栋整洁的好房子也难以找到，日军的飞机有时还要飞临上空进行骚扰。然而，这一切都没能阻止人们冲破国民党顽固派的重重封锁和阻挠，从四面八方像潮水般地涌来，由此形成了"天下人心归延安"的壮观景象。"到延安去"，尤其成为一大批有志青年和知识分子的共同选择。

据统计，仅 1938 年 5 月至 8 月间，经八路军西安办事处赴延安的知识青年就达 2288 人。到 1938 年底，赴延安的知识分子达 10 万多人。他们中，有的来自国民党统治区，有的来自沦陷区，还有来自南洋和欧美国家的华侨。他们中，有文学家、音乐家、戏剧家、电影明星、新闻记者、律师、科学家、医生、教员等，许多人在赴延安前就已经是名人、名家了。如一二九运动的学生领袖黄华、姚依林、蒋南翔等。文学艺术界、教育界的人士更是不胜枚举，如周扬、高士其、徐懋庸、柳青、萧军、丁玲、欧阳山、吴伯箫、艾青、何其芳、萧三、贺敬之、冼星海、陈荒煤、吴雪、马可、秦兆阳、齐燕铭、郭小川、李季、杨朔、沙汀、吕骥、贺绿汀、周立波、赵树理、刘白羽、柯仲平、戈壁舟、艾思奇、范文澜、马健翎、何干之、吴亮平，等等。真可谓人才荟萃，群星灿烂。①

1938 年 3 月，几经颠沛的青年作家萧军从山西吉县前往五台山时，绕道延安，住在南门外龙湾山下的西北旅行社。

① 以上参见中国延安干部学院编：《党在延安时期局部执政的历史经验》（试用本），2009 年 10 月，第 31 页。

毛泽东听到萧军到延安的消息，派秘书邀请他面谈。年轻气傲的萧军竟直率地说：“我打算去五台山打游击，路过延安住不了几天，毛主席公务繁忙，还是不打扰的好!”秘书走后，丁玲劝萧军，既然毛主席热情相邀，还是应该主动拜访的好。萧军也感到自己的言语有些欠妥，准备前去拜见毛泽东。谁知，萧军尚未成行，毛泽东已来到他下榻之处，看望这位30岁出头的青年人。毛泽东礼贤下士的风范使萧军感到异常惭愧。

许多人一到延安，立刻被这个充满生机和活力的新天地所吸引、所震撼。摄影家吴印咸后来回忆道：“这里的人们个个显得十分愉快”，“我看到毛泽东主席、朱德总司令等人身穿粗布制服出现在延安街头，和战士、老乡唠家常，谈笑风生。”“我被深深地感动了。我觉得我已经到了另一个世界，这正是我梦寐以求的理想所在。”[①]

① 艾克恩编:《延安文艺回忆录》，中国社会科学出版社1992年版，第267、268页。

名流学者慕名访问延安

除了大量的青年知识分子外，还有不少名流学者和民主人士来延安访问。

中国乡村建设派领导人梁漱溟回忆1938年1月去延安访问的动机时说：“现在国民党方面令人失望了，共产党方面又怎么样呢?百闻不如一见。”五四时期梁漱溟是北京大学教师，与毛泽东的岳父杨怀中（昌济）是同事，关系甚好。毛泽东在杨怀中的引荐下认识了梁漱溟。这次到延安访问，与毛泽东也算是老朋友重逢。

梁漱溟到延安的当天晚上，毛泽东同他进行长谈，中心话题是抗日前途问题。梁漱溟根据他在国民党统治区的所见所闻，表示出失望和悲观的情绪。毛泽东表示不能苟同梁的观点。他广征博引，十分肯定地说，对中国抗战前途大可不必悲观，最终中国必胜，日本必败，只能是这个结局，而不是其他结局。在延安期间，梁漱溟同毛泽东交谈八次，有时甚至通宵达旦地畅谈。梁漱溟惊叹于毛泽东“有这么大的吸引力和说服力”[②]。后来，梁漱溟回忆起与毛泽东的这段交往，深有感慨地说，毛泽东不落俗套，没有矫饰，从容、自然而亲切，彼此虽有争辩，而心里没有不舒服之感。

② 转引自汪东林:《梁漱溟问答录》，湖南人民出版社1988年版，第61—62页。

1938年4月17日，卫立煌率第二战区前方总部人员来到延安。毛泽东接见卫立煌一行并同他们交谈。毛泽东称赞卫立煌抗日坚决，和八路军友好。毛泽东的谈锋极健，首先谈到国共合作的重要性，继而谈到反对投降主义的问题。他说，目前在山西的抗战非常重要，如果不是我们大家都在山西拖住日军的尾巴，日军从风陵渡渡过黄河，夺取潼关，掐断陇海线，就能截断中国和苏联的国际路线，进一步压迫中国投降。毛泽东入情入理的分析，使卫立煌等人极其钦佩。接着，毛泽东谈到，八路军深入敌后，存在许多困难，弹药消耗很大，没有子弹怎么打敌人？需要得到补充，特别是医药卫生器材缺乏，希望卫立煌帮助向主管部门催促。卫立煌到西安后，立刻下令："即发十八集团军步枪子弹100万发，手榴弹25万枚"，还发给了180箱牛肉罐头。

凡是来延安访问的知名人士和社会贤达，毛泽东总是设法挤时间同来访者见见面，或叙旧，或交换观点，有时一谈就是三四个小时，客人还舍不得告辞，毛泽东也畅谈不倦。毛泽东在细微之处体现真诚。一次，一位著名教授来访，毛泽东拿烟待客，恰恰烟盒里只剩下一支烟。把这支烟给客人，自己不吸不好，自己吸不给客人也不好。毛泽东把烟折成两半，一半给教授，一半留给自己。那位教授看在眼里，记在心里，为毛泽东没有把自己当外人而激动不已，心悦诚服地认为中国共产党才是抗战胜利的希望。

延安"窑洞大学"育英才

全国抗战爆发后，各抗日根据地包括陕甘宁边区最缺乏的是干部和各方面人才。毛泽东在中共扩大的六届六中全会上指出："中国共产党是在一个几万万人的大民族中领导伟大革命斗争的党，没有多数才德兼备的领导干部，是不能完成其历史任务的。""我们党已经培养了不少的领导人材"，"但是，现有的骨干还不足以支撑斗争的大厦，还须广大地培养人材"。[①]

随着大批革命青年、爱国知识分子和进步人士来到延安，改变了延安和陕甘宁边区原来的干部和人才结构，为党大量培养干部提供了条件。

中共中央和边区政府先后开办了中国人民抗日军政大

① 《毛泽东选集》第2卷，人民出版社1991年版，第526页。

学、陕北公学、青年干部训练班、鲁迅艺术学院、马列学院、中共中央党校、中国女子大学等学校，对干部进行培训。

中国人民抗日军政大学简称“抗大”，是党在延安时期创办的培养高级军政干部的最高军事学府。毛泽东亲笔题词，规定抗大的教育方针是：坚定正确的政治方向，艰苦奋斗的工作作风，机动灵活的战略战术。毛泽东还题写了八个字，作为抗大的校风，即：团结、紧张、严肃、活泼。

抗大的前身是1936年6月1日在陕北保安成立的中国抗日红军军政大学。全国抗战开始时已经举办两期，培养了3800多名军事、政治干部，输送到抗日的各条战线。随着全国抗战形势的发展，一所抗大已经难以满足需要，于是，除总校外，又在延安和敌后抗日根据地陆续增设了14所分校。1939年6月，抗大总校奉命迁往晋东南办学，留下的一部分师生在延安组成抗大第三分校。抗大在陕北的3年多时间，共培养学员1.5万余人。截至1945年8月，抗大总校共办了8期，培养学员2900多人，连同各分校共培养了10万多名军政干部。[①]

延安和陕甘宁边区是革命的大熔炉，是学习马列主义的大学校，也是培育革命干部的大摇篮。干部学校的教员，分专职和兼职两种。由于教员缺乏，许多中央领导人与各部门负责人都是学校的兼职教员。“以窑洞为教室，石头砖块为桌椅，石灰土糊的墙为黑板，校舍完全不怕轰炸的这种‘高等院校’，全世界恐怕就只有这么一家。”然而，正是这一座座窑洞大学，正是如此艰苦的学习生活环境，磨砺了热血青年的意志，培养了他们艰苦奋斗的精神，造就了一批又一批的抗日力量。一位外国朋友称赞说：“共产党真了不起，吃小米饭，啃《资本论》。”

进步人士和青年知识分子通过教育培训和社会实践，大多数人逐步实现了世界观的转变，成为坚定的革命者，其中许多人加入了中国共产党。如抗大第二期共吸收外来青年知识分子609人，毕业时有427人加入了党组织。陕北公学从1937年至1939年6月间共培养学员6000余人，其中约有3000人加入了党组织。

广大学员在延安的“窑洞大学”中，迅速成长为英勇的抗日战士。学业期满后，他们高唱《毕业歌》，告别延安，奔赴敌后抗日根据地。

① 参见中国延安干部学院编：《党在延安时期局部执政的历史经验》（试用本），2009年10月，第34—35页。

1　9　3　9

加强党的建设“伟大的工程”

1939年10月，中共中央主办的党内刊物《共产党人》创刊，毛泽东发表《〈共产党人〉发刊词》，指出统一战线、武装斗争、党的建设是中国共产党在中国革命中战胜敌人的三件法宝，而党的组织则是掌握统一战线和武装斗争这两个武器以实行对敌冲锋陷阵的英勇战士。为了更好地发挥中国共产党在抗日战争中的中流砥柱作用，毛泽东强调要“建设一个全国范围的、广大群众性的、思想上政治上组织上完全巩固的布尔什维克化的中国共产党”，并将这一任务称为“伟大的工程”。1941年皖南事变后，中共中央作出《关于增强党性的决定》。抗日战争期间，中国共产党的建设按照“伟大的工程”的要求，得到了充分的发展和加强。

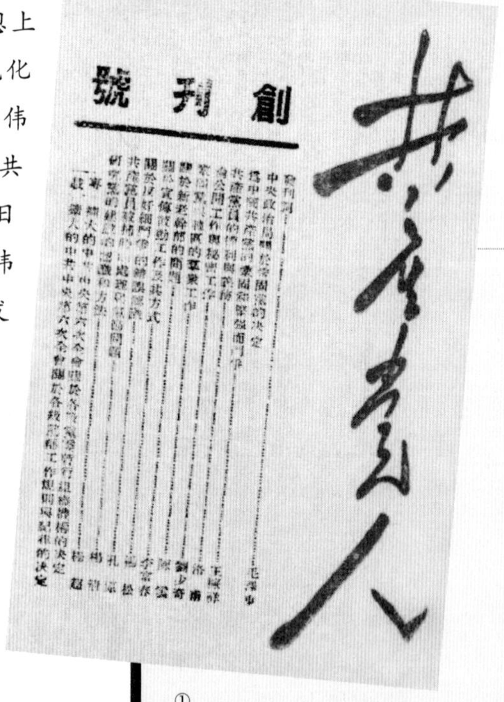

①1939年10月《共产党人》创刊号。

②1941年1月18日重庆《新华日报》刊登的周恩来的题词，抗议国民党当局制造皖南事变。

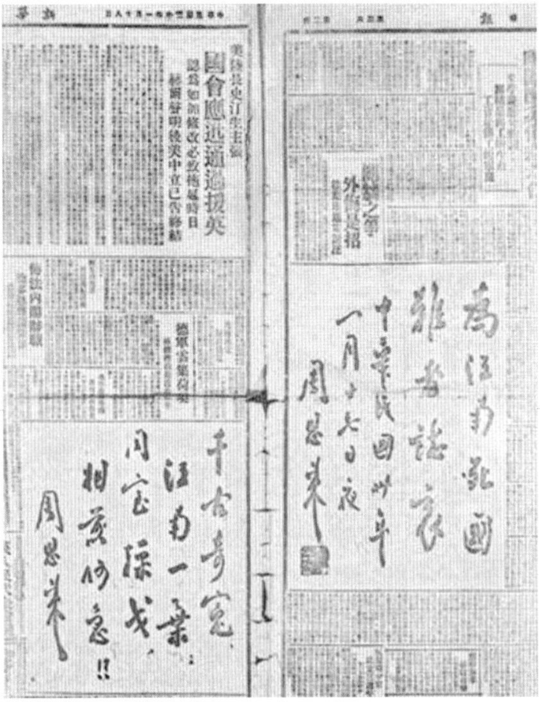

為江南死國難者志哀

中華民國卅年一月十七日夜

周恩來

千古奇冤，江南一葉，同室操戈，相煎何急！！

周恩來

②

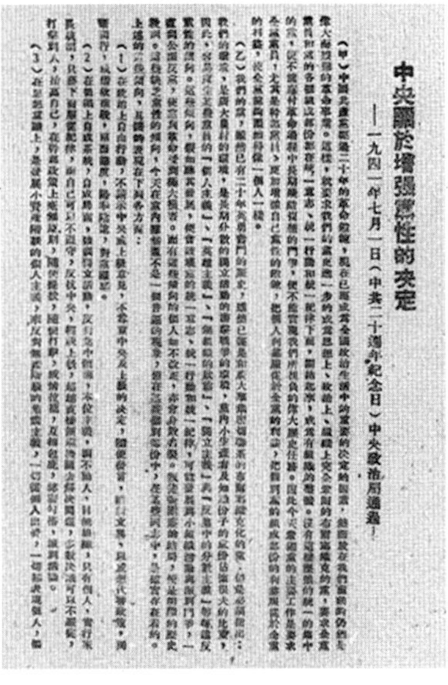

中央關於增强黨性的決定

——一九四一年七月一日（中共二十週年紀念日）中央政治局通過——

③

③1941年7月1日中共中央发布《关于增强党性的决定》。

在艰苦的抗战环境中，以毛泽东为主要代表的中国共产党人，紧紧围绕团结抗战的中心任务，从提出党的建设“伟大的工程”的历史命题和历史任务，到皖南事变后作出《关于增强党性的决定》，逐步采取一系列加强党的建设的重大举措，力争永远保持党的先进性和纯洁性。

“伟大的工程”的提出

洛川会议强调党对抗战的领导责任和党在抗日民族统一战线中的独立自主问题，不仅为争取抗日战争的胜利奠定了政治思想基础，而且为党的自身建设指明了方向。随着国共合作的建立，敌后游击战争的广泛开展，党的力量远不能满足各方面工作的需要。

1938 年 3 月 15 日，中共中央作出《关于大量发展党员的决议》。决议指出：“为了担负起扩大与巩固抗日民族统一战线以彻底战胜日本帝国主义的神圣的任务，强大的党的组织是必要的”。“目前党的组织力量，还远落后在党的政治影响之后，甚至许多重要的地区尚无党的组织，或非常狭小。因此，大量的、十百倍的发展党员，成为党目前迫切与严重的任务”。决议精神很快得到贯彻执行。到 1938 年底，全国的中共党员人数从全国抗战爆发时的 4 万多人增加到 50 多万人。党组织和党员队伍的迅速发展与壮大，为抗战初期党的政治任务的完成和后来夺取抗战的全面胜利提供了强有力的保障。

1938 年 9 月至 11 月召开的中共扩大的六届六中全会，在党的自身建设方面取得了重大进展。这一方面体现在党的思想路线上，会议第一次提出了马克思主义中国化的历史任务。另一方面体现在党的组织路线上：强调组织工作要中国化；制定了“任人唯贤”的党的干部路线和政策；提出发展党组织的方针是“大胆发展而不让一个坏分子侵入”；号召共产党员要起“先锋作用和模范作用”；等等。扩大的六届六中全会阐述的建党原则和思想，标志着党的建设学说逐步走向成熟。

六届六中全会前后，党又面临着新的严峻考验。一方面，日军把进攻的重点转向共产党领导的敌后战场和抗日根据地，国民党也越来越不能容忍共产党的发展与壮大。另一方面，在大量发展党员过程中出现了不少新问题。新党员革命积极性很高，但绝大多数出身于农民和小资产阶级，缺少系统的马克思列宁主义教育；一些异己分子、投机分子以及奸细也乘机混入党内；许多新组织还不够巩固。

在严峻而又复杂的形势面前，从思想上政治上组织上巩 9
固党，已成为完成党的政治任务的决定因素。1938年8月，中共中央政治局作出《关于巩固党的决定》。决定指出：“党的发展一般的应当停止，而以整理紧缩严密和巩固党的组织工作为今后一定时期的中心任务。”中央组织部于10月7日
发出了《关于执行中央巩固党的决定的指示》。此后，巩固党 3
的工作全面展开。

加强对党员的培训教育，提高党员素质，是巩固党的中心一环。一方面，广泛开展学习运动。在扩大的六届六中全
会上毛泽东就号召全党学习马克思列宁主义理论，学会把马 9
列主义的一般原理应用于中国的具体环境。毛泽东代表中共中央向全党发出了开展学习竞赛的号召。他说：“如果我们党有一百个至二百个系统地而不是零碎地，实际地而不是空洞地学会了马克思列宁主义的同志，就会大大地提高我们党的战斗力量，并加速我们战胜日本帝国主义的工作。”会后，中共中央先后发出关于加强党员干部学习教育的一系列指示决定，掀起了学习的热潮；还把每年的5月5日——马克思诞辰日定为“干部学习节”。尽管当时条件艰苦，但人们都随时随地、见缝插针地学习，可谓是：“认字就在背包上，写字就在大地上，课堂就在大路上，桌子就在膝盖上。”在党员学习中，教师和教材的需要特别迫切。1940年6月朱德谈到这个问题。他说：“最近延安给山东送去一二百本联共党史，但是他们只收到了七本。为什么呢？半途上你一本我一本地被抢光了。”[①]各地学习的高涨热情由此可见一斑。

另一方面，加强对党员尤其是在职干部进行以理想信念、遵守纪律和团结精神为主要内容的思想政治教育。中央注意从抓典型事件入手，对全体党员进行普遍教育。中央党校学员刘力功1939年上半年学习毕业后，不服从组织分配，拒绝去基层锻炼。中央党务委员会决定开除他的党籍，并向全党公布。围绕刘力功的问题，延安各机关、各学校开展了一场大讨论，大家思想触动很大。对于各类干部队伍中存在的各种不团结现象，尤其是新老干部的不团结，中央进行了大量的教育工作。许多新老干部对自身长处和短处有了比较清醒的认识，相互之间增进了了解，逐

① 李维汉：《回忆与研究》(上)，中共党史出版社2013年版，第333—334页。

步形成团结互助的新局面。接着，5月30日，中央组织部部长陈云撰写了《怎样做一个共产党员》的文章。7月，刘少奇在延安马列学院作《论共产党员的修养》的演说。9月起，张闻天连续发表《共产党员的权利与义务》《略谈党与非党员群众的关系》等六篇文章。这些论著所阐发的思想观点，是对马列主义党建学说及毛泽东建党思想的丰富和发展，对加强党的建设具有重要而深远的指导意义，也丰富了党员的学习教材。

审查党员干部，整顿健全党的组织，是巩固党的必要环节。各根据地组织审查党员成分，清洗混入党内的叛变、阶级异己和投机分子，并建立健全各种制度。审干工作的开展，使党本身的纯洁性有了保障。

巩固党在国民党统治区和沦陷区的秘密组织，是巩固党的重要方面。当时主要采取了四项措施：肃清内奸和防止内奸；保证领导机关的安全；党员的质量重于数量；把严密党的内部与开展党外群众工作联系起来。这些措施都获得了实效。

在巩固党的同时，中共中央于1939年12月正式作出了由毛泽东起草的《大量吸收知识分子的决定》，使党的知识分子政策趋于完备，党员构成中知识分子比例逐步得到提高。这个时期，军队干部和地方干部还进行了互相交流，取得了较好效果。

总之，通过广泛的学习、深入的思想政治教育和认真的干部审查工作等，使党员的素质得到很大提高，党组织的战斗力得到很大增强。

在此期间，1939年10月，毛泽东发表了《〈共产党人〉发刊词》。这是一篇加强党的自身建设的光辉文献，也是毛泽东建党思想成熟的一个重要标志。该文把马克思列宁主义党的建设基本原理与中国共产党的建设实际相结合，创造性地作了多方面的发展：提出了党的建设的总目标、总任务，即“建设一个全国范围的、广大群众性的、思想上政治上组织上完全巩固的布尔什维克化的中国共产党”；指出党的建设要紧密围绕党的政治路线进行，首次提出党的建设与统一战线和武装斗争是党战胜敌人的三个法宝；总结18年党的建设的基本经验，得出了必须按照马列主义普遍真理和中国革命具体实际相结合的原则来建设党的科学结论；科学分析了党在中国革命中的领导地位和任务。这些论述由点到面，由浅入深，层层推进，进一步丰富和拓展了毛泽东党建思想，为党领导中国革命走向胜利提供了理论指导。

在《〈共产党人〉发刊词》中，毛泽东首次把一直“进行之
中”的党的建设称为“伟大的工程”。把党的建设提高到“伟大 9
的工程”的高度，表明中国共产党对于加强自身建设重要性的认识更加自觉和深刻。

皖南事变的爆发和中共中央《关于增强党性的决定》的出台 3

在中国共产党的历史文献中，1941年之前，党性一词很少出现。而在1941年之后，在党的文献和党的建设事业中屡次出
现。因为这年7月，中共中央作出了《关于增强党性的决定》。 9
这个《决定》出台的直接原因，则是1941年1月爆发的皖南事变。

1941年1月，国民党顽固派制造震惊中外的皖南事变。新四军军部及所属皖南部队9000余人，在遵照国民党军事当局的命令向北转移途中遭到国民党军8万多人围攻，除2000多人突围外，一部被打散，大部壮烈牺牲或被俘，军长叶挺在同国民党军进行战场谈判时被扣押，副军长项英在突围过程中遇害。

面对严重形势，中国共产党仍然以抗日的大局为重，在军事上严守自卫，在政治上坚决反击。1月20日，中共中央军委发布重建新四军军部的命令，陈毅任代军长，刘少奇任政治委员。3月，打退了国民党顽固派的第二次反共高潮。

皖南事变爆发后，中共中央政治局多次召开会议，研究事变后的局势与对策，总结其中的历史教训。中央认为：“一切有个人英雄主义思想即是说党性不纯的同志，特别是军队的领导人员，必须深自省察。须知有枪在手的共产党员，如果不服从中央领导与军委指挥，不论其如何自以为是与有何等能力，结果总是要失败的。”中央强调，“全党特别是军队中干部与党员的党性教育与党性学习，决不可轻视”。这是中共中央第一次向全党提出加强党性教育的问题。

为增强全党对于党性问题的认识，1941年3月26日，中共中央政治局召开会议，决定由王稼祥负责起草关于增强党性的决定。7月，中共中央政治局召开会议，讨论并通过了《决定》。《决定》指出，党内在党性方面存在的问题主要表现在以下三个方面：一是在政治上自由行动；二是在组织上自成系统，自成局

经过整编的新四军第三师第七旅。

面；三是在思想意识上发展小资产阶级的个人主义，反对无产阶级的集体主义。

《决定》指出，为了纠正上述违反党性的倾向，必须采取以下办法：一是应当在党内更加强调全党的统一性、集中性和服从中央领导的重要性。不允许任何党员与任何地方党部有标新立异、自成系统及对全国性问题任意对外发表主张的现象。二是更严格地检查一切决议决定之执行，坚决肃清阳奉阴违的两面性的现象。三是即时发现，即时纠正，不纵容错误继续发展，对于屡说不改者，必须及时预防，加以纪律制裁。四是在全党加强纪律的教育，严格遵守个人服从组织，少数服从多数，下级服从上级，全党服从中央的基本原则。无论是普通党员和干部党员，都必须如此。五是用自我批评的武器和加强学习的方法，来改造自己使之适合于党与革命的需要。六是从中央委员以至每个党部的负责领导者，都必须参加支部组织，过一定的党的组织生活，虚心听取党员群众对于自己的批评，增强自己党性的锻炼。

任弼时撰写《增强党性问题的报告大纲》

1941年下半年，中共中央秘书长任弼时撰写《增强党性问题的报告大纲》，对中共中央为什么要作出关于增强党性的决定及如何增强党性锻炼、加强党性修养等作了阐述。

《报告大纲》指出，党中央提出关于增强党性的决定，要求全党加紧党性锻炼，决不是偶然的。因为“我们的党生存在一个半封建半殖民地的社会中”，“各阶级、各阶层的复杂的不同的思想意识，不能不影响我们党和我们的党员”；“我们党的组织基础的特征，是小资产阶级成份——农民和知识分子出身的占了较大的比重”，“他们会把资产阶级和小资产阶级的意识带进党内来”，“中国无产阶级本身的意识还未完全无产阶级化，还常常受到小资产阶级意识甚至资产阶级意识的影响”；由于现阶段革命性质和任务的要求，无产阶级需要与包括资产阶级、地主阶级组织广泛的民族统一战线，“这就给资产阶级和其他非无产阶级的意识侵蚀我党及影响我们的党员，又增加了一个可能性”。

如何增强党性锻炼，加强党性的修养?《报告大纲》认为：（一）首先必须具有无产阶级的高度的阶级觉悟性和阶级意识，使得“为无产阶级利益、党的利益服务的精神完全出自于觉悟性、自动性和积极性”；（二）要在领悟马列主义理论方面修养自己，培植自己，坚定自己，“要以马列主义的原则，以马列主义的立场去观察问题、处理问题”，“灵活地、切乎实际地去运用马列主义”；（三）“要把党的利益放得高于一切”，“个人利益服从于全党的利益”，为党的统一、团结而斗争；（四）要服从党的组织，遵守党的纪律；（五）要与群众建立真正的密切的联系。[①]

由此，《关于增强党性的决定》成为加强党的建设的重要文献，在后来的整风运动中，也是干部整风学习的必读文件之一。

① 参见中共中央文献研究室编：《任弼时年谱》（1904—1950），中央文献出版社2014年版，第416—417页。

1 9 4 0

“三三制”

——建设模范的抗日民主根据地

1940年3月6日，中共中央发出《抗日根据地的政权问题》指示，指出我们在华北、华中等地建立的抗日民主政权，是统一战线性质的政权，即几个革命阶级联合起来对于汉奸和反动派的民主专政。指示规定，在政权工作人员中，“共产党员”“非党的左派进步分子”“不左不右的中间派”各占三分之一，实行“三三制”。“三三制”调动了各方面的积极性，推动了抗日根据地的民主政治建设和经济文化等各项事业的发展。朱德总司令曾写诗赞扬当时的党政军民关系：“历年征战未离鞍，赢得边区老少安。耕者有田风俗厚，仁人施政法刑宽。实行民主真行宪，只见公仆不见官。陕北齐声歌解放，丰衣足食万家欢。”

741

抗日根据地的政权问题*

（一九四〇年三月六日）

（一）目前是国民党反共顽固派极力反对我们在华北、华中等地建立抗日民主政权，而我们则必须建立这种政权，并已经可能在各主要的抗日根据地内建立这种政权的时候。我们和反共顽固派为政权问题在华北、华中和西北的斗争，带着推动全国建立统一战线政权的性质，为全国观感之所系，因此，必须谨慎地处理这个问题。

（二）在抗日时期，我们所建立的政权的性质，是民族统一战线的。这种政权，是一切赞成抗日又赞成民主的人们的政权，是几个革命阶级联合起来对于汉奸和反动派的民主专政。它是和地主资产阶级的反革命专政区别的，也和土地革命时期的工农民主专政有区别。对于这种政权性质的明确了解和认真执行，将大有助于全国民主化的推动。过左和过右，均将给予全国人民以极坏的影响。

（三）目前正在开始的召集河北参议会和选举河北行政委员会，是一件具有严重意义的事。同样，在晋西北，在山东，在淮河以北，在绥德、富县、陇东等地建立新的政权，也具有严

* 这是毛泽东为中共中央起草的对党内的指示。

①

①1940年3月6日中共中央发出由毛泽东起草的《抗日根据地的政权问题》指示。

1

9

4

0

②1941年5月毛泽东审阅修改的《陕甘宁边区施政纲领》和给任弼时等的信。

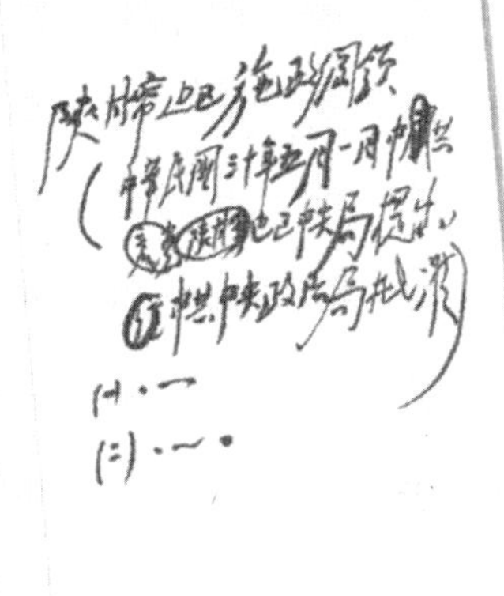

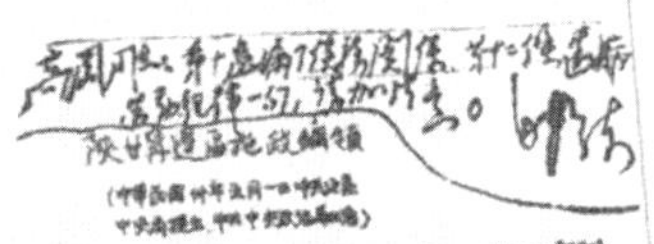

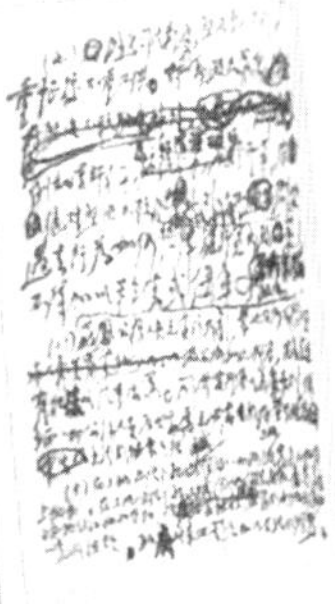

②

③

“三三制”

③陕甘宁边区参议员合影。前排左三为开明绅士李鼎铭。

④

④抗日根据地人民行使当家作主权利，在选举民主政府中投上自己的一票。

“三三制”是中国共产党在抗日民主根据地发展和巩固抗日民族统一战线的一项重要原则。

在全民族抗日战争时期，中国共产党先后领导建立了19个抗日民主根据地（其间有过名称和隶属关系的变化），即陕甘宁、晋察冀、晋冀豫、冀鲁豫、晋绥、山东、冀热辽、苏北、苏中、苏浙皖、淮北、淮南、皖江、浙东、河南、鄂豫皖、湘鄂、东江、琼崖。抗日民主根据地面积达到近100万平方公里，人口近1亿。

抗日根据地的建设，首要的是政权建设。陕甘宁边区的政权建设起了示范作用。

1939年初在延安召开的陕甘宁边区第一届参议会，通过《陕甘宁边区抗战时期施政纲领》。《施政纲领》是在《抗日救国十大纲领》和毛泽东有关边区建设思想的指导下制定的，事实上规定了中国共产党在各抗日根据地内实行的基本政策。1941年5月1日，陕甘宁边区中央局又发布经中共中央政治局批准的《陕甘宁边区施政纲领》（简称“五一施政纲领”）。这一纲领与1939年的纲领相比，增加了许多新内容，更加全面也更加鲜明地体现了中国共产党团结抗战的基本路线和边区建设新民主主义社会的基本方针，对“三三制”、人权保障、司法、农业、土地、工商、民族等政策，都一一做了明确的规定。

实施“三三制”政策，是在政权建设中实行民主政治的重要内容，也是为了更好地争取中间势力参加抗战。中间势力是指中等资产阶级、开明绅士和地方实力派。争取中间势力，尊重他们抗日参政的权利，在抗日民主政权中给他们三分之一的位置，是孤立顽固派的一个重要步骤，体现了抗日民族统一战线的策略原则。

1941 年 11 月 6 日至 21 日，陕甘宁边区第二届参议会第一次大会在延安召开。大会在选举中，贯彻落实了“三三制”原则，开明绅士李鼎铭当选为边区政府副主席。在选举的 18 名边区政府委员会委员中，共产党员 7 名，超过了三分之一。当选的边区政府委员徐特立（共产党员）立即声明，请求“退出”，得到大会的赞同，并按原选得票多少，递补了一位非党人士，使边区政府委员会中的共产党员人数完全符合“三三制”原则。

李鼎铭先生是一位热衷于陕甘宁边区建设、积极拥护共产党领导的爱国民主人士。面对抗日根据地所遇到的严重困难，他在这次会议上提出了精兵简政的提案，正好切中了边区内兵多粮乏、政繁负重的现象，大会以 165 票多数通过并交政府速办。

边区曾发生一件事：一位干部在一次打雷中被意外劈死，当时有人讲，怎么不把毛泽东劈死？毛泽东听说后，不但不去追究，反而去研究为什么有这种意见。原来是吃财政饭的人多了，群众交公粮的负担过重，引起老百姓的不满。也因此，毛泽东对李鼎铭提出的精兵简政的建议十分认同。1941 年 12 月 6 日，《解放日报》发表了《精兵简政》的社论，认为精兵简政“不仅在解放区，即在各敌后抗日根据地，也是非常恰合适宜的主张”，要求全党普遍执行精兵简政。这样，精兵简政作为陕甘宁边区的中心工作之一实施起来。

同时，为密切军政、军民关系，边区还开展了“拥政爱民”和“拥军优属”运动，都取得了良好效果。

“三三制”等的实行，使边区新民主主义的政权建设发展到一个新阶段，成为全国最进步的地方。毛泽东曾总结过陕甘宁边区的“十没有”：一没有贪官污吏，二没有土豪劣绅，三没有赌博，四没有娼妓，五没有小老婆，六没有叫花子，七没有结党营私之徒，八没有萎靡不振之气，九没有人吃摩擦饭，十没有人发国难财。这是对陕甘宁边区社会风貌的真实写照和热情称赞。

1941

艰苦卓绝的敌后抗战

1941年，抗日战争进入最艰苦的岁月。面对根据地的困难局面，邓小平发表了《反对麻木，打开太行区的严重局面》一文，号召团结一致，正视困难，以武装斗争为核心展开全面的对敌斗争，反击日军的“扫荡”和“蚕食”。9月25日，在冀西狼牙山地区，八路军战士马宝玉、胡德林、胡福才、宋学义、葛振林，为掩护党政领导机关和群众转移，主动把日、伪军吸引到自己身边，一步步退到悬崖绝壁，据险抵抗。在打完最后一粒子弹后，他们毅然砸枪跳崖。人们称他们为“狼牙山五壮士”。

战

7.

战鬥社出版

反對麻木打開太行區的嚴重局面

（二）

（六）

①

①邓小平：《反对麻木，打开太行区的严重局面》(刊载于中共中央太行分局5月15日出版的《战斗》增刊第7期)。

②八路军晋察冀军区第一分区司令员杨成武为“狼牙山五壮士”之一的宋学义佩戴奖章。
③大青山游击队员们以野菜充饥。

②

③

④

④抗日根据地群众在山洞中躲避日、伪军的“扫荡”。

1941年6月，德国进攻苏联。12月，日本偷袭美国海军基地珍珠港，挑起太平洋战争。日本侵略者为了把中国变成其进行太平洋战争的后方基地，在占领区实行残暴的殖民统治和经济掠夺，并且集中日、伪军对共产党领导的敌后抗日根据地进行“扫荡”和“蚕食”，实行极其野蛮的烧光、杀光、抢光的“三光”政策，制造无人区。敌后军民进行了艰苦卓绝的斗争。

敌后军民反“扫荡”、反“蚕食”斗争

1941年至1942年，日本侵略军在“扫荡”华北的根据地时，一次使用兵力在千人以上到万人的达130多次，万人以上至7万人的近30次。在同一地区有时反复“扫荡”达三四个月之久。

1941年1月下旬，日军“扫荡”冀东丰润潘家峪时，枪杀、刀砍、放火焚烧，共屠杀群众约1300人，杀绝30多户，烧毁房屋1000多间，制造了骇人听闻的潘家峪惨案。

1941年秋，日、伪军7万多人多路出动，对晋察冀根据地北岳、平西地区进行“扫荡”，企图对边区党政军领导机关和主力部队进行“铁壁合围”。边区部队留一部兵力同民兵结合，在内线迟滞、消耗敌人，边区党政军领导机关迅速转移到安全地区，主力部队则按计划进到铁路沿线和日、伪军的侧后，打击敌人，使“扫荡”之敌连连扑空，疲于奔命。在日、伪军转入分区“清剿”后，抗日军民又内外线策应，频频打击敌人。

在此期间，晋西北、太行、太岳、冀南、冀中等区军民也积极对各自的当面之敌发动攻击，配合北岳和平西军民的反“扫荡”斗争。

1941年10月，“扫荡”太岳根据地的日、伪军企图在沁源建立所谓“山岳剿共实验区”。沁源抗日军民以主力部队、地方武装、民兵和群众相结合，组成13个游击集团，对敌人进行反围困斗争。他们在以沁源城为中心的主要道路两旁，组织20多个村镇3200多户1.6万人转移，对敌实施断粮、断水、断交通。经过较长时间的围困，迫使日、伪军不得不退出抗日根据地。

1942年5月，日军对冀中抗日根据地进行野蛮的“五一大扫荡”，共捕杀群众5万多人，还施放毒气，毒死定县北疃村地道里的800多军民。

对华中、华南敌后抗日根据地，日军也发动了大规模进攻，敌后军民英勇抵抗。

让日本侵略者陷入人民战争的汪洋大海之中

1941年至1942年，敌后抗战遭遇了极其严重的困难。在反“扫 9
荡”、反“蚕食”的斗争实践中，敌后军民创造了很多极为有效的歼敌方法，发展了人民战争的战略战术。

在华北的平原和山区，广大军民创造了地道战、地雷战和麻雀战等战法。平原地区的抗日军民首先在道路上挖沟，使日军的机械化部
队难以行进。在一家一户挖的土洞、地窖的基础上，建成户户相通、 4
村村相连，能打、能藏、能机动转移的巨大地道网。有些地区还把发展地道同改造地形和村落结合起来，构成房顶、地面、地道三层交叉火网，形成立体作战阵地，人自为战，村自为战，有效地打击敌人、保
存自己。 1

无论山区和平原，都普遍运用地雷战。群众自己动手，就地取材，制成各式各样的地雷，埋在村口、路口、门庭院落，使日、伪军进村入户就有触雷丧命的危险。敌后军民还把地雷埋到敌人的碉堡下，常常把日、伪军炸得血肉横飞。

麻雀战主要在山区实行。当日、伪军进入根据地后，熟悉当地情况的人民自卫武装（民兵）像麻雀一样满天飞翔，时聚时散，到处打击敌人。

在华中的水网地带，军民利用河湖港汊广泛展开水上游击战。军民利用河湖港汊的复杂地形，采用拦河筑坝、设置水下障碍等办法，使日军汽艇难以行驶，而自己的小木船则出没自如，寻找机会打击日、伪军。

武工队是军队、政府和人民相结合的精干的战斗组织，是根据地军民为深入到敌人的心脏地区活动而创造的新的斗争方式。武工队深入到敌占区，军事斗争同政治斗争相结合，公开斗争同隐蔽斗争相结合，广泛发动群众，搜集情报，锄奸反特，破坏日、伪统治秩序，争取并瓦解伪军和伪组织，建立两面政权（这是党为坚持抗日根据地的对敌斗争而建立的一种特殊的基层政权，它在表面上采用伪政权的形式和做法，但在实质上、在人民群众心目中仍然是抗日的政权组织。当时，把这种基层政权形容为“白皮红心”），把日、伪统治的心脏地区变成打击敌人的前沿阵地。

1941年至1942年，八路军、新四军和游击队、民兵共作战4.2万多次，毙伤俘日、伪军33.1万多人。敌后军民的反“扫荡”、反“蚕食”斗争，牵制、消灭了大量日军，成为坚持中国长期抗战最重要的因素，也是对世界反法西斯战争的巨大支持。

冀中抗日根据地民兵在白洋淀组织了水上抗日游击队——雁翎队。

地雷战。

“麻雀战”中民兵飞檐走壁，进入高房工事。

不畏强暴，英雄辈出

共产党领导的敌后军民团结一致反抗侵略的革命英雄主义气概，是反“扫荡”斗争胜利的力量源泉。在敌后军民艰苦抗战中，涌现出成千上万“狼牙山五壮士”式的民族英雄。

1941 年 8 月 27 日，伪军包围冀中献县东辛庄，采用拷打和屠杀的办法，威逼群众交出回民支队司令员马本斋的母亲。许多人被打得死去活来，仍守口如瓶，当场数人被杀。马母见情不忍，挺身而出。敌人对她威胁利诱，要她写信劝儿子投降。马母痛斥敌人说：“我是中国人，一向不知有投降二字。”她坚贞不屈，最后绝食而死。

日军“扫荡”冀中深县王家铺子时，群众为掩护子弟兵表现出了崇高的革命气节。日军逼迫被抓的 20 多人说出八路军藏在哪里，杀一个不说，又杀一个还是不说，连续杀了 14 人，群众仍然没有吐露一个字。

河北省平山县拥军模范戎冠秀，在反“扫荡”战斗中，不避艰险，奋不顾身地安置救护伤员，被誉为“子弟兵的母亲”。

1941 年冬，大批日、伪军包围了驻山东沂南马牧池村的八路军山东纵队司令部。八路军一名小战士在反“扫荡”突围中身负重伤，被 2 岁时因病致哑的村妇明德英救下，并为小战士包扎伤口。当搜捕的日军走后，小战士因失血过多，缺水休克。正在哺乳期的明德英毅然用乳汁喂受伤的小战士，救活了他。随后，她又和丈夫李开田精心照顾小战士半个多月，使其康复归队。1943 年，明德英又从日军的枪林弹雨中抢救出八路军山东纵队军医处香炉石分所 13 岁的看护员庄新民。明德英救护八路军战士的情节，后被写入小说《红嫂》，编入京剧《红云岗》、舞剧《沂蒙颂》。沂蒙红嫂用乳汁救八路军伤员的故事随之传遍全国。

1942 年 5 月 25 日，八路军副参谋长左权在驻辽县八路军总部遭到敌人合围的紧急情况下，不顾个人安危指挥部队突围，不幸中弹，壮烈殉国。

同年冬，日军对鲁中根据地进行“扫荡”，山东军区特务营奉命掩护军区机关和群众突围，先后毙伤敌军 600 多人。全营最后只剩 14 名战士，被敌人压缩在对崮山东端，在弹尽粮绝的情况下，跳崖殉国。

晋察冀边区民兵爆炸英雄李勇领导的游击小组，以步枪结合地雷作战，创造了毙伤日、伪军 364 名，炸毁汽车 25 辆的战果。

抗日英雄献身民族解放事业，表现出不畏强暴的伟大民族精神，值得人们永远铭记。

整风运动

——延安文艺座谈会召开

1942年2月，毛泽东先后作《整顿党的作风》和《反对党八股》的讲演。整风运动在全党普遍展开。4月间，毛泽东约请著名诗人艾青交谈。毛泽东说："现在延安文艺界有很多问题，很多文章大家看了有意见，有的文章像是从日本飞机上撒下来的；有的文章应该登在国民党的《良心话》上。你看怎么办?"艾青回答说："你出来讲讲话吧！"毛泽东又问："我说话有人听吗?"艾青说："至少我是爱听的。"过了几天，艾青将毛泽东委托他收集的文艺方面的意见材料交给毛泽东，并经修改成文发表在《解放日报》上。

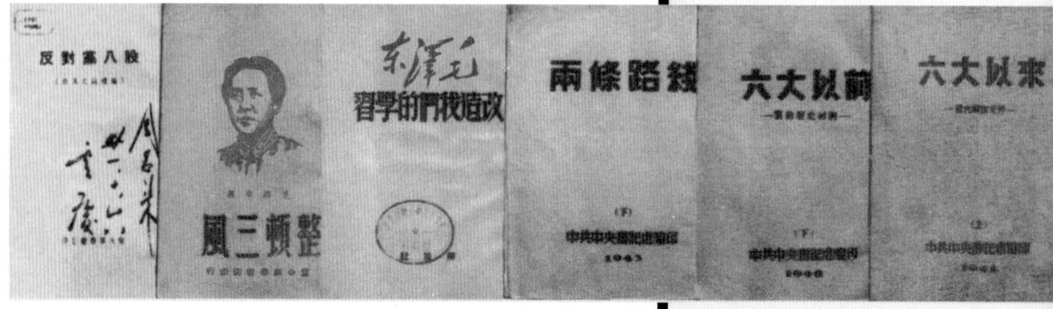

①

①延安整风期间，毛泽东作整顿三风报告，并主持编辑党的历史文献。图为当时出版的整风文献和编印的历史文献集。

②1942 年 4 月 27 日毛泽东、凯丰邀请胡一川参加延安文艺座谈会的请柬。
③毛泽东等与参加延安文艺座谈会的代表们合影。

③

鲁艺

胡一川同志啟

为着交换对于目前文艺运动各方面问题的意见起见·特订于五月二日下午一时半在杨家岭办公厅楼下会议室内开座谈会·敬希届时[illegible]为盼

此致

胡一川同志

②

④

⑤

④⑤文艺工作者在延安为群众演出《兄妹开荒》《白毛女》等。

1942年2月至1945年4月，中国共产党以延安为中心，在全党范围内开展了一次整风运动，主要内容是反对主观主义以整顿学风，反对宗派主义以整顿党风，反对党八股以整顿文风，基本方针是“惩前毖后，治病救人”。

针对延安文艺界在整风运动中暴露的问题，中共中央于1942年5月召开延安文艺座谈会。毛泽东在会上发表讲话并作总结，阐明了革命文艺为人民群众、首先是为工农兵服务的根本方向，系统地回答了文艺运动中许多有争论的问题，强调革命文艺工作者必须从根本上解决立场、态度的问题。会后，文艺界开始整风学习。

延安“鲁总司令”的“文化军队”

延安和各抗日根据地的文艺界是宣传群众、组织群众、战胜敌人的一个方面军。毛泽东曾风趣地说，我们有两支军队，一支是朱总司令的，一支是鲁总司令的。这里的“鲁总司令”是指伟大的文学家、思想家、革命家鲁迅。他早在全国抗战爆发前的1936年10月已病逝于上海。鉴于鲁迅是五四新文化运动的伟大旗手和中国文化革命的主将，所以，毛泽东把根据地的文化大军称作“鲁总司令”的部队。

延安成为“红都”后，像一块磁石一样，产生了巨大的吸引力，全国各地的文艺工作者通过不同的渠道奔向这里。在延安，他们呼吸着自由和民主的空气，焕发出巨大的创作冲动。

到延安来的文艺工作者几乎都有一个共同的心愿，就是想见见毛泽东，亲耳聆听毛泽东的教诲。毛泽东日理万机，日夜操劳，但仍挤出时间来满足大家的要求。1935年5月被国民党特务秘密绑架后关押在南京的著名女作家丁玲，在1936年被释放后辗转到达保安。中央宣传部在一座大窑洞里开会欢迎她。毛泽东也来了。会后，毛泽东问丁玲打算做什么，丁玲回答：“当红军。”随后，她到前方总政治部工作。毛泽东填写《临江仙》词一首送给丁玲：

壁上红旗飘落照，
西风漫卷孤城。
保安人物一时新。
洞中开宴会，
招待出牢人。

纤笔一枝谁与似？

三千毛瑟精兵。
阵图开向陇山东。
昨天文小姐，
今日武将军。

全国抗战爆发后，到延安的文艺工作者越来越多，不少作家、诗人回忆当年与毛泽东相见和交谈的情景，无不引为自豪。

著名诗人何其芳于1938年8月底同作家沙汀、卞之琳等到达延安。何其芳回忆说：9月初的一天，我和同来的几位同志到毛泽东的住地凤凰山下的窑洞里。毛泽东说，文艺工作者应该到前方去。他说，从城市来的人上前方去，走路很可能成为一个困难，但不要紧，很快就会习惯。他把自己的亲身经历告诉我们，他在武汉时，也是每天出门就坐车，后来上井冈山了，没有车子坐，只好用两只脚走路了，很快就学会了走路。毛泽东再次鼓励大家到前线去。我们根据他的要求，到了前方，写出了反映根据地军民斗争生活的诗歌和文章。

诗人臧云远大约是1938年秋天到达延安的。到达延安的第二天，毛泽东就接见了他。那时毛泽东正为中共扩大的六届六中全会做准备。臧云远走进毛泽东住的窑洞时，他正在伏案写作。见有客人进来，毛泽东放下毛笔，同客人握手。虽然他们是第一次见面，却一见如故。毛泽东询问了文艺界的情况，臧云远一一作答，并告诉毛泽东，在武汉有人提出，战争期间能否写出伟大作品。毛泽东深有感触地说，过去十年内战，革命文艺的中心在上海，革命武装斗争的中心在瑞金，中间叫国民党反动派割断了，没有革命的斗争生活，怎样写革命的文艺呀。现在统一战线，举国一致打日寇，文艺跟革命生活相结合，反映伟大的人民革命斗争生活，在战争年代是可以写出伟大的作品来的。

毛泽东同文艺界交往的另一条渠道，就是同文艺界人士建立广泛的通信联系。在毛泽东给文艺界人士的信中，既有体现个人情谊的私事，也有涉及文艺创作、文艺理论方面的意见。老同学萧三写信问可否提供一匹马作交通工具。毛泽东在回信中，一方面表示代他“查问一下”，同时答应，如果萧三“在边区范围内行动，那我可以拿我的马给你用一下”。

1944年11月21日，毛泽东在给郭沫若的信中，告诉郭已将《甲申三百年祭》当作整风文件。他说：“小胜即骄傲，大胜更骄傲，一次又一次吃亏，如何避免此种毛病，实在值得注意。”他希望郭沫若运用大手笔写一篇太平军经验教训的文章。他诚恳地告诉郭沫若：“我虽然兢兢业业，生怕出岔子，但说不定岔子从什么地方跑来；你看到什么错误缺点，希望随时示知。”

毛泽东同文艺界人士的书信往来，沟通了思想，交流了观点，建立了友谊，成为了解文艺界情况、指导文艺界斗争的重要形式。

抗日的现实主义，革命的浪漫主义

文艺在抗日救亡和争取民主的斗争中具有重要地位，但是，单靠外地来的文艺工作者是难以完成应承担的责任的，必须培养和造就更大的队伍。1938 年 1 月，为了纪念一·二八抗战，一些过去在上海活动、全国抗战爆发后来到延安的戏剧工作者演出了一出抗日题材的戏剧。毛泽东看完演出后说：戏演得好，这些人不要散了。最初打算办一戏剧训练班，后来办了一个艺术学校，这就是鲁迅艺术学院（后改称鲁迅艺术文学院，简称鲁艺）。

1938 年 4 月 10 日，鲁迅艺术学院举行成立典礼，毛泽东参加了这个典礼。5 月中旬的一天下午，毛泽东再次来到这里，作了一次重要讲话。

他说，我们的两支文艺队伍，上海亭子间的队伍和山上的队伍，汇合到一起来了。这就有一个团结问题。要互相学习，取长补短。要很好地团结起来，进行创作、演出。要下去，要到人民生活中去，走马看花，下马看花，起码是走马观花，下马看花更好。我们要有大树，也要有豆芽菜。没有豆芽菜，怎么能有大树呢？我不懂得文艺。文艺是团结人民、教育人民、打击日本帝国主义的武器。创作像厨子做菜一样，有的人作料放得好，菜就好吃。

他说，无产阶级的文学艺术工作者要到革命斗争中去，同时学习人民的语言。要从革命斗争中学习的东西多得很。你们看法捷耶夫的小说《毁灭》，描写骑马，平时上马是怎么上的，紧急时候上马是怎么上的，都不一样。如果作者没有参加过战斗生活，怎么能够写得这样真实呢？绥拉菲摩维支写了《铁流》。我们的二万五千里长征也是“铁流”，可惜还没有人写。

毛泽东还问，“阳春白雪”和“下里巴人”哪一种好？他自己回答说：“下里巴人”也不错，全国人都会唱。

毛泽东的讲话，给鲁艺确定了教学方针，指明了办学方向。鲁艺先后设立了文学、戏剧、音乐、美术等系。1939 年鲁艺成立一周年时，毛泽东亲笔题辞：抗日的现实主义，革命的浪漫主义。1940 年秋天，毛泽东亲笔为鲁艺写了八个字的校训：紧张，严肃，刻苦，虚心。鲁艺为根据地培养了一批杰出的文艺人才，师生们的努力丰富了根据地军民的文化生活，他们中的许多人后来成为新中国文学艺术工作中的骨干。

延安文艺座谈会

1942年，整风运动逐渐在延安各单位开展。而这时的延安文艺界出 9
现了“暴露黑暗”等问题。毛泽东感到有必要解决这些问题，通过文艺界的整风，澄清一些是非。为此，他做了大量的调查研究工作。

1942年4月间，毛泽东约请艾青谈话后，又三次约请刘白羽谈话，还约请在鲁艺任教的何其芳、严文井、周立波、曹葆华、姚时晓到杨家
岭交谈。毛泽东在这段时间里，共约请了几十位文艺界人士谈心。通过交 4
谈，毛泽东对中国革命文艺的方向、道路和未来，有了完整的构想。

1941年在延安杨家岭建成的飞机型中共中央办公厅楼，是延安第一幢三层建筑，在众多土窑洞的陪衬下，显得有点鹤立鸡群。三楼是政治局
会议室，许多重大决定在这里作出，许多重要文件从这里发出，毛泽东称 2
它为“政治工厂”。1942年5月2日下午1时半，延安文艺座谈会第一次会议就在办公厅楼下会议室召开。会场气氛十分活跃，大家争相发言。5月16日召开了第二次讨论会。5月23日下午召开第三次会议。最后请毛泽东作总结讲话。由于听报告的人越聚越多，室内十分拥挤，便将会场移到室外广场，临时用三根木椽支个架子，吊上一盏汽灯。报告结束时，已是深夜。

延安文艺座谈会后，广大文艺工作者纷纷奔向抗战前线，深入工厂、农村、部队，接触群众，体验生活，创作了《白毛女》《兄妹开荒》《夫妻识字》《逼上梁山》《王贵与李香香》等一大批反映现实生活的群众喜闻乐见的好作品，发挥了文艺在革命斗争中应有的作用。

《白毛女》是由延安鲁艺的艺术家们在深入生活的基础上，集体创作的中国第一部新歌剧，突出表现了“旧社会把人逼成‘鬼’，新社会把‘鬼’变成人”这一鲜明而又富有传奇色彩的主题。1945年4月中共七大召开期间，该剧在延安中央党校礼堂举行首场演出，大获成功。“口含黄连度日月”的佃户杨白劳女儿喜儿，高唱“我要报仇！我要活！”深深感染和震撼了观众。当时有战士在台下看到恶霸地主黄世仁的丑恶嘴脸，当即激动地拔出枪要冲上去毙了他。许多看过《白毛女》的战士高喊着“为千千万万个喜儿报仇”而奔赴战场，英勇杀敌。全国解放后，这一歌剧在全国城乡广泛演出，并被拍成电影，改编为芭蕾舞剧。许多人说，看了这个剧，更深刻地体会到“没有共产党就没有新中国”的道理。

根据地政府还组织知识分子克服各种困难，发展国民教育，因陋就简地创办中、小学校和开展社会教育，努力提高广大群众的文化素质。中共中央很重视在根据地发展科学技术事业。1940年2月在延安成立自然科学研究会。8月创办的自然科学院成为中共历史上第一个培养科学技术人才的阵地。

1　9　4　3

大生产运动

——破解根据地生存困局

1941 年和 1942 年，是各敌后抗日根据地物质困难空前严重的时期。面对严重的经济困难，毛泽东说：怎么办？饿死呢？解散呢？还是自己动手呢？饿死是没有一个人赞成的，解散也是没有一个人赞成的，还是自己动手吧！这就是我们的回答。1943 年毛泽东为大生产运动题词："自己动手，丰衣足食"。

社論

積極推行「南泥灣政策」！

①

②

①1942 年 12 月 12 日延安《解放日报》发表积极推行朱德提倡的"南泥湾政策"的社论。
②1943 年 12 月 9 日毛泽东和陈云、林伯渠参观陕甘宁边区第三届生产展览会。

③

③八路军驻延安部队召开生产动员大会。

国民党顽固派推行消极抗日、积极反共的政策，掀起一次又一次的反共高潮，对解放区的封锁也一日紧似一日。国民党军胡宗南部30万人集结在陕甘宁边区周围，构筑了三道封锁线，修建了一万多个碉堡，对边区实行严密的军事包围和经济封锁，扬言“不让一粒粮、一尺布进入边区”。加上自然灾害的侵袭，非生产人员的大量增加，使边区的财政经济遇到极大困难。“当时边区只有一百四五十万人口，又是土瘠地薄的高原山区。在国民党顽固派的封锁下，要担负数万名干部、战士以及全国不断奔赴革命圣地的青年学生的吃穿住用，实在成了一个大问题。在一段时间里，我们财政经济极其困难，几乎没有衣穿，没有鞋袜穿，冬天没有被子盖，没有菜吃，没有油吃，甚至吃粮也很困难。”[①]

① 王恩茂：《南泥湾精神永远激励我们奋勇前进》，《陕甘宁边区抗日民主根据地·回忆录卷》，中共党史资料出版社1990年版，第203页。

毛泽东、朱德等狠抓边区财政经济工作

1940年5月朱德从华北回到延安后，在协助毛泽东指挥各敌后抗日根据地军事斗争的同时，十分关心陕甘宁边区财政经济工作情况。他看到，边区的“财政经济建设虽有某些成绩，实在是入不敷出，以致几月来未发一文零用，各机关、学校、军队几乎断炊”，他深感如不采取重大措施，就很难扭转局面。

经过调查，朱德把注意力集中到陕甘宁边区蕴藏量很大、又是人们生活必需品的食盐上来。边区境内有五个盐池，边区内部消费不了。当时，大家都没有想到用盐去换钱以积累资金。朱德想，如果把盐销到附近需要食盐的陕西、山西、河南各地，不是可以换回大量资金吗？朱德明确提出："现在，自力更生是目前全党全军之极重大任务。""我的意见先从盐下手。""定边盐池为陕北经济策源地。""我们下紧急令，派军队全体动员。首先从盐井来冲锋，冲破这些困难。"毛泽东赞成朱德等提出的积极发展生产的方针，主要是投资盐业的发展。他说："盐的第一个好处是解决出入口平衡问题。出入口问题一解决，则物价、币价两大问题即解决了。"

除食盐外，朱德认为羊毛也是边区的一大优势。全边区有羊200万只以上，单绵羊产的羊毛，每年就有250万斤以上，纺成毛线、织成呢子，不但可以自用，还可以出口。边区不宜植棉，棉花较少，可以用毛、棉或毛、麻混纺来解决穿衣问题。他提出："目前只应以盐及羊毛为重心来建设，以后当以次第及于他种工业。"①

毛泽东、朱德雷厉风行地抓经济工作，措施有力，很快推动边区经济工作出现了新的面貌。

① 以上参见中共中央文献研究室编：《朱德传》（修订本），中央文献出版社2006年版，第606—609页。

进军南泥湾

当困难刚刚露头的时候，1939年2月2日，延安举行了党政军生产动员大会，毛泽东在会上发出"自己动手"的号召。

1941年，为克服经济上的严重困难，中共中央再次强调走生产自救的道路。各抗日根据地掀起了大规模的生产运动。其后，中共中央确定了"发展生产，保障供给"的经济工作和财政工作总方针。为保证这个总方针的实现，中共中央从当时抗日根据地以个体经济为基础、被敌人分割，又处于游击战争的农村的具体情况出发，制定了五条具体方针：（1）在各项生产事业中实行农业、畜牧、工业、手工业、运输业和商业全面发展，而以农业为主；（2）在公私关系上，实行"公私兼顾"和"军民兼顾"；（3）在上下级关系上，实行统一领导，分散经营；（4）在生产和消费关系上，实行努力生产，厉行节约；（5）组织起来。

边区经济困难中最紧迫的是吃饭问题。为了解决这个问题，朱德提出一个重要主张，就是在不妨碍部队作战和训练的前提下，实行屯田军垦。当时担任陕甘宁边区政府秘书长的李维汉回忆说："军队实行屯田是朱德倡导的。他从前线回延安后，非常关心部队的生产，主张以部队强壮众多的劳动力，投入到生产运动中去，以减轻人民的负担，密切军民关系，同时帮助边区的建设，也改善部队本身的生活。"朱德夫人康克清也回忆说，"南泥湾政策是朱总先提出，毛主席、党中央同意了的。朱总原来就有军垦屯田的思想"。①

为此，朱德选择一大片荒地，准备把部队开去大干一番——这就是南泥湾。他带上秘书、参谋等身边工作人员和农业技术员，一起去南泥湾实地调查勘探。

从延安到三十里铺这一段路骑马还比较好走，可是从三十里铺折向东南到南泥湾的60多里崎岖山路就很不好走了。到南泥湾后，根本没有路，有的地方只能靠砍刀、斧子砍出一条路来。朱德感到，开发南泥湾，交通是个大问题，必须从三十里铺修筑一条平坦的大道到南泥湾，以便运输。他把这项任务交给炮兵团三营九连。在边区政府建设厅的指导下，九连指战员克服重重困难，高质高效地完成了任务。

到南泥湾前，听说南泥湾的水有毒，不能喝，于是，朱德一行人自己随身带着水。临走时，他们取走当地的水样和土样。由于延安化验条件差，就把这些样品送到重庆周恩来处，请他找人化验。最后，弄清楚了，原来是当地有些水由于长年经过腐化烂叶的浸泡，喝了有害健康，采取适当措施就可以解决。这为不久后的开垦大军前来创造了条件。

第三五九旅是八路军的一支主力作战部队。遵照中共中央的命令，1941年3月，王震率第三五九旅官兵高唱"一把镢头一支枪，生产自给保卫党中央"的战歌，浩浩荡荡开进荒无人烟的南泥湾。七一八团团长陈宗尧率领全团走几百里路去背米，他不骑马，自己背米，马也背米，全团指战员为他的精神所感动，人人力量倍增。七一八团政委左齐在战争中失去了一只手，开荒时拿不起锄头，就在营里给战士做饭，挑上山去给战士们吃。七一八团模范班长李位，在开荒大竞赛中一直处于领先地位。在一次全团组织的175名突击手的开荒竞赛中，他挥舞着一把4斤半重的大板镢，每分钟落地48次，经11个小时的激烈"战斗"，创造了日开荒三亩六分七的最高纪

① 转引自中共中央文献研究室编：《朱德传》（修订本），中央文献出版社2006年版，第610、612页。

录，被人们称为“气死牛”的英雄。

战士们用歌声唤醒沉睡的土地，用汗水浇出万顷良田，把南泥湾变成了“粮食堆满仓，麦田翻金浪，猪牛羊肥壮”的“陕北的好江南”。到1944年，第三五九旅除吃用全部自给外，达到了“耕一余一”（即耕种一年庄稼，除消耗外，可剩余一年吃的粮食），成为全军大生产运动的模范。一曲动人的《南泥湾》流传至今，久唱不衰。

花篮的花儿香，听我来唱一唱，唱一唱。
来到了南泥湾，南泥湾好地方，好地方。
好地方来好风光，好地方来好风光，
到处是庄稼，遍地是牛羊。

往年的南泥湾，处处是荒山，没呀人烟。
如今的南泥湾，与往年不一般，不一般。
如呀今的南泥湾，与呀往年不一般，
再不是旧模样，是陕北的好江南。

中央领导同志带头参加大生产运动

毛泽东既是大生产运动的组织者、领导者，又是大生产运动的参加者。他参加警卫班召开的生产动员会议，并且要求战士们在订计划时，给他分一块耕地。他告诉战士，我不能走远，你们在近处给我分一块。战士们劝毛泽东不要参加劳动。他坚决说，不行，大生产是党的号召，我应该和同志们一样响应党的号召。毛泽东在自己住的窑洞周围开了一亩多荒地，播种、栽植、施肥、除草和收获都自己动手。对一些不懂的农业技术，就拜懂行的战士和农民为师。毛泽东衣着朴素，粗茶淡饭，经常废寝忘食，忘我工作。他使用的铅笔往往用到手都捏不住了还不忍丢弃，思考问题时总把小煤油灯的灯芯拨小，节省煤油。警卫人员见毛泽东总是穿着打着补丁的旧棉衣，就利用雪天打了一些银狐，做了一件狐皮大衣给他，而他却婉言谢绝，并建议把珍贵的大衣卖到国统区，为延安换回一些紧缺的物品。

年近花甲的朱德处处以身作则。他纺的毛线质量很好，还和身边几个勤务员一起组成生产小组，在王家坪开垦三亩菜地，种上白菜、水萝卜、菠菜、葱、蒜、韭菜、南瓜、黄瓜等十几种蔬菜。他每天清早和工作之余，就到菜地里浇水、施肥、锄草。朱德是个种菜能手，几位勤务员年纪轻，没有种过菜，他就手把手地教他们，还经常背着筐拾粪积肥。朱德种的菜质量好，产量高，品种又多，在当地很有名。朱德种的菜吃不完，经常用来送人。老部下去看望他时，他常留他们吃饭，用自己种的蔬菜招待大家。

1943 年，中央直属机关和中央警卫团举行纺线比赛，任弼时夺得第一
名，周恩来被评为纺线能手。中央领导人的身体力行，给参加大生产运动的 9
干部战士以很大鼓舞。

《为人民服务》——毛泽东为张思德牺牲发表讲话

1944 年初，中央警卫团战士张思德响应大生产运动的号召，主动报名 4
参加中央机关组织的生产小分队，到离延安 70 多里的安塞县生产农场，被
选为农场副队长。同年 7 月，进安塞县山中烧木炭。他处处起模范带头作
用，哪里最苦最累，他就出现在哪里，每到出炭时总是最先钻进窑中作业。
9 月 5 日，天下着雨，张思德带着突击队的战友们照常进山赶挖新窑。中午
时分，炭窑在雨中发生崩塌。危急时刻，张思德一把将战士小白推出窑口， 3
自己却被埋在坍塌的土里，战友得救了，张思德却献出了年仅 29 岁的生命。

9 月 8 日，中央直属机关和中央警卫团 1000 多人，在延安凤凰山下枣园沟口的操场上举行张思德追悼会。毛泽东亲自参加追悼会，献了花圈，亲笔题写“向为人民利益而牺牲的张思德同志致敬”的挽词，并发表悼念讲话。他说：“我们的共产党和共产党所领导的八路军、新四军，是革命的队伍。我们这个队伍完全是为着解放人民的，是彻底地为人民的利益工作的。张思德同志就是我们这个队伍中的一个同志。”“人总是要死的，但死的意义有不同。”“为人民利益而死，就比泰山还重；替法西斯卖力，替剥削人民和压迫人民的人去死，就比鸿毛还轻。张思德同志是为人民利益而死的，他的死是比泰山还要重的。”这篇讲话经过整理后收入《毛泽东选集》，题为《为人民服务》，这也是中国共产党和人民军队的根本宗旨，是共产党区别于其他任何政党的显著标志。坚持这个宗旨，是我们党和军队战胜一切敌人、克服一切困难的力量源泉。

陕甘宁边区和晋察冀、晋冀鲁豫、晋绥、山东等敌后抗日根据地开展大生产运动后，人民负担大大减轻，军民生活明显改善。1942 年到 1944 年的 3 年中，陕甘宁边区共开垦荒地 200 多万亩。到 1945 年，边区农民大部做到“耕三余一”（即耕种三年庄稼，除消耗外，可剩余一年吃的粮食），部分做到“耕一余一”；农民所交公粮占总收获量比重逐年下降。从 1943 年起，敌后各根据地的机关一般能自给两三个月甚至半年的粮食和蔬菜，人民负担也只占总收入的 14% 左右，按当时的生活水平，实现了“自己动手，丰衣足食”的要求。

大生产运动是自力更生的一曲凯歌。它不仅支持了敌后的艰苦抗战，而且积累了一些经济建设的经验，培养了一批经济工作干部。

1 9 4 4

让世界了解延安

——“半独立性的外交”

1944 年，中外记者团、美军观察组（迪克西使团）等纷纷来到延安。多年后，美军观察组组长包瑞德回忆说：“许多人，包括我本人，对延安共产党政权基本上持赞赏态度的一个原因是，那里的一切事物所具有的外表是绝大多数美国人都倾向于赞同的。在重庆，我们所到之处都能看见警察和卫兵；在延安，我所见到的任何地方，包括第十八集团军总司令部，都没有一个卫兵。在毛泽东朴素简陋的住处前面，即或有什么人在站岗，这对于一个偶然的过路人来说，也是不显眼的。”①

解放日報

接見記者團席上 毛主席暢談國內外局勢

毛主席致辭

問題與答覆

紅軍夏季攻勢揭幕

殲俘德寇七萬

登陸達四十萬

猛襲馬里亞納羣島

消滅僞軍一部

①

① [美] D. 包瑞德著，万高潮等译：《美军观察组在延安》，济南出版社 2006 年版，第 152 页。

①1944 年 6 月 13 日《解放日报》关于毛泽东接见中外记者团的报道。
②1944 年 6 月毛泽东、朱德等在延安会见中外记者。

②

③

③1944 年 10 月毛泽东、朱德等出席美军中缅印战区统帅部授予美军观察组组长包瑞德勋章的仪式。

④

④1944 年 12 月晋绥六分区武工队和民兵中的英雄模范出席边区群英大会的合影。

由于国民党顽固派的长期封锁，中外记者很难进入陕甘宁边区。随着中国共产党力量的增长，英、美等国在华人士特别是一些新闻记者对了解抗日根据地的真实情况产生了越来越浓厚的兴趣。1944 年，他们纷纷来到了延安。

中外记者团到延安

1944 年 2 月 16 日，驻华外国记者联盟直接上书蒋介石，要求国民政府允许外国记者到陕北及延安访问。几天之后，蒋介石出人意料地批准了外国记者的请求。3 月 4 日，重庆八路军办事处给延安发来一份电报，详细报告了有关情况。

对于外国记者的来访，党中央和毛泽东从一开始就很重视。收到八路军办事处的来电后，毛泽东当即批给十几位同志传阅。4 月 30 日，记者团的行程大体确定，毛泽东又特地致电董必武，请他转告外国记者：“诸位来延，甚表欢迎。”

在外国记者起程之前，有一段小插曲，从一个侧面反映出共产党与国民党在宣传领域的尖锐斗争。

蒋介石批准这次访问实际上是迫于国内外舆论的压力，因此竭力想把这次访问控制起来。按照蒋介石的布置，原定的外国记者旅行团由国民党官员带队并安排一些中国记者参加。国民党当局还规定，旅行团要先到西北国民党统治区考察，然后再到共产党边区访问，期限是 3 个月，写出的报道必须送交国民党宣传部审查之后才能发表。

中外记者团 5 月 17 日离渝，于 6 月 9 日抵达延安。记者团共有 21 名成员，实际只有 6 名外国记者。这 6 人之中，一人是苏联塔斯社记者，名叫普罗岑柯；其余人差不多每人都兼任英美等国二三家有影响的报社记者。

10 日，朱总司令设欢迎晚宴。晚宴后举行了盛大的音乐会，演出以雄壮的“同盟国进行曲”开始，以气势磅礴的“黄河大合唱”结束。这些隆重的活动，一方面是为了欢迎记者团的到来，另一方面则是为了庆祝盟军在欧洲开辟了第二战场。

12 日下午，毛泽东会见中外记者并解答他们提出的问题。毛泽东畅谈国际国内形势，并对记者们说，要战胜日本法西斯，中国必须实行民主。

之后，毛泽东还抽空与一些外国记者进行深入的个别交谈。在谈话中，毛泽东除比较详细地介绍中国的抗战形势和中共的各项基本政策外，还根据每个记者的不同情况，有针对性地讲了一些问题。例如，向苏联记者普罗岑柯谈了中共的组织和发展等；向美国记者史坦因阐述了中国共产党的外交方针，主张中国与美苏都保持友谊的关系，以便使中国在战后能成为美苏之间的一座桥梁。毛泽东有一段著名的话——“我们的权力是人民给的”，也是在同史坦因谈话时讲的。

通过与中共领导人的交谈，外国记者对共产党的各项政策有了比较深入的认识。同时，中共领导人也通过他们了解到一些比较重要的情况。例如，英美人士对国共两党的观感和对中国局势的看法，盟军有可能向八路军提出配合作战的请求，美国政府已开始考虑战后对华政策，等等。有的外国记者还十分友好地向共产党领导人提出一些改进对外宣传的建议和办法。[①]

外国记者还到晋绥抗日根据地和其他一些地方考察采访。经过几个月的访问，记者们发现边区是一个与国民党统

① 以上参见《胡乔木回忆毛泽东》，人民出版社 1994 年版，第 331—333 页。

治区完全不同的新天地。根据亲身经历，他们每人都写了不少描述根据地斗争生活的生动报道。特别是福尔曼写的《来自红色中国的报道》和史坦因写的《红色中国的挑战》，是两部在当时产生了很大影响的书。夏南汗神甫也认为边区是好的，国民党想利用他反共，没有成功。

外国记者访问的结果完全出乎蒋介石的意料，国民党当局重新对边区实行了新闻封锁。

迪克西使团飞抵延安

1944 年七八月，中缅印战区美军司令部分两批派遣美军观察组 18 人抵达延安。

7 月 22 日，一架美国空军 C-47 型客机正向中国陕西省的延安进发。在此之前，美国军用飞机从来没有抵达过延安。飞机上载着第一批美军观察组成员，这个观察组非正式的名称是“迪克西使团”，团长是驻华美军司令部的包瑞德上校。

飞机在延安机场降落时，发生了一点小事故。飞机缓缓滑行时，由于“地上看不见它的任何标志”，左轮陷进了一座旧坟墓中，引起飞机的晃动和向左倾斜。但庆幸的是，“迪克西使团到了，很幸运，所有的人都活着且没有受伤”。

美军观察组在延安期间，毛泽东、周恩来、朱德等亲自接见并设宴招待。美军观察组有关人员通过访问，写了许多调查报告，比较客观地反映了抗日民主根据地的政治、经济、军事等方面情况。美军观察组这样评价延安人：“延安使得美国人不可思议的有三点。一是延安人对金钱不感兴趣，美国飞机经常往返印度、重庆和延安，延安没有一个人托过飞机乘务员带外面花花世界的任何东西。二是延安人待人接物不尚虚文，和一般中国人爱讲面子的传统不一样。三是延安人没有开口要美援。”

抗战后期，到延安来的外国人很多，有的来参观访问，有的来建立联系，除了临时来往的，如上述的外国记者团和美军观察组，还有在此长住的，他们中有苏联塔斯社记者弗拉季米洛夫（中国名字叫孙平），他实际上是共产国际派来的联络员。日共领袖野坂参三（当时叫冈野进）也住在延安，他领导着一个日本人反战同盟和一个主要由被俘虏的日军官兵组成的日本工农学校。

延安的外事工作，对沟通中国共产党与外部世界的联系，更广泛地宣传党的主张起了积极作用。

“半独立性的外交”

为了更好地适应扩大对外交往的需要，1944 年 8 月 18 日， 9
中共中央发出《关于外交工作指示》，指出党的外交政策是在国际统一战线的思想指导之下，以共同抗日和争取民主、扩大党的影响为中心内容；目前，我们的外交还是“半独立性的外交”；我们办外交必须站稳民族立场，反对百年来在民族问题上存在的排外和惧外媚外的错误观念。 4

同年 9 月，美国总统私人代表赫尔利（后被任命为美驻华大使）来华。赫尔利来华初期，美国政府的政策是防止国民党政府的崩溃，并让赫尔利居中调处国共关系。因为美国政府开始感到，“中国共产党已变成中国最有动力的力量”，“国民党与 4
国民政府日趋崩溃”，共产党还领导着一支有着很强战斗力的军队。美国希望蒋介石开放一点民主，而使共产党把军队交出来。11 月 7 日赫尔利飞抵延安，表示赞同中共关于废除国民党一党专政、成立民主联合政府的主张。经过三天谈判，赫尔利和中共领导人共同拟定了《中国国民政府、中国国民党与中国共产党协定（草案）》，并在草案上签字。但是，蒋介石完全拒绝这个“协定”，赫尔利也背弃他在延安赞同建立民主联合政府的主张，公开站到蒋介石一边。他甚至把中共同封建军阀相提并论，声称美国的政策是“承认中国的国民政府”，不同共产党合作。美国扶蒋反共政策逐步公开化。中国共产党同美国的扶蒋反共政策进行了坚决的斗争，呼吁美国人民和各界人士，积极起来纠正赫尔利式的错误政策。

抗日战争时期，中国共产党坚持独立自主的方针，形成“半独立性的外交”，逐步学会运用马克思主义立场观点方法认识和处理对外关系和对外工作问题，初步积累了有关外交工作的经验。

1945

中共七大胜利召开

——确立毛泽东思想为党的指导思想

“山一程，水一程，万里长征足未停。太行笑相迎。昼趱行，夜趱行，敌伪关防穿插勤。到处有军屯。”陈毅《长相思·冀鲁豫道中》一词，所写的是他赴延安参加七大途中的真情实感。

中國共產黨
第七次全國代表大會
代表證
第 號

座號 1 排 7 號
姓名 毛澤東
注意
1.絕對不得轉借，不得遺失。
2.出入會場須受門衛檢查。
七大秘書處製

①

①毛泽东中共七大代表证。

1
9
4
5

②毛泽东在抗日战争时期撰写的主要著作。

②

③

中共七大胜利召开

③中共七大会场现场图。

④

④中共七大代表进入会场。

在中国抗日战争接近胜利的前夜，在中国人民面临着光明和黑暗两种命运和前途抉择的关键时刻，1945 年 4 月 23 日至 6 月 11 日，中国共产党第七次全国代表大会在延安隆重举行。

七大的准备

七大在党的历史上创造了诸多个第一和纪录。七大是承前启后历史跨度最长的一次代表大会，承前（距 1928 年召开的中共六大）17 年，启后（距 1956 年召开的中共八大）11 年。七大会期最长，开了 50 天，这在党的全国代表大会史上又是一个纪录。七大召开时共产国际已解散，七大是党成立以来第一次完全依靠自身力量召开并独立自主解决所有重大问题的代表大会。

七大的召开，经过了长时间的酝酿和筹备。早在 1931 年 1 月，党的六届四中全会将召开七大作为全党“最不可延迟的任务”之一提出。之后，中央又多次提出并决定召开七大，但都未能按计划实施。除了因战争环境和代表集中不易外，实际上还反映了当时党内思想上的不一致和对党的领导核心认识上的不同。尤其怎样看待六大以来党的路线是非，更是召开七大绕不开的问题。

在这个过程中，经过艰难曲折，党的力量有了很大发展，毛泽东在抗战时期以及在此之前撰写的大量文章和中共中央发布的许多文件，已经对党的历史经验从各个方面进行了总结。整风运动的开展，使党进一步成熟起来。特别是党的六届七中全会的召开和《关于若干历史问题的决议》的通过，肯定了以毛泽东为代表的正确路线，增强了全党在毛泽东思想基础上的团结，对中国共产党历史上若干重大问题，特别是土地革命战争时期以王明为代表的“左”倾教条主义错误作了分析和结论，为七大的召开创造了充分的条件。

1945 年春末，延安城内，陌生的面孔日渐增多起来。召开七大的筹备工作已近尾声，仍有代表风尘仆仆继续向延安赶来。鉴于形势的变化和党员队伍的发展壮大，中共中央于 3 月初再一次调整、增补了出席七大的代表名额。

召开党的七大，代表们期盼已久。自 1939 年中央明确要求各地代表选出待命后，不久，代表们即陆续从各抗日根据地、国民党统治区和沦陷区向延安集中。“西边的太阳快要落山了，微山湖上静悄悄……”唱起这首歌时，你可能会记起铁道游击队故事中的这样一个情节：游击队接受了一项政治任务，护送胡服同志穿越敌人的封锁线。这位胡服同志就是刘少奇。他跨越津浦铁路，就是前往延安筹备和参加七大。代表们穿越封锁线，通过敌占区，有的辗转数月至一年，还有多名代表在途中牺牲。代表们历经艰险，分批从四面八方汇集到宝塔山下。

1945 年 4 月，春风和煦，阳光明媚。延安杨家岭中央大礼堂在阳光的照耀下显得格外醒目。这座集西式风格与陕北窑洞为一体的建筑，是中央决定特为召开七大而修建的，占地面积千余平方米。偶尔的汽车喇叭声，打破往日的寂静。一队队人群欢声笑语，满怀喜悦地迈进中央大礼堂。七大的预备会议就要在这里举行。

来自各地的代表，精英荟萃，有着广泛的代表性。根据中共中央的要求，经各级党组织层层推选、审查，最后确定出席七大的代表共 755 名，其中正式代表 547 名，候补代表 208 名，代表着全党 121 万名党员。代表的平均年龄 36.5 岁，年龄最大的 69 岁，最小的 23 岁。他们中几乎包括了党创建以来所有知名的革命家、军事家，除各地区党政军各级领导人外，还有来自基层的战斗英雄、生产模范和国民党统治区、沦陷区党的秘密工作者等。

七大的召开

1945年4月23日下午，七大在延安杨家岭中央大礼堂开幕。大礼堂的会场，布置得庄重、简朴、喜庆。主席台正中，矗立着毛泽东、朱德的巨幅画像，六面鲜红的党旗分插两旁。主席台上方，悬挂着红底白字的“中国共产党第七次全国代表大会”会标，格外醒目。会标上方的正中，挂着一幅马克思、恩格斯、列宁、斯大林的画像。主席台最上方的石拱上，“在毛泽东的旗帜下胜利前进”十二个红色美术字，与会场后面毛泽东题写的“同心同德”四个大字，烘托出大会的主题。主席台两侧，分别挂着缀字红色灯芯绒布幛：“以马列主义理论与中国革命实践之统一的毛泽东思想作为党的一切工作的指导方针”；“为群众谋利益、谋解放是党的根本宗旨，一切为群众、走群众路线是党的一切工作的出发点”。台前还摆放着多盆从山里采集来的野生花草。会场两边的墙上，各安装着3个“V”字形的旗座，每个旗座插有4面共24面党旗。“V”字形表示革命胜利之意，24面旗帜象征中国共产党24年的奋斗历程。同时每个旗座上还钉有一个标语牌，上书：“坚持真理，修正错误。”会场内一排排条形木椅摆放整齐，代表们随意坐满各处。

第二天，毛泽东向大会作政治报告。他会前发给代表一个书面报告，即《论联合政府》。报告提出当前最重要、最迫切的任务是立即废止国民党一党专政，建立民主联合政府。报告对新民主主义国家在政治、经济、文化各方面的纲领和外交政策的基本原则，作了全面具体的说明。关于新民主主义的一般纲领，报告强调，在新民主主义的社会制度下，在发展国家经济、合作经济的同时，要让那些不是操纵而是有利于国民生计的私人资本主义有发展的便利，保障一切正当的私有财产。七大关于发展资本主义的论述，是对新民主主义理论的重大发展。报告还首次明确提出要以生产力标准来评判一个政党的历史作用。

会上，毛泽东没有照读书面报告，而是就其中一些问题及其他问题作了口头报告，主要涉及三个方面：

第一，路线问题，就是党的政治路线，即：放手发动群众，壮大人民力量，在我党的领导下，打败日本侵略者，解放全国人民，建立一个新民主主义的中国。在此，毛泽东从历史和现实的角度，反复强调农民的重要作用。他说：“忘记了农民，就没有中国的民主革命”，“也就没有一切革命”。第二，政策方面的几个问题。毛泽东满怀激情地说：“我们要做好准备，由小麻雀变成大鹏鸟，一个翅膀扫遍全中国，让日本帝国主义滚蛋。”第三，党内的几个问题。关于个性与党性，毛泽东说：党性就是普遍性，个性就是特殊性。党员是有各种不同的个性，谁要抹煞各种不同的个性是不行的。他最后强调，要讲真话，就是“不偷、不装、不吹”，每个普通的人都应该如此，每个共产党人更应该如此。[①]毛泽东的口头报告内容丰富，深入浅出，诙谐幽默，不时引起阵阵笑声和掌声，使大家加深了对《论联合政府》报告精神的理解和把握。

接下来，朱德作《论解放区战场》的军事报告，刘少奇作《关于修改党章》的报告，周恩来作《论统一战线》的发言。各次报告之后，各代表团进行分组讨论，20 多位代表在全体大会上发言。

大会的每一个报告、决议、文件，都经过全体代表、各代表小组、各代表团会议和大会反复讨论，提出意见，加以补充修改。大会主席团尽一切可能让每个代表发表自己的意见。许多代表在发言中表示，我们党今天有了自己的马克思主义——毛泽东思想，我们党今天有了自己的领袖——毛泽东同志，“这实是我党二十五年来的最大胜利”。[②]还有一些代表或者具体地总结本地区、本部门、本单位在长期革命斗争中积累起来的经验教训，或者对过去党内所犯的错误，特别是以王明为代表的“左”倾教条主义错误，从团结的愿望出发，深入开展批评。会上会下，代表们开诚布公，坦诚相待，在此基础上，形成了新的团结和新的力量。七大是执行党的民主集中制原则的典范，开启了充分发扬党内民主的一代新风。

① 《毛泽东文集》第 3 卷，人民出版社 1996 年版，第 305、332、340、349 页。

② 《张闻天文集》(三)，中共党史出版社 1994 年版，第 263 页。

在大会对三个报告的讨论行将结束前，中央委员会的选举工作便开始酝酿了。这也是与会代表普遍关心、议论最多的一个问题。经过反复讨论，最终确定和坚持了三个原则：（1）对过去犯过错误的同志，不要一掌推开；（2）对于中国革命在长期分散的农村环境中形成的“山头”，既要承认和照顾，又要缩小和消灭，要把各个地方、各个方面的先进代表人物都选进来；（3）不要求每一个中央委员都通晓各方面知识，但要求中央委员会通晓各方面知识，因而要把有不同方面知识和才能的同志选进来。

选举过程中，在小组会上，代表团会上，任何代表都可以提名候选人，没有任何指定，没有任何限制。对候选名单中的任何一个人有不同意见，可以提；有不了解的地方，可以问。[①]选举时，好多人不愿意选王明等人，中央做说服工作，结果王明当选为中央委员的最后一名。海纳百川，有容乃大。这就是中国共产党人的宏大气魄，也是中国共产党不断发展壮大的内在因素。

最终，七大选举中央委员44人，候补中央委员33人。6月19日，七届一中全会选出13名中央政治局委员，选举毛泽东、朱德、刘少奇、周恩来、任弼时为中央书记处书记，毛泽东为中央委员会主席。由此形成了党的第一代中央领导集体。

确立毛泽东思想为党的指导思想

6月11日，七大举行闭幕式，通过了新党章。确立毛泽东思想为党的指导思想并写入党章，是七大的历史性贡献。刘少奇在关于修改党章的报告中指出：“毛泽东思想，就是马克思列宁主义的理论与中国革命的实践之统一的思想，就是中国的共产主义，中国的马克思主义。”

毛泽东思想这一科学概念的形成，经历了一个过程。1941年3月，党的理论工作者张如心用了“毛泽东同志的思想”的提法。1942年7月1日，朱德发表文章指出：“我们党已经积累下了丰富的斗争经验，正确的掌握了马列主义的理论，并且在中国革命的实践中创造了指导中国革命的中国化的马列主义的理论。”[②]陈毅则在文章中比较全面论述了党运用马克思主义解决中国革命问题的新创造，指出毛泽东在革命实践中创立了“正确的思想体系”[③]。1943年7月5日，王稼祥在《中国共产党与中国民族解放的道路》一文中，首先

① 郑天翔：《盛会相逢喜空前》，中共中央党史研究室第一研究部编：《七大代表忆七大》上，上海人民出版社2006年版，第545—546页。

② 朱德：《纪念党的二十一周年》，1942年7月1日《解放日报》。

③ 陈毅：《伟大的二十一年——建党感言》，1942年7月1日《盐阜报》。

使用“毛泽东思想”这个概念，指出“毛泽东思想就是中国的马克思列宁主义”[①]。与此同时，刘少奇号召全党“用毛泽东同志的思想来武装自己”[②]。

中共七大确立毛泽东思想为党的指导思想，是近代中国历史和人民革命斗争发展的必然选择。正确认识和确立毛泽东的历史地位和毛泽东思想的指导作用，是中国共产党人和中国人民在长期斗争中的巨大收获。

七大的历史功绩是多方面的。它确定了党的政治路线，使全党有了前进方向的指引和正确方针的遵循；它把毛泽东思想确立为党的指导思想，使全党有了在政治上、思想上取得一致的牢固的理论基础；它把党在长期奋斗中形成的优良作风概括为理论和实践相结合、和人民群众紧密联系在一起、自我批评的三大作风，使党的路线方针得以顺利贯彻有了根本的保证；它选举产生以毛泽东同志为核心的党的第一代中央领导集体，使全党在组织上达到空前的团结。

七大是党在民主革命时期召开的一次极其重要的全国代表大会。它以“团结的大会，胜利的大会”载入党的史册。

七大后，世界反法西斯战争的胜利推进，中国军民的全面反攻，决定了日本侵略者的失败命运。1945年8月6日、9日，美国在日本广岛、长崎投掷原子弹，震动日本朝野。8月8日，苏联对日宣战，次日出兵中国东北，加速了日本失败的进程。8月15日正午，日本天皇裕仁以广播《终战诏书》的形式，宣布接受《波茨坦公告》，日本无条件投降。9月2日上午，在东京湾的美国“密苏里”号战列舰上，同盟国举行了日本正式投降的签字仪式。日本方面的外相重光葵和参谋总长梅津美治郎，同盟国方面美国、中国、英国、苏联、澳大利亚、加拿大、法国、荷兰和新西兰诸国代表，分别在日本投降书上依次签字。至此，中国人民经过14年不屈不挠的浴血奋战，取得了中国抗日战争的伟大胜利，世界反法西斯战争也胜利结束。

中国人民抗日战争是近代以来中国人民反抗外敌入侵持续时间最长、规模最大、牺牲最多的民族解放斗争，也是第一次取得完全胜利的民族解放斗争。这个伟大胜利，是中华民族从近代以来陷入深重危机走向伟大复兴的历史转折点，也是世界反法西斯战争胜利的重要组成部分，是中国人民的胜利，也是世界人民的胜利。

①
1943年7月8日《解放日报》。

②
刘少奇:《清算党内的孟什维主义思想》，1943年7月6日《解放日报》。

1　9　4　6

“一切反动派都是纸老虎”

—— 从自卫战争到解放战争

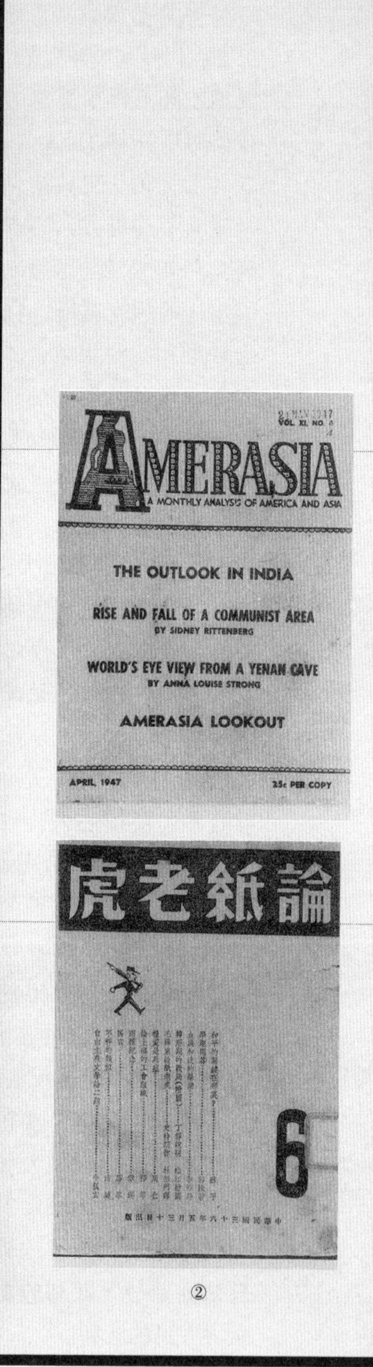

②

1945 年 8 月 15 日日本无条件投降后，8 月下旬，中共中央提出“和平、民主、团结”三大口号，并接受蒋介石邀请，派毛泽东、周恩来、王若飞等人赴重庆与国民党代表进行和平谈判。但蒋介石决不甘心放弃他的独裁统治，一意孤行，加紧全面内战的准备。1946 年 6 月 26 日，蒋介石国民党发动全面内战。蒋介石之所以敢这么做，是依恃看起来似乎是不可战胜的美国政府的支持，以及占有绝对优势的军事力量和经济力量。在敌我力量对比悬殊的情况下，我们有没有战胜敌人的胆识和信心？这是中国共产党必须首先回答的问题。8 月 6 日，毛泽东和美国记者安娜·路易斯·斯特朗谈话指出：“一切反动派都是纸老虎。看起来，反动派的样子是可怕的，但是实际上并没有什么了不起的力量。”“蒋介石和他的支持者美国反动派也都是纸老虎。”这个谈话极大鼓舞了中国人民胜利的信心。1947 年 4 月，《美亚杂志》用英文发表了毛泽东与斯特朗的谈话。5 月，上海出版的《文萃》第 6 辑译载了这篇谈话。

①1946 年 6 月 19 日中共中央关于大打后我军部署的指示。
②“一切反动派都是纸老虎”。

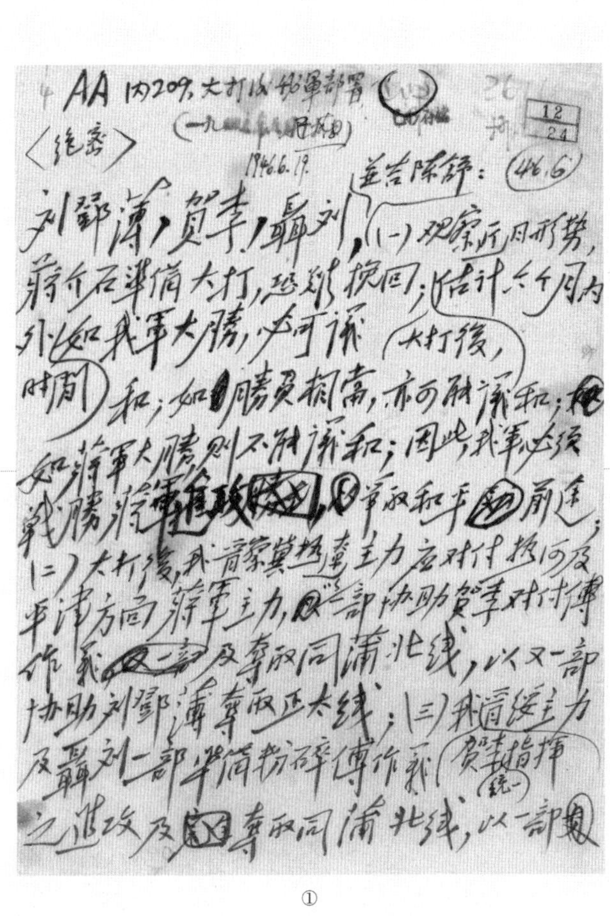
AA 内209，大打后我军部署
〈绝密〉
1946.6.19.
并告陈饶：
刘邓薄，贺李，聂刘，（一）观察近月形势，蒋介石准备大打，恐难挽回；估计六个月内外如我军大胜，必可议和；如胜负相当，亦可能议和；如蒋军大胜则不能议和；因此，我军必须战胜蒋军进攻，以争取和平前途；（二）大打后，我晋察冀主力应对付热河及平津方向蒋军主力，以一部协助贺李对付傅作义及夺取同蒲北线，以又一部协助刘邓薄夺取正太线；（三）我晋绥主力及聂刘一部准备粉碎傅作义之进攻及夺取同蒲北线，以一部

①

③

“一切反动派
都是纸老虎”

③1946 年 6 月 23 日上海各界 5 万多人在北火车站广场召开欢送赴南京请愿代表的大会，呼吁和平，反对内战，并举行了示威游行。

抗日战争胜利后，中国人民热切希望实现和平、民主，建设新中国。中国共产党反映人民的要求，积极参加重庆谈判，作出同意撤退南方八个解放区的部队、大幅缩编人民军队等重大让步；参加政治协商会议，为争取和平民主进行了种种努力。

1946 年 6 月 19 日，中共中央关于大打后我军部署的指示："刘邓薄、贺李、聂刘，并告陈舒：（一）观察近日形势，蒋介石准备大打，恐难挽回。大打后，估计六个月内外时间，如我军大胜，必可议和；如胜负相当，亦可能议和；如蒋军大胜，则不能议和。因此，我军必须战胜蒋军进攻，争取和平前途。"

国民党当局却倒行逆施，在抢占抗战胜利果实、完成战争准备后，即撕毁停战协定和政协协议，1946 年 6 月，悍然向解放区发动全面进攻。国民党军队 22 万人围攻鄂豫边境的中原解放区。中原军区主力由司令员李先念、政治委员郑位三率领，于 6 月 26 日晚分两路突围。接着，国民党军队更大举进攻华东、晋冀鲁豫、晋绥、东北以及海南岛等解放区。全面内战由此爆发。

在国际上，当时美国正在加紧准备"冷战"。"美苏必战""第三次世界大战即将爆发"的声浪一时甚嚣尘上。苏联领导人对形势作了悲观的估计，认为中国如果打内战，美苏可能卷入，中国将成为世界大战的战场，中华民族有毁灭的危险。当时国民党军队的总兵力约 430 万人，其中正规军约 200 万人，人民解放军总兵力只有约 127 万人，其中野战军 61 万人。双方总兵力对比为 3.4:1。国民党政府统治着约占全国 76% 的面积、3.39 亿人口的地区，控制着几乎所有大城市，解放区的土地面积只约占全国的 24%，人口约 1.36 亿，大部分为乡村。

在中国革命的紧要关头，毛泽东坚定地指出：我们必须打败蒋介石，因为蒋介石发动的战争，是一个在美帝国主义指挥之下的反对中国民族独立和中国人民解放的反革命的战争；我们能够打败蒋介石，因为人民解放军的战争所具有的爱国的正义的革命的性质，必然要获得全国人民的拥护。这就是战胜蒋介石的政治基础。尤其是革命力量在抗战中取得的巨大发展，已远非土地革命战争时期可比。

1946 年 8 月，毛泽东在同美国记者安娜·路易斯·斯特朗的谈话中，明确指出：

原子弹是美国反动派用来吓人的一只纸老虎，看样子可怕，实际上并不可怕。当然，原子弹是一种大规模屠杀的武器，但是决定战争胜败的是人民，而不是一两件新式武器。

……从长远的观点看问题，真正强大的力量不是属于反动 9
派，而是属于人民。在1917年俄国二月革命以前，俄国国内究竟哪一方面拥有真正的力量呢？从表面上看，当时的沙皇是有力量的；但是二月革命的一阵风，就把沙皇吹走了。归根结蒂，俄国的力量是在工农兵苏维埃这方面。沙皇不过是一只纸老虎。希特
勒不是曾经被人们看作很有力量的吗？但是历史证明了他是一只纸 4
老虎。墨索里尼也是如此，日本帝国主义也是如此。相反的，苏联以及各国爱好民主自由的人民的力量，却是比人们所预料的强大得多。

……提起美国帝国主义，人们似乎觉得它是强大得不得了 6
的，中国的反动派正在拿美国的“强大”来吓唬中国人民。但是美国反动派也将要同一切历史上的反动派一样，被证明为并没有什么力量。在美国，另有一类人是真正有力量的，这就是美国人民。

拿中国的情形来说，我们所依靠的不过是小米加步枪，但是历史最后将证明，这小米加步枪比蒋介石的飞机加坦克还要强些。虽然在中国人民面前还存在着许多困难，中国人民在美国帝国主义和中国反动派的联合进攻之下，将要受到长时间的苦难，但是这些反动派总有一天要失败，我们总有一天要胜利。这原因不是别的，就在于反动派代表反动，而我们代表进步。

这是毛泽东在第二次世界大战结束不久，关于国际形势和国内形势的一篇很重要的谈话。在这篇谈话里，毛泽东提出了“一切反动派都是纸老虎”的著名论断。这个论断，武装了中国人民的思想，加强了中国人民的胜利信心，在人民解放战争中，起了极其伟大的作用。

从1946年6月至1947年6月，人民军队处于战略防御阶段。战争主要在解放区进行。其中，前八个月粉碎了国民党军队的全面进攻；后四个月努力打破国民党军队的重点进攻。在一年的内线作战中，人民军队平均每月歼敌8个旅，共歼敌112万人；自己的总兵力发展到190多万人。正是在这种情况下，人民军队结束战略防御阶段，以新的态势跨入人民解放战争的第二个年头。

1947

“打倒蒋介石，解放全中国”

——人民解放军转入战略进攻

1947年6月，刘邓大军强渡黄河天险，千里跃进大别山，揭开了中国人民解放军战略进攻的序幕。10月10日，中国人民解放军总部发表《中国人民解放军宣言》，宣布解放军即共产党的八项基本政策，公开提出“打倒蒋介石，解放全中国”。

①

①1947年刘邓大军千里跃进大别山。

1

②1947年10月10日中国人民解放军宣言。

9

4

7

中國人民解放軍宣言

中國人民解放軍 總司令 朱德 副總司令 彭德懷

中華民國三十六年(一九四七年)十月十日

②

③

“打倒蒋介石，

解放全中国”

③1947年12月8日刘邓关于大别山敌情致中央军委的电报。

④

④1947年毛泽东转战陕北行军途中。

1947年7月7日，中共中央在抗日战争10周年的纪念口号中，向全国人民公开宣布了坚决、彻底、干净、全部地消灭一切蒋介石进犯军，反对蒋介石的内战、独裁、卖国政策，成立民主联合政府，以及没收官僚资本、实行土地制度改革、保护民族工商业等主张。9月，提出了“全国大反攻、打倒蒋介石”的口号。

10月10日，中国人民解放军总部发表宣言，提出“打倒蒋介石，解放全中国”的口号，宣布了人民解放军也就是中国共产党的八项基本政策，其中包括：打倒蒋介石独裁政府，成立民主联合政府；没收官僚资本，发展民族工商业；废除封建剥削制度，实行耕者有其田的制度；各少数民族有平等自治权利；废除一切卖国条约，同外国订立平等互惠的通商友好条约，等等，从而给全国人民指明了彻底解放全中国的总目标。

10月27日，中共中央发出必须将革命进行到底的指示，要求彻底揭露美蒋组织以中间派别面目出现的“和平阴谋”，做好争取和团结各民主党派的工作。指示还强调：“必须彻底宣传新民主主义的思想和政纲，反对一切不彻底的资产阶级妥协思想和改良主义政纲。只有动员全中国绝大多数人民站在我解放军双十宣言的主张上，并彻底实行之，才能真正摧毁大地主大资产阶级的反动统治和消除帝国主义的侵略。”

各战场人民解放军在内线和外线的配合作战，构成人民解放战争

 1

全国规模的战略进攻的总形势。在半年的作战中，人民解放军共歼敌 75 万多人。到 1947 年底，战争已经主要的不是在解放区内进行，而是在国民党统治区内进行了。国民党军队 9
被迫由战略进攻转变为全面防御，从而结束了长期以来人民军队在革命战争中所处的战略防御地位。这一伟大胜利，标志着战争形势的根本改变，标志着中国革命新高潮的到来，标志着中国革命战争已经达到一个新的历史转折点。

当解放区军民在自卫战争中取得重大胜利的同时，在国 4
民党统治区，在共产党领导和推动下，以 1946 年 12 月底爆发的抗议美军暴行运动（即抗暴运动）为标志，到 1947 年五二〇运动进一步发展为“反饥饿、反内战、反迫害”运动，席卷 60 多个大中城市，以学生群众为先锋的爱国民主运动 7
同国民党反动政府之间的斗争，逐步形成配合人民解放战争的第二条战线。

同时，各解放区更加普遍深入地开展土地制度改革运动。继 1946 年 5 月中共中央发布“五四指示”后，1947 年 10 月 10 日中共中央批准公布《中国土地法大纲》，规定废除封建性及半封建性的土地剥削制度。解放区掀起土地改革热潮。经过土改运动，到 1948 年秋，在 1 亿人口的解放区消灭了封建的生产关系，广大农民政治觉悟和组织程度空前提高。

为了制定“打倒蒋介石，解放全中国”的具体行动纲领，1947 年 12 月 25 日至 28 日，中共中央在陕北米脂县杨家沟召开扩大会议，毛泽东在会上作《目前形势和我们的任务》的报告。在军事方面，毛泽东总结人民革命战争特别是 18 个月以来解放战争的经验，提出了十大军事原则，核心是打歼灭战，不断歼灭敌人的有生力量；在经济方面，明确宣布新民主主义革命的三大经济纲领；在政治方面，重申《中国人民解放军宣言》中提出的党的最基本的政治纲领，即：“联合工农兵学商各被压迫阶级、各人民团体、各民主党派、各少数民族、各地华侨和其他爱国分子，组成民族统一战线，打倒蒋介石独裁政府，成立民主联合政府。”

毛泽东指出：“这是一个历史的转折点。这是蒋介石的二十年反革命统治由发展到消灭的转折点。这是一百多年以来帝国主义在中国的统治由发展到消灭的转折点。”“这个事变一经发生，它就将必然地走向全国的胜利。”①

① 《毛泽东选集》第 4 卷，人民出版社 1991 年版，第 1244 页。

1948

“为了新中国，冲呀！”

——将革命进行到底

解放战争进行到第三个年头，1948 年 5 月 25 日，在解放隆化的战斗中，19 岁的解放军战士董存瑞舍身炸毁敌暗堡。“为了新中国，冲呀!”成为全体解放军指战员的战斗号角。三大战役的胜利，是人民战争的伟大胜利，国民党政府在长江以北的力量全线崩溃。1948 年 12 月 30 日，毛泽东在为新华社所写的新年献词中发出了“将革命进行到底”的伟大号召：“用革命的方法，坚决彻底干净全部地消灭一切反动势力!”1949 年 1 月 1 日《人民日报》头版发表新年献词。

①

①董存瑞（塑像）。

②三大战役期间中共中央、中央军委与前线的部分电报手稿。

②

③

“为了新中国，冲呀！”

③三大战役得到了东北、华北、华东、中原等各解放区亿万人民的支援。图为担架队整装待发。

人民日報

向黨中央、向毛主席致敬！向朱總司令暨前綫將士致敬！

本報啓事

敬祝你們新年健康

將革命進行到底
——一九四九年新年獻詞——

軍隊向前進 生產長一寸 加强紀律性 革命無不勝 毛澤東

中共中央致電祝賀華北前綫我軍偉大勝利

中國共產黨中央委員會

華北軍區各首長電慰全區傷病員同志
希望安心休養早日恢復健康

④

④1949 年 1 月 1 日《人民日报》头版刊登《将革命进行到底——一九四九年新年献词》。

1948年，人民解放战争进入夺取全国胜利的决定性阶段。人民革命即将迎来新世界的曙光。

一贯表现突出的班长董存瑞舍身炸敌暗堡

在河北省隆化县城北郊，长眠着模范共产党员、全国著名战斗英雄董存瑞的英灵。在苍松翠柏中矗立着一座雄伟的纪念碑，碑上铭刻着朱德总司令的题词：“舍身为国，永垂不朽!”

1929年董存瑞出生于河北省怀来县。13岁时曾机智地掩护中共龙（关）延（庆）怀（来）联合县第三区区委书记躲过日军的追捕，被誉为“抗日小英雄”。1943年春，被选为怀来县南山堡村第一任儿童团团长，积极参加抗日活动。1945年春参加抗日自卫队，7月参加八路军。1947年初的一次战斗中，在班长牺牲、副班长身负重伤的情况下，他挺身而出代理班长，带领战友们出色完成作战任务。同年3月加入中国共产党。后任东北民主联军某部副班长。1948年1月，在延庆县大胜岭战斗中，他奋勇当先，追击中只身俘敌10余人。董存瑞军事技术过硬，作战机智勇敢，先后立大功3次、小功4次，获3枚“勇敢奖章”和1枚“毛泽东奖章”。3月，董存瑞所在连队编为东北人民解放军第11纵队第32师第96团第6连，他被任命为六班班长。随后，部队进行了50天的大练兵运动。因为训练成绩优异，六班被授予“董存瑞练兵模范班”，他本人被授予“模范爆破手”光荣称号。

1948年5月1日，第11纵队从朝阳地区西进，直抵承德北部屏障隆化城。25日，隆化战斗打响。董存瑞所在连队担负攻击国民党守军防御重点隆化中学的任务，他担任爆破组长。在全连战斗动员会上，董存瑞代表全班表决心：“我就是死后化成泥土，也要填到隆化中学的外壕里去，让大家踩着我们把隆化拿下来。”战斗开始后，他带领战友们接连炸毁4座炮楼、5座碉堡，胜利完成了规定的任务。连队随即发起冲锋，突然遭敌一隐蔽的桥型暗堡猛烈火力的封锁。部队受阻于开阔地带，二班、四班接连两次对暗堡爆破均未成功。此时，离发起总攻仅15分钟。在这关键时刻，董存瑞挺身而出，向连长请战：“我是共产党员，请准许我去!”毅然抱起炸药包，冲向暗堡。前进中他左腿负伤，仍顽强坚持冲至桥下。由于桥型暗堡距地面超过身高，两头桥台又无法放置炸药包，他毫不犹豫地用左手托起炸药包，右手拉燃导火索，高喊“为了新中国，冲呀!”将暗堡炸毁。董存瑞以自己的生命为部队开辟了前进的道路，年仅 19 岁。

“为了新中国，冲呀!” 人民解放军奋勇向前，誓 “将革命进行到底”!

抓住战略决战的有利时机

1948 年秋，全国解放战争进入决定性阶段。这时，人民解放军已由战争开始时的 127 万人发展到 280 万人，其中野战军 149 万人；在装备上已有很大改善，新增的装备许多是从敌方缴获来的，可以说是由美国经过国民党军队供应的。各解放区相继连成一片，面积 235.5 万平方公里，占全国总面积的 24.5%，人口 1.68 亿，占全国总人口的 35.3%。解放区内基本上完成土地制度改革，广大农民革命和生产积极性空前高涨，解放军的后方进一步巩固。

与此相反，国民党军队已由内战开始时的 430 万人下降为 365 万人，且士气低落，战斗力不强，其 5 个战略集团（即胡宗南集团、白崇禧集团、刘峙集团、傅作义集团、卫立煌集团）已被解放军分割在西北、中原、华东、华北、东北 5 个战场上，已经没有完整的战线。可以说，国民党的统治正面临濒于崩溃的局势。

毛泽东和中共中央科学分析战争形势，当机立断，及时抓住战略决战的有利时机，从 1948 年 9 月 12 日开始，至 1949 年 1 月 31 日结束，历时 4 个月零 19 天，连续发起辽沈、淮海、平津三大战役，共歼灭国民党军队 154 万多人，使国民党赖以维持其反动统治的主要军事力量基本上被摧毁，为中国革命在全国的胜利奠定了基础。

粉碎国民党统治集团“划江而治”的图谋

经过三大战役，国民党政府在长江以北的力量已全线崩溃，在长江以南也难组织起系统的防御。在三大战役进行期间和结束以后，国民党统治集团在美国驻华大使司徒雷登的支持和策划下，发动了一场“和平攻势”。他们企图利用和平谈判的手段，达到“划江而治” 的目的，以便争取喘息时间，保存残余的反革命势力，伺机卷土重来。

蒋介石由于受到内部和外部的压力，不得不于 1949 年元旦发表“求和” 声明。但他在声明中提出要保存国民党制造的从来不为人民承认的“宪法”，保存他的所谓“法统”，保存反动军队等，否则就要同共产党“周旋到底”。显然，这不是和平的条件，而是继续战争的条件。 9

针对这种情况，毛泽东在1948年12月30日为新华社所写的新年献词中发出了“将革命进行到底”的伟大号召。社论强调，必须“不动摇地坚持打倒帝国主义，打倒封建主义，打倒官僚资本主义，在全国范围内推翻国民党的反动统治，在全国范围内建立无产阶级领导的以工农联盟为主体的人民民主专政的共 4
和国”，并由此向社会主义社会发展；而决不允许使革命半途而废，让反动派养好创伤，卷土重来，使中国重新回到黑暗世界。在这个问题上，一切愿意参加当前的革命事业的人们要一致，要合作，而不是建立什么“反对派”，也不是走什么“中间路线”。 8

1949年1月21日，蒋介石宣告“引退”后，4月1日，以周恩来为首席代表的中国共产党代表团开始同以张治中为首席代表的国民党政府代表团在北平举行谈判。经双方多次交换意见、多方协商后，中共代表团在4月15日将《国内和平协定最后修正案》送交国民党政府代表团，并限国民党政府在4月20日前就协定表明态度。国民党政府代表团一致同意接受这个和平协定。但国民党当局拒绝在《国内和平协定》上签字，谈判宣告破裂。经中共方面真诚挽留，在北平的国民党政府代表团成员仍留下，多数随后参加了筹建新中国的人民政治协商会议。

1949年4月21日，毛泽东主席和朱德总司令发布向全国进军的命令。4月20日夜至21日，由以邓小平为书记的总前委统一指挥，第二、第三野战军（原中原野战军和华东野战军）在第四野战军先遣兵团和中原军区部队配合下，在江北人民的支援和江南游击队的策应下，发起渡江战役。在西起湖口、东至江阴的千里战线上，百万雄师分三路强渡长江。国民党苦心经营三个半月的长江防线顷刻瓦解。

当解放军突破长江防线时，南京国民党政府慌忙逃往广州。4月23日，解放军占领国民党的统治中心南京，宣告了延续22年的国民党反动统治的覆灭。

随后，5月27日，解放军攻占中国最大的城市——上海，并分路继续向中南、西北、西南各省胜利大进军，分别以战斗方式或和平方式，迅速解决残余敌人，解放广大国土。国民党蒋介石集团从大陆逃往台湾。

新世界的曙光已经来临！

1949

擘画新世界，建立新中国

——开始社会主义革命和建设时期

面临筹建新中国的历史任务，1949 年 3 月 5 日至 13 日，中共七届二中全会在西柏坡召开。全会规定了取得全国胜利后党在政治、经济、外交方面应当采取的基本政策，指出了中国由农业国转变为工业国、由新民主主义社会转变为社会主义社会的发展方向。全会讨论了党的工作重心由乡村转移到城市的问题。10 月 1 日 15 时，新中国开国大典隆重举行。

①

①1949 年 3 月中共七届二中全会在西柏坡召开。

1

②1949 年 3 月中共七届二中全会召开期间邓小平、陈毅、张鼎丞等同志在一起。
③中华人民共和国中央人民政府公告。

9

4

9

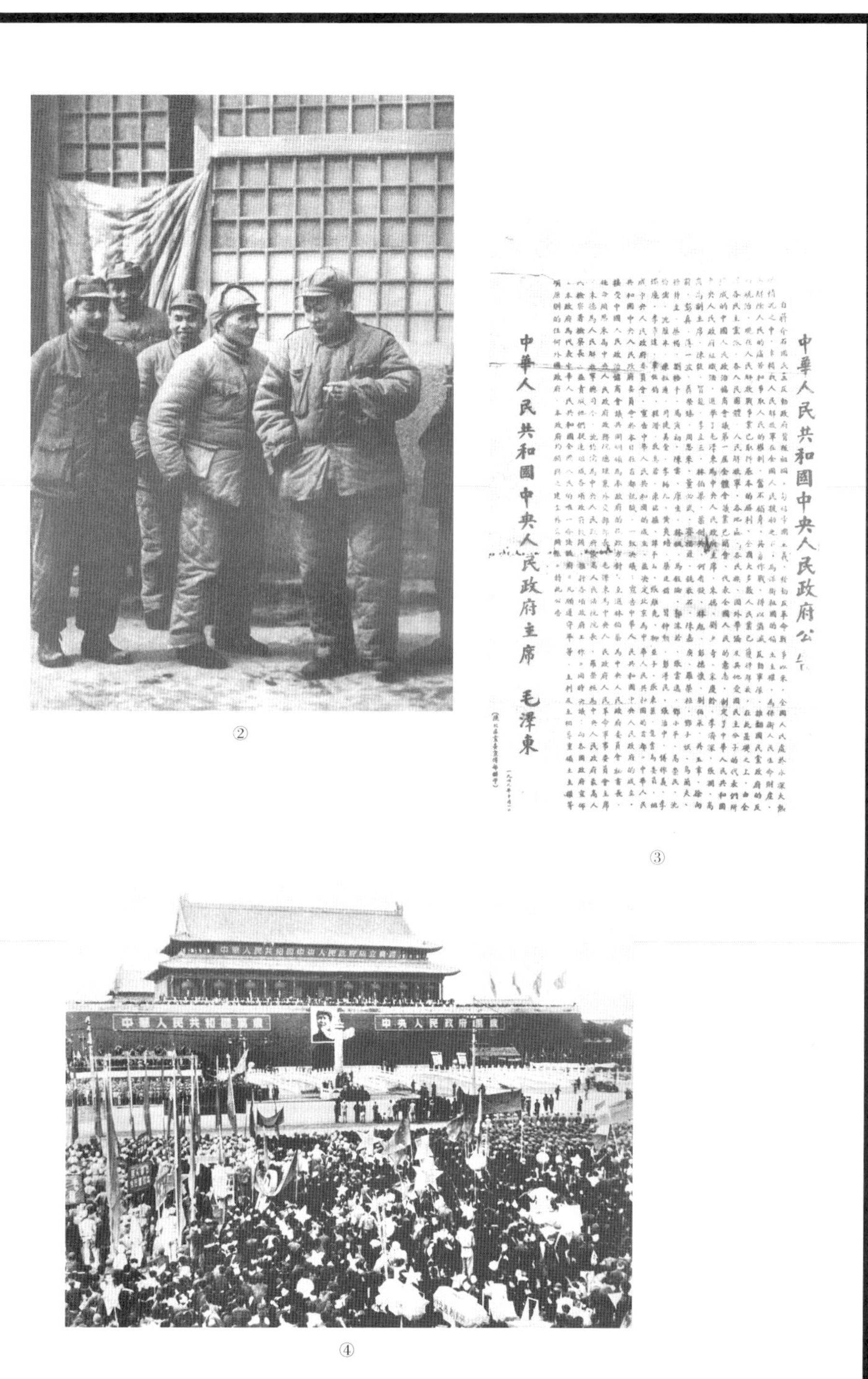

中華人民共和國中央人民政府公告

中華人民共和國中央人民政府主席　毛澤東

②

③

④

④首都 30 万军民在天安门广场参加开国大典活动，欢庆新中国的诞生。

⑤

⑥

⑤⑥中华人民共和国开国纪念邮票。

1949 年 3 月 25 日，七届二中全会结束后第 13 天，毛泽东等中共中央领导人与中央机关、人民解放军总部进驻北平。1949 年 10 月 1 日，中华人民共和国宣告成立。

七届二中全会为新中国绘制蓝图

1948 年 3 月，在结束转战陕北到达山西临县后，毛泽东曾对中国局势作出判断：同蒋介石的这场战争可能要打 60 个月，60 个月者，5 年也。这 60 个月又分成两个 30 个月，前 30 个月是我们“上坡”“到顶”，也就是说战争打到了我们占优势；后 30 个月叫作“传檄而定”，那时候我们是“下坡”，有的时候根本不用打仗，喊一声敌人就投降了。同年 9 月，在西柏坡召开的中央政治局扩大会议正式提出，从 1946 年 7 月起大约 5 年左右时间内，从根本上打倒国民党的反动统治。

时局发展的迅猛出乎所有人的预料。解放战争的进程比毛泽东的预想还要快。1949 年 3 月，中共七届二中全会召开时，中国革命已经到了“传檄而定”的关头。一年时间里，军事方面，人民解放军先后发动辽沈、淮海、平津三大战役，国民党赖以维持其反动统治的主要军事力量基本被摧毁；政治方面，中共中央提出的召集新政治协商会议的号召，得到各民主党派、人民团体和无党派民主人士的响应和支持，蒋介石集团已经是四面楚歌；经济方面，国民党政府用政治手段强制推行金圆券改革遭受失败，在厉行暴力限价的经济中心上海，从 1948 年 8 月底到 1949 年 4 月底，物价指数竟上升 135742 倍。

面对新的形势，带着筹建新中国的历史任务，经过充分准备，1949 年 3 月 5 日至 13 日，中共七届二中全会在西柏坡召开。全会讨论了党的工作重心由乡村转移到城市的问题，指出用乡村包围城市这样一种时期已经完结，从现在起开始了由城市到乡村并由城市领导乡村的时期。必须用极大的努力去学会管理城市和建设城市。在领导城市工作时，党必须全心全意地依靠工人阶级，吸收大量工人入党，团结其他劳动群众，争取知识分子，争取尽可能多的能够同共产党合作的民族资产阶级及其代表人物，以便向帝国主义者、国民党统治集团、官僚资产阶级作政治斗争、经济斗争和文化斗争，并向帝国主义者作外交斗争。要将恢复和发展城市中的生产作为中心任务。城市中的其他工作，都必须围绕着生产建设这个中心工作并为这个中心工作服务。

“两个务必”的提出

与七届二中全会一起载入史册、成为党最可宝贵精神财富的，还有毛泽东提出的“两个务必”。他在全会的报告中深刻指出：“夺取全国胜利，这只是万里长征走完了第一步。如果这一步也值得骄傲，那是比较渺小的，更值得骄傲的还在后头。在过了几十年之后来看中国人民民主革命的胜利，就会使人们感觉那好像只是一出长剧的一个短小的序幕。剧是必须从序幕开始的，但序幕还不是高潮。”为此，毛泽东提出：“务必使同志们继续地保持谦虚、谨慎、不骄、不躁的作风，务必使同志们继续地保持艰苦奋斗的作风。”

毛泽东在七届二中全会上提出“两个务必”，既有鲜明的现实指向，体现出毛泽东对即将胜利了的中国共产党前途命运的高度忧思，又有深厚的历史文化积淀，反映出毛泽东对历史经验教训的敏锐洞察和对党的性质宗旨的深刻认识。

与中国革命胜利形势同时并存的，还有大量不利和困难的因素。一是即将诞生的人民政权面对国民党留下的千疮百孔的烂摊子，面对帝国主义的经济封锁和军事包围，面对反革命分子的暗中破坏，“残余的敌人尚待我们扫灭。严重的经济建设任务摆在我们面前。我们熟习的东西有些快要闲起来了，我们不熟习的东西正在强迫我们去做”。二是从国际环境看，新中国将面临以美国为首的西方反华势力的敌视和包围，以及经济封锁和武装威胁。这是形势严峻的一面。而最让毛泽东和中共中央担忧的是，中国共产党进城执掌全国政权后会不会腐化，能不能经受执政考验、巩固国家政权。在解放战争后期的城市接管中，确实也出现过一些令人忧心的混乱现象。例如，1948 年 12 月《中共中央关于城市公共房产问题的决定》开篇指出：在解放城市过程中，“许多机关团体和部队，在城市中占领与争夺公共房屋和家具，或一个小机关占据极大极多的房屋，任意糟蹋毁坏，不负任何责任；许多干部擅自在城市的公共房屋中设立私人的公馆，取用家具，或以家具赠人，搬入乡村”。

正如毛泽东所说：“因为胜利，党内的骄傲情绪，以功臣自居的情绪，停顿起来不求进步的情绪，贪图享乐不愿再过艰苦生活的情绪，可能生长。因为胜利，人民感谢我们，资产阶级也会出来捧场。敌人的武力是不能征服我们的，这点已经得到证明了。资产阶级的捧场则可能征服我们队伍中的意志薄弱者。

可能有这样一些共产党人，他们是不曾被拿枪的敌人征服过的，他们在这些敌人面前不愧英雄的称号；但是经不起人们用糖衣裹着的炮弹的攻击，他们在糖弹面前要打败仗。”

正因为如此，在中国革命即将取得全国胜利的前夜，毛泽东无比欣喜和兴奋，也十分清醒和忧虑。他思考最多的问题是：中国共产党如何经受住从革命到建设、从夺取政权到执掌政权这样一个全新的考验？中国共产党如何才能永不变色、新生的人民政权如何才能长治久安？在他看来，最根本的一点要看中国共产党人能否始终保持强烈的宗旨意识和博大的为民情怀，这恰恰是“两个务必”提出的初衷。

“中国人从此站立起来了”

1949 年 9 月 21 日，中国人民政治协商会议第一届全体会议在北平隆重开幕。参加会议的代表共 662 人。人民政协的召开，标志着中国的新型政党制度——中国共产党领导的多党合作和政治协商制度的确立。

新政协筹备会常务委员会主任、中共中央主席毛泽东在开幕词中向全世界豪迈地宣告：“我们的工作将写在人类的历史上，它将表明：占人类总数四分之一的中国人从此站立起来了。”“我们的民族将从此列入爱好和平自由的世界各民族的大家庭，以勇敢而勤劳的姿态工作着，创造自己的文明和幸福，同时也促进世界的和平和自由。我们的民族将再也不是一个被人侮辱的民族了，我们已经站起来了。”

会议通过了在一个时期内起着临时宪法作用的《中国人民政治协商会议共同纲领》。会议通过了中央人民政府组织法，一致选举毛泽东为中央人民政府主席，朱德、刘少奇、宋庆龄、李济深、张澜、高岗为副主席，陈毅等 56 人为中央人民政府委员。10 月 1 日，由中央人民政府委员会任命周恩来为政务院总理兼外交部长。

会议通过北平为中华人民共和国首都，将北平改名为北京；决定采用公元纪年；以《义勇军进行曲》为代国歌；国旗为五星红旗，象征全国人民在共产党领导下的大团结。

9 月 30 日，中国人民政治协商会议第一届全体会议胜利闭幕。

人民英雄永垂不朽

1949年9月30日下午6时许，距离鸣响新中国诞生的礼炮还有21个小时，毛泽东、朱德、周恩来、刘少奇和出席新政协会议的代表们来到天安门广场，执锨铲土，为人民英雄纪念碑埋下了第一块基石。

战功卓著的开国元勋们，在共和国成立的前一个夜晚，用他们最纯挚的心血铸起了这座高耸入云的英雄的丰碑，她告诫所有新中国的人民——

请记住，是无数先烈用血肉之躯把我们多灾多难的民族带出了地狱之苦难，送上了幸福的康庄大道；

请记住，是无数先烈用拳拳赤子之心抹去了祖国母亲的凄凄眼泪，换来了朝霞般的灿烂笑容；

请记住，……

太多太多的"请记住"。

周恩来在抄录由毛泽东起草的人民英雄纪念碑碑文时，几易其稿，写了几幅都不满意。

是这位学贯中西的五四先锋才学荒疏了吗？不，不是的，是人民总理的心在颤抖。他的耳边又响起了记忆深处传来的隆隆炮声，眼前又呈现出并肩战斗于血火中的战友离去的身影……

三年以来，在人民解放战争和人民革命中牺牲的人民英雄们永垂不朽！

三十年以来，在人民解放战争和人民革命中牺牲的人民英雄们永垂不朽！

由此上溯到一千八百四十年，从那时起，为了反对内外敌人，争取民族独立和人民自由幸福，在历次斗争中牺牲的人民英雄们永垂不朽！

回顾中华民族的历史，在中国人民追求解放之路上，数以万计仁人志士失去了宝贵生命。

十年内战，中国共产党人和革命人民被杀达百万！

抗日战争，中国军民伤亡3500多万！

解放战争，中国人民解放军将士伤亡达130余万！

为了国家的独立和民族的解放，为了共产主义的远大理想，成千上万的中华儿女，进行了不屈不挠、艰苦卓绝的斗争。在光

明与黑暗的殊死搏斗中，他们高举革命火炬，传播革命火种；在硝烟滚滚的战场上，他们冲锋陷阵，为国捐躯；在刀枪林立的
刑场上，他们大义凛然，视死如归。 9

这些牺牲的英烈们，一样有着金子般的青春年华，一样充满活力，一样有事业的追求，一样有惦念的亲人。但是，在舍身取义还是弃义求生面前，他们毅然选择了死亡，选择了生命的终结。

为什么？这是为什么呢？ 4

让我们听听他们庄严的誓言：“砍头不要紧，只要主义真；杀了夏明翰，还有后来人。”“我死国生，我死犹荣，身虽死精神长生，成功成仁，实现大同。”“我应该在烈火与热血中得到永
生！”“身死警醒全国梦，血流溅放英雄花。”…… 9

在中华人民共和国成立的前夜，在即将拥抱新世界的时刻，人们没有忘记你们，人民英雄们！你们的身影与山河同在！你们的名字已经刻进了人民英雄纪念碑的碑文中……

中华人民共和国宣告成立

1949 年 10 月 1 日 15 时，30 万军民在天安门前隆重举行开国大典。伴随着代国歌《义勇军进行曲》激昂奋进的旋律，毛泽东亲手按动电钮，升起中华人民共和国第一面五星红旗。接着，毛泽东以他那浓重的湖南口音向全世界庄严宣告：“中华人民共和国中央人民政府今天成立了！”这声音传遍天涯海角，震撼神州大地。

中华人民共和国成立了！

新世界诞生了！

历史掀开了新的一页！

“抗美援朝，保家卫国”

——艰难抉择，出击必胜

“在朝鲜的每一天，我都被一些东西感动着，我的思想感情的潮水，在放纵奔流着。它使我想把一切东西，都告诉给我祖国的朋友们。但我最急于告诉你们的，是我思想感情的一段重要经历，这就是，我越来越深刻地感觉到谁是我们最可爱的人！”“我们以我们的祖国有这样的英雄而骄傲，我们以生在这个英雄的国度而自豪！”——这是著名作家魏巍撰写的《谁是最可爱的人》，最先发表于1951年4月11日《人民日报》，后收入中学语文课本，影响和教育了几代中国人。该文描写的是伟大的抗美援朝战争以及志愿军指战员。1950年10月初，毛泽东主持中共中央政治局会议，作出抗美援朝、保家卫国的决策。

②

③

①1950 年 10 月 8 日毛泽东以中国人民革命军事委员会主席的名义发布组成志愿军的命令。
②1951 年元旦志愿军战士以雪水代酒，为胜利干杯。

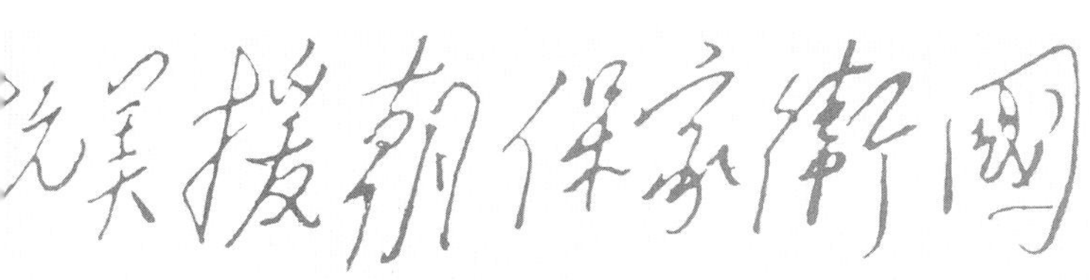

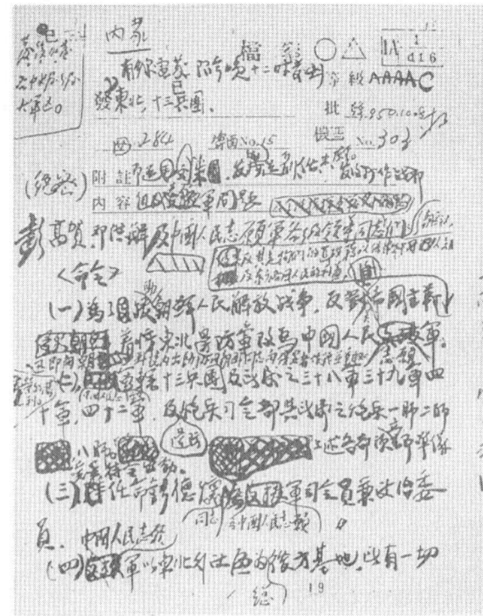

①

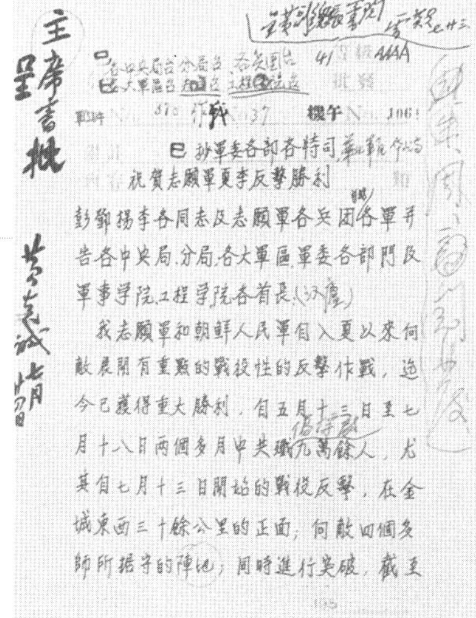

④

③中国人民志愿军某部和朝鲜人民军并肩开赴前线。
④1953 年 7 月 25 日毛泽东签发电报祝贺志愿军在抗美援朝战争最后一战中取得重大胜利，并要求全军在停战协议签字生效后仍要提高警惕。

新中国成立伊始，正当中国人民为争取财政经济状况的全面好转而斗争的时候，1950年6月，朝鲜战争爆发。美军不顾中国政府的多次警告，越过三八线，直逼中朝边境的鸭绿江和图们江。面对严重威胁，应朝鲜劳动党和朝鲜政府请求，毛泽东和中共中央以巨大的胆识和气魄，作出抗美援朝、保家卫国重大决策。10月8日，毛泽东发布命令，组成中国人民志愿军。19日，中国人民志愿军入朝作战。25日，志愿军与敌军遭遇，打响出国作战的第一次战役。全国掀起大规模的抗美援朝运动。

朝鲜战争爆发，美国立即进行武装干涉

1945年8月，在第二次世界大战中结为反法西斯联盟的美国和苏联，在朝鲜问题上达成妥协，确定以三八线为界分别进入朝鲜接受日军投降，三八线以南为美军受降区，三八线以北为苏军受降区。

苏军和美军于1948年底和1949年6月先后撤出朝鲜后，朝鲜北南两个政权、两种制度在朝鲜统一问题上的斗争日趋尖锐，终于发展到了不可调和的地步。1950年6月25日，朝鲜内战爆发了。

朝鲜内战刚一爆发，美国当局便从其全球战略利益出发，立即进行了武装干涉。6月26日，美国即派出其驻日本的空军和海军部队，支援南朝鲜李承晚军队作战。同时，美派遣海军第七舰队侵入台湾海峡，严重侵犯中国的主权和领土完整。7月上旬，又派出其地面部队进入朝鲜。

与此同时，美国在联合国积极活动，为其武装干涉朝鲜寻求“合法”外衣，于7月7日操纵联合国通过决议，组成以美国为首的所谓“联合国军”（朝鲜战争期间，先后共有16个联合国成员国派出军队参加“联合国军”）。7月8日，美国任命其驻远东军总司令、五星上将道格拉斯·麦克阿瑟为“联合国军”总司令。7月中旬，南朝鲜李承晚集团也将南朝鲜军交“联合国军”司令部指挥。

中国人民在抗议和谴责美国侵略行径的同时，同爱好和平的世界各国人民一样，一再主张和平解决朝鲜问题。美国对此不予理睬，继续增兵朝鲜。至8月中旬，美国入朝的地面部队已达4个师和1个旅，共7万多人，由美第八集团军司令部指挥。但是，美国在战场上仍连遭失败。朝鲜人民军英勇作战，于7月20日攻占大田。至8月中旬，解放了三八线以南90%的地区，把美军和南朝鲜军压缩到洛东江以东仅1万平方公里的狭小地域内。

美国为了挽回在朝鲜的败局，又抽调两个师组成第十军，加上南

朝鲜一些部队共7万多人，在260多艘军舰和500架飞机支援下，于9月15日，在朝鲜西海岸的仁川港实施大规模登陆进攻，截断了朝鲜人民军的后路。在洛东江正面战线的美第八集团军和南朝鲜军于9月16日发起反攻，致使前线的人民军部队腹背受敌，被迫实施战略撤退。朝鲜战局发生逆转。

9月28日，美第十军攻占汉城；29日，美第八集团军进抵三八线。

中国被迫介入冲突，毛泽东四次下决心出兵入朝

1949年中华人民共和国成立后，中国政府面临着迅速医治战争创伤，恢复正常的生产和生活以及稳定全国政治局势的繁重任务。就全国范围内的工作来说，大规模战争已经不在中国领导人议事日程之中了。1950年6月6日，毛泽东在中共七届三中全会的书面报告中指出：“帝国主义阵营的战争威胁依然存在，第三次世界大战的可能性依然存在。但是，制止战争危险，使第三次世界大战避免爆发的斗争力量发展得很快，全世界大多数人民的觉悟程度正在提高。”“新的世界战争是能够制止的。国民党反动派所散布的战争谣言是欺骗人民的，是没有根据的。”①就在朝鲜战争爆发的前一天，《人民日报》刊登了毛泽东在全国政协第二次会议上的闭幕词，宣布“战争一关，已经基本上过去了”。

公平地说，中国对朝鲜爆发的战争没有政治准备、军事准备和心理准备。

但是，1950年9月15日美军在仁川登陆成功后，朝鲜局势急转直下，出兵朝鲜问题也作为应急方案摆在中国领导人面前了。

9月17日，中央军委决定立即派遣一个五人先遣小组赴朝熟悉情况，勘察地形，做战场准备。这一建议本是东北边防军在此前提出的，但周恩来一直压下未批，这时才以增派武官的方式派出先遣小组，随中国驻朝鲜大使馆参赞柴成文赶赴平壤。

由于战争局势恶化，金日成不得不向苏联求救，并且通过苏联请求中国派兵赴朝作战。9月27日，斯大林派往朝鲜

① 中华人民共和国外交部、中共中央文献研究室编：《毛泽东外交文选》，中央文献出版社1994年版，第136页。

的私人军事代表马特维耶夫给斯大林发了一份绝密电报，汇报了朝鲜的严重局势："人民军损失惨重"，"装备弹药严重供应不足，燃料缺乏，运输差不多已完全瘫痪。兵员与弹药补充的组织工作很差。部队指挥系统从上到下一团糟"。正是在这种情况下，金日成和时任朝鲜劳动党中央委员会副委员长兼朝鲜人民军总政治局主任的朴宪永于9月29日联名给斯大林写信，恳求斯大林给予"特别援助"，即"直接得到苏联的军事援助"。金日成还要求斯大林："如果由于某种原因做不到这一点，那么请帮助我们建立一支由中国和其他民主国家组成的国际志愿部队。"

对金日成的请求，斯大林推到了中国身上。他说，"给予武装援助的问题，我们认为更可以接受的援助形式是组织人民志愿部队。关于这个问题，我们必须首先同中国同志商量"。在此之前，斯大林显然已经有所考虑。师哲在回忆录中提到，仁川登陆以后，斯大林曾来电询问中国在沈阳到丹东一线部署的兵力有多少，能否出兵援助朝鲜。

10月1日，南朝鲜军越过三八线。当天，斯大林来电要求中国立即派出五六个师到三八线，以便让朝鲜组织起保卫三八线以北地区的战斗。深夜，金日成紧急约见中国驻朝鲜大使倪志亮，向中国政府提出出兵支持的请求。

10月2日晨，毛泽东审阅修改周恩来致倪志亮即转金日成电。电报全文如下：

> 9月30日经志亮同志电告情况已悉。一方面军8个师既被敌隔断，请考虑有无可能将该8个师分为两部分，以4个师将笨重武器破坏，分为许多小的支队从敌人间隙中分路撤至三八线以北，而以4个师在南朝鲜分散为许多小支队，倚靠人民坚持敌后游击战争，牵制大股敌人使其不能北进。二方面军所率五六个师现已撤至什么位置，是否可以于数日内全部撤至三八线以北？总之，你们的军队必须迅速北撤，愈快愈好，如遇敌人拦阻，亦应破坏笨重武器，分路从敌人间隙中插过来，不能撤者则留在敌后坚持分散游击。以上建议，妥否，请立复，并盼以具体情况见告。

2日晚，毛泽东审阅修改周恩来致倪志亮的电报稿，又加写一段话："请告金日成同志，除照今晨电尽可能将被敌切断的军队分路北撤外，凡无法撤退的军队应在原地坚持打游击，切勿恐慌动摇，如此就有希望，就会胜利。"

几天之内，形势剧变，情况危急，苏联的鼓动和朝鲜的请求，加上中国对战局发展前景的担忧，迫使毛泽东当机立断，作出决定。10

月2日凌晨2时，毛泽东以中央军委名义给时任中共中央东北局书记、东北军区司令员兼政治委员高岗和第十三兵团司令员邓华发电，要高岗立即来京开会，“请邓华同志令边防军提前结束准备工作，随时待命出动，按原定计划与新的敌人作战”。同一天，毛泽东拟就了给斯大林的电报稿。因这份电报稿真实体现了毛泽东和中国政府对出兵朝鲜的前景预测、初步部署、担心事项等诸多考虑，所以有必要全文引录如下：

（一）我们决定用志愿军名义派一部分军队至朝鲜境内和美国及其走狗李承晚的军队作战，援助朝鲜同志。我们认为这样做是必要的。因为如果让整个朝鲜被美国人占去了，朝鲜革命力量受到根本的失败，则美国侵略者将更为猖獗，于整个东方都是不利的。（二）我们认为既然决定出动中国军队到朝鲜和美国人作战，第一，就要能解决问题，即要准备在朝鲜境内歼灭和驱逐美国及其他国家的侵略军；第二，既然中国军队在朝鲜境内和美国军队打起来（虽然我们用的是志愿军名义），就要准备美国宣布和中国进入战争状态，就要准备美国至少可能使用其空军轰炸中国许多大城市及工业基地，使用其海军攻击沿海地带。（三）这两个问题中，首先的问题是中国的军队能否在朝鲜境内歼灭美国军队，有效地解决朝鲜问题。只要我军能在朝境内歼灭美国军队，主要地是歼灭其第八军（美国的一个有战斗力的老军），则第二个问题（美国和中国宣战）的严重性虽然依然存在，但是，那时的形势就变为于革命阵线和中国都是有利的了。这就是说，朝鲜问题既以战胜美军的结果而在事实上结束了（在形式上可能还未结束，美国可能在一个相当长的时期内不承认朝鲜的胜利），那么，即使美国已和中国公开作战，这个战争也就可能规模不会很大，时间不会很长了。我们认为最不利的情况是中国军队在朝鲜境内不能大量歼灭美国军队，两军相持成为僵局，而美国又已和中国公开进入战争状态，使中国现在已经开始的经济建设计划归于破坏，并引起民族资产阶级及其他一部分人民对我们不满（他们很怕战争）。（四）在目前的情况下，我们决定将预先调至南满洲的12个师（五六个不够）于10月15日开始出动，位于北朝鲜的适当地区（不一定到三八线），一面和敢于进攻三八线以北的敌人作战，第一个时期只打防御战，歼灭小股敌人，弄清各方面情况；一面等候苏联武器到达，并将我军装备起来，然后配合朝鲜同志举行反攻，歼灭美国侵略军。（五）根据我们所知的材料，美国一个军（两个步兵师及一个机械化师）包括坦克炮及高射炮在内，共有7公分至24公分口径的各种炮1500门，而我们的一个军（3个师）只有这样的炮36门。敌有制空权，而我们开始训练的一批空军要到1951年2月才有300多架飞机可以用于作战。因此，我军目前尚

> 无一次歼灭一个美国军的把握。而既已决定和美国人作战，就应准备当着美国统帅部在一个战役作战的战场上集中它的一个军和我军作战的时候，我军能够有4倍于敌人的兵力（即用我们的4个军对付敌人的1个军）和一倍半至两倍于敌人的火力（即用2200门至3000门7公分口径以上的各种炮对付敌人同样口径的1500门炮），而有把握地干净地彻底地歼灭敌人的一个军。（六）除上述12个师外，我们还正在从长江以南及陕甘区域调动24个师位于陇海、津浦、北宁诸线，作为援助朝鲜的第二批及第三批兵力，预计在明年的春季及夏季，按照当时的情况逐步使用上去。

这是毛泽东第一次明确表示派兵入朝作战的意思，但是，这封连夜起草的电报却并没有发出，原因可能是在当天下午召开的中央书记处会议上，大家意见很不一致。毛泽东认为出兵朝鲜已是万分火急，但会上多数人不赞成出兵。

10月4日，在中南海丰泽园召开的中央政治局扩大会议意见分歧仍然很大，许多人不赞成出兵。由于天气原因，彭德怀于10月4日下午才飞抵北京。赶到会场后，彭德怀“发现会议的气氛很不寻常”，意见分歧很大。当天下午，彭德怀没有发言。5日上午9时左右，邓小平受毛泽东委托专程到北京饭店接彭德怀去中南海谈话。显然，毛泽东有意通过彭德怀扭转会议的僵持局面。毛泽东说，我们确实存在严重困难，但是我们还有哪些有利条件呢？彭德怀说：昨天晚上我反复考虑，赞成你出兵援朝的决策。毛泽东问：你看，出兵援朝谁挂帅合适？彭德怀反问：中央不是已决定派林彪同志去吗？毛泽东谈了林彪的情况后说：我们的意见，这担子，还得你来挑，你思想上没有这个准备吧？彭德怀表示：我服从中央的决定。毛泽东说：这我就放心了。现在美军已分路向三八线冒进，我们要尽快出兵，争取主动。今天下午政治局继续开会，请你摆摆你的看法。

10月5日下午中央政治局扩大会议继续对是否出兵援朝问题进行讨论时，仍有两种意见。周恩来支持出兵援朝的主张。这时，彭德怀发言坚决支持毛泽东的主张。彭德怀说：出兵援朝是必要的，打烂了，等于解放战争晚胜利几年。如美军摆在鸭绿江岸和台湾，它要发动侵略战争，随时都可以找到借口。毛泽东针对林彪提出的美军高度现代化，还有原子弹等观点，说：它有它的原子弹，我有我的手榴弹，我相信我的手榴弹会战胜它的原子弹，它无非是个纸老虎。经过会上的充分讨论，大家统一了认识，会议最后作出“抗美援朝，保家卫国”的战略决策。会议还决定由彭德怀率志愿军入朝作战，并决定派周恩来、林彪去苏联同斯大林会谈。

10月8日，毛泽东发布了关于组成中国人民志愿军的命令，任命彭德怀为志愿军司令员兼政委，率第十三兵团及所属4个军和边防炮兵司令部及所属3个炮兵师，待命出动。后勤供应事宜，统由高岗调度。同日，毛泽东发电将这一决定通知金日成。这是毛泽东第二次作出派兵入朝的决定。

中国决定出兵朝鲜的确是有很大困难的，其中军事方面的问题主要在于中国军队装备落后，而且没有进行现代化战争必备的空军。然而，就是在出动空军的问题上，斯大林瞻前顾后，出尔反尔，以致中国在下决心出兵朝鲜的问题上再次出现波折。

周恩来是10月8日离开北京的，10日到达莫斯科，11日在布尔加宁陪同下乘专机飞到黑海之滨斯大林的休养地，当天下午举行双边会谈。

10月12日，毛泽东收到斯大林和周恩来联名电报。电报说，苏联可以完全满足中国提出的飞机、大炮、坦克等军事装备，但苏联空军尚未准备好，须待两个月或两个半月后才能出动支援志愿军的作战。得知苏联已确定暂不出动空军的消息后，毛泽东紧急发出两封电报，指示东北的彭德怀、高岗以及华东的饶漱石、陈毅：“命令暂不实行，十三兵团各部仍就原地进行训练，不要出动。”“宋时轮兵团亦仍在原地整训。”同时，请高岗和彭德怀“来京一谈”。代总参谋长聂荣臻担心电报辗转延误时间，又于当晚7时许匆忙赶到军委作战部值班室，直接用电话找到正在安东察看渡口的彭德怀，告诉他情况有变化，回北京当面谈。

10月13日中午，彭德怀和高岗抵达北京。下午，毛泽东在中南海颐年堂主持召开中央政治局会议，再讨论中国出兵援朝问题。毛泽东说，虽然苏联空军在战争开始阶段不能进入朝鲜，但斯大林已答应对中国领土实行空中保护，并向中国提供大量军事装备。会议最后决定，即使暂时没有苏联空军的支援，在美军大举北进的情况下，不论有多大困难，也必须立即出兵援朝。随后，毛泽东与彭德怀、高岗详细研究了志愿军入朝后的作战方案。会议结束后，毛泽东即给周恩来去电：“与高岗、彭德怀二同志及其他政治局同志商量结果，一致认为我军还是出动到朝鲜为有利。”在谈到出兵的意义时，毛泽东在电报中指出：

我们采取上述积极政策，对中国，对朝鲜，对东方，对世界都极为有利；而我们不出兵让敌人压至鸭绿江边，国内国际反动气焰增高，则对各方都不利，首先是对东北更不利，整个东北边防军将被吸住，南满电力将被控制。

……

总之，我们认为应当参战，必须参战。参战利益极大，不参战损害极大。

第二天毛泽东又致电周恩来，通报了具体的作战部署和方案，并说明“我军决于10月19日开动”。这是毛泽东第三次下决心出兵朝鲜。

10月15日，平壤告急，金日成派朴宪永到沈阳会见彭德怀，要求中国尽快出兵。彭德怀告诉他，中国已作出最后决定，预定10月18日或19日部队分批渡江。同日，毛泽东致电高岗和彭德怀，要求志愿军出动日期提前。电报说：“我军先头军最好能于17日出动”，“第二个军可于18日出动，其余可在尔后陆续出动，10天内外渡江完毕”。

然而，就在中国军队箭已上弦，不得不发之时，莫斯科方面的情况又有变化。斯大林得知中国的决定后，于10月14日给苏联驻朝鲜大使什特科夫发出急电说，“经过一段犹豫不决，中国人已最后作出向朝鲜派出他们的军队的决定。我很满意这个有利于北朝鲜的决定。在这个问题上，您不必考虑以前我们的高级官员与中国领导人会谈时作出的建议”。这个“建议”显然是指在此之前苏联与中国达成的一旦中国军队介入战争，苏联就将提供空中支援的协议。斯大林既已达到目的，自然要把苏联所承担的风险降低到最小程度。然而，中国方面对此还寄予着很大希望。

几经努力和斡旋，10月14日，苏联政府承诺对援助中国的军事装备将采取信用贷款的方式，以及将出动16个团的喷气式飞机掩护中国志愿军入朝作战。周恩来又致电在疗养地的斯大林，进一步提出苏联除战斗机外，可否出动轰炸机配合中国军队作战；除出动空军入朝作战外可否加派空军驻扎在中国近海各大城市；以及除提供武器装备外，可否在汽车、重要工兵器材方面也给予信用贷款订货的条件；等等。这时，斯大林却改变了主意，他给莫斯科的外交部长莫洛托夫打电话说，苏联空军只能到鸭绿江边，不能配合志愿军入朝作战。周恩来无可奈何，只得于16日离开莫斯科回国。

苏联的决定意味着中国军队在朝鲜战场根本无法得到有力的空中支援。这不能不使中国重新考虑出兵问题。于是，毛泽东在17日下午3时再次急电彭德怀和高岗改变计划。原定先头部队17日出动，现改为“准备于19日出动”，并说，18日“当再有正式命令”，电报还要彭、高二人18日再乘飞机来京一谈。

18日，毛泽东再次主持召开中央政治局会议，研究出兵朝鲜问题。会上，刚回北京的周恩来介绍了几天来同斯大林、莫洛托夫等人会谈的情况，彭德怀介绍了志愿军出国前的准备情况。毛泽东最终决断说：“现在敌人已围攻平壤，再过几天敌 9
人就进到鸭绿江了。我们不论有天大的困难，志愿军渡江援朝不能再变，时间也不能再推迟，仍按原计划渡江。”会后，毛泽东于晚 9 时给邓华等志愿军领导去电，命令部队按预定计划，自 10 月 19 日晚从安东和辑安两地渡过鸭绿江入朝作 5
战。这是毛泽东第四次，也是最后一次下定决心出兵朝鲜。[①]

出击必胜

出兵朝鲜是中国在极其困难的条件下被迫作出的决定， 0
也是一个大无畏的决定。

这时，中国的经济力量和军队装备均无法同美国相比。中国战争创伤刚刚进行治理，财政经济状况相当困难，而美国是资本主义的头号强国。1950 年中国钢产量 60.6 万吨，而同时期美国钢产量 8772 万吨，是中国的 144 倍。在军队装备上，美军是世界上第一流水平的，地面部队全部机械化，其一个步兵师即装备有坦克 140 多辆，70 毫米以上口径火炮 330 多门，火力、机动力均强，并有强大的海军和空军，掌握制空权和制海权。

中国空军和海军刚刚组建不久，短时间内不可能参战，根本谈不上制空权和制海权。我军的地面部队只有少量机动火炮，坦克部队也刚刚组建，每个步兵军只有 70 毫米以上口径火炮 190 多门，还没有美军一个师装备得多，并且，多是在抗日战争和解放战争时期缴获的旧装备，火力和机动力均很弱。中国出兵参战困难太多。尽管困难重重，但中国人民有坚强的决心，有战无不胜的勇气。

从 10 月 19 日起，中国人民志愿军陆续跨过鸭绿江，进入朝鲜境内。

1950 年 10 月 25 日到 1951 年 6 月 10 日的七个多月里，志愿军根据中央军委提出的作战方针，结合朝鲜战场的形势，同朝鲜人民军密切配合，首战两水洞、激战云山城、会战清川江、鏖战长津湖等，连续进行了五次战役，歼敌 23 万多人，将以美军为首的联合国军和南朝鲜军赶回到三八线附近。此后，战争进入相持阶段，双方在三八线附近地区对峙。

① 以上参见中共中央文献研究室编：《毛泽东年谱》（1949—1976）第 1 卷，中央文献出版社 2013 年版，第 200—216 页。

美国和南朝鲜军队在遭受惨重打击后，被迫于1951年7月接受停战谈判。在谈判过程中，美国企图以“军事压力”配合谈判，达到其不合理的要求。美军和南朝鲜军发动了夏季攻势和秋季攻势，在战争中使用了灭绝人性的化学武器和细菌武器。他们还凭借空中优势实行了“绞杀战”。志愿军根据毛泽东提出的“持久作战，积极防御”的战略方针，以大规模的阵地战顽强坚守，粉碎了美军和南朝鲜军的进攻，并于1953年发动强大的夏季反击战役，歼灭美军和南朝鲜军12万多人，迫使其恢复谈判和接受停战。7月27日，双方在停战协定上签字，朝鲜战争宣告结束。

在长达3年1个月的朝鲜战争中，在幅员狭小的半岛上，双方投入战场的兵力最多时达300多万，兵力密度、敌方空中轰炸密度和许多战役战斗的火力密度在世界战争史上都是空前的。从1950年6月25日至1953年7月27日，中国人民志愿军与朝鲜人民军共毙伤俘敌109.3万多人，其中美军39.7万多人。志愿军在2年9个月的抗美援朝战争中，共毙伤俘敌71万多人，自身作战减员36.6万多人。美国开支战费400亿美元，消耗作战物资7300多万吨。中国开支战费62.5亿元人民币，相当于当时的25亿美元，几乎等于中国1950年全年的财政收入（1950年中国的财政收入相当于26亿美元），消耗各种作战物资560多万吨。

1958年10月，中国人民志愿军全部撤出朝鲜回国。在这场战争中先后参加志愿军的部队累计共达290万人。毛泽东说：“抗美援朝战争是个大学校，我们在那里实行大演习，这个演习比办军事学校好。”①

① 以上参见军事科学院军事历史研究所著：《抗美援朝战争史》（第3版）下卷，军事科学出版社2014年版，第520—521、681—683页。

“最可爱的人”

志愿军广大指战员在极为艰难的条件下，以大无畏的英雄气概，同当时世界上最强大的军队进行艰苦卓绝的作战，不畏强暴，不怕牺牲，敢于斗争，敢于胜利，打出了新中国的国威军威，被誉为“最可爱的人”。抗美援朝期间，志愿军涌现出近6000个功臣集体和30多万名英雄功臣，其中许多战斗英雄闻名全国。19.7万多名英雄儿女为了祖国、为了人民、为了和平献出了宝贵生命。

杨根思，江苏省泰兴市人，志愿军第20军58师172团

3连连长。1950年11月，在小高岭战斗中，他和战友顽强坚守阵地，最后只剩他一人时，他抱起炸药包冲向敌群，与敌人同归于尽。

黄继光，四川省中江县人，志愿军第15军45师135团2营通信员。1952年10月，在上甘岭战役中，用尽弹药的黄继光用胸膛堵住美军扫射的火力点，壮烈牺牲。

邱少云，四川省铜梁县（今属重庆）人，志愿军第15军29师87团9连战士。1952年10月，在执行潜伏任务时，被敌燃烧弹烧中，为不暴露部队，他以惊人毅力忍受烈火和剧痛，一动不动，直至壮烈牺牲。

罗盛教，湖南省新化县人，志愿军第47军141师直属侦察连文书。1952年1月2日，他为抢救落入冰河的朝鲜少年而壮烈牺牲。

还有毛泽东的长子毛岸英，第一批入朝参战，遭美军飞机轰炸牺牲。他们是志愿军英雄功臣群体中的模范代表，他们以对理想信念的坚定、坚守和勇敢、坚毅、顽强、无畏、忘我、无私成为全国人民崇敬和学习的楷模。

朝鲜战争是美国自独立战争以来历史上第一次没有胜利班师的战争。毛泽东说："这一次，我们摸了一下美国军队的底。对美国军队，如果不接触它，就会怕它。我们跟它打了33个月，把它的底摸熟了。美帝国主义并不可怕，就是那么一回事。我们取得了这一条经验，这是一条了不起的经验。"[①]彭德怀也说：这场战争"雄辩地证明：西方侵略者几百年来只要在东方一个海岸上架起几尊大炮就可霸占一个国家的时代是一去不复返了，今天的任何帝国主义的侵略都是可以依靠人民的力量击败的"[②]。

抗美援朝战争的伟大胜利具有深远的历史意义：不仅支援了朝鲜人民，同朝鲜人民结下了浓厚友谊，更重要的是打破了美国不可战胜的神话，大大提高了新中国的国际地位和声望，特别是给许多弱小的国家做出了不畏强权的榜样；极大地提高了中国共产党在全国人民心目中的威信，提高了中国人民的民族自信心和民族自豪感；锤炼了人民军队，人民军队建设向国防现代化方向迈出了一大步；顶住了美国侵略扩张的势头，打乱了帝国主义扩张势力范围的部署，维护了亚洲和世界和平，为我国的经济建设和社会发展赢得了一个相对稳定的和平环境。

① 《毛泽东军事文集》第6卷，军事科学出版社、中央文献出版社1993年版，第355页。

② 《彭德怀军事文选》，中央文献出版社1988年版，第445页。

1　9　5　1

西藏和平解放

为了打击西藏地方政府中的顽固势力，争取西藏和平解放，1950 年 10 月，人民解放军进行昌都战役。1951 年 5 月 23 日，中央人民政府和西藏地方政府代表在北京签订关于和平解放西藏的“十七条协议”。

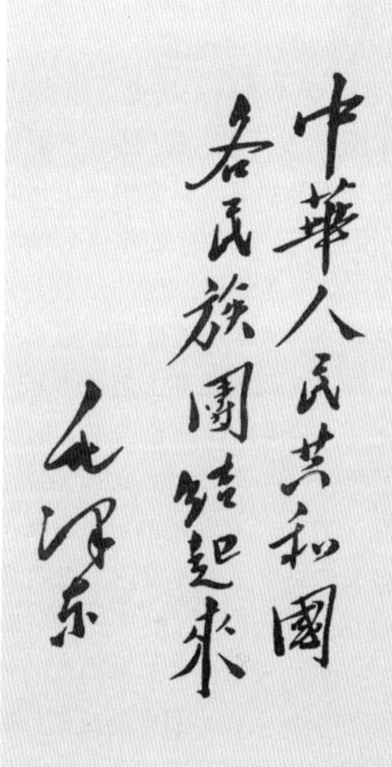

②

①1950 年 11 月 2 日《辽西日报》号外《解放西康军事重镇昌都》。

② 为贯彻民族平等团结政策，加强同各民族人民的联系，中央人民政府于 1950—1952 年先后派出 4 个访问团，分赴西北、西南、中南、东北和内蒙古等地区慰问各民族人民。图为毛泽东为中央民族访问团的题词。

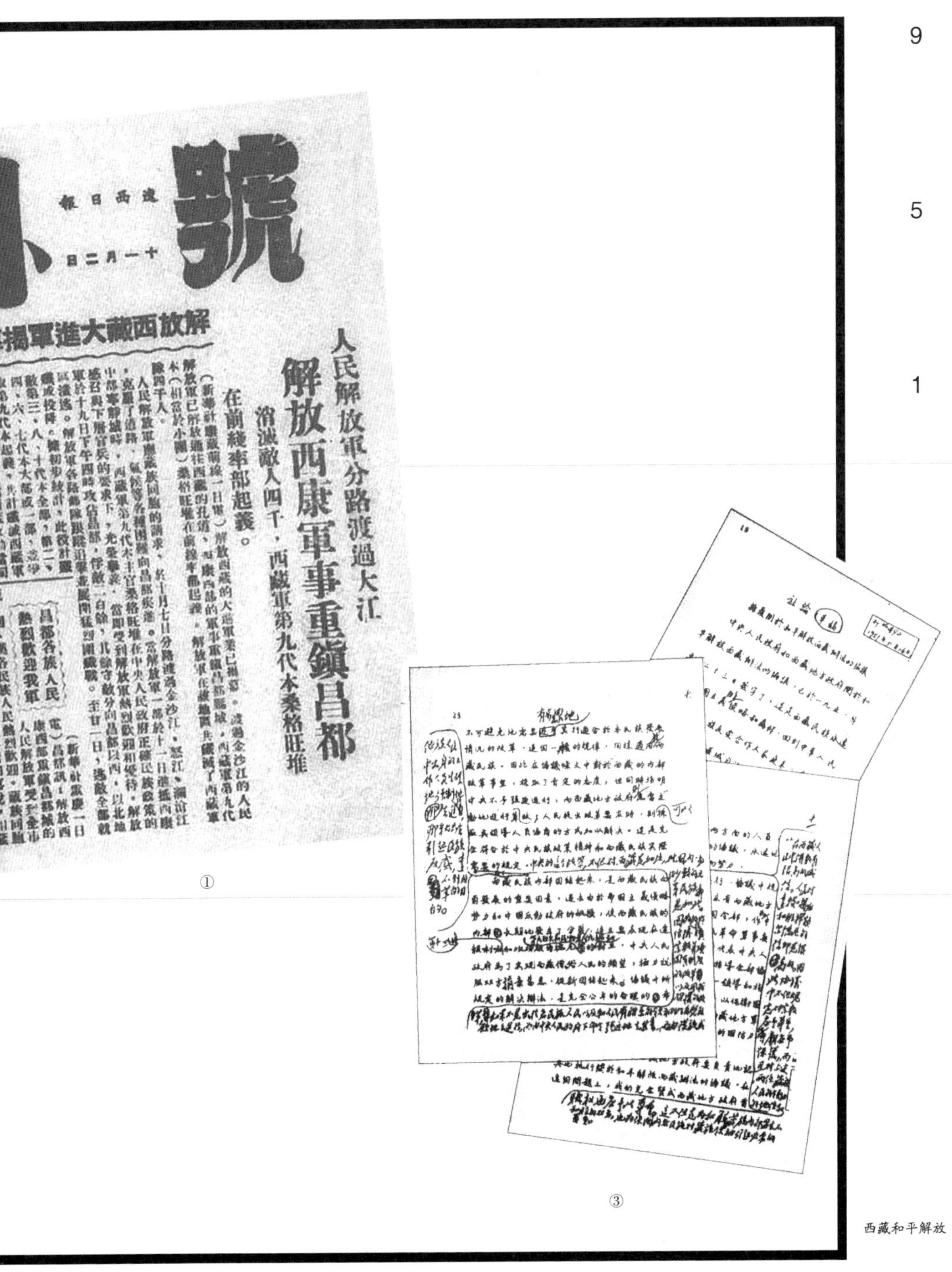

遼西日報

號

十一月二日

解放西藏大進軍揭

人民解放軍分路渡過大江

解放西康軍事重鎮昌都

消滅敵人四千，西藏軍第九代本桑格旺堆在前綫率部起義。

（新華社康藏前線一日電）解放西藏的大進軍業已揭幕。渡過金沙江的人民解放軍已解放通往西藏的孔道、西康西部的軍事重鎮昌都縣城，西藏軍第九代本（相當於小團）桑格旺堆在前綫率部起義。解放軍在該地區共殲滅了西藏軍除四千人。

人民解放軍應藏族同胞的請求，於十月七日分路渡過金沙江、怒江、瀾滄江，克服了道路、氣候等各種困難向昌都疾進。當解放軍一部於十一日進抵西康中部寧靜城時，西藏軍第九代本主官桑格旺堆在中央人民政府正確民族政策的感召與下層官兵的要求下，光榮舉義，當即受到解放軍熱烈歡迎和優待。解放軍於十九日下午四時攻佔昌都，俘敵二百餘，其餘守敵分向昌都以西，以北地區潰逃。解放軍各路部隊跟蹤追擊並展開猛烈圍殲戰。至廿一日，逃敵全部就殲或投降。據初步統計，此役計殲敵第三、八、十代本全部，第二、四、六、七代本大部或一部，並爭取第九代本起義，共計殲滅西藏軍

昌都各族人民熱烈歡迎我軍

（新華社康藏前線一日電）昌都訊：解放西康西部重鎮昌都城的人民解放軍受到全市各民族人民熱烈歡迎，藏族同胞

①

③

③ 毛泽东修改的《人民日报》社论《拥护关于和平解放西藏办法的协议》（节录）（1951 年 5 月 26 日）。

④

④人民解放军抵达拉萨，实现了西藏和平解放。至此，中国大陆全部解放。

中华人民共和国成立时，地处祖国西南边陲的西藏仍未获得解放。中国共产党和中央人民政府考虑到西藏地区的具体情况，确定了和平解放西藏的方针。此后，成功的和平谈判，使雪域高原迎来了历史上的春天。

西藏是中国领土不可分割的一部分

早在13世纪40年代，从元代开始，西藏地区就正式成为中国的一个行政区域，成为中国版图的组成部分。从唐代以来，西藏地区和祖国内地的政治关系日益密切，经济文化交流越来越频繁，逐步建立起血肉相连不可分割的联系。元代以后，尽管王朝更替，但无论明代还是清代，及至中华民国时期，都对西藏行使着领土主权。其间，西藏地方政权也几经更替，但是西藏与中央政府的政治隶属关系从未间断。

正如周恩来指出的：

① 中华人民共和国外交部、中共中央文献研究室编：《周恩来外交文选》，中央文献出版社1990年版，第269页。

> 西藏在古时候曾是一个独立王朝，但七百年来，已经成为中国大家庭的一员了。十三世纪时，元朝蒙古族上层统治中国，西藏已经成为中国的一部分。西藏现在盛行的喇嘛教派 9
> （黄教），就是在蒙古族上层统治中国时成为主要的教派的。达赖成为西藏的统治者是十七世纪时清朝册封的。“达赖”这个词不是藏语，而是蒙古语，是大海的意思。七百年来，西藏属于中国领土的一部分，这是一个历史事实。[①]

5

19 世纪末 20 世纪初，帝国主义划分势力范围，英帝国主义势力侵入西藏。帝国主义者为达到其长期侵略的目的，在西藏上层培植了一些分裂势力，埋下了制造动乱、分裂的祸根。 1

西藏解放前是一个政教合一的封建农奴制社会。约占西藏人口 5% 的农奴主阶级，即官家、贵族、寺院上层僧侣三大领主，占有西藏的全部土地、草场和绝大部分牲畜，而占西藏人口 90% 以上的农奴阶级，依附于三大领主，没有自己的土地，也没有人身自由。三大领主把农奴视为私有财产，当做会说话的牲口，可以随意买卖、抵押或作为礼品相互转让，就连婚姻生育也要受农奴主干预，稍不如意，立刻遭到严刑毒打。三大领主完全具有对农奴的生杀予夺大权。这种社会制度是西藏地区贫穷落后和遭受帝国主义侵略压迫的根源。

人民解放军进藏

根据国际国内形势发展，1949 年底，毛泽东在访苏前往莫斯科的途中，发出了“进军西藏宜早不宜迟”的号召。在此之前，毛泽东曾致电彭德怀，提出以西北局为主经营西藏。

彭德怀回信提出，从北路进藏困难很大，短期内难以克服。经过十分慎重的思考和权衡，1950 年 1 月 2 日，毛泽东从莫斯科致电中共中央、彭德怀并转邓小平、刘伯承、贺龙，确定进军西藏和经营西藏的任务由西南局担任。电报专门指出：“西藏人口虽不多，但国际地位极重要”，“由青海及新疆向西藏进军，既有很大困难，则向西藏进军及经营西藏的任务应确定由西南局担负”。这样，一项光荣而艰巨的任务历史地落到了刘伯承司令员和邓小平政委率领的第二野战军的肩上，一场伟大的举世瞩目的进军西藏的壮举揭开了历史的序幕。

接到中央的电报之后，西南局、西南军区首先考虑的是确定进藏干部和部队。

十八军军长张国华被选定具体执行进军西藏的任务。这不仅因为年仅36岁的张国华是红军时期入伍的高级指挥员，勤奋好学，指挥作战有方，具有掌握政策好、善做政治工作等一些长处，更重要的是他具有开辟新区斗争的丰富经验。

1月8日，刘伯承和邓小平从西南军区所在地重庆向党中央和毛泽东发去电报，表示坚决执行中央的指示，并报告由十八军担任进藏任务，同时提请“在康藏两侧之新、青两省及云南邻省各驻防兄弟部队，如可能时则予以协助”。1月10日，毛泽东复电同意，并指示：“经营西藏应成立一个党的领导机关。”“迅即确定，责成他们负责筹划一切，并定出实行计划，交西南局及中央批准。”①

1月15日，刘伯承和邓小平向张国华、谭冠三及十八军军、师领导传达中央及毛泽东关于进藏问题的指示，研究工作部署。1月18日，西南局即向中央报告了进藏工作计划及西藏工委组成名单。1月24日，中央赞同十八军为进军西藏的主力，以及刘、邓“由青海新疆及云南各出一支部队向西多路向心进兵”的提议，并批准了由张国华任书记，谭冠三为副书记，王其梅、昌炳桂、陈明义、刘振国、天宝（后又补充平措汪杰）为委员的中共西藏工委组成名单。

从此，十八军的数万官兵以及他们的后代永远与西藏这片古老神圣的土地紧紧联系在一起了。进军西藏、建设西藏这一光荣艰巨的重担落在了他们的肩上。

政治先行，和平为上

在当时西藏这块情况异常复杂，矛盾纵横交错，压迫剥削残酷，僧侣贵族统治黑暗，没有党的组织活动基础的少数民族地区，完成进军任务，进行革命和建设事业，是前无古人的，也没有什么现成的经验可以借鉴。邓小平作为西南局第一书记，作为中央解决西藏问题的直接执行者、第一线指挥员，始终站在历史的前台，按照毛泽东和党中央的指示精神，把解放西藏的筹码摆到和平的天平上。

① 以上参见中共中央文献研究室编：《毛泽东年谱》（1949—1976）第1卷，中央文献出版社2013年版，第68—69、75页。

1950 年 1 月，刘伯承和邓小平向十八军传达毛泽东关于进藏问题的指示时，就非常重视从政策上来解决问题。他们指示部队“成立政策研究室”，大力开展关于西藏政策制定 9
方面的调查研究，并进一步提出了“政治重于军事、补给重于战斗”的重要原则。还语重心长地告诫进藏部队：坚决执行党的方针、政策，对我们进军西藏、解放西藏是有决定意义的。政策就是生命。必须紧密联系群众，依靠群众，要用正确的政策去扫除中外反动派的妖言迷雾，去消除历史上造 5
成的民族隔阂和成见，去把西藏的广大僧俗人民和爱国人士团结到反帝爱国的大旗下来。为了使进藏部队模范地执行党的政策，遵守纪律，尊重藏胞的风俗习惯，邓小平指示起草进军守则，并要求部队学习藏语。 1

2 月 25 日，刘少奇代表党中央电示西南局并西北局：“我军进驻西藏计划，是坚定不移的，但可采用一切方法与达赖集团进行谈判，使达赖留在西藏并与我和解。”[①]这一电报具体提出了争取和平解放西藏的方针，并指示西南局、西北局认真研究西藏情况，物色适当人选去拉萨做争取工作，并拟定与西藏当局谈判的条件。

西南局坚决贯彻执行党中央关于和平解决西藏问题的方针，立即组织得力人员，全面贯彻落实，紧紧抓住和平这个根本问题。

按照党中央的指示精神，邓小平亲自起草了解决西藏问题十项政策：

> （一）西藏人民团结起来，驱逐英美帝国主义侵略势力出西藏，西藏人民回到中华人民共和国祖国的大家庭来。（二）实行西藏民族区域自治。（三）西藏现行各种政治制度维持原状，概不变更。达赖活佛之地位及职权不予变更。各级官员照常供职。（四）实行宗教自由，保护喇嘛寺庙，尊重西藏人

① 中共中央文献研究室、中央档案馆编：《建国以来刘少奇文稿》第 1 册，中央文献出版社 2005 年版，第 534 页。

民的宗教信仰和风俗习惯。(五)维持西藏现行军事制度不予变更，西藏现有军队成为中华人民共和国国防武装之一部分。(六)发展西藏民族的语言文字和学校教育。(七)发展西藏的农牧工商业，改善人民生活。(八)有关西藏的各项改革事宜，完全根据西藏人民的意志，由西藏人民及西藏领导人员采取协商方式解决。(九)对于过去亲英美和亲国民党的官员，只要他们脱离英美帝国主义和国民党的关系，不进行破坏和反抗，一律继续任职，不咎既往。(十)中国人民解放军进入西藏，巩固国防。人民解放军遵守上列各项政策。人民解放军的经费完全由中央人民政府供给。人民解放军买卖公平。[①]

① 中共中央文献研究室编:《邓小平文集》(1949—1974年)上卷，人民出版社2014年版，第85—86页。

邓小平主持起草的这份历史性的文件，由西南局报到中央后，立即受到了党中央、毛泽东的充分肯定和高度赞扬。这十条，既充分照顾到西藏各族各阶层人民的利益，又维护了祖国的统一和民族的大团结；既成为和平解放西藏、同西藏谈判的基础条件，又是我们进藏部队开展政治争取工作的基本依据和必须遵守的基本准则。后来中央人民政府同西藏地方政府签订的和平解放西藏办法十七条协议，就是以邓小平和西南局提出的十条为基础，在这大框架上发展起来的。西南局的这个十条，后称十大政策，在藏区广泛、深入地宣传后，受到了藏区广大人民群众的普遍欢迎，包括一些上层人士，都认为十条充分地考虑到了西藏社会的现实，照顾到了各阶层的利益，非常符合西藏的实际情况。甚至有的藏族代表人士还觉得这十条太宽了些。对此，邓小平在1950年7月欢迎赴西南地区的中央民族访问团大会上，专门对西藏以及各少数民族的政策问题作了深刻的论述。他说，我们对西藏的十条，就是要宽一点，这是真的，不是假的，不是骗他们的，所以这个政策的影响很大，其力量不可低估。他还提出，不要把汉人区域的一套搬到少数民族区域里去，要诚心诚意为少数民族服务。

尽管党中央、毛泽东对西藏的和平解放倾注了大量心血，制定了一系列方针政策，西南局、西北局都为此作出了积极努力，十八军全体指战员始终站在和平的大门前，等待西藏地方政府的醒悟，但是，在帝国主义和外国反动势力的怂恿支持之下，以达扎为首的噶厦当局利令智昏，错误估计形势，关闭了和平谈判的大门，妄图用战刀来阻挡和平之盾。他们调集藏军，布防于昌都以东金沙江一带和昌都附近地区，企图扼守天险，阻止人民解放军和平进藏。在此情况下，一场以打促和的仗非打不可了。

1950 年 10 月 6 日，著名的昌都战役全面拉开序幕。十八军五十二师全部，五十三师、五十四师、军直各一部，在青海骑兵 9
支队、云南一二六团和一二五团的直接参加和新疆骑兵师先遣连的战略配合下，对昌都实施了大的迂回包围和正面攻击相结合的作战，一举解放昌都，争取了藏军第九代本（相当于团）起义，取得了昌都战役的全胜。

5

西藏实现和平解放

昌都战役为最终实现和平解放西藏创造了条件，奠定了和平谈判的基础。

昌都解放后，中央人民政府和人民解放军并不以胜利者自 1
居，仍然坚持和平解放西藏的一贯方针。中央督促西藏当局，周恩来总理直接通过印度给西藏地方政府做工作，我进驻昌都的部队和工作人员大力开展统战、宣传工作，以实际行动影响群众，继续争取和谈。在我党我军影响下，昌都总管阿沛·阿旺晋美和西藏地方政府在昌都的其他官员，两次上书达赖喇嘛，力主和平谈判。事实再一次说明，中国共产党和平解决西藏问题是真诚的。在政策的感召和从各方面进行大量工作的情况下，达赖喇嘛终于面对现实，抛弃了幻想，以西藏人民的利益为上，派出了以阿沛·阿旺晋美为首的西藏地方政府和谈代表团。

1951 年 4 月 16 日，西藏和谈代表阿沛·阿旺晋美一行到达重庆后，受到各界代表和群众的热烈欢迎。5 月 23 日，中央人民政府和西藏地方政府代表在北京签订《关于和平解放西藏办法协议》（简称“十七条协议”）。10 月 26 日，人民解放军进藏部队进驻拉萨。

和平解放使西藏摆脱了帝国主义侵略势力的羁绊，打破了西藏社会长期封闭、停滞的局面，为西藏的民主改革和发展进步创造了条件。

1959 年 3 月 20 日，人民解放军驻藏部队奉命进行平叛作战。22 日，中共中央发出在平叛中实行民主改革的指示。到 1960 年底，西藏民主改革基本完成，彻底摧毁了政教合一的封建农奴制度，实现百万农奴和奴隶翻身解放。

1965 年 9 月 9 日，西藏自治区成立。

1952

土地改革

——农民盼了几辈子的事情终于实现了

到1952年底，除部分少数民族地区外，土地改革在中国大陆基本完成，封建土地所有制被彻底摧毁。土地改革，使全国3亿多无地少地的农民（包括老解放区农民在内）无偿获得约7亿亩土地和大量生产资料，免除了过去每年向地主交纳约700亿斤粮食的苛重地租。这不仅是中国历史上，而且是世界历史上规模最大的土地改革运动。

①1951 年 10 月 1 日热河省建平县政府发给崔景福的房屋执照。

房屋執照

建平縣 樂字第 貳壹壹 號

根據中國土地法大綱農村平分房屋後，人民政府為確保農民房屋所有權發給此執照。

戶主姓名	住址	所有權人姓名	座落	種類及間數	房基畝數	四至		附註
崔景福 全家人口 叁口	第叁區萬壽村本屯	崔福祥 崔景秀 崔崔氏	路北	草房叁間共計叁間	另政宅分宅屋	東至 趙榮和 南至 官街	西至 呂明詩 北至 王陳氏	

熱河省人民政府頒發

公元一九五一年拾月壹日

①

②

②四川金堂县农民欢迎土改工作队进村。

③

③1950 年 7 月西北军政委员会第二次会议召开，着重讨论并通过习仲勋关于土地改革计划的报告，并推选习仲勋为西北土地改革委员会主任。图为彭德怀（右一）、习仲勋（右四）等步出会场。

1950 年 6 月，中共七届三中全会在北京召开。会议分析国际国内形势，总结七届二中全会以来即新中国成立前后一年多的工作。毛泽东向全会作《为争取国家财政经济状况的基本好转而斗争》报告，代表中央向全党和全国人民提出当前阶段中心任务，指出，要获得财政经济状况根本好转，要用三年左右时间，创造三个条件，即：土地改革的完成；现有工商业的合理调整；国家机构所需经费的大量节减。

毛泽东在七届三中全会报告中指出："我们对待富农的政策应有所改变，即由征收富农多余土地财产的政策改变为保存富农经济的政策，以利于早日恢复农村生产，又利于孤立地主，保护中农和保护小土地出租者。"毛泽东强调，要"有步骤有秩序地进行土地改革工作"。七届三中全会还听取刘少奇关于土地改革问题报告，通过《中华人民共和国土地改革法》（草案）。6 月 14 日，政协第一届全国委员会第二次会议召开，主要议题是土地改革，刘少奇在会上作《关于土地改革问题的报告》，全面阐述土地改革政策基本内容和进行土地改革具体办法。在闭幕会上，毛泽东进一步指明土地改革伟大意义，号召一切革命的人，都要站在革命人民一边，过好土地改革这一关。

6 月 28 日，中央人民政府委员会第八次会议讨论并通过了《中华人民共和国土地改革法》，30 日公布施行。它总结了党过去领导土地改革的经验和教训，又适应新中国成立后新形势确定新政策，成为指导土地改革的基本法律依据。

 1

新中国成立后的土地改革运动，是在人民革命战争已经取得全国胜利，
统一的人民政权已经建立的条件下进行的。党面临的最迫切的任务，是恢复
和发展国民经济。党制定的各项政策和进行的各项工作，都应当围绕着这个 9
中心并为它服务。土地改革的目的也在于此。《土地改革法》第一条总则便是：
“废除地主阶级封建剥削的土地所有制，实行农民的土地所有制，借以解放农
村生产力，发展农业生产，为新中国的工业化开辟道路。”

根据历史经验和当时的实际，中国共产党制定了一条较为完整，具有中
国特色的土地改革总路线，并制定了相应的各项政策、法令、方针和措施。 5

——制定了土地改革总路线，即：“依靠贫、雇农，团结中农，中立富农，
有步骤有分别地消灭封建剥削制度，发展农业生产。”这条总路线是多年来党
进行土地改革运动经验的继承和总结，是符合新中国成立后农村实际的，又
是土地改革中各项具体政策和措施的总依据。 2

——在政策上，对富农，由过去征收富农多余的土地财产改为保存富农经济，即：保护富农所有自耕和雇人耕种的土地及其他财产；富农出租的小量土地一般也保留不动；半地主式富农出租大量土地，超过其自耕和雇人耕种的土地数量者，征收其出租的土地。对地主，限制了没收其财产的范围。对小土地出租者，提高了保留其土地数量的标准。实行这些政策，是为了更好地保护中农，有利于分化地主阶级，减少土改运动的阻力，还有利于稳定民族资产阶级。归根到底，是为了有利于生产的恢复和发展。

——在工作方法上，强调土地改革要有领导、有计划、有秩序地进行。土地改革是一场激烈的阶级斗争，必须贯彻党的群众路线，依靠贫农、雇农，团结中农，把广大农民充分发动起来，使他们在打倒地主阶级的斗争实践中提高觉悟程度和组织程度，真正相信自己的力量，实现当家作主。土地改革运动中，反对不发动群众，用行政命令方法把土地“恩赐”给农民的“和平土改”。同时，又强调，对群众运动不能放任自流，必须把放手发动群众同用党的政策去武装群众、引导群众结合起来。为了加强领导，训练了大批干部，组成土改工作队，深入到农村工作。还在城乡各界人民中进行宣传教育，并吸收许多民主党派人士和知识分子参加或参观土地改革，形成城乡最广泛的反封建统一战线。

到 1952 年底，土地改革在中国大陆基本完成，在中国延续了几千年的封建制度的基础——地主阶级的土地所有制，至此被彻底消灭了，真正实现了耕者有其田。

农民盼了几辈子的事情终于实现了。

1 9 5 3

三大改造

1953年6月15日，毛泽东在中央政治局会议上第一次比较完整地阐述了党在过渡时期总路线和总任务的基本内容，即：“从中华人民共和国成立，到社会主义改造基本完成，这是一个过渡时期。党在这个过渡时期的总路线和总任务，是要在一个相当长的时期内，逐步实现国家的社会主义工业化，并逐步实现国家对农业、对手工业和对资本主义工商业的社会主义改造。”这是“一化三改”“一体两翼”的总路线，其主体任务是逐步实现社会主义工业化，两翼分别是对个体农业、手工业的社会主义改造以及对资本主义工商业的社会主义改造。主体和两翼是不可分离的整体。

②

②广大农村通过各种形式向农民宣传过渡时期总路线。图为河南安阳县郭王度村举办展览会，向农民宣传合作化的优越性。

③

①1953 年 12 月毛泽东修改的《为动员一切力量将我国建设成为(一个)伟大的社会主义国家而斗争(草稿)——关于党在过渡时期总路线的宣传与学习提纲》。

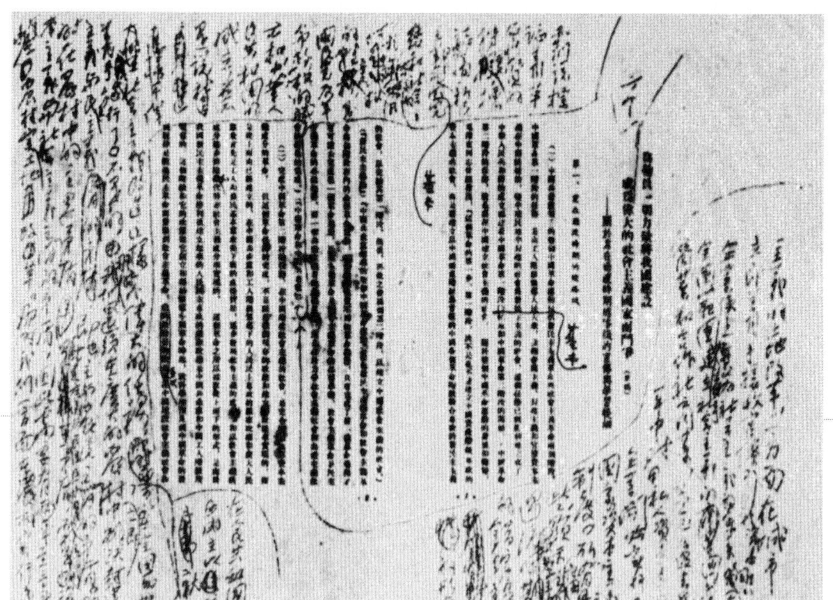

①

④

③社员入社除交纳一定数量的入社基金外，并将自己的生产工具、设备全部折价入社。图为上海市装订生产合作社社员入股的股金证。

④天津盛锡福帽厂公私合营后挂上了新厂牌。

伴随着第一个五年计划的实施和社会主义工业化的起步，伴随着过渡时期总路线的提出和宣传，1953 年，国家对农业、手工业和资本主义工商业有计划、成系统的社会主义改造，也迈开了步伐。

农业合作化运动的初步展开

在农业社会主义改造方面，中共中央于 1951 年 9 月制定了《关于农业生产互助合作的决议（草案）》。针对当时老解放区农村互助组织出现涣散，不少中农向往单干，也有许多干部、贫农抱有“农业社会主义”思想，盼着早日实现大家生活“一拉齐”等情况，决议草案提出：要重视农民在土地改革基础上发扬起来的个体经济和劳动互助两种生产积极性；批评了农业互助合作问题上存在的消极态度和急躁态度这两种错误倾向，要求根据生产发展的需要和可能，引导个体农民沿着互助合作的道路前进。这个决议草案经过一年多的试行，于 1953 年 2 月由中共中央作为正式决议下发。

由于工业建设的全面铺开，从 1952 年下半年起，全国粮食购销开始呈现紧张形势。1953 年，粮食紧张情况有增无减，哄抬物价的风潮随时可能发生。面对这种严峻情况，10 月，中共中央紧急作出一项重大决策：在农村实行粮食征购，在城市实行粮食配给，严格管制粮食私商。这一政策简称“统购统销”。具体政策为：计划收购，计划供应，由国家严格控制粮食市场和中央对粮食实行统一管理。

10 月，中共中央制定《关于实行粮食的计划收购与计划供应的决议》。统购统销政策的实行，很快缓解了粮食供求紧张的矛盾，但不能根本改变农业生产落后于工业发展的状况。中央认为，解决粮食紧张的根本出路在于依靠农业合作化，并在此基础上适当进行技术改革。此外，实行粮食统购统销，国家要同上亿户农民直接打交道，核定各户余粮，动员各户交售，工作非常繁难。这也要求“把太多的小辫子梳成较少的大辫子”，把农民进一步组织到合作社里来。

为进一步推动农业合作化运动的发展，12 月中共中央又公布了《关于发展农业生产合作社的决议》，从克服农业同工业发展不相适应的矛盾出发，把逐步实行农业合作化作为农村工作中最根本的任务，提出初级社是引导农民过渡到完全社会主义的高级社的适当形式，要求把发展初级社作为领导互助合作运动继续前进的重要环节。执行这个决议，1954 年农业互助合作工作获得很大发展。1954 年底，全国互助组增加到近 1000 万个，初级社增加到 48 万个，参加互助合作的农户增加到 7000 万户，占全国农户总数的 60.3%。在这里，互助组是建立在农民小私有基础上，因实行生产互助而具有社会主义萌芽性质。初级社是生产资料部分公有，属于半社会主义性质，其特点是土地入股，实行按劳动力分配和一定比例的土地分
红，比较适合当时中国农村生产力的状况，较容易为贫农、中农两部分农 9
民群众所接受。高级社则是生产资料完全归集体所有，实行统一经营、统一分配。这种高级形式的合作社，当时仅在个别地方进行试点工作，尚不宜推广。

到1955年春，全国初级社迅速发展到67万个。由于发展过猛，一些
地方出现侵害农民——主要是中农利益的偏向，造成农村关系的紧张。为 5
此，中央发出《关于整顿和巩固农业生产合作社的通知》等一系列指示，强调农村工作的一切措施，都必须围绕发展生产这一环节，必须从小农经济的现状出发，在粮食方面采取“定产、定购、定销”措施，安定农民的
生产情绪；在扩展合作社方面，实行“停、缩、发”方针，一般停止发展， 3
适当收缩，全力巩固农业合作社。经过整顿，全国共收缩了2万个社，巩固下来的65万个社，当年夏收有80%增产，开始转入健康发展轨道。

粮食实行统购统销以后，接着实行油料的统购和食油的统销，1954年又实行棉花的统购和棉布的统销。统购统销政策与农业互助合作相互联系、相互促进，实际上使国家掌握了私营工商业的原料供给和销售市场，从而直接推动了对资本主义工商业的社会主义改造进程。

围绕农业合作化速度问题，中央领导层发生严重争论

1955年夏季以后，围绕农业合作化速度问题，中央领导层发生了一场严重的争论。在此之前，整个社会主义改造总的来说是按计划、有步骤地稳步前进的，争论之后，社会主义改造的步伐猛烈地加快了。

根据局部农村整社后的形势，中央农村工作部提出农业合作社到1956年春发展到100万个的计划，得到中央政治局批准。但1955年6月毛泽东从南方视察回到北京后，对农业合作化发展作出了新的观察和判断，主张修改计划，发展到130万个。国务院副总理、中央农村工作部部长邓子恢认为不妥，力主合作社要稳步发展。他提出：合作化运动应与工业化进度相适应，发展不宜过快；群众觉悟水平和干部领导能力需要逐步提高，要求不能过急；目前合作化发展已经很快，存在的问题很多，应该着重做好巩固工作，为下一步的发展打好基础。后来的实践表明，邓子恢的意见是正确的，是符合农村实际情况的。但在当时，毛泽东认为邓子恢的思想右了，是对合作化不积极。

1955年7月31日，毛泽东在中共中央召集的省委、市委、区党委书记会议上作了《关于农业合作化问题》的报告。报告严厉批评了邓子恢和

他领导的中央农村工作部的所谓“右的错误”，认为“在全国农村中，新的社会主义群众运动的高潮就要到来”，而我们的某些同志却落后于群众，“像一个小脚女人，东摇西摆地在那里走路”，对合作化运动有“过多的评头品足，不适当的埋怨，无穷的忧虑，数不尽的清规和戒律”，这是“错误的方针”。报告强调农村中“将出现一个全国性的社会主义改造的高潮”，为此，必须实行“全面规划，加强领导”的方针。[①]这次会议定下了加快农业合作化步伐的基调，助长了在农业合作化问题上的急躁冒进情绪，成为农业社会主义改造进程的一个转折点。

① 中共中央文献研究室编:《建国以来重要文献选编》第7册，中央文献出版社2011年版，第49—71页。

10月，中共扩大的七届六中全会在北京召开。全会讨论和通过了《关于农业合作化问题的决议》。《决议》把邓子恢和中央农村工作部的“错误”性质进一步升级，确定为“右倾机会主义”；并对不同地区规定了合作化的进度，绝大部分地区都规定了很高的指标。七届六中全会结束后，各地再次修订加快合作化步伐的规划，使合作化运动形成异常迅猛的发展浪潮。

1956年1月，入社农户由上年6月占全国总农户的14.2%，猛增到80.3%，基本上实现了初级社化。许多单干农民直接参加高级社，被喻为“一步登天”。到1956年底，加入合作社的农户已达全国总农户的96.3%，其中入高级社的农户占87.8%。在短短几个月的群众运动高潮中，骤然完成由半社会主义合作社到全社会主义合作社的转变，全国基本上实现了高级社化。

对手工业和资本主义工商业的社会主义改造

手工业的合作化，在总路线提出以后采取“积极领导、稳步前进”的方针。组织形式是手工业生产合作小组、手工业供销合作社和手工业生产合作社，步骤是从供销入手，由小到大，由低到高，逐步实行社会主义改造和生产改造。农业合作化的猛烈发展，也影响了手工业的合作化速度。1955年底中央提出要求：在两年内基本完成手工业合作化。实际上，到1956年底，参加合作社的手工业人员已占全体手工业人员的91.7%。

1953年6月，中央确定通过国家资本主义改造资本主义工商业的方针。

国家资本主义的初级形式，一是国家委托私营工厂加工订货，对其产
品统购包销，工业资本家获取一定的工缴费，企业利润实行“四马分肥” 9
（即国家所得税、企业公积金、工人福利费、资方红利四个部分），企业虽然仍由资本家管理，但基本上是为国计民生服务，具有一定的社会主义性质。二是国家委托私营商店经销和代销商品，商业资本家获取合理的批零差价和代销费。这些形式属于国家同资本家在企业外部的合作，并不触及
生产资料的资本家所有制。 5

国家资本主义的高级形式是公私合营，即国家通过注入资金和委派干部，使社会主义成分同资本主义成分在企业内部合作，企业由私有变为公私共有，公方代表和工人群众结合在一起掌握企业的领导权，资本家失
去原有的支配地位，生产关系发生重要变化，便于劳资矛盾、公私矛盾朝 3
着有利于劳方和公方的方向解决，有利于改进生产，纳入国家计划。

在 1953 年底以前，以加工订货、经销代销为主的初级国家资本主义形式，在私营工商业中已有较大发展。随着粮棉油统购统销制度的实行，从 1954 年起，国家转入重点发展公私合营这种高级形式的国家资本主义。私营工商业由国家资本主义的低级形式向高级形式的发展，事实上也就是逐步改造其生产关系，使企业逐步走向社会主义的过程。1954 年到 1955 年，扩展公私合营的工作取得很大进展，公私合营企业数量不断增加。1954 年 12 月，中央提出统筹兼顾、归口安排、按行业改造的方针。1955 年，北京、上海、天津等地一部分行业先后实行了全行业公私合营。

在农业合作化运动迅猛发展的推动下，资本主义工商业全行业公私合营的浪潮也很快席卷全国。1956 年 1 月底，全国 50 多个大中城市相继宣布实现全市的全行业公私合营。1956 年底，全国私营工业户数的 99%、私营商业户数的 82.2%，分别纳入了公私合营或合作社的轨道。原定用 3 个五年计划基本完成资本主义工商业社会主义改造的计划一再提前，结果在 1956 年内就实现了。

1955 年夏季以后，农业合作化以及对手工业和私营工商业的改造要求过急，工作过粗，改变过快，形式也过于简单划一，以致遗留了一些问题。1956 年资本主义工商业改造基本完成后，对一部分原工商业者的使用和处理也不很适当。但整体说来，在一个几亿人口的大国比较顺利地实现了如此复杂、困难和深刻的社会变革，促进了工农业和整个国民经济的发展，这的确是伟大的历史性胜利。

1　9　5　4

初步提出
“四个现代化”战略目标

“我们的事业是正义的。正义的事业是任何敌人也攻不破的。”“领导我们事业的核心力量是中国共产党。”“指导我们思想的理论基础是马克思列宁主义。”……“我们正在做我们的前人从来没有做过的极其光荣伟大的事业。”“我们的目的一定要达到。”“我们的目的一定能够达到。”[①]——这耳熟能详的话语，这坚定挥手的形象，是1954年9月15日毛泽东在中华人民共和国第一届全国人民代表大会第一次会议上作开幕词。也是在这次会议上，周恩来在《政府工作报告》中对中国实现“四个现代化”的战略目标作了最初概括。1975年1月，周恩来在四届全国人大一次会议上重申了实现“四个现代化”的战略目标。

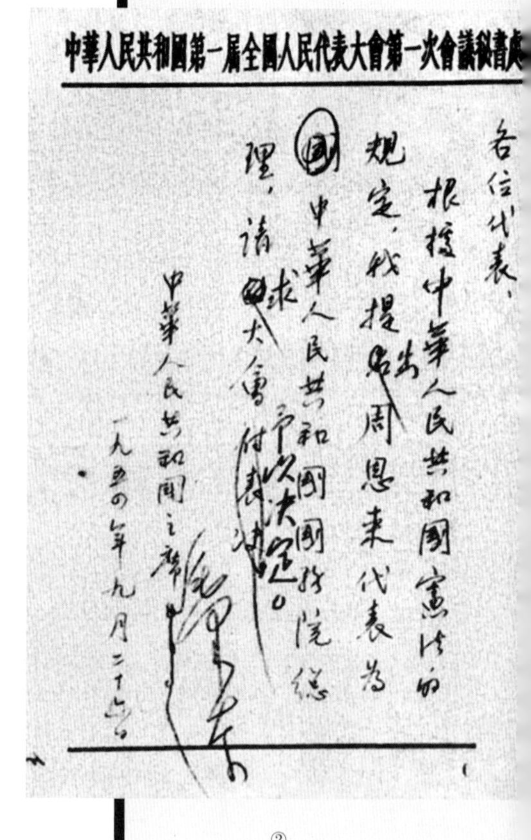
中華人民共和國第一屆全國人民代表大會第一次會議秘書處

各位代表，
根據中華人民共和國憲法的規定，我提出周恩來代表為中華人民共和國國務院總理，請求大會付表決予以決定。

中華人民共和國主席 毛澤東
一九五四年九月二十六日

②

① 中共中央文献研究室编：《毛泽东文集》第6卷，人民出版社1999年版，第350页。

①1954 年 9 月一届全国人大一次会议在北京召开。
②1954 年 9 月 26 日毛泽东在一届全国人大一次会议上提名周恩来为中华人民共和国国务院总理的提名书。

①

③

③到 1952 年底，全国农业总产值达 4839 亿元，比 1949 年增长 48.5%，主要农产品产量均超过历史最高水平。图为农民积极向国家售粮。

479

向四个现代化的宏伟目标前进*

（一九七五年一月十三日）

遵照毛主席的指示，三届人大的政府工作报告曾经提出，从第三个五年计划开始，我国国民经济的发展，可以按两步来设想：第一步，用十五年时间，即在一九八〇年以前，建成一个独立的比较完整的工业体系和国民经济体系；第二步，在本世纪内，全面实现农业、工业、国防和科学技术的现代化，使我国国民经济走在世界的前列。

我们要在一九七五年完成和超额完成第四个五年计划，这样就可以为在一九八〇年以前实现上述的第一步设想打下更牢固的基础。从国内国际的形势看，今后的十年，是实现上述两步设想的关键的十年。在这个时期内，我们不仅要建成一个独立的比较完整的工业体系和国民经济体系，而且要向实现第二步设想的宏伟目标前进。国务院将按照这个目标制订十年长远规划、五年计划和年度计划。国务院各部、委，地方各级革命委员会，直到工矿企业和生产队等基层单位，都要发动群众，经过充分讨论，制订自己的计划，争取提前实现我们的宏伟目标。

* 这是在第四届全国人民代表大会第一次会议上所做的《政府工作报告》中的一段话。报告全文刊载于一九七五年一月二十一日《人民日报》。

④

⑤

④1975 年 1 月周恩来在四届全国人大一次会议上重提“四个现代化”宏伟目标。
⑤新中国成立初期福建东山妇女扫盲班学文化。

1954

新中国成立初期，在抗美援朝战争进行的同时，党除了领导进行大规模的土地改革运动，还领导进行了其他各项新民主主义改革和建设。从 1949 年 10 月到 1952 年底，经过全国人民 3 年多的艰苦奋斗，解放前遭到严重破坏的国民经济得到全面恢复，并有了初步发展。这一切为大规模有计划的经济建设准备了条件。

“四个现代化”是中国社会主义建设过程中提出的经济社会发展的战略目标。

早在 20 世纪 40 年代，毛泽东就提出“我们共产党是要努力于中国的工业化的”。新中国成立后，1954 年 9 月，毛泽东在第一届全国人民代表大会第一次会议上致开幕词说：准备在几个五年计划之内，将我国“建设成为一个工业化的具有高度现代化程度的伟大的国家”。周恩来在会上作《政府工作报告》，提出：“建设起强大的现代化的工业、现代化的农业、现代化的交通运输业和现代化的国防”。

以后，“四个现代化”的内涵不断调整和充实。1964 年 12 月，第三届全国人民代表大会第一次会议明确提出实现国家的“四个现代化”。周恩来在《政府工作报告》中指出：“要在不太长的历史时期内，把我国建设成为一个具有现代农业、现代工业、现代国防和现代科学技术的社会主义强国，赶上和超过世界先进水平。”

1975 年 1 月，四届全国人大一次会议召开，周恩来在《政府工作报告》中提出了为实现“四个现代化”发展国民经济的两步设想：第一步，在 1980 年以前，建成一个独立的比较完整的工业体系和国民经济体系；第二步，在本世纪内，全面实现农业、工业、国防和科学技术的现代化，使中国经济走在世界的前列。

“四个现代化”是一个凝聚了近代中国所有仁人志士，特别是中国共产党人心血和愿望的战略目标。中国共产党领导全国各族人民，为实现“四个现代化”战略目标而不懈奋斗，取得了举世瞩目的成就。中国共产党关于“四个现代化”战略目标的提出和实践，为新时代开启全面建设社会主义现代化国家新征程提供了理论准备和实践经验，在实现中华民族伟大复兴的历史征程中具有重要地位。

1 9 5 5

成功出席亚非会议

——打破中国外交困局

1955 年 4 月 18 日至 24 日，周恩来率中国代表团出席在印度尼西亚万隆举行的有 29 个国家参加的亚非会议。这是第一次由亚非国家发起和参加的大型国际会议。1955 年 4 月 5 日，距离亚非会议召开还有 13 天。此时，全世界仅有 23 个国家与中国建交。如何通过这次会议，打开中国与亚非乃至世界各国普遍交往的大门？中国将以何种姿态出现在会议上？发出何种声音？提出何种主张和立场？……为了在会议前圆满解决这一系列问题，周恩来总理夙兴夜寐。他在这段时间的工作台历，记录的便是这份忙碌。

②

①周恩来工作台历 1955 年 4 月 5 日。
②1956 年 12 月，巴基斯坦人民赠给周恩来的金银线编花环。

1
9
5
5

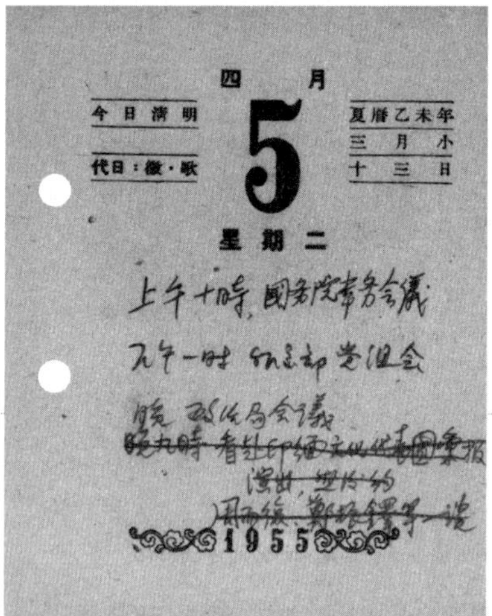

①

③

成功出席
亚非会议

③首都市民游行庆祝万隆会议胜利召开。

1954年4月，印度尼西亚、印度、巴基斯坦、缅甸、锡兰（今斯里兰卡）五国总理在锡兰首都科伦坡举行会议，倡议召开亚非会议，讨论亚非地区各国共同关心的问题。12月底，五国总理再次在印度尼西亚茂物举行会议，决定正式邀请包括中国在内的29个亚非国家，于1955年4月在印度尼西亚万隆举行亚非会议。周恩来总理带领中国代表团，本着“求同存异”方针，同其他与会国家一起，为会议的成功作出了贡献，倡导形成了“万隆精神”。

“克什米尔公主号”事件，台湾特务企图谋害周恩来

万隆会议是由亚非国家发起，没有西方国家参加的第一次大型国际会议。它反映了在20世纪殖民主义制度总崩溃的趋势下，亚非人民维护民族独立和世界和平、促进各国友好合作的共同愿望和要求。中国是亚非地区最大国家，本着为“争取扩大世界和平统一战线，促进民族独立运动，并为建立和加强我国同若干亚非国家的事务和外交关系创造条件”的原则，接受了五国总理的邀请。

中国政府还看到，在这些国家中，除了一些周边国家同中国有外交关系或贸易关系外，另有22个国家或与台湾当局保持着所谓的“外交关系”，或在美国的影响和控制下对中国存在着很大的误解和疑虑，特别是某些在朝鲜战争中与美国结盟的国家对中国的对立情绪更大。从这个意义上说，中国出席这次会议，以最大的诚意和耐心去寻求与这些国家的共同点，消除它们的疑虑，争取它们的信任，使它们逐步理解并支持中国，也是十分必要的。

然而，中国参加这次会议并不顺利。首先，出行就出了麻烦。

周恩来一行原准备租用印度“克什米尔公主号”飞机，届时前往万隆。是时，台湾特务准备谋害周恩来。1955年4月，应缅甸总理的邀请，周恩来一行临时改机，取道先赴仰光。台湾特务不知。11日，中国和越南民主共和国参加亚非会议的先行人员以及十余名中外记者，乘“克什米尔公主号”从香港飞往万隆。台湾特务事先在飞机上放置了定时炸弹，飞机途经沙捞越西北海面上空时，爆炸坠海，除机组个别人员外，其余人员均遇难。这就是震惊中外的“克什米尔公主号”事件。4月12日，中国政府就此事件发表郑重声明：“这一不幸事件绝非一般的飞机失事，而是美国和蒋介石特务机关蓄意制造的谋杀。”

据时任外交部新闻司副司长的熊向晖回忆，1955年3月中旬，我情报部门侦悉，由蒋介石亲自批准，台湾“安全局局长”郑介民指令所属“保密局局长”毛人凤，策划在中国香港、印尼暗害周总理。毛人凤

即命香港情报站负责在香港执行。主管情报工作的中国人民解放军副总参谋长李克农立即指示所属尽快探明蒋特的具体计划。

从表面来看，台湾特务的这次炸机似乎也达到了一些目的，如事后台湾的特务机关与港督达成口头协议，即以后港方对台湾特务不准判刑，出事应交台湾当局自行处理，作为交换，台湾特务亦保证不再在香港搞炸机、杀人、放火等恐怖行动，等等。“克什米尔公主号”事件在一些亚非国家中也引起了一定程度上的思想混乱，有的国家担心亚非会议是否还能开成；有的国家担心会议能否开好；有的国家领导人甚而劝说周恩来不要参加这个会议了。

然而，从大处来看，台湾当局在政治上也并没有占到什么“便宜”，中国共产党人并没有因此而“士气受挫”。这次事件的第二天，中国外交部便严正声明：“中华人民共和国代表团一定要同与会各国代表团一起，为远东和平和世界和平而坚决奋斗。美国和蒋介石匪帮的卑劣行为，只能加强亚洲、非洲和全世界人民争取和平和自由的共同行动。”当时，越南民主共和国、波兰、奥地利、印度等许多国家纷纷起来谴责炸机恶行，台湾当局从此更是大失人心。

周恩来与好事多磨的亚非会议

1955 年 4 月 17 日，周恩来率中国政府代表团飞抵万隆，受到了极为热烈的欢迎。4 月 18 日，亚非会议隆重开幕。

在会议进行中也波折颇多，不断出现反华风潮。

会议是分两个阶段进行的，第一阶段是各国代表发言。大多数国家的代表在发言中，都谴责殖民主义和种族主义，并表示要加强亚非国家之间的团结。但是，正如中国原先所预料的，18 日下午，会议开始就掀起了一股反华风潮。先是伊拉克代表法迪尔·贾马利发言，称共产主义是“独裁”，是“新殖民主义”，“在其他国家搞颠覆活动”，从而要“反对共产主义”。紧接着，一些国家也对中国表示了程度不同的不信任，甚至攻击中国信仰的共产主义，指责中国没有宗教自由，怀疑中国对邻国实行颠覆活动，等等。

在 19 日上午会议上，针对出现的新情况，周恩来临时决定将原来的发言稿改为书面发言散发，而在下午会议上作补充发言。周恩来从容不迫地走上大会讲坛，诚恳地说：中国代表团参加会议的目的，“是来求团结而不是来吵架的”，“是来求同而不是来立异的”，“我们的会议应该求同而存异”。“我们共产党人从不讳言我们相信共产主义和认定社会主义制度是好的。但是，在这个会议上用不着来宣传个人的思想意识和各国的政治制度，虽然这种不同在我们中间显然是存在的。”“会议应将这些共同愿望和要求肯定下来。这是我们中间的主要问题。”

周恩来的发言态度诚恳，尤其是“求同而存异”的提法使与会者感到亲切而又入情入理，那股清新的和解之风，赢来了会场上热烈的掌声和赞许，会场上原来那令人紧张和不安的气氛，顿时被一扫而光。

会议的第二阶段，是分组讨论起草关于促进世界和平与合作的宣言。

4月21日，锡兰总理科特拉瓦拉节外生枝，突然举行记者招待会，公开干涉中国内政，要在会上讨论台湾问题。他主张台湾要由联合国托管，然后建立“独立国家”。处理对外关系，“存异”并不难，难的是在复杂的情况下，特别是在对立的状态中“求同”。周恩来高超的外交斗争艺术，也正体现在这里。周恩来一方面在会上明确表示，中国不同意科特拉瓦拉的主张；另一方面，周恩来在会下又分别同许多国家的代表接触，耐心地向他们阐述中国的立场和政策，争取这些国家的理解。周恩来还主动找科特拉瓦拉单独谈话，向他介绍台湾的历史和我方对台湾问题的一贯立场。经过诚恳坦率的交谈，科特拉瓦拉说，他只是想说出心里话，无意引起争论，更无意把会议引向失败。

在第二阶段讨论中，会议还在两个问题上发生了争论。一是殖民主义问题。有的国家代表攻击社会主义国家的外交政策，诬蔑社会主义是另一种形式的殖民主义，从而要求谴责一切形式的殖民主义。中国代表团坚持原则，明确指出，人们可以喜欢或不喜欢某一社会制度，但是违反事实的说法中国是坚决不能接受的；中国也不会因为这些国家反对过中国，而放弃支持它们要求关于宗主国对殖民地和附属国的独立给予支持的主张。二是和平共处五项原则的提法问题，大多数国家代表同意这一提法，认为它并不违背联合国宪章的精神，但是有的国家代表仍表示反对，认为这是共产党名词。对此周恩来提出，既然对这一提法的实质没有异议，我们可以换一个名词，用联合国宪章中“和平相处”一词来表述。有的国家代表还反对和平共处五项原则的数目和措辞，周恩来表示，“写法可以修改，数目也可以增减，因为我们寻求的是把我们的共同愿望肯定下来，以利于保障集体和平”。

通过会议最后公报和宣言

4月24日，全体会议通过了《亚非会议最后公报》。可以想象，这么多不同国家的代表在一起，拟定着眼于“求同”的公报是何等的困难，这不仅要对每一句话，甚至对每一个词和字都要进行仔细的推敲。

如原稿中“反对一切形式的殖民主义”一句，容易被歪曲为“共产主义也是新形式的殖民主义”之类的错误解释，在周恩来及一些国家代表的努力下，最后在《公报》上表达为“反对殖民主义的一切表现”，这样就准确多了。因为社会主义从本质来说，根本不会有殖民主义的一切表现。

同一天，大会还通过了《关于促进世界和平和合作宣言》，提出了“尊重一切国家的主权和领土完整”，“不干预和不干涉他国内政”，“承认一切种族的平等”，“承认一切大小国家平等”等十项原则。其实，这十项原则就是和平共处五项原则的引申和发展，两者在内容上并没有大的差别。

1955 年 4 月 24 日，周恩来在亚非会议闭幕会上发言指出：“会议的成就是开始了，或者增进了亚非各国之间的了解，并在某些主要问题上达成了协议，这对于我们在反对殖民主义、拥护世界和平、增进彼此之间友好合作的共同任务上将有很大帮助。这个会议相当地满足了亚非人民和世界人民的愿望。”①

总之，尽管亚非会议从一开始就不顺利，然而许多国家至今仍不能不承认，由于周恩来的努力，使会议得以圆满地结束了。据著名的加拿大学者罗纳德·基斯说，当时“甚至连美国国务院的情报机构也承认，共产主义中国在万隆会议上所留下来的良好印象应该归功于周恩来娴熟的外交技巧。在万隆会议上，美国的外交又输掉了具有重大意义的一仗，败在了一个共产主义者的手下”。

周恩来在万隆会议上的表现，使得很多亚非国家了解了社会主义的中国。在亚非会议后，中国的和平外交不断取得新的进展。至 1959 年，中国先后与挪威、荷兰、南斯拉夫、阿富汗、尼泊尔、埃及、叙利亚、也门、锡兰等国建立了大使级外交关系，同芬兰、瑞士、丹麦由公使级升格为大使级外交关系。从日内瓦到万隆会议表明，新中国在国际上的地位日益提高，在世界舞台上扮演着越来越重要的角色。

① 中共中央文献研究室、中央档案馆编：《建国以来周恩来文稿》第 12 册，中央文献出版社 2018 年版，第 162 页。

1 9 5 6

中共八大政治报告起草

1956年9月15日至27日，中共八大在北京全国政协礼堂举行。这是中国共产党在全国范围执政后召开的第一次全国代表大会。刘少奇在八大作政治报告。八大政治报告反复修改达80余稿。这是毛泽东对中共八大政治报告的修改稿。9月26日是八大闭幕的前一天，这是周恩来总理台历的当天记录。

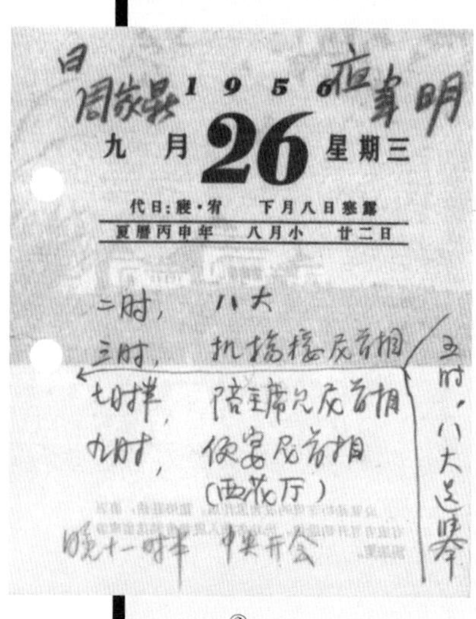

②

①毛泽东对中共八大政治报告的修改稿。
②周恩来工作台历 1956 年 9 月 26 日。

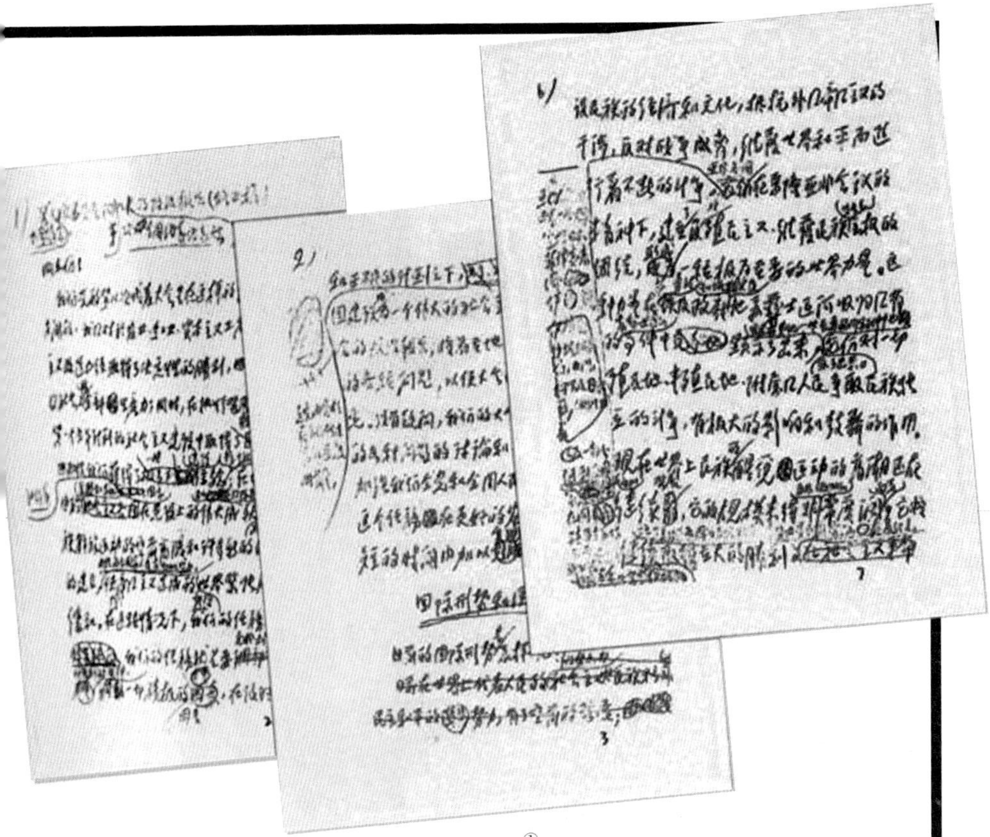

①

③

③ 1956 年 9 月 27 日中共八大闭幕。图为全体代表起立鼓掌，祝贺八大胜利闭幕。

1956年9月，中共八大举行。八大正式代表1026人，候补代表107人，代表全国1073万名党员。应邀参加大会的有54个国家的共产党和工人党代表团，还有中国各民主党派和无党派人士的代表。在十五大之前，八大是历史上唯一一次有民主党派参加的党代会。

八大上，毛泽东致开幕词，刘少奇作政治报告，周恩来作关于国民经济“二五”计划的建议的报告，邓小平作关于修改党章的报告。大会宣布：对农业、手工业和资本主义工商业的社会主义改造已取得决定性胜利，社会主义的社会制度在我国已经基本建立起来；国内主要矛盾是人民对于经济文化迅速发展的需要同当前经济文化不能满足人民需要的状况之间的矛盾；党和全国人民当前的主要任务，就是要集中力量来解决这个矛盾，把我国尽快地从落后的农业国变为先进的工业国。大会着重提出加强执政党建设的问题，通过了《中国共产党章程》，还通过《关于发展国民经济的第二个五年计划（1958—1962）的建议》。八大描绘了中国共产党人的强国梦想，显示出党的团结和党的事业兴旺发达。

起草政治报告，是八大准备工作的重中之重。中共八大报告起草者之一邓力群，在《我为少奇同志说些话》一书中，对八大政治报告的起草过程有很详尽的回忆。

刘少奇、毛泽东先后进行深入的调查研究

要召开八大的问题提上了日程，怎样筹备八大自然就成为中央领导层考虑的主要问题。

八大的准备，在毛泽东的主持下，政治报告起草委员会由刘少奇、陈云、邓小平、王稼祥、陆定一、胡乔木、陈伯达7人组成；修改党章和修改党章报告起草委员会由邓小平、杨尚昆、安子文、刘澜涛、宋任穷、李雪峰、马明方、谭震林、胡乔木9人组成。

1955年12月5日，中共中央政治局在中南海西楼召开座谈会。出席者包括在京的中共中央委员、中央党政军各部门和各省市的负责人，共120多人。这个会议就是布置召开八大的筹备事宜。会议由刘少奇主持。他首先传达了毛泽东关于要召开八大的指示：毛主席讲，我们要利用目前国际休战时间，利用这个国际和平时期，再加上我们的努力，加快我们的发展，提早完成社会主义工业化和社会主义改造。他说：毛主席指出，八大的准备工作，中心思想是要讲反对右倾思想，反对保守主义。可以设想，如果不加快建设，农

业和私营工商业未改造，工业未发展，将来一旦打起仗来，我们的困难就会更大。

在传达了毛泽东的重要指示之后，刘少奇要求全党准备和迎接 9
八大，要使八大的准备工作和各地各部门的工作结合起来。根据分工，刘少奇负责准备八大的政治报告，所以在这个会上，他先打招呼，准备最近找各部门的一些负责同志作个别谈话，请各部门的同志预先做好准备。

刘少奇抓得很紧，只隔了一天，从 12 月 7 日开始找国家机关、 5
中央各部委的负责同志到他那里去汇报，一个部一个部地听。他是边听边记，时而插话、提问，画龙点睛地讲一些话。一直到 1956 年 3 月上旬，连续听了三十几个部门负责同志的汇报。一般情况下，一个部门谈一天，个别部门也有谈上两天的，经常从白天一直谈到 6
深夜。这样一天连着一天谈，进行七到十天，算一个段落，然后间隔个把星期，再谈七八个部门。总之，刘少奇是集中心思来进行这项调查研究工作。

刘少奇听汇报将近完成的时候，毛泽东从外地视察回到北京。听说刘少奇正在召集中央各部委逐个听取汇报的事，毛泽东说这个方法很好，请人帮助他也来组织这样的汇报。于是，毛泽东也一连听了三十多个单位的汇报。毛泽东听汇报，开始得比刘少奇晚一点，结束得也比刘少奇晚一点。在毛泽东听一些部门如林业部、国家气象局、中共中央财政贸易工作部、商业部、财政部、中国人民银行等单位负责人的汇报过程中，刘少奇也一块去听了。这充分说明毛泽东和刘少奇两人工作很协调。刘少奇是认真贯彻执行毛泽东的交代和指示的，毛泽东也是认真借鉴刘少奇的工作方法的，目的都是要调查清楚中国的实际情况，探求一条符合中国实际的社会主义建设道路，写出一个好的八大政治报告来。

刘少奇先后指定陈伯达、胡乔木起草八大政治报告初稿

1956 年初，刘少奇指定陈伯达起草八大政治报告初稿，同时找了邓力群、胡绳等几个助手，帮助陈伯达收集意见，准备材料。

应该说，陈伯达在起草报告中间是用了心思的，花了一个多月时间，搞出了一个初稿，马上送给刘少奇审阅。刘少奇看了以后不满意，把这个稿子送给胡乔木看，问有什么意见。胡乔木看过后，向刘少奇汇报，说陈伯达起草的报告不像一个党中央向第八次全

国代表大会所作的政治报告，倒像一个学术报告。陈伯达听了当然不是滋味，很生气。刘少奇认为胡乔木的评价是正确的，便说：那好啊，他写得不行，你来搞一个。这样，就转而要胡乔木负责起草。

政治报告的指导思想是什么？刘少奇一直在思考。1956年4月25日，毛泽东在中央政治局扩大会议上作《论十大关系》报告后，刘少奇随之决定：八大政治报告的起草以《论十大关系》为指导思想。他说，有了毛主席的这个讲话，我们这个报告的主调就有了。起草八大的报告要以毛主席讲的这个十大关系为纲，这样把八大报告和十大关系就联为一体了。对此，邓力群曾回忆说：

"……这点，给我的印象特别深刻，看少奇同志当时是显得那样地高兴，那样地兴奋，因为可以说是这一下子找到了门道，找到了起草八大的政治报告的路子了。"

"所以那些谣言讲，八大和毛主席想的完全是两回事，是什么对着干的，那毫无根据，完全是在胡说八道。"[①]

7月，胡乔木起草的八大政治报告第一稿出来了。7月下旬、8月中旬中央领导去北戴河后，毛泽东亲自找有关同志谈了一次对稿子的意见。隔了几天，刘少奇又找起草组同志到他住处开会，主要是讨论有人提出的，说这个报告里只反右倾保守，不反急躁冒进，是片面的，应该既反右倾保守，又反急躁冒进。起草组吸取了该意见，最后通过的时候也是这两方面都照顾到了。这一次报告里面加了反急躁冒进，毛泽东当时没有讲话，没表示反对。

到了1957年，周恩来、胡乔木、彭真到杭州，毛泽东才对他们讲，1956年反急躁冒进，他的心情受到压抑，整个一年心情不舒畅。直到1957年，毛泽东把他的意见说出来了，他不赞成反冒进。11月中旬毛泽东要去参加莫斯科会议，恰好《人民日报》起草了一篇社论，题目是《多快好省地建设社会主义》。这个提法在写农业四十条的时候就提出来了。毛泽东把稿子带到莫斯科，修改时在题目上加了四个字，原来他加的是"鼓起干劲"，中国著名学者、复旦大学教授周谷城认为"鼓起干劲"不响亮，建议把"起"字改成"足"字。毛泽东从莫斯科回来后，《人民日报》发表了这篇社论：《鼓足干劲，多快好省地建设社会主义》。这时已是1958年初。后来召开的南宁会议，就把1956年6月间反冒进那篇社论

① 邓力群著：《我为少奇同志说些话》，当代中国出版社1998年版，第62页。

批了一通，当时没点刘少奇的名字，被批评得最尖锐的一个是周恩来，一个是陈云。

问题在于，为什么1956年6月间提出反冒进，毛泽东心 9
情不舒畅；八大的政治报告既反右倾又反冒进，加进反冒进的内容，毛泽东没有表示不同意，而到了1958年1月南宁会议，毛泽东又专门就反冒进提出尖锐的批评。对于毛泽东的这样一个反复过程，究竟怎样理解？

作为党的全国代表大会的政治报告，是要管总的和一个 5
较长的历史时期，所以，需要各方面都考虑到。在实行社会主义建设总路线的过程中，总的来讲，两种倾向都要反对，所以总的政治报告反右、反“左”都应该说到。而具体到哪个时候主要是反什么，和总报告应加以区别。情况在变，党 6
内的思想认识也在变。虽然两种倾向都要反，但不同的历史时期，主要反什么，重点反什么，应该是不同的，要根据不同时期的主要倾向来决定。这样来理解毛泽东的反复，恐怕是能够解释得通的。

刘少奇密切配合毛泽东，反复修改八大政治报告初稿达80余稿

胡乔木按照刘少奇以十大关系为纲的意见起草了八大政治报告最初稿。其后，共计修改达80余稿，而毛泽东自始至终主持讨论和修改。刘少奇作为起草工作的负责人，同毛泽东密切配合，协同工作。报告起草的每一稿几乎都送毛泽东审定。两人在这期间信函往来十分频繁，很多问题都经过共同商量才最后确定下来。

刘少奇的秘书刘振德曾回忆说，刘少奇对政治报告的起草和修改特别认真仔细，一直到离开会时间很近了，还在逐段逐句逐字斟酌，甚至对每一个标点符号，都要反复琢磨。当时任中央办公厅主任的杨尚昆曾几次打电话对刘振德说：“你要催催少奇同志，请他尽快定稿。因为他不定稿，我们大会秘书处的许多工作就无法进行。”秘书报告后，刘少奇才说：“那就这样定稿吧！”①

直到1956年9月14日，即政治报告在大会宣讲的前一天，毛泽东还审阅修改了刘少奇送来的“国际关系”和“党的领导”部分的清样，并在给刘少奇的信中说：“你在其余

①参见刘振德著、王春明整理：《我为少奇当秘书》（增订本），中央文献出版社2003年版，第41页。

地方有修改，请直付翻译，并打清样，不要送我看了。”[①]

应当看到，从新中国成立初期到中共八大，毛泽东和刘少奇在一些重大问题上是有过分歧的。1956 年，在反冒进问题上他们之间也是有分歧的。但这主要是具体工作层面上的分歧，在主导思想和主要方面刘少奇与毛泽东是一致的，刘少奇是尊重和服从毛泽东的。正如邓力群回忆的：

不少人说毛主席早就要把刘少奇搞倒，或者刘少奇早就对毛主席有这个意见、那个意见。事实完全不是这样。从我经历的这些事情看，他们两个之间，整个中央集体之间，可以说是互相学习，互相尊重的。毛主席看到了少奇同志做调查就跟着做调查，还说这个办法好，我也学嘛。毛主席讲了十大关系以后，少奇同志又觉得毛主席讲得好，尊重毛主席的意见，要按主席的意见来写报告。他们之间的关系非常和谐，非常密切，整个中央领导集体在八大开会之前、之后，都是紧密团结的。当然这并不是说，就没有不同意见的讨论。[②]

一天晚上，11 点钟左右，刘少奇找起草小组的同志到他住的地方去谈。他说，对党的领导部分加了一段意见，就是讲毛主席的正确在大革命时期就证明了。对蒋介石搞的中山舰事件、整理党务案，毛主席一开始就主张进行抵制和反抗，同国民党作斗争。陈独秀不赞成，使蒋介石的阴谋一步步得逞，实现了他对国民党的直接控制，把共产党从蒋直属的部队中排挤出去。到后来秋收起义，井冈山上插红旗，中央苏区的建立，都证明毛主席的正确。可是尽管毛主席是正确的，如果党内的多数不认识他的正确，不选择他作为我们党的领袖，还是不行。毛主席的路线是对的，临时中央去苏区以前，第一、二、三次反“围剿”，军队干部、地方干部都在毛主席的领导下，执行他的路线取得了胜利。临时中央在上海站不住脚，到了中央苏区，在第四次反“围剿”时，把毛主席从领导中排挤出去了，但执行的军事战略战术还是他的路线，所以第四次反“围剿”还是取得了胜利。第五次反“围剿”就一反毛主席的路线，执行的完全是博古、李德的那一套，结果失败了。经过失败的比较，不但原来跟着毛主席一起干的人更进一步认识了毛主席的正确，连反对过毛主席的人也认识到毛主席正确了，这才开成遵义会议。由此证

① 中共中央文献研究室编:《刘少奇传》下，中央文献出版社 2008 年版，第 729 页。

② 邓力群著:《我为少奇同志说些话》，当代中国出版社 1998 年版，第 64—65 页。

明有毛主席、有毛主席的正确还不够，还得要有全党的正确选择。刘少奇说他在政治报告党的领导中，把这个意思加了一段文字，要有全党的觉悟，特别是全党重要干部的觉悟，到了遵义会议才解决这个问题。这证明刘少奇在整个八大期间是信服毛泽东的，是衷心地拥护毛泽东的。他和毛泽东在感情上、思想上不存在什么大的原则性分歧。

刘少奇的上述意思，后来经过起草小组文字上的提炼，写在八大的政治报告中：

> ……从我们党的历史可以得出这样的结论：党的经验多少和党的领导人选对于党是否犯错误有重要的关系，但是关系更重要的，是各个时期广大党员首先是党的高级干部是否善于用马克思列宁主义的立场、观点和方法去总结斗争中的经验，坚持真理，修正错误。这是考验党的干部的马克思列宁主义觉悟水平高低的主要标志。[①]

这是刘少奇特意加上去的话。刘少奇说自己一直在想这个问题，这个问题没想好，想睡也睡不着。这个问题想好了，写出稿子来了，就可以睡觉了。

另外，在八大筹备过程中，曾设想过党的中央委员会设主席一人、副主席一人（这个设想已写进新党章草案），由毛泽东担任主席，刘少奇担任副主席。也是刘少奇提议多设几位副主席。经过慎重研究，七届七中全会接受了刘少奇的建议，将新党章草案的有关条款改成“选举中央委员会主席一人，副主席若干人和总书记一人”。毛泽东在七届七中全会的讲话中对这个改动作了说明：“一个主席、一个副主席，少奇感到孤单，我也感到孤单。一个主席，又有四个副主席，还有一个总书记，我这个‘防风林’就有好几道。”

① 中共中央文献研究室编:《建国以来重要文献选编》第9册，中央文献出版社2011年版，第91页。

1　9　5　7

社会主义工业化建设

——超额完成第一个五年计划

新中国成立和国民经济恢复之后，在党中央直接领导下，由政务院总理周恩来和政务院副总理兼财政经济委员会（中财委）主任陈云具体负责，中国开始制定和实施发展国民经济的第一个五年计划（1953—1957）。到1957年，“一五”计划的各项指标大幅超额完成。“一五”计划是中国从一穷二白的战争废墟走向工业化和现代化的第一张蓝图。从那时起，一张蓝图接着一张蓝图，中国的五年计划（规划）前后相连，构成中国经济发展进程的一条鲜明主线，可谓举世罕见。

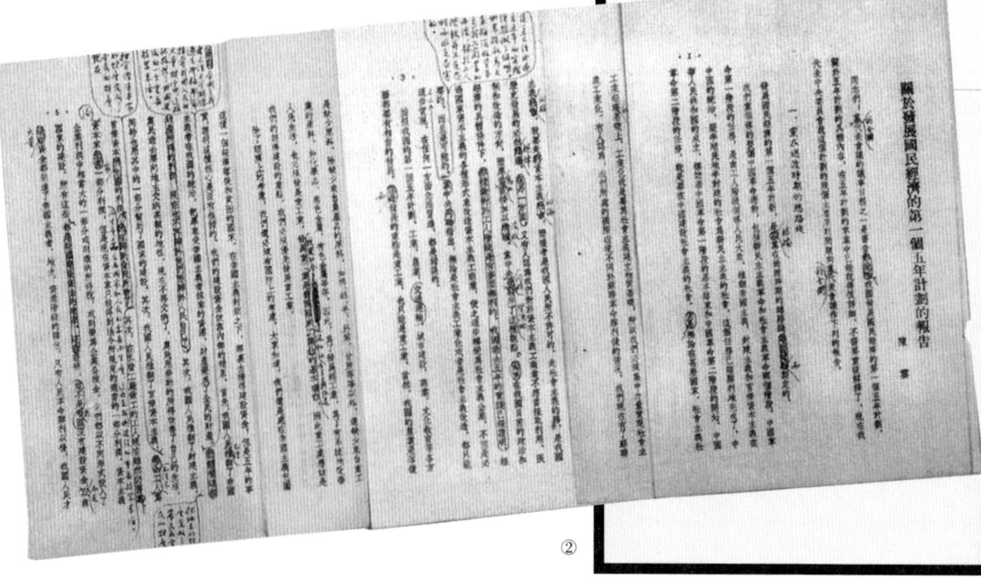
關於發展國民經濟的第一個五年計劃的報告

陳雲

②

①1953 年 9 月 16 日《人民日报》社论《感谢苏联的伟大援助》。图为周恩来对社论送审稿的修改稿。

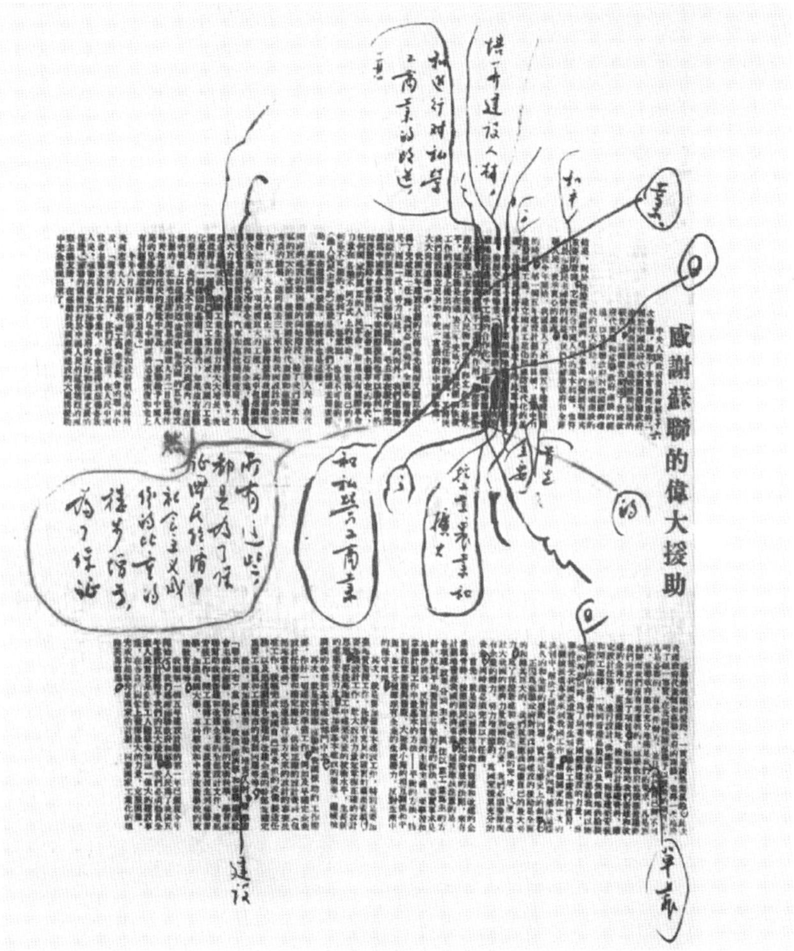

感謝蘇聯的偉大援助

①

②1955 年 3 月陈云起草的关于发展国民经济的第一个五年计划的报告部分修改稿。

③

④

③1956 年 7 月 13 日第一批国产“解放”牌汽车在长春第一汽车制造厂试制成功，结束了中国不能制造汽车的历史。图为 7 月 14 日“解放”牌汽车开下生产线。

④“一五”计划期间，妇女和儿童的生活得到多方面的照顾。上图为生活在幼儿园的孩子们，下图为女工们上下班乘坐的母子车。

1953 年到 1957 年中国发展国民经济的第一个五年计划，是在中共中央直接领导下，由周恩来、陈云等主持制定的。“一五”计划的编制，从 1951 年开始酝酿，由于缺乏经验和必要的资料准备，特点是边编制边实行。到 1955 年 7 月第一届全国人民代表大会第二次会议正式通过，1957 年超额完成。

陈云与第一个五年计划的编制

万事开头难。“一五”计划从 1951 年开始酝酿，前后历时四年，五易其稿。

第一次是 1951 年五六月间。为落实中央“三年准备、十年计划经济建设”的方针，在周恩来、陈云、薄一波、李富春、聂荣臻、宋劭文六人小组领导下，由财政经济委员会对第一个五年计划进行粗线条的试编。陈云领导中财委试编了“一五”计划的粗略纲要。因为抗美援朝战争还在进行，执行的是“边抗、边稳、边建”的方针，经济建设的大局还很难定下来。

第二次是 1952 年 6 月到 8 月。7 月 10 日，周恩来致信毛泽东并刘少奇等，提出：“在 7 月份我拟将工作重心放在研究五年计划和外交工作方面。其他工作当尽量推开。”为出访苏联作准备，由陈云、李富春组织编写了 20 多本小册子，再由周恩来主持起草《中国经济状况和五年建设的任务》，对五年计划的方针、各项主要指标和主要项目、长期建设的准备等作了系统阐述。

第三次是 1953 年一二月间。陈云等根据在苏联商谈情况，对第一个五年计划轮廓草案重新计算了一次。

第四次是 1953 年 6 月。苏联对设计 141 个建设项目作出答复后，李富春结束在苏联的商谈回国，国家计委结合苏方的意见和他们援助的情况，对第一个五年计划轮廓草案中规定的各项具体任务以及存在的主要问题进行了初步总结和修改。

第五次是 1954 年。毛泽东下了“军令状”，要求从 2 月 15 日起，用一个月时间拿出五年计划纲要草案初稿。陈云、李富春等觉得时间太紧，压力太大，请求延长一些时间。“后来请示主席决定可以 20 日交。”这次编制工作是在前四次基础上进行的，又有了四个有利条件：一是第一个五年计划建设是以苏联援助的重点建设项目为中心展开的。此时，苏联援助的 141 个项目已经确定，每个项目的建设时间也已大体上安排好。二是朝鲜战争已经停止，财政上的意外变数减少，可以集中财力、物力、人力进行第一个五年计划的建设。三是党在过渡时期总路线已经宣布，通过在人民中间的广泛动员，实现国家工业化和对农业、手工业、资本主义工商业进行社会主义改造的目标和任务已深入人心。四是第一个五年计划的大规模经济建设，经过1953年的实施，已取得一年多的实践经验，经济生活中存在的主要问题已暴露得比较明显。但是，由于经验很少，资料不足，带有控制数字性质的计划只能边做边改，计划的出台仍需要做大量的艰苦细致的工作。[①]

1954年2月，中央成立以陈云为组长的八人工作小组，不久，八人工作小组编制出五年计划纲要初稿。经过多次审议修改，1955年3月，中国共产党全国代表会议原则通过五年计划草案。7月，一届全国人大二次会议正式审议并通过《中华人民共和国发展国民经济的第一个五年计划（1953—1957）》。

① 以上参见中共中央文献研究室编:《陈云传》下，中央文献出版社2005年版，第873—876页。

现实情况决定中国必须采取优先发展重工业的战略

“一五”计划的指导方针和基本任务首要的是集中主要力量发展重工业，建立社会主义工业化的初步基础。而实现国家工业化，是近代中国仁人志士共同的追求和理想，是中国人民不再受帝国主义欺负，不再过穷困生活的基本保证。根据党在过渡时期总路线，中国将在一个相当长时期内逐步实现社会主义工业化。基于中国工业基础极其薄弱的现实，党中央和毛泽东又确定中国优先发展重工业的战略。这是基于新中国成立初期的现实作出的战略决断。

1950年至1953年，中国财政收入共计600多亿元，如果平均使用，试图百废俱兴，必然一事无成。而没有重工业，就不可能大量供应化肥、农业机械、柴油、水利工程设备，就不可能大量修建铁路，制造机车车辆、汽车、飞机、轮船、燃料和各种运输设备。同时，要改善人民生活，必须扩大轻工业，大量生产日常生活必需品。但这些，也需要来自重工业的机器设备和现代技术装备，以及来自农业的原材料。当时新中国还处在帝国主义包围和威胁之中，保卫新生政权，需要强大的现代化国防及现代化国防工业。这一切，决定了中国必须采取优先发展重工业的战略。

但建设重工业不仅需要资金量大，建设周期长，而且产品不能直接满足人民的消费需求。这就要求在国家工业化的起步阶段，全体人民需要艰苦奋斗，节衣缩食。当时，社会上有一种观点认为，中国穷，要与民休息，不宜搞重工业，应发展轻工业，并呼吁政府“施仁政”。对此，毛泽东曾有过深刻论述。1953 年 9 月，他在中央人民政府委员会会议上分析说：所谓仁政有两种，一种是为人民的当前利益，是小仁政；另一种是为人民的长远利益，是大仁政。重点应当放在大仁政上。他指出，现在，我们的重点应当放在建设重工业上。要建设，就要资金。所以，人民的生活虽然要改善，但一时又不能改善很多。就是说，不可不照顾，不可多照顾。不能照顾小仁政，妨碍大仁政。

除了以主要力量发展重工业，“一五”计划的指导方针和基本任务还包括相应地发展交通运输业、轻工业、农业和商业；培养建设人才；有步骤地促进农业、手工业的合作化；继续对资本主义工商业进行改造；保证国民经济中社会主义成分的比重稳步增长，同时正确地发挥个体农业、手工业与资本主义工商业的作用；保证在发展生产的基础上逐步提高人民物质生活和文化生活水平。

“156项工程”

要在经济极端落后的基础上尽快把中国建设成为一个社会主义工业化强国，首先必须充分利用本国财力、物力、人力，调动一切积极因素，艰苦奋斗。同时，还要根据需要与可能争取外援。而当时的客观条件决定了这种外援只能来自苏联等人民民主国家。

可以说，建国初期毛泽东访苏，标志着中苏两国开始了蜜月时期，“学习苏联”成为最火爆的标语口号。在此时期，苏联老大哥给予中国人民的一份“大礼”就是著名的“156 项工程”。它是同中国国民经济建设第一个五年计划分不开的。

从 1950 年开始，中国同苏联签订了第一批委托苏联设计和成套供应设备的苏联援助中国建设的中苏协议书。根据国民经济恢复和建设的需要，第一批苏联供应成套设备的建设项目，主要是煤炭、电力等能源工业，钢铁、有色金属、化工等基础工业和国防工业项目，共 50 项。抗美援朝战争爆发后，为了巩固国防，取得战争胜利，1953 年 5 月，中国以国防军事工业及其有关配套项目为重点，与苏联签订第二批苏联供应成套设备建设项目中苏协议书，共 91 个项目，即 2 个钢铁联合厂，16 个动力机器及电力机器制造厂，8 个有色冶金企业，8 个矿井，1 个煤炭联合厂，3 个洗煤厂，1 个石油炼油厂，32 个机器制造厂，7 个化学厂，10 个火力电站，2 个生产磺胺、盘尼西林和链霉素的医药工业企业和1个食品工业企业。1954年10月，中国又与苏联签订第三批苏联供应成套设备建设项目中苏协议书，引进能源工业和原材料工业等项目共15项，并决定扩大原定141项成套设备项目供应范围。至此，与苏联签订的援建项目共计156项，这就是以后通称的“156项工程”。

1955年3月，中国又与苏联签订了新的中苏协定，包括军事工程、造船工业和原材料工业等建设项目，共16项；随后，通过口头协议，又增加2个项目。由于对项目进行增减和拆并等调整，到“一五”计划末期，苏联援建项目共计为166项，但习惯上仍称为“156项工程”，这当中实际进行施工的为150项。

与此同时，中国和东欧各国也先后签订协定，引进成套设备建设项目。这些项目合计也有100多项。

“156项工程”的主要项目有：鞍山、武汉、包头三大钢铁联合企业，长春第一汽车制造厂，武汉重型机床厂，哈尔滨汽轮机厂，兰州炼油化工设备厂，洛阳第一拖拉机制造厂等。此外，规模比较大的外援项目还有：德意志民主共和国帮助建设的西安仪表厂、郑州砂轮厂，捷克斯洛伐克帮助建设的辽宁电站、影片洗印厂，波兰帮助建设的新中国糖厂和佳木斯糖厂等。

引进的这些成套设备都是当时比较先进的。例如，苏联在帮助建设长春第一汽车制造厂的过程中，曾动员好几个设计部门专家，综合苏联国内各厂的建设经验，并结合中国具体情况，设计出最新的汽车制造厂。该厂许多设备，当时在苏联也是最先进的。陈云曾经这样说过：“苏联是社会主义国家，那时他们对我们的援助是真心诚意的。比方说，苏联造了两台机器，他们一台，我们一台。”能做到这样，确实是尽到了他们的国际主义义务。

苏联和东欧各国帮助中国建设的工业项目，不仅提供了企业所需的机器设备，而且从勘察地质、选择厂址、收集设计资料、进行设计、指导建筑、安装和开工运转、供应新产品的技术资料，一直到新产品制造完成，都给予了全面的、系统的帮助。苏联和东欧各国都派遣了优秀的技术专家，来中国实地收集设计基础资料，并且具体指导建筑安装，同时还接受中国实习生前往学习先进技术和现代化企业的管理经验。在此期间，苏联和东欧各国到中国工作的技术专家达8000多人，为中国培养的技术人员和管理干部达7000人。而在建设过程中，凡是中国能够生产的设备，能够进行的设计，都主动提出由中国自行解决，以促进中国设计能力的提高和生产进一步发展。

中国“一五”计划期间施工建设的700多个大中型工业项目中，从苏联引进的147个，加上与之配套建设的国内设计的140多个项目，五年内实际完成投资占全部工业基本建设投资的50%左右。同期，东
欧各国帮助中国建设的108个成套设备项目中，有64个开始动工 9
兴建。

到1957年止，苏联和东欧各国帮助中国建设的项目，全部和部分投产的分别为68个和27个。随着这些项目的建成投产，形成了中国第一批大型现代化企业，大大增强了中国重工业和国防军事工业的能力，
填补了一批生产技术领域的空白，初步建立了独立自主、自力更生发 5
展国民经济的工业技术基础，并且取得了建设大型现代化项目的初步经验。

当然，国与国之间的经济关系，应当是互利的。1953年5月15日
中苏两国签订的协定中，就规定在1954年至1959年间，中方向苏方 7
提供钨砂16万吨、铜11万吨、锑3万吨、橡胶9万吨等战略物资，作为苏联援建项目的部分补偿。

1981年3月，中共中央起草《关于建国以来党的若干历史问题的决议》时，陈云特意对文件的起草人之一邓力群说："第一个五年计划的156项，那确实是援助，表现了苏联工人阶级和苏联人民对我们的情谊。这样一些问题，《决议》应该如实地按照事情本来面貌写上去。要通过这些历史问题的论断，再一次说明中国共产党人是公正的。"

"一五"计划的各项指标大幅度地超额完成。到1957年，工农业总产值达到1241亿元，按可比价格计算，比1952年增长67.8%。五年间，全国实际完成基本建设投资总额588.47亿元，形成中国近代以来引进规模最大、效果最好、作用最大的工业化浪潮，工业生产能力和技术水平前进了一大步；交通、教育、科学、文艺、医疗卫生等各项事业获得较快发展；全国物价基本稳定，人民生活水平逐步提高。"一五"计划时期是新中国经济效益最好的时期之一。就是与同期世界发达国家的增长速度相比，中国也不逊色。"一五"计划取得巨大成就，为中国社会主义工业化奠定了基础，为社会主义建设积累了宝贵经验。

1958

“大跃进”和人民公社化运动

1958年5月，中国共产党第八次全国代表大会第二次会议正式通过“鼓足干劲、力争上游、多快好省地建设社会主义”的总路线。这条总路线反映了广大人民群众迫切要求改变中国经济文化落后状况的普遍愿望，但忽视了客观经济规律。会后，以片面追求工农业生产和建设的高速度，不断大幅度地提高和修改计划指标为标志的“大跃进”运动在全国范围内展开。8月，中央政治局在北戴河召开扩大会议，作出《关于在农村建立人民公社问题的决议》。会后，以高指标、瞎指挥、浮夸风、“共产风”为主要标志的“左”倾错误严重泛滥开来。与此同时，以“一大二公”、政社合一为主要特点的人民公社在全国农村普遍建立起来。

人民日報

迈开英雄的步伐踏进一九五八年

乘風破浪

①

①1958年1月1日《人民日报》。

②庆祝建国10周年时北京郊区农民举着总路线、“大跃进”、人民公社“三面红旗”标语游行。
③全国掀起空前规模的全民大炼钢铁运动。

②

③

④

④人民公社实行“组织军事化，行动战斗化，生活集体化”。图为人民公社办的公共食堂。

⑤

⑤1958 年在河北省抗旱运动中，丰润县的一群年轻姑娘曾几次到数百里以外去支援外县抗旱，被人们称为“现代穆桂英”。图为她们在休息时表演节目。

“大跃进”和农村人民公社化两大运动的发动，有着共同的急于求成和夸大主观能动性等思想根源，在运动进程、发动方式、影响和后果等方面，也有着不可分割的关系。但二者性质有所不同，前者主要表现在生产力发展方面的盲目冒进，而后者则主要表现在生产关系和社会制度的变革等方面的盲目冒进。

“大跃进”出现在1958年，不是偶然的

在新中国成立之时，中国人民政治协商会议制定的起临时宪法作用的《共同纲领》，没有把中国的社会主义前途写进去。当时党中央认为：先经过一段新民主主义建设时期，再实行资本主义工商业的国有化和个体农业的集体化，这至少要十年到十五年，然后视情况而定。

随着土地改革的基本完成和国民经济的迅速恢复，党认为解决工人阶级与资产阶级的矛盾，在农村和城市开始逐步进行社会主义改造的步骤，已经成为必要并有现实可能，于是提出向社会主义过渡的问题。

1952 年 9 月，在中共中央书记处会议上，毛泽东说：我们现在就要开始用十年到十五年的时间基本上完成到社会主义的过渡，而不是十年或者更长时间以后才开始过渡。

但从 1955 年夏开始，毛泽东首先改变了这个时间表，提出要加快步伐。毛泽东认定，主持中央农村工作的邓子恢犯了右倾错误，而事实上，

邓子恢一直按正常部署进行着工作。

在这种思想影响下，各地争先恐后地用过高标准向下布置工作，各地各部门也都希望在较短的时间内做出大的成绩来，以免被说成右倾保守。1956 年的经济冒进，就是在这种情况下发生的。

1957 年 11 月，毛泽东赴苏参加十月革命 40 周年庆典，并参加各国共产党和工人党代表会议。会议的盲目自信气氛也感染了毛泽东。这时，苏联已发射了两颗人造卫星。赫鲁晓夫 11 月 6 日在苏联最高苏维埃会议上宣布同发达资本主义国家进行经济竞赛，说“在以后的 15 年中，苏联不仅能够赶上，并且能够超过美国目前的重要产品的产出量”。毛泽东也不甘示弱。11 月 18 日，他在各国共产党和工人党代表会议上说：“赫鲁晓夫同志告诉我们，15 年后，苏联可以超过美国。我也可以讲，15 年后我们可能赶上或者超过英国。”“到那个时候，我们就无敌于天下了，没有人敢同我们打了，世界也就可以得到持久和平了。”[①] 12 月 2 日，刘少奇在工会第八次大会上公开宣布了“15 年在钢铁和其他重要工业产品的产量方面”赶上或者超过英国的口号。

这样，关于经济建设要“加速”的思想，在强烈的赶超意识推动下，逐步转化为“大跃进”的实践行动。

“大跃进”的推行表明，党力图在探索中国自己的建设社会主义的道路中打开一个新的局面。它能够发动起来，反映了曾长期遭受帝国主义和封建主义欺凌的中国人民，摆脱压迫之后求强求富的强烈渴望。从新中国成立到社会主义改造基本完成，短短几年内一连串接踵而至的胜利，使人们相信中国富强的目标可能在一个较短的时间内实现。

毛泽东在发动“大跃进”时曾说过：“中国经济落后，物质基础薄弱，使我们至今还处在一种被动状态，精神上感到还是受束缚，在这方面我们还没有得到解放。要鼓一把劲。”这段话道出了全党大多数人的共同感受。大家都愿意相信，我们既然已经在社会关系方面得到解放，做了主人，那么，在经济建设上再来一个大跃进，彻底改变中国的落后面貌，已经不是什么遥远的事情，而是指日可待，能够争取的。

把“大跃进”和人民公社化运动推向高潮

高指标带来高估产。1958 年夏收期间，各地兴起一阵虚报“高产”风，竞放高产“卫星”浪潮。小麦“卫星”和水稻“卫星”分别为亩产 8585 斤、亩产 130434 斤。报刊舆论为这些不切实际的虚报数字大加鼓吹。什么“地的产是人的胆决定了的”，“人有多大胆，地有多大产”。

① 中共中央文献研究室编:《毛泽东年谱》(1949—1976)第 3 卷，中央文献出版社 2013 年版，第 251 页。

伴随着这种在生产上的高指标和浮夸风的兴起，推动着生产关系方面急于向所谓高级形式过渡。在大搞农田水利基本建设的过程中，进行生产协作，有的超越了社界、乡界，甚至县界的范围，认为农业生产合作社的规模越大，公有化程度越高，就越能促进生产。于是中共中央发出关于把小型的农业生产合作社适当地并为大社的意见，各地试办了一些一千户以至几千户的大社。《红旗》杂志、《人民日报》公开宣传毛泽东关于把工农商学兵组成一个大公社，以便构成中国社会的基本单位的思想。随即人民公社开始在农村建立、发展。

1958 年 8 月，中共中央政治局在北戴河召开扩大会议。这次会议对实际生活中已经出现的虚假风和浮夸风的现象，不仅没有进行冷静分析和纠正，而是加以支持。会议在讨论 1959 年国民经济计划时，提出了不切实际的估计和超乎寻常的指标。会议预计 1958 年粮食产量可达 6000 亿斤—7000 亿斤（1957 年为 3700 亿斤），要求 1959 年达到 8000 亿斤—10000 亿斤。会议正式决定 1958 年钢产量要比 1957 年翻一番，达到 1070 万吨，1959 年达到 2700 万吨—3000 万吨。

北戴河会议后，为了在余下的 4 个月时间里，完成追加的钢产量当年翻番的任务，在全国城乡掀起了全民大炼钢铁的群众运动。到年底，全国生产钢 1073 万吨，其中 300 万吨土钢基本不能使用。

在大炼钢铁的同时，人民公社在全国农村普遍建立。到 10 月底，全国 75 万个农业生产合作社改组成 2.6 万个人民公社，入社的有 1.2 亿户、5.6 亿多人口，占农村人口总数的 99% 以上。人民公社特点叫“一大二公”，实际上就是搞“一平二调”，刮起“共产风”，提出吃饭不要钱，大办集体食堂。这种严重的平均主义和无偿调拨，实际上是对农民的剥夺，使农民惊恐和不满，杀猪宰羊、砍树伐木，造成生产力的很大破坏，给农业生产带来灾难性的后果。

初步纠“左”

毛泽东始终是“大跃进”和人民公社化运动的积极倡导者和推动者，同时，他也是较早地通过调查研究觉察到运动中出现严重问题并努力加以纠正的党的主要领导人。

1958 年秋冬，“大跃进”和人民公社化运动的恶果已经凸显出来。党中央和毛泽东开始觉察到经济生活中出了不少乱子，开始尝试努力通过调查研究加以解决。1958 年 11 月至 12 月，党中央先后在郑州、武昌召开工作会议、政治局扩大会议和八届六中全会。毛泽东强调需要让大家冷静下来，联系中国社会主义经济革命和经济建设的实际，去读一些马克思主

义的理论著作。八届六中全会通过的《关于人民公社若干问题的决议（草
案）》强调指出，不能混淆集体所有制和全民所有制的界限，不能混淆社
会主义和共产主义的界限，人民公社目前基本上仍然是集体所有制。决议 9
还强调，今后一个时期内，商品生产和商品交换必须有一个很大的发展。

八届六中全会后，各地普遍对人民公社进行整顿，急急忙忙向全民所
有制过渡、向共产主义过渡的势头刹住了。1959 年二三月间，党中央在郑
州召开政治局扩大会议，根据前段整顿中提出的问题，从公社内部所有制
分级的问题入手，进一步纠正“共产风”。根据毛泽东的提议，会议形成 14 5
句话作为整顿人民公社的方针，即：“统一领导，队为基础；分级管理，权
力下放；三级核算，各计盈亏；分配计划，由社决定；适当积累，合理调
剂；物资劳动，等价交换；按劳分配，承认差别。”各省、市、自治区分别
召开五级或六级干部会，落实会议精神。在贯彻会议精神的过程中，又根 8
据社员群众的要求，把以公社为基本核算单位改为以生产队为基本核算单
位，把不算旧账的决定改为清算公社成立以来的账目、退赔平调的资金物
资。这受到社员群众的极大欢迎。

在解决农村人民公社化运动问题的同时，党中央还注意解决工农业生产高指标的问题。到 1959 年第一季度，高指标引起的比例失调、原材料供应紧张的问题，更加严重地困扰国民经济各行业。4 月，八届七中全会在上海召开，将当年的基建投资再作压缩。此后，中央决定进一步降低生产高指标，把当年钢产量指标降到 1300 万吨，大力抓农业生产，恢复社员自留地，允许社员饲养家畜家禽，同时大抓副食品和日用工业品的生产。为了落实上述一系列政策措施，中共中央还决定于 7 月在江西庐山召开政治局扩大会议，以很好地总结“大跃进”以来的经验教训，统一思想，提高认识。

从 1958 年秋冬开始，到 1959 年 7 月中央政治局庐山会议前期，党中央和毛泽东曾经努力领导全党纠正已经觉察到的错误。经过九个月的紧张努力，“共产风”、浮夸风、高指标、强迫命令、瞎指挥等得到初步遏止，形势开始向好的方向转变。这一段的初步纠“左”，是全党“从自己的错误中学习”的过程，也是对建设社会主义道路进行一些新的探索的过程，这期间提出的一些正确的理论观点和政策主张具有长远意义。但是，对总路线、“大跃进”、人民公社还是根本肯定，所以纠“左”还是局限在坚持“大跃进”和人民公社的“左”倾指导思想的大框架内。因此，形势远没有根本好转。

1959 年庐山会议后期错误地发动了对彭德怀等的批判，进而在全党开展“反右倾”斗争，在政治上使党内从中央到基层的民主生活遭到严重损害，在经济上打断了纠正“左”倾错误的进程，使错误延续了更长时间。

1　9　5　9

“工业学大庆”和“农业学大寨”

1959年9月，中国在松辽盆地找到工业性油流，进而发现油田。因临近国庆10周年，被命名为“大庆油田”。同年，《山西日报》发表《大寨年年有个新套套》通讯，介绍了大寨的先进事迹。这是大庆和大寨首次进入人们视野。1964年2月5日，中共中央发出《关于传达石油工业部〈关于大庆石油会战情况的报告〉的通知》。2月10日，《人民日报》发表长篇通讯《大寨之路》，同时配发社论《用革命精神建设山区的榜样》。此后，“工业学大庆”和“农业学大寨”运动在全国展开。

①

②

①工业学大庆章和农业学大寨章。

②大庆油田“铁人”王进喜和工人用身体搅拌水泥，制服井喷。

③

③山西昔阳大寨大队干部群众面对恶劣的自然条件，开山造田，发展生产。

20 世纪 50 年代后期 60 年代前期，中国处于一个艰辛探索和意气风发的年代。全国上下掀起的“工业学大庆”和“农业学大寨”热潮，就是带有那个时代特色的社会风尚和精神面貌的集中体现。

“工业学大庆”：“有条件要上，没有条件创造条件也要上”

新中国成立前，中国石油工业基础十分薄弱，国内消费的石油基本上靠从外国进口。新中国成立后，中国投入大量人力物力进行石油勘探开发。1955 年，开始对东北松辽盆地进行地质勘查。1959 年 9 月，在松辽盆地发现“大庆油田”。1960 年 2 月，中央决定在黑龙江省的大庆地区进行石油勘探开发大会战。会战得到全国各方面的大力支援。

在大庆油田的开发建设中，以“铁人”王进喜为代表的大庆石油工人、科技人员和广大干部，以“宁肯少活 20 年，拼命也要拿下大油田”的英雄气概，以“有条件要上，没有条件创造条件也要上”的奋斗决心，以“对待事业，要当老实人，说老实话，办老实事”“对待工作，要有严格的要求、严密的组织、严肃的态度、严明的纪律”“白天和黑天干工作一个样，坏天气和好天气干工作一个样，领导在不在场干工作一个样，有没有人检查干工作一个样”等“三老”“四严”“四个一样”的工作作风，吃大苦，耐大劳，为中国石油工业发展顽强拼搏，创造出辉煌业绩，再现出伟大的奉献精神，培养和锤炼了一支敢打硬仗、勇创一流的英雄队伍。

在极端困难的条件下，广大职工怀着为祖国争光、为民族争气的远大胸怀，克服重重困难，创造了极不平凡的业绩。经过 3 年多的奋战，到 1963 年，中国高速度、高水平地探明和建设了一个年产 600 万吨原油的大油田。12 月 2 日，周恩来在二届全国人大四次会议上庄严宣布："我国需要的石油，现在可以基本自给了。"到 1965 年底，中国实现了国内消费原油和石油产品的全部自给。其中，大庆油田提供的高产原油，起到了决定性作用。

1964 年，党中央和毛泽东向全国发出工业学大庆的号召。大庆经验的传播和推广，对振奋全国人民自力更生、奋发图强的精神，对推进社会主义建设事业的发展，起到了积极作用。在开发大庆油田过程中，培育了"爱国、创业、求实、奉献"的大庆精神，成为激励各族人民意气风发投身社会主义建设的强大精神力量。

此外，中国还相继开发建设玉门油矿、大港油田、胜利油田等石油企业。

"农业学大寨"：向"七沟八梁一面坡"的贫瘠土地开战

大寨是山西省昔阳县一个山村。这里自然条件恶劣，土地贫瘠，全村耕地被沟壑切割成无数小块，分散在七沟、八梁、一面坡上。从 1952 年底到 1956 年，大寨响应"组织起来"的号召，走过了农业合作社初级社到高级社的道路，依靠集体的力量做到粮食生产自给有余。1958 年，在全国大办人民公社的热潮下，大寨成为一个生产大队，隶属于大寨公社。大寨大队的党支部书记陈永贵，是一位既有政治头脑、又有组织能力，而且能够严以律己的领头人。他带领群众艰苦奋斗，向"七沟八梁一面坡"的贫瘠土地开战。

继 1959 年《山西日报》介绍大寨的先进事迹后，1960 年 2 月，山西省委向全省农村基层干部发出了"学习模范支部书记陈永贵"的号召。《山西日报》、省广播电台等新闻机构也加大了对大寨的宣传力度。陈永贵的事迹开始在山西各地引起轰动。此后，山西媒体一直跟踪报道。特别是 1963 年 8 月初，大寨遭受特大洪灾时，陈永贵正在县里参加人代会。他知道后，立即绕山路回到村里，把全村动员起来，不分男女老少，齐心协力，夜以继日，战天斗地，果真创造出了惊人的奇迹。结果，除少量完全被冲垮了的梯田绝收外，粮食亩产获得 700 多斤的高产纪录。接着，他们研究洪水为害的规律，修订第二个十年造地规划，建设抗御旱涝能力更强的稳产高产新梯田。他们以白天治坡、夜

 1

里治窝的惊人毅力，建起了焕然改观的新大寨，仅仅半年多时间，半数社员就欢欣鼓舞地搬进了新居。大灾之年夺得大丰收，更是被称
为“创造了一个奇迹”！在抗洪斗争中，陈永贵总结出“自力更生十大好 9
处”，硬是不要国家一分钱，自力更生重建家园，发展生产。

1964年2月10日，《人民日报》发表长篇通讯和社论号召全国“每一个地方，不论是山区还是平原，都要很好地学习大寨的经验”。

毛泽东曾多次在讲话中提到要注意依靠农村、农民，要学习大寨
和陈永贵。他深有感触地说：“我们这一辈子忘不了贫下中农”“要自力 5
更生，要像大寨那样。”“干部不参加劳动，永远四不清，懒、馋、占、贪，都是由懒而来。”[①]

1964年12月，周恩来在三届全国人大一次会议《政府工作报告》
中，发出了“工业学大庆，农业学大寨，全国学人民解放军”号召，并 9
把大寨精神概括为“政治挂帅、思想领先的原则，自力更生、艰苦奋斗的精神，爱国家爱集体的共产主义风格”。从此，农业学大寨运动在全国开展起来。

毛泽东邀请“铁人”王进喜、农民代表陈永贵等共进71岁生日晚餐

1964年12月21日至1965年1月4日三届全国人大一次会议举行。其间12月26日是毛泽东71岁生日。在人民大会堂118厅，毛泽东邀请了参加会议的大庆“铁人”王进喜、农民代表陈永贵、著名科学家钱学森和知识青年上山下乡的带头人邢燕子、董加耕等劳动模范、科学家和身边工作人员，还有中央领导人、各大区主要负责人及少数部委负责人共进晚餐。毛泽东说：今天不是请客，更不是祝寿，有工人，有农民，我拿自己的稿费请大家吃顿饭，也算是实行“四同”吧。

① 参见中共中央文献研究室编：《毛泽东年谱》（1949—1976）第5卷，中央文献出版社2013年版，第348—350页。

1 9 6 0

为了六十一个阶级弟兄

——北京救命药神速空投平陆

1960 年 2 月 28 日《中国青年报》刊登专版《从“平陆事件”学习和发扬共产主义精神》。

中国青年报

1960年2月28日 星期日

党的恩情比海深

从“平陆事件”学习和发扬共产主义精神

为了六十一个阶级弟兄

本报记者

又一曲共产主义的凯歌

颗颗红心紧相连

①

①1960 年 2 月 28 日《中国青年报》。

1960 年 2 月 2 日，农历正月初六，晚上 6 点钟，山西省平陆县风南公路张沟段，61 名民工不慎发生食物中毒。

全力筹措药物

平陆县一座新落成的红色大楼里，灯火辉煌。中共平陆县委扩大会议，照常进行着。与会者精神振奋，讨论的是 1960 年跃进规划。

7 点钟时，县人民委员会燕局长匆匆奔进会议室，找到县人民医院王院长报告了平陆民工中毒事件。他们的话还没说完，坐在主席位置上的中共平陆县委第一书记郝世山同志，也已知晓这紧急情况。这位 50 来岁的老书记，立刻站了起来，目光炯炯地把会场扫视了一遍。然后，果决地说："同志们，现在要全力处理一件急事，会议暂停！"说完，他披起那件旧棉大衣，立即召集县委常委会议研究，当机立断，全力抢救。片刻，大卡车就载着负责同志，载着县医院全部最好的医生，在茫茫的黑夜里，翻山越岭，向 61 个阶级弟兄身边奔去。

平陆县与河南省三门峡市，只隔一条黄河。县北 50 里外张村一带，正在修建一条从芮城风陵渡到平陆南沟的省级公路，这条公路是山西全省支援黄河三门峡工程的交通命脉。筑路民工都是人民公社社员，干起活来干劲冲天。他们展开了对手赛，改革了一系列工具，工效步步提高。更在春节期间，自愿少休息，打了个开门红的大胜仗。谁想竟发生了这偶然的不幸。

县里的汽车来到张沟工地以前，张村公社党委第一书记薛忠令，亲率公社医院 20 多名医护人员，早已来到。他们正在忙着给病人洗身、洗脚、消毒。县里的医生跳下汽车，立即接手诊断，立即治疗。

他们使用了各种办法：给患者喝绿豆甘草水解毒，无效！给患者注射吗啡，仍然无效！……

在张村公社医院里，空气仍然异常紧张！张村公社的社员们送来了大量豆腐、粉条、蔬菜、糖、细粮……这些东西堆在那里，有谁能吃呢？61 位弟兄还在危险中！山西省人民医院、临汾人民医院听到消息后，也都迅速派来了医生。40 多位医护人员，头上冒着一串串的汗珠，已经 20 来个小时没合眼。为了延续这 61 条生命，土法、洋方，各式各样的招，都使尽了，可是病人还不见有何好转。

无比的紧张！空气窒人，医生、护士挥汗如雨。医生们经过紧张详细的会诊后，断定："非用特效药'二巯基丙醇'不可！必须在4日黎明前给病人注射这种药，否则无救！赶快派人去找！"

平陆县没有这种药。冒险夜渡黄河到对岸的三门峡市，还是没有这种特效药！这时，已经是2月3日的中午了。找药的电话，一个一个地回来了：运城县没这种药！临汾县没这种药！附近各地都没这种药！

下午3点，县委郝世山书记斩钉截铁地说："为了61位同志的生命，现在我们只好麻烦中央，向首都求援。向中央卫生部挂特急电话！向特药商店挂特急电话！"

向北京求助特效药

紧张的抢救战，在二千里外的首都，接续着开始了……

在卫生部的一所四合院里，药政管理局的许多同志都停下了别的工作，忙办这件刻不容缓的事。药品器材处同志接到平陆县委打来的电话后，立刻叫人通知八面槽特种药品商店赶快准备药品，并跑去请示局长和正在开党组会议的几位部长。部领导指示：一定要把这件事负责办好，立刻找民航局或请空军支援送药！

"明天早晨，才有班机去太原，那太迟了，太迟了！对啦，请求空军支援！"

空军热情支援，保证当夜把药品空投到平陆县城！但要求把一千支药品装进木箱，箱外要装上发光设备……

2月3日晚，将近7点，北京特药商店里，药品箱都快装好了，可是发光设备却还没个着落。这时，一个戴眼镜的姑娘，猛地把辫子一甩说：找五洲电料行去！电料行的同志听说后，急中生智，用16节电池、4个灯泡，把药箱的四面都装上灯，空投落地时，这一面的摔灭了，保证另外几面的还亮着。

卫生部胜利牌轿车载着特药商店的1000支"二巯基丙醇"，在灯火辉煌的大街上，在静谧的京郊林荫大道上，响着喇叭，箭似的向机场疾驰。

神药从天而降

几乎在北京载药车急驰机场的同时，平陆县邮政局的电话铃声一阵疾响。从下午3点开始，平陆—北京的长途电话已经成为一条极为敏捷的专线电话。又是空军领导机关打来的。守护在电话机旁的邮政局长急忙把电话接到县委。 9

“请赶快物色一块平坦地带，要离河道远些，准备四堆柴草。飞机一到，马上点火，作为空投标志!”

“好! 立即准备!”

于是，县委书记、县长亲自指挥。眨眼间，四大堆柴草已经准备好了! 几千人林立在这块名叫“圣人涧”的空地上。人们 6
满怀急不可耐的激动心情，望向茫茫的夜空……

21点03分，北京，繁星满天。一架军用运输机，满载首都人民的深情厚谊，冲向银光闪闪的夜空，向西南方向风驰电掣地飞去。这是一次十分困难的飞行。夜间空投，在平陆空投场 0
没有地面指挥和对空联络的情况下，加上地形复杂，山峦重重，空投的又是水剂药品，而且要保证做到万无一失……部队领导对这次空投任务极为重视，政委、大队长、参谋长亲自研究，特别选派了最有经验的机长、领航长、通讯长和机械师，并且是一架飞机，派了两个机组同时前往。就在起飞之前，他们还选择了最好的降落伞，把药箱加了重，一切都筹划得最有把握，大家满怀着信心。

一名飞行员十分激动地请示机长：“为了使药箱确保及时送到，我请求批准我跟着药箱一起下去!”

机长说：“首长已经指示，人不要下去，我们要保证把药品准确投到!”

夜里11点多，“请平陆准备! 准备! 飞机再有七分钟就到你县，马上点火!”

等待飞机的人群，不知是谁，向柴草上泼了一些煤油，火苗冲天而起，大火把天空和大地都照红了!

机械师们早就把药箱上的电灯接亮，只听电铃一响，他们嗖地一声准确地把药箱推出机舱，1000支“二巯基丙醇”带着降落伞，向预定空投地点坠下去。

由县委打电话向北京求援，到“神药”从天而降，这其中牵动了多少单位，牵动了多少人。可是这全部复杂辗转的过程，却只用了8个多小时，这是多么惊人的高速度!

注射剂十分灵效，立竿见影，病人立时止住了疼痛，恢复了神智。61个阶级弟兄化险为夷了!

1961

实事求是年、调查研究年

——正式提出“调整、巩固、充实、提高”的“八字方针”

1961年1月20日下午，毛泽东写信给秘书田家英，请他把一篇“已经30年不见了”的名为《调查工作》的文章，分送陈伯达、胡乔木。信写完后，他又在末尾加了一句：“此信给三组21个人看并加讨论，至要至要!!! 毛泽东又及”。两个“至要”和三个感叹号，体现了毛泽东的高度重视。这里说的“三组21个人”指的是陈伯达、胡乔木、田家英各自率领的一个7人组，三组共21人，分赴广东、湖南和浙江农村开展调查，毛泽东要求他们人手一册《调查工作》。在这篇文章中，毛泽东首次提出“没有调查，没有发言权”。两天前的1月18日，中共八届九中全会在北京闭幕。毛泽东在全会以及为准备这次全会而召开的中央工作会议上多次讲话，号召全党恢复实事求是、调查研究的作风，要求1961年成为“实事求是年、调查研究年”。这篇文章失而复得，真可谓适逢其时。随后，毛泽东、刘少奇、周恩来、朱德、陈云、邓小平等纷纷到基层调研。

中发〔60〕909号 文化部 戌 92

中共中央文件

中共中央关于农村人民公社当前政策問題的緊急指示信

各中央局，省（市、自治区）委，地委，县委，公社党委，生产大队和生产队的总支和支部：

从一九五八年大跃进以来，工业、农业和其他各个战线所取得的成就是伟大的，史无前例的。党的社会主义建设总路线，越来越証明是完全正确的。人民公社在同连续两年的、严重的自然灾害做斗爭中，越来越表现出无比的优越性。当前的整个形势是大好的。相当大的一部分地区农业遭灾歉收所带来的困难是暂时的，是能够克服的。在农村人民公社化初期产生的一平二调的“共产風”，是違背人民公社现阶段政策的，是破坏生产力的，并且妨碍了人民公

—1—

③

①失而复得的《调查工作》。

②1961 年 1 月 20 日毛泽东就组织调查组一事给田家英的信。

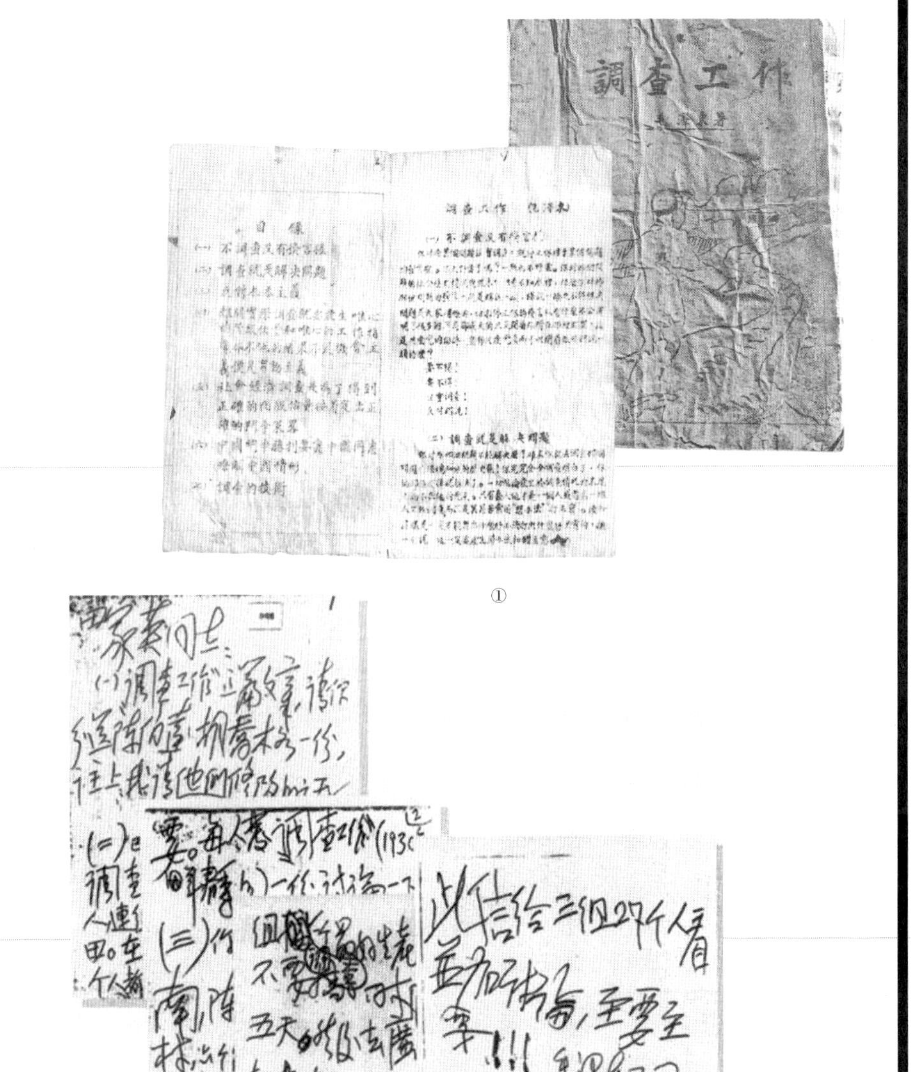

①

②

③1960 年 11 月 3 日中共中央发出了《关于农村人民公社当前政策问题的紧急指示信》。

1959年至1961年，由于“大跃进”和“反右倾”的错误，加上自然灾害和苏联政府撕毁合同，中国国民经济发生严重困难，国家和人民遭到重大损失。

“我们的问题就是搞得太猛了”

在国民经济严重困难时期，农业和农村首当其冲。正如邓小平1961年1月11日会见南非共产党代表团时所说，“农业方面，三年来有两年大自然灾害，1959年和1960年的灾害是历史上从未有过的。你们经过的黄河，曾经干枯到人可以徒步而过，这是从来没有的事。”除了自然灾害，当然也有人为因素。这年11月1日，邓小平在全军政治工作会议上讲话指出：“我们的问题就是搞得太猛了。这是人的方面的毛病。”[①]

① 中共中央文献研究室编：《邓小平文集》（1949—1974年）下卷，人民出版社2014年版，第70、116页。

1960年8月，周恩来、李富春主持研究1961年国民经济计划控制数字时，提出对国民经济实行“调整、巩固、充实、提高”的“八字方针”。10月底，河南信阳地区大批饿死人的情况反映到北京，引起中央的震惊和严重关注。危机迫在眉睫，必须立即采取应对措施。11月3日，党中央发出由周恩来主持起草并经毛泽东改定的《关于农村人民公社当前政策问题的紧急指示信》，迈出了克服严重经济困难的重要一步。《紧急指示信》要求全党用最大的努力来坚决纠正“共产风”，并规定了12条措施。主要是：重申“三级所有，队为基础”；彻底清理“一平二调”，坚决退赔；加强生产队的基本所有制，实行生产小队的小部分所有制，允许社员经营少量自留地和小规模家庭副业；坚持按劳分配原则；恢复农村集市，等等。《紧急指示信》仍主张坚持部分供给制，坚持办好食堂。这是两个不足之处，也是以后实行调整的重点和难点。

毛泽东找到了30年失而复得的《调查工作》一文

《调查工作》是毛泽东在1930年5月所写，一度遗失。1957年2月，在福建上杭被发现。1959年8月收藏于中央革命博物馆。1961年1月，田家英听说后，把这篇文章借出交给了毛泽东。重读这篇30年前的旧作，毛泽东感慨万分，再次想起了革命战争年代进行调查研究的往事，再次感受到实事求是精神的重要，于是就写了给田家英的那封信。

3月，毛泽东把文章名字修改为《关于调查工作》，批印给在北京召开的北三区会议和在广州召开的南三区会议与会者阅读，
并在南三区会议上说：“今年1月找出了30年前我写的一篇文章， 9
我自己看看觉得还有点道理，别人看怎么样不知道。‘文章是自己的好’，我对自己的文章有些也并不喜欢，这一篇我是喜欢的。这篇文章是经过一番大斗争以后写出来的，是在红四军党的第九次代表大会以后1930年写的……文章的主题是，做领导工作的人
要依靠自己亲身的调查研究去解决问题。” 6

3月23日，中共中央发出经过毛泽东审改的《关于认真进行调查工作问题给各中央局，各省、市、区党委的一封信》，其中附有《关于调查工作》一文，要求县以上各级领导机关联系实
际深入学习。在讨论这封信的会议上，毛泽东又专门对这篇文章 1
作了逐节讲解。可见他对此文的珍爱和重视。1964年，此文编入《毛泽东著作选读》时，毛泽东将其改名为《反对本本主义》。

信中指出：最近几年工作中缺点错误之所以发生，根本上是由于许多领导人员放松了在战争年代进行的很有成效的调查研究工作，在一段时间内，根据一些不符合实际的或者片面性的材料作出一些判断和决定。这是一个主要的教训。全党各级领导同志，决不可忽略和忘记这个付出了代价的教训。信中强调：深入基层调查研究，是领导工作的首要任务。“一切从实际出发，不调查没有发言权，必须成为全党干部的思想和行动的首要准则。”“在调查的时候，不要怕听言之有物的不同意见，更不要怕实际检验推翻了已经作出的判断和决定。”中央发出的这个指示，实际上向全党干部提出了端正思想路线的问题。

正式提出“八字方针”，全党大兴调查研究之风

在1961年1月中共八届九中全会上，毛泽东说，我们党是有实事求是的传统的。最近几年，调查做得少了，不大摸底了，大概是官做大了。我这个人就是官做大了，从前在江西那样的调查研究，现在就做得很少了。请同志们回去后大兴调查研究之风，一切从实际出发。

1月20日《中国共产党第八届中央委员会第九次全体会议公报》正式提出对国民经济实行“调整、巩固、充实、提高”的“八字方针”。这是一个关系全局的战略转变。正如邓小平指出的：“‘八字方针’主要是调整。调整，就是抓质量。我们不追

求钢的数量，主要是把农业搞好，把日用品生产搞好，把设备维修好，把这几年发展的生产能力巩固起来，以便继续前进。”[①]此后，中国国民经济建设由“大跃进”转入调整时期。

1961年起，全党上下响应毛泽东的号召，大兴调查研究之风，纠正错误，调整政策。

中央领导人相继到基层调查。由于农村的经济困难最突出，调查的重点放在农村。毛泽东直接组织和指导三个调查组，分赴浙江、湖南、广东农村进行调查研究。他怀着急于了解农村真实情况的心情，1月25日晚离开北京，经天津、济南、南京、上海、杭州、南昌、长沙，于2月13日到达广州，一路考察。刘少奇、周恩来、朱德、陈云、邓小平等中央领导人和各省、市、自治区党委书记也纷纷下到基层。

刘少奇在家乡湖南的44天调查

1961年4月至5月，刘少奇在家乡湖南宁乡县和长沙县进行了为期44天的调查研究。刘少奇最渴望听到人民群众最真实的心声。但在调研之初，人们不敢讲真话。有一次在炭子冲召开座谈会，刘少奇问几个社员：“吃食堂好不好?”大家都吞吞吐吐，既不说好，也不敢说不好。当时谁要敢反对办食堂，就可能被扣上“反对向共产主义过渡”“拆桥”等大帽子。刘少奇在《湖南长沙、宁乡调研》一文中指出：“长期以来，这个大队的社员和干部不敢说心里话，乔木去调查时，大队已把一些乱说话的人调走。我最初去找干部和社员谈话，大队干部都在事先交代过。有些小队开会，我们工作组的人去参加，说的是一套，工作组的人离开后，他们又再开会说了另一套。因此，我在天华的前十天几乎不能同大队的人认真讨论问题。”[②]

为了了解群众心中真实的想法，在一次座谈会上，刘少奇摘下青呢帽，露出满头银发，用地道的宁乡腔恳求道：“我是向大家求教的。这次中央办了错事，我们对不起大家，向大家道歉。但是改正错误要了解真实情况，希望大家帮助我，向我提供真实情况。”会场上霎时静了下来，大家看到的是国家主席真诚的脸和渴望得到实情的心。此后，他不让社队干部陪同，带着秘书径直来到生产队，请社员座谈。而且每次召集座谈会，为了解除大家的顾虑，他总是先耐心地

① 中共中央文献研究室编：《邓小平文集》（1949—1974年）下卷，人民出版社2014年版，第118页。

② 中共中央文献研究室编：《毛泽东、周恩来、刘少奇、朱德、邓小平、陈云论调查研究》，中央文献出版社2006年版，第215—216页。

1961 年 5 月刘少奇和王光美在湖南农村调查途中。

解释说："你们随便讲，不要怕，实事求是嘛！好就是好，不好就是不好；白的是白的，黑的是黑的，不要黑白不分。"经过 40 多天与群众心贴心交流、面对面沟通，刘少奇终于赢得了群众的信任。大家打消顾虑，纷纷向他反映公社化以来对公共食堂、供给制、自留地、集市贸易等问题的真实看法。由此，刘少奇认识到，造成困难的主要原因并不是天灾，而是如农民所说"三分天灾，七分人祸"。

刘少奇在家乡湖南进行调研期间，除了听汇报、请干部群众开座谈会外，还采取革命战争年代的办法，直接在老乡家里，铺禾草、睡门板，他挨家挨户摸情况，揭开锅盖看到农民吃着糠菜窝头，打开油盐坛子发现没有一滴油，还看到许多社员因为吃代食品得了水肿病。刘少奇对农民生活有了清醒的认识。一次，他在住地附近看到一摊已经风干的人粪，就过去用脚搓开，仔细检查了一番，发现里面没有什么粮食，不禁摇头叹息，说："你们看，这里面全是不能消化的粗纤维，说明这人吃的是野菜、草根。农民吃饭已成了大问题啊！"调研结束后他向毛泽东汇报了真实情况："社员生活不如 1957 年"，"只有大米和小菜，因此明显感觉不够吃"，"去年下半年许多社员得了浮肿病"。随后，他在中央工作会议上作了《当前经济困难的原因及其克服的办法》的讲话，比较深刻地总结了"大跃进"以来的经验教训。刘少奇深入基层的调查研究，促进了中央对农村政策的调整。

1962

七千人大会

——在充分发扬党内民主基础上聚力调整

七千人大会原定1962年1月底结束，由于与会者纷纷表示还有许多话要说，毛泽东建议延长会期，在北京过春节，“白天出气，晚上看戏，两干一稀，大家满意”。2月3日，朱德在山东组全体会议上的讲话开篇表示：“这次会议，畅所欲言，知无不言，言无不尽，上下通了气，我很满意。”这是2月4日，邓小平草拟的在七千人大会上的讲话提纲。这张我们熟悉的毛泽东、刘少奇、周恩来、朱德、陈云、邓小平6位老一辈革命家的照片，也是在七千人大会上拍摄的。

①1962年2月4日邓小平草拟的在七千人大会上的讲话提纲。

①

②

②毛泽东、刘少奇、周恩来、朱德、陈云、邓小平在七千人大会上。

1962 年 1 月 11 日至 2 月 7 日，党中央在北京召开扩大的中央工作会议。出席会议的有中央和省、地、县四级主要负责人以及重要厂矿和军队的负责干部，共 7118 人，通常称为七千人大会。

刘少奇在七千人大会上的书面报告和讲话

规模空前的七千人大会，是在经过一年调整、形势有了转变，但是困难还很大、党内外还有很多思想疑虑的情况下召开的。会议目的是进一步总结“大跃进”以来的经验教训，统一认识，增强团结，动员全党更坚决地执行调整方针，为战胜困难而奋斗。

按照毛泽东的意见，七千人大会先将刘少奇代表中央提出的书面报告草稿发给参会同志讨论，提出意见。又由刘少奇主持，组织 21 个人的起草委员会，其中有各中央局负责同志参加，经过 8 天讨论，写出了书面报告第二稿。

报告包括三个问题：第一，目前形势和任务；第二，加强民主集中制，加强集中统一；第三，党的问题。

在“目前形势和任务”中，报告比较系统地总结建国以来“我们国家的面貌，在各个方面都发生了巨大的变化”，特别是 1958 年以来取得的 12 个方面成就的基础上，特别指明了“这几年工作中发生的主要缺点和错误”，包括工农业生产计划指标过高、对建设事业的发展要求过急、国民经济比例严重失调、在农村混淆集体所有制和全民所有制这两种所有制的界限、急于过渡、刮“共产风”和分散主义严重滋长等。报告分析了产生缺点错误的原因：“一方面，是由于我们在建设工作中的经验还很不够；另一方面，是由于几年来党内不少领导同志不够谦虚谨慎，违反了党的实事求是和群众路线的传统作风，在不同程度上削弱了党内生活、国家生活和群众组织生活中的民主集中制原则。而指标过高、要求过急等缺点、错误，又助长了这种脱离实际、脱离群众、不民主的错误作风。这样，就妨碍了我们党及时地、尽早地发现问题和纠正错误。”

在“加强民主集中制，加强集中统一”问题中，报告指出，“必须看到，近几年来，在我们党的生活和国家生活中，民主集中制受到了很大的削弱，在有些地方甚至受到了粗暴的破坏。”报告主要围绕“加强集中统一，反对分散主义”展开。报告提出，在中央集权和地方分权的关系方面，需要把加强中央的集中统一的领导同发挥各地方积极性的关系、同各地方因时因地制宜的关系、同分级管理的关系问题这样几个问题处理清楚。

关于“党的问题”，报告主要讲了实事求是的作风、群众路线和党内生活的几个问题。“经验告诉我们，根据假报告、假数字来拟定政策、编制计划，必然会犯错误，必然会对党、对人民、对国家造成很大损害。”报告指出：

我们要正告那些不老实的人，必须迅速地彻底地改正错误，做一个真正有共产主义思想的共产党员。否则，他们的前途是很危险的。那些不老实的人，虽然在某些时候可能占点小便宜，但是，在我们党内，在人民中，终究是要吃大亏的。那些说老实话、做老实事的老实人，虽然在某些时候可能吃点亏，但是，最后是决不会吃亏的，他们一定会取得我们党和人民群众的最大的信任。

我们所有的领导干部，都应该听老实话，听老实人的话。同时，必须在党员中间，大力提倡说老实话、办老实事、当老实人，坚决反对弄虚作假。对于一贯作假、屡教不改的人，必须给以纪律处分。

1月27日，刘少奇在第一次全体大会上讲话，对书面报告作口头说明。针对党内思想疑虑最大的几个问题，他坦诚地指出：

关于目前的国内形势，实事求是地说，我们在经济方面是有相当大的困难的。我们应该承认这一点。当前的困难表现在：人民吃的粮食不够，副食品不够，肉、油等东西不够；穿的也不够，布太少了；用的也不那么够。就是说，人民的吃、穿、用都不足。为什么不足？这是因为1959年、1960年、1961年这三年，我们的农业不是增产，而是减产了。减产的数量不是很小，而是相当大。工业生产在1961年也减产了，据统计，减产了40%，或者还多一点。1962年的工业生产也难于上升。这就是说，去年和今年的工业生产都是减产的。由于农业生产、工业生产都是减产，所以各方面的需要都感到不够。这种形势，对于许多同志来说，是出乎意料的。两三年以前，我们原来以为，在农业和工业方面，这几年都会有大跃进。在过去几年中，的确有一段时间是大跃进的。可是，现在不仅没有进，反而退了许多，出现了一个大的马鞍形。这种情况是不是应该承认呢？我想，要实事求是，应该承认事实就是这样。

关于对成绩和缺点的估计，刘少奇说，过去我们经常把缺点错误和成绩比作一个指头和九个指头的关系，现在恐怕不能到处这样套。从全国讲，恐怕是三个指头和七个指头的关系，还有些地区的缺点错误不止是三个指头，也可能是七个指头。关于造成经济困难的原因，一方面是由于自然灾害，另一方面在很大程度上是由于工作中的失误，有的地方是“三分天灾、七分人祸”。关于“三面红旗”①，现在都不取消，都继续保持。有些问题还看得不那么清楚，经过五年、十年以后，我们再来总结经验，那时候就可以进一步地作出结论。

① “三面红旗”指总路线、“大跃进”、人民公社。

刘少奇强调，为了坚持真理，就要说实话。要“五不怕”，即不怕“撤职，开除党籍，老婆离婚，坐牢，杀头”。

刘少奇还特别讲了指标的高低和人民群众干劲大小的关系问题。他说：

问题是在群众的干劲鼓起来以后，要使用得当，不要浪费，要把群众的干劲长期保持下来。这是不容易的。这就必须严格地实行劳逸结合。如果老是“黑夜当白天，月亮当太阳”，搞那么三五天，干劲就没有了。苦战几昼夜之后，干劲就保持不住了。应该使群众长年累月都保持住干劲，都有饱满的情绪。对于群众的干劲，一定要使用得当。只要一百人干的事情，决不要二百人去干，而应当要一百人干活，其余的一百人睡觉，休养生息，睡好了再干。本来只要一百人干的事情，为什么要二百人去干呢？这几年不节省群众的干劲，浪费了群众的许多干劲，是一个很大的错误。同志们担心群众的干劲发动不起来，这是目前应该很好地进行研究的一个问题。因为这几年，群众的热情和干劲受了挫折，在某些地方受了严重的挫折。要把群众的干劲再度鼓起来，我们就必须在群众中进行充分的自我批评，在群众中充分地发扬民主，认真地总结经验教训，并且同群众一起制订一些切实可行的办法。最近几年我们取得的一条重要经验是：在人民群众的干劲发动起来后，如何节省地使用群众的干劲，如何经常保持群众的充足干劲，这是一件困难的事情。要做到这一点，需要好好学习。

会后，刘少奇在整理讲话稿时曾感情激动地说："犯了那么大的错误，给人民带来那么大的损失，我们这是第一次总结。只一次不行，以后每年要总结，一直到十次、八次，才能深刻地接受错误的教训。"[①]

① 以上参见《刘少奇选集》下卷，人民出版社1985年版，第349—443页；中共中央党史和文献研究院、中央档案馆编：《建国以来刘少奇文稿》第11册，中央文献出版社2018年版，第102页；中共中央文献研究室编：《刘少奇传》（1898—1969）下，中央文献出版社2008年版，第822页。

毛泽东建议延长会期

刘少奇的报告和讲话，受到热烈欢迎。大会进入了充分发扬民主、开展党内批评的阶段。与会者对工作中的缺点和错误敢于揭露和批评。党的各级领导人从毛泽东到省委书记，都主动承担责任，带头进行检讨。这种状况，在党的民主生活中是不多见的。

在1月30日的大会上，毛泽东发表长篇讲话，一共讲6点，中心是讲民主集中制问题。他说：

我们有些同志，听不得相反的意见，批评不得。这是很不对的。在我们这次会议中间，有一个省，会本来是开得生动活泼的，省委书记到那里一坐，鸦雀无声，大家不讲话了。这位省委书记同志，你坐到那里去干什么呢？为什么不坐到自己房子里想一想问题，让人家去纷纷议论呢？平素养成了这样一种风气，当着你的面不敢讲话，那末，你就应当回避一下。有了错误，一定要作自我批评，要让人家讲话，让人批评。去年6月12号，在中央北京工作会议的最后一天，我讲了自己的缺点和错误。我说，请同志们传达到各省、各地方去。事后知道，许多地方没有传达。似乎我的错误就可以隐瞒，而且应当隐瞒。

同志们，不能隐瞒。凡是中央犯的错误，直接的归我负责，间接的我也有份，因为我是中央主席。我不是要别人推卸责任，其他一些同志也有责任，但是第一个负责的应当是我。 9

关于认识客观世界的问题，毛泽东强调，在社会主义建设上，“我们还缺乏经验”，“还有很大的盲目性”。社会主义经济对我们来说还有许多未被认识的必然王国。他说：

6

社会主义和资本主义比较，有许多优越性，我们国家经济的发展，会比资本主义国家快得多。可是，中国的人口多、底子薄，经济落后，要使生产力很大地发展起来，要赶上和超过世界上最先进的资本主义国家，没有一百多年的时间，我 2
看是不行的。……从现在起，五十年内外到一百年内外，是世界上社会制度彻底变化的伟大时代，是一个翻天覆地的时代，是过去任何一个历史时代都不能比拟的。处在这样一个时代，我们必须准备进行同过去时代的斗争形式有着许多不同特点的伟大的斗争。

……

工、农、商、学、兵、政、党这七个方面，党是领导一切的。[①]

周恩来讲克服目前困难的主要办法。他在福建组会上讲话要求大家实事求是，即“说真话，鼓真劲，做实事，收实效”。

朱德在山东组全体会议上发言，提出要纠正“左”的偏向，恢复和发展生产。他特别情真意切地指出，既要正确开展批评和自我批评，又要团结和爱护干部。他说：

这几年，党内斗争扩大化了，吃了一些亏，运动中打击面宽了，伤了人。党内斗争有时同对反革命分子的清理混淆了。经过这次会议，我看可以把平反的工作搞好，把更多的人团结起来。

……

反“左”容易出右，反右容易出“左”。这种情况，作为领导者应当注意。有“左”反“左”，有右反右，有啥反啥，没有就不反。不要一说反什么就自上而下地来个普遍化。

① 以上参见中共中央文献研究室编：《毛泽东文集》第8卷，人民出版社1999年版，第289—311页。

解决党内问题还是要和风细雨，正确地开展批评和自我批评。

……

大家对老红军为什么那样亲热？因为老红军讲阶级团结，讲阶级友爱嘛！只有团结自己，才能打倒敌人。对群众我们起码要团结百分之九十以上，对干部就不是团结百分之九十，而是要争取团结百分之百。培养一个干部，要十年、几十年，不容易啊！要使他到老、到死始终是个好干部。我们对干部的培养教育，就要从这个目的出发。[①]

陈云在参加会议的陕西省全体干部会议上讲话，提出了解决"情况和全国差不多"的关中坝子（陕西关中平原地区）当前粮食困难的几条办法，包括增产、进口、压人（机关、学校、工厂）、少吃（少则3年，多则5年）等。[②]

邓小平主要"讲一讲党的问题"。他说："我们党有五好：有好的指导思想，有好的中央，有大批好的骨干，有好的传统，有好的信赖党的人民。"同时，他指出，近几年党的工作"是有严重缺点的"，"特别重要的是党的优良传统受到了削弱"。邓小平号召大家把党的优良传统恢复起来，加强起来，发扬起来。他特别强调民主集中制、建立经常工作、培养和选择干部及学习这四个问题。[③]

林彪在大会上也作了发言。除详细阐述军事工作外，他说：

……如果说有缺点的话，比较起来，是次要的方面。工作中总是不会没有缺点的，完全没有缺点的事情是没有的，永远也没有的。

……我们在物质方面，工业生产、农业生产方面，减少了一些收入，可是我们在精神上却得到了很大的收入。

……事实证明，这些困难，在某些方面，在某种程度上，恰恰是由于我们没有照着毛主席的指示、毛主席的警告、毛主席的思想去做。如果听毛主席的话，体会毛主席的精神，那么，弯路会少走得多，今天的困难会要小得多。

……当时和事后都证明，毛主席的思想总是正确的。[④]

林彪的发言带有浓厚的个人崇拜色彩。这对会议正确总

① 《朱德选集》，人民出版社1983年版，第387—388页。

② 参见中共中央文献研究室编：《陈云文集》第3卷，中央文献出版社2005年版，第400—403页。

③ 《邓小平文选》第1卷，人民出版社1994年版，第297—317页。

④ 中共中央文献研究室编：《建国以来重要文献选编》第15册，中央文献出版社2011年版，第85—93页。

结经验教训，克服缺点错误产生了消极影响。

七千人大会的后续功效和历史意义 9

七千人大会初步总结了“大跃进”以来社会主义建设的经验教训，开展了批评和自我批评，加强了党的民主集中制。虽然会议仍肯定“三面红旗”，没有能从根本指导思想上清理“大跃进”和“反右倾”的错误，但对待缺点错误比较实事求是的态度，以及发扬民主和进行自我 6
批评的精神，给全党以鼓舞，增强了党的凝聚力，对于当时统一全党思想，进一步贯彻对国民经济实行调整、巩固、充实、提高的方针，扭转经济困难局面，起了重要作用。

在毛泽东的支持下，刘少奇、周恩来、朱德、陈云、邓小平等全 2
面贯彻调整国民经济的“八字方针”，制定了一系列正确的政策措施，进行了大量艰苦工作，推动国民经济得到比较顺利的恢复和发展，克服了困难局面。

为系统解决农村人民公社存在的问题，毛泽东于 1961 年 3 月在广州主持起草《农村人民公社工作条例（草案）》。在条例起草、修订、再修订的一年零六个月时间里，全党的认识在不断深化，开始一个又一个地纠正 1958 年以来农村工作的错误。6 月的修正草案取消了农民强烈反对的公共食堂和部分供给制；9 月，毛泽东提出将人民公社的基本核算单位下放到相当于原来初级社规模的生产队。

1962 年 2 月 13 日，中共中央发出《关于改变农村人民公社基本核算单位问题的指示》，把人民公社基本核算单位由生产大队改为生产队。此后，人民公社“三级所有，队为基础”的体制实施了 22 年。

同经济调整相配合，党对社会政治关系、知识分子政策、科学教育文化政策也进行了调整，为“反右倾”运动中被错误批判的大多数同志进行了甄别平反，还给被划为“右派分子”的大多数人摘掉了“右派分子”帽子。在全面调整时期，一些地方和部门探索对经济管理体制进行改革，取得了一定成效。中国共产党在全面调整时期所取得的成果，为进一步探索中国自己的建设社会主义道路积累了新的经验。

在党的历史上，像七千人大会这样，党的高级领导干部带头做自我批评，主动承担失误的责任，广泛地发扬民主和开展党内批评是从未有过的。从会议的合影照片中，人们都能感受到参会者的坦诚、坦荡、振奋和信心。正因为如此，七千人大会的意义和作用才这样屡次被当事人忆起，这样在人们心中难以忘怀，而且历时愈久，怀念愈浓，影响愈深。

1 9 6 3

“向雷锋同志学习”

——在平凡的岗位上“甘当螺丝钉”

“如果你是一滴水，你是否滋润了一寸土地？如果你是一线阳光，你是否照亮了一分黑暗……”“人的生命是有限的，可是，为人民服务是无限的，我要把有限的生命，投入到无限的‘为人民服务’之中去。”……写这日记的人叫雷锋。1963年3月5日，首都各报都在头版显著位置刊登了毛泽东题写的“向雷锋同志学习”手迹。全国掀起学习雷锋先进事迹的热潮。此后，每年的3月5日成为学雷锋纪念日。雷锋日记，雷锋事迹，雷锋形象，雷锋精神，成为几代中国人刻印一生的记忆。

入伍通知书

同志：

你以实际行动，积极地响应祖国征召，担负起保卫祖国的神圣职责，这是非常光荣的。现经 [illegible] 人民武装委员会审查认为你适合服兵役的条件，特此祝贺，望你接到通知后即准备入伍，并于 一 月 二 日到 [illegible] 集中。

[illegible] 人民武装部

一九 [illegible] 年 [illegible] 月 [illegible] 日

②

①1963 年 3 月 5 日《人民日报》。
②雷锋的入伍通知书。

人民日報
RENMIN RIBAO

中国巴基斯坦两国政府联合公报

向雷锋同志学习
毛泽东

布托外长率巴基斯坦代表团回国
陈毅副总理兼外交部长到机场热烈欢送贵宾

《中国青年》出版学习雷锋专辑
毛主席题词向雷锋同志学习
周恩来董必武等同志的题词和诗文同时发表

布托外长电谢陈毅外长

尼泊尔大使设午宴招待周总理

人大常委会批准中蒙边界条约

社论 和平解决中印边界问题的坚定不移立场

①

1962.3.16
我是党的儿子，
人民的勤务员，
我走到哪里，哪里就
是我的家，
我就在哪里工作。

1962.3.18
过去，我是旧社会孤苦伶丁
的穷光蛋，
现在，我是国家的主人。
我深深懂得，只有革命，
才有自己的前途。

③

③1962 年 3 月 16 日和 3 月 18 日雷锋日记。作者摄于 2019 年北京展览馆《伟大历程　辉煌成就——庆祝中华人民共和国成立 70 周年大型成就展》。

④

④ 雷锋向少先队员介绍自己的节约箱。

20 世纪 60 年代，中国各行各业、各条战线涌现出许多英雄模范人物，他们全心全意为人民服务的奉献精神，鞠躬尽瘁、死而后已的高贵品质，教育了整整一代人，成为社会主义建设时期的精神丰碑。沈阳军区工程兵某部运输连班长雷锋便是其中的杰出代表。他理想信念坚定，在平凡的工作岗位上“甘当螺丝钉”。周恩来号召：“向雷锋同志学习，憎爱分明的阶级立场，言行一致的革命精神，公而忘私的共产主义风格，奋不顾身的无产阶级斗志。”

贫苦孩子出身

1940 年 12 月 18 日，雷锋出生在湖南省望城县安乐乡的一个雇农家里。爸爸因为参加抗日斗争，被日本强盗活埋了。母子四人饥饿难当，妈妈让刚满 12 岁的哥哥进工厂当了童工。可是，机器把哥哥的小胳臂轧断了，资本家一脚把他踢出了工厂。哥哥回家没钱医治，活活疼死在妈妈的怀里。接着，小弟弟也饿死在床上。苦命的妈妈为了保全雷锋这最后一条命根，忍气吞声地给一家姓谭的地主帮工。哪知道，妈妈在这地主家里，竟被少东家强奸了。这位饱受摧残的善良妇女，在 1946 年 7 月 15 日的晚上，含恨悬梁自尽。

她留给雷锋两句遗言：愿老天保佑你自长成人，给全家报仇！

这时，雷锋还不满 7 岁。在失去所有亲人之后，地主还强迫这
个孤苦伶仃的孩子放猪，住的是猪栏，吃的是霉米。冬天，衣不遮 9
寒，他挤在猪仔窝里，偎着母猪肚皮取暖。一天，地主的狗偷吃了
他的饭，雷锋打了这条狗一下，不料惹出大祸，地主谭老三挥起一
把剁猪草的刀，朝雷锋左手连砍三刀，把他赶了出去。

小小年纪的雷锋并没有因此而失去生活的勇气。他用泥土糊
住刀伤，逃进深山，拾野果，喝山水，有时用手攀些树条，到村中 6
换饭吃。夏天被蚊虫咬烂了全身，冬天在山庙里冻得难熬，经过两
年非人生活的折磨，他已经枯瘦不堪了。

雷锋的故乡解放了。乡长从深山破庙里找到了遍体鳞伤的雷
锋，送他进医院，治好了满身的脓疮。从此，雷锋苦尽甜来。人民 3
政府免费供这个苦孩子上学。他用 6 年时间完成小学到初中 9 年功
课时才 16 岁。

立志当兵奉献青春

1958 年秋天，鞍钢派人到雷锋所在的团山湖农场招收青年工人。雷锋毅然报名应招。到了鞍山，什么活重干什么活，不管多么艰苦，他都毫不畏惧地迎上前去。这个贫苦农民的儿子，经过工人阶级队伍的锻炼，视野更加宽阔了，革命责任感更加强烈了。

1959 年 12 月 3 日，雷锋听了征兵报告之后，第二天一大早，就到征兵站报名应征。他知道自己的身材太矮，很担心身体检查不及格。在兵役局量身高的时候，他偷偷地踮起了脚，军医发现了，笑了笑，让他再量一次，结果只有 152 厘米高。量体重时，尽管他站在磅秤上用力往下压，也只有 47 公斤。身高、体重都不合格。医生又发现他身上有许多伤疤。提起这伤疤，他立刻流下了泪水，跟医生讲述了自己的苦难童年。他说：“记起过去的仇恨，我非参军不可。”医生很同情他，让他去找兵役局再谈谈。他跑到兵役局找到了来接新战士的营长，诉说了自己过去的一切。他讲着讲着哭了，营长也流下了热泪。营长以老战士的名义，收下了这个新兵。

1960 年 1 月 8 日，雷锋在日记中写道：“今天，是我永远不能忘记的日子。我穿上了军装，光荣地参加了中国人民解放军，我好几年的愿望在今天实现了，我真感到万分地高兴和喜悦，这是我一生中最大的幸福。”“我要坚决发扬革命部队里的优良传统，向董存瑞、黄继光、安业民等英雄们学习，头可断，血可流，在敌人面前

决不屈服。我一定要做毛主席的好战士，我要把我最可爱的青春献给祖国，献给人类最壮丽的事业。”“今天我太高兴太激动了，千言万语也表不完我的心情。”

把有限的生命投入到无限的“为人民服务”中去

作为一个战士，雷锋深知战士的责任。在部队党组织的教育下，他光荣地参加了中国共产党。雷锋工作勤勤恳恳，吃苦耐劳，刻苦钻研技术，干一行爱一行专一行；他艰苦朴素，廉洁奉公，处处为人民的利益着想；他为人民群众做了数不清的好事，真正做到了毫不利己，专门利人。

有一次，雷锋到安东去参加军区体育运动大会，从抚顺一上火车，就主动做了义务列车员，擦地板，擦玻璃，帮妇女抱孩子，给老人找座位，冲茶倒水，忙个不停，稍一有空，又拿出报纸，给旅客读报。

还有一次，雷锋外出在沈阳换车时，看见一个从山东来的中年妇女，急着要到吉林去探亲，可是车票在中途丢了。他二话没说，就领着这位大嫂到售票口，自己掏钱买了张车票，又带着她上了车。

雷锋每月的津贴除了交党费、买肥皂、理发和买书而外，全部存入银行。班里有的新战士问他：“你就是一个人，何必这样熬苦自己呢?”雷锋回答说：“谁说我熬苦自己，现在的生活比我过去受的苦真是好上天了。”雷锋存那些钱准备干什么用呢?原来，他不留姓名，把钱寄给遭受特大洪水灾害的辽阳。雷锋同志的一位同班战友接到一封奇怪的家信，这位战友的父亲在信中说：寄来的 20 元钱已经收到，我的病已经好转，望你在部队安心。后来一打听，原来是雷锋做的。为什么要这样做?雷锋在日记上写道：“有些人看我平时舍不得花一个钱，说我是‘傻子’。其实，他们是不知道我要把这些钱攒起来，做一点有益于人民、有利于国家的事情。如果说这就是傻子，我甘愿做傻子，革命需要这样的傻子，建设祖国也需要这样的傻子，我就是长着一个心眼：我一心向着党，向着社会主义，向着共产主义。”

雷锋有记日记的习惯。他在日记中写道：

我觉得要使自己活着，就是为了使别人过得更美好。我要以黄继光、董存瑞、方志敏……同志为榜样，做一个热爱祖国，热爱人民，永远忠实于党、忠实于人民革命事业的人。

每个人每时每刻都在写自己的历史，每个共产党员和共青团 9
员都应好好的想一想，怎样来写自己的历史。……我要永远保持自己历史鲜红的颜色。

我是党的儿子，人民的勤务员，我走到哪里，哪里就是我的
家，我就在哪里工作。 6

过去，我是个孤苦伶丁（仃——引者注）的穷光蛋。现在，我是国家的主人。我深深懂得，只有革命，才有自己的前途。

3

我要牢牢记住这段名言：

“对待同志要像春天般的温暖，
对待工作要像夏天一样的火热，
对待个人主义要像秋风扫落叶一样，
对待敌人要像严冬一样残酷无情。”

我今天听一位同志对另一位同志说：“人活着就是为了吃饭……”我觉得这种说法不对，我们吃饭是为了活着，可活着不是为了吃饭。我活着是为了全心全意为人民服务，是为了人类的解放事业——共产主义而奋斗。

……

雷锋在 1962 年 8 月 10 日的日记中写道：“今天我又认真学习了毛主席在中国共产党第八次全国代表大会上的开幕词，其中有两句话：‘虚心使人进步，骄傲使人落后’。这是千真万确的真理。过去按毛主席的教导做了，所以进步了；现在，我仍要牢记毛主席的这一教导，更好地做到这一点，永远做群众的小学生，做人民的勤务员。”①

5 天后的 1962 年 8 月 15 日，雷锋在执行勤务中，不幸牺牲了。年仅 22 岁。党和国家主要领导人分别为雷锋题词。全国各条战线、各个行业掀起学习雷锋的热潮，雷锋精神鼓舞和教育了一代又一代的中国人。

① 以上参见《毛主席的好战士——雷锋》，《雷锋日记摘抄》，《人民日报》1963 年 2 月 7 日；《雷锋日记选》，《人民日报》1977 年 3 月 6 日。

1 9 6 4

“两弹一星”

——干惊天动地事，做隐姓埋名人

1964年10月16日，是经历过那个年月的亿万中国人民难以忘怀的一天。当天晚上，中央人民广播电台连续播发了我国第一颗原子弹爆炸成功的《新闻公报》。无数人涌上街头，如同庆祝盛大的节日。饱尝过外国侵略者欺凌的老一代人更是激动得眼含热泪。他们知道，祖国有了原子弹，意味着这块历经沧桑的国土，不会再有八国联军入侵、九一八事变、南京大屠杀……此时，寓居美国的李宗仁便向来访者说：“西方人终于将我们视为一个智慧的民族”，他也由此定下了回归的决心。邓稼先是“两弹一星”元勋的杰出典型代表。1985年11月1日，61岁的他工工整整地向组织填写了一份整党登记表。1986年7月17日，离世前的12天，从他留给人世的最后墨迹中，我们看到了邓稼先对核武器事业的深情执着及对自身贡献的低调谦逊。

人民日报

RENMIN RIBAO

今日要目

16

天门县九个轧花厂长期使用季节工的经验充分证明

亦工亦农劳动制度有很大优越性

工厂减少了固定工人、节省了工资和非生产性开支，降低了生产成本

社队增加了生产资金，社员增加了收入，季节工的政治觉悟迅速提高

苏共中央全体会议 苏联最高苏维埃主席团 分别发表公报

赫鲁晓夫下台

结束在我国的友好访问

日本共产党代表团离广州回国

广东省委和广州市委负责人设宴欢送

邓小平同志 陆定一同志

会见古巴党政代表团

彭真副委员长

接见印度尼西亚新闻工作者协会代表团

马桑巴—代巴总统电谢刘少奇主席

人大常委会举行第一百二十六次会议

离开北京去外地参观访问

美国军舰侵入我福建领海

我提出第三百三十次严重警告

亦工亦农 利工利农

②

①1964 年 10 月 16 日《人民日报》号外《我国第一颗原子弹爆炸成功》。
②1964 年 10 月 16 日《人民日报》头版消息：“赫鲁晓夫下台”。

人民日报 号外

加强国防建设的重大成就 对保卫世界和平的重大贡献

我国第一颗原子弹爆炸成功

我国政府发表声明，郑重建议召开世界各国首脑会议，讨论全面禁止和彻底销毁核武器问题

①

本人简历（包括学历）

本人在整党中的主要收获及今后努力方向

③

③1985 年 11 月 1 日邓稼先填写的整党登记表。作者摄于 2019 年四川绵阳梓潼“两弹城”邓稼先旧居。

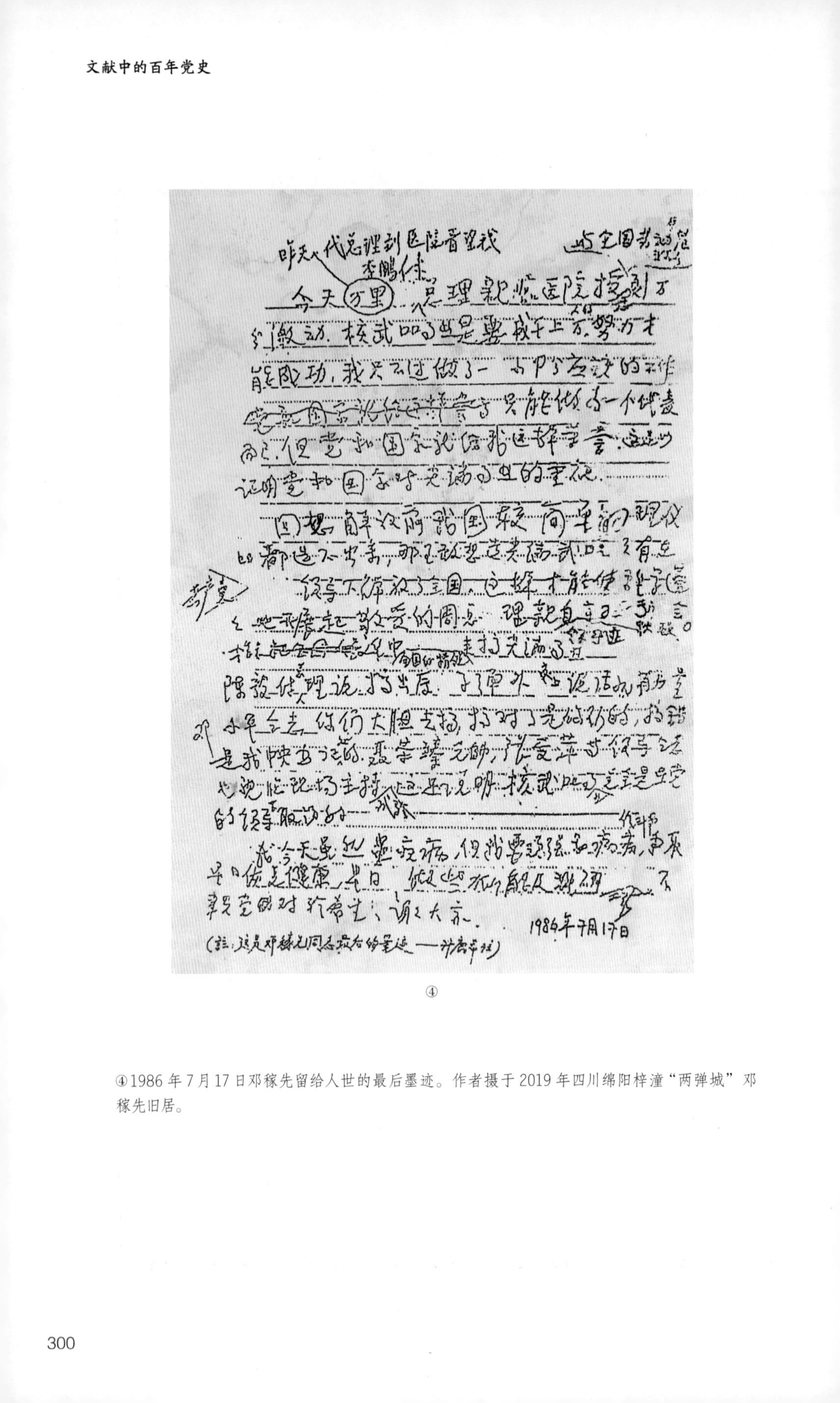

④

④1986 年 7 月 17 日邓稼先留给人世的最后墨迹。作者摄于 2019 年四川绵阳梓潼“两弹城”邓稼先旧居。

在调整国民经济的同时，中国排除万难奋力提升以研制原子弹、氢弹和人造地球卫星为核心的国防尖端科学技术水平。原子弹的研制起始于1956年。1959年，中国决心继续依靠自己的力量研制原子弹，并将第一颗原子弹以苏联毁约的年月"596"作为代号。

1964年10月16日下午三时，中国在西部地区成功爆炸了第一颗原子弹。同一天，苏联塔斯社宣布，解除赫鲁晓夫苏共中央第一书记、苏共中央主席团委员和苏联部长会议主席的职务，选举勃列日涅夫为苏共中央第一书记。10月19日，毛泽东在中南海菊香书屋主持召开中共中央政治局常委会议，听取1965年计划安排等问题。毛泽东说了两句结论："无可奈何花落去（指赫鲁晓夫下台——引者注）；无可奈何花已开（指中国成功爆炸第一颗原子弹——引者注）。"当议论到是否能争取有10年的和平时间时，毛泽东说："有可能，再有10年，原子弹、氢弹、导弹我们都搞出来了，世界大战就打不成了。将来我们要把原子弹试验转入地下，不然污染空气！"[①]

毛泽东："为了防御，中国也要搞原子弹"

20世纪五六十年代，面对严峻的国际形势，为了抵御帝国主义的武力威胁和打破大国的核垄断和核讹诈，尽快增强国防实力，保卫国家安全，维护世界和平，党中央和毛泽东毅然作出研制"两弹一星"，重点突破国防尖端技术的战略决策。"毛主席决定，为了防御，中国也要搞原子弹。我们不首先进攻别人，但不是消极防御，而是积极防御。"[②]这是毛泽东一贯的战略思想。1964年5月，他在听取国家计划委员会领导小组汇报关于第三个五年计划的初步设想时指出："原子弹要有，但是搞起来也不会多。搞起来只是吓吓人，壮壮胆了。有点远程导弹也好，搞起来后，也有可能我们也不用，敌人也不用。"[③]

当时提出，"两弹一星"的研制，要坚持"自力更生为主，争取外援为辅"的方针。那时候中苏关系比较好，中国想争取苏联给我们一些援助。但这是争取援助，而不是搞合作、搞共有。也就是说，搞"两弹一星"的科研单位、工厂、各种设备与技术都是中国自己的。这就是党中央和毛泽东高瞻远瞩确立的积极防御的战略方针。

1956年，中国制定了科学技术发展第一个远景规划，把

① 参见中共中央文献研究室编：《毛泽东年谱》（1949—1976）第5卷，中央文献出版社2013年版，第421页。

② 张劲夫：《请历史记住他们——关于中国科学院与"两弹一星"》，《人民日报》1999年5月6日。

③ 中共中央文献研究室编：《毛泽东年谱》（1949—1976）第5卷，中央文献出版社2013年版，第349页。

原子能的和平利用列为12项带有关键意义的重点任务的第一项，同时部署了两个更大的项目：原子弹和导弹。国务院先后成立了研制导弹和原子弹的专门机构，一大批优秀科技工作者，包括许多在国外已经取得杰出成就的科学家，义无反顾地投身到这一伟大事业中。

1957年10月15日，《中华人民共和国政府和苏维埃社会主义共和国联盟政府关于生产新式武器和军事技术装备以及在中国建立综合性原子能工业的协定》（简称"国防新技术协定"）签署。此后，苏联在原子弹和导弹方面提供的不同程度的技术援助，对中国研制的起步曾起过重要作用。但是，随着中苏两党两国关系的恶化，1959年6月20日，苏共中央致函中共中央，以苏联正在与美国等西方国家谈判关于禁止试验核武器协议为理由，宣布拒绝向中国提供原子弹教学模型和有关技术资料，并于7月16日下令撤走全部在华专家。有人曾因此断言，中国核工业已经遭到毁灭性打击，20年也搞不出原子弹。

苏联单方面毁约后，中国原子弹、导弹研制进入自力更生、自主研制的新阶段。1959年7月，周恩来代表中共中央宣布：自己动手，从头摸起，准备用8年时间搞出原子弹。

1961年7月16日，中共中央作出《关于加强原子能工业建设若干问题的决定》。《决定》指出："为了自力更生，突破原子能技术，加速我国原子能工作建设，中央认为有必要进一步缩短战线，集中力量，加强各有关方面对原子能工业建设的支援。"

1962年11月3日，对二机部提出的争取在1964年、最迟在1965年上半年爆炸中国第一颗原子弹的规划的报告（即"两年规划"），毛泽东指示："很好，照办。要大力协同做好这件工作。"12月14日，中共中央作出《关于成立十五人专门委员会的决定》。十五人专门委员会①在中共中央直接领导下，以周恩来为主任，以贺龙、李富春、李先念、聂荣臻、薄一波、陆定一、罗瑞卿七位副总理和赵尔陆、张爱萍、王鹤寿、刘杰、孙志远、段君毅、高扬七位部长为成员组成，主要任务是加强对原子能工业建设和加速核武器研制、试验工作以及核科学技术工作的领导。周恩来为此付出大量心血。专委会制定一系列重大方针、原则和政策措施，有力地推动"两弹一星"研制进程。

① 1965年，中央十五人专门委员会改称中央专门委员会，导弹和人造卫星的研制也被统一纳入其领导范围。全国26个部委、20多个省区市、1000多家单位的科技人员大力协同，在攻克尖端科技难关方面显示出社会主义制度的优势。

“两弹一星”的成功研制

原中顾委常委、国务委员张劲夫，1956年至1967年曾任中国 9
科学院党组书记、副院长，主持中国科学院日常工作。在周恩来总
理、聂荣臻元帅领导下，张劲夫组织中国科学院科学家和科技人员参
与“两弹一星”研制工作。1999年5月6日《人民日报》刊登86岁张
劲夫撰写的《请历史记住他们——关于中国科学院与“两弹一星”》回
忆文章，披露了很多鲜为人知的内幕细节： 6

原子弹和氢弹是二机部负责，导弹是国防部五院（后来的七机部）
负责。毛主席对原子弹研制有一个批示：“要大力协同做好这件工作。”
中国科学院就是按照中央确定的“大力协同”和“三家拧成一股绳”的 4
精神，主要承担原子弹和导弹研制中一系列关键性的科学和技术任务，包括理论分析、科学试验、方案设计、研制以至批量制造所需的各种特殊新型材料、元件、仪器、设备等。至于人造卫星，则从构思到建议，都是由中国科学院提出，先后两次上马（1958年、1965年）。经以周总理为主任、罗瑞卿为秘书长，具体领导这项工作的中央专门委员会批准后，在国防科委的统一组织下，由中国科学院负责整个系统的技术抓总，并负责研制卫星本体，七机部负责运载工具，科学院和四机部共同负责地面测控系统。

……

我们搞原子弹，怎样贯彻自力更生为主、争取外援为辅的方针？

自力更生为主，就是主要靠我国自己的力量开展科研。当时研究核科学与核技术的力量主要集中在中国科学院原子能研究所，还有一些分散在中国科学院的20多个研究所和其他部门的研究机构与大专院校。争取外援为辅，主要是苏联答应帮助我们在北京建一个7000千瓦的实验性原子能反应堆。这个反应堆全部归我们管。此外，在另一个地方建一个浓缩铀工厂。

制造原子弹的原料是铀235。一天，毛主席找到地质学家李四光，他当时是地质部部长，也是中国科学院副院长。毛主席问：“中国有没有造原子弹用的铀矿石？”李四光说：“有！但是，一般的天然铀矿石，能作为原子弹原料的成份只含千分之几。”要从矿石里把这千分之几的铀提出来，再浓缩成为原子弹的原料，最重要的是要搞浓缩铀工厂。

……

为了搞原子弹，中央专门成立了二机部，宋任穷任部长。我到科学院工作后的一天，宋大哥打电话说要到我家拜访我。因为搞原子弹，主

要靠科学院原子能研究所，为了工作的方便，中央决定把这个所整建制交给二机部，但是对外还叫中国科学院原子能研究所，名义上由科学院和二机部双重领导。由于研制原子弹的任务繁重，科研力量不够，于是对任务作了分解，除了原子能所承担较大一块任务外，很多重要任务还要由科学院的各研究所来承担。原子能所整建制转到二机部后，骨干力量还不够，还要科学院支持，我们又从其他所调给他们一批科技骨干。

宋大哥光顾寒舍，就是要来谈科学院怎么支持二机部，帮助二机部的。他紧紧握住我的手说："劲夫，这个事太重要了，你要帮助哇！其他部门我也希望他们来支持，主要靠科学院哪！"我说：没有问题。这是中央的任务，是国家的任务，也是科学院的任务。第一，我把原子能研究所全部交给你。另外，科学院其他各研究所凡是能承担二机部的研究任务的，我们都无条件地承担；如果骨干力量不够，还需要调一些人去，我们再想办法。譬如，邓稼先是学物理的，从美国留学回来，是科学院数理化学部的学术秘书。吴有训副院长兼数理化学部的主任，日常工作就靠邓稼先负责，这个同志你要我也给你。

……

宋任穷来访以后，钱三强从苏联访问回来了。三强没调二机部以前，当过科学院的学术秘书长。科学院代表团第一次访问苏联，他是代表团团长。钱三强是著名核物理学家，他访问苏联回来很快就找到我。他来的时候气鼓鼓的，说："张副院长，我对你有意见！"我说："什么意见？"他说："对你们的科学规划有意见，你们搞了一个'四项紧急措施'，怎么没有原子能措施？这是非常重要的事情啊，你怎么没有搞哇！"

我说："三强，原子能的事，是搞原子弹哪。这是国家最绝密的大事，是毛主席过问的大事啊！另外要搞绝密的单独规划。"他当时最关心的是想从科学院调些人去，怕我们不重视，不愿意给人。我说："只要我们能做到的，尽量支持你，你这个原子能研究是中央任务，是第一位的任务，比'四项紧急措施'还重要。'四项紧急措施'是为你服务的啊！"

我这一讲，他说："我懂了，我懂了。"

在党中央坚强领导下，全国"一盘棋"，协同攻关，保证了中国"两弹一星"事业取得历史性突破。

1964年10月16日15时整，中国第一颗原子弹在中国西部罗布泊试验场爆炸成功。中国政府同时发表声明，郑重宣布：在任何时候、任何情况下，中国都不会首先使用核武器。中国政府一贯主张全面禁止和彻底销毁核武器，中国进行核试验，发展核武器，是被迫而为的。中国掌握核武器完全是为了防御，是为了免受核威胁。

1967年6月17日8时20分，中国第一颗氢弹空爆试验成功，实 9
测当量330万吨，成为世界上第四个掌握氢弹技术的国家。

1970年4月24日9时30分，中国用“长征一号”运载火箭成功发射第一颗人造地球卫星“东方红一号”。这颗直径1米、重173公斤的卫星成功入轨，标志着中国成为继美、苏、法、日之后第五个可
以独立发射人造卫星的国家。 6

请历史记住他们——邓稼先等“两弹一星”元勋

“两弹一星”是中国在物质技术基础十分薄弱的条件下，通过自 4
力更生、自主创新取得的伟大成就。那时开始形成的“热爱祖国、无私奉献，自力更生、艰苦奋斗，大力协同、勇于登攀”的“两弹一星”精神，一直是全国科技工作者和全中国人民奋力前行的强大动力。

“两弹一星”的研制，汇集了中国一大批杰出的科学家和科研人员、工程技术与管理人员。他们在戈壁荒滩、深山峡谷建立基地，风餐露宿，披星戴月，艰苦创业。出于保密的需要，他们隐姓埋名，断绝与外界有碍工作的往来，默默无闻地为祖国的国防尖端科技事业作贡献，有的甚至献出宝贵的生命，真正是“干惊天动地事，做隐姓埋名人”。

邓稼先就是其中的杰出代表。他甘当无名英雄，默默无闻奋斗数十年，为中国核武器的研制作出了卓越贡献。1964年10月，中国成功爆炸的第一颗原子弹，就是由他最后签字确定了设计方案。他还率领研究人员在试验后迅速进入爆炸现场采样，以证实效果。他又同于敏等人投入对氢弹的研究。按照“邓—于方案”，最后终于制成了氢弹，并于原子弹爆炸后的2年零8个月试验成功。这同法国用8年、美国用7年、苏联用4年的时间相比，创造了世界上最快的速度。1972年，邓稼先担任核武器研究院副院长，1979年又任院长。1984年，他在大漠深处指挥中国第二代新式核武器试验成功。翌年，他的癌扩散已无法挽救。他在国庆节提出的要求就是去看看天安门。

1983年10月中共十二届二中全会通过《关于整党的决定》，决定用三年时间分批对党的作风和党的组织进行一次全面整顿。整党到1987年5月基本结束。邓稼先认真参加了这次整党。1985年11月1日，61岁的他还工工整整地向组织填写了一份整党登记表。他在“本人在整党中的主要收获及今后努力方向”中表示：

我今后要努力做到，

1. 努力学习马克思主义理论，学习党的文件，学习《邓小平文选》，按照小平同志的要求，努力做到“根据它的基本原则和基本方针不断结合变化着的实际，探索解决新问题的答案”。

2. 加强党性锻炼。在端正党风、遵守党纪方面，从现在做起，从自己做起，保持好革命晚节，为实现共产主义远大理想贡献自己的力量。

3. 支持年轻同志走上领导岗位，改革创造，开拓前进。自己虽身患癌症，而矢志不移，尽量做些力所能及的科研工作，为祖国的社会主义现代化事业而努力奋斗。[①]

①原件展于四川绵阳梓潼“两弹城”邓稼先旧居。

这是1986年7月17日，离世的前12天，他留给人世的最后墨迹：

昨天万里代总理到医院看望我，今天李鹏副总理亲临医院授予全国劳动模范称号，感到万分激动。核武器事业是要成千上万人的努力才能成功，我只不过做了一小部分应该的工作，只能做为一个代表而已，但党和国家就给我这样荣誉，这足以证明党和国家对尖端事业的重视。

回想解放前我国较简单的物理仪器都造不出来，那还敢想造尖端武器。只有在共产党领导下解放了全国，这样才能使科学蓬勃地开展起来。敬爱的周总理亲自主持专委会召开专门会议，指示集中全国的精锐来搞尖端事业。陈毅副总理说，搞出原子弹，外交上说话才有力量。邓小平同志说，你们大胆去搞，搞对了是你们的，搞错了是我中央书记处的。聂荣臻元帅、张爱萍等领导同志也亲临现场主持试验，这还说明核武器事业完全是在党的领导下取得的。

我今天虽然患疾病，但我要顽强和病痛作斗争，争取早日恢复健康，早日做些力所能及工作，不辜负党对（试——引者加注）验希望。谢谢大家。[②]

②原件展于四川绵阳梓潼“两弹城”邓稼先旧居。邓稼先夫人许鹿希注：“这是邓稼先同志最后的墨迹”。

坚定的信念、坚强的党性，宽广的胸襟、朴实的作风，无私的奉献、创新的精神，跃然纸上，禁不住让人泪湿衣襟……

1986年7月29日，邓稼先去世。他临终前留下的话仍是如何在尖端武器方面努力，并叮咛：“不要让人家把我们落得太远……”

这就是我们“两弹一星”功勋英雄的真实、生动写照。

请历史记住他们： 9

王淦昌、邓稼先、赵九章、姚桐斌、钱骥、钱三强、郭永怀（排名按姓氏笔画为序）[①]；

于敏、王大珩、王希季、朱光亚、孙家栋、任新民、吴自良、陈芳允、陈能宽、杨嘉墀、周光召、钱学森、屠守锷、黄纬禄、
程开甲、彭桓武（排名按姓氏笔画为序）[②]； 6

……

关于“两弹一星”研制成功对中国的重要影响和作用，邓小平后来的话很深刻。他说：“如果六十年代以来中国没有原子弹、氢
弹，没有发射卫星，中国就不能叫有重要影响的大国，就没有现在 4
这样的国际地位。这些东西反映一个民族的能力，也是一个民族、一个国家兴旺发达的标志。”[③]

① 1999年9月18日，中共中央、国务院、中央军委作出《关于表彰为研制“两弹一星”作出突出贡献的科技专家并授予“两弹一星功勋奖章”的决定》，追授7位同志“两弹一星功勋奖章”。

② 1999年9月18日，中共中央、国务院、中央军委作出《关于表彰为研制“两弹一星”作出突出贡献的科技专家并授予“两弹一星功勋奖章”的决定》，授予16位同志“两弹一星功勋奖章”。

③ 《邓小平文选》第3卷，人民出版社1993年版，第279页。

1 9 6 5

反对霸权主义，加强三线建设

——备战备荒为人民，好人好马上三线

1964 年 5 月 27 日，毛泽东在中南海菊香书屋主持召开中共中央政治局常委会议，提出目前“对第三线建设注意不够”的问题。他说：“在原子弹时期，没有后方不行的，要准备上山，上山总还要有个地方。”[①]从 1965 年起，三线建设进入实质性实施阶段。这是 1969 年 1 月 28 日上海新添光学仪器厂革命委员会为光学车间工人江鉴康亲属内迁贵州出具的“迁移证明”：“我们伟大的领袖毛主席教导我们说：‘现在再不建设三线，就如同大革命时期不下乡一样，是革命不革命的问题。’为坚决贯彻我们伟大领袖毛主席关于‘备战、备荒、为人民’的战略部署，我厂于 1966 年底内迁来至贵阳。江鉴康同志现已光荣参加内地建设工作，为了更好地加强三线建设，该同志提出要将其亲属迁到内地来。经研究同意将其亲属鲍秀华同志等贰人迁筑，以利抓革命、促生产、促工作、促战备。”

354　　1964年5月

来出席阿布德在人民大会堂举行的答谢宴会。
同日　阅宋任穷五月十三日报送的关于农村支
问题——汇报一个有政治远见的党支部的报告，批
小平同志：此件请阅。阅后印发工作会议，予以讨
辽宁省盖平县太阳升公社何屯大队党支部把培养接
否好好把住江山的大事来抓。他们提出了农村政治
设和社会主义建设中的一个带有根本性的问题。东
区各级党组织中再次提出加强教育青年的问题，使
识到培养接班人的重要意义，并在进行过系统社会
顿过党组织的地方，帮助党支部根据实际情况，采
对培养接班人做出规划和安排。
同日　阅田家英五月十五日报送的根据毛泽东
的《贫农下中农协会组织条例》（第一稿），批示：
同志：此件请阅。阅后即印发工作会议，讨论修改
来。”六月二十四日，田家英将根据中央工作会议
改后的条例草案和中央关于印发这个条例草案的指
泽东审阅，二十五日，毛泽东批示：“照办。”同日，
发《中华人民共和国贫农下中农协会组织条例（草
5 月 25 日　晚上，在人民大会堂——八厅会见
（马）学习代表团和厄瓜多尔共产党（马列）学习代
军事斗争时，毛泽东说：打仗，简单地说就是两句
打，打不赢就走。更重要的是政治，包括根据地、
党、统战工作等，只有会做政治工作的人才会打仗，
人就不会打仗。谈到信教问题说，信宗教不等于不
义、封建主义、官僚资本主义。
5 月 27 日　在中南海菊香书屋主持召开中共中
委会议，主要提出两个问题，一个是对第三线建设注

③

① 参见中共中央文献研究室编：《毛泽东年谱》（1949—1976）第 5 卷，中央文献出版社 2013 年版，第 354—355 页。

1965

①《毛泽东年谱》(1949—1976) 1964 年 5 月 27 日有关三线建设的内容。
②鲍秀华的迁移证明。

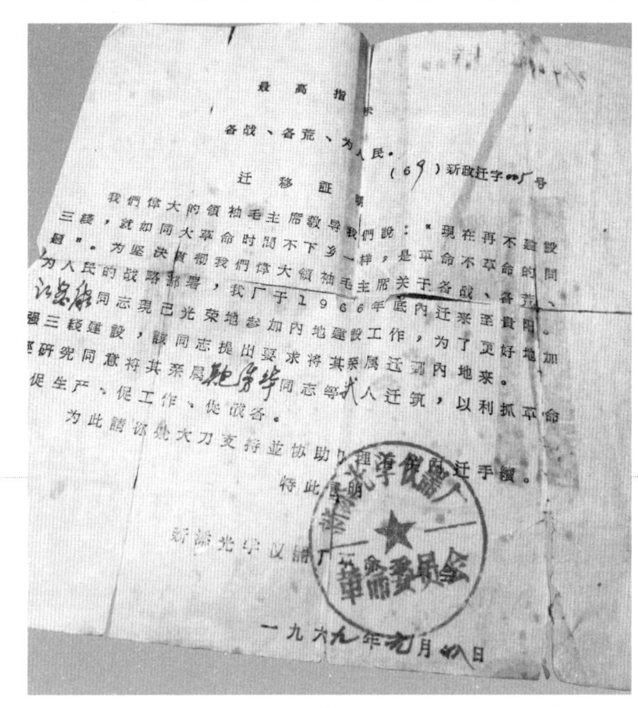

最高指示

备战、备荒、为人民。

(69)新政迁字005号

迁移証明

我們偉大的領袖毛主席教导我們說："現在再不建設三綫，就如同大革命时間不下乡一样，是革命不革命的問題"。为堅决貫徹我們偉大領袖毛主席关于备战、备荒、为人民的战略部署，我厂于1966年底內迁来至貴阳。江忠维同志現已光荣地参加內地建設工作，为了更好地加强三綫建設，該同志提出要求将其亲属迁到內地来。[illegible]研究同意将其亲属鲍秀华同志等弍人迁筑，以利抓革命促生产、促工作、促战备。

为此請你处大力支持並协助办理准予的迁手續。

特此証明

新添光学仪器厂[illegible]革命委員会

一九六九年九月四日

②

1964年5月　355

对基础工业注意不够。毛泽东说：第一线是沿海，包钢到兰
一条线是第二线，西南是第三线。攀枝花铁矿下决心要搞，
们的薪水都拿去搞。在原子弹时期，没有后方不行的，要准
山，上山总还要有个地方。当罗瑞卿讲到总参谋部担心密
厅这些水库的泄洪量太小时，毛泽东说：北京出了问题，
有攀枝花就解决问题了。北京淹了，还有攀枝花嘛。应该把
花和联系到攀枝花的交通、煤、电的建设搞起来。[1] 前一
期，我们忽视利用原有的沿海基地，后来提醒，注意了。最
几年又忽略"屁股"（基础工业）和后方了。
月 28 日　下午，在人民大会堂——八厅会见印度尼西亚
党中央第二主席维尔多约和夫人等。谈到蒋介石集团时，毛
说：现在他们在台湾，我们还是主张同他们和谈，但他们不
虽然他们不干，我们还是推动他们。台湾主要是美国人在控

同日　阅五月二十七日《参考消息》以《号召击败美国对南
侵略，并揭露赫鲁晓夫和美共领导的两面手法》为题刊载美
锤与钢新闻通讯》（四月份）发表的一篇文章的摘要。文章
美国在南越有大批的武器和军事部队，正在那里发动反人民
的侵略战争。赫鲁晓夫叛徒集团言不由衷地要求美国军队

①

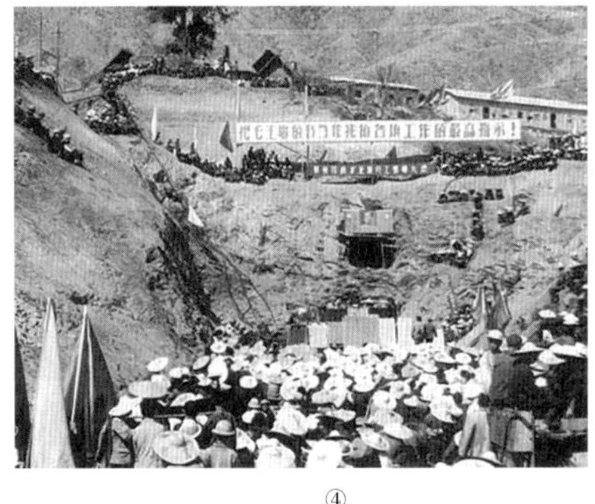

④

反对霸权主义，加强三线建设

③一定要把三线建设好。
④1966 年攀枝花铁矿正洞开工建设。

⑤

⑥

⑤1970 年 7 月 1 日成昆铁路全线通车。
⑥核工业五洲工业总公司铝厂。

在国际上应对战争危险的压力的同时，从1961年到1965年，党中央、国务院对国民经济和社会政治关系进行了全面调整，相继制定和试行了关于农业、工业、商业、手工业、教育、科学、文艺等方面的工作条例，在实践中产生了积极效果。三线建设是在这样国际国内大背景下布局和实施的。

面对美苏的战争挑衅和军事压力

20世纪50年代中期至60年代中期，在美苏两个超级大国主导的世界冷战格局中，国际局势的发展充满动荡和曲折，世界上各种力量出现分化和改组，中国面临来自多方的公开和潜在的侵略威胁、战争挑衅和军事压力。

就中美关系而言，这十年间有两个问题最尖锐：一是美国武装插足台湾，干涉中国内政；二是美国武装侵略越南，威胁中国安全。美国坚持对华政策三原则，即不承认中华人民共和国、反对新中国进入联合国、继续对中国实行封锁和贸易禁运。在此背景下，党中央和毛泽东调整政策，从争取缓和转为加强对美斗争。1965年，美国急剧扩大侵略越南的战争，严重威胁中国安全，中美两国再次走到热战边缘。中共中央严正表明援越抗美的立场，并下达加强备战工作的指示，要求全国军民“对小打、中打以至大打，都有所准备”[①]。应越南民主共和国政府的要求，中方向越南派出防空、工程、铁道、后勤保障等支援部队。1965年6月至1968年3月，先后入越的部队达32万余人。援越抗美斗争，体现了中国人民反对侵略威胁、维护世界和平的大无畏精神。

① 中共中央文献研究室编：《建国以来重要文献选编》第20册，中央文献出版社2011年版，第127页。

在同美国霸权主义展开斗争的同时，中国共产党坚持独立自主，坚决顶住了来自苏联的巨大压力。从20世纪50年代后期开始，中苏之间的矛盾和冲突日渐加剧。这些矛盾和冲突表现在两个方面：一方面是意识形态的分歧；另一方面是苏联党以“老子党”自居，要求中国共产党在军事和外交上服从其苏美合作主宰世界的战略。

特别是1961年10月苏共二十二大后，两党之间意识形态的争论愈演愈烈。苏共领导人、苏联报刊连篇累牍地发表文章和公开信，攻击中国共产党和其他一些党。从1963年9月到1964年7月，中共中央以《人民日报》和《红旗》杂志编辑部的名义，相继发表总称为《关于国际共产主义运动的总路线的论战》的九篇评论苏共中央公开信的文章（通常简称“九评”），全面批评苏共的对外对内政策，指出苏联“出现了资本主义复辟的严重危险”，这是帝国主义推行“和平演变”政策的结果。与此同时，苏联方面也发表了一系列论战文章。中苏论战达到高潮。1964 年 10 月，赫鲁晓夫下台。中共抱着改善关系的愿望，派周恩来赴苏参加十月革命庆祝活动。但勃列日涅夫继任苏共中央第一书记后，声称苏联将继续坚持原来的立场。其后，还向中苏边境不断增兵，并且向邻近中国的蒙古派驻苏军。1966 年 3 月苏共召开二十三大，中国共产党决定不派代表出席，中苏两党关系宣告基本中断。

面对美国对越南北方的侵略战争和苏联边境增兵的不断扩大，备战问题摆到党的重要议程上来。

布局三线建设

1964 年 6 月 6 日，毛泽东再次强调三线建设和备战问题。他说：只要帝国主义存在，就有战争的危险。我们不是帝国主义的参谋长，不晓得它什么时候要打仗。我们把三线的钢铁、国防、机械、化工、石油、铁路基地都搞起来，那时打起仗来就不怕了。有了准备就可能不打了。

毛泽东提出的三线建设，即将全国划分为一、二、三线，其中，一线指东北及沿海各省市；三线指云、贵、川、陕、甘、宁、青、晋、豫、鄂、湘等 11 个省区，其中西南（云、贵、川）和西北（陕、甘、宁、青）俗称大三线；二线是指一、三线之间的中间地区；一、二线地区各自的腹地又俗称小三线。据此，中央改变“三五”计划的最初设想，作出了开展三线建设、加强备战的重大战略部署。10 月，中央下发《一九六五年计划纲要（草案）》，提出三线建设的总目标是：采取多快好省的方法，在纵深地区建立起一个工农业结合的、为国防和农业服务的比较完整的战略后方基地。广袤的三线地区由此在国家计划中占据了举足轻重的地位。

据不完全统计，1964 年下半年至 1965 年，在西南、西北三线部署的新建、扩建和续建大中型项目有 300 多个。日后在国家经济建设中发挥了重大作用的四川攀枝花钢铁工业基地、甘肃酒泉钢铁厂、成昆铁路等铁路干线、重庆兵器工业基地、成都航空工业基地、西北航空航天工业基地和电子、光学仪器工业基地、核工业新基地，以及湖北十堰的第二汽车制造厂等，都是其中的重点项目。

从1965年起，三线建设进入实质性实施阶段，并于1965年至1966年形成第一个高潮。1966年3月，毛泽东提出的关于“三五”计划的方针任务，后来被概括为“备战、备荒、为人民”。这个思想成为20世纪六七十年代中国国民经济发展遵循的重要指导方针。

“文化大革命”初期，三线建设受到严重冲击。1969年后，鉴于当时严峻的备战局面，三线建设重新大规模、高速度展开。进入20世纪70年代，随着国际关系逐步缓和，中国开始注重三线建设与沿海地区建设的并重发展。从20世纪80年代初起，中国对三线建设实施全面调整与改造，缩短基本战线，调整投资方向，停建、缓建一批基建工程，对部分企业实行军转民或关、停、并、转、迁。

参加三线建设的广大工人、干部、科技人员和解放军官兵，坚决响应国家号召，“好人好马上三线”，告别繁华的大都市，举家西迁。他们发扬“一不怕苦、二不怕死”的创业精神，在异常艰苦的环境中，战胜种种难以想象的困难，在偏僻的崇山峻岭中，开山平地，安营扎寨，修铁路、建工厂、开矿山，默默将青春年华奉献给了三线建设事业。

三线建设改善了中国的国防工业体系；在西部地区建成一大批机械工业、能源工业、原材料工业的重点企业和基地，极大地改善了中国工业布局；先后建成一批重要铁路、公路干支线，改善了西部地区的交通条件；建成了一批新兴工业城市，促进了当地经济发展和社会进步。但是，由于对战争作了立足于“早打”“大打”的估计，三线建设在部署上要求过急，铺开的摊子过大；过分突出战备要求，过分强调“靠山、分散、进洞”原则，忽视经济规律，增加了建设费用，有些投资效益较差，造成一定浪费，遗留问题较多。尽管如此，三线建设仍然是中国经济建设史上的空前壮举。

1　9　6　6

焦裕禄

——县委书记的榜样

1966年2月7日，新华社采写并播发长篇通讯《县委书记的榜样——焦裕禄》，引起社会广泛反响。随后，全国掀起学习焦裕禄的热潮。

①

焦裕禄是中共河南省兰考县委书记。兰考是黄河故道上著名的灾区县，长期遭受风沙、内涝和盐碱等“三害”袭扰，经济发展水平非常低下。在三年困难时期，兰考人民生产生活更面临极大困难。1962年，全县粮食产量下降到历史最低水平。正是在灾情最严重的时候，焦裕禄来到兰考。

焦裕禄带领县委抓住治沙这一关键环节，深入实地调查。在一年多的时间里，他跋涉5000余华里，把全县86个风口、261个大沙丘、17条大沙龙全部作了编号，绘制成地图，形成种植速生泡桐林治理“三害”的方案。

①焦裕禄。

1966

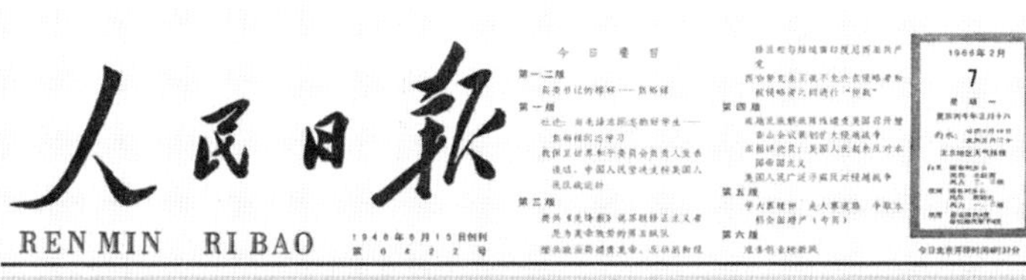

人民日报

RENMIN RIBAO

“我们为人民而死，就是死得其所。”

县委书记的榜样——焦裕禄

社论

向毛泽东同志的好学生——焦裕禄同志学习

我保卫世界和平委员会负责人发表谈话

中国人民坚决支持美国人民反战运动

全国女少年乒乓球锦标赛举行发奖大会

周总理给一批小选手发“风格奖”

大会向获得各项团体赛前六名的球队发了奖

②

焦裕禄

②1966年2月7日《人民日报》。

焦裕禄心中装着兰考老百姓，唯独没有自己。他积劳成疾，患上肝病，在病痛折磨下，仍坚持在治沙第一线。

1964 年 5 月 14 日，焦裕禄病逝。

1966 年 2 月 7 日，新华社采写并播发长篇通讯《县委书记的榜样——焦裕禄》，《人民日报》等全国各报纸全文刊发，在全国引起强烈反响。

……

困难，重重的困难，像一副沉重的担子，压在这位新到任的县委书记的双肩。

……

第二天，当大家知道焦裕禄是新来的县委书记时，他已经下乡了。

他到灾情最重的公社和大队去了。他到贫下中农的草屋里，到饲养棚里，到田边地头，去了解情况，观察灾情去了。他从这个大队到那个大队，他一路走，一路和同行的干部谈论。见到沙丘，他说："栽上树，岂不是成了一片好绿林！"见到涝洼窝，他说："这里可以栽苇、种蒲、养鱼。"见到碱地，他说："治住它，把一片白变成一片青！"转了一圈回到县委，他向大家说："兰考是个大有作为的地方，问题是要干，要革命。兰考是灾区，穷，困难多，但灾区有个好处，它能锻炼人的革命意志，培养人的革命品格。革命者要在困难面前逞英雄。"

……

严冬，一个风雪交加的夜晚，焦裕禄召集在家的县委委员开会。人们到齐后，他并没有宣布议事日程，只说了一句："走，跟我出去一趟。"就领着大家到火车站去了。

当时，兰考车站上，北风怒号，大雪纷飞。车站的屋檐下，挂着尺把长的冰柱。国家运送兰考灾民前往丰收地区的专车，正从这里飞驰而过。也还有一些灾民，穿着国家救济的棉衣，蜷曲在货车上，拥挤在候车室里……

焦裕禄指着他们，沉重地说："同志们，你们看，他们绝大多数人，都是我们的阶级兄弟。是灾荒逼迫他们背井离乡的，不能责怪他们，我们有责任。党把这个县 36 万群众交给我们，我们不能领导他们战胜灾荒，应该感到羞耻和痛心……"

他没有再讲下去，所有的县委委员都沉默着低下了头，这时有人才理解，为什么焦裕禄深更半夜领着大家来看风雪严寒中的车站。

从车站回到县委，已经是半夜时分了，会议这时候才正式开始。9

焦裕禄听了大家的发言之后，最后说："我们经常口口声声说要为人民服务，我希望大家能牢记着今晚的情景，这样我们就会带着阶级感情，去领导群众改变兰考的面貌。"

……

焦裕禄，出生在山东淄博一个贫农家里，他的父亲在解放 6
前就被国民党反动派逼迫上吊自杀了。他从小逃过荒，给地主放过牛，扛过活，还被日本鬼子抓到东北挖过煤。他带着家仇、阶级恨参加了革命队伍，在部队、农村和工厂里做过基层工作。自
从参加革命一直到当县委书记以后，他始终保持着劳动人民的本 6
色。他常常开襟解怀，卷着裤管，朴朴实实地在群众中间工作、劳动。贫农身上有多少泥，他身上有多少泥。他穿的袜子，补了又补，他爱人要给他买双新的，他说："跟贫下中农比一比，咱穿的就不错了。"夏天，他连凉席也不买，只花四毛钱买一条蒲席铺。

有一次，他发现孩子很晚才回家去。一问，原来是看戏去了。他问孩子："哪里来的票?"孩子说："收票叔叔向我要票，我说没有。叔叔问我是谁?我说焦书记是我爸爸。叔叔没有收票就叫我进去了。"焦裕禄听了非常生气，当即把一家人叫来"训"了一顿，命令孩子立即把票钱如数送给戏院。接着，又建议县委起草了一个通知，不准任何干部特殊化，不准任何干部和他们的子弟"看白戏"。

……

"……我死后只有一个要求，要求组织上把我运回兰考，埋在沙堆上，活着我没有治好沙丘，死了也要看着你们把沙丘治好!"

焦裕禄是千千万万在严重自然灾害面前，巍然屹立的共产党员和基层干部英雄形象的代表。他与当时涌现出的王进喜、王杰、欧阳海、南京路上好八连、草原英雄小姐妹等许多先进人物和模范集体一样，在各自平凡的生活和工作中创造出了不平凡的业绩。他们以自己的理想、信念和价值观，给中国社会以深刻影响，也塑造了整个时代的社会风尚。

"你没有死，你将永远活在千万人的心里!"

1967

二月抗争

——对“文化大革命”的抵制和抗争

1967年2月17日，谭震林在给林彪的信中说：江青等人“有兴趣的是打老干部，只要你有一点过错，抓住不放，非打死你不可”。“他们能当政吗？能接班吗？我怀疑。”“我想了好久，最后下了决心，准备牺牲。但我决不自杀，也不叛国，但决不允许他们再如此蛮干。”“这个反，我造定了，下定决心，准备牺牲，斗下去，拼下去。”2月19日，林彪将此信呈毛泽东阅，并在附信中写道：“谭震林最近的思想竟糊涂堕落到如此地步，完全出乎意料之外。”毛泽东批示：“已阅。恩来同志阅，退林彪同志。”①

① 中共中央文献研究室编：《毛泽东年谱》（1949—1976）第6卷，中央文献出版社2013年版，第56页。

1966年，当国民经济的调整基本完成，国家开始执行第三个五年计划的时候，意识形态领域的批判运动逐渐发展成大规模的政治运动。长达十年的“文化大革命”爆发了。

1966年5月至1976年10月的“文化大革命”，是一场由领导者错误发动，被反革命集团利用，给党、国家和各族人民带来严重灾难的内乱。这场内乱是在所谓“无产阶级专政下继续革命的理论”指导下进行的。1966年5月4日至26日，中共中央政治局召开扩大会议，通过由毛泽东主持制定的《中国共产党中央委员会通知》（简称“五一六通知”）。8月1日至12日，党的八届十一中全会召开，作出《中国共产党中央委员会关于无产阶级文化大革命的决定》，改组了中央领导机构。这两次会议的召开，是“文化大革命”全面发动的标志。

①《毛泽东年谱》(1949—1976) 1967年2月16日有关二月抗争的内容。
②中南海怀仁堂外景。

1967年2月　53

字左右的总结，发到全国参考。又大专学校也要作一个总结，发往全国。请酌。”这份材料说：驻京部队最近在北京二中、二十五中分阶段进行集训革命师生的试点，收到了很好的效果。第一阶段以毛主席《中国社会各阶级的分析》一文为主要教材，发动群众分清敌、我、友，达到“既要弄清思想又要团结同志”这样两个目的，消除各群众组织之间的隔阂；第二阶段以毛主席《关于纠正党内的错误思想》一文为主要教材，引导师生深入批判阻碍革命派大联合的各种非无产阶级思想，大破个人主义、分散主义、山头主义，实行革命组织大联合、大夺权。

2月15日　晚上，在人民大会堂会见由外交、计划部部长瓦尼率领的毛里塔尼亚政府代表团，周恩来、陈毅等在座。在瓦尼谈到这次来中国是学习取经时，毛泽东说：我们解放的时间不久，我们的经验很少。可能你们有很多东西值得我们学习。这是互相交换经验。我们都是互相帮助的国家，不是互相仇视的国家。你们的土地广大，将来人口还可以大发展。我们国家人太多了，好处在这里，坏处也在这里。看得起我们的还是很少，你们这么一些民族看得起我们。什么美国人、法国人，别的一些什么人，他们不可能这样，他们嫌我们落后。我们落后，解决的办法就是沙石峪[1]嘛，那个地方没有机械。中国有很大部分土地是靠天吃饭的，黄河以北水很少。

2月16日　下午，周恩来在中南海怀仁堂主持中共中央政治局常委碰头会。原定议程是谈“抓革命，促生产”问题。谭震林、陈毅、叶剑英、徐向前、李先念、余秋里等在会上对当前文

〔1〕沙石峪，位于河北省遵化县境内，属于石灰岩山区。20世纪50年代至60年代，在沙石峪村党支部书记张贵顺的带领下，村民在青石板上换土造田，开展生产，以“万里千担一亩田，青石板上创高产”的精神闻名全国。

54　1967年2月

化大革命的做法表示强烈不满。谭震林责问张春桥为什么不让陈丕显到北京来。张说，我们回去同群众商量一下。谭震林气愤地说：什么群众，老是群众群众，还有党的领导哩。不要党的领导，一天到晚，老是群众自己解放自己，自己教育自己，自己搞革命。这是什么东西？这是形而上学！你们的目的，就是要整掉老干部，你们把老干部一个一个打光。这一次，是党的历史上斗争最残酷的一次，超过历史上任何一次。谭震林站起来要退出会场，周恩来叫他回来。陈毅说：不要走，要跟他们斗争。这些家伙上台，就是他们搞修正主义。又说：延安整风时有些人拥护毛泽东思想最起劲，挨整的是我们这些人。历史不是证明了到底谁是反对毛主席吗？以后还要看，还会证明。斯大林不是把班交给了赫鲁晓夫，搞修正主义吗？余秋里拍桌子说：这样对老干部，怎么行！计委不给我道歉，我就不去检讨！李先念说：就是从《红旗》十三期社论开始，那样大规模在群众中搞两条路线斗争，还有什么大串连，老干部统统打掉了。散会后，张春桥、王力、姚文元整理出一份会议记录，主要集中了谭震林、陈毅、李先念、余秋里的发言，于当晚十时向毛泽东作口头汇报。毛泽东在张春桥、王力、姚文元整理的怀仁堂会议记录上批示：“退陈伯达同志。”

同日　审阅林彪报送的中共中央军委《关于军队夺权范围的规定》稿，批示：“已阅，同意。”这个规定指出：一、军队可以夺权的范围，只限于学院学校（机要学校、尖端技术学校、飞行学校和有外训任务的班、系除外）、文艺团体、体工队、医院（只限于解放军总医院，军区、军种总医院，教学医院）、军事工厂（有尖端技术试验任务的工厂、海军基地所属工厂和绝密工厂除外）。二、夺权必须是由本单位真正的无产阶级革命派来进行，不准联合本单位以外的革命组织参加夺权。在夺权斗争中，真正的无产阶级革命派组织之间互相发生争执时，要通过民主协商来

②

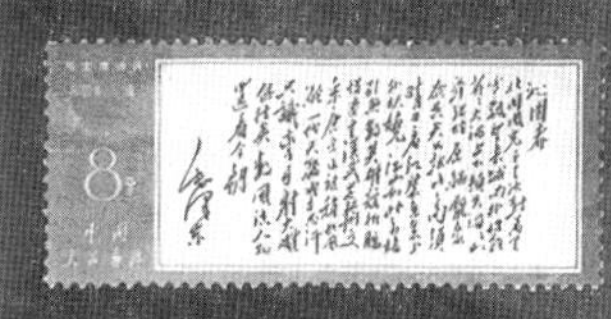

③

③“文化大革命”中的部分邮票。

“文化大革命”全面发动后，全国局面一片混乱，党政机关难以维持正常工作和行使正常职能。周恩来主持，各副总理及有关负责人参加的中央碰头会，是研究和处理党、政、军日常工作的特殊组织形式。

1967年2月前后，谭震林、陈毅、叶剑英等许多政治局和军委的领导同志，在不同的会议上对“文化大革命”的错误做法提出了强烈批评，但被诬为“二月逆流”而受到压制和打击。

1967年2月11日、16日，周恩来在中南海怀仁堂主持召开中央碰头会。在这次会上，谭震林、陈毅、叶剑英、李富春、徐向前、聂荣臻、余秋里、谷牧等对“文化大革命”的错误做法表示强烈不满，对江青、康生、陈伯达、张春桥、谢富治等人的乱党乱军的罪行进行顽强抗争。这种抗争主要是围绕着三个问题进行的：一是运动要不要党的领导；二是老干部应不应该都打倒；三是要不要稳定军队。

在2月11日的碰头会上，叶剑英责问陈伯达、张春桥一伙：“你们把党搞乱了，把政府搞乱了，把工厂、农村搞乱了！你们还嫌不够，还一定要把军队搞乱！这样搞，你们想干什么？上海夺权，改名为上海公社，这样大的问题，涉及国家体制，不经政治局讨论，就擅自改变名称，又是想干什么？”叶剑英还嘲讽、质问陈伯达：“我们不读书，不看报，也不懂什么是巴黎公社的原则。请你解释一下，什么是巴黎公社的原则？革命，能没有党的领导吗？能不要军队吗？”

徐向前说：“军队是无产阶级专政的支柱，你们把军队搞乱，还要不要这个支柱？难道我们这些人都不行，要蒯大富这类人来指挥军队吗？如果不要这个支柱，我就不干了。”

2月16日，周恩来在怀仁堂继续主持中央碰头会。

谭震林是张春桥老上级，陈丕显是谭震林当年新四军老战友。为解救被上海造反派关押的陈丕显，谭震林看到张春桥，就问：陈丕显来了吗？张春桥推托说要回去和群众商量。谭震林恼怒了，他大声质问：“什么群众，老是群众群众，还有党的领导嘛！你们就是不要党的领导。一天到晚，老是群众自己解放自己，自己教育自己，自己搞革命。这是什么东西？这是形而上学！”“你们的目的，就是要整掉老干部，一个一个打光，把老干部都打光。老干部一个一个被整，40年的革命，落得家破人亡，妻离子散。”他又说：“这一次，是党的历史上斗争最残酷的一次。超过历史上任何一次。”“江青要把我整成反革命，就是当着我的面讲的！我就是不要她保！我是为党工作，不是为她一个人工作。”谭震林越说越气，拿起文件、衣服，要退出会场，并说：“让你们这些人干吧，我不干了！”“砍脑袋，坐监牢，开除党籍也要斗争到底！”周总理要他回来。

陈毅也说：“不要走，要留在里边斗争！”并说：“这些家伙上台，他们就要搞修正主义……历史不是证明了到底是谁反对毛主席的吗？以后还要看，还会证明。斯大林不是把班交给了赫鲁晓夫，搞了修正主义吗？……”

陈毅还针对康生在延安整风审查干部历史的过程中，利用“抢救失足者”的口号，制造了一批冤假错案的教训，尖锐地指出：“在延安，过去有人整老干部整得很凶。延安抢救运动搞错了许多人，到现在还有意见。这个历 9
史教训，不能忘记。”

余秋里拍桌子发言：“这样对老干部怎么行？”

李先念说：“现在是全国范围内的大逼供信。”“就是从《红旗》13 期社论[①]开始，那样大规模在群众中进行两条路线斗争，还有什么大串联，老干部统统打掉了。”周恩来当即责问康生：“这篇社论你看了吗？这么大 6
的事情，为什么你不叫我们看看！”

16 日夜，张春桥、姚文元、王力秘密整理了《2 月 16 日怀仁堂碰头会记录》，经与江青密谋后，由江青安排他们向毛泽东作了汇报。张春桥还打小报告说周恩来对《红旗》第 13 期社论没送他审查有意见。毛泽东说：党章上没有规定社论要经过常委讨论。并叫张春桥同周恩来谈一次话，要 7
把中央文革小组当成书记处看待，党和国家的重大问题，要先提到文革小组讨论。

2 月 18 日深夜至 19 日凌晨，毛泽东召集周恩来、李富春、叶剑英、李先念、康生、谢富治、叶群（代表林彪）等开会，严厉批评了在怀仁堂碰头会上提意见的老同志。会议责令陈毅、谭震林、徐向前“请假检讨”；召开中央政治局扩大会议批评陈毅、谭震林、徐向前。

根据毛泽东的意见，2 月 25 日至 3 月 18 日，在怀仁堂召开了七次“政治局生活会”，亦即“政治生活批评会”。江青、康生、陈伯达、谢富治等以“资产阶级复辟逆流”（后称“二月逆流”）的罪名对谭震林、陈毅、徐向前等进行围攻、批斗。康生说：“这是一种政变的预演，一种资本主义复辟的预演！”江青说：“保护老干部，就是保护一小撮叛徒、特务。”陈伯达说：“这是自上而下的复辟资本主义，这是颠覆无产阶级专政！”

此后，中央政治局停止了活动，中央文化革命小组（简称中央文革）实际上取代了政治局。中央碰头会也被中央文革碰头会取代。名义上由周恩来牵头，但成员大多是江青一伙，后又增加吴法宪等人。[②]

① 指《红旗》杂志 1966 年 10 月 1 日发表的社论《在毛泽东思想的大路上前进》，其中首次提出“对资产阶级反动路线，必须彻底批判”。

② 以上参见中共中央文献研究室编：《毛泽东年谱》（1949—1976）第 6 卷，中央文献出版社 2013 年版，第 50—56 页；中共中央文献研究室编：《周恩来年谱》（1949—1976）下卷，中央文献出版社 1997 年版，第 125—130 页；中国人民解放军军事科学院编：《叶剑英年谱》（1897—1986）下，中央文献出版社 2007 年版，第 959—962 页；《李先念传》编写组、鄂豫边区革命史编辑部编写：《李先念年谱》第 4 卷（1964—1969），中央文献出版社 2011 年版，第 405—408 页；刘树发主编：《陈毅年谱》下册，人民出版社 1995 年版，第 1184—1185 页；国防大学《徐向前年谱》编委会编著：《徐向前年谱》（1950—1990）下卷，解放军出版社 2016 年版，第 201—210 页。

1　9　6　8

知识青年上山下乡

1968 年 12 月 22 日，《人民日报》发表毛泽东的指示：“知识青年到农村去，接受贫下中农的再教育，很有必要。”全国掀起知识青年上山下乡的高潮。

人民日报

毛主席语录

知识青年到农村去，接受贫下中农的再教育，很有必要。要说服城里干部和其他人，把自己初中、高中、大学毕业的子女，送到乡下去，来一个动员。各地农村的同志应当欢迎他们去。

1968年12月22日

在毛主席革命路线指引下，会宁县部分城镇居民纷纷奔赴农业生产第一线，到农村安家落户。他们说：

“我们也有两只手，不在城市里吃闲饭!”

编者按：甘肃省会宁县城镇的一些长期脱离劳动的居民，包括一批知识青年，纷纷奔赴社会主义的农村，在那里安家落户，这是一种值得大力提倡的新风尚。他们说：“我们也有两只手，不在城市里吃闲饭！”这话说得很对！

毛主席最近又一次教导我们：知识青年到农村去，接受贫下中农的再教育，很有必要。要说服城里干部和其他人，把自己初中、高中、大学毕业的子女，送到乡下去，来一个动员。各地农村的同志应当欢迎他们去。希望广大知识青年和脱离劳动的城镇居民，热烈响应毛主席这个伟大号召，到农业生产的第一线去！

西乡县革委会动员组织知识青年上山下乡

通过加强领导，大办毛泽东思想学习班，狠抓两条路线斗争教育，做好家长工作，大搞群众运动，在全县掀起知识青年上山下乡的高潮

①

②

①1968 年 12 月 22 日《人民日报》。

②1968 年 12 月 22 日《人民日报》传达了毛泽东关于“知识青年到农村去，接受贫下中农的再教育，很有必要”的指示后，全国掀起知识青年上山下乡运动。

1968

知识青年上山下乡，到农村安家落户，参加集体生产劳动，在20世纪50年代就已出现。当时是为了缓解城市就业压力，解决城镇部分中小学毕业生就业问题。但在毛泽东的头脑中，知识青年下乡还包括比就业问题更为重要的理论和政治意义。他真诚地认为："革命的或不革命的或反革命的知识分子的最后的分界，看其是否愿意并且实行和工农民众相结合。"①

"文化大革命"爆发后，各类学校的教学活动即告中断，招生工作也无从谈起，工厂基本上不招工，商业和服务行业处于停滞状态，城市初、高中毕业生既不能升学，也无法分配工作。仅1968年，积压在校的1966、1967、1968届初、高中毕业生就达400多万人。如再加上应毕业的大学生和小学生，这个数字就更为庞大。如此众多年轻好动的"革命小将"滞留城市，既不能升学，也不能就业，这不仅给他们的家庭带来沉重负担，也成为刻不容缓的严重社会问题。

1968年12月，毛泽东发出"知识青年到农村去"的号召后，全国立即掀起知识青年上山下乡的高潮。这个运动被宣传为具有"反修防修""缩小三大差别"的重大政治意义。各地在很短的时间里，不顾具体条件把大批知识青年下放到农村、生产建设兵团或农场。

1978年10月31日至12月10日，国务院召开全国知识青年上山下乡工作会议。会议决定调整政策，逐步缩小上山下乡的范围，有安置条件的城市不再动员下乡。到1981年11月，城镇知识青年上山下乡运动结束。

"文化大革命"期间，上山下乡的知识青年达1600多万，他们为建设、开发农村和边疆的落后地区作出了贡献，也在与农民的接触中学到了许多在城市、在书本上学不到的知识，在艰苦的环境中经受了锻炼，增长了才干。后来，他们中间也出现了一批国家建设人才。但是，大批知识青年在本应接受正规、系统教育的年龄却不得不离开学校，造成了人才培养的严重断层，给国家的现代化建设带来长远的危害。在此期间，国家和企事业单位为安置知识青年上山下乡所支出的经费达300多亿元，千百万知识青年的家长和部分地区的农民也因此加重了负担。上山下乡知识青年得不到妥善安排，也引发了一些社会问题。

① 《毛泽东选集》第2卷，人民出版社1991年版，第559页。

1　9　6　9

珍宝岛事件和“准备打仗”

1969 年 3 月 2 日、15 日和 17 日，苏联边防军三次侵入中国领土珍宝岛，发生了中苏边界的武装冲突——珍宝岛事件。1969 年初至 1970 年初，出现了新中国成立以来最大的一次全国性战备高潮。1969 年 4 月中共九大召开，“准备打仗”成为九大的指导思想之一。

社会主义社会是一个相当长的历史阶段。在这个历史阶段中，始终存在着阶级、阶级矛盾和阶级斗争，存在着社会主义同资本主义两条道路的斗争，存在着资本主义复辟的危险性，存在着帝国主义和现代修正主义进行颠覆和侵略的威胁。这些矛盾，只能靠马克思主义的不断革命的理论和实践来解决。我国的无产阶级文化大革命，就是在社会主义条件下，无产阶级反对资产阶级和一切剥削阶级的政治大革命。

——中共九大通过的《中国共产党章程》

②

③

人民日报

1969年9月21日

毛主席语录

我赞成这样的口号，叫做“一不怕苦，二不怕死”。

伟大领袖毛主席和他的亲密战友林副主席亲自批准
中央军委命令授予孙玉国等十同志“战斗英雄”称号

号召全军指战员，向在珍宝岛自卫反击苏修武装挑衅的战斗中，用鲜血和生命保卫了伟大祖国神圣领土的孙玉国等十同志学习，学习他们无限忠于人民、无限忠于党、无限忠于伟大领袖毛主席的高尚品质；学习他们“一不怕苦，二不怕死”的革命精神；学习他们对敌狠，对己和的高度的无产阶级觉悟；学习他们敢于斗争，善于斗争，孤胆作战的优良战斗作风

授予珍宝岛自卫反击战十位战斗英雄光荣称号的命名大会在沈阳隆重举行

沈阳部队负责人陈锡联代表中央军委宣读命令，授予孙玉国、杜永春、华玉杰、周登国、冷鹏飞、孙征民、杨林、陈绍光、王庆容、于庆阳等十同志以“战斗英雄”光荣称号

吉林化肥厂广大工人发扬敢想、敢干的革命精神

试验成功我国第一台大型粉煤气化熔渣炉

①

①1969 年 9 月 21 日《人民日报》关于授予珍宝岛自卫反击战孙玉国等十同志“战斗英雄”称号的报道。
②中共九大通过的《中国共产党章程》。
③中共九大之后“文化大革命”进入全面开展“斗、批、改”阶段。

随着“文化大革命”的“深入”，全国党的各级组织全部处于瘫痪状态，从中央委员会、中央政治局，到各省、市、自治区党委，再至基层党组织，都不能正常工作。

1967年秋，毛泽东指示张春桥、姚文元就九大准备工作和什么时候召开等问题，在上海做些调查。姚文元很快完成一份调查报告，假借群众的名义，提出召开九大之前要先修改党章。同年10月21日，中共中央向全国发出《关于征询对九大问题意见的通知》，并附发姚文元的报告。此后，中央文化革命小组实际上成了主持九大筹备工作的领导机构。

1969年3月9日至27日，中央文革碰头会召集各省、市、自治区革命委员会，各大军区和中央各部门的负责人开会，对九大进行具体筹备工作。

在此前后，国际形势发生了一些重大变化。美苏争霸一时出现了苏攻美守的局面。中苏两国关系急剧恶化，从1968年起两国边境冲突事件显著增加。8月，以苏军为首的华沙条约组织部队对捷克斯洛伐克发动大规模突然袭击，苏联领导人相继提出“有限主权论”和“国际专政论”，更使中国领导人加重了对苏联大规模入侵紧迫性、严重性的估计。同时，“文化大革命”开始后，军队和地方的战备工作受到严重冲击，有的已陷于瘫痪和停顿。为应付可能的突发事件，加强战备的问题被尖锐地提了出来。

这时，苏联在中国北方陈兵百万，向中国发出新的战争威胁，甚至进行核恐吓。珍宝岛事件进一步强化了毛泽东对国际形势，尤其是对“社会帝国主义”侵略的严重估计，给九大以重要的影响。在九大预备会议上，毛泽东提出，九大的任务是总结经验，落实政策，准备打仗。这样，加强战备，准备打仗，成了即将召开的九大的一个重要内容。

就是在这样的背景下，1969年4月1日，中共九大在人民大会堂拉开了帷幕。珍宝岛战斗英雄孙玉国被请上九大主席台作报告。这在党代会历史上从未有过。

九大通过的党章，把“无产阶级专政下继续革命的理论”写进总纲，而只字不提发展生产力，不提社会主义现代化建设；还取消了有关党员权利的规定。党章把林彪“是毛泽东同志的亲密战友和接班人”写入总纲，这种完全违反党的根本原则的做法，在党的历史上也从未有过。中共九大之后，“文化大革命”进入全面开展“斗、批、改”阶段。

九大前后这次高度紧张的战备，直到1969年底中苏边界谈判开始后，战争立即爆发的迹象减少，才开始有所缓和。但这次大规模战备对国内政治生活产生了很大影响。一方面，紧张的空气和一系列加强战备的坚决措施，对于抑制武斗、平息动乱起了一定作用。另一方面，紧张的气氛又助长了阶级斗争扩大化的错误。大战即将来临的认识也对刚刚有所恢复的经济工作产生多方面影响。

1969年底，原来的许多中央领导人，不仅包括刘少奇、邓小平、陶铸等这些已经被“打倒”了的，而且包括虽然已在群众中点名批判但还不算是被“打倒”的，都被紧急地分别疏散到外地，从而被完全排除在党和国家的政治生活之外。

1970

“全世界人民包括美国人民都是我们的朋友”

——中美关系开始破冰

②

1970年12月26日，是毛泽东的生日。25日《人民日报》头版刊登了毛泽东在天安门城楼上与中国人民的老朋友埃德加·斯诺的合影。当天报头的《毛主席语录》是：“全世界人民包括美国人民都是我们的朋友。”中国以这种含蓄的方式向美国和全世界发出了赞成中美实现高层对话的信息。1971年4月，美国乒乓球代表团应邀访华。1972年2月28日，中美双方在上海发表《联合公报》，标志两国关系正常化进程的开始。周恩来说：这个文件是过去没有过的，过去所有外交公报都没有把双方尖锐对立的立场写出来。我们把分歧写出来，在国际上创造了一个风格。

①1970 年 12 月 25 日《人民日报》头版《毛泽东主席会见美国友好人士埃德加·斯诺》。
②1971 年 4 月美国乒乓球运动员游览长城。

1
9
7
0

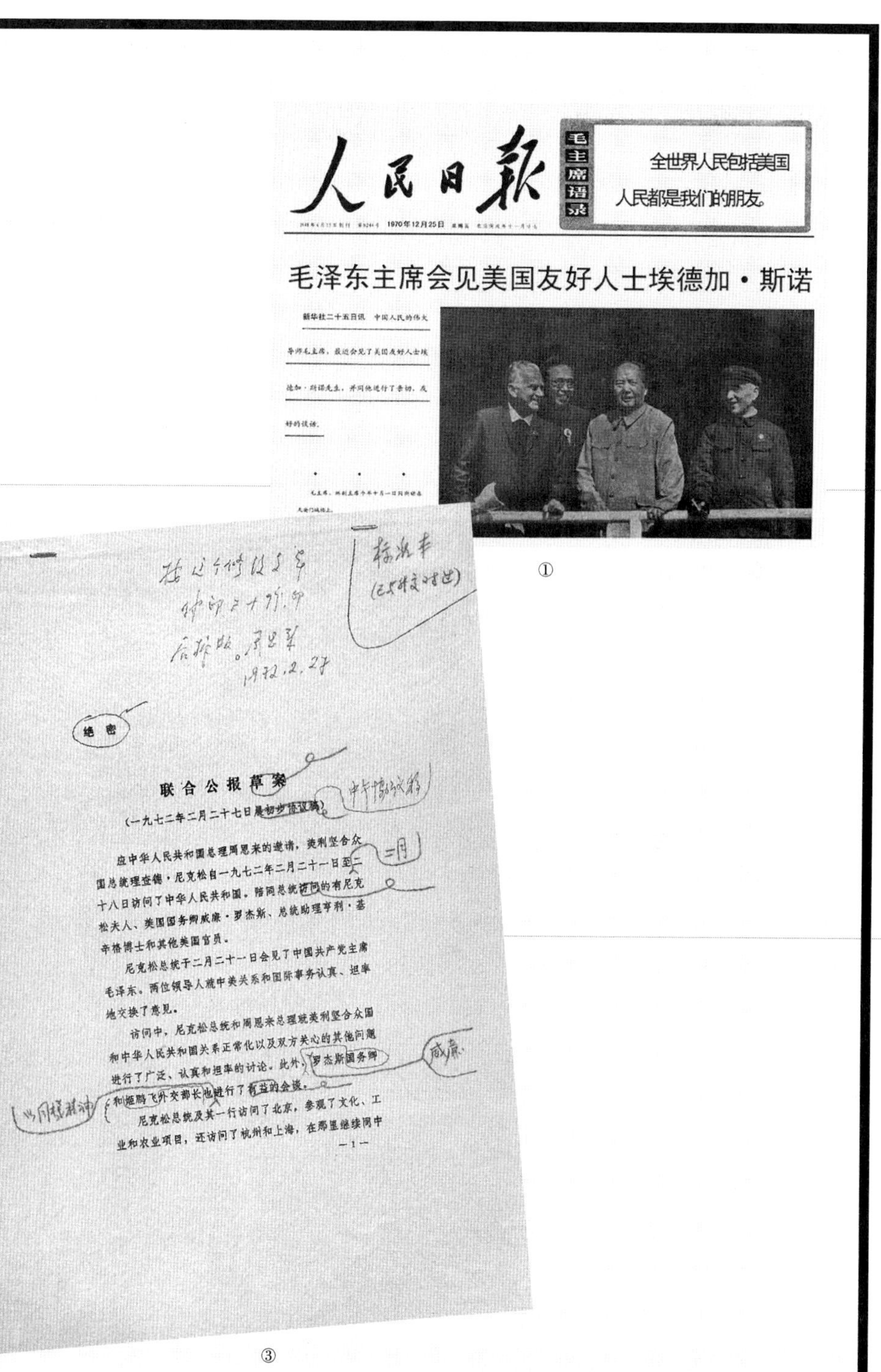

人民日报

毛主席语录
全世界人民包括美国人民都是我们的朋友。

1970年12月25日

毛泽东主席会见美国友好人士埃德加·斯诺

新华社二十五日讯 中国人民的伟大导师毛主席，最近会见了美国友好人士埃德加·斯诺先生，并同他进行了亲切、友好的谈话。

①

绝密

联合公报草案

（一九七二年二月二十七日最初步协议稿）

应中华人民共和国总理周恩来的邀请，美利坚合众国总统理查德·尼克松自一九七二年二月二十一日至二十八日访问了中华人民共和国。陪同总统访问的有尼克松夫人、美国国务卿威廉·罗杰斯、总统助理亨利·基辛格博士和其他美国官员。

尼克松总统于二月二十一日会见了中国共产党主席毛泽东。两位领导人就中美关系和国际事务认真、坦率地交换了意见。

访问中，尼克松总统和周恩来总理就美利坚合众国和中华人民共和国关系正常化以及双方关心的其他问题进行了广泛、认真和坦率的讨论。此外，罗杰斯国务卿和姬鹏飞外交部长也进行了有益的会谈。

尼克松总统及其一行访问了北京，参观了文化、工业和农业项目，还访问了杭州和上海，在那里继续同中

—1—

③

“全世界人民包括美国人民都是我们的朋友”

③1972 年 2 月 28 日中美双方在上海发表了联合公报。图为 2 月 27 日周恩来批示印发的公报标准本底稿。

20世纪60年代末70年代初，新的国际格局初露端倪，体现出四个突出特点：一是中国成为国际舞台上一支不与任何大国或集团结盟的独立政治力量；二是美苏军事力量对比发生重要变化，美国由于深陷越南战争的泥潭，在与苏联的争夺中，从占有明显优势到60年代末期双方形成均势；三是随着西欧和日本的复兴，美国在西方联盟中的统治地位有所削弱，东欧国家对苏联的离心倾向也在发展；四是中国以外的其他亚非拉国家的力量和影响也有了进一步增长。总之，美苏两国再也不能像战后初期那样随意掌控世界了。

60年代末70年代初中美两国开始尝试破冰

1969年初，尼克松出任美国总统。在美国面临实力相对衰退的背景下，尼克松急需在尽可能短的时间内有效地解决当时面临的从越南战场抽身、更加有效地对抗苏联等难题。其中，打开同中国交往的大门，是他任期内进行美国战后最重大外交政策调整的关键一环。

与此同时，中国也面临调整外交政策的任务。“文化大革命”使中国外交陷入困境，特别是中苏关系陷入前所未有的紧张状态。这促使毛泽东等党和国家领导人重新审视国际局势，重新思考中国的外交战略。

1970年12月底，毛泽东与斯诺天安门城楼合影刊出；1971年4月，美国乒乓球代表团应邀访华；1971年7月和10月，美国总统国家安全事务助理基辛格两次访华。1971年11月30日，新华社受权发表公告宣布：中美两国政府商定，尼克松总统将于1972年2月21日开始对中国访问。从这时起，周恩来直接领导和部署接待尼克松的各项准备工作，包括宣传教育、安全保密、新闻报道等。

在中美两国关系史上，美国总统第一次来华访问，是举世瞩目的大事。由于缺乏经验，在接待工作中，稍有疏忽就可能在国际上产生不利影响。周恩来首先明确地规定这次接待工作的基本原则。12月2日，他对参加接待尼克松来华准备工作会议的有关负责人强调说：我们是主权国家，凡事不能触犯我国主权；对尼克松总统的接待，一定要反映出无产阶级的原则、作风和严格的纪律，一切事情有条不紊，实事求是，行不通的就改正，行得通的就认真办好；对外宣传上注意不要夸大，不要过头。经周恩来确定的接待工作的总方针是："不冷不热，不亢不卑，待之以礼，不强加于人。"

1972年1月初，美国总统国家安全事务副助理黑格率先遣组来华，为尼克松访华进行技术安排。周恩来召集会议进行研究，原则同意美方提出的通过卫星转播尼克松在华活动实况，决定由中国政府出资买下供美方使用的通信设备，然后租给美方使用。周恩来这样解释说：在主权问题上，我们一点不能让。美方原来说他们自己带通信设备，不要我们付费。我们说，这不行，我们是主权国家，我们买过来，租给你们用，你们付费。这样一方面维护了我们的主权，另外我们在跟他们使用时总能学到一点技术。

对某些观点和提法，周恩来的反应更为敏锐。1月6日，他答复黑格转达的美方口信时指出：美方对中国的"生存能力"表示怀疑，并声称要"维护"中国的"独立"和"生存能力"的说法，令人惊讶。中国认为，任何国家决不能靠外力维护其独立和生存，否则只能成为别人的保护国或殖民地。社会主义的新中国是在不断抗击外来侵略和压迫的斗争中诞生和成长起来的，并一定会继续存在和发展下去。

美国总统尼克松访华

1972年2月21日中午，尼克松总统和夫人，美国国务卿罗杰斯、美国总统国家安全事务助理基辛格等一行乘专机抵达北京。周恩来、叶剑英、李先念、郭沫若、姬鹏飞等到机场迎接美国客人。尼克松走下舷梯，将手伸向周恩来。当两只手握在一起时，全世界都看到了这一历史性的时刻。尼克松事后写道："当我们的手相握时，一个时代结束了，另一个时代开始了。"周恩来对尼克松说："你的手伸过世界最辽阔的海洋来和我握手——25年没有交往了啊!"下午，周恩来陪同毛泽东会见尼克松、基辛格。在一个多小时的会谈中，把此次中美高级会晤的"基本方针都讲了"，气氛认真而坦率。

晚上，周恩来在人民大会堂为尼克松总统和夫人举行欢迎宴会。席间，周恩来在祝酒词中说：尼克松总统应邀来访，"使两国领导人有机会直接会晤，谋求两国关系正常化，并就共同关心的问题交换意见，这是符合中美两国人民愿望的积极行动，这在中美两国关系史上是一个创举"。"中美两国的社会制度根本不同，在中美两国政府之间存在着巨大的分歧。但是，这种分歧不应当妨碍中美两国在互相尊重主权和领土完整、互不侵犯、互不干涉内政、平等互利和和平共处五项原则的基础上建立正常的国家关系，更不应该导致战争。”“我们希望，通过双方坦率地交换意见，弄清楚彼此之间的分歧，努力寻找共同点，使我们两国的关系能够有一个新的开始。”

尼克松在华期间，周恩来同他进行了五次会谈，主要就国际形势和双边关系问题交换看法。尼克松在重申美方对处理台湾问题的原则（即只有一个中国、台湾是中国的一部分，不支持、不鼓励“台湾独立”，逐步实现从台湾撤军等）的同时，又强调美方在政治方面仍有“困难”，希望在他第二届任期内完成中美关系正常化。周恩来一针见血地指出：“还是那句话，不愿意丢掉‘老朋友’，其实老朋友已经丢了一大堆了。‘老朋友’有好的，有不好的，应该有选择嘛。”又说：“你们希望和平解放台湾”，“我们只能说争取和平解放台湾。为什么说‘争取’呢？因为这是两方面的事。我们要和平解放，蒋介石不干怎么办？”“我坦率地说，就是希望在你（下届）任期内解决，因为蒋介石已为时不多了。”

由于双方在台湾问题上存在的分歧，直到2月25日下午，中美联合公报中关于台湾问题的措辞仍没有确定下来。这时，美方已在担心，如果公报不能发表，尼克松的访华成果便无法体现。在这种情况下，周恩来告诉美方：反正双方观点已经接近了，我们也报告了毛主席，说已商定要写最后从台湾撤军的问题，但还要设法用双方都能接受的最佳措辞表达。基辛格马上表示：我们十分欣赏中方所表现的慷慨和公正的精神。当晚，周恩来出席尼克松总统和夫人举行的答谢宴会。由于公报尚未定稿，不一定能够发表，周恩来在宴会致词中只讲了中美之间的分歧，而没有讲共同点。

敲定和发表中美《联合公报》

2月26日凌晨，双方对中美联合公报的内容基本谈定。经过一番文字推敲和修改后，在27日定稿。28日，中美《联合公报》在上海发表。公报里美方关于台湾问题的措辞为：

美国方面声明：美国认识到，在台湾海峡两边的所有中国人都认为只有一个中国，台湾是中国的一部分。美国对这一立场不提出异议。它重申它对中国人自己和平解决台湾问题的关心。考虑到这一前景，它确认从台湾撤出全部美国武装力量和军事设施的最终目标。

周恩来不久后谈道：这是中美会谈中争论最多的一段。从北京争到杭州，从杭州争到上海，一直到27日下午3时才达成协议。这段第一句话是基辛格贡献的，我们挖空心思也没有想出来。这样人民的意见也表达出来了，所以博士还有博士的好处。我们原来提"台湾是中国的一个省"，蒋介石也是这么说的，但美方坚持要改"一部分"，因为他们国内有人反对。我们同意了，因为"一个省"和"一部分"是一样的。"美国对这一立场不提出异议"一句中的"立场"二字也是美方提出的。争论的一个关键问题是，我们要使它尽可能确切承认台湾问题是中国人之间的问题。他们提种种方案，要我们承担和平解放台湾的义务，我们说不行。我们要他承担从台湾全部撤军为最终目标。有人问，"美蒋条约"为什么不写上？你写上废除"美蒋条约"，他就要写上保持"美蒋条约"义务，这就不利了。军事设施都撤走了还有什么"条约"？所以抓问题要抓关键性的，有些关键性措辞要巧妙，使他们陷于被动，我们处于主动。

我们一直坚持两条原则，一个是在中美两国之间实行和平共处五项原则，一个是美国从台湾和台湾海峡撤军。这就等于取消了"美蒋条约"，让中国人民自己解决台湾问题。尼克松上台以后，情况有变化，时代也在前进。我们如果还是只有原则性，没有灵活性，就不能推动世界的变化。外电评论说，这个公报是个奇特的公报，双方的原则和立场截然不同，关于台湾问题的立场也不同，但也找到一些共同点。前面有十一个共同点。①

这份来之不易的中美《联合公报》的发表，标志着中美关系开始走向正常化。尼克松显得心情格外舒畅。在上海市为他送行的宴会上，他发表即席讲话说，此次访华的一周，是"改变世界的一周"。

1978年12月16日，中美公布关于建立外交关系的联合公报，宣布自1979年1月1日起互相承认并建立外交关系。同日，美国宣布于1979年1月1日断绝同台湾当局的所谓"外交关系"。

① 中共中央文献研究室编：《周恩来年谱》（1949—1976）下卷，中央文献出版社1997年版，第512—513页；中共中央文献研究室编：《周恩来传》（1949—1976）下，中央文献出版社1998年版，第1105—1109页。

1 9 7 1

恢复中国在联合国合法席位

1971年10月25日晚上，第二十六届联合国大会以压倒性多数的票数通过决议，恢复中华人民共和国在联合国一切合法权利，并立即将台湾蒋介石集团代表从联合国一切机构中驱逐出去。事实上，如此迅速地恢复在联合国合法席位，也出乎中国领导人意料。不久后，周恩来说：这么一件大事，全世界都在注意，我们没有准备好是事实。它说明一个问题，就是在联合国，美国的指挥棒不灵了。1971年10月27日《人民日报》作了相关报道。当天报头的《毛主席语录》是：“全世界各国人民的正义斗争，都是互相支持的。”

人民

1971年10

各友好国家在联合国对我国的宝贵支持

热烈祝贺巴列维国王诞辰并衷心感谢

周恩来总理郭沫若副委员长姬鹏飞代部长在伊朗临时代办举行的招待会上

1

①1971年10月25日第二十六届联合国大会通过决议，恢复中华人民共和国在联合国一切合法权利。决议通过时会场一片欢腾。

9

7

1

①

报

毛主席语录

全世界各国人民的正义斗争，都是互相支持的。

全世界人民的胜利　美帝国主义的惨败

联大以压倒多数通过恢复我在联合国合法权利、驱逐蒋帮的阿尔巴尼亚、阿尔及利亚等国提案

美国和日本佐藤反动政府联合炮制的所谓“重要问题”提案遭到否决

阿尔巴尼亚、阿尔及利亚等二十二国提案全文和联合国大会表决结果

②

恢复中国在联合国合法席位

②1971年10月27日《人民日报》。

中国是联合国创始会员国，也是安全理事会五个常任理事国之一。新中国成立后，以美国为首的西方势力百般阻挠恢复中华人民共和国在联合国合法席位，致使这一席位长期被台湾国民党当局窃据。中国政府始终不渝地为争取恢复新中国在联合国合法权利而努力。

从 1950 年起，美国操纵表决机器，以各种借口，阻止联合国第五至十五届大会讨论中国代表权问题。然而，随着国内形势的发展、中国国际地位的提高和联合国内亚非拉成员国的增加，到 1960 年，美国拒绝讨论中国代表权问题的提案在表决时仅能获得微弱多数。因此，从 1961 年第十六届联合国大会起，美国又设置新的障碍，屡次将恢复中国代表权问题列为必须由三分之二多数票通过方能解决的所谓“重要问题”。

到 1970 年，在第二十五届联合国大会上，支持恢复中华人民共和国在联合国合法席位的提案第一次获得半数以上国家的赞同，但因不足三分之二多数而仍未能通过。

作为美国方面来说，由于形势的发展变化，已使它越来越难以操纵联合国。这就迫使它不得不改变过去的政策，承认台湾属于中国，甚至表示要在联合国支持恢复中华人民共和国合法席位，但同时反对驱逐台湾当局代表。这种做法实质就是主张在联合国搞“两个中国”或“一中一台”。

1971 年 8 月 2 日，美国国务卿罗杰斯发表《关于中国在联合国的代表权问题的声明》，将“两个中国”的方案公开抛出。之后，美、日等国又提出“重要问题”案及“双重代表权”案，力图保持台湾当局在联合国的“席位”。所谓“重要问题”案，即任何剥夺“中华民国”在联合国的“代表权”的建议都是重要问题；所谓“双重代表权”案，即接纳中华人民共和国的代表进入联合国，但“不剥夺中华民国的代表权”。对此，中国外交部发表声明，指出中国决不允许在联合国出现“两个中国”或“一中一台”的局面。

周恩来十分关注第二十六届联大的情况。8 月 21 日，他接见回国大使及外交部、对外贸易部、对外经济联络部、中央对外联络部、总参二部等部门负责人，宣读和解释外交部 20 日批驳美国政府提案的声明。当他问及与会者，美国为在联合国制造“两个中国”曾经同哪 20 个国家开会时，被问者大多答不上来。周恩来当场批评说：我真有点恼火，你们报

① 参见中共中央文献研究室编：《周恩来年谱》（1949—1976）下卷，中央文献出版社 1997 年版，第 476 页。

纸也不看，参考也不看，外交战线这样子不行啊。随即，他逐一地举出这20个国家的名字，并分析道：从这个名单里，可以看出战后美国国际地位的下降。①

1971年第二十六届联合国大会开幕后，自10月18日起，就中国席位问题展开了激烈的辩论。10月25日，第二十六届联合国大会表决刚一结束，纽约联合国会议大厅里立刻一片沸腾，雷鸣般的掌声和欢呼声一浪高过一浪，此起彼伏，经久不息。支持中国的国家代表纷纷起立，高举双手用不同的语言欢呼："我们胜利了！"新闻媒介评论道："中国是在自己不在场的情况下，受到联大三分之二以上国家的祝福，使联合国发生根本变化。"

11月15日，中华人民共和国代表团出现在联合国大厦。在纷纷登台致词欢迎中国代表团的发言者中，以亚、非、拉地区国家的代表最引人注目。他们一篇篇热情洋溢的讲话，表达了对新中国的炽热感情。

联大通过表决后不久，周恩来向一位美国友人表示：那天联合国的表决完全出乎意料，不但出乎我们的意料，也出乎美国的意料。我们没有派一个人去联大活动，而且提案国是由地中海两岸的两个国家带头的。这么多的国家对我们寄予希望，我们感谢他们。

第二天，周恩来又对来访的日本客人讲：这次表决结果是违反美国的意愿的，也是违反一向追随美国的日本佐藤政府意愿的。我们不能不重视这一表决的精神，因为它反映了世界大多数国家和人民的愿望。

新中国在第二十六届联大上的胜利，归根到底是坚持世界上只有一个中国即中华人民共和国原则的胜利；同时，也是美国及其追随者长期推行"两个中国""一中一台"政策的失败。这个事实，又反过来促使更多国家谋求同中国关系正常化。毛泽东、周恩来审时度势，牢牢把握住这一历史契机，加速打开了全新的外交格局。

1　9　7　2

“揭开两国关系史上新的一页”

——实现中日邦交正常化

1972年9月25日至30日，日本内阁总理大臣田中角荣应邀访问中国，谈判并解决中日邦交正常化问题。毛泽东会见田中角荣，周恩来同田中角荣举行会谈。29日，中日两国政府签署《联合声明》，宣布即日起建立外交关系。次日，《人民日报》发表《联合声明》。《声明》指出：“中日两国是一衣带水的邻邦，有着悠久的传统友好的历史。两国人民切望结束迄今存在于两国间的不正常状态。战争状态的结束，中日邦交的正常化，两国人民这种愿望的实现，将揭开两国关系史上新的一页。”

人民日报

毛主席语录

我们坚决主张，一切国家实行互相尊重主权和领土完整、互不侵犯、互不干涉内政、平等互利、和平共处这样大家知道的五项原则。

1972年9月30日

中华人民共和国政府
日　本　国　政　府
联合声明

新华社一九七二年九月二十九日讯

中华人民共和国政府
日本国政府
联合声明

日本国内阁总理大臣田中角荣应中华人民共和国国务院总理周恩来的邀请，于一九七二年九月二十五日至九月三十日访问了中华人民共和国。陪同田中角荣总理大臣的有大平正芳外务大臣、二阶堂进内阁官房长官以及其他政府官员。

毛泽东主席于九月二十七日会见了田中角荣总理大臣。双方进行了认真、友好的谈话。

周恩来总理、姬鹏飞外交部长和田中角荣总理大臣、大平正芳外务大臣，始终在友好气氛中，以中日两国邦交正常化问题为中心，就两国间的各项问题，以及双方关心的其他问题，认真、坦率地交换了意见，同意发表两国政府的下述联合声明：

中日两国是一衣带水的邻邦，有着悠久的传统友好的历史。两国人民切望结束迄今存在于两国间的不正常状态。战争状态的结束，中日邦交的正常化，两国人民这种愿望的实现，将揭开两国关系史上新的一页。

日本方面痛感日本国过去由于战争给中国人民造成的重大损害的责任，表示深刻的反省。日本方面重申站在充分理解中华人民共和国政府提出的“复交三原则”的立场上，谋求实现日中邦交正常化这一见解。中国方面对此表示欢迎。

中日两国尽管社会制度不同，应该而且可以建立和平友好关系。两国邦交正常化，发展两国的睦邻友好关系，是符合两国人民利益的，也是对缓和亚洲紧张局势和维护世界和平的贡献。

（一）自本声明公布之日起，中华人民共和国和日本国之间迄今为止的不正常状态宣告结束。

（二）日本国政府承认中华人民共和国政府是中国的唯一合法政府。

（三）中华人民共和国政府重申：台湾是中华人民共和国领土不可分割的一部分。日本国政府充分理解和尊重中国政府的这一立场，并坚持遵循波茨坦公告第八条的立场。

（四）中华人民共和国政府和日本国政府决定自一九七二年九月二十九日起建立外交关系。两国政府决定，按照国际法和国际惯例，在各自的首都为对方大使馆的建立和履行职务采取一切必要的措施，并尽快互换大使。

（五）中华人民共和国政府宣布：为了中日两国人民的友好，放弃对日本国的战争赔偿要求。

（六）中华人民共和国政府和日本国政府同意在互相尊重主权和领土完整、互不侵犯、互不干涉内政、平等互利、和平共处各项原则的基础上，建立两国间持久的和平友好关系。

根据上述原则和联合国宪章的原则，两国政府确认，在相互关系中，用和平手段解决一切争端，而不诉诸武力和武力威胁。

（七）中日邦交正常化，不是针对第三国的。两国任何一方都不应在亚洲和太平洋地区谋求霸权，每一方都反对任何其他国家或国家集团建立这种霸权的努力。

（八）中华人民共和国政府和日本国政府为了巩固和发展两国间的和平友好关系，同意进行以缔结和平友好条约为目的的谈判。

（九）中华人民共和国政府和日本国政府为进一步发展两国间的关系和扩大人员往来，根据需要并考虑到已有的民间协定，同意进行以缔结贸易、航海、航空、渔业等协定为目的的谈判。

中华人民共和国	日本国
国务院总理	内阁总理大臣
周恩来（签字）	田中角荣（签字）
中华人民共和国	日本国
外交部长	外务大臣
姬鹏飞（签字）	大平正芳（签字）

一九七二年九月二十九日于北京

①

①1972年9月30日《人民日报》。

②

③

②田中角荣送给毛泽东的东山魁夷绘画《春晓》。
③田中角荣送给周恩来的杉山宁绘画《韵》。

随着中国在联合国合法席位的恢复和中美关系正常化进程的开始，中国外交获得新的活力和广阔的活动天地。

在此大背景下，日本各阶层人民要求恢复中日邦交的呼声也日渐高涨，中国提出的中日复交三原则（中华人民共和国政府是代表中国的唯一合法政府；台湾是中华人民共和国领土不可分割的一部分；“日台条约”是非法、无效的，应予废除）日益得到了日本人民广泛的赞同。

1972 年 7 月，敌视中国的佐藤荣作下台，田中角荣组成新内阁。田中上台伊始，在 7 月 7 日首次内阁会议上就表示要加紧实现同中华人民共和国的邦交正常化。对于田中的态度中国立即作出积极反应。7 月 9 日周恩来在欢迎也门民主人民共和国政府代表团的讲话中表示：“田中内阁 7 日成立，在外交方面声明要加紧实现邦交正常化，这是值得欢迎的。”

7 月 18 日，田中内阁通过了对在野党国会议员提出的中日关系问题所作的答复，表示充分理解中方提出的恢复中日邦交三原则。8 月 11 日，日本大平外相在会见中国上海舞剧团团长孙平化和中日备忘录贸易办事处驻东京联络处首席代表肖向前时正式转告，田中首相要为谈判实现中日邦交正常化访问中国。

为了摸清中国政府对邦交正常化问题的全面立场，1972 年 7 月 27 日，日本公明党中央执行委员长竹入义胜担当了沟通中日政府之间的特殊使命。竹入来华后，在与周恩来的会谈中，周恩来将经过毛泽东同意的中方方案即拟议中的《联合声明草案》八项向竹入作了披露，由其带回日本。

1972 年 9 月 25 日，日本首相田中角荣正式访华。9 月 29 日，中国政府和日本政府联合声明签字，并建立外交关系，实现了中日邦交正常化。

“揭开两国关系史上新的一页”

尽管中日双方在某些问题上还有些分歧，但总的说来在主流上双边关系不断取得进展。中日关系的原则“和平友好、平等互利、相互信赖、长期稳定”，成为发展两国关系的基础。

1973

毛泽东最后一次参加党代会

1973 年 8 月 24 日至 28 日，中共十大召开。这是毛泽东最后一次参加党的全国代表大会。开幕会上，病重的毛泽东已经站不起来了，只好坐着目送大家先退场。十大继续了九大的“左”倾错误。

②

②中共十大主席台。

①周恩来关于发表中共十大政治报告给新华社负责人的批示。

编号 0001342

在中国共产党第十次全国代表大会上的报告

（一九七三年八月二十四日报告，八月二十八日通过）

周恩来

同志们！

中国共产党第十次全国代表大会，是在粉碎了林彪反党集团，党的第九次全国代表大会的路线取得了伟大胜利，国内外大好形势下召开的。

我代表中央委员会向第十次全国代表大会作报告。主要内容是：关于九大路线，关于粉碎林彪反党集团的胜利，关于形势和任务。

关于九大路线

党的九大是在毛主席亲自发动和领导的无产阶级文化大革命取得了伟大胜利的时刻举行的。

—1—

①

1971年9月13日，林彪等人外逃叛国，在蒙古人民共和国温都尔汗附近机毁人亡。林彪反革命集团的覆灭，客观上宣告了“文化大革命”理论和实践的失败。

九一三事件对已经78岁高龄的毛泽东精神上的打击是沉重的。从这时起，他的健康状况迅速恶化。尽管头脑仍很清楚，体力却越来越难支撑，不断承受着老年疾病的折磨。1970年九届二中全会后，他的睡眠已经很不好，不停地咳嗽，痰多又吐不出，打针也不管用，不断地好了又犯。有时因为咳嗽而无法卧床，只能日夜坐在沙发上。1971年快入冬时，他被诊断为大叶性肺炎，肺部的疾病又影响心脏。1972年1月6日陈毅去世。1月10日，毛泽东突然决定冒着严寒出席追悼会，其后，其病情急遽变化。一个月后，毛泽东突发休克，经紧急抢救，才脱离危险。这次重病后，毛泽东的健康状况再也没有得到恢复。

毛泽东重病的情况，外人自然都不知道。1972年的一年内，毛泽东没有出席重要会议，没有长篇讲话，在文件上作的批示也极少。

到了1973年，毛泽东的病情稳定了一些，但他的健康状况已远不能同从前相比。这一点，毛泽东自己也意识到了，并在会见外宾时多次谈起。2月17日，他会见基辛格。周恩来陪同基辛格进入会客室时，毛泽东迎上前走了几步，说：“走几步吧！走几步，对我很困难。”基辛格说：“我看主席这次比上次好得多了。”毛泽东回答：“看起来是这样，实际上上帝给我下了请帖。”3月26日，他会见喀麦隆总统阿希乔时说：“我们的报纸和我们总理都讲我身体怎么好，其实我经常害病啊！”

8月24日晚，中共十大在北京开幕。毛泽东就是在这种不太好的身体状况下参加大会的。

十大有三项议程：一是周恩来代表中共中央作政治报告；二是王洪文代表中共中央作关于修改党章的报告，并向大会提出《中国共产党章程草案》；三是选举中央委员会。开幕式上进行前两项。

毛泽东宣布开会后，周恩来先问：“主席讲几句不讲？”毛泽东没有讲，只是说请周恩来作报告和请王洪文讲话。

当周恩来读到报告中的“时代没有变，列宁主义的基本原则没有过时，仍然是我们今天指导思想的理论基础”时，毛泽东插话：“哎，不错。”当周恩来读到“应当强调指出：有不少党委，埋头日常的具体的小事，而不注意大事，这是非常危险的”

时，毛泽东说："对。"周恩来、王洪文讲完话，毛泽东宣布："报告完毕，今天至此为止，散会！"

两个报告用了不到一个小时。散会时的情况，护士长吴旭君作过这样的回忆：

> 1973 年十大召开的那段时间，毛主席的身体不太好，主要是他的腿不行，走路走得不太稳，可以说是步履艰难，而且有点气喘吁吁。大会开幕的时候，主席出席了，代表们热烈地鼓掌，气氛相当好。后来宣布散会了，我看到主席两只手扶着椅子使劲往下压，他想让自己的身体能够支撑着站起来。于是我马上叫人过去搀扶他，并把椅子往后挪，好让他站稳。这时，台上台下长时间地鼓掌欢呼，持续了十分钟之久。我估计是总理发现主席的腿在颤抖，他让主席坐下，主席也就毫无顾忌地一下重重地坐到椅子上，一动也不动。而台下的代表仍一个劲地向毛主席欢呼。尽管总理打手势要大家赶快退场，代表们还是不肯离去。[①]

事实上，毛泽东再站起来是很困难的了。但又不能让代表们知道毛泽东身体的真实状况。

在这种情况下，毛泽东只得向代表们说："你们不走，我也不好走。"

此时，周恩来对代表们说："毛主席要目送大家退场。"于是，毛泽东显出笑容，在周恩来的陪伴下，待到全体代表离场。

坚强如铁的毛泽东竟然衰老至此；人民爱戴的好总理也已身患癌症，以虚弱之躯，忍辱负重，力撑危局。

这是两位伟人最后一次出席党的全国代表大会。此情此景长久地留在人们的记忆中……

① 参见中共中央文献研究室编：《毛泽东传》（1949—1976）下，中央文献出版社 2003 年版，第 1610—1619、1664—1665 页。

1974

“三个世界”划分战略思想

——70年代上半期中国对外关系的突破性发展

1974年2月22日，毛泽东会见赞比亚总统卡翁达，阐述了三个世界划分的理论。4月6日至16日，邓小平率中国代表团出席联合国大会第六届特别会议。10日，在会上全面阐述毛泽东关于“三个世界”划分的战略思想和中国的对外政策。1975年2月2日，邓小平会见冈比亚共和国外交部长恩吉时指出，毛泽东主席对我们全国人民提出的口号是：“深挖洞，广积粮，不称霸。”这是我们国家的指导方针。

①

①1974年4月10日邓小平在联合国大会第六届特别会议上发言，系统阐述毛泽东关于“三个世界”划分的战略思想和我国的对外政策。

随着中华人民共和国在联合国合法席位的恢复，以及中美、中日关系正常化进程的开始，中国外交获得新的活力和广阔的活动天地。

70年代前期，毛泽东对国际形势逐渐形成关于三个世界划分的估计。他认为苏美两个超级大国属于第一世界，苏美以外的西方发达国家和东欧国家属于第二世界，亚洲、非洲、拉丁美洲的广大发展中国家属于第三世界。在当时的历史条件下，这一思想对指导中国的外交工作，坚持反对超级大国的霸权主义和战争威胁，努力建立和发展同第三世界各国和其他类型国家的友好合作关系，包括同美国实现两国关系正常化，都发挥过重要作用。

首先，70年代初，中国与美国、日本开启国家关系正常化进程。

其次，努力建立和发展同第三世界各国友好合作关系。先后同土耳其、伊朗、马来西亚、智利、牙买加等40多个亚非拉国家建立了外交关

1

9

7

4

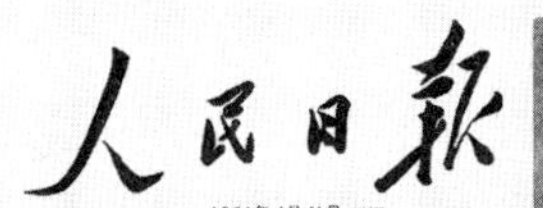

毛主席语录

中国人民把亚洲、非洲、拉丁美洲人民的反帝国主义斗争的胜利看作是自己的胜利，并对他们的一切反帝国主义、反殖民主义的斗争给以热烈的同情和支持。

1974年4月11日

中华人民共和国代表团团长
邓小平在联大特别会议上的发言

②

②1974 年 4 月 11 日《人民日报》关于邓小平在联大特别会议上发言的报道。

系。中国从各个方面坚决支持这些国家捍卫自己的民族独立和国家主权、反对外来侵略和干涉、维护本地区和世界和平的正义斗争。中国真诚维护并努力促进这些国家之间的团结，为打破大国欺侮小国、富国压榨贫国的国际旧秩序，建立以和平共处五项原则为基础的国际新秩序而共同奋斗。

再次，同西方许多发达国家广泛建交。西欧国家战后随着自身政治经济实力的增长，同美苏两个超级大国的霸权主义抗衡的要求不断加强，希望同中国一道为维护世界和平和本国独立自强而相互支持、合作的倾向也在发展。1969 年以前，与中国建交的发达资本主义国家仅有西欧的法国等 6 个国家。到 1973 年底，中国已基本上完成同美国以外的资本主义发达国家的建交过程，同欧洲共同体也建立了正式关系。中国同这些国家在经济、贸易、科技、文化等方面的合作都有良好的发展。70 年代后，中国同东欧各国的关系也有了不同程度的恢复、改善和发展。

“三个世界”划分战略思想

70 年代上半期是中国外交突破性大发展的时期。这一形势的出现，与国际形势的变动有关，但更重要的原因是毛泽东、周恩来等党和国家领导人高瞻远瞩、因势利导，宏观分析形势，对中国的国际战略和外交政策进行了重大调整。这个时期中国外交所取得的成就极大地改善了中国的安全环境，拓展了中国外交活动的舞台，也为“文化大革命”结束后中国的改革开放和更加积极地参与国际事务创造了有利前提，打下了基础。

1 9 7 5

全面整顿

1975 年 1 月四届全国人大一次会议后开始的全面整顿，是“文化大革命”后期以邓小平为代表的党的正确领导与“四人帮”倒行逆施的一场重大斗争。

中华人民共和国第四届
全国人民代表大会第一次会议

签 到 证

（座次： 区 排 号）

姓名 周恩来

一九七五年 1 月 13 日 午

编 号 ~~0121~~

①

①周恩来出席四届全国人大一次会议的签到证。

②《各方面都要整顿——邓小平在农村工作座谈会上的插话》(1975 年 9 月 27 日、10 月 4 日)(根据《邓小平文选》第 2 卷刊印)。

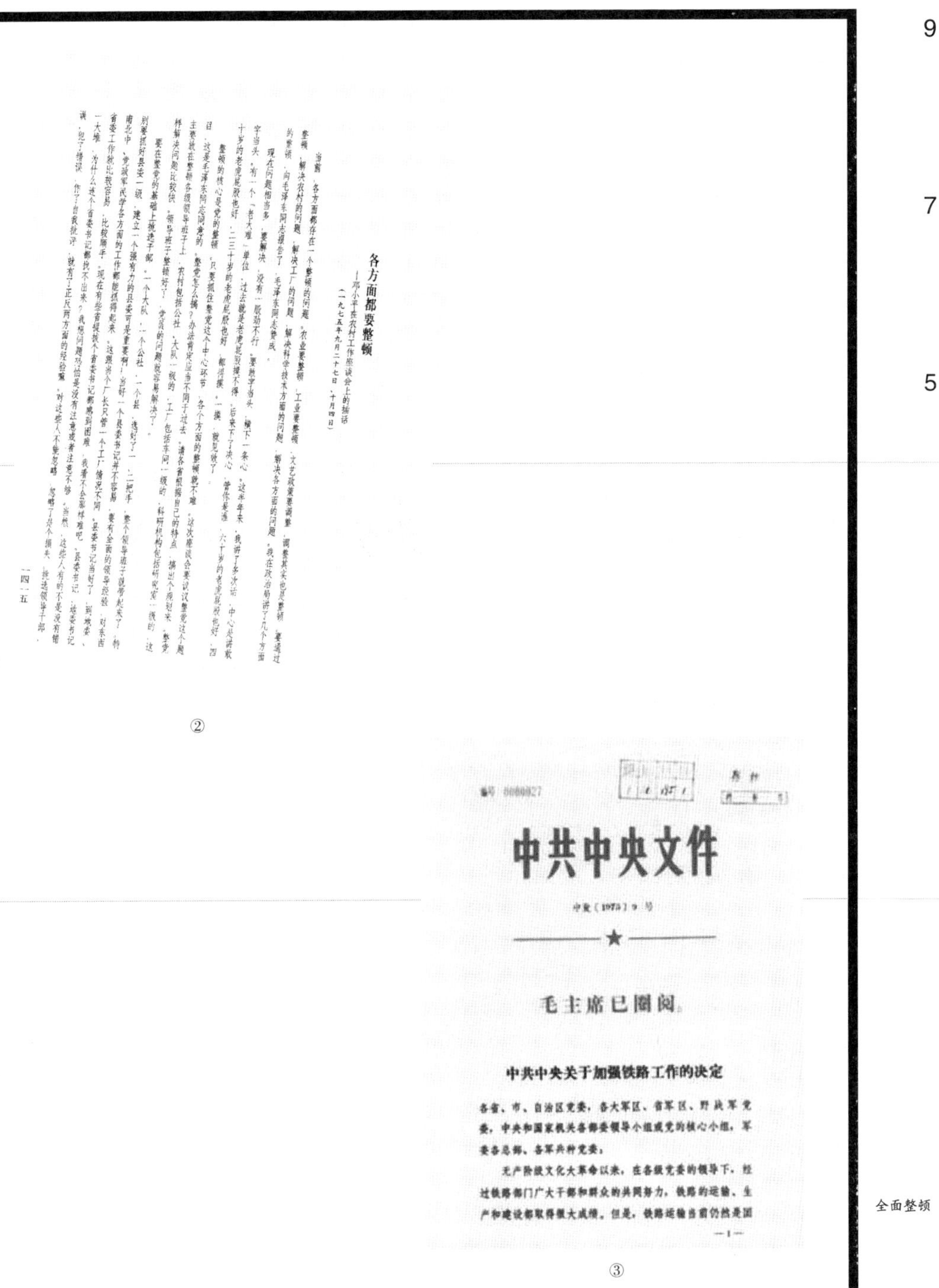

各方面都要整顿

——邓小平在农村工作座谈会上的插话

(一九七五年九月二十七日、十月四日)

②

中共中央文件

中发〔1975〕9 号

★

毛主席已圈阅

中共中央关于加强铁路工作的决定

各省、市、自治区党委，各大军区、省军区、野战军党委，中央和国家机关各部委领导小组或党的核心小组，军委各总部、各军兵种党委：

无产阶级文化大革命以来，在各级党委的领导下，经过铁路部门广大干部和群众的共同努力，铁路的运输、生产和建设都取得很大成绩。但是，铁路运输当前仍然是国

—1—

③

③四届人大后周恩来病重，在毛泽东的支持下邓小平主持党、国家和军队的日常工作，着手进行全面整顿。图为 1975 年 3 月 5 日中共中央作出的《关于加强铁路工作的决定》(即中央九号文件)。

④

④1975 年 5 月邓小平应邀前往法国进行正式访问。图为邓小平访问法国古老的博村时受到隆重欢迎。

1975年1月13日至17日，四届全国人大一次会议举行。会议重申“四个现代化”的目标；选举朱德为全国人大常委会委员长；决定周恩来继续担任国务院总理，邓小平、张春桥、李先念、华国锋等12人为副总理。此前，邓小平在1月5日被任命为中央军委副主席，在1月8日至10日召开的中共十届二中全会上当选为中共中央副主席。

四届全国人大一次会议后，周恩来病重，邓小平在毛泽东支持下主持党、国家和军队的日常工作。面对“文化大革命”以来所造成的严重混乱局面，受命于危难之际的邓小平，根据毛泽东提出的要安定团结、把国民经济搞上去的指示，努力排除“四人帮”的干扰，坚定提出进行全面整顿的思想。

邓小平在主持召开的各类会议上明确指出：党的整顿是核心，必须要建立一个强有力的、“敢”字当头的领导班子；要坚决同派性作斗争，寸土必争，寸步不让；要搞好安定团结，发展社会主义经济；要注意落实老、中、青干部和劳动模范、老工人、知识分子的政策，调动各方面的积极性；科学技术是生产力，一定要搞好科学技术工作。

通过全面整顿，全国的形势明显好转。周恩来对邓小平的工作十分满意。1975年9月，他在入305医院准备进行最后一次较大的手术前，躺在手术车上紧握着邓小平的手，大声说：“过去一年多的工作，证明你比我强得多。”

毛泽东让邓小平主持中央日常工作，是希望他在肯定“文化大革命”的前提下，恢复全党全国的安定团结，把国民经济搞上去。但这本身就是自相矛盾的。邓小平的整顿虽然是根据毛泽东说过的一些原则办的，如“军队要整顿”“地方要整顿”“文艺要整顿”等，但在如何整顿的问题上，本质上是跟毛泽东的指示不同的。事实上，邓小平的全面整顿是在系统地纠正“文化大革命”的“左”倾错误，而这是毛泽东所不能容忍的。很快，毛泽东发动了“批邓、反击右倾翻案风”运动，邓小平主持的全面整顿被迫中断。

粉碎“四人帮”

多事之秋的1976年，中国人民是在大悲大喜的交织中度过的。1月8日，周恩来逝世；4月7日，邓小平被错误地撤销党内外一切职务，政治生涯中第三次被打倒；7月6日，朱德逝世；7月28日，河北唐山、丰南地区发生里氏7.8级强烈地震，并波及天津、北京等地，24.2万多人罹难，16.4万多人重伤；9月9日，毛泽东逝世；10月6日，中共中央政治局执行党和人民的意志，采取断然措施，一举粉碎“四人帮”，延续10年之久的“文化大革命”结束。

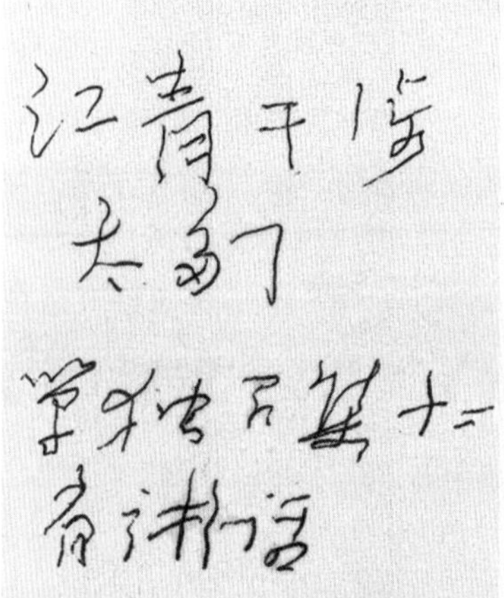

江青干涉太多了
单独召集十二省讲话

①

①1976年3月2日江青擅自召集出席中央打招呼会议的12个省、自治区负责人开座谈会，诬陷攻击邓小平。3月10日毛泽东批示：“江青干涉太多了。单独召集十二省讲话。”

②1976年10月24日首都各界群众在天安门广场集会，热烈庆祝粉碎“四人帮”的胜利。

②

③

③北京各界人民欢庆粉碎“四人帮”。

④

④上海群众集会游行，庆祝粉碎“四人帮”。

“文化大革命”后期，特别是在毛泽东逝世前后，由江青、张春桥、姚文元、王洪文结成的“四人帮”加紧夺取党和国家最高权力的阴谋活动，引起广大党员和人民群众强烈不满和愤怒。

1975 年底全面整顿被迫中断后，全国形势发生逆转。

周恩来逝世后，1976 年 4 月，全国爆发了以天安门事件为中心的悼念周恩来、反对“四人帮”、支持以邓小平为代表的党的正确领导的强大抗议运动。当时，有一首诗被社会各界群众广泛传抄，鲜明地表明了人心向背：“欲悲闻鬼叫，我哭豺狼笑。洒泪祭雄杰，扬眉剑出鞘。”

4 月 7 日晚 8 时，邓小平本人收听了中共中央政治局会议通过的关于华国锋担任党中央第一副主席和国务院总理的决议、关于撤销邓小平党内外一切职务的决议的广播。当日夜，邓小平通过汪东兴转呈给毛泽东并中共中央信。邓小平在信中表示：

 1

“完全拥护中央关于华国锋同志担任党的第一副主席和国务院总理的决定。”

“我对于主席和中央能够允许我留在党内”，“表示衷心的 9
感激”。①

毛泽东逝世后，江青等人加紧了篡夺党和国家最高领导权的活动，且其行动越发露骨。10月1日，江青在清华大学
讲话，煽动说“还会有人要为他（指邓小平——引者注）翻 7
案”，并说“我也要向你们年轻人宣誓，一定要锻炼好身体，和他们斗，阶级斗争、路线斗争还长着呢”。10月3日，王洪文在北京市平谷县讲话时声称：“中央出了修正主义，你们
怎么办？打倒！”“今后还可能出什么唐小平、王小平之类，要 6
警惕！”“要把眼睛睁得大大的看着修正主义。”

中国向何处去的问题摆在党和人民面前，也摆在主持中央工作的华国锋面前。在历史发展的重要关头，华国锋同“四人帮”篡党夺权的阴谋活动进行了坚决斗争，并提出要解决“四人帮”的问题，得到了叶剑英、李先念等中央领导同志的赞同和支持。

1976年10月6日，华国锋、叶剑英、李先念等代表中央政治局，执行党和人民意志，采取断然措施，对“四人帮”及其在北京的帮派骨干实行审查，一举粉碎“四人帮”，也宣告了“文化大革命”的彻底结束。华国锋在粉碎“四人帮”这场关系党和国家命运的斗争中起了决定性作用。

“文化大革命”使党和国家的工作、社会秩序受到巨大破坏，给中国社会主义事业造成新中国成立以来最严重的挫折，教训极其深刻。科学总结“文化大革命”的教训，将使党和人民获得宝贵的精神财富。党最终依靠自己的力量结束了“文化大革命”。经过“文化大革命”的严峻考验，党、人民政权、人民军队和整个社会的性质都没有改变。历史证明，中国共产党有能力靠自己的力量纠正自己的错误，党和社会主义制度具有强大生命力。

① 中共中央文献研究室编：《邓小平年谱》（1904—1997）第4卷，中央文献出版社2020年版，第150页。

1977

真理标准问题讨论

在伟大领袖毛主席逝世的时候，我曾向中央用书面表达我内心的悲痛和深切的悼念。我们必须世世代代地高举和捍卫这面光辉伟大的旗帜，我们必须世世代代地用准确的完整的毛泽东思想来指导我们全党、全军和全国人民，把党和社会主义的事业，把国际共产主义运动的事业，胜利地推向前进。

①

粉碎“四人帮”后，党和国家的正常秩序逐步得以恢复。但是，面对广大干部群众反映强烈的让邓小平重新出来工作和为天安门事件平反等要求，1977年2月7日，《人民日报》《红旗》和《解放军报》发表题为《学好文件抓住纲》的社论。这篇社论背离了大多数人的愿望，公开提出“两个凡是”方针，即：“凡是毛主席作出的决策，我们都坚决维护，凡是毛主席的指示，我们都始终不渝地遵循。”由于这一方针是以当时传达党中央声音的权威方式公布的，因而得到普遍宣传。“两个凡是”的推行，不仅压制了广大干部群众的正当要求，也为纠正“左”倾错误和拨乱反正设置了禁区。为冲破这个禁区，以邓小平为代表的一批老一辈革命家带领广大人民群众进行了艰巨而富有成效的努力。

①1977 年 4 月 10 日还未恢复工作的邓小平针对“两个凡是”的错误观点，写信给中共中央，表示我们必须世世代代地用准确的完整的毛泽东思想来指导我们全党、全军和全国人民。这是信的部分手迹。

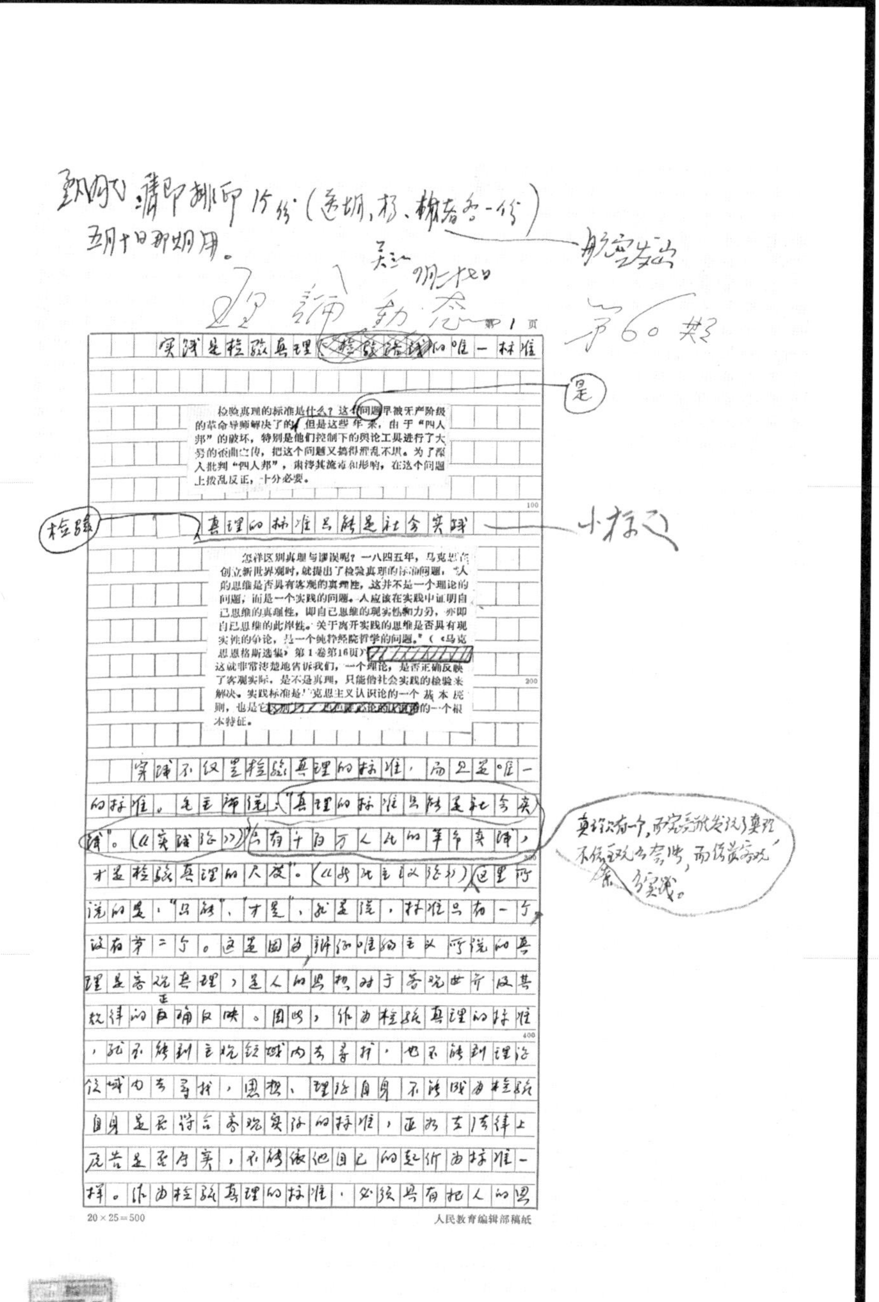

第 1 页

实践是检验真理的唯一标准

检验真理的标准是什么？这个问题早被无产阶级的革命导师解决了的，但是这些年来，由于“四人帮”的破坏，特别是他们控制下的舆论工具进行了大量的歪曲宣传，把这个问题又搞得混乱不堪。为了深入批判“四人帮”，肃清其流毒和影响，在这个问题上拨乱反正，十分必要。

真理的标准只能是社会实践

怎样区别真理与谬误呢？一八四五年，马克思在创立新世界观时，就提出了检验真理的标准问题，“人的思维是否具有客观的真理性，这并不是一个理论的问题，而是一个实践的问题。人应该在实践中证明自己思维的真理性，即自己思维的现实性和力量，亦即自己思维的此岸性。关于离开实践的思维是否具有现实性的争论，是一个纯粹经院哲学的问题。”（《马克思恩格斯选集》第 1 卷第 16 页）这就非常清楚地告诉我们，一个理论，是否正确反映了客观实际，是不是真理，只能靠社会实践的检验来解决。实践标准是马克思主义认识论的一个基本原则，也是它……的一个根本特征。

实践不仅是检验真理的标准，而且是唯一的标准。毛主席说：“真理的标准只能是社会实践。”（《实践论》）“只有千百万人民的革命实践，才是检验真理的尺度。”（《新民主主义论》）这里所说的是“只能”、“才是”，就是说，标准只有一个，没有第二个。这是因为辩证唯物主义所说的真理是客观真理，是人的思想对于客观世界及其规律的正确反映。因此，作为检验真理的标准，就不能到主观领域内去寻找，也不能到理论领域内去寻找，思想、理论自身不能成为检验自身是否符合客观实际的标准，正如在法律上原告是否属实，不能以他自己的起诉为标准一样。作为检验真理的标准，必须具有把人的思

20×25＝500　　人民教育编辑部稿纸

②

②《实践是检验真理的唯一标准》一文的最后修订稿（部分）。

粉碎“四人帮”以后，中国向何处去的问题还没有从根本上明确。“两个凡是”依然是许多人的思维方式和指导方针。它是一种新的思想禁锢，延误了拨乱反正的历史进程。

中共十一大没能承担起为实现历史转折制定正确路线方针的任务

根据粉碎“四人帮”后形势发展的需要，迫切需要提前召开中共十一大，以便确定党的工作方针，选出新的中央委员会。

1977年8月12日至18日，中共十一大在北京召开。遗憾的是，这次代表大会没能承担起纠正“文化大革命”的错误、为实现历史转折制定正确路线方针的任务。随后，在9月9日毛主席纪念堂落成典礼上，华国锋把十一大路线概括为：高举毛主席的伟大旗帜，坚持党的基本路线，抓纲治国，继续革命，为建设社会主义的现代化强国而奋斗。

1981年十一届六中全会通过的《关于建国以来党的若干历史问题的决议》对十一大是这样评价的：

> 1977年8月召开的党的第十一次全国代表大会，在揭批“四人帮”和动员全党建设社会主义现代化强国方面起了积极作用。但是，由于当时历史条件的限制和华国锋同志的错误的影响，这次大会没有能够纠正“文化大革命”的错误理论、政策和口号，反而加以肯定。对经济工作中的求成过急和其他一些左倾政策的继续，华国锋同志也负有责任。很明显，由他来领导纠正党内的左倾错误特别是恢复党的优良传统，是不可能的。[①]

尽管如此，十一大仍然是一次具有重要影响的会议。“文化大革命”结束后中国历史发展是不可逆转的。十一大以后，党、军队和国家的各级领导机构以及各项事业，在以邓小平为代表的一批老一辈革命家的促动下，积极宣传党的实事求是等优良传统，通过进一步整顿，推动了全党从指导思想上进行一系列拨乱反正的艰巨工作。

① 中共中央文献研究室：《关于建国以来党的若干历史问题的决议注释本》，人民出版社1983年版，第41页。

寻找冲破“两个凡是”的突破口

显然，不冲破“两个凡是”，就不可能纠正“文化大革命”及其以 9
前的“左”倾错误，澄清“四人帮”制造的思想混乱，类似“文化大革命”的灾难还可能重演。

要从根本上推动拨乱反正，实现历史性转折，首先要冲破“两个凡是”，恢复实事求是的思想路线。然而，开启那扇思想禁锢之门的突
破口在哪里? 7

于是，人们开始思索这样一个问题：判定是非的标准是什么? 以什么为准绳来认识“文化大革命”及其以前的一些重要历史是非? 这就提出了如何认识理论与实践的关系问题，如何认识检验真理的根本标准
问题。伴随着拨乱反正的历史进程，人们的认识已经日益接近问题的 7
核心和实质。

“实践是检验真理的唯一标准”，正是这个马克思主义的哲学常识，在当时的特定历史条件下成为冲破“两个凡是”的突破口。这个突破口，是在许多老一辈革命家和理论工作者的共同探索中找到的。

邓小平、陈云、聂荣臻、徐向前等老一辈革命家先后发表文章，呼吁恢复和发扬实事求是的优良传统和作风，坚持以实事求是的态度对待马列主义、毛泽东思想。与此同时，许多有识之士也在思考着同样的问题。

《实践是检验真理的唯一标准》的诞生

面对“两个凡是”的巨大压力，“单兵作战”显得有些势单力薄，“协同作战”势在必行。于是，两个思考的集体应运而生了。

坐落在北京西北郊的中共中央最高学府——中央党校，是较早举起实事求是的思想武器，涉及实践标准这一命题，并把它与现实政治发展联系起来的地方。这种联系，是与胡耀邦的名字分不开的。他担任中央党校副校长后，在其周围形成了一个思考的集体。经过思考，他们找到了突破口，组织和推动了一场关于实践是检验真理的唯一标准问题的讨论。

1977 年 12 月，胡耀邦经过与几位同志商量，决定中央党校的中共党史课着重研究三次路线斗争的历史。同年冬，在中央党校学习的 800 多名高中级干部开始集中讨论“文化大革命”以来党的历史。讨论中也遇到一个突出问题，就是究竟以什么为标准来认识和判定历史是非。在胡耀邦指导下编写的《关于研究第九次、第十次、第十一次路线

斗争的若干问题》的材料中，提出了研究应遵循的两条原则：

第一，应当完整地、准确地运用马列主义、毛泽东思想的基本原理（包括毛主席关于“文化大革命”的全面论述和一系列指示）的精神实质，来进行研究。

第二，应当以实践为检验真理、辨别路线是非的标准，实事求是地进行研究。毛主席指出：“只有千百万人民的革命实践，才是检验真理的尺度。”路线正确与否，不是一个理论问题，而是一个实践问题，要用实践的结果来证明，用路线斗争的实践结果来检验。离开实践或者闭眼不看历史事实，来争论路线是否正确，除了徒劳无益或者受骗上当以外，是不可能得到任何结果的。

这两条原则鲜明地提出以实践作为检验真理的标准，为当时探讨“文化大革命”的经验教训及有关党史问题，提供了一个根本的准则。在这两条原则的启发和胡耀邦的大力推动下，中央党校校园内思想相当活跃，对许多现实中的热点难点问题展开了热烈讨论。

党校有关教师也展开了研究和讨论，开始酝酿就检验真理的标准问题撰写文章，澄清在这个问题上的糊涂认识。到 1978 年初，他们深感需要写一篇论述真理标准问题的文章。经时任理论研究室主任吴江同意，文章由孙长江执笔。到 3 月初写出文章初稿，题目是《实践是检验真理的唯一标准》。

几乎与此同时，围绕《光明日报》的一篇约稿，形成了另一个思考的集体。

胡福明当时是南京大学哲学系的一名教师。他后来回忆说：

那是 1977 年的 6 月下旬，“两个凡是”发表不久，我就在理论上思考这么一个问题：判断理论、认识、观点、决策是否正确的标准究竟是什么？判断是非的标准究竟是什么？马克思、恩格斯、列宁、毛泽东在历史上经常也修改自己的观点。按照实践来修改自己的观点，怎么能说句句是真理？怎么能搞“两个凡是”？我认为这是教条主义，是个人崇拜，是唯心论的、形而上学的。我一旦思想形成后，就着手考虑写这篇文章。文章的题目当时叫《实践是检验一切真理的标准》，到了（1977 年）9 月份，我就把文章寄给北京《光明日报》理论部哲学组组长王强华同志。王强华同志是非常支持这篇文章的。到了（1978 年）1 月份，就给我寄来了一份清样。到了 4 月份，当时《光明日报》的总编辑杨西光同志约我，他说，这篇文章很好，很重要，应该发表在第一版。但是，还要作一些修改。据我知道，为这篇文章作出贡献的有一批同志，这也是集体创作，都是一个共同的愿望，就是要批判唯心论、形而上学，冲破“两个凡是”的束缚，搞拨乱反正。 9

《光明日报》理论部的同志与作者一起将文章作修改后，准备在该报《哲学》专刊第 77 期上发表。也许是一种巧合。在中央党校学习的杨西光调到《光明日报》社当总编辑。他了解中央党校讨论的情况，到
《光明日报》后又看到胡福明的文章，深感文章主题的重要性，就把文 7
章从《哲学》版撤下来，准备在第一版发表。

为了加强文章的现实针对性，他把文章拿到中央党校，委托中央党校理论研究室的同志作进一步修改提高。于是，两股思考的力量便聚合到一起了。 7

此时，中央党校的孙长江也执笔完成了同样主题的文章初稿。拿到《光明日报》的稿子后，由孙长江将两篇文章的内容合在一起进行修改。为了加强现实针对性，文章的标题采用的是《实践是检验真理的唯一标准》(以下简称“《实》文”)。孙长江对稿子作了较大修改，增加了许多重要的论断和分析，逻辑更严密，行文更流畅。改成后，又征求了校内外一些理论工作者的意见，最后经胡耀邦两次审阅定稿。

为了扩大文章的影响，经杨西光同中央党校商定，先在中央党校主办的内部刊物《理论动态》上发表，再以“特约评论员”名义在《光明日报》上发表。之所以用“特约评论员”名义，是因为当时重要社论或评论员文章发表要经中央主管宣传工作的领导同志审阅同意，而特约评论员文章可以不用送审。而且这个名义也可表明文章的重要性和权威性。

文章发表后引发的激烈交锋

1978 年 5 月 10 日，《实》文首先在《理论动态》第 60 期上发表。5 月 11 日，又以“本报特约评论员”的名义在《光明日报》上发表。新华社于当天发了通稿。12 日，《人民日报》《解放军报》以及《解放日报》等地方报纸全文转载。13 日，又有 15 家省报转载了这篇文章。

这篇文章实际上批判了“两个凡是”的主张，进而涉及盛行多年的个人崇拜。它击中了“两个凡是”的要害，触犯了“两个凡是”的提出者和坚持者，引来了坚持“两个凡是”的人们的责难、批评和压制。

5 月 18 日，当时中央主管宣传工作的领导同志在一次小范围的会议上，点名批评了《实》文和《人民日报》5 月 5 日发表的《贯彻按劳

分配的社会主义原则》一文。他说："理论问题要慎重，特别是《实践是检验真理的唯一标准》和《贯彻按劳分配的社会主义原则》两篇文章，我们都没有看过。党内外议论纷纷，实际上是把矛头指向主席思想。我们党报不能这样干，这是哪个中央的意见?"还说"要坚持、捍卫毛泽东思想。要查一查，接受教训，统一认识，下不为例。当然，对于活跃思想有好处，但人民日报要有党性，中宣部要把好这个关"。

《实》文发表后在全国引起的强烈反响，是很多人所始料不及的。许多干部群众和理论研究工作者都赞成文章的观点，感到文章提出了一个重大问题，应当开展讨论。继5月12日《人民日报》《解放军报》等报纸转载此文之后，到5月底，全国先后有30多家报纸刊登了这篇文章。中国科学院和中国科协党组还作出决定，支持并参与真理标准问题的讨论。

《实》文刚发表时，邓小平没有注意。后来他听说有人对这篇文章反对得很厉害，才找来看了看。5月30日，他同胡乔木等谈准备在全军政治工作会议上讲话的内容，提出要着重讲实事求是问题。指出："只要你讲话和毛主席讲的不一样，和华主席讲的不一样，就不行。毛主席没有讲的，华主席没有讲的，你讲了，也不行。怎么样才行呢?照抄毛主席讲的，照抄华主席讲的，全部照抄才行。这不是一个孤立的现象，这是当前一种思潮的反映。"他强调指出："毛泽东思想最根本的最重要的东西就是实事求是。现在发生了一个问题，连实践是检验真理的标准都成了问题，简直是莫名其妙!"[①]

6月2日，邓小平在全军政治工作会议上发表讲话时，批评了"两个凡是"的思潮，着重阐述了实事求是的思想路线。邓小平的讲话，新华社当天就作了报道。第二天，《人民日报》和《解放军报》在第一版以《邓副主席精辟阐述毛主席实事求是光辉思想》的通栏标题，对邓小平的讲话作了报道。6月6日，《人民日报》和《解放军报》又在第一版全文发表邓小平的讲话。这篇讲话不仅使那些思想仍处于僵化状态的同志受到震动，而且也使要求解放思想、开展真理标准讨论的同志受到鼓舞。一些报刊继续组织讨论文章，一些单位开始筹备关于真理标准问题的讨论会。

但是，激烈的交锋并没有就此结束。直到7月份，中央

① 中共中央文献研究室编：《邓小平年谱》（1904—1997）第4卷，中央文献出版社2020年版，第319—320页。

上海举办“实践是检验真理的唯一标准”讨论报告会。

主管宣传工作的同志还在不停地继续批评《实》文是把矛头对准毛泽东。真理标准问题的争论愈演愈烈。9月，在沸沸扬扬的讨论中，邓小平访问朝鲜回国后，在东北三省视察，沿途大讲思想路线问题，对“两个凡是”进行了抨击。

总之，真理标准问题讨论已在当时的中国政治生活中产生了重大影响，它不仅冲破了“两个凡是”的严重束缚，推动了各条战线、各个领域拨乱反正的启动和开展，推动了全国性的思想解放运动，而且为具有划时代意义的十一届三中全会的召开，作了重要的思想准备。这场讨论对改变党和国家的历史命运，产生了重大而深远的影响。

1978

十一届三中全会伟大转折

——开启改革开放和社会主义现代化建设新时期

②

1978年12月24日，《人民日报》刊登《中国共产党第十一届中央委员会第三次全体会议公报》（1978年12月22日通过）。全会批判了“两个凡是”的错误方针，充分肯定必须完整地、准确地掌握毛泽东思想的科学体系，高度评价关于实践是检验真理的唯一标准问题的讨论；果断地停止使用“以阶级斗争为纲”的口号，作出把党和国家工作重点转移到经济建设上来、实行改革开放的历史性决策；决定健全党的民主集中制，加强党的领导机构，成立中央纪律检查委员会，选举陈云为中央纪委第一书记。而此前召开的长达36天的中央工作会议，引发了一系列大是大非问题的讨论，可以看作是十一届三中全会的预备会议。

1

①邓小平亲自起草的1978年12月13日在中央工作会议闭幕式上的讲话提纲。

9

7

8

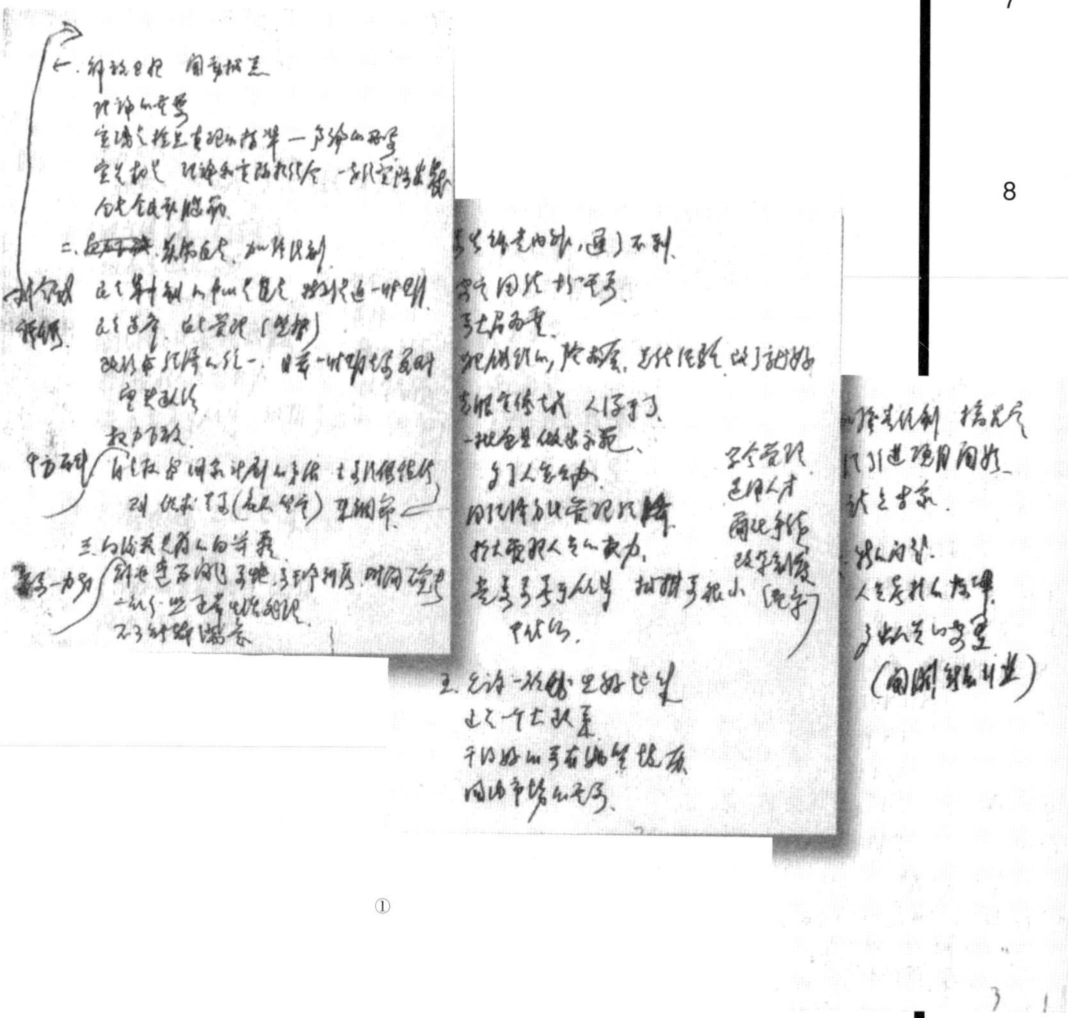

①

②中共十一届三中全会会场。

1978年底召开的中共十一届三中全会以及此前召开的中央工作会议，就党的工作重点转移、平反冤假错案和加强社会主义民主与法制、真理标准讨论和重新确立实事求是的思想路线、经济管理体制和管理方式的改革、对外开放、调整中央领导机构成员等一系列重大问题，作出了具有深远影响的决策。

两种不同思路的交锋

粉碎“四人帮”以后，对于尽快结束内乱，稳定局势，发展经济，党内外并没有多大争议。争议的焦点是如何看待“以阶级斗争为纲”，以及在这个“纲”之下发动的历次政治运动特别是“文化大革命”，并由此涉及在这些运动中造成的大量冤假错案的问题。而要解决这些问题，又不能不触及如何正确评价毛泽东和毛泽东思想的问题。正是在这些问题上，党内存在着不同的思路。

一种是“抓纲治国”的思路。这里的“纲”是指以揭批“四人帮”为纲，但在实质上还是“以阶级斗争为纲”。这种思路，是在揭批“四人帮”的同时，在毛泽东生前定下的“三七开”的框架内，部分地对“文化大革命”实践上的某些错误进行有限的纠正，而对“文化大革命”的理论、方针、政策和主体部分的实践则极力维护，对毛泽东晚年的错误则不许触及。正是沿着这样的思路，于是就有了“两个凡是”指导方针的出笼。

另一种是以邓小平为代表的老一辈革命家的思路。这种思路，要求既高举毛泽东思想的旗帜，科学地评价毛泽东的历史地位，用准确的完整的毛泽东思想科学体系指导党和国家的工作，又实事求是地纠正毛泽东晚年的错误，并从解决重大冤假错案入手，纠正“文化大革命”的错误理论、方针和政策，进而把党的工作重点转移到经济建设上来。

这两种思路的交锋，不可避免地在诸多问题上表现出来。

尽管障碍重重，但各条战线的拨乱反正毕竟已经有了相当程度的进展，党和国家的工作毕竟在徘徊中前进着。总的来看，在十一届三中全会之前，关系中国未来发展走向的问题，都已经过比较充分的争论和酝酿，并在相当程度上开始了实践的过程。各种不同意见在争论中越辩越明，不同思路的力量对比也在发生变化，新的抉择已摆在全党特别是党中央的面前。在这种背景下，决定中国命运的历史性转折不可避免地到来了。

中央工作会议突破原定议题

1978年11月10日至12月15日，中央工作会议在北京京 9
西宾馆举行。11月10日举行开幕会，13日、25日各举行一次全体会议，12月13日举行闭幕会。在闭幕会上，邓小平、叶剑英、华国锋先后讲话。其余时间，按华北、东北、华东、中南、西南、西北地区划分为六个组进行讨论。闭幕会后，又讨论了两天，直
到12月15日会议才结束。这次中央工作会议既是国务院务虚会 7
和全国计划会议的延续，又是十一届三中全会的预备会议。会议讨论了若干重大问题，为紧随其后召开的十一届三中全会做了充分的准备。

11月10日下午，中央工作会议举行开幕会。这是会议的第 8
一次全体会议。中共中央主席华国锋，副主席叶剑英、李先念、汪东兴出席了会议。邓小平副主席因出国访问未到会。参加会议的有各省、市、自治区，各大军区和中央党、政、军各部门以及群众团体的主要负责人共212人。

中央工作会议的原定议题都是经济问题，即：（1）如何尽快把农业搞上去及有关的两个文件。（2）商定1979年、1980年两年国民经济计划的安排。（3）讨论李先念在国务院经济工作务虚会上的讲话。

开幕会后，各组开始讨论华国锋在开幕会上代表中央政治局提出的全党工作重点转移问题。由此，开始了各种观点的直面交锋，使原定20天的会议延至36天才结束。正是这项议题的增加，引发了一系列大是大非问题的讨论，从而改变了会议的主题。概括起来，会议主要讨论了以下七个方面的问题。

第一，关于党的工作重点转移问题。

在讨论中，许多人认为，工作重点转移是必要的，但是，目前还有大量的遗留问题，如：天安门事件还没有平反；“文化大革命”中提出的许多错误观点还没有澄清；许多重大冤假错案还没有平反，等等。在讨论中，也有少数同志存在一些模糊认识。有人认为，在社会主义整个历史时期，“以阶级斗争为纲”是不错的，但并不是每个具体阶段都要这样提。有人甚至认为，当前中国社会的主要矛盾仍然是无产阶级和资产阶级的矛盾。这些议论，反映了在工作重点转移的指导思想上，有些同志还没有从过去强调“以阶级斗争为纲”的框架中走出来，还需要提高认识，转变观念。

第二，关于解决历史遗留问题。

11月11日，从讨论一开始，许多与会者围绕工作重点转移，提出了许多亟待解决的历史遗留问题。对于党内外普遍关心的天安门事件，几乎各组都提出了尽快平反的要求。其中，11月12日，陈云在东北组的发言影响最大。

陈云首先提出，要把工作重点转移到社会主义建设上来，但必须先由中央解决“文化大革命”遗留的一些重大问题和一些重要领导人的功过是非问题。他逐一进行了列举，包括：

一、薄一波同志等六十一人所谓叛徒集团一案。他们出反省院是党组织和中央决定的，不是叛徒。

二、1937年7月7日中央组织部关于所谓自首分子的决定这个文件，是我在延安任中央组织部长（1937年11月）以前作出的，与处理薄一波同志等问题的精神是一致的。我当时还不知道有这个文件，后来根据审查干部中遇到的问题，在1941年也写过一个关于从反省院出来履行过出狱手续，但继续干革命的那些同志，经过审查可给以恢复党籍的决定。这个决定与“七七决定”精神是一致的。这个决定也是中央批准的。……

总之，“七七决定”、1941年决定中所涉及的同志和在“两面政权”中做了革命工作的同志，对他们做出实事求是的经得起历史检验的结论，这对党内党外都有极大的影响。不解决这些同志的问题，是很不得人心的。这些同志都已是六七十岁的人了，现在应该解决他们的问题。

三、陶铸同志、王鹤寿同志等是在南京陆军监狱坚持不进反省院，直到七七抗战后由我们党向国民党要出来的一批党员，他们在出狱前还坚持在狱中进行绝食斗争。这些同志，现在或者被定为叛徒，或者虽然恢复了组织生活，但仍留着一个“尾巴”，例如说有严重的政治错误。这些同志有许多是省级、部级的干部。陶铸一案的材料都在中央专案组一办。中央专案组是“文化大革命”时期成立的，他们做了许多调查工作，但处理中也有缺点错误。我认为，专案组所管的属于党内部分的问题应移交给中央组织部，由中央组织部复查，把问题放到当时的历史情况中去考察，做出实事求是的结论。像现在这样，既有中央组织部又有专案组，这种不正常的状态，应该结束。

四、彭德怀同志是担负过党和军队重要工作的共产党员，对党贡献很大，现在已经死了。过去说他犯过错误，但我没有听说过把他开除出党。既然没有开除出党，他的骨灰应该放到八宝山革命公墓。

五、关于天安门事件。现在北京市又有人提出来了，而且还出了话剧《于无声处》，广播电台也广播了天安门的革命诗词。这是北京几百万人悼念周总理，反对“四人帮”，不同意批邓小平同志的一次伟大的群众运动，而且在全国许多大城市也有同样的运动。中央应该肯定这次运动。

六、“文化大革命”初期，康生同志是中央文革的顾问。康生同志那时随便点名，对在中央各部和全国各地造成党政机关瘫痪状态是负有重大责任的。康生同志的错误是很严重的，中央应该在适当的会议上对康生同志的错误给以应有的批评。①

这篇发言在会议简报上登出后，与会代表纷纷表示支持，各组发言的重点也集中到解决历史遗留问题、平反冤假错案上来。

11 月 25 日，中央工作会议举行全体会议。华国锋主持会议，并代表中央政治局宣布：为天安门事件和薄一波等六十一人问题、陶铸问题、“二月逆流”问题平反；纠正对彭德怀的错误结论，将其骨灰放入八宝山革命公墓；撤销中央专案组，全部案件移交中央组织部；对康生、谢富治问题可以揭发，材料送中央组织部。

对于与会者提出的重新评价“文化大革命”和毛泽东的要求，以及更深一步澄清和纠正历史上的“左”倾错误的要求，中央政治局常委表示要认真听取并研究大家的意见，按照实事求是、有错必纠的原则，在适当的时候重新作出评价，重新作出审查和处理，目前尚不宜匆忙作出结论。

第三，关于真理标准问题讨论和党的思想路线问题。

在中央工作会议的议题中，并没有关于真理标准问题讨论的内容。但是，会议开始后，不少与会者在发言中涉及这场讨论，并对“两个凡是”的提法，以及《红旗》杂志对这场讨论一直不表态和中央宣传部的压制态度，提出了批评。由于与会者的兴奋点和注意力集中在解决历史遗留问题上面，因此讨论并不热烈。真理标准问题成为会议的中心话题，是在 11 月 25 日的全体会议之后。

此时，发生在会外的一件事情，成为真理标准问题讨论

① 《陈云文选》第 3 卷，人民出版社 1995 年版，第 232—234 页。

再起风波的重要原因。天安门事件平反的消息公布后，北京等城市出现一些群众集会和大、小字报，在表示拥护的同时，也要求追究压制解放思想、阻挠平反冤假错案的领导人的责任。有的还提出了全盘否定毛泽东的要求。11月25日下午，中央政治局五位常委听取中共北京市委和共青团中央负责人关于天安门事件平反后群众的反映和北京市街头大字报的情况汇报后，中央政治局常委发表了重要谈话。邓小平在谈话中说：

天安门事件平反后，群众反映强烈，大家很高兴，热烈拥护，情况是很好的。当然也出现一些问题。我们的工作要跟上去，要积极引导群众，不能和群众对立。我们一定要高举毛主席的伟大旗帜。毛主席的旗帜是全党全军全国各族人民团结的旗帜，也是国际共产主义运动的旗帜。现在，有的人提出一些历史问题，有些历史问题要解决，不解决就会使很多人背包袱，不能轻装前进。有些历史问题，在一定的历史时期内不能勉强去解决。有些事件我们这一代人解决不了的，让下一代人去解决，时间越远越看得清楚。有些问题可以讲清楚，有些问题一下子不容易讲清楚，硬要去扯，分散党和人民的注意力，不符合党和人民的根本利益。现在报上讨论真理标准问题，讨论得很好，思想很活泼，不能说那些文章是对着毛主席的，那样人家就不好讲话了。但讲问题，要注意恰如其分，要注意后果。迈过一步，真理就变成谬误了。[①]

邓小平的谈话没有在中央工作会议上正式传达，但有很多人得知了谈话的精神。在大多数与会者的批评帮助下，一些曾对这场讨论的意义认识不足的人先后有了转变，一些坚持“两个凡是”的人作了自我批评。

第四，关于农业问题。

会前，中央工作会议秘书组已印发了《农村人民公社工作条例（试行草案）》（1978年11月9日讨论稿）、《中共中央关于加快农业发展速度的决定》（1978年11月9日讨论稿）。与会者在讨论中，对会议准备的文件和有关领导的说明都不满意，认为农业问题的两个文件的内容不够实事求是，没有揭露农业存在的问题，没有很好地总结过去的经验教训，没有纠正过去“左”的指导思想和做法，也没有解决问题的具体办法。有的同志分析说，造成这种情况的原因，一是人民公社的许多问题是

① 中共中央文献研究室编：《邓小平年谱》（1904—1997）第4卷，中央文献出版社2020年版，第435页。

毛主席生前定的，二是怕否定“文化大革命”。与会者强烈要求修改和重写两个农业文件。

第五，关于改革开放和经济建设问题。 9

这次会议使会前关于改革开放的酝酿进一步具体化，正式作出改革开放决策的条件已经成熟。与会者在讨论 1979 年和 1980 年国民经济计划的安排时，还提出了一些重大比例失调的问题，特别是陈云就经济问题所作的系统发言，实际上提
出了克服急于求成的“左”的思想和进行调整的主张。 7

第六，关于组织人事问题。

在华国锋宣布的会议议题中，没有人事问题，但随着与会者的注意力集中到历史遗留问题和真理标准讨论，陆续揭发
出个别中央领导人和部门负责人的错误。这样，人们自然地想 8
到了人事调整问题。

与此同时，中央领导层也在考虑这个问题。鉴于与会者的注意力仍集中在几位中央政治局委员的错误上面，邓小平及时地给以明确的引导。11 月 27 日，中央政治局常委听取各组召集人汇报。在谈到对中央几个有错误的领导人如何处理的问题时，邓小平指出：“现在国际上就看我们有什么人事变动，加人可以，减人不行，管你多大问题都不动，硬着头皮也不动。这是大局。好多外国人要和我们做生意，也看这个大局。”12 月 1 日，邓小平在中央政治局常委召集部分中国人民解放军大军区司令员和省委第一书记的打招呼会议上讲话，再次强调以大局为重。他说：“中央的人事问题，任何人都不能下，只能上。现有的中央委员，有的可以不履行职权，不参加会议活动，但不除名，不要给人印象是权力斗争。对‘文化大革命’问题，现在也要回避。”①

根据邓小平的指示精神，在以后的讨论中，与会者普遍赞成只加人、不减人的方针，各组提名的人选也比较集中起来。12 月 11 日，会议秘书组还印发了中央组织部提出的《关于中央纪律检查委员会组成问题的请示报告》及《中央纪委候选人名单（草案）》。12 月 12 日，各组讨论了《中央纪委候选人名单（草案）》，在作个别增补后，基本上同意了这个名单。

第七，关于十一届三中全会的指导方针问题。

12 月 13 日，邓小平在中央工作会议闭幕会上作了题为《解放思想，实事求是，团结一致向前看》的重要讲话，不仅

① 中共中央文献研究室编：《邓小平年谱》（1904—1997）第 4 卷，中央文献出版社 2020 年版，第 441、445 页。

引导了中央工作会议的进程和方向，而且为十一届三中全会确定了正确的指导方针。邓小平在十一届三中全会上没有再发表讲话，这篇讲话实际上成为全会的主题报告。

十一届三中全会实现伟大转折

中央工作会议结束后的第三天，1978 年 12 月 18 日晚，十一届三中全会举行开幕会。中共中央主席华国锋，副主席叶剑英、邓小平、李先念、汪东兴出席会议。出席会议的中央委员 169 人，候补中央委员 112 人。

由于会期较短，开幕会后，各组采取了集中时间阅读文件的办法。随后，各组进行了讨论。分组讨论的内容，概括起来有三个方面：一是参加中央工作会议的中央委员以发言等形式向未参加工作会议的同志介绍情况；二是对中央领导同志的讲话发表意见，对全会要增补的中央委员，中央政治局委员、常委，中央副主席发表意见，对中央设立纪律检查委员会发表意见；三是同中央工作会议一样，对工作重点转移、“两个凡是”、真理标准讨论、平反冤假错案、康生的错误等问题发表意见。还有一项内容，是对十一届三中全会公报的草稿提出修改意见。

在分组讨论中，与会者普遍赞扬几天前闭幕的中央工作会议开得很成功，认为会议真正恢复和发扬了毛泽东生前一贯倡导的实事求是、群众路线、批评与自我批评的优良传统和作风，自始至终坚持了民主集中制的原则，相信中央工作会议的好会风，定能在十一届三中全会上发扬光大，使这次全会在邓小平的《解放思想，实事求是，团结一致向前看》的讲话精神指引下，取得更大成果。

与会者讨论了党的工作重点转移、实行改革开放政策、农业问题两个文件、1979 和 1980 两年经济计划的安排、处理历史遗留问题、坚持实事求是的思想路线、健全民主与法制、加强党的组织建设等重大问题，并建议以中央全会的名义作出郑重的决定。

对农业问题两个文件，不少人提出了许多修改意见。在讨论中央纪律检查委员会候选人时，各组同意中央政治局的意见，并建议增加王建安为候选人。

12 月 22 日，各组讨论了《中国共产党第十一届中央委员会第三次全体会议公报》(1978 年 12 月 21 日稿)。公报此前经过三次修改，终于在全会闭幕的最后一天，送到与会者的手中。与会

 1

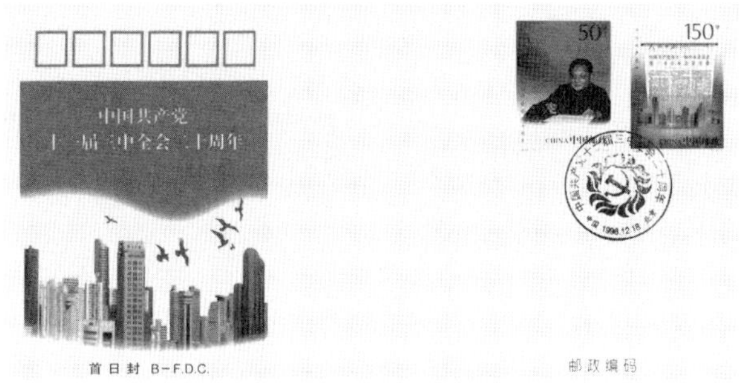

9

7

1998 年 12 月 18 日国家邮政总局为纪念中共十一届三中全会召开二十周年发行的首日封。

者经过讨论，提出了一些修改意见。12 月 22 日晚，十一届三中全会举行闭幕会。 8

全会一致原则通过《中共中央关于加快农业发展若干问题的决定（草案）》《农村人民公社工作条例（试行草案）》，并确定这两个文件先传达到县级，广泛征求意见，由省、自治区、直辖市集中修改意见，报中央定稿后，由中央正式发文件。

全会一致原则通过《1979、1980 两年经济计划的安排》，这个文件由国务院正式下达，并确定传达范围，建议国务院在修改后提交明年召开的第五届全国人民代表大会第二次会议讨论通过。

全会一致原则通过《中国共产党第十一届中央委员会第三次全体会议公报》。中央政治局根据大家提出的意见，再作些修改，然后在 12 月 24 日发表。

全会选举陈云为中央政治局委员、政治局常委、中央委员会副主席；选举邓颖超、胡耀邦、王震三人为中央政治局委员；选举黄克诚、宋任穷、胡乔木、习仲勋、王任重、黄火青、陈再道、韩光、周惠等 9 人为中央委员，将来提请党的第十二次全国代表大会对这一增补手续予以追认。

全会选举了中央纪律检查委员会。选举陈云为中央纪律检查委员会第一书记，邓颖超为第二书记，胡耀邦为第三书记，黄克诚为常务书记，王鹤寿、王从吾、刘顺元、张启龙、袁任远、章蕴（女）、郭述申、马国瑞、李一氓、魏文伯、张策等 11 人为副书记，并选举中央纪律检查委员会常务委员和委员 85 人。宣布选举结果后，陈云发表了讲话。

十一届三中全会标志着中国共产党重新确立了马克思主义的思想路线、政治路线和组织路线，实现新中国成立以来党的历史上具有深远意义的伟大转折，开启了改革开放和社会主义现代化的伟大征程。

1　9　7　9

创办经济特区

1979 年，邓小平指示广东省委负责人习仲勋：中央没有钱，可以给些政策，你们自己去搞，杀出一条血路来。1981 年 7 月，中共中央、国务院批转《广东、福建两省和经济特区工作会议纪要》，进一步明确了创办经济特区的指导思想和改革开放措施。1982 年 10 月 30 日，陈云在广东省委《关于试办经济特区的初步总结》上批示："特区要办，必须不断总结经验，力求使特区办好。"1984 年 1 月 26 日，邓小平为深圳经济特区题词："深圳的发展和经验证明，我们建立经济特区的政策是正确的。"

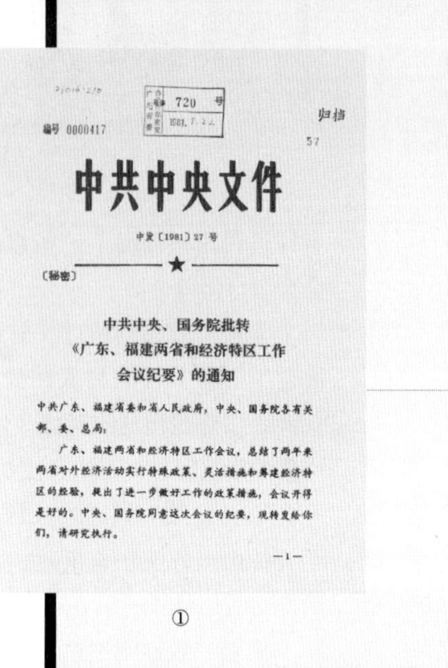

编号 0000417　　720 号　1981. 7. 22　　归档　57

中共中央文件

中发〔1981〕27 号

〔秘密〕

中共中央、国务院批转
《广东、福建两省和经济特区工作
会议纪要》的通知

中共广东、福建省委和省人民政府，中央、国务院各有关部、委、总局：

广东、福建两省和经济特区工作会议，总结了两年来两省对外经济活动实行特殊政策、灵活措施和筹建经济特区的经验，提出了进一步做好工作的政策措施，会议开得是好的。中央、国务院同意这次会议的纪要，现转发给你们，请研究执行。

—1—

①

①1981 年 7 月中共中央、国务院批转《广东、福建两省和经济特区工作会议纪要》，进一步明确了创办经济特区的指导思想和改革开放措施。

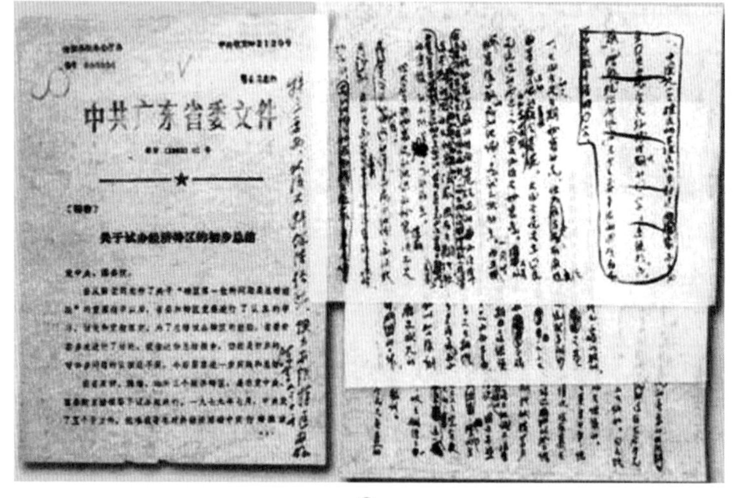

中共广东省委文件

〔秘密〕

关于试办经济特区的初步总结

②

②1982 年 10 月 30 日陈云对广东省委《关于试办经济特区的初步总结》的批示。

深圳的发展和经验证明，我们建立经济特区的政策是正确的。邓小平 一九八四年一月廿六日

③

③1984 年 1 月 26 日邓小平为深圳经济特区的题词。

深圳、珠海、汕头、厦门四个经济特区的建设，在希望和疑虑的目光中先后起步了。由此，一个新的奇迹开始创造。

“深圳，就叫特区吧！”

在 1979 年 4 月中央工作会议期间，邓小平在中南海听取了广东省委负责人习仲勋、杨尚昆汇报。

习仲勋讲了广东经济的现状，谈了广东省开放、搞活的设想。其中着重谈到，省委要求允许在深圳、珠海、汕头划出一定地区，单独进行管理，作为华侨、港澳同胞和外商的投资场所，按照国际市场的需要组织生产，“类似海外的出口加工区”，初步定名为“贸易合作区”。

邓小平听着习仲勋的汇报，细细寻思。这块地方该叫什么呢？工业区，贸易区，出口加工区，贸易合作区，都不准确。他想了想，说：“深圳，就叫特区吧！”

“特区，好！”习仲勋喜出望外，脱口而出。

“还是叫特区好，陕甘宁开始就叫特区嘛！中央没有钱，可以给些政策，你们自己去搞，杀出一条血路来。”[①]

一个影响中国改革开放的重大事件终于登上了历史舞台。

习仲勋对此事印象十分深刻。后来，他回忆道：“在给广东特殊政策、灵活措施和办特区这样一个大政策出台的

① 中共中央文献研究室编：《邓小平年谱》（1904—1997）第 4 卷，中央文献出版社 2020 年版，第 510 页。

思路方面，小平同志与广东的干部群众的想法是不谋而合。一方面，广东有这样的要求，另一方面，小平同志大的思路也在这个方面想，并且站得更高，看得更远。”他在电视采访中说：

1979年我们要求中央给广东放权时，就包括了办特区的内容，这也是借鉴国外的经验。我当时说过，如果广东是个“独立国”，可能几年就上去了。……我当时说“独立国”，是借用的话，我的意思是，广东有许多有利条件，就是缺少政策和体制的支持。小平同志很同意我的思路。当时有人担心这样搞会不会变资本主义，小平同志回答得很明确，很中肯，他说我们赚的钱是不会落在我们这些人的口袋里的，我们是全民所有制，社会主义不会变成资本主义。小平同志说，“广东、福建两省八千万人，等于一个国家，先富起来没有什么坏处。”①

① 大型电视理论宣传片《春风绿南粤——邓小平理念与广东实践》，习仲勋接受采访的提纲原稿，1999年，转引自《习仲勋传》编委会编：《习仲勋传》下卷，中央文献出版社2013年版，第455—456页。

特区建设在疑虑和责问中全面起步

在特区的建设中，深圳先走了一步。在深圳特区的建设中，蛇口工业区又先行了一步。蛇口工业区于1979年7月开工建设，经国务院批准，蛇口由香港招商局负责投资开发，是以对外出口为主的工业区。它实行“以工业为主，积极引进，内外结合，综合发展”的方针，重点发展工业，相应发展为工业服务的商业、房产、旅游、运输等行业。蛇口工业区的“五通一平”工程在1980年底基本完成，打响了特区建设的第一炮，并以它的特有魅力，吸引了一批又一批赴特区的建设者。

继深圳经济特区首先动工建设之后，1980年10月，珠海经济特区正式开始动工建设；1981年10月，厦门经济特区开始动工建设；1981年11月，汕头经济特区开始动工建设。至此，四个经济特区的建设全面展开。此时，深圳、珠海、汕头、厦门四特区的面积分别有327.5平方公里、6.7平方公里、1.6平方公里、2.5平方公里。

特区建设刚刚起步，但特区“时间是金钱，效率是生命”的观念，在全国产生了极大的影响，为全国后来的大改革、大开放创造了可供借鉴的经验。

创办经济特区是中国经济体制改革进程中的大胆创新，中国特区的政策和管理体制是在实践中不断总结完善的，四个特区也是在克服困难、排除干扰中开拓前进的。

1981年底1982年初，有一个调查组到深圳、珠海、汕头和厦门四个经济特区作了“调查”，写了“调查报告”，开头是特区的肯定性简况，后面则详述“特区建设中也暴露出许多严重问题”：“引进外资和设备有很大盲目性”“同外商打交道吃亏上当的情况还相当严重”“引进企业的职工所得太多（月平均为150元，少数人高达200元、300元甚至500元）”“经济管理相当混乱”，等等。其中最重要的是指责“经济特区成了走私贩运通道，不法外商同特区和非特区的一些企业勾结，进行违法活动。1980年，仅广东海关查获的走私案件就有511件，价值2471万元；1981年1至11月，查获1221起，价值2321万元，不少是特区海关查获的”。这份“调查报告”警告道：“引进外资成片开发，要警惕有形成变相租界的危险。”

就在这时，社会上一些人趁机指责经济特区的开拓者，说引进外资，开发特区，搞土地有偿使用，是沿袭历史的老路，搞变相租界，“卖国”，给海外资本家提供奴役和剥削中国劳动人民的独立王国。各种社会舆论和流言蜚语沸沸扬扬，深圳特区的“拓荒牛”，几乎无日不在被咒骂、中伤和围攻中。

邓小平等中央领导同志对特区建设一直全力支持。1980年12月25日，邓小平在中共中央工作会议闭幕式讲话中指出：“已经从各方面证明行之有效的改革措施要继续实行，不能走回头路。”“在广东、福建两省设置几个经济特区的决定，要继续实行下去。”陈云指出：“打破闭关自守的政策是正确的。”陈云十分强调总结特区的经验。1981年12月22日，他在省、自治区、直辖市党委第一书记座谈会上的讲话中指出：“广东、福建两省的特区及各省的对外业务，要总结经验。现在还没有好好总结。”[①]

1984年1月，邓小平第一次亲临深圳、珠海两个特区考察，了解情况，解决问题。用他自己的话说，就是：“办特区是我倡议的，中央定的，是不是能够成功，我要来看一看。”实地考察的结果，证明了建立经济特区的正确性，也坚定了邓小平对办好经济特区的信心。

① 以上参见中共中央文献研究室编：《邓小平年谱》（1904—1997）第4卷，中央文献出版社2020年版，第700页；《陈云文选》第3卷，人民出版社1995年版，第276、307页。

1 9 8 0

提出党和国家领导制度改革基本思想

1980 年 8 月 18 日，邓小平在中共中央政治局扩大会议上发表《党和国家领导制度的改革》讲话，指出领导制度、组织制度问题更带有根本性、全局性、稳定性和长期性，对现行制度存在的各种弊端必须进行改革。8 月 31 日中央政治局讨论通过讲话。1983 年 7 月 2 日，《人民日报》头版刊发了邓小平的讲话。

中共中央关于

建立老干部退休制度的决定

（一九八二年二月二十日）

（一）我们党是一个具有悠久斗争历史的大党。经过长达六十多年的光荣的战斗历程，党在自己的队伍中聚集了大量的一代又一代的久经锻炼的老干部。建国以前，在新民主主义革命的四个时期中，即在大革命时期、土地革命战争时期、抗日战争时期和解放战争时期中参加革命的老干部，至今健在的还有二百五十万人。其中已经离休退休的只是少部分人，大部分人还留在工作岗位上。现在的

②

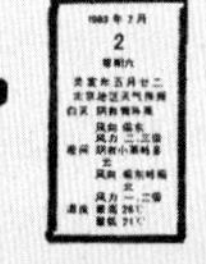

人民日报

RENMIN RIBAO

广大干部群众踊跃购买《邓小平文选》

《邓小平文选》总印数已达1，221万册

党和国家领导制度的改革

（一九八〇年八月十八日）

邓小平

①

①1983 年 7 月 2 日《人民日报》。

②1982 年 2 月中共中央作出《关于建立老干部退休制度的决定》。

1980年2月中共十一届五中全会后，党中央进一步酝酿改革党和国家领导制度。8月18日至23日，中央政治局召开扩大会议，专门讨论党和国家领导制度改革及有关问题。邓小平代表党中央在会上作了《党和国家领导制度的改革》重要讲话。

邓小平首先从四个方面说明中央作出这样考虑的原因，即：一是权力不宜过分集中；二是兼职、副职不宜过多；三是着手解决党政不分、以党代政的问题；四是从长远着想，解决好交接班的问题。

邓小平指出，如果不认真改革，就很难适应社会主义现代化建设的迫切需要，我们就要严重地脱离广大群众；如果不认真改革，就不能适应党和国家政治生活民主化需要，过去发生的像“文化大革命”那种严重问题，今后就还可能发生。他强调指出：“我们过去发生的各种错误，固然与某些领导人的思想、作风有关，但是组织制度、工作制度方面的问题更重要。这些方面的制度好可以使坏人无法任意横行，制度不好可以使好人无法充分做好事，甚至会走向反面。”

邓小平指出，党和国家领导制度和干部制度中的主要弊端是官僚主义、权力过分集中、家长制、干部领导职务终身制和形形色色的特权现象。为了革除弊端，他向全党提出肃清封建主义和资产阶级思想影响的任务，并着重提出对党和国家领导制度实行六项重大改革措施。

同时，他强调改革干部制度特别是中青年干部的提拔使用。他说：

> ……一定要真正把优秀的中青年干部提拔上来，快点提拔上来。提拔干部不能太急，但是太慢了也要误现代化建设的大事。现在就已经误了不少啊！特别优秀的，要给他们搭个比较轻便的梯子，使他们越级上来。这次我们提出减少兼职过多、权力过分集中的现象，目的之一，也是为了给中青年同志腾出台阶。台阶挤得满满的，他们怎么上来？台阶有了空位又不给他们，他们怎么上来？

邓小平指出，改革党和国家的领导制度，不是要削弱党的领导，涣散党的纪律，而正是为了坚持和加强党的领导，坚持和加强党的纪律。他说：“我们人民的团结，社会的安定，民主的发展，国家的统一，都要靠党的领导。坚持四项基本原则的核心，就是坚持党的领导。问题是党要善于领导；要不断地改善领导，才能加强领导。”[①]

提出党和国家领导制度改革基本思想

邓小平的这一讲话，提出了党和国家领导制度改革的基本指导思想，为中国政治体制改革指明了方向。

① 以上参见《邓小平文选》第2卷，人民出版社1994年版，第320—343页。

1 9 8 1

《关于建国以来党的若干历史问题的决议》

1981年6月27日，中共十一届六中全会通过《关于建国以来党的若干历史问题的决议》，对新中国成立32年来党的重大历史事件特别是“文化大革命”作出正确总结，实事求是地评价毛泽东的历史地位，科学论述毛泽东思想作为党的指导思想的伟大意义。《决议》的通过，标志着我们党在指导思想上的拨乱反正胜利完成。

关于建国以来
党的若干历史问题的决议
（一九八一年六月二十七日中国共产党
第十一届中央委员会第六次全体会议一致通过）

建国以前二十八年历史的回顾

（1）中国共产党自从一九二一年成立以来，已经走过六十年的光辉战斗历程。为了总结党在建国以来三十二年的经验，有必要简略地回顾一下建国以前二十八年党领导人民进行的新民主主义革命斗争。

（2）中国共产党是马克思列宁主义同中国工人运动相结合的产物，是在俄国十月革命和我国“五四”运动的影响下，在列宁领导的共产国际帮助下诞生的。伟大的革命先行者孙中山先生一九一一年领导的辛亥革命，推翻了清王朝，结束了两千多年的封建帝制。但是，中国社会的半殖民地、半封建性质并没有改变。无论是当时的国民

—1—

②

中共中央书记处

邓小平同志谈话

一九八〇年十月二十五日，邓小平同志找胡乔木同志、邓力群同志，谈了四个问题，按记录整理如下：

第一个问题，《关于建国以来党的若干历史问题的决议》（讨论稿）的讨论和修改。

讨论还在进行。我看了一些简报。大家畅所欲言，众说纷纭，有些意见很好。篇幅还是太长，要压缩，该说的就可以更突出，可以不说的去掉。很多组要求把粉碎“四人帮”以后这段补写上去。有的组已经知道原来有个稿子，这次没有印，也要求发给大家讨论。看来，这段势必要写。

关于毛泽东同志功过的评价和毛泽东思想写不写、怎么写的问题，意见最多。这的确是个非常重要的问题。我找警卫局的同志谈了一下，他们说，把我前些日子和意大利记者的谈话向战士们宣读了，还组织了讨论，干部、战

—1—

①

①邓小平对《关于建国以来党的若干历史问题的决议》（讨论稿）的有关批示和1980年10月25日邓小平同胡乔木、邓力群的谈话记录。

②《关于建国以来党的若干历史问题的决议》。

1

1979 年 11 月，党中央决定，以叶剑英在庆祝中华人民共和国成立 30 周年大会上的讲话为基础，开始着手起草《关于建国以来党的若干历史问题的决议》。《决议》的起草工作，是在中共中央政治局和中央书记处领导 9
下，由邓小平、胡耀邦主持进行。起草小组主要由时任中共中央书记处书记、中共中央毛泽东主席著作编辑出版委员会办公室主任、中共中央党史研究室主任、中国社会科学院院长胡乔木负责。

1980 年 3 月 19 日，邓小平同胡耀邦、胡乔木、邓力群谈话，对《决议》的起草提出了三条指导思想：第一，确立毛泽东同志的历史地位，坚持和发 8
展毛泽东思想。这是最核心的一条。第二，对建国 30 年来历史上的大事，哪些是正确的，哪些是错误的，要进行实事求是的分析，包括一些负责同志的功过是非，要作出公正的评价。第三，通过这个决议对过去的事情做个基本的总结。这个总结宜粗不宜细。总结过去是为了引导大家团结一致向前 1
看。总的指导思想，就是这三条。[①]其中最重要、最根本、最关键的还是第一条。随后，邓小平又陆续多次谈了对起草《决议》的意见。

1981 年 6 月，党的十一届六中全会一致通过了《关于建国以来党的若干历史问题的决议》。《决议》从根本上否定了“文化大革命”和“无产阶级专政下继续革命”的错误理论，对一些重大历史事件和重要历史人物作出了实事求是的评价，科学总结了新中国成立以来社会主义革命和建设的历史经验。《决议》指出，“文化大革命”不是也不可能是任何意义上的革命或社会进步。它是一场由领导者错误发动，被反革命集团利用，给党、国家和各族人民带来严重灾难的内乱。

《决议》实事求是地评价了毛泽东的历史地位，指出：“毛泽东同志是伟大的马克思主义者，是伟大的无产阶级革命家、战略家和理论家。他虽然在‘文化大革命’中犯了严重错误，但是就他的一生来看，他对中国革命的功绩远远大于他的过失。他的功绩是第一位的，错误是第二位的。”

《决议》对于统一全党全军全国各族人民的思想认识，同心同德，为实现新的历史任务而奋斗，产生了深远影响。

① 以上参见中共中央文献研究室编：《邓小平年谱》（1904—1997）第 4 卷，中央文献出版社 2020 年版，第 609—610 页。

③

③中共十一届六中全会通过《关于建国以来党的若干历史问题的决议》。

《关于建国以来党的若干历史问题的决议》

1 9 8 2

中共十二大设立顾问委员会

1982 年 9 月 1 日，邓小平在中共十二大上致开幕词，第一次提出“建设有中国特色的社会主义”这一崭新命题。十二大实现了新老干部的合作和交替，特别是顾问委员会的设立，是党的历史上的一个创造。

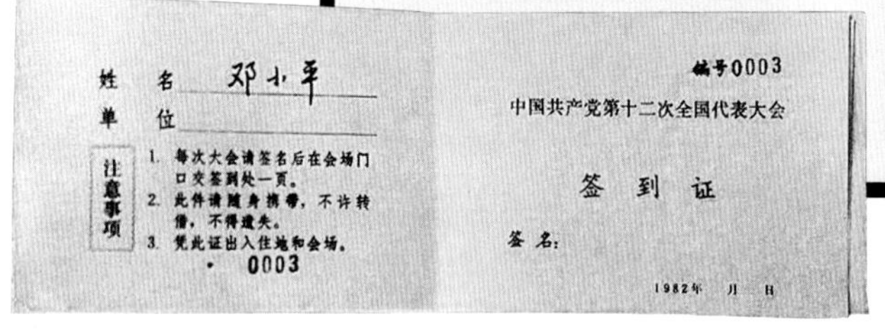

姓　名　邓小平
单　位
注意事项
1. 每次大会请签名后在会场门口交签到处一页。
2. 此件请随身携带，不许转借，不得遗失。
3. 凭此证出入住地和会场。
0003

编号0003
中国共产党第十二次全国代表大会
签　到　证
签名：
1982年　月　日

②

①中共十二大选举产生了中央顾问委员会，邓小平任主任。图为中顾委举行第一次全体会议。
②1982 年邓小平参加十二大的出席证和签到证。

①

1982 年 9 月 1 日至 11 日，中国共产党第十二次全国代表大会举行。大会正式代表 1545 人，候补代表 145 人，代表全国 3900 多万党员。9 月 18 日，十二大闭幕刚刚一周，邓小平便离开北京，陪同朝鲜领导人金日成访问四川。途中，他介绍十二大的情况时说："从十一届三中全会到十二大，我们打开了一条一心一意搞建设的新路。"

设立顾问委员会

顾问委员会，是中国共产党为解决党的中央领导机构新老交替而创设的一种组织形式，目的是逐步实现中央委员会年轻化，同时让一些老同志在退出第一线之后继续发挥作用。

根据十二大党章第三章第二十二条规定，中央顾问委员会是中央委员会政治上的助手和参谋，它在中央委员会领导下进行工作，任务有四条：一是对党的方针、政策的制定和执行提出建议，接受咨询；二是协助中央委员会调查处理某些重要问题；三是在党内宣传党的重大方针、政策；四是承担中央委员会委托的其他任务。中顾委的委员必须具有 40 年以上的党龄，对党有过较大贡献，有较丰富的领导工作经验，在党内外有较高声望。中顾委每届任期同中央委员会相同，其常务委员会和主任、副主任由中顾委全体会议选举产生，并报中央委员会批准。

设立中顾委是废除党员领导干部职务终身制的过渡办法，是总结历史经验并从中国干部队伍，特别是领导干部队伍的实际情况出发而制定的一项具有特色的组织制度。

长时间的酝酿过程

关于设立中顾委的决策，中央经过了一段长时间的酝酿。

1980 年 4 月 23 日，中央政治局作出决定，凡年事已高、丧失工作能力和生活自理能力的老同志，不当中共十二大代表和中央委员候选人。这个决定直接涉及党和国家领导人中在党内外有崇高声望的老同志，还涉及省、市、自治区，地、县、省辖市和军队的一大批老同志。党要保证他们原有生活待遇不变，并且对他们的历史功绩作出全面评价，使他们享有应得的荣誉。此后党的各级组织对涉及的老同志及其家属做了大量的宣传和解释工作。

1980年8月18日，邓小平在中央政治局扩大会议的讲话中指出："中央已经设立了纪律检查委员会，正在考虑再设立一个顾问委员会（名称还可以再考虑），连同中央委员会，都由党的全国代表大会选举产生，并明确规定各自的任务和权限。这样，就可以让一大批原来在中央和国务院工作的老同志，充分利用他们的经验，发挥他们的指导、监督和顾问的作用。同时，也便于使中央和国务院的日常工作班子更加精干，逐步实现年轻化。"[①]

在1982年3月到5月的国务院和中央直属机关机构改革中，一些老同志退出了第一线领导岗位。在国务院机构改革后的新班子中，新选拔的中青年干部占32%，平均年龄由64岁下降到58岁。在中央直属机关机构改革中，配备领导班子的工作也很见成效，领导人的平均年龄由原来的64岁下降到了60岁；新选拔的中青年部级干部占13%，局级干部占16%，平均年龄从原来的58岁下降到了54岁。

1982年7月30日，邓小平在中央政治局扩大会议上谈到《中国共产党章程（修改草案）》时指出：

> 这次的党章有些问题没有完全解决，比如领导职务终身制的问题，已经接触到了，但没有完全解决，退休制度的问题也没有完全解决，设顾问委员会，是一种过渡性质的。鉴于我们党的状况，我们干部老化，但老同志是骨干，处理不能太急，太急了也行不通。
>
> ……顾问委员会，应该说是我们干部领导职务从终身制走向退休制的一种过渡。我们有意识地采取这个办法，使得过渡比较顺利。也许经过三届代表大会以后，顾问委员会就可以取消了。……这个过渡是必要的，我们选择了史无前例的这种形式，切合我们党的实际。[②]

在1982年8月举行的十一届七中全会上，又有许多老同志表示要退出中央委员会和其他一些领导岗位。这些，都为十二大成功地设立中央顾问委员会铺平了道路。

"雏凤清于老凤声"

1982年9月13日，在中央顾问委员会第一次全体会议

① 《邓小平文选》第2卷，人民出版社1994年版，第339页。

② 《邓小平文选》第2卷，人民出版社1994年版，第413—414页。

上，新当选的中顾委主任邓小平发表讲话指出：“这一次在解决新老交替问题上迈出了相当大的一步。如果花两个 5 年的时间，通过这种过渡的形式，稳妥地顺当地解决好这个问题，把退休制度逐步建立起来，那就是很大的胜利。这对于我们国家以后的发展，是办了一件很好的事情。所以，可以设想，再经过 10 年，最多不要超过 15 年，取消这个顾问委员会。10 年、两届还是需要的，一届恐怕不好，太急促了。顾问委员会今天刚成立，就宣布准备将来取消，这就明确了这个组织的过渡性。我们尊重生活和历史的辩证法。”①他还讲，我们的国家也好，党也好，最根本的应该是建立退休制度。

中央顾问委员会和省、自治区、直辖市顾问委员会的成立，标志着党和国家在废除领导职务终身制问题上，迈出了非常关键的一步。

十二大经过充分酝酿，民主选举了新的中央委员会。中央委员年龄在 60 岁以下的有 171 人，占 49.1%，其中含 55 岁以下的 112 人；保留了 16 位 71 岁以上的德高望重的老同志，他们都是在国内外享有崇高威望的老一辈无产阶级革命家。和十一届中央委员会比较而言，新的中央委员会最显著的特点就是吸收了一大批德才兼备、年富力强、具有一定专业知识的中青年干部进入了中央高层领导岗位。这是十二大的伟大历史功绩，是党成熟和兴旺发达的重要标志。叶剑英在大会上吟咏唐朝诗人李商隐的诗句“雏凤清于老凤声”来称赞中国政坛新秀。正如陈云所讲：“只要把干部队伍的交接班问题解决好，我们党的事业就一定会后继有人。”

十二大上，一大批老同志从第一线领导岗位退出，经选举进入了中央顾问委员会，他们的主要任务，不再是担当什么具体领导职务，而是支持中青年干部的工作，担负起“传帮带”的任务。留在中央委员会的老同志，他们的主要精力也不再是用来处理日常的工作，而是“在重大问题上出出主意，把把关”。这些措施对于保证党的路线、方针和政策的稳定性和连续性具有极其重要的意义。十二大的这些举措，是党的历史上的伟大创举，也是国际共产主义运动史上的伟大创举。

① 《邓小平文选》第 3 卷，人民出版社 1993 年版，第 5—6 页。

1 9 8 3

城乡经济体制和教育体制改革逐步展开

深圳特区简讯

21

(总71期)

中共深圳市委办公厅　一九八三年八月十五

我市改革人事工资制度

②

中共十二大后，以城市为重点的经济体制改革全面展开。1983 年 2 月，中共中央、国务院批准在重庆这样的大城市进行经济体制综合改革试点。4 月 24 日，国务院批转财政部制定的《关于国营企业利改税试行办法》，将国营企业原来给国家上缴利润的办法，改为按国家规定的税种和税率向国家缴纳税金。10 月 12 日，中共中央、国务院发出《关于实行政社分开建立乡政府的通知》，此后，建立乡、镇政府和各种合作经济形式的工作在全国展开，人民公社体制废除。10 月 1 日，邓小平为北京景山学校题词："教育要面向现代化，面向世界，面向未来。"

人民日报

RENMIN RIBAO

国务院批准改革长江航运体制

当前农村经济政策的若干问题

（摘　要）

①

①1983 年 1 月 2 日中共中央发出《当前农村经济政策的若干问题》，指出要逐步实现农业的经济结构改革、体制改革和技术改革。图为《人民日报》刊载的文件摘要。

②1983 年深圳特区印发的有关改革情况的简讯。

③1983 年邓小平为北京景山学校题词。

1

9

8

3

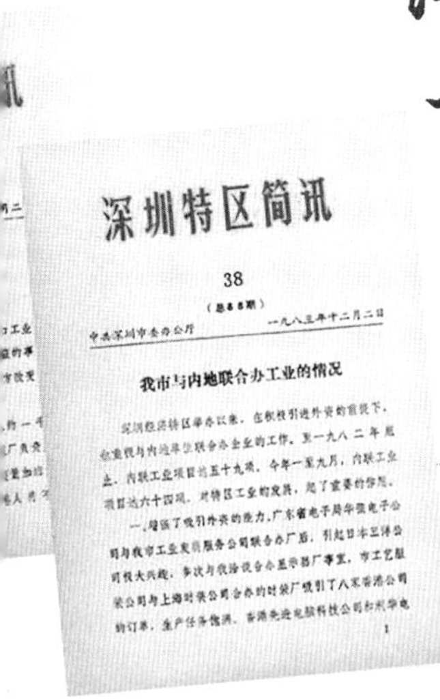

深圳特区简讯

38

中共深圳市委办公厅 一九八三年十二月二日

我市与内地联合办工业的情况

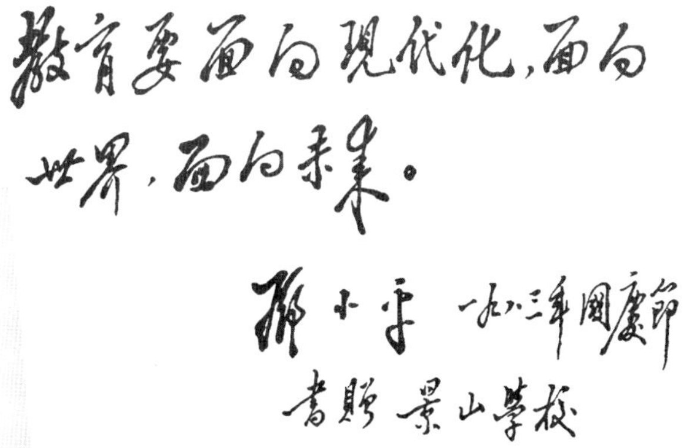

教育要面向现代化，面向世界，面向未来。
邓小平 一九八三年国庆节
书赠 景山学校

③

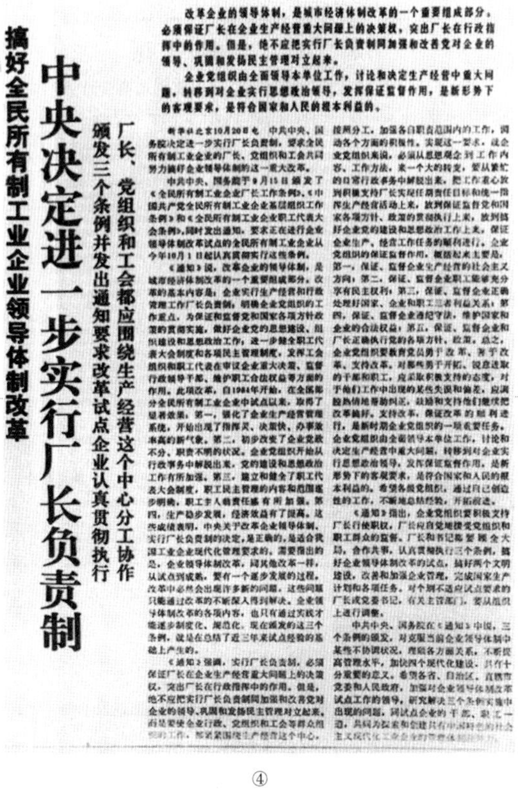

搞好全民所有制工业企业领导体制改革

中央决定进一步实行厂长负责制

厂长、党组织和工会都应围绕生产经营这个中心分工协作

颁发三个条例并发出通知要求改革试点企业认真贯彻执行

改革企业的领导体制，是城市经济体制改革的一个重要组成部分。必须保证厂长在企业生产经营重大问题上的决策权，突出厂长在行政指挥中的作用。但是，绝不应把实行厂长负责制同加强和改善党对企业的领导、巩固和发扬民主管理对立起来。

企业党组织由全面领导本单位工作，讨论和决定生产经营中重大问题，转移到对企业实行思想政治领导，发挥保证监督作用，是新形势下的客观要求，是符合国家和人民的根本利益的。

④

城乡经济体制

和教育体制改革

逐步展开

④1986 年 9 月 15 日中共中央、国务院颁发了《全民所有制工业企业厂长工作条例》等 3 个条例。图为《人民日报》刊登的中共中央为颁发这 3 个条例发出的通知摘要。

⑤

⑥

⑦

⑤农村实行改革后，乡镇企业蓬勃发展。图为江苏省江阴县要塞乡一个年产 120 万条床单的工厂一角。
⑥城市经济体制改革以增强企业活力为中心环节，进行了承包、租赁、股份制等改革。图为实行承包经营的首都钢铁公司第二炼钢厂。
⑦1984 年 7 月天桥百货商场作为股东之一，加入北京市天桥百货股份有限公司，成为中国最早的股份制企业之一。

中共十二大后，经济体制改革全面展开：农村改革在巩固的基础上进一步深入；改革的重点逐步转向城市，城市经济体制改革由试点
发展到全面铺开；教育科技文化等领域也迈出改革步伐。 9

农村改革：从家庭联产承包到乡镇企业异军突起

1978 年秋，安徽凤阳小岗村农民秘密开会商议，决定瞒上不瞒
下，实行分田到户，即“包干到户”。他们对此的理解是：大包干，直 8
来直去不拐弯，保证国家的，留足集体的，剩下都是自己的。这个办法简便易行，深受农民欢迎。小岗村一年大变样，产生了极强的示范作用。其他一些省份也采取了类似做法。这些大胆尝试，揭开了中国农
村改革的序幕。 3

实行家庭联产承包，是中国农民的伟大创造。党中央尊重群众愿望，积极支持试验，通过几年的努力，解决了中国社会主义农村体制的重大问题，从而使中国农业生产摆脱长期停滞的困境，带动了整个改革开放和社会主义现代化建设事业。

中共十二大以后，农村改革以稳定和完善家庭联产承包责任制为主要任务。1982 年至 1984 年，中央连续发出 3 个“一号文件”，不断推出稳定和完善家庭联产承包责任制的措施。1983 年，人民公社制宣布废除。1985 年 1 月 1 日，中共中央、国务院印发《关于进一步活跃农村经济的十项政策》，这是中央连续 4 年发出的第 4 个“一号文件”，决定改革农产品统购派购制度，从 1985 年起实行合同定购和市场收购。这就基本改变了中国实行 30 多年的统购派购政策，把农村经济纳入有计划的商品经济的轨道，促使传统农业向专业化、商品化、现代化方向发展。

乡镇企业的异军突起，是农村改革的一个显著特色，是农村经济的一大历史性变化。到 1987 年，全国乡镇企业从业人数达到 8805 万人，产值达到 4764 亿元，占当年农村社会总产值的 50.51%，第一次超过农业总产值。随着乡镇企业的发展，全国各地兴起了一大批小城镇，成为建设中国特色社会主义进程中的一个新鲜事物。

城市改革：国企承包经营责任制和企业股份制改革尝试

在农村改革的推动下，城市改革向新的广度和深度拓展。1983 年起，国营企业进行两步利改税改革等，以完善国家和企业的分配关系。这些改革措施对搞活城市经济、提高企业效益起到了积极作用。但要

进一步解决经济体制深层次的弊端，还需要把改革全面引向深入。

1984 年 3 月 23 日，福建省 55 位厂长、经理以《请给我们“松绑”》为题，联名向省委书记和省长发出一封公开信，希望给予企业必要的人事权、财权和自主经营权。这表明，要求全面改革的呼声日益强烈。《人民日报》在显著位置对此作了报道。

中共十一届三中全会以后，城市改革试点总的说来还是初步的和探索性的，政企不分、经济效益低下、分配中的严重平均主义和吃“大锅饭”等种种弊端依然存在。对外开放使人们眼界大开，正在世界范围兴起的新技术革命给中国经济发展带来的机遇和挑战，使经济体制改革显得更为迫切。

1984 年 10 月 20 日，中共十二届三中全会通过《关于经济体制改革的决定》，规定以城市为重点的经济体制改革的任务、性质和各项方针政策。《决定》在理论上的重大贡献是，突破把计划经济同商品经济对立起来的传统观念，提出中国社会主义经济是“公有制基础上的有计划的商品经济”；突破把全民所有同国家机构直接经营企业混为一谈的传统观念，提出“所有权同经营权可以适当分开”。这是党在计划与市场关系问题上得出的全新认识。此后，以城市为重点的经济体制改革全面展开。

中共十二届三中全会把增强企业活力特别是全民所有制大中型企业活力，作为以城市为重点的经济体制改革的中心环节，采取的一项重要措施是广泛推行承包经营责任制。到 1987 年，全国已有 80% 的国营企业实行各种形式的承包经营责任制。同时，一些企业进行股份制改革尝试。1984 年 7 月，北京市天桥百货股份有限公司成立，在全国国营企业中率先迈出股份制改革步伐。1984 年 10 月，通过了《关于经济体制改革的决定》。11 月，上海飞乐音响公司向本企业和社会公开发行股票，成为改革开放后上海第一家试行股份制经营的股份有限公司。到 1986 年底，全国共有股份制企业 6000 多家。①

通过改革，城市经济生活出现了前所未有的活跃局面。虽然在着重强调放开搞活和增强企业活力的时候，加强和改善国家宏观管理的措施没有及时跟上，以致产生了一些混乱现象，但总的来说，经济体制改革的方向是正确的。

① 以上参见中共中央党史研究室著:《中国共产党的九十年》(改革开放和社会主义现代化建设新时期)，中共党史出版社、党建读物出版社 2016 年版，第 717—721 页。

教育改革：“三个面向”的提出

随着城乡经济体制改革逐步展开，教育体制改革也正式启动。 9

1983年10月，邓小平给景山学校题词，提出“教育要面向现代化，面向世界，面向未来”的要求。“三个面向”是邓小平教育思想的核心，为中国教育事业发展和教育改革发展指出了明确的方向。

“面向现代化”，就是教育要适应社会主义现代化建设的需要。中
国要实现工业、农业、国防和科学技术现代化，其中最重要的是科学 8
技术现代化。教育要面向现代化，首先要为四个现代化建设培养各类合格人才，尤其要培养大批掌握现代化科学技术的人才，不断提高中国国民素质，促进人的现代化。

“面向世界”，就是教育要向其他国家学习并吸取先进的科学技术 3
和管理经验，要赶超世界先进水平。邓小平针对中国长期来搞闭关自守，提出了尖锐批评。他说，认识落后才能去改变落后，学习先进才有可能赶超先进。同时，他强调，我们要有计划、有选择地引进资本主义国家的先进技术和其他对我们有益的东西，但是我们决不学习和引进资本主义制度，决不学习和引进各种丑恶颓废的东西。

“面向未来”，就是教育要有预见性，面向未来社会的发展和变化，尤其要面向未来的科学技术和生产的发展。与当今社会的生产和科学技术相比，教育是滞后的。教育是为未来培养人才的，因此，教育不能只立足于今天，而要立足明天、后天。邓小平强调教育面向未来，必须从娃娃抓起，充分体现了高瞻远瞩的战略眼光。

1985年5月27日，中共中央作出《关于教育体制改革的决定》，指出教育体制改革的目的，是使各级各类教育能够主动适应经济社会发展的多方面需要。《决定》同时阐明教育体制改革的措施和步骤，提出有步骤地实行九年制义务教育，大力发展职业技术教育，改革高等学校招生计划和毕业生分配制度，扩大高等学校办学自主权等。从1985年开始，高校毕业生分配实行计划分配与双向选择相结合。

总之，随着各方面改革的陆续铺开，僵化的高度集中的计划经济体制开始被冲破，中国出现了前所未有的农业和工业、农村和城市、经济体制改革和其他体制改革、改革和发展相互促进的生动局面。

1 9 8 4

提出“一国两制”伟大构想

1984 年 2 月，邓小平在会见美国乔治城大学战略与国际问题研究中心代表团时，在毛泽东、周恩来关于争取和平解决台湾问题思想的基础上，创造性地提出“一个中国，两种制度”，即“一国两制”伟大构想。5 月 18 日，“一国两制”写入《政府工作报告》。12 月，中英关于香港问题的《联合声明》签署。

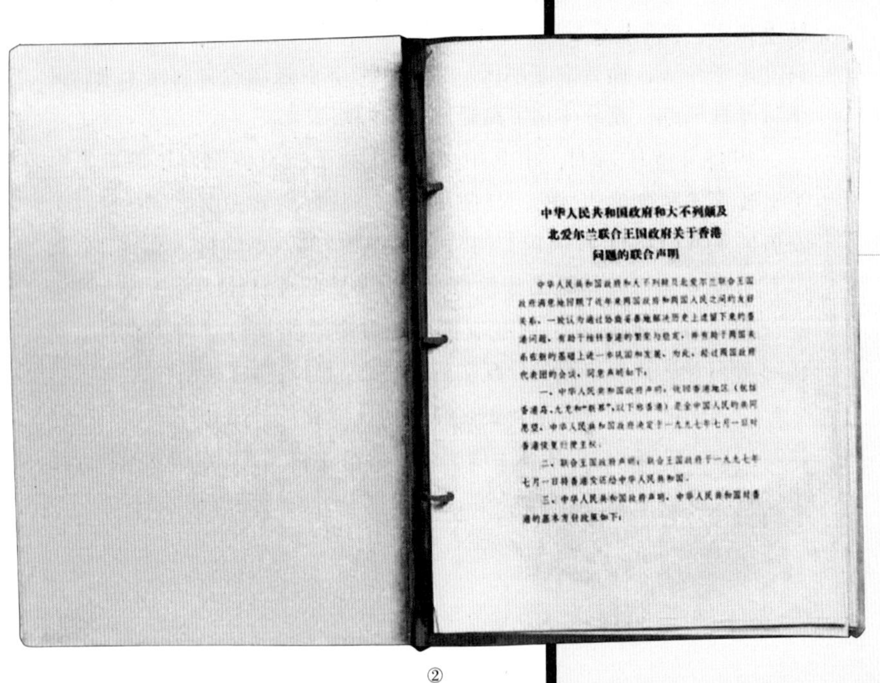

中华人民共和国政府和大不列颠及北爱尔兰联合王国政府关于香港问题的联合声明

中华人民共和国政府和大不列颠及北爱尔兰联合王国政府满意地回顾了近年来两国政府和两国人民之间的友好关系，一致认为通过协商妥善地解决历史上遗留下来的香港问题，有助于维持香港的繁荣与稳定，并有助于两国关系在新的基础上进一步巩固和发展，为此，经过两国政府代表团的会谈，同意声明如下：

一、中华人民共和国政府声明：收回香港地区（包括香港岛、九龙和“新界”，以下称香港）是全中国人民的共同愿望，中华人民共和国政府决定于一九九七年七月一日对香港恢复行使主权。

二、联合王国政府声明：联合王国政府于一九九七年七月一日将香港交还给中华人民共和国。

三、中华人民共和国政府声明，中华人民共和国对香港的基本方针政策如下：

②

①1982年3月21日邓小平审阅《廖承志同志关于解决香港地位问题的初步方案和近期工作的报告》，批示：“拟原则同意。具体方案，待与各方人士交换意见之后，再作修改。”

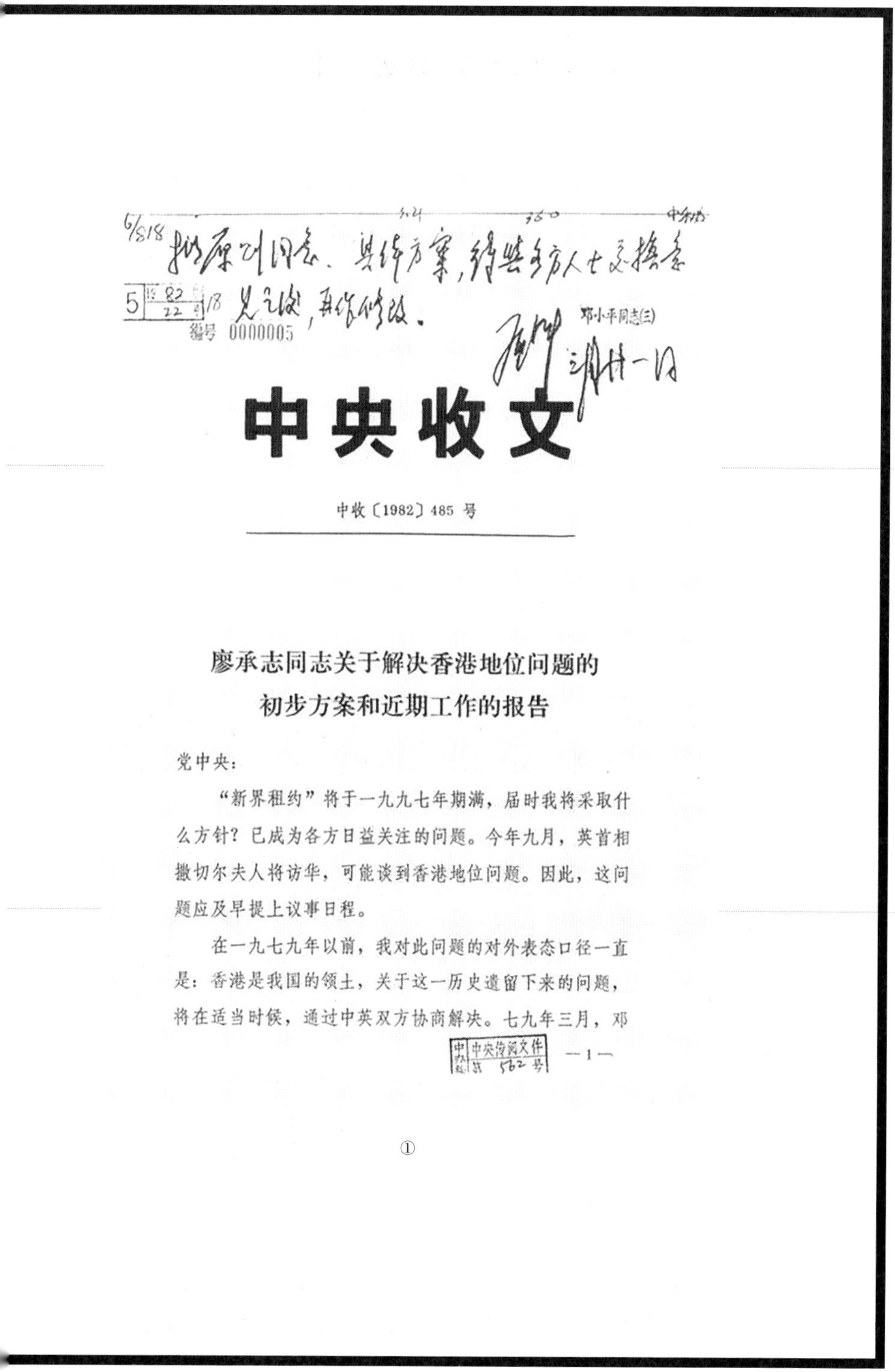

拟原则同意。具体方案，待与各方人士交换意见之后，再作修改。

邓小平 三月廿一日

邓小平同志(三)

编号 0000005

中央收文

中收〔1982〕485 号

廖承志同志关于解决香港地位问题的初步方案和近期工作的报告

党中央：

“新界租约”将于一九九七年期满，届时我将采取什么方针？已成为各方日益关注的问题。今年九月，英首相撒切尔夫人将访华，可能谈到香港地位问题。因此，这问题应及早提上议事日程。

在一九七九年以前，我对此问题的对外表态口径一直是：香港是我国的领土，关于这一历史遗留下来的问题，将在适当时候，通过中英双方协商解决。七九年三月，邓

中央传阅文件 第 562 号

—1—

①

②中英《联合声明》。

解放军报
JIEFANGJUN BAO
今日要目
27
我们一定要解放台湾
前线三军喝令美帝滚出台湾
亿万民兵表示时刻准备配合解放军解放祖国神圣领土
大集会大示威 反美怒潮一浪高一浪
首都民兵今日举行反美示威大会
解放了的中国人民无高不可攀，无坚不可摧：
首都盛会庆祝征服世界最高峰
痛打美国流氓 冲进法院抗議
台南人民燃起反美怒火
社论
把美国强盗赶出台湾去！

③

③1960 年 6 月 27 日《解放军报》刊登专版《我们一定要解放台湾》。

“一国两制”，就是在一个中国的前提下，国家的主体坚持社会主义制度，香港、澳门和台湾保持原有的资本主义制度长期不变。

实现祖国统一有和平与非和平两种方式。1955 年万隆会议后，中国共产党逐步确立了争取和平解放台湾的方针，但种种努力未能得到美国方面的积极回应，1955 年 3 月美台“共同防御条约”生效后，美国加强对台军事援助，加紧制造“两个中国”。为此，党中央和毛泽东调整政策，反对侵略危胁，加强对美斗争。

1963 年 1 月，周恩来将毛泽东提出的对台湾问题的有关原则概括为“台湾必须统一于中国”“台湾回归祖国后，除外交必须统一于中央外，所有军政大权、人事安排等悉委于蒋（介石）”等的“一纲四目”。[①]

20 世纪 70 年代后，中美关系开始走向正常化。1974 年 10 月 2 日，刚刚复出不久的邓小平在会见台湾同胞、海外华侨时也说道：解放台湾有和平方式和非和平方式两种，即使台湾解放，

① 中共中央党史和文献研究院编:《中华人民共和国大事记（1949 年 10 月—2019 年 9 月）》，人民出版社 2019 年版，第 41 页。

我们也不会把大陆的政策搬过去。

1979 年 1 月 1 日，邓小平出席全国政协举行的迎春茶话会，他在会上说，
今年的元旦有三大特点：一是全国工作重点转移到现代化建设上来了；二是 9
中美关系实现了正常化；三是台湾和祖国大陆的和平统一问题已经提到了具体的日程上来。当天，全国人大常委会发表了《告台湾同胞书》，宣布了中国共产党关于和平统一祖国的大政方针。与此同时，1958 年开始的炮击金门等岛屿的行动画上了句号。

随后不久，正当中国人民欢度新春佳节时，邓小平出访美国。1 月 30 日， 8
他同美国参议院、众议院议员谈话时指出：“我们不再用‘解放台湾’这个提法了。只要台湾回归祖国，我们将尊重那里的现实和现行制度。我们一方面尊重台湾的现实，另一方面一定要使台湾回到祖国的怀抱。”这表明，邓小平在
确定用和平方式解决台湾问题时，已经有了“一国两制”的初步设想。 4

1981 年国庆前夕，叶剑英以全国人大常委会委员长身份向新华社记者发表谈话，进一步阐明关于实现祖国和平统一的九点方针政策。1982 年 1 月 11 日，邓小平会见美国华人协会主席李耀滋时指出：“九条方针是以叶副主席的名义提出来的，实际上就是一个国家两种制度。”

1983 年 6 月 26 日，邓小平会见美国新泽西州西东大学教授杨力宇时进一步指出：“祖国统一后，台湾特别行政区可以有自己的独立性，可以实行同大陆不同的制度。司法独立，终审权不须到北京。台湾还可以有自己的军队，只是不能构成对大陆的威胁。大陆不派人驻台，不仅军队不去，行政人员也不去。台湾的党、政、军等系统，都由台湾自己来管。中央政府还要给台湾留出名额。”邓小平强调：“和平统一不是大陆把台湾吃掉，当然也不能是台湾把大陆吃掉。”

1984 年 2 月 22 日，邓小平同访问中国的美国前总统国家安全事务助理、时任乔治城大学战略与国际问题研究中心高级顾问的布热津斯基谈话时指出：世界上有许多争端，总要找个解决问题的出路。我多年来一直在想，找个什么方法，不用战争手段而用和平方式，来解决这种问题。“一个中国，两种制度”。香港问题也是这样。

1984 年 5 月 18 日，“一国两制”的提法写入《政府工作报告》，成为中国政府解决台湾、香港、澳门问题，实现祖国统一方针的概括性语言。

1984 年 12 月，中英双方最终签署关于香港问题的《联合声明》，为全面解决香港回归与平稳过渡问题奠定了基础。

“一国两制”是中国的一个伟大创举，是中国为国际社会解决类似问题提供的一个新思路新方案，是中华民族为世界和平与发展作出的新贡献，凝结了海纳百川、有容乃大的中国智慧。解决台湾问题、实现祖国完全统一，是全体中华儿女共同愿望，是中华民族根本利益所在。

1　9　8　5

百万大裁军

1985 年 6 月 4 日，邓小平在中央军委扩大会议上发表讲话，指出：我们下这样大的决心，把中国人民解放军的员额减少 100 万，这是中国共产党、中国政府和中国人民有力量、有信心的表现。6 月 11 日，《人民日报》进行了报道，陆海空三军高级干部，“坚决拥护这一重大战略决策”。为了党的事业，叫留叫撤，二话不说。鲜红的军旗下，无数官兵眼含热泪敬完了人生的最后一次军礼。

人民日報

RENMIN RIBAO

中央军委主席邓小平在军委扩大会议上宣布

我国政府决定军队减少员额一百万

邓小平强调集中力量搞经济建设是我们的大局，一切都要服从这个大局；中国政府始终高举反对霸权主义、维护世界和平的旗帜，奉行独立自主的对外政策，坚定地站在和平力量一边

与会的陆海空三军高级干部，坚决拥护这一重大战略决策

①

①1985 年 6 月 11 日《人民日报》。

1

②按照现代战争的需要，解放军组建了陆军航空兵、电子对抗部队等新兵种。图为陆军航空兵进行冬季演练。

③《在军委扩大会议上的讲话》(1985 年 6 月 4 日)(《邓小平文选》第 3 卷)。

9

8

126

在军委扩大会议上的讲话

（一九八五年六月四日）

在这么一个重要会议上，我想先就裁减军队这件事情，讲几句话。我们下这样大的决心，把中国人民解放军的员额减少一百万，这是中国共产党、中国政府和中国人民有力量、有信心的表现。它表明，拥有十亿人口的中华人民共和国，愿意并且用自己实际行动对维护世界和平作出贡献。减少一百万，实际上并没有削弱军队的战斗力，而是增强了军队的战斗力。即使国际形势恶化，这个裁减也是必要的，而且更加必要。过去我们讲过，这么臃肿的机构如果不"消肿"，不要说指挥作战，就是疏散也不容易。"消肿"，比较难的是安置退下来的几十万干部。杨尚昆[87]同志在小组会上讲了这个问题，我们要想妥善的办法把它解决好。这次军委会议开得很好，大家想到一块儿了。在这方面，我看没有不同意见。这说明我们军队的同志是从全局着眼，从国际大局和国内大局着眼来看问题的。

今天我主要想讲一讲国际形势，中国的国际地位和对外政策。这个问题同我们会议也有关系。粉碎"四人帮"以后，特别是党的十一届三中全会以后，我们对国际形势的判断有变化，对外政策也有变化，这是两个重要的转变。

第一个转变，是对战争与和平问题的认识。过去我们的观

③

5

②

影像记忆

1985年百万大裁军

1985 年 5 月下旬至 6 月初，中央军委扩大会议确定了军队建设指导思想的战略性转变，决定裁减军队员额 100 万。这是国防和军队建设的一项重大抉择，是我军结构的一次重大调整，人民军队由此迈出了精兵、合成的坚实步伐。

百万大裁军开始后，大量干部、战士复转退伍。图为某部战士复员前与战友和驻地群众依依惜别。 吕国兴摄

面对精简整编，全军官兵服从大局、听从指挥，向党和人民交出了合格答卷。 （《解放军画报》资料照片）

④

百万大裁军

④《1985 年百万大裁军》(2018 年 11 月 12 日《解放军报》)。

裁军，这个在国际上吵嚷了多年而不见成效的话题，1985年，在中国付诸行动了。

裁军的国际国内背景及裁军方案的出台

作出裁军这一重大决策，是基于中国对国际形势判断和对外政策的两个重要转变。第一个转变，是中国对战争与和平问题的认识。在较长时间内不发生大规模的世界战争是可能的，维护世界和平是有希望的。“根据对世界大势的这些分析，以及对我们周围环境的分析，我们改变了原来认为战争的危险很迫近的看法。”第二个转变，是中国的对外政策。“过去一段时间，针对苏联霸权主义的威胁，我们搞了‘一条线’战略，就是从日本到欧洲一直到美国这样的‘一条线’。现在我们改变了这个战略，这是一个重大的转变。”正如邓小平所说：“现在树立我们是一个和平力量、制约战争力量的形象十分重要，我们实际上也要担当这个角色。只要坚持这样的判断和政策，我们就能放胆地一心一意地好好地搞我们的四个现代化建设。”邓小平坚定地表示：“现在就是要硬着头皮把经济搞上去，就这么一个大局，一切都要服从这个大局。”①

在这个国际国内大局下，部队现代化特别是“军队装备真正现代化”任务十分紧迫。

抗美援朝战争结束后，为适应国家经济建设和军队建设的需要，军队总人数逐年减少，到1958年降到了最低点，整个军队比较精干。但是林彪主持军委工作后，军队人数逐年增加。尤其“文化大革命”后期，由于“需要就是编制”错误思想的指导和随时准备“早打、大打、打核战争”的弦绷得太紧，人民解放军几乎到了臃肿不堪的地步，军队总人数达到战争时期的最高额。

从1975年到1984年的10年中，邓小平就军队消“肿”问题，大会讲，小会讲，集体谈，个别谈，据不完全统计，多达数十次。直到1984年11月军委座谈会上，他郑重地提出了思考多年的精兵思想：在军队几次整编的基础上，再裁减员额100万。这对全军来说将是一个巨大的变化。

1985年五六月间，军委召开扩大会议，制定了军队改革体制、精减方案。邓小平在会上正式宣布：中国政府决定，

① 中共中央文献研究室编：《邓小平年谱》（1904—1997）第5卷，中央文献出版社2020年版，第348—349页。

中国人民解放军减少员额100万，军队减到300万。

6月8日，中共中央、国务院、中央军委发出《关于支持军
队体制改革、精简整编的通知》，要求各地政府要主动帮助解决 9
好部队干部、职工的安置和精简整编中出现的其他问题。

7月10日，中央军委副主席杨尚昆指明了精简整编的方针原则：

一是既要坚持我军建设的基本原则，继承过去好的传统，
又要不断研究、探索现代条件下军队建设的新路子。 8

二是要实行精兵政策，减少数量，提高质量。

三是要把重点放在改善武器装备和提高人的素质上，并实行科学的编组，使人和武器装备更好地结合起来。

四是既要使我军成为保卫社会主义祖国的钢铁长城，又要 5
使我军成为建设社会主义物质文明和精神文明的重要力量。

7月27日，中共中央、国务院又发出《关于尊重爱护军队积极支持军队改革和建设的通知》，要求全党、全国人民深刻理解军队进行改革、精减这一战略决策的重大意义，认识军队在现代化建设中的地位和作用，在全社会造成尊重、爱护军队的良好风尚，并从各方面大力支持军队的改革和建设。

1985年的百万大裁军方略出台了。

脱胎换骨的“大手术”

1975年到1985年全军进行了五次大的精简、调整，总人数减去一半，其中1985年这一次就裁减100万。这是一项十分艰巨、非常复杂的工程。如何裁减呢？对此，曾任中国人民解放军副总参谋长、主管军队组织编制工作的何正文回忆说：

正当我们为此事大伤脑筋的时候，邓小平提出了要搞体制改革的问题。1980年3月，邓主席在军委常委扩大会议上指示我们，体制问题，实际上同“消肿”是一个问题的两方面。要“消肿”，不改革体制不行。1981年底，他又指出，精简整编，要搞革命的办法；用改良的办法，根本行不通。事隔不到半月，小平同志进一步告诫全党，精简机构是一场革命。如果不搞这场革命，让党和国家的组织继续目前这样机构臃肿重叠、职责不清……这是“难以为继”，“不能容忍”的。

1984年11月，邓小平在讲军队精简100万时明确指出，“这次减人，要同体制改革结合起来”，改革的主要办法大体上是撤、并、降、交、改、理等。

“撤”，就是成建制地撤部队，包括撤军、撤师等；

“并”，主要是合并机构，像大军区合并、院校合并等；

“降”，则是指降低有些单位的机构等级和压缩其规模，如兵团级、军级机构压为军级、师级等；

“交”，是将部分属于政府职能的机关部队，如县市人武部和内卫部队等交给国家和地方政府有关部门；

“改”，是对有些保障单位实行企业化管理、部分干部职务改用士官或兵等；

“理”，则是指调整理顺各方面的关系。

对改革裁减过程中遇到的难题，何正文深有感触地回忆说：

改革是十分困难的。以合并、减少四个大军区为例，这可真是一场牵动人心的“革命”。精心设计、精心施工的战备工程，配套成龙的保障设施，互相熟悉、得心应手的办事机构，还有那同自己工作和成长联系在一起的具有光荣历史的番号等等，这是数十万人花了几十年心血所建成、形成的东西，一旦要放弃，这无论从工作、生活或感情上讲，都是很痛的。然而，为了落实军委的战略决策，我们的指挥人员、政工人员、机关工作人员和各方面的保障人员，坚决而又愉快地按时做到了。

具体“操刀”百万大裁军的何正文本人就身体力行，带头让在部队服役的4个子女全部脱下军装转业到地方。高级干部的示范作用有力推动了裁军工作顺利进行。

同合并相比较，撤销就更复杂了。

1985年，我军陆军部队的建制单位撤销了四分之一。特别是那些有着几十年光荣历史、具有赫赫战功的部队，一下子撤销了番号，不论是对军委决策层，还是部队的广大指战员，确实是于心不忍、于心不快。但人民军队是好样的，战争年代指到哪儿打到哪儿，和平时期党叫干啥就干啥。

胜利完成裁军任务

经过军民齐动员，上下共努力，到1987年，百万大裁军的浩大工程顺利完成。

军队规模大为压缩。全军共撤并军以上机构31个，师、团单位4000多个，总参谋部、总政治部、总后勤部机关人员减 9
少近一半。撤并这么多机构，减少很多干部和大量保障人员，这对完成精简100万员额的任务，起到了决定性作用。全军编余干部共60多万人，到1986年底安置37万人，加上1987年转业12万，共安置约50万。由于裁军中干部的比重大，官兵比
例由原来的1:1.45降低到1:3.3。 8

军队编制有较大变动。大军区由原来的11个合并为7个，解决了某些军区战役纵深、独立作战能力弱的问题。合并成立军队高等学府国防大学，改变了高级干部培训分散多头的状况。

陆军的军编成集团军，加大了特种兵比重，提高了合成的 5
程度，增强了整体威力和作战能力。实行军士制度，将军队内部管理的76种干部职务改由军士担任，以稳定技术骨干。县市人民武装部门改归地方建制。军队后勤体制也进行了改革。

兵贵精不贵多。裁军百万，对节省军费、支援国家经济建设、减轻人民负担，意义重大，也更利于改善武器装备，提高部队战斗力。正如邓小平指出的，裁军百万，实际上并没有削弱军队的战斗力，而是增强了军队的战斗力；裁军百万，是中国政府和中国人民有力量有信心的表现。

通过指导思想的战略性转变，百万裁军的完成，以及相应整编调整，人民解放军逐步成长为一支机构精干、指挥灵便、装备精良、训练有素、战斗力强的具有中国特色的现代化、正规化、革命化军队。

1 9 8 6

“863计划”

②

1986年3月3日，王大珩、王淦昌、杨嘉墀、陈芳允四位老科学家给邓小平等写信，提出中国要跟踪世界先进水平，发展中国高技术的建议。3月5日，邓小平批示：“这个建议十分重要”，“找些专家和有关负责同志讨论，提出意见，以凭决策”。他强调：“此事宜速作决断，不可拖延。”10月6日，邓小平在《高技术研究发展计划（“863计划”）纲要》等三个文件送审报告上批示：“我建议，可以这样定下来，并立即组织实施（如有缺点或不足，在实施中可以修改和补充）。耀邦、先念、陈云同志审核后，提政治局讨论、批准。”①

① 中共中央文献研究室编：《邓小平年谱》（1904—1997）第5卷，中央文献出版社2020年版，第405页。

1

①1986年10月6日邓小平在《高技术研究发展计划（“863计划”）纲要》等三个文件送审报告上的批示。

9

8

6

小平同志并

耀邦、先念、陈云同志：

高技术研究发展计划（“八六三”计划）已酝酿讨论了五个月。四月间，由宋健、丁衡高同志组织一百二十四位专家，分十二个组，进行第一轮论证。五至七月，由“八六三”计划编制小组负责筛选和进行第二轮论证。八月十八日，国务院常务会议听取了计划编制小组的汇报。会后，[illegible]航天、航空方面部分专家的意见。八月三十一日到九月二日，由专家组组长会议进行第三轮论证。现已形成“八六三”计划的《纲要》、《领域和主题项目》、《汇报提纲》三个文件，一并送上，请审阅。

[illegible]

①

“863计划”

②1991年4月25日科学家王大珩、王淦昌、杨嘉墀、陈芳允荣获“863计划”荣誉证书。

1986年，中国开始实施《高技术研究发展计划纲要》（“863计划”）。这一计划旨在选择几个重要的高技术领域，跟踪国际水平，缩小与国外的差距，力争在中国有优势的领域中有所突破。

20世纪70年代以来，科学技术前沿孕育着一系列新的重大突破。为了争夺高技术这一未来国际竞争的制高点，世界上许多国家纷纷投入人力物力，把发展高技术作为国家发展的重要战略之一。1983年，美国开始实施“星球大战”计划，随后，欧洲启动“尤里卡”计划，日本也制定了“今后十年科学技术振兴政策”等，从而在世界范围内掀起了一个发展高技术的浪潮。

全球新一轮高技术革命的竞争和挑战形势，引起了中国政府和科技界的高度关注。1986年3月3日，王大珩、王淦昌、杨嘉墀、陈芳允四位老科学家给邓小平等写信。信中说：

我们四位科学院学部委员（王淦昌、陈芳允、杨嘉墀、王大珩）关心到美国“战略防御倡议”（即“星球大战”计划）对世界各国引起的反应和采取的对策，认为我国也应采取适当的对策，为此，提出了《关于跟踪研究外国战略性高技术发展的建议》。现经我们签名呈上。敬恳察阅裁夺。

我们四人的现任职务分别是：

王淦昌　核工业部科技委副主任

陈芳允　国防科工委科技委专职委员

杨嘉墀　航天部空间技术院科技委副主任

王大珩　科学院技术科学部主任

王大珩把信写好后，通过什么途径送上去呢？他回忆说：

按常规，这个建议应该先上报科学院，再由科学院酌情逐级上报。但这样做显然需要等待很长的时间，而且还不知道最终是否会送到小平同志那里。当时，我的内心十分焦虑。我想，我不能再等下去了，世界局势的急剧变化和我们的国情也不允许我们再等待下去了。我必须想办法把这个建议尽快送到小平同志的手中。为此，我很唐突地贸然找到小平同志的一位亲属，请求他向小平同志直接递交我们的这封信。

3月3日当天，四位科学家的信顺利地送达邓小平手中，并受到邓小平的高度重视。

3 月 5 日，邓小平对此信作了重要批示，强调“速作决断，不可拖延”。 9

邓小平这个批示，是一个具有深远意义的伟大决策，从此，中国的高技术研究发展进入了一个新阶段。为了使这一计划切实可行，将风险减少到最低限度，在此后的半年时间里，中共中央、国务院组织 200 多位专家，研究部署高技术发展战略，经过三轮极为严格的科学和技术论证后，11 月 18 日，中共中央、 8
国务院转发了《高技术研究发展计划纲要》。由于科学家的建议和邓小平对建议的批示都是在 1986 年 3 月作出的，这个宏伟计划被称为“863 计划”。

中国是一个发展中国家，从国情出发，中国在较长时期内， 6
还没有条件投入大量人力、物力、财力去全面大规模地发展高技术，不可能也没有必要在世界范围内同发达国家开展争夺高技术优势的全面竞争。因此，“863 计划”从世界高技术发展趋势和中国的需要与实际可能出发，坚持“有限目标，突出重点”的方针，选择生物、信息、航天、激光、自动化、能源、新材料等七个技术领域的 15 个主题项目作为研究发展重点（1996 年增加了海洋技术领域），希望通过 15 年的努力，力争达到下列目标：

在几个最重要高技术领域，跟踪国际水平，缩小同国外的差距，并力争在我们有优势的领域有所突破，为 20 世纪末特别是 21 世纪初的经济发展和国防安全创造条件；

培养新一代高水平的科技人才；

通过伞形辐射，带动相关方面的科学技术进步；

为 21 世纪初的经济发展和国防建设奠定比较先进的技术基础，并为高技术本身的发展创造良好的条件；

把阶段性研究成果同其他推广应用计划密切衔接，迅速地转化为生产力，发挥经济效益。

中国宏伟的高技术研究发展计划，就这样坚定地开始实施了。

1 9 8 7

中共十三大阐述社会主义初级阶段理论

1987年8月29日，中共十三大召开前，邓小平会见意大利共产党领导人约蒂和赞盖里时指出：“我们党的十三大要阐述中国社会主义是处在一个什么阶段，就是处在初级阶段，是初级阶段的社会主义。”中共十三大最重要的历史贡献在于第一次系统地阐明了社会主义初级阶段的理论，明确提出了党在这个阶段的基本路线，并依据这个理论和路线制定了全面改革的基本方针和行动纲领。

②

251

一切从社会主义初级阶段的实际出发*

（一九八七年八月二十九日）

我国经济发展分三步走，本世纪走两步，达到温饱和小康，下个世纪用三十年到五十年时间再走一步，达到中等发达国家的水平。这就是我们的战略目标，这就是我们的雄心壮志。要实现我们的雄心壮志，不改革不行，不开放不行。我们要走的路还很长，任务还很艰巨。我们要艰苦奋斗，一心一意搞建设，发展生产力。

今年十月我们党要召开十三大。十三大归根到底是改革开放的大会。十三大要重申我们党十一届三中全会以来制定的一系列方针和政策，深化经济体制改革，相应地进行政治体制改革。十三大要使领导班子更加年轻化，这样就会使党和国家的领导层更具有活力，同时保证我们政策的连续性。

你们到农村去看了一下吗？我们真正的变化还是在农村，有些变化出乎我们的预料。农村实行承包责任制后，剩下的劳动力怎么办，我们原来没有想到很好的出路。长期以来，我们百分之七十至八十的农村劳动力被束缚在土地上，农村每人

* 这是邓小平同志会见意大利共产党领导人约蒂和赞盖里时谈话的一部分。

252　邓小平文选　第三卷

平均只有一两亩土地，多数人连温饱都谈不上。一搞改革和开放，一搞承包责任制，经营农业的人就减少了。剩下的人怎么办？十年的经验证明，只要调动基层和农民的积极性，发展多种经营，发展新型的乡镇企业，这个问题就能解决。乡镇企业容纳了百分之五十的农村剩余劳动力。那不是我们领导出的主意，而是基层农业单位和农民自己创造的。把权力下放给基层和人民，在农村就是下放给农民，这就是最大的民主。我们讲社会主义民主，这就是一个重要内容。同时，乡镇企业反过来对农业又有很大帮助，促进了农业的发展。

政治体制改革很复杂，每一个措施都涉及千千万万人的利益。所以，政治体制改革要分步骤、有领导、有秩序地进行。我们不能照搬资本主义国家那一套，不能搞资产阶级自由化。比如共产党的领导，这个丢不得，一丢就是动乱局面，或者是不稳定状态。一旦不稳定甚至动乱，什么建设也搞不成。我们有过“大民主”的经验，就是“文化大革命”，那是一种灾难。我们的经济体制改革，也是有领导有秩序地进行，不能搞无政府主义。

我们党的十三大要阐述中国社会主义是处在一个什么阶段，就是处在初级阶段，是初级阶段的社会主义[95]。社会主义本身是共产主义的初级阶段，而我们中国又处在社会主义的初级阶段，就是不发达的阶段。一切都要从这个实际出发，根据这个实际来制订规划。

①

①邓小平：《一切从社会主义初级阶段的实际出发》（1987年8月29日）（《邓小平文选》第3卷）。

②中共十三大会场。

1987 年 10 月 25 日至 11 月 1 日，中国共产党第十三次全国代表大会举行。大会正式代表 1936 人，特邀代表 61 人，代表全国 4600 多万党员。大会阐述了社会主义初级阶段理论，完整地概括了党在社会主义初级阶段的“一个中心、两个基本点”的基本路线，制定了到 21 世纪中叶分三步走、实现社会主义现代化的发展战略。

大会指出，我国处在社会主义初级阶段包括两层含义。第一，我国社会已经是社会主义社会，我们必须坚持而不能离开社会主义；第二，我国的社会主义社会还处在初级阶段，我们必须从这个实际出发，而不能超越这个阶段。这是我国在生产力落后、商品经济不发达条件下建设社会主义必然要经历的特定阶段，从生产资料私有制的社会主义改造基本完成，到社会主义现代化的基本实现，至少需要上百年时间，都属于这个阶段。

在社会主义初级阶段中，主要矛盾是人民日益增长的物质文化需要同落后的社会生产之间的矛盾。阶级斗争在一定范围内还会存在，但不是主要矛盾。党和国家的主要任务是发展生产力，推进社会主义现代化建设。党在社会主义初级阶段的基本路线是：领导和团结全国各族人民，以经济建设为中心，坚持四项基本原则，坚持改革开放，自力更生，艰苦创业，为把我国建设成为富强、民主、文明的社会主义现代化国家而奋斗。

根据邓小平提出的设想，大会确定了经济发展三步走的战略部署：第一步，实现国民生产总值比 1980 年翻一番，解决人民的温饱问题；第二步，到 20 世纪末，使国民生产总值再增长一倍，人民生活达到小康水平；第三步，到 21 世纪中叶，人均国民生产总值达到中等发达国家水平，人民生活比较富裕，基本实现现代化。

社会主义初级阶段的理论和党的基本路线不仅是过去 9 年经验的概括和总结，而且是新中国成立 38 年来正反两方面经验的概括和总结。30 多年的经验证明，我们所蒙受的巨大损失和灾难，主要不在外因，而在于我们自己脱离了中国的实际，发生理论的悖谬、路线的错误。可见，正确认识中国的国情和所处的历史阶段，的确是建设有中国特色的社会主义的首要问题，是制定和执行正确路线和政策的根本依据。

邓小平在 1989 年后曾有针对性地不止一次反复强调这样一个重要观点：“要继续贯彻执行十一届三中全会以来的路线、方针、政策，连语言都不变。十三大政治报告是经过党的代表大会通过的，一个字都不能动。这个我征求了李先念、陈云同志的意见，他们赞成。”

1　9　8　8

“科学技术是第一生产力”

1988年9月5日，邓小平在会见捷克斯洛伐克总统古斯塔夫·胡萨克时指出，马克思说过，科学技术是生产力，事实证明这话讲得很对。依我看，科学技术是第一生产力。第二天的《人民日报》报道了这次会见，同时发表题为《生产力标准也是选拔干部的根本标准》的评论员文章。

274

科学技术是第一生产力*

（一九八八年九月五日、十二日）

一

世界在变化，我们的思想和行动也要随之而变。过去把自己封闭起来，自我孤立，这对社会主义有什么好处呢？历史在前进，我们却停滞不前，就落后了。马克思说过，科学技术是生产力，事实证明这话讲得很对。依我看，科学技术是第一生产力。我们的根本问题就是要坚持社会主义的信念和原则，发展生产力，改善人民生活，为此就必须开放。否则，不可能很好地坚持社会主义。拿中国来说，五十年代在技术方面与日本差距也不是那么大。但是我们封闭了二十年，没有把国际市场竞争摆在议事日程上，而日本却在这个期间变成了经济大国。

二

从长远看，要注意教育和科学技术。否则，我们已经耽误

* 这是邓小平同志两次谈话的节录，分别摘自一九八八年九月五日会见捷克斯洛伐克总统胡萨克时的谈话和一九八八年九月十二日听取关于价格和工资改革初步方案汇报时的谈话。

科学技术是第一生产力　275

了二十年，影响了发展，还要再耽误二十年，后果不堪设想。最近，我见胡萨克时谈到，马克思讲过科学技术是生产力，这是非常正确的，现在看来这样说可能不够，恐怕是第一生产力。将来农业问题的出路，最终要由生物工程来解决，要靠尖端技术。对科学技术的重要性要充分认识。科学技术方面的投入，农业方面的投入要注意，再一个就是教育方面。我们要千方百计，在别的方面忍耐一些，甚至于牺牲一点速度，把教育问题解决好。

要注意解决好少数高级知识分子的待遇问题。调动他们的积极性，尊重他们，会有一批人做出更多的贡献。我们自己的原子弹、氢弹、卫星、空间技术不也搞起来了吗？我们的正负电子对撞机工程在全世界也是居于前列的。知识分子待遇问题要分几年解决，使他们感到有希望。北京大学一位老教授说："我的工资从建国时候开始就是这么多，但是现在物价涨了，我的生活水平降了三分之二。"我们不论怎么困难，也要提高教师的待遇。这个事情，在国际上都有影响。我们的留学生有几万人，如何创造他们回来工作的条件，很重要。有些留学生，回来以后没有工作条件，也没有接纳他们的机构。有些学科我们还没有。可以搞个综合的科研中心，设立若干专业，或者在现有的一些科研机构和大学里增设一些专业，把这些人放在里面，攻一个方面，总会有些人做出重大贡献。否则，这些人不回来，实在可惜啊。科教投资的使用要改进，这也是改革的重要内容。要把“文化大革命”时的“老九”[*] 提到第一，科学技术是第一生产力嘛，知识分子是工人阶级一部分嘛。

当然，我这里说的关于教育、科技、知识分子的意见，是作

②

人民日报

RENMIN RIBAO

怎样才能根除集团购买力“膨胀病”？

七届人大常委会第三次会议闭会

通过保密法现役军官服役条例

邓小平会见胡萨克

王震李铁映看望北京中小学教师

陈慕华当选妇联主席　康克清担任名誉主席

红水河上游地区连降暴雨　柳州市三分之二城区被淹

澳门特别行政区基本法草委会名单

淮阳县正确理解德才标准　重用能发展生产力的干部

生产力标准也是选拔干部的根本标准

①

①1988年9月6日《人民日报》。

②《科学技术是第一生产力》（1988年9月5日、12日）（《邓小平文选》第3卷）。

1988

1988年9月5日上午，邓小平会见捷克斯洛伐克总统古斯塔夫·胡萨克。在介绍自己经历时，他说：我参加共产党几十年了，如果从1922年算起[①]，我在共产主义旗帜下已经工作了60多年。这期间做了不少好事，也做了一些错事。人们都知道我曾经“三下三上”，坦率地说，“下”并不是由于做了错事，而是由于办了好事却被误认为是错事。

中午，在宴请客人时，邓小平提出科学技术是第一生产力的观点。他说：

> 世界在变化，我们的思想和行动也要随之而变。过去把自己封闭起来，自我孤立，这对社会主义有什么好处呢？历史在前进，我们却停滞不前，就落后了。马克思说过，科学技术是生产力，事实证明这话讲得很对。依我看，科学技术是第一生产力。我们的根本问题就是要坚持社会主义的信念和原则，发展生产力，改善人民生活，为此就必须开放。否则，不可能很好地坚持社会主义。拿中国来说，五十年代在技术方面与日本差距也不是那么大。但是我们封闭了二十年，没有把国际市场竞争摆在议事日程上，而日本却在这个期间变成了经济大国。

也是在这次谈话中，邓小平强调：如果一个党、一个国家把希望寄托在一两个人的威望上，并不很健康。那样，只要这个人一有变动，就会出现不稳定。中国的未来要靠新的领导集体。近十年来的成功也是集体搞成的。我个人做了一点事，但不能说都是我发明的。其实很多事是别人发明的，群众发明的，我只不过把它们概括起来，提出了方针政策。哪一天我不在了，好像中国就丢了灵魂，这种看法不好。我在有生之年还可以做一些事，但希望自己从政治舞台上慢慢地消失。我的最大愿望是活到1997年，因为那时将收回香港，我还想去那里看看。我也想去台湾看看，不过看来1997年以前解决这个问题不容易。

这个谈话的主要部分已分为两篇收入《邓小平文选》第三卷，一篇题为《总结历史是为了开辟未来》，一篇是《科学技术是第一生产力》的第一部分。

“科学技术是第一生产力”

① 1922年邓小平参加旅欧中国少年共产党（后改为中国社会主义青年团旅欧支部）。

1　9　8　9

“结束过去，开辟未来”

——30年来苏联最高领导人首次访华

1989 年 5 月 15 日，戈尔巴乔夫访问中国，这是自 1959 年赫鲁晓夫访华算起，30 年以来苏联最高领导人对中国的第一次访问。

人民日报

杨尚昆在欢迎戈尔巴乔夫宴会上讲话

中苏建立新型关系符合世界潮流

戈尔巴乔夫在欢迎宴会上讲话

苏中关系正在进入一个崭新阶段

应邀来访抵首都机场时

戈尔巴乔夫发表书面讲话

赖莎作客对外友协

章文晋致词欢迎

先进通信技术国产化重大进展

综合数字通信网达国际水平

将改变大中城市电话设备主要靠进口状况

①

1

①1989 年 5 月 16 日《人民日报》关于戈尔巴乔夫访华的相关报道。
②《结束过去，开辟未来》(1989 年 5 月 16 日)(《邓小平文选》第 3 卷)。

9

8

9

291

结束过去，开辟未来*

（一九八九年五月十六日）

中国人民真诚地希望中苏关系能够得到改善。我建议利用这个机会宣布中苏关系从此实现正常化。

多年来，存在一个对马克思主义、社会主义的理解问题。从一九五七年第一次莫斯科会谈，到六十年代前半期，中苏两党展开了激烈的争论。我算是那场争论的当事人之一，扮演了不是无足轻重的角色。经过二十多年的实践，回过头来看，双方都讲了许多空话。马克思去世以后一百多年，究竟发生了什么变化，在变化的条件下，如何认识和发展马克思主义，没有搞清楚。绝不能要求马克思为解决他去世之后上百年、几百年所产生的问题提供现成答案。列宁同样也不能承担为他去世以后五十年、一百年所产生的问题提供现成答案的任务。真正的马克思列宁主义者必须根据现在的情况，认识、继承和发展马克思列宁主义。

世界形势日新月异，特别是现代科学技术发展很快。现在的一年抵得上过去古老社会几十年、上百年甚至更长的时间。

* 这是邓小平同志会见苏联最高苏维埃主席团主席、苏共中央总书记戈尔巴乔夫时谈话的一部分。

292 邓小平文选 第三卷

不以新的思想、观点去继承、发展马克思主义，不是真正的马克思主义者。

列宁之所以是一个真正的伟大的马克思主义者，就在于他不是从书本里，而是从实际、逻辑、哲学思想、共产主义理想上找到革命道路，在一个落后的国家干成了十月社会主义革命。中国伟大的马克思列宁主义者毛泽东，并不是在马克思、列宁的书本里寻求在落后的中国夺取新民主主义革命胜利的途径。马克思能预料到在一个落后的俄国会实现十月革命吗？列宁能预料到中国会用农村包围城市夺取胜利吗？

革命是这样，建设也是这样。在革命成功后，各国必须根据自己的条件建设社会主义。固定的模式是没有的，也不可能有。墨守成规的观点只能导致落后，甚至失败。

我们这次会见的目的是八个字：结束过去，开辟未来。结束一下过去，就可以不谈过去了，重点放在开辟未来的事情上。但是，过去的事完全不讲恐怕也不好，总得有个交代。我讲讲中国人、中国党的一些看法。对这些看法，不要求回答，也不要辩论，可以各讲各的。这样有利于我们在更加扎实的基础上前进。我只想简单讲两点。一是讲讲历史上中国在列强的压迫下遭受损害的情况，二是讲讲近几十年，确切地说是近三十年，中国人感到对中国的威胁从何而来。

先谈第一个问题。从鸦片战争[32]起，中国由于清王朝的腐败，受列强侵略奴役，变成了一个半殖民地半封建国家。欺负中国的列强，总共大概是十几个，第一名是英国，比英国更早，强租中国领土澳门的，是葡萄牙。从中国得利最大的，则是两个国家，一个是日本，一个是沙俄，在一定时期一定问题上

②

③

“结束过去，开辟未来”

③本着“等值易货、平等互利”原则，中国和苏联的边境贸易有了新的发展。图为苏联全苏技术进出口公司的官员在哈尔滨与中方人员洽谈。

20世纪60年代中期，苏联开始在蒙古人民共和国大量驻军并在中苏边境地区驻扎重兵，70年代末，苏联支持越南入侵柬埔寨，后又出兵侵略阿富汗。这些行动给中国的安全造成严重威胁。1978年中共十一届三中全会后，中央开始对外交政策进行重大调整。到80年代中期，根据国际形势的发展变化，邓小平明确提出了“和平和发展是当代世界的两大问题”的判断。处理中美、中苏关系，是这一时期中国外交的主要方面之一。尽管因售台武器等问题中美关系曾受到严峻考验，但总的来说，80年代两国双边关系保持稳定发展。同时，在美苏争霸的战略格局中，苏联日渐处于衰势，多次提出希望同中国改善关系。在这种背景下，中国开始改变联美抗苏的“一条线”战略。1982年至1988年中苏两国政府特使就实现两国关系正常化问题进行磋商时，中方提出，为了实现两国关系正常化，苏方必须消除“三个障碍”，即从蒙古和中苏边境撤军、从阿富汗撤军、促使越南停止侵略柬埔寨并从柬撤军。到80年代后期，这些问题基本得到解决，两国关系逐步好转。

历史篇章的终结或展开，常常在转瞬之间完成。

1989年5月16日。

北京，人民大会堂。一楼东大厅，一片热烈的气氛。

大厅内布置着中苏两国国旗，沙发间的茶几上摆放着一束束鲜花。100多位中外记者聚集一堂，翘首以盼，等待采访中国领导人邓小平与时任苏共中央总书记戈尔巴乔夫的历史性会见。

1989年2月5日，中国除夕之夜，中苏双方就高级会晤的一些细节彻夜磋商。

当辞旧迎新的钟声响彻神州大地时，举国同庆的人们突然看到了中央电视台的屏幕上打出一行字幕：

> 应中华人民共和国主席杨尚昆的邀请，苏联最高苏维埃主席团主席、苏共中央总书记戈尔巴乔夫将于今年5月15日至18日对中国进行正式访问。

送别旧岁，迎来新春，巧合中蕴涵着多么深刻的含义！

中苏高级会晤是当时轰动世界的大事。为顺利实现中苏关系正常化，中国对这次会晤做了充分准备，从会谈方针到接待礼遇都做了妥善安排。会晤不回避分歧，不纠缠旧账，寻求共同点，着眼于未来，探讨在和平共处五项原则的基础上建立新型睦邻友好关系；而在礼遇上适当掌握分寸，既要给苏联领导人热情的接待，又要避免造成重温旧好的错觉。

1989年5月15日，戈尔巴乔夫以苏联最高苏维埃主席团主席、苏共中央总书记的身份来华正式访问。中国国家主席杨尚昆前往北京机场迎接，并举行了欢迎仪式。戈尔巴乔夫发表书面声明说：“我们同中国领导人要进行的会晤和谈判将对苏中关系，对建立在公认的国家间交往和睦邻的原则基础上的这种关系的进一步发展具有划时代的意义。”“苏联一直怀着极大的兴趣密切地注视着正在中国进行的变革。但什么也比不上亲自到这个国家看一看，同它的领导人和老百姓进行直接接触。”

晚上，杨尚昆举行盛大宴会，招待戈尔巴乔夫一行。

次日，邓小平同戈尔巴乔夫举行了中苏高级会晤。中方参加的人员有：李先念、姚依林、吴学谦、钱其琛等；苏方参加的有：谢瓦尔德纳泽、雅科夫列夫、马斯柳科夫等。戈尔巴乔夫在1995年出版的回忆录《生平与改革》中关于这次会晤有详细的描述：

5月16日上午，在人民大会堂同邓小平举行了会晤。当时他已有85岁高龄，但谈起话来依然很有活力，不拘谨，根本不看稿子。邓问我是否还记得三年前罗马尼亚总统齐奥塞斯库带去的口信。当时他曾建议：如果能消除中苏关系正常化的“三个障碍”便同我举行会晤。我说：“对这一步骤我已给予应有的评价，这对我们的思想是个促进。”

邓小平：应当说，你最初几次公开讲话推动了这一问题的提出。在“冷战”，在多年对峙的情况下，有关的一些问题得不到应有的解决。世界形势依然很紧张。坦率地说，世界政治的中心问题是苏美关系问题。从你在海参崴的讲话中我已感到苏美两国关系有可能发生转机，已明显地显现出有可能由对抗转向对话，觉察到世界情势有可能“降”温。这符合全人类的愿望。这就向中国人民提出了一个问题：中苏关系可不可以改善？出于这样的动机，才给你带信。时间过了三年，我们才见了面。

戈尔巴乔夫：你提出了“三个障碍”，所以，需要三年的时间，每一个障碍需要一年的时间。

……

邓小平：现在我们可以正式宣布：中苏两国关系实现了正常化（当时我们热烈握手）。今天你还要同中共中央总书记见面，这意味着我们两党关系也将实现正常化。

戈尔巴乔夫：我想，我们可以彼此祝贺我们两国关系正常化了。我赞同你对世界形势的看法。苏美关系，中苏关系，大国之间的关系以及整个国际形势正在走向新的轨道。在分析当今主要问题、世界社会主义问题时，我和你均发现有许多一致的方面。因此，我们彼此开始接近了。

这次中苏首脑高级会晤是中苏关系的转折点，它结束了中苏关系多年来的不正常状态，实现了正常化。这不仅符合中苏两国人民的根本利益，也有利于亚洲和世界的和平与稳定。

1990

定期召开民主生活会制度

1990年5月25日，中共中央印发《关于县以上党和国家机关党员领导干部民主生活会的若干规定》，要求县以上各级党组织认真组织开好民主生活会。

中国共产党章程

（中国共产党第十四次全国代表大会部分修改，1992年10月18日通过）

总　纲

中国共产党是中国工人阶级的先锋队，是中国各族人民利益的忠实代表，是中国社会主义事业的领导核心。党的最终目标，是实现共产主义的社会制度。

中国共产党以马克思列宁主义、毛泽东思想作为自己的行动指南。

马克思列宁主义揭示了人类社会历史发展的普遍规律，分析了资本主义制度本身无法克服的固有矛盾，指出社会主义社会必然代替资本主义社会、最后必然发展为共产主义社会。《共产党宣言》发表一百多年来的历史证明，科学社会主义理论是正确的，社会主义具有强大的生命力。社会主义的本质，是解放生产力，发展生产力，消灭剥削，消除两极分化，最终达到共同富裕。社会主义制度的发展和完善是一个长期的历史过程。社会主义在发展过程中会有曲折和反复，但是社会主义必然代替资本主义是社会历史发展不可逆转的总趋势。社会主义必将通过各国人民自愿选择的、适合本国特点的道路，逐步取得胜利。

①

员；需要继续考察和教育的，可以延长预备期，但不能超过一年；不履行党员义务，不具备党员条件的，应当取消预备党员资格。预备党员转为正式党员，或延长预备期，或取消预备党员资格，都应当经支部大会讨论通过和上级党组织批准。

预备党员的预备期，从支部大会通过他为预备党员之日算起。党员的党龄，从预备期满转为正式党员之日算起。

第八条　每个党员，不论职务高低，都必须编入党的一个支部、小组或其他特定组织，参加党的组织生活，接受党内外群众的监督。党员领导干部还必须参加党委、党组的民主生活会。不允许有任何不参加党的组织生活、不接受党内外群众监督的特殊党员。

第九条　党员有退党的自由。党员要求退党，应当经支部大会讨论后宣布除名，并报上级党组织备案。

党员缺乏革命意志、不履行党员义务、不符合党员条件，党的支部应当对他进行教育，要求他限期改正；经教育仍无转变的，应当劝他退党。劝党员退党，应当经支部大会讨论决定，并报上级党组织批准。如被劝告退党的党员坚持不退，应当提交支部大会讨论，决定把他除名，并报上级党组织批准。

党员如果没有正当理由，连续六个月不参加党的组织生活，或不交纳党费，或不做党所分配的工作，就被认为是自行脱党。支部大会应当决定把这样的党员除名，并报上级党组织批准。

第二章　党的组织制度

第十条　党是根据自己的纲领和章程，按照民主集中制组织起来的统一整体。党的民主集中制的基本原则是：

（一）党员个人服从党的组织，少数服从多数，下级组织服从上级组织，全党各个组织和全体党员服从党的全国代表大会和中

②

①中共十四大党章。

②中共十四大党章关于民主生活会的相关规定。

“文革”期间，党内政治生活遭到严重践踏，特别是党内民主意识淡漠。1980 年 2 月 29 日，中共十一届五中全会通过《关于党内政治生活的若干准则》，其中第 11 条首次明确提出定期召开民主生活会的要求：“各级党委或常委都应定期召开民主生活会，交流思想，开展批评和自我批评。”其后，从中共中央政治局到各级党委领导班子，每年都召开民主生活会。

为了更好地贯彻执行《关于党内政治生活的若干准则》，中央纪委从 1980 年 4 月到 11 月的半年多时间里，先后在北京召开三次座谈会，对全党贯彻落实《准则》，健全党内政治生活，起了很大的促进作用。绝大部分省、自治区、直辖市党委和中央国家机关部委党委、各级党组织都能按照中央和中央纪委的要求，及时召开民主生活会，对照《准则》，开展批评与自我批评，将贯彻执行《准则》情况按时报送中央和中央纪委。不少地区还制定了贯彻《准则》的具体规定，公布于众，发动群众监督，以《准则》区分是非，按《准则》办事，用《准则》抵制不正之风，出现了好的势头。

但是，也有少数单位还没有按期召开民主生活会；有的开得一般化，走过场；有的不能开诚布公地交换意见，不能认真地开展批评与自我批评；有的把问题摆出来了，但解决得不好。

针对上述问题，中组部于 1981 年 8 月下发了《关于进一步健全县以上领导干部生活会的通知》。《通知》规定：“县级以上党委常委除了必须编入一个组织参加组织生活外，同时要坚持每半年开一次党委常委（党组）生活会，并要及时地向上级党委或组织部门报告生活会情况，开一次报一次”，明确民主生活会“要以认真检查贯彻执行党的路线、方针、政策、决议和《准则》的情况为主要内容……认真开展批评与自我批评”。这是党的历史上第一次以党内文件的形式明确民主生活会的时间、范围、内容、意义、目标等内容要求。从此，民主生活会开始真正走向规范化、制度化。

1990 年 5 月 25 日，中共中央印发《关于县以上党和国家机关党员领导干部民主生活会的若干规定》后，1992 年中共十四大通过的党章第 8 条进一步明确规定：“党员领导干部还必须参加党委、党组的民主生活会。”从此，民主生活会制度作为党内民主制度的重要内容被载入党章，成为党员领导干部政治生活和组织生活中不可替代的重要组成部分。直至中共十九大，党章中均保留了关于民主生活会的规定。

为进一步规范民主生活会，推动各级党组织把批评和自我批评的武器用足用够、用活用好，2016 年，中央组织部修订了《关于县以上党和国家机关党员领导干部民主生活会的若干规定》，中共中央印发新的《县以上党和国家机关党员领导干部民主生活会若干规定》，并于 2016 年 12 月 23 日起施行。

1991

《中国共产党的七十年》出版

——“党的历史是一部丰富生动的教科书”

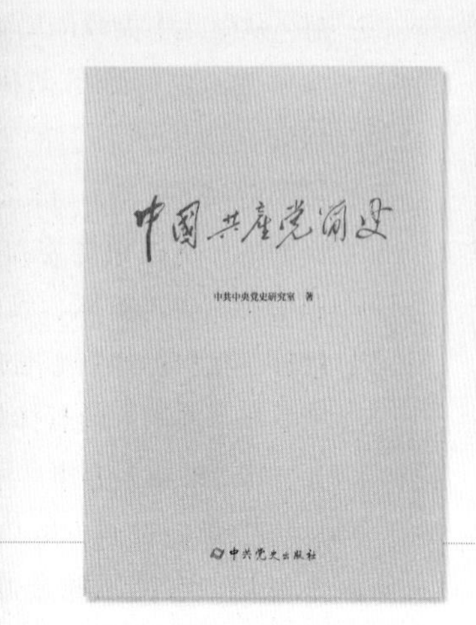

1989年春夏之交的政治风波后，以美国为首的西方国家对中国实行“制裁”，多方施加压力。90年代初，东欧剧变，苏联解体，社会主义在世界范围内处于低潮。西方国家政要扬言资本主义对社会主义将“不战而胜”。同时，中国改革开放中积累的矛盾和问题突出显现。在这复杂严峻的重要关头，1991年8月，经中央党史领导小组批准，由邓小平题写书名、中央党史研究室编写、胡绳主编的党史基本著作《中国共产党的七十年》出版。该书刚出版，就发行了500多万册，对于统一广大干部群众坚定建设有中国特色社会主义的决心和信心，发挥了重要作用。2016年6月，经党中央批准，《中国共产党的九十年》出版。改革开放以来，在党中央和中央领导同志的亲切关怀和指导下，党史工作在党和国家全局工作中的地位和作用日益凸显。

《中国共产党的七十年》《中国共产党的九十年》等党史基本著作。

1991

《中国共产党的七十年》出版

党史工作肩负着为党修史立传、续写“红色家谱”的重任，是党的事业的重要组成部分。党史工作专门机构是在党的十一届三中全会后拨乱反正过程中应运而生的，党史事业是伴随着中国改革开放的推进不断向前发展的。

中央成立党史工作专门机构

成立党史工作专门机构，是党中央的重大决策部署。

1977 年 3 月，在中央工作会议上，叶剑英、陈云等老一辈革命家提出要重视研究党史的问题。

1979 年 11 月党中央决定开始着手起草《关于建国以来党的若干历史问题的决议》。

1980 年 1 月 29 日，中共中央发出《关于成立中央党史委员会及其工作机构的通知》，中央党史委员会由华国锋、叶剑英、邓小平、李先念、陈云、聂荣臻、邓颖超、胡耀邦组成。成立党史委员会领导下的党史编审委员会。随后，在党史编审委员会领导下分别成立了党史研究室和党史资料征集委员会。

1988 年 8 月 1 日，中央决定撤销党史研究室和党史资料征集委员会，组建新的中央党史研究室。全国各省市县都或独立或与地方志等部门合署办公，成立了党史研究部门。

应该说，中央党史研究室和全国各级党史部门成立于十一届三中全会召开之后、拨乱反正进行之中、《关于建国以来党的若干历史问题的决议》通过之前这样一个党史地位作用凸显的特殊历史时期。随着改革开放的进行，党史部门和党史工作发挥着日益重要的作用。

深化党史研究，党史基本著作编写和党史专题研究取得新进展

编撰出版党史基本著作是党中央赋予中央党史研究室的基本任务，是中央党史研究室的主责主业。多年来，中央党史研究室出版了以《中国共产党的七十年》《中国共产党历史》第 1 卷和第 2 卷、《中国共产党简史》《中国共产党的九十年》等为代表的一批政治性强、学术性高的党史基本著作，为全党学习党史提供了基本教材。

《中国共产党的七十年》一书，是中央党史研究室根据中央党史工作领导小组的决定，为庆祝中国共产党成立 70 周年而编写的，于 1991 年 8 月 8 日出版。全书 48 万字，对中国共产党在 70 年中所走过的历史道路和

 1

所取得的经验作了完整简洁的叙述。除“题记”和“结束语　沿着有中国
特色的社会主义道路前进”外，共分九章，分别是：中国共产党的创立、
在大革命的洪流中、掀起土地革命的风暴、抗日战争的中流砥柱、夺取民 9
主革命的全国性胜利、中华人民共和国的成立和向社会主义过渡的实现、
社会主义建设在探索中曲折发展、“文化大革命”的十年内乱、开创社会
主义现代化建设的新局面。该书出版之后，广受欢迎和好评。

撰写《中国共产党的九十年》(全3册)(以下简称《九十年》)，是党中
央交给中央党史研究室的一项重要任务，是2010年7月习近平亲自提出的。 9
当年9月党中央批准了中央党史研究室关于编写《九十年》的请示。编写工
作启动后，习近平亲自审定编写工作方案，作出长篇重要批示，给予重要指
导，为编写工作提供了基本遵循。中共十八大以后，中央领导同志多次就贯
彻落实习近平重要指示精神提出明确要求，对《九十年》编写出版倾注大量 1
心血。中央政治局常委会、中央书记处的领导同志认真审阅报送书稿，提出
重要修改意见。2016年6月党中央正式批准《九十年》出版。

《九十年》有以下几大特色：一是编写出版是中央领导同志高度重视、亲切关怀的重要成果。二是迄今为止国内公开出版的权威读物中，反映中国共产党历史时间跨度最长、内容最全面系统的一部党史基本著作。虽然题名是《九十年》，但由于书稿编修时间较长，在反复修改过程中，迎来了中共十八大的召开。为了记述内容的完整性，《九十年》的时间下限往后顺延到2012年中共十八大闭幕。三是将历次党的全国代表大会以及党的指导思想的确立，分别单独成节，以示其在党的历史上的关键地位和重要意义。四是确定了关于党的历史，特别是关于改革开放史的一些重大判断、主要说法和依据，例如关于如何看待改革开放前和改革开放后两个历史时期的关系等问题。五是全书结构合理，脉络流畅，语言生动，图文并茂，很好地实现了政治性、学术性与可读性的统一。《九十年》出版后，受到广大党员干部和群众的好评，获“2016年度‘大众喜爱的50种图书’”“2016中国好书”等多项荣誉。

中央党史研究室编写出版了包括《中国共产党历史二十八讲》《党的历史知识简明读本》《中国共产党历史大事记(1919—2009)》《中国共产党历史大事记(1921年7月—2011年6月)》《中华人民共和国大事记(1949年10月—2019年9月)》等在内的大事记、党史教材等其他党史著作。

在完成党史基本著作撰写这一长线、基本任务的同时，近年来，按照中央领导同志“一突出、两跟进”要求，着眼于全党和全国各族人民伟大生动的历史实践，组织编写出版《中国共产党新时期历史大事记》(1998、2002、2008年版)、《中国共产党历史大事记》(2013年、2014年、2015

年)、《党的十七大以来大事记》《党的十八大以来大事记》《改革开放四十年大事记》等。

同时，重大党史事件、重要党史人物等专题研究取得重大成果。

编辑出版《习仲勋文稿》《习仲勋纪念文集》《习仲勋画册》；出版《红军长征史》；与中央组织部合编出版《中国共产党历届中央委员大辞典（1921—2003）》；与中央纪律检查委员会、中央组织部、解放军总政治部合编出版《中国共产党中央纪委委员大辞典（1927—2008）》；组织撰写《执政中国》《中国共产党民族工作历史经验研究》丛书等。

从 2004 年起，中央党史研究室组织全国党史部门，开展《抗日战争时期中国人口伤亡和财产损失》课题调研，以期清楚准确掌握日本侵略在各个不同领域、地区和方面对中国造成的破坏和损失，包括各个省、自治区、直辖市在抗战中的人口伤亡和财产损失情况，日军在中国制造的一系列重大惨案，日本从中国掠走各种资源情况，日军在中国使用细菌武器、化学武器及其造成伤害情况，中国妇女遭受日军性侵犯包括“慰安妇”情况，等等。这项课题调研进行 10 余年，前后 60 余万党史工作者、史学工作者和其他各类有关人员付出了扎实艰苦的努力。仅以山东为例，参加工作的同志共查阅档案 238742 卷，复印档案资料 406912 页，查阅抗战期间及战后出版的书刊 61301 册（期），复制文献资料 220177 页；走访调查 8 万余个行政村、609 万名 70 岁以上（即 1937 年全国性抗战爆发以前出生）老人中的 507 万多人，收集证言证词 79 万多份。课题调研成果均编成《抗日战争时期中国人口伤亡和财产损失调研丛书》公开出版，截至 2020 年 3 月，已出版 A、B 两个系列 130 余册，为国内外学者提供并为子孙后代留下一份十分珍贵的关于抗战时期中国人口伤亡和财产损失的系统资料。

广泛征集党史资料，为深化党史研究奠定扎实基础

党史资料是党史研究工作的基础。改革开放以来，重点征集重大党史事件和重要党史人物资料、领导干部和社会人士个人留存的党史资料及其他相关资料，加大口述史料抢救力度，重视征集国（境）外涉党史资料。在此基础上，整理出版了一大批党在各个时期珍贵历史资料和其他专题资料，切实加强党史资料建设。

组织翻译出版《共产国际、联共（布）与中国革命档案资料丛书》，共 21 册，收入 1920—1943 年间共产国际有关中国革命和与中国共产党关系的文献资料，其中，译自俄文的档案绝大部分为首次发表，十分珍贵，为进一步深入研究民主革命时期中共历史、中苏关系史、国共两党关系史等提供了极有价值的原始资料。

编辑出版《红军长征纪实丛书》。这是党中央部署的党史工作重点项目，历经 10 年完成。《丛书》收录了红军长征亲历者的回忆录、口述史料、长征日记等文献资料，分《红一方面军卷》《红二方面军卷》《红四方面军卷》《红二十五军卷》《沿途亲历者忆长征卷》《日记卷》《中国工农红军北上抗日先遣队卷》《南方三年游击战争卷》《西路军卷》《国民党围追堵截卷》10 卷，共计 42 册、1600 余万字，是全面、真实反映红军长征历史的大型权威文献资料集。

与中央档案馆合作编辑中国共产党第一至第七次全国代表大会档案文献选编。每次党代会分别独立选编，一大到七大共 7 部，总计 466 万字。其中六大和七大文献，大部为中央档案馆馆藏档案首次公开发表。

加强党史宣传教育，参与指导党史遗址保护和场馆建设

党史遗址和纪念场馆设施，是党领导革命建设改革的历史见证与象征，是党的优良传统和红色基因的重要载体，必须加强保护、管理和利用，充分发挥党史资源在经济建设和社会发展中的作用。组织全国各级党史部门开展大规模的革命遗址普查工作，共普查登记革命遗址近 5 万处，其他遗址 5000 处，在此基础上，编写出版《全国革命遗址普查成果丛书》共 31 卷、约 150 册；组织全国党史部门编写《中国红色旅游指南丛书》。

指导、协助上海中共一大、二大和四大，广州中共三大，武汉中共五大，莫斯科中共六大会址恢复和纪念馆重建，特别是展陈资料的收集、展陈内容的设计和把关等；指导其他党史纪念场馆的规划、建设和管理；支持革命老区保护、党史遗址利用和红色旅游开发等。

2010 年习近平同志在全国党史工作会议上的讲话中指出："中国共产党的历史是一部丰富生动的教科书。""用党的历史教育党员、教育干部、教育群众尤其是教育青少年，是党史工作服务党和国家大局的重要内容。"①

2018 年 3 月中共中央印发《关于深化党和国家机构改革的决定》和《深化党和国家机构改革方案》，将中央党史研究室、中央文献研究室、中央编译局整合组建为中央党史和文献研究院，以加强党的历史和理论研究，统筹党史研究、文献编辑和著作编译资源力量，构建党的理论研究综合体系，促进党的理论研究和党的实践研究相结合，打造党的历史和理论研究高端平台。新时代成立新的中央党史和文献研究院，定会有新气象和新的更大作为。

①
2010 年 7 月 22 日《人民日报》。

1 9 9 2

邓小平南方谈话和中共十四大召开

姓名 邓小平
性别 男
单位 解放军代表团
第02028号
中国共产党第十四次全国代表大会秘书处
一九九二年十月十二日

①

1992年3月26日《深圳特区报》头版头条发表《东方风来满眼春——邓小平同志在深圳纪实》一文。“南国春早。”“一月的鹏城，花木葱茏，春意荡漾。”“跨进新年，深圳正以勃勃英姿，在改革开放的道路上阔步前进。”“就在这个时候，我国改革开放的总设计师、各族人民敬爱的邓小平同志到深圳来了！”……该文真实记录了邓小平在深圳视察的情况和所作的重要讲话，《羊城晚报》《文汇报》《光明日报》《北京日报》等越来越多的报纸转发了这篇通讯。3月30日，新华社全文播发了这篇文章。邓小平南方谈话为中共十四大的召开作了思想准备。12月29日，邓小平被英国《金融时报》评选为“1992年风云人物”。

①1992年邓小平参加十四大的代表证。

深圳特區報

Shenzhen Special Zone Daily

深圳特区报社出版 第3114期 本报代号：45—20号 统一刊号：CN44—0027

1992年3月26 星期四

邹家华副总理表示

国务院和有关部门将助粤赶超亚洲发达国家和地区

东方风来满眼春

——邓小平同志在深圳纪实

本报记者 陈锡添

（一）

（二）

邓小平同志在深圳（1992年1月） 本报记者 江式高 摄

全国农村出口产品在深展销

海关总署署长戴杰称

延长口岸开放时间海关将予支持

为农村工业化开新路

中国乡镇企业委员会在深宣告成立

标题新闻

香港“亚姐”爱心献鹏城

昨到罗湖慰问孤寡老人并为我市捐款10万港元

“中海直”为民航争得首枚国际金牌

国际直升机协会昨在美举行颁奖典礼

鹏城快讯

②

②最早报道邓小平视察南方的《深圳特区报》。

1992 年初，在中国改革发展迎来历史机遇又面临诸多疑问和挑战的关键时刻，88 岁高龄的邓小平离开北京，视察了中国的南方。他沿途发表了一系列谈话，发出了震撼时代的强音，阐述了关于中国改革开放的许多重大理论问题。他的南方谈话，加快了中国改革开放和社会主义现代化建设的历史进程。

“改革开放胆子要大一点”

治理整顿的结束和“七五”计划的完成，为加快改革开放和现代化建设创造了有利条件。中国迎来了加快改革和发展的关键时期，同时，中国的改革和发展也面临着极其复杂的国内外形势，各种分歧和争执愈发严重。

国际上，1990 年到 1991 年接连发生苏联、东欧剧变，社会主义运动在世界范围出现了严重曲折。国内，1988 年伴随价格改革引起的全国性抢购风潮，以及经济体制中一些深层次矛盾的暴露，1989 年政治风波的发生……这一切，使一些人在思想上出现了困惑，有的人甚至提出改革开放究竟是姓“社”还是姓“资”的问题，担心搞市场经济，创办经济特区，发展非公有制经济等，会导致资本主义。这些疑虑和担心，归结起来就是：党的“一个中心、两个基本点”的基本路线还要不要坚持？中国的改革开放要不要坚持？中国的发展能不能加快？

在这个党和国家历史发展的紧要关头，1992 年 1 月 18 日至 2 月 21 日，邓小平先后视察武昌、深圳、珠海、上海等地。

在湖北武昌，邓小平对湖北省委、省政府负责人说：“发展才是硬道理”“能快就不要慢”；“不坚持社会主义，不改革开放，不发展经济，不改善人民生活，只能是死路一条”；办事情正确与否，“判断的标准，应该主要看是否有利于发展社会主义社会的生产力，是否有利于增强社会主义国家的综合国力，是否有利于提高人民的生活水平”。

1992 年 1 月 19 日，邓小平坐火车来到深圳特区。这是他第二次来到这里。一下火车，邓小平就在广东省和深圳市负责人陪同下，乘车视察深圳市容。当看到 8 年前还是水田、鱼塘、小路和低矮的房舍的一些地方，现在已变成了成片的高楼大厦，修建起纵横交错、宽大的柏油马路，呈现出一片兴旺繁荣和蓬勃发展的景象时，邓小平非常高兴。他一边欣赏市容，一边同省市负责人谈话。

在谈到办经济特区的问题时，邓小平很有感慨地说：

对办特区，从一开始就有不同意见，担心是不是搞资本主义。深圳的建设成就，明确回答了那些有这样那样担心的人。特区姓“社”不姓“资”。从深圳的情况看，公有制是主体，外商投资只占四分之一，就是外资部分，我们还可以从税收、劳务等方面得到益处嘛！多搞点“三资”企业，不要怕。只要我们头脑清醒，就不怕。我们有优势，有国营大中型企业，有乡镇企业，更重要的是政权在我们手里。有的人认为，多一分外资，就多一分资本主义，“三资”企业多了，就是资本主义的东西多了，就是发展了资本主义。这些人连基本常识都没有。

当谈到经济发展问题时，邓小平对陪同的省市领导人表示：亚洲“四小龙”发展很快，你们发展也很快。广东要用 20 年的时间赶上亚洲“四小龙”。他还指出：不但经济要上去，社会秩序、社会风气也要搞好，两个文明建设都要超过他们，这才是中国特色的社会主义。新加坡的社会秩序算是好的，他们管得严，我们应当借鉴他们的经验，而且比他们管得更好。

1 月 20 日上午，邓小平参观了深圳市 53 层的国贸大厦。他在顶层的旋转餐厅俯瞰深圳市容，看到高楼林立，鳞次栉比，一派欣欣向荣的景象时，十分兴奋。他还坐下来，仔细看了一张深圳特区总体规划图。

深圳市委负责人在旁边向邓小平汇报说：深圳的经济建设发展很快，人民生活水平有了很大提高，1984 年人均收入为 600 元，现在已是 2000 元。

听完汇报，邓小平与陪同的省市负责人作了半个多小时的谈话。他充分肯定了深圳在改革开放和建设中取得的成绩。然后，他指出：“要坚持党的十一届三中全会以来的路线、方针、政策，关键是坚持‘一个中心、两个基本点’。不坚持社会主义，不改革开放，不发展经济，不改善人民生活，只能是死路一条。基本路线要管一百年，动摇不得。”

邓小平还提出，建设中国特色的社会主义，要坚持两手抓，即一手抓开放，一手抓打击经济犯罪活动。这两只手都要硬。打击各种犯罪活动，扫除各种丑恶现象手软不得。在谈话中，他还强调，中国要保持稳定，干部和党员要把廉政建设作为大事来抓，要注意培养下一代接班人。

邓小平还要求要多干实事，少说空话，会太多，文章太长，不行。他指出：深圳的发展那么快，是靠实干干出来的，不是靠讲话讲出来的，不是靠写文章写出来的。

1月21日，邓小平游览了深圳的中国民俗文化村和锦绣中华微缩景区。在驱车回迎宾馆的路上，他兴致勃勃地同陪同他的省市负责人说：

走社会主义道路，就是要逐步实现共同富裕。共同富裕的构想是这样提出的：一部分地区有条件先发展起来，一部分地区发展慢点，先发展起来的地区带动后发展的地区，最终达到共同富裕。如果富的愈来愈富，穷的愈来愈穷，两极分化就会产生，而社会主义制度就应该而且能够避免两极分化。解决的办法之一，就是先富起来的地区多交点利税，支持贫困地区的发展。当然，太早这样办也不行，现在不能削弱发达地区的活力，也不能鼓励吃“大锅饭”。

1月22日下午，邓小平在深圳市迎宾馆里接见了广东省委负责人和深圳市委、市政府、市人大、市政协、市纪委负责人，亲切地同他们一一握手，同他们合影。然后，邓小平又同他们作了重要谈话。他说：

改革开放胆子要大一些，敢于试验，不能像小脚女人一样。看准了的，就大胆地试，大胆地闯。深圳的重要经验就是敢闯。没有一点闯的精神，没有一点“冒”的精神，没有一股气呀、劲呀，就走不出一条好路，走不出一条新路，就干不出新的事业。不冒点风险，办什么事情都有百分之百的把握，万无一失，谁敢说这样的话？一开始就自以为是，认为百分之百正确，没那么回事，我就从来没有那么认为。

深圳市委负责人对邓小平说：“深圳特区是在您的倡导、关心、支持下才能够建设和发展起来的。我们是按照您的指示去闯、去探索的。”邓小平表示：工作是你们做的。我是帮助你们、支持你们的，在确定方向上出了一点力。

接着，邓小平又指出：“社会主义的本质，是解放生产力，发展生产力，消灭剥削，消除两极分化，最终达到共同富裕。就是要对大家讲这个道理。证券、股市，这些东西究竟好不好，有没有危险，是不是资本主义独有的东西，社会主义能不能用？允许看，但要坚决地试。看对了，搞一两年对了，放开；错了，纠正，关了就是了。关，也可以快关，也可以慢关，也可以留一点尾巴。怕什么，坚持这种态度就不要紧，就不会犯大错误。”

邓小平还谈道：现在建设中国式的社会主义，经验一天比一天丰富；在农村改革和城市改革中，不搞争论，大胆地试，大胆地闯。

1月23日上午，邓小平离开深圳去珠海特区。在赴蛇口的路上，深圳市委负责人简要地向邓小平汇报了深圳改革开放的几个措施。邓小平听了之后表示：我都赞成，大胆地干。每年领导层要总结经验，对的就坚持，不对的赶快改，新问题出来抓紧解决。不断总结经验，至少不会犯大错误。

在蛇口港，邓小平走上码头几步后，又突然转回来，向深圳市委负责人再一次叮嘱说：“你们要搞得快一点！”当听到“我们一定搞快一点”这句回答时，邓小平高兴而放心地上了轮船，离开了深圳，在广东省委负责人和珠海市委负责人的陪同下，赴珠海特区进行视察。

“要警惕右，主要是防止‘左’”

一艘快艇行驶在浩瀚的伶仃洋面上。在船舱中，邓小平一边戴着老花眼镜看地图，一边听省市负责人汇报改革开放和试办特区政策给广东和珠海带来的巨大变化。

在听完广东省委负责人的汇报后，邓小平谈起了农村家庭联产承包的改革和经济特区的创办，再次强调要争取时间，抓住机遇，大胆地试，大胆地闯。他提醒大家：要警惕右，主要是防止“左”。要保持清醒的头脑，这样就不会犯大错误，出现问题也容易纠正和改正。他说，右可以葬送社会主义，“左”也可以葬送社会主义。中国要警惕右，但主要是防止“左”。

当快艇驶近珠海市的九洲港时，邓小平站起来，望着窗外的伶仃洋说：

> ……我们改革开放的成功，不是靠本本，而是靠实践，靠实事求是。农村搞家庭联产承包，这个发明权是农民的。农村改革中的好多东西，都是基层创造出来，我们把它拿来加工提高作为全国的指导。实践是检验真理的唯一标准。我读的书并不多，就

是一条，相信毛主席讲的实事求是。过去我们打仗靠这个，现在搞建设、搞改革也靠这个。我们讲了一辈子马克思主义，其实马克思主义并不玄奥。马克思主义是很朴实的东西，很朴实的道理。

1月24日上午，邓小平视察了珠海生物化学制药厂，听取了厂总工程师迟斌元的汇报。当了解到该厂生产的“凝血酶”已成为中国第一个进入国际市场的生化药剂时，邓小平赞赏地说：我们应该有自己的拳头产品，创出中国自己的名牌，否则就要受人欺负。在参观该厂生产车间时，邓小平对陪同的省市领导和厂负责人说：在科学技术方面，中国要有一席之地。你们这个厂的科技发展就是一席之地的一部分。中国应该每年有新的东西，每一天都有新的东西，这样才能占领阵地。尽管我岁数大了，但我感到很有希望。这10年进步很快，但今后会比这10年更快。全国各行各业都要通力合作，集中力量打歼灭战。每一行都要树立明确的战略目标。我们过去打仗就是用这种方法。

1月25日上午，邓小平视察了珠海亚洲仿真控制系统工程有限公司。他听取该公司总经理游景玉介绍情况时问：“科技是第一生产力，这个论断你认为站得住脚吗?”公司负责人游景玉回答说：“我认为站得住脚，因为我们是用实践回答这个问题的。我们过去的实践、现在的实践和未来的实践都会说明这个问题。”邓小平听后，很高兴地对大家说：“就是靠你们来回答这个问题。我相信这是正确的。”

1月25日上午，邓小平还参观了拱北芳园大厦（现已改名为粤海酒店）。他乘坐电梯来到第29层旋转餐厅，一边观赏拱北新貌和澳门远景，一边兴致勃勃地听取省市领导的汇报。

听完汇报后，邓小平沉思了一阵，很有感慨地说：在这短短的十几年内，我们国家发展得这么快，使人民高兴，世界瞩目，这就足以证明三中全会以来路线、方针、政策的正确性，谁想变也变不了，谁反对开放谁就垮台。说来说去，就是一句话，坚持这个路线方针不变。

珠海市委负责人汇报和介绍了改革开放给珠海这个昔日的边陲渔镇带来的历史性变化。改革开放前，珠海不少人外流到香港、澳门。特区创办后，珠海人的生活一天比一天好起来，逐步过上了富裕日子，不少外流的珠海人也陆续回来了。邓小平听到这一汇报后，肯定地说：“这好嘛!”

离开芳园大厦后，邓小平一行前往珠海度假村。路上，当他看到一幢幢漂亮的居民和农、渔民住宅时，禁不住问起来："广东的农民收入多少？"省委负责人回答说："去年全省人均收入1100多元。"邓小平说：我看不止这个数。如果是这个收入，盖不了这么好的洋房，买不起这么好、这么多的家当。这个算数不准确，有很多没有算进去。

当汽车经过景山路时，邓小平看到从车窗外闪过的一座座厂房，高兴地说：现在总的基础不同了，我们以前哪有这么多工厂。几个工厂都是中等水平。现在大中型厂子里头的设备多好呀。过去我们搞"两弹"必需的设备和这些比，差得远呢，简单得很哪，不一样啦！

说到这里，邓小平又谈起了经济发展的速度问题。他说：

经济发展比较快的是1984年至1988年。这5年，首先是农村改革带来许多新的变化，农作物大幅度增产，农民收入大幅度增加，乡镇企业异军突起。广大农民购买力增加了，不仅盖了大批新房子，而且自行车、缝纫机、收音机、手表"四大件"和一些高档消费品进入普通农民家庭。农副产品的增加，农村市场的扩大，农村剩余劳动力的转移，又强有力地推动了工业的发展。这5年，共创造工业总产值6万多亿元，平均每年增长21.7%。吃、穿、住、行、用等各方面的工业品，包括彩电、冰箱、洗衣机，都大幅度增长。钢材、水泥等生产资料也大幅度增长。农业和工业，农村和城市，就是这样相互影响、相互促进。这是一个非常生动、非常有说服力的发展过程。可以说，这个期间我国财富有了巨额增加，整个国民经济上了一个新的台阶。

1月27日上午，邓小平、杨尚昆等人在叶选平等人的陪同下，来到珠海江海电子股份有限公司考察。他听了公司副总经理丁钦元的汇报后，对该公司打破铁饭碗，实行股份制，把职工的切身利益与企业的利益结合起来，创造性地使公司职工不仅在政治上，而且在经济上真正成为企业的主人，公司劳动生产率达到全国同行业的最高水平的做法，表示很赞赏。他高兴地对丁钦元说："你讲得好。特别是不要满足现在的状况，要日日新，月月新，年年新。不断创造出新的东西来，才能有竞争力。"丁钦元说：我们就是按照您所指引的建设有中国特色社会主义来干的。邓小平接着说：不是有人议论姓"社"姓"资"的问题吗？你们就是姓"社"。这时，他又回过头来，对珠海市委负责人说：你们这里就是姓"社"嘛，你们这里是很好的社会主义！[①]

中共中央发出《关于传达学习邓小平同志重要谈话的通知》

邓小平视察南方发表重要谈话后不久，中共中央于2月28日发出《关于传达学习邓小平同志重要谈话的通知》。

《通知》指出：

> 今年1月18日至2月21日，邓小平先后在武昌、深圳、珠海和上海等地发表了重要谈话。在我国社会主义现代化建设的关键时期，邓小平同志就坚定不移地贯彻执行党的"一个中心、两个基本点"的基本路线，坚持走有中国特色的社会主义道路，特别是抓住当前有利时机，加快改革开放的步伐，集中精力把经济建设搞上去等一系列重大问题，发表了极为重要的意见。邓小平同志的重要谈话，不仅对当前的改革和建设，对开好党的十四大，具有十分重要的指导作用；而且对整个社会主义现代化建设事业，具有重大而深远的意义。

《通知》要求各地尽快逐级传达到全体党员、干部，要求全党同志尤其是各级领导干部，要认真学习邓小平同志的重要谈话，认真贯彻落实。《通知》还印发了邓小平谈话的要点。

邓小平南方谈话，是对党的十一届三中全会以来的基本理论和基本实践的深刻总结，是对长期束缚人们思想的许多重大认识问题的科学回答，是把改革开放和现代化建设推进到新阶段的又一个解放思想、实事求是的宣言书。

全党以邓小平南方谈话精神为指导，进一步统一思想，为开好中共十四大做了充分准备。

中共十四大召开

1992年10月12日至18日，中国共产党第十四次全国代表大会举行。大会正式代表1989人，特邀代表46人，代表全国5100万党员。江泽民作《加快改革开放和现代化建设步伐，夺取有中国特色社会主义事业的更大胜利》报告。

①以上参见邓小平：《在武昌、深圳、珠海、上海等地的谈话要点》（1992年1月18日—2月21日），《邓小平文选》第3卷，人民出版社1993年版，第370—383页；中共中央文献研究室编：《邓小平年谱》（1904—1997）第5卷，中央文献出版社2020年版，第632—636页。

中共十四大会场。

十四大以1992年初邓小平南方谈话为指导，总结十一届三中全会以来14年的实践经验，作出三项具有深远意义的决策：一是决定抓住机遇，加快发展，集中精力把经济建设搞上去；二是明确中国经济体制改革的目标是建立社会主义市场经济体制；三是确立邓小平建设有中国特色社会主义理论在全党的指导地位。大会通过的《中国共产党章程（修正案）》，将建设有中国特色社会主义理论和党的基本路线写进党章。大会决定不再设中央顾问委员会。

10月12日，邓小平在住地收看中共十四大开幕式实况转播。听完江泽民的报告后，称赞说：讲得不错，我要为这个报告鼓掌。[①]

以邓小平南方谈话和中共十四大为标志，中国社会主义改革开放和现代化建设事业进入新的发展阶段。

① 中共中央文献研究室编：《邓小平年谱》（1904—1997）第5卷，中央文献出版社2020年版，第653页。

1 9 9 3

天安门上的毛主席像“永远要保留下去”

——毛泽东诞辰100周年纪念大会召开

1980年8月21日和23日，邓小平在中南海连续两次接受意大利女记者奥琳埃娜·法拉奇采访。这是十一届三中全会后，他第一次单独会见外国记者。法拉奇的提问锋芒毕露。在回答天安门上的毛主席像是否要永远保留下去的问题时，邓小平说：永远要保留下去。“没有毛主席，至少我们中国人民还要在黑暗中摸索更长的时间。”1993年12月26日，毛泽东诞辰100周年纪念大会在北京人民大会堂隆重召开。江泽民发表讲话，高度评价毛泽东一生的丰功伟绩。

②

①《在毛泽东同志诞辰一百周年纪念大会上的讲话》(1993 年 12 月 26 日)(《江泽民文选》第 1 卷)。

②毛泽东诞辰 100 周年纪念章。

340

在毛泽东同志诞辰一百周年纪念大会上的讲话

(一九九三年十二月二十六日)

同志们，朋友们：

今天，我们在这里隆重集会，纪念中国共产党、中国人民解放军、中华人民共和国的主要缔造者，中国各族人民的伟大领袖毛泽东同志诞辰一百周年。

在邓小平同志建设有中国特色社会主义理论和党的十四大精神指引下，全党全军全国各族人民，正在坚持不懈地贯彻执行党的基本路线，为把我国建设成为一个富强民主文明的社会主义现代化国家而努力奋斗。社会主义中国政治稳定，经济发展，民族团结，社会进步，一派生机蓬勃。在这样的形势下，纪念毛泽东同志，回顾我们党和国家的历史，我们更加深切地感到，正是以毛泽东同志为核心的党的第一代中央领导集体，为建设一个社会主义现代化的新中国，建立了开创性的、不可磨灭的功勋。

当毛泽东同志等中国共产党的缔造者们登上政治舞台的时候，中华民族正处在帝国主义、封建主义的黑暗统治之下，国家四分五裂，民族备受凌辱，军阀混战不已，人民在苦难中挣扎。鸦片战争以来，救中国，救人民，实现国家的独立、统

在毛泽东同志诞辰一百周年纪念大会上的讲话 341

一，民主、富强，成为中国各族人民不懈追求的共同理想。先进的中国人奋斗牺牲，前赴后继，写下了可歌可泣的篇章。但是，在中国共产党成立以前，人们所做的种种探索和努力都失败了。帝国主义的侵略打破了中国人照搬西方的迷梦。中华民族仍然苦难深重，找不到解放的出路。

毛泽东同志最伟大的历史功绩，是把马克思列宁主义基本原理同中国具体实际结合起来，领导我们党和人民，找到了一条新民主主义革命的正确道路，完成反帝反封建的任务，结束了中国半殖民地半封建社会的历史，建立了中华人民共和国，确立了社会主义制度。接着，他又从中国实际出发，开始探索社会主义建设的道路。

在旧中国这样的半殖民地半封建的东方大国中，工人阶级人数很少，农民占人口的绝大多数。怎样在共产党领导下，依靠工人阶级和巩固的工农联盟，团结全国各族人民，首先争取民族的解放和国家的独立，确立人民的主人翁地位，然后开辟向社会主义前进的道路，是无产阶级革命史上极其复杂的新课题。毛泽东同志运用马克思列宁主义，深刻分析中国社会形态和各阶级的经济地位及其政治态度，明确了中国革命的性质、对象、任务、动力，提出了通过新民主主义革命走向社会主义的两步走的战略，制定了无产阶级领导的，人民大众的，反对帝国主义、封建主义、官僚资本主义的新民主主义革命总路线，开辟了建立农村根据地、农村包围城市、武装夺取政权的革命道路。毛泽东同志和他的战友们，缔造了一个用马克思列宁主义革命理论和革命风格武装起来的无产阶级政党，一个在党的绝对领导下为人民的解放事业英勇奋战的人

①

③

③毛泽东纪念邮票。

④

④1976 年 9 月 18 日毛泽东主席追悼大会在天安门广场隆重举行。图为第二天北京中学生自发到天安门广场悼念留影。

1993 年 12 月 26 日，江泽民在毛泽东同志诞辰一百周年纪念大会上的讲话中指出："中国出了个毛泽东，是我们党的骄傲，是我们国家的骄傲，是中华民族的骄傲。我们对毛泽东同志永远怀着深深的尊敬和爱戴之情！""毛泽东同志作为一个伟大的历史人物，属于中国，也属于世界。毛泽东同志永远生活在我们中间，我们要认真学习他的科学著作，从中汲取智慧和力量。"

江泽民强调：

毛泽东同志最伟大的历史功绩，是把马克思列宁主义基本原理同中国具体实际结合起来，领导我们党和人民，找到了一条新民主主义革命的正确道路，完成反帝反封建的任务，结束了中国半殖民地半封建社会的历史，建立了中华人民共和国，确立了社会主义制度。接着，他又从中国实际出发，开始探索社会主义建设的道路。

……

在党和毛泽东同志领导下，中国社会发生了天翻地覆的变化。中国从一个半殖民地半封建社会，进入到社会主义新时代。一个受帝国主义掠夺和奴役的国家，变成一个享有主权的独立的国

> 家。一个四分五裂的国家，变成一个除台湾等岛屿外实现统一的国家。一个人民备受欺凌压迫的国家，变成一个人民当家作主、享有民主权利的国家。一个经济文化落后的国家，变成一个走向经济繁荣、全面进步的国家。一个在世界上被人们看不起的国家，变成一个受到国际社会普遍尊重的国家。所有这些，都是建立富强民主文明的社会主义现代化国家的基本的经济、政治、文化条件，为我国迈向光明的未来奠定了坚实基础。
>
> ……毛泽东思想的活的灵魂，是贯穿所有这些方面的立场、观点、方法。……毛泽东思想永远是中国共产党人的理论宝库和中华民族的精神支柱，永远是我们建设社会主义现代化国家的行动指南。
>
> 中国共产党人从长期奋斗的历史中深切地认识到，我们党所以能够承担起历史的重任，所以能够得到人民拥护和成为领导中国革命和建设事业的核心力量，就是因为我们党经过艰苦斗争的反复锤炼和理论的创造，形成并不断地丰富和发展了毛泽东思想，坚定地把毛泽东思想作为党的指导思想。在中国这样的东方大国里，有了这样一个把马克思列宁主义运用于本国实际、形成自己特点和传统的无产阶级先锋队，革命和建设事业的胜利就有了根本的保证。……
>
> 毛泽东同志是伟大的马克思主义者，无产阶级革命家、战略家、理论家，是近代以来中国伟大的爱国者和民族英雄。毛泽东同志在艰苦漫长的革命岁月中，表现出一个革命领袖高瞻远瞩的政治远见、坚定不移的革命信念、得心应手的斗争艺术和驾驭全局的领导才能。他是从人民群众中成长起来的伟大领袖，永远属于人民。毛泽东同志的革命精神具有强大的凝聚力，他的伟大品格具有动人的感染力，他的科学思想具有非凡的号召力。他和他的战友们所创造的彪炳史册的丰功伟业，为世界一切正直的人们所尊重。他的革命实践和光辉业绩已经载入史册。他的名字、他的思想和精神永远鼓舞着中国共产党人和各族人民，继续推动着中国历史的前进。
>
> ……

中国进入改革开放新时期后，邓小平曾经指出：“我们能在今天的国际环境中着手进行四个现代化建设，不能不铭记毛泽东同志的功绩。”

1　9　9　4

治边稳藏写华章

1994年7月20日至23日，中共中央、国务院在北京召开第三次西藏工作座谈会。这是继1980年和1984年以中央书记处名义召开第一次和第二次西藏工作座谈会后，首次以中共中央名义召开西藏工作座谈会。会议作出中央政府关心西藏、全国各地支援西藏的重大决策。1994年7月27日《人民日报》进行了相关报道。此后，中央不断采取有力措施加大对西藏现代化建设的支持力度。

②

①1994 年 7 月 27 日《人民日报》。

②青藏铁路通车。

1

9

9

4

RENMIN RIBAO

江泽民总书记在第三次西藏工作座谈会上指出：

加快西藏经济社会发展，关键是把中央的大政方针同西藏具体实际结合起来。无论经济社会发展，还是改革开放，都要从国家的大局和西藏的实际出发，实事求是，这是做好西藏工作的一条基本原则；

西藏的稳定，是保证西藏各项事业持续发展和人民生活水平逐步提高的前提，没有稳定，一切都谈不上。西藏的稳定，对于全国的改革、发展和稳定，也具有重大的意义；

我们与达赖集团的分歧，不是信教与不信教、自治与不自治的问题，而是维护祖国统一和反对分裂的问题。对达赖喇嘛，我们的态度是，只要他放弃西藏独立的主张，停止分裂祖国的活动，随时欢迎他回来。但搞独立不行，搞变相独立也不行。

围绕西藏发展和稳定两件大事研究新情况解决新问题

中共中央国务院召开第三次西藏工作座谈会

江泽民李鹏发表重要讲话　李瑞环作总结　乔石朱镕基刘华清胡锦涛出席

①

③

③2013 年 10 月 31 日全长约 117 公里、总投资近 16 亿元的墨脱公路正式建成通车。

1994年第三次西藏工作座谈会召开。2001年、2010年先后召开了第四次、第五次西藏工作座谈会。

2015年8月24日，中央第六次西藏工作座谈会召开。习近平总书记发表重要讲话指出，必须坚持治国必治边、治边先稳藏的战略思想，坚持依法治藏、富民兴藏、长期建藏、凝聚人心、夯实基础的重要原则。必须全面正确贯彻党的民族政策和宗教政策，把维护祖国统一、加强民族团结作为工作的着眼点和着力点，不断增进各族群众对伟大祖国、中华民族、中华文化、中国共产党、中国特色社会主义的认同。

2019年是西藏实行民主改革60周年，也是西藏百万农奴解放60周年。

60年来，党中央一直高度重视西藏工作，亲切关怀西藏各族人民。在党中央坚强领导下，在党的民族政策光辉照耀下，在全国人民的无私援助下，西藏全区各族人民沿着中国特色社会主义道路砥砺奋进，谱写了革命、建设、改革的壮美篇章。十八大以来，全区各族干部群众紧密团结在以习近平同志为核心的党中央周围，高举中国特色社会主义伟大旗帜，深入学习贯彻习近平新时代中国特色社会主义思想和十八大、十九大以及中央第六次西藏工作座谈会精神，贯彻习近平总书记关于治边稳藏的重要论述和关于西藏工作的一系列重要指示批示精神，感恩奋进、守望相助，开创了长足发展和长治久安的新局面。

中共西藏自治区委员会在《求是》2019第6期发表《党的光辉照耀雪域高原》一文，详细回顾总结了西藏民主改革60年来各项事业取得的辉煌成就，读来令人欣喜和振奋。

经济持续健康发展、社会面貌日新月异。社会主义制度的建立，改革开放政策的实施，极大地解放和发展了西藏的社会生产力，特别是中央先后召开六次西藏工作座谈会，制定了一系列特殊优惠政策，为西藏经济社会发展注入了强大动力。1959年，全区地区生产总值只有1.74亿元，2018年，达到1477.6亿元，扣除物价上涨因素，增长了191倍。国家累计投入1万多亿元实施了800多个重点建设项目，基础设施实现超常规发展，公路总里程达到9.74万公里，拉贡等7条高等级公路建成通车，青藏铁路、拉日铁路建成运营，川藏铁路拉林段建设顺利，建成运营民航机场5个，满拉、旁多等一大批水利枢纽工程建成投入使用，青藏、川藏电力联网工程架起了电力“天路”，以青稞、牦牛等为主要内容的特色种养业和绿色有机农畜产品加工业不断发展壮大，旅游文化、清洁能源、生态环保、现代服务、边贸物流、高新数字等产业加快发展，资源优势正在转化为经济优势。

人民生活水平大幅提高，各族群众获得感幸福感不断增强。党的各项

富民政策全面落实，西藏各族群众享受到了全国最优惠的政策。2018 年城
乡居民人均可支配收入分别达到 33797 元和 11450 元，分别是 1965 年的
73 倍和 105 倍，城乡居民人均自有住房面积分别达到 28.6 平方米和 33.9 9
平方米，拉萨、那曲、阿里等城镇集中供暖工程建成投入使用，结束了祖
祖辈辈靠烧牛粪取暖的历史。义务教育“三包”政策全面落实，15 年免费
教育政策不断完善，学前双语教育全面普及，城乡义务教育一体化改革发展
深入推进，2018 年学前教育毛入园率 77.9%，青壮年文盲率下降到 0.52%，
劳动力人口受教育平均年限达到 8.6 年。覆盖城乡的医疗卫生服务网络逐步 9
形成，以免费医疗为基础的农村医疗制度和城镇居民基本医疗保险、公共医
疗保障制度实现全覆盖，人均预期寿命从 35.5 岁提高到 68.2 岁。覆盖城乡
的社会保障体系日益健全，城乡低保等多项惠民政策连续提标扩面。优秀传
统文化繁荣发展，格萨尔、藏纸、藏戏等世界文化遗产璀璨夺目，公共文 4
化设施网络基本形成，广播电视人口综合覆盖率分别达到 97.1%、98.2%。

民族团结进步事业巩固发展，宗教信仰自由受到充分尊重。党的民族政策和宗教政策在西藏得到全面贯彻落实。民族团结进步教育和民族团结进步创建活动广泛开展，各族群众交得了知心朋友、做得了和睦邻居、结得了美满姻缘，民族团结家庭、民族团结大院比比皆是，40 多个民族携手并肩守护神圣国土、建设幸福家园坚如磐石。群众的宗教信仰自由得到充分尊重，正常的宗教活动依法受到保护。

社会局势保持和谐稳定，各族群众安居乐业幸福祥和。深入揭批达赖集团的反动本质，“团结稳定是福、分裂动乱是祸”已成为各族群众的广泛共识，各族群众“我要稳定”的愿望越来越强。社会治理创新不断加强，平安西藏建设不断深化，群众安全感满意度达到 99% 以上。

生态环境持续良好，西藏仍是世界上环境质量最好的地区之一。坚持生态保护第一，尊重自然、顺应自然、保护自然，实行最严格的生态保护制度，全面建立河湖长制，生态环境保护制度体系初步建成。国土绿化行动深入开展，全区森林覆盖率提高到 12.14%，各类自然保护区占全区国土面积的 34.35%。7 个地市环境空气质量平均优良率达 95% 以上。

2020 年 8 月 28 日至 29 日，中央第七次西藏工作座谈会召开。习近平总书记提出了“必须坚持中国共产党领导、中国特色社会主义制度、民族区域自治制度”“必须坚持生态保护第一”等“十个必须”的新时代党的治藏方略。

60 年栉风沐雨，60 年春华秋实。相信西藏的明天会更美好。

1995

从扶贫开发到脱贫攻坚

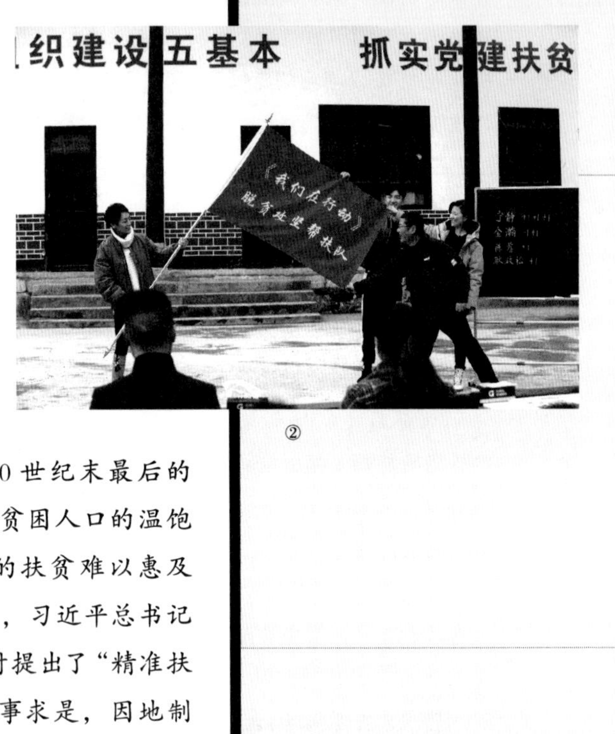

②

1995年6月6日至9日，国务院召开全国扶贫开发工作会议，提出今后要以每年解决1000万以上贫困人口温饱问题的速度，推行扶贫开发工作。此前的1994年2月28日至3月3日，国务院召开全国扶贫开发工作会议，部署实施“国家八七扶贫攻坚计划”，要求力争在20世纪末最后的7年内基本解决全国8000万贫困人口的温饱问题。由于“大水漫灌式”的扶贫难以惠及所有贫困人口，2013年11月，习近平总书记在考察湖南花垣县十八洞村时提出了“精准扶贫”的概念，强调扶贫要实事求是，因地制宜。2017年中共十九大提出：确保到2020年我国现行标准下农村贫困人口实现脱贫，贫困县全部摘帽，解决区域性整体贫困，做到脱真贫、真脱贫。2020年5月，习近平总书记对毛南族实现整族脱贫作出重要指示强调：“把脱贫作为奔向更加美好新生活的新起点，再接再厉，继续奋斗，让日子越过越红火。”①

①2020年5月21日《人民日报》。

①1994 年 4 月 15 日国务院关于印发《国家八七扶贫攻坚计划》的通知。
②中国精准扶贫公益纪实节目《我们在行动》。

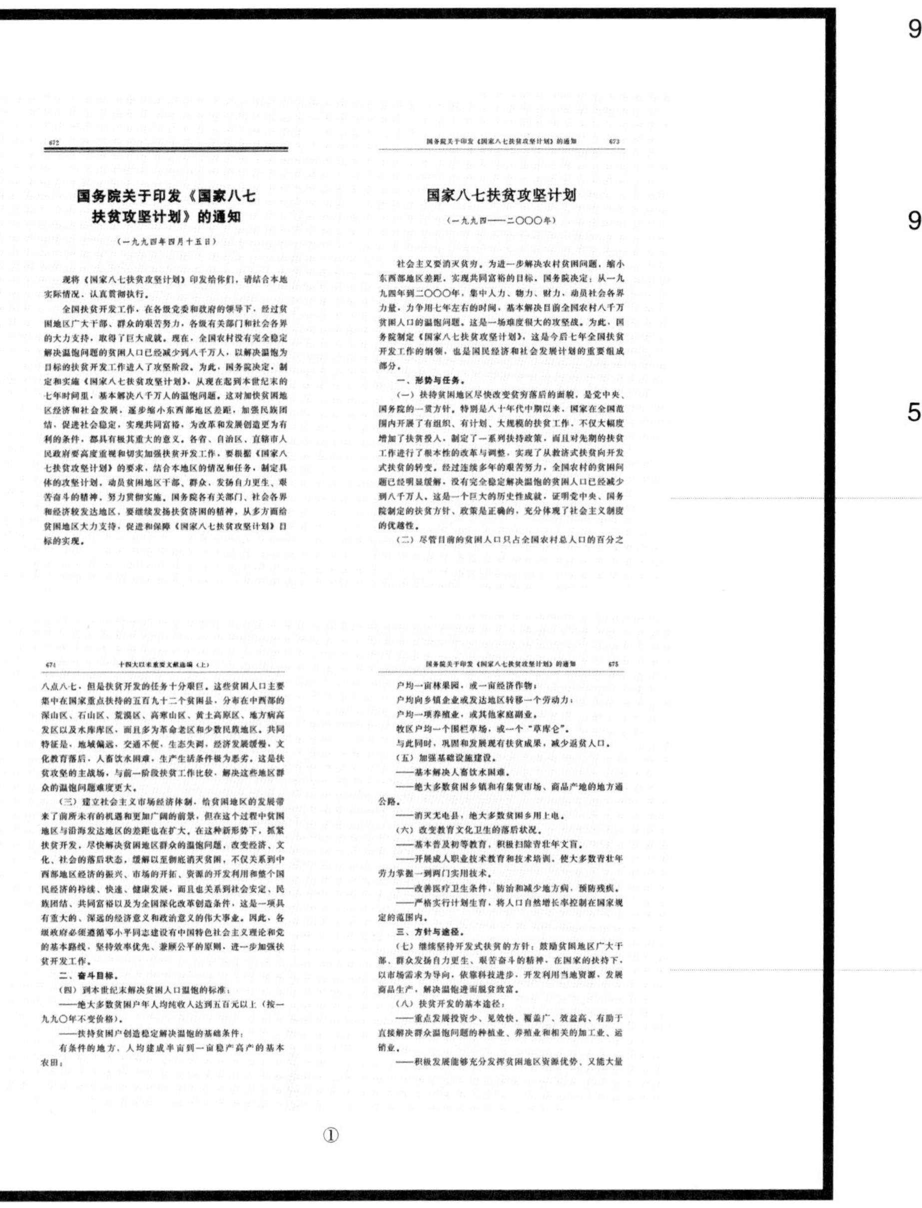

672

国务院关于印发《国家八七扶贫攻坚计划》的通知

（一九九四年四月十五日）

现将《国家八七扶贫攻坚计划》印发给你们，请结合本地实际情况，认真贯彻执行。

全国扶贫开发工作，在各级党委和政府的领导下，经过贫困地区广大干部、群众的艰苦努力，各级有关部门和社会各界的大力支持，取得了巨大成就。现在，全国农村没有完全稳定解决温饱问题的贫困人口已经减少到八千万人，以解决温饱为目标的扶贫开发工作进入了攻坚阶段。为此，国务院决定，制定和实施《国家八七扶贫攻坚计划》，从现在起到本世纪末的七年时间里，基本解决八千万人的温饱问题。这对加快贫困地区经济和社会发展，逐步缩小东西部地区差距，加强民族团结，促进社会稳定，实现共同富裕，为改革和发展创造更为有利的条件，都具有极其重大的意义。各省、自治区、直辖市人民政府要高度重视和切实加强扶贫开发工作，要根据《国家八七扶贫攻坚计划》的要求，结合本地区的情况和任务，制定具体的攻坚计划，动员贫困地区干部、群众，发扬自力更生、艰苦奋斗的精神，努力贯彻实施。国务院各有关部门、社会各界和经济较发达地区，要继续发扬扶贫济困的精神，从多方面给贫困地区大力支持，促进和保障《国家八七扶贫攻坚计划》目标的实现。

国务院关于印发《国家八七扶贫攻坚计划》的通知 673

国家八七扶贫攻坚计划

（一九九四——二〇〇〇年）

社会主义要消灭贫穷。为进一步解决农村贫困问题，缩小东西部地区差距，实现共同富裕的目标，国务院决定：从一九九四年到二〇〇〇年，集中人力、物力、财力，动员社会各界力量，力争用七年左右的时间，基本解决目前全国农村八千万贫困人口的温饱问题。这是一场难度很大的攻坚战。为此，国务院制定《国家八七扶贫攻坚计划》，这是今后七年全国扶贫开发工作的纲领，也是国民经济和社会发展计划的重要组成部分。

一、形势与任务。

（一）扶持贫困地区尽快改变贫穷落后的面貌，是党中央、国务院的一贯方针。特别是八十年代中期以来，国家在全国范围内开展了有组织、有计划、大规模的扶贫工作，不仅大幅度增加了扶贫投入，制定了一系列扶持政策，而且对先期的扶贫工作进行了根本性的改革与调整，实现了从救济式扶贫向开发式扶贫的转变。经过连续多年的艰苦努力，全国农村的贫困问题已经明显缓解，没有完全稳定解决温饱的贫困人口已经减少到八千万人。这是一个巨大的历史性成就，证明党中央、国务院制定的扶贫方针、政策是正确的，充分体现了社会主义制度的优越性。

（二）尽管目前的贫困人口只占全国农村总人口的百分之

674 十四大以来重要文献选编（上）

八点八七，但是扶贫开发的任务十分艰巨。这些贫困人口主要集中在国家重点扶持的五百九十二个贫困县，分布在中西部的深山区、石山区、荒漠区、高寒山区、黄土高原区、地方病高发区以及水库库区，而且多为革命老区和少数民族地区。共同特征是，地域偏远，交通不便，生态失调，经济发展缓慢，文化教育落后，人畜饮水困难，生产生活条件极为恶劣。这是扶贫攻坚的主战场，与前一阶段扶贫工作比较，解决这些地区群众的温饱问题难度更大。

（三）建立社会主义市场经济体制，给贫困地区的发展带来了前所未有的机遇和更加广阔的前景，但在这个过程中贫困地区与沿海发达地区的差距也在扩大。在这种新形势下，抓紧扶贫开发，尽快解决贫困地区群众的温饱问题，改变经济、文化、社会的落后状态，缓解以至彻底消灭贫困，不仅关系到中西部地区经济的振兴、市场的开拓、资源的开发利用和整个国民经济的持续、快速、健康发展，而且也关系到社会安定、民族团结、共同富裕以及为全国深化改革创造条件，这是一项具有重大的、深远的经济意义和政治意义的伟大事业。因此，各级政府必须遵循邓小平同志建设有中国特色社会主义理论和党的基本路线，坚持效率优先、兼顾公平的原则，进一步加强扶贫开发工作。

二、奋斗目标。

（四）到本世纪末解决贫困人口温饱的标准：

——绝大多数贫困户年人均纯收入达到五百元以上（按一九九〇年不变价格）。

——扶持贫困户创造稳定解决温饱的基础条件：

有条件的地方，人均建成半亩到一亩稳产高产的基本农田；

国务院关于印发《国家八七扶贫攻坚计划》的通知 675

户均一亩林果园，或一亩经济作物；

户均向乡镇企业或发达地区转移一个劳动力；

户均一项养殖业，或其他家庭副业。

牧区户均一个围栏草场，或一个“草库仑”。

与此同时，巩固和发展现有扶贫成果，减少返贫人口。

（五）加强基础设施建设。

——基本解决人畜饮水困难。

——绝大多数贫困乡镇和有集贸市场、商品产地的地方通公路。

——消灭无电县，绝大多数贫困乡用上电。

（六）改变教育文化卫生的落后状况。

——基本普及初等教育，积极扫除青壮年文盲。

——开展成人职业技术教育和技术培训，使大多数青壮年劳力掌握一到两门实用技术。

——改善医疗卫生条件，防治和减少地方病，预防残疾。

——严格实行计划生育，将人口自然增长率控制在国家规定的范围内。

三、方针与途径。

（七）继续坚持开发式扶贫的方针：鼓励贫困地区广大干部、群众发扬自力更生、艰苦奋斗的精神，在国家的扶持下，以市场需求为导向，依靠科技进步，开发利用当地资源，发展商品生产，解决温饱进而脱贫致富。

（八）扶贫开发的基本途径：

——重点发展投资少、见效快、覆盖广、效益高、有助于直接解决群众温饱问题的种植业、养殖业和相关的加工业、运销业。

——积极发展能够充分发挥贫困地区资源优势、又能大量

①

改革开放以来，在党中央的领导下，中国政府为解决部分地区贫困人口的温饱问题，有计划、有组织地进行了大规模的扶贫开发，极大地改变了中国农村的面貌。

1978 年，中国农村尚有贫困人口 2.5 亿，农业生产发展缓慢。针对这种状况，中共十一届三中全会制定了一系列加快农业发展的政策措施，极大地促进了农业生产的发展，使农村贫困现象大幅度缓解。

从1986年起，中国政府采取了一系列重大措施：成立专门扶贫工作机构，安排专项资金，制定专门的优惠政策，并对传统的救济式扶贫进行改革，确定了开发式扶贫的方针。中国的扶贫工作进入新的历史时期。

1986年到1993年，农村贫困人口由1.25亿人减少到8000万人。1994年起，中国先后实施《国家八七扶贫攻坚计划（1994—2000年）》《中国农村扶贫开发纲要（2001—2010年）》《中国农村扶贫开发纲要（2011—2020年）》，贫困人口大幅减少，贫困群众生活水平显著提高，贫困地区面貌发生根本变化。

中共十八大以来，以习近平同志为核心的党中央从全面建成小康社会要求出发，把扶贫工作纳入"五位一体"总体布局、"四个全面"战略布局，作为实现第一个百年奋斗目标的重点任务，提出并实施精准扶贫，不断开创扶贫开发事业新局面。

2012年12月，习近平总书记在考察河北保定阜平县扶贫开发工作时指出："全面建成小康社会，最艰巨最繁重的任务在农村、特别是在贫困地区。没有农村的小康，特别是没有贫困地区的小康，就没有全面建成小康社会。"[①]2013年，习近平总书记提出精准扶贫。2015年11月，中共中央、国务院印发《关于打赢脱贫攻坚战的决定》。精准脱贫，也是中共十九大提出的全面建成小康社会必须坚决打好的三大攻坚战之一（另两大攻坚战分别是防范化解重大风险和污染防治）。

2015年2月至2020年3月，习近平总书记先后七次针对扶贫问题召开座谈会。座谈会上，总书记饱含深情地关注和全力解决扶贫过程中遇到的各种问题，提出许多温暖人心的政策措施。

"小康不小康，关键看老乡""把钱真正用到刀刃上""拔穷根""吃苦在前、享受在后"。

——2015年2月13日陕西延安陕甘宁革命老区脱贫致富座谈会。

"形势逼人，形势不等人""靶向治疗"。

——2015年6月18日贵州贵阳集中连片特困地区扶贫攻坚座谈会。

① 中共中央党史和文献研究院编：《习近平扶贫论述摘编》，中央文献出版社2018年版，第4页。

“认清形势、聚焦精准、深化帮扶、确保实效”“扶到点上、扶到根上”“不搞层层加码”“真扶贫、扶真贫、真脱贫”。

——2016 年 7 月 20 日宁夏银川东西部扶贫协作座谈会。 9

“扶贫标准不能随意降低”“不搞数字脱贫、虚假脱贫”“防止形式主义”。

——2017 年 6 月 23 日山西太原深度贫困地区脱贫攻坚座谈会。

“消除绝对贫困”“完善建档立卡”“推进精准施策”“坚持问题导 9
向”“扶贫作风”。

——2018 年 2 月 12 日四川成都打好精准脱贫攻坚战座谈会。

“既要看数量，更要看质量”“摘帽不摘责任、摘帽不摘政策、摘帽不 5
摘帮扶、摘帽不摘监管”“注意干部培养使用”。

——2019 年 4 月 16 日重庆解决“两不愁三保障”突出问题座谈会。

“到 2020 年现行标准下的农村贫困人口全部脱贫，是党中央向全国人民作出的郑重承诺，必须如期实现。这是一场硬仗，越到最后越要紧绷这根弦，不能停顿、不能大意、不能放松。”

——2020 年 3 月 6 日北京决战决胜脱贫攻坚座谈会。

六年七次召开座谈会，足以看出以习近平同志为核心的党中央对扶贫工作的高度重视。为了打赢脱贫攻坚这场硬仗，党和国家动员了空前规模的人力、物力和财力。

中共十八大以来，在党中央的坚强领导下，在全党全国全社会共同努力下，中国脱贫攻坚取得决定性成就。脱贫攻坚目标任务接近完成，贫困人口从 2012 年底的 9899 万人减到 2019 年底的 551 万人，贫困发生率从 10.2% 降至 0.6%，区域性整体贫困基本得到解决。[①]

2020 年中国脱贫攻坚任务完成后，中国提前 10 年实现联合国 2030 年可持续发展议程的减贫目标。世界上没有哪一个国家能在这么短的时间内帮助这么多人脱贫，这对中国和世界都具有重大意义。

① 以上参见《人民日报》2020 年 3 月 7 日。

1　9　9　6

党中央
治疆方略落地生根

1995 年是新疆维吾尔自治区成立 40 周年。1996 年 3 月 19 日，中共中央政治局常委会会议专题研究新疆稳定工作。1997 年，中央开始从内地省市、国家机关和国有重要企业派出一批骨干力量到新疆工作。此后，对口支援新疆的力度不断加大。

②

①1995 年 10 月 2 日《人民日报》隆重庆祝新疆维吾尔自治区成立 40 周年的相关报道。
②2014 年 11 月 16 日新疆高铁正式迎来首发之旅，动车组列车从乌鲁木齐和哈密站对开。

人民日報

RENMIN RIBAO

1995年10月 2

天山南北花团锦簇　乌鲁木齐万众欢腾

新疆隆重庆祝自治区成立40周年

中共中央、全国人大常委会、国务院、全国政协和中央军委致电祝贺

姜春云代表党中央国务院赠送江泽民题写的大幅锦旗并讲话

中共中央　全国人大常委会　国务院　全国政协　中央军委致电

祝贺新疆维吾尔自治区成立四十周年

①

③

③“民族团结一家亲号”。

2010年5月17日至19日，中央新疆工作座谈会在北京召开。

2014年5月28日至29日，第二次中央新疆工作座谈会在北京召开。以习近平同志为核心的党中央从战略和全局高度谋划新疆未来，明确“社会稳定和长治久安是新疆工作的总目标”。此后，新疆围绕总目标谋划和推进各项工作。

习近平总书记多次强调：“新疆的问题最长远的还是民族团结问题。”“像爱护自己的眼睛一样爱护民族团结，像珍视自己的生命一样珍视民族团结，像石榴籽那样紧紧抱在一起。”

2019年6月27日《人民日报》发表新华社记者曹志恒、于涛《阔步走向长治久安——第二次中央新疆工作座谈会召开5周年综述》一文，回顾总结了第二次新疆工作座谈会召开5年来新疆各方面建设取得的辉煌成绩。7月30日，在国务院新闻办举行的新中国成立70周年省（区、市）系列主题新闻发布会上，新疆维吾尔自治区领导同志介绍了新疆的发展状况并回答记者提问。7月31日《人民日报》以《新疆同心协力共繁荣》（权威发布）为题进行了报道：

坚持稳中求进工作总基调，保持新疆经济平稳健康发展。新中国成立70年来，新疆与祖国同奋进共成长，天山南北发生了翻天覆地的变化。新疆经济总量从1952年的7.91亿元，增长到2018年的1.2万亿元，扣除物价上涨因素，增长了200倍，年均增长8.3%；人均生产总值从1952年的166元，增长到2018年的4.9万元，增长了37.7倍，年均增长5.7%。

持续开展严打专项斗争，打好反恐维稳“组合拳”。党政军警兵民协调联动，打一场人民战争，铸就反恐维稳钢铁长城。一手抓依法打击暴恐分子，一手抓最大限度争取和凝聚人心，持续深入开展发声亮剑活动，汇聚起实现社会稳定和长治久安的强大正能量。

“不是一家人，胜似一家亲”。自2017年起，随着“民族团结一家亲号”列车开通，走在结对认亲路上的干部职工络绎不绝，先后有112万干部职工与169万户各族基层群众结成超越血缘的亲人，民族团结之花开遍天山南北。新疆的少数民族干部由1950年的约3000人，增加到2018年的42.8万人，占全区干部总数的50.3%。其中，少数民族女性干部23.3万人，占新疆女性干部总数的51.8%。

坚持民生优先，推进脱贫攻坚、扩大就业增收、坚持教育
优先发展等具体措施。新疆城乡居民收入由1978年的319元和
119元，分别提高到2018年的32764元和11975元，年均分别 9
增长12.3%和12.2%。新疆连续多年将一般公共预算支出70%
以上用于保障改善民生，持续推进各项惠民工程，发展成果更
多更公平地惠及各族群众。2014年至2018年，新疆累计实现
231.47万人脱贫，贫困发生率由2013年底的19.4%降至2018年
底的6.1%。全区城镇零就业家庭始终保持24小时内动态清零， 9
保证至少有一人就业。在集中连片深度贫困地区南疆四地州实施
3年10万人就业计划。2016年至2018年，新疆累计实现城镇新
增就业140万余人次、农村富余劳动力转移就业830.5万人次。
完善控辍保学机制，截至2018年底，新疆学前三年幼儿毛入园 6
率达96.9%，九年义务教育巩固率达94.2%。

援疆工作持续推进。新中国成立以来，中央财政对新疆补助累计达2.35万亿元，2018年达到3022亿元，占当年新疆财政支出的60.3%；2010年以来，全国19个省市对口支持新疆，已累计投入援助资金1035亿元，引进合作资金近1.8万亿元。一座座由援疆资金建设的现代化学校、医院、工厂拔地而起，一批批凝聚着全国人民关爱的民生工程、民族团结工程竣工投产，天山南北走上社会发展快车道。

2020年9月25日至26日，第三次中央新疆工作座谈会在北京召开，习近平总书记发表重要讲话强调，当前和今后一个时期，做好新疆工作，要完整准确贯彻新时代党的治疆方略，牢牢扭住新疆工作总目标，依法治疆、团结稳疆、文化润疆、富民兴疆、长期建疆，以推进治理体系和治理能力现代化为保障，多谋长远之策，多行固本之举，努力建设团结和谐、繁荣富裕、文明进步、安居乐业、生态良好的新时代中国特色社会主义新疆。

今天的新疆，各族群众正以更加坚定的决心、更加团结的力量、更加坚实的脚步，在中华民族伟大复兴的征程上继续昂首前行。

1　9　9　7

香港回归，中共十五大确立邓小平理论为党的指导思想

1997年2月初，春节前夕，邓小平在医院会见前来看望的江泽民等中央领导人。在谈话中，邓小平请江泽民转达他对全国各族人民的节日祝贺，并希望在以江泽民为核心的党中央领导下，把今年恢复对香港行使主权和召开中共十五大这两件大事办好。[①] 2月19日，邓小平逝世。7月1日，中国政府恢复对香港行使主权，“一国两制”构想在香港率先实现。9月，中共十五大召开，确立邓小平理论为党的指导思想。

②

① 中共中央文献研究室编：《邓小平年谱》（1904—1997）第5卷，中央文献出版社2020年版，第672页。

①1983 年 4 月 4 日邓小平在国务院港澳办公室《关于解决香港问题修改方案的请示报告》上的批示。

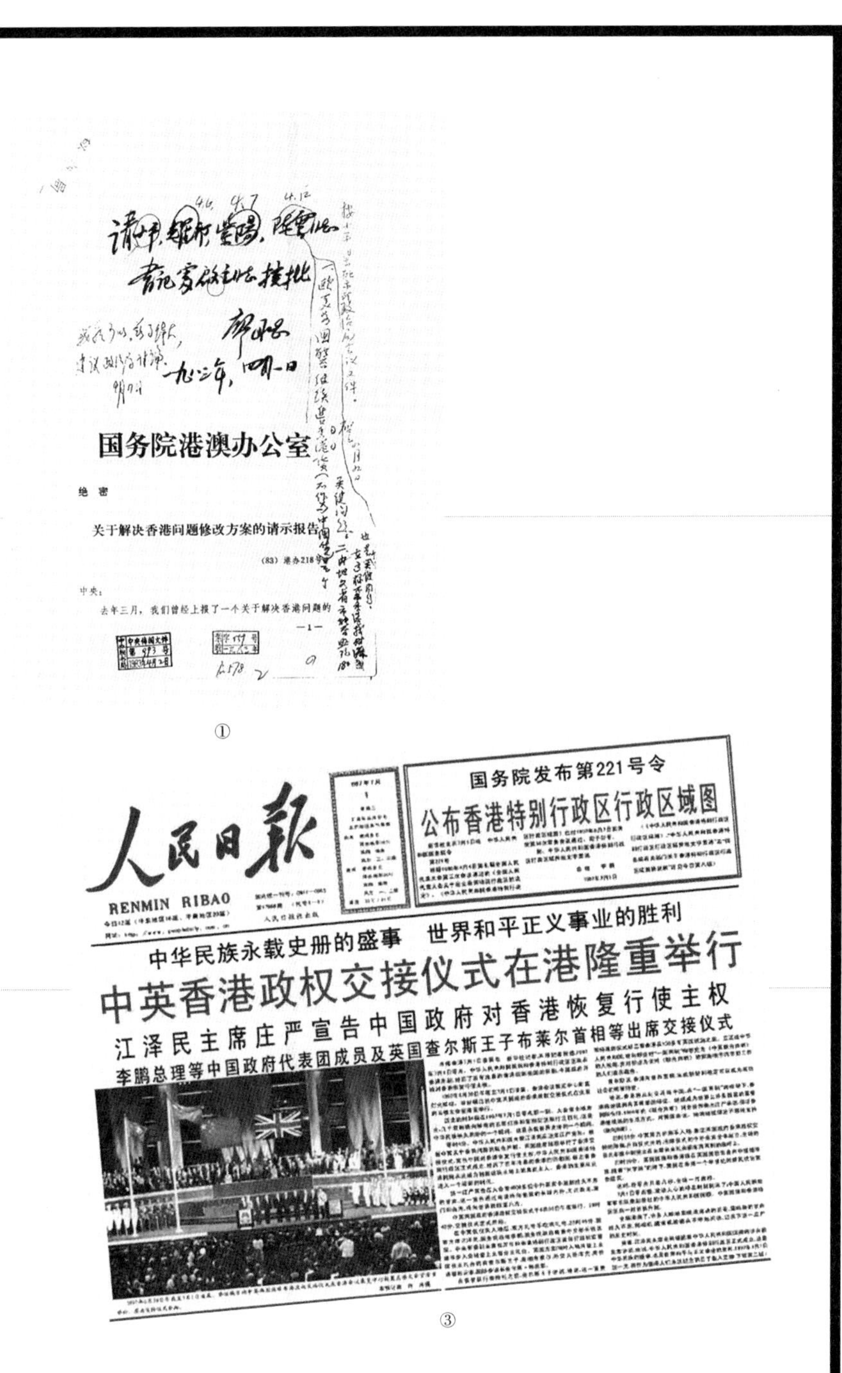

国务院港澳办公室

绝密

关于解决香港问题修改方案的请示报告

(83) 港办218号

中央：

去年三月，我们曾经上报了一个关于解决香港问题的

—1—

①

人民日報

RENMIN RIBAO

国务院发布第221号令

公布香港特别行政区行政区域图

中华民族永载史册的盛事　世界和平正义事业的胜利

中英香港政权交接仪式在港隆重举行

中国政府对香港恢复行使主权

江泽民主席庄严宣告中国政府对香港恢复行使主权

李鹏总理等中国政府代表团成员及英国查尔斯王子布莱尔首相等出席交接仪式

③

②1997 年 3 月 23 日香港各界举行活动庆祝回归祖国倒计时一百天。图为参加“港岛齐步向前迎回归”活动的近万名参加者从维多利亚公园步行至修顿球场。

③1997 年 7 月 1 日《人民日报》关于香港回归的相关报道。

④

④干部群众购买《邓小平文选》第 3 卷。

通过外交谈判并以“一国两制”方式解决港澳回归问题，这是中国人民为世界和平、发展与进步事业作出的新贡献。香港如期回归祖国，开创了港澳两地和祖国内地共同发展的新纪元，中国在完成祖国统一大业的道路上迈出了重要步伐。

中英关于香港问题谈判

中英关系中的首要问题是香港问题，要找到这一问题的答案，必须首先回顾一下中英关于香港问题谈判的提起、分歧的由来和发展。按时间划分，中英谈判大体可分为两个阶段：1982 年至 1992 年为第一阶段；1992 年到 1997 年香港回归为第二阶段。

1982 年 9 月 24 日，英国首相撒切尔夫人来华访问时，中国政府向她正式提出关于中国将在 1997 年收回香港的决定。邓小平当时在会见撒切尔夫人时指出：“应该明确肯定：1997 年中国将收回香港。就是说，中国要收回的不仅是新界，而且包括香港岛、九龙。”中英“就是在这个前提下来进行谈判，商讨解决香港问题的方式和办法”。英国政府“应该赞成中国的这个决策。中英两国应该合作，共同来处理好香港问题”。[①]

谈判历时两年：从1982年9月撒切尔夫人访华至1983年6月，双方主要就原则和程序问题进行会谈；从1983年7月至1984年9月，由两国政府代表团就具体实质性问题进行了22轮会谈。

1983年4月4日，邓小平审阅国务院港澳办公室《关于解决香港问题修改方案的请示报告》，批示：“我看可以。兹事体大，建议政治局讨论。”后来，就是在此基础上经过反复修改形成了中国政府解决香港问题的12条基本方针政策，并写进中英关于香港问题的《联合声明》。

由于英方一度坚持三个不平等条约仍然有效及“主权换治权”的主张，曾使谈判难以进行。为此，邓小平再次告诉英方，如继续坚持上述错误立场，中国将于1984年9月单方面公布解决香港问题的方针政策。会谈最后还是以中国政府提出的关于设立香港特别行政区、由港人治港和现行社会、经济制度和生活方式不变等原则进行。1984年12月中英双方最终签署关于香港问题的《联合声明》。

随后，中国开始着手制定香港特别行政区《基本法》。从1985年7月基本法起草委员会正式成立，到1990年4月正式通过《基本法》，总共历时4年零9个月。两国外长在《基本法》即将颁布的时候，在7封近万字的信件往来中曾就香港1995年选举，包括立法局分区直选数目等香港改制发展问题交换了意见，并在原则上达成一些谅解和协议。英国前外相杰弗里·豪公开赞扬说，“我们能在基本法这份中国宪法文件中获得95%我们熟知的法制，可算是奇迹”。

可以说，1982年以后的几年间，中英双方在香港一些重大问题上有过较好的磋商合作，中英联合联络小组和土地委员会的工作也取得不少成果。

但在1989年春夏之交的政治风波后，英方错误地分析中国国内和国际形势，改变了对香港的政策，在香港问题上采取了与中国政府不合作、甚至对抗的态度，从中英联合声明的立场倒退。

1992年10月初，英方在没有同中方磋商的情况下，由新上任的港督彭定康在施政报告中突然抛出“改制方案”，

① 《邓小平文选》第3卷，人民出版社1993年版，第12—13页。

企图改变两国政府间已经商定的联合声明与基本法衔接的原则和两国政府已经达成的有关协议和谅解。彭定康置中方多次劝说于不顾，一意孤行地单方面采取行动，从而挑起了一场长达6个月之久的中英公开论战。

从1993年4月22日至11月27日期间，中英双方又举行了17轮会谈。“直通车”问题是双方会谈中讨论的一个重要议题。香港立法局是每4年选举一次，1995年选举出来的立法局要跨越1997年。前两年为香港立法局，而后两年为特别行政区立法会。按全国人大有关决定的规定，1995年选举产生的立法局的组成如符合该决定和基本法的有关规定，其议员拥护基本法，愿意效忠特区政府并符合基本法规定条件，经特区筹委会确认，即可直接过渡成为1997年的香港第一届特区立法会议员，故称为“直通车”。谈判中，英方不断设置障碍，并单方面停止已进行17轮的谈判，将有利于平稳过渡的改制“直通车”拆毁，强行将其“三违反”方案付诸实施。

鉴于英方的不合作态度，中国政府明确宣布：依靠自己的力量，依靠广大爱国爱港同胞，一定能够实现香港的平稳过渡和按期恢复行使主权。为此，进行了一系列扎扎实实的准备工作。在经济和民生问题上，尤其在一些跨越1997年的大型基建项目方面，例如新机场及有关工程的建设，中国政府为维护港人的长远利益，保持香港的长期稳定繁荣，作出了积极的努力。

中国推动英方重回合作轨道

尽管英方采取不合作的态度，中方仍然希望英方能“减少麻烦，多做实事，增加合作”，并在一系列问题上积极推动英方回到合作的轨道上来。

在中方的一再努力下，英方表示了希望改善两国关系的愿望。1995年3月，英国前首相撒切尔夫人作为外交学会的客人访华，随后，前首相希思来华出席中国国际经济论坛1995年会议。5月，英国当时的贸工大臣赫塞尔廷应外经贸部部长吴仪的邀请也访问了中国。英方在与中方合作的问题上采取了比较积极的态度，使一些有关平稳过渡的问题如香港终审法院和新机场财务安排等问题达成协议，受到各方的欢迎。

1995年10月，时任国务院副总理兼外长的钱其琛访问英国，并在访问中会见了梅杰首相、赫塞尔廷副首相等英方领导人，同里夫金德外交大臣进行了会谈。双方就包括香港问题在内的双边关系和共同感兴趣的国际问题交换了意见。 9

钱其琛的访问使中英关系在经历了曲折历程后，走出低谷，对进一步改善两国关系，起到积极的推动作用。1996 年初，里夫金德外交大臣应钱其琛的邀请对中国进行了为期三天的访问。访问期间，江泽民和李鹏分别会见了里夫金德，
钱其琛还同他举行了会谈，就双边关系和香港问题等广泛地 9
交换了意见。双方都表示重视中英关系。英方表示“与中国建立长期的、基础广泛的关系是英国明确的战略取向”，中方对此表示欢迎。

1997 年 7 月 1 日，历经坎坷与沧桑，香港终于回到了祖 7
国的怀抱。

中共十五大高举邓小平理论伟大旗帜

香港回归 2 个月后，1997 年 9 月 12 日至 18 日，中国共产党第十五次全国代表大会举行。大会正式代表 2048 人，特邀代表 60 人，代表全国 5800 多万党员。江泽民作《高举邓小平理论伟大旗帜，把建设有中国特色社会主义事业全面推向二十一世纪》报告。

十五大是世纪之交承前启后、继往开来的大会。大会提出 21 世纪前 50 年“三步走”的发展战略；着重阐述邓小平理论的历史地位和指导意义；提出党在社会主义初级阶段的基本纲领；明确公有制为主体、多种所有制经济共同发展是我国社会主义初级阶段的基本经济制度；强调依法治国，建设社会主义法治国家。

十五大指出：邓小平理论“第一次比较系统地初步回答了中国社会主义的发展道路、发展阶段、根本任务、发展动力、外部条件、政治保证、战略步骤、党的领导和依靠力量以及祖国统一等一系列基本问题”[①]。

大会通过关于《中国共产党章程修正案》的决议，把邓小平理论确立为党的指导思想。江泽民强调：这次大会的灵魂，就是高举邓小平理论伟大旗帜，把建设有中国特色社会主义事业全面推向 21 世纪。十五大无疑将以这一功绩而载入史册。

① 《十五大以来重要文献选编》上，人民出版社 2000 年版，第 12 页。

1998

抗洪抢险

——“誓与大堤共存亡”

无论是《复兴之路》大型展览，还是《伟大历程 辉煌成就——庆祝中华人民共和国成立70周年大型成就展》，都展出了1998年中国人民抗洪抢险斗争的珍贵见证——一块白底红字的木制“生死牌”：武汉市江汉区龙王庙闸口的黄义成、唐仁清、李建强等16名共产党员，在“誓与大堤共存亡”的誓词下面，各自用鲜红的颜料签上自己的名字，时间落款是“一九九八年八月七日”。目前，这块“生死牌”被国家博物馆作为一级文物收藏。

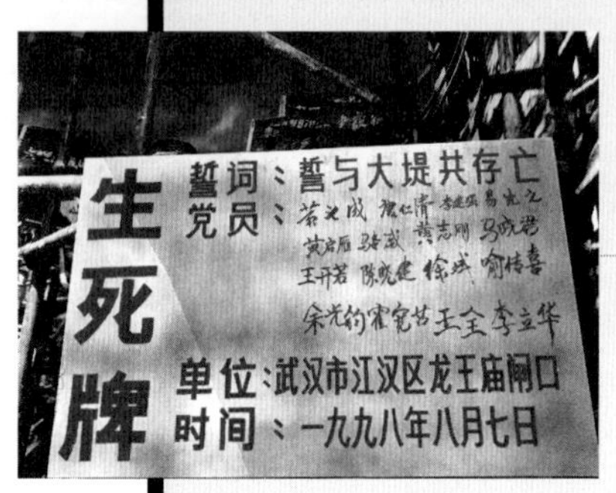

①

②

①生死牌。
②抗洪军民力保九江大堤。

1998年6月至9月，由于气候异常，全国大部分地区降雨明显偏多，部分地区出现持续性的强降雨，雨量成倍增加，致使一些地方遭受严重的洪涝灾害。长江发生继1954年以来又一次全流域性大洪水，先后出现8次洪峰，宜昌以下360公里江段和洞庭湖、鄱阳湖的水位，长时间超过历史最高纪录，沙市江段曾出现45.22米的高水位。嫩江、松花江发生超历史纪录的特大洪水，先后出现3次洪峰。珠江流域的西江和福建闽江也一度发生百年不遇的大洪水。由于洪水量级大、涉及范围广、持续时间长，洪涝灾害十分严重。湖南、湖北、江西、安徽、江苏、黑龙江、吉林、内蒙古等省区沿江湖的众多城市和广大农村，社会经济发展和人民生命财产安全都受到洪水的严重威胁。全国有29个省区市遭受不同程度损失，受灾人口有2亿多人，直接经济损失超过2000亿元人民币，许多工矿企业停产，长江部分航段中断航运一个多月。

在整个抗洪抢险中，党中央直接指挥了这场战斗。

7月21日，当得知长江第二次洪峰正向武汉逼近时，江泽民夜不能寐。深夜12时，江泽民打电话给温家宝，要求沿江各省市特别是武汉市要做好迎战洪峰的准备，严防死守，确保长江大堤安全、确保武汉等沿江重要城市安全、确保人民生命安全。这就是著名的“严防死守、三个确保”的战略方针。根据受到洪水威胁地区的实际情况，中央还作出了大规模动用人民解放军投入抗洪抢险、军民协同作战的重大决策。

在党中央、国务院的领导下，全党、全军和全国人民紧急行动起来，特别是受灾省区的广大干部群众同前来支援的解放军指战员、武警官兵一起，团结奋战，力挽狂澜，同特大洪水进行了惊心动魄的殊死搏斗。全国人民包括港澳台同胞以及海外侨胞心系灾区，踊跃捐赠。抗洪救灾取得重大胜利，灾后恢复生产和重建家园的工作进展顺利。这是一个了不起的巨大成绩，是人类战胜自然灾害的一个壮举。

1999年3月16日，朱镕基总理在九届人大二次会议举行的记者招待会回答记者提问时说：

> 过去的一年我感到非常难，这个困难超过了我预料的程度。第一，我原来没有估计到亚洲金融危机的影响这么大；第二，我国发生的历史上罕见的特大的洪涝灾害也超出了我的预料。但我感到满意的是，我们在以江泽民同志为核心的党中央领导下，依靠全国人民的努力，我们站住了，这两个困难我们都挺过去了。这是不容易的，所以我在政府工作报告中说了一句：“来之不易”呀！

1 9 9 9

澳门回归

你可知“妈港”不是我的真名姓?
我离开你的襁褓太久了，母亲!
但是他们掳去的是我的肉体，
你依然保管着我内心的灵魂。
三百年来梦寐不忘的生母啊!
请叫儿的乳名，
叫我一声“澳门”!
母亲!我要回来，母亲!

这是闻一多先生写于1925年7月的《七子之歌》。时空飞逝70余个年头，在新世纪的前夕，澳门回归母亲的日子里，这首诗歌，这个旋律，曾让多少华夏儿女潸然泪下。1999年12月20日零时，中葡两国政府在澳门文化中心举行澳门政权交接仪式，中华人民共和国国旗和中华人民共和国澳门特别行政区区旗同时升起。

②

1 9 9 9

①1999年12月20日《人民日报》关于澳门回归的相关报道。

②1999年12月19日晚，北京市人民迎接澳门回归祖国联欢晚会在天安门广场澳门回归倒计时牌前举行，庆祝中华民族的这一历史盛事。

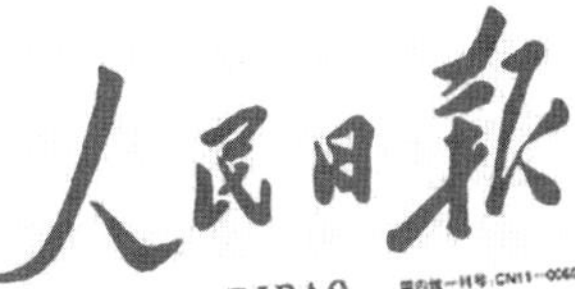

1999年12月
20
星期一

国务院发布第275号令
公布澳门特别行政区区域图

中华民族永载史册的又一盛事　完成祖国统一大业的重要一步

中葡两国政府澳门政权交接仪式隆重举行

中国政府对澳门恢复行使主权

江泽民主席宣告中国政府对澳门恢复行使主权

朱镕基总理等中国政府代表团成员及葡萄牙总统桑帕约总理古特雷斯等出席交接仪式

①

③

澳门回归

③澳门妈祖阁。

新中国诞生以后，中国政府对于香港、澳门的历史遗留问题，一贯主张在适当的时机，通过和平谈判解决，在未解决前维持现状。

1972年，中国驻联合国代表黄华在致联合国非殖民化特别委员会的信件中申明："香港、澳门属于历史遗留下来的帝国主义强加于中国的一系列不平等条约的结果。香港和澳门是被英国和葡萄牙当局占领的中国领土的一部分，解决香港、澳门问题完全属于中国主权范围内的问题，根本不属于所谓'殖民化'范畴。我国政府主张在条件成熟时，用适当的方式和平解决港澳问题，在未解决前维持现状。"再次表达了中国政府对香港、澳门的严正立场。

1974年4月25日，葡萄牙国内发生政变。5月15日，以安东尼奥·斯皮诺拉为首的共和国救国委员会推翻了卡埃塔诺的独裁政权。葡萄牙新政府宣布了"非殖民化政策"，放弃了在海外的殖民地，并认为澳门不是葡萄牙的殖民地，而是中国的领土，是葡萄牙管理的特殊地区。1975年1月葡萄牙宣布同台湾国民党政权断交，这为中葡建交奠定了基础。1979年2月8日，中葡两国在巴黎签署两国正式建交的联合公报，葡国承认"澳门是中国的领土，目前由葡国管理。这是一个历史上遗留下来的问题，在适当的时期，中葡两国将通过友好协商来解决"。

1984年中英两国政府在北京草签了关于香港问题的联合声明。香港问题的圆满解决，为澳门问题的解决树立了典范，也推动了解决澳门问题的进程。同年10月，邓小平在回答澳门国庆观礼团成员提问时，曾透露了中国政府对澳门问题将会采取与香港问题同样的方针解决。尔后，中葡两国领导人曾进行了互访，交换了意见，增进了友好协商，推动了解决澳门问题的进程。

1987年4月13日，中葡两国政府在北京正式签订了《中华人民共和国政府和葡萄牙共和国政府关于澳门问题的联合声明》，明确声明"澳门地区（包括澳门半岛、氹仔岛和路环岛，以下简称澳门）是中国领土，中华人民共和国政府将于1999年12月20日对澳门恢复行使主权"，并在恢复行使主权之后，按照"一个国家，两种制度"的方针"在澳门设立特别行政区。继续实行资本主义制度，50年不变"。从而，中国人民实现了长期以来收回澳门主权的共同愿望，圆满解决了两国之间的历史悬案。

为了使中葡《联合声明》阐明的中国政府对澳门的基本方针政策具体化，并以法律形式确定下来，保证澳门的顺利交接和平稳过渡，保证澳门的长期繁荣和稳定，中国政府决定制订澳门特别行政区基本法。为此，1988年4月，七届全国人大第一次会议决定成立澳门基本法起草委员会。9月5日，七届全国人大常委会第三次会议通过并颁布了澳门基本法起草委员会名单。委员由内地和澳门各方面人士及专家48人组成，姬鹏飞任主任委员，胡绳、王汉斌、马万祺等任副主任委员，鲁平任秘书长。

经过近5年时间的紧张工作，在多次听取澳门居民的意见，集中了全国人民和澳门同胞智慧的基础上，1993年3月31日，由八届全国人大第一次会议审议通过了《中华人民共和国澳门特别行政区基本法》及其附件，以及澳门特别行政区区旗、区徽图案。同日，国家主席江泽民以第3号主席令正式颁布《中华人民共和国澳门特别行政区基本法》。这是一部具有历史意义的法律文件，是中国政府继香港基本法之后关于“一国两制”的又一次伟大实践。澳门基本法有其自己的特点和丰富内容，主要包括四个方面：（一）充分体现了“一国两制”和高度自治的方针和原则。（二）保证澳门居民享有广泛的权利和自由。（三）规定了澳门实行行政、立法和司法互相制衡、互相配合的政治制度，并按照循序渐进的原则发展民主。（四）保证了澳门社会经济发展、文化事业的繁荣和社会进步。

1998年5月，负责筹组第一届政府的澳门特区筹备委员会宣告成立，由国务院副总理钱其琛担任筹备委员会主任，马万祺等任副主任。包括工商、文教、劳工和宗教界人士，以及澳门地区全国人大代表和政协委员在内的60名澳门同胞为筹备委员会的成员。他们为广开渠道听取澳门各界的意见和建议，认真履行神圣职责，充分行使民主权利，呕心沥血，为澳门的平稳过渡和顺利回归做了大量的工作。

1999年3月27日，澳门各界庆祝澳门回归祖国活动委员会正式成立。该会具有广泛的代表性，由来自澳门工商、劳工、妇女、青年、文化、体育、艺术等各个界别和多个社团的代表组成，有委员880多人，组成全体大会，下设主席团、顾问和执委会，由马万祺担任主席。

4月9日至10日，澳门特别行政区筹备委员会第七次会议在北京举行，由国务院副总理、筹委会主任钱其琛主持。这次会议按照公平、公正、公开、民主和廉洁的选举原则，选举产生了澳门特区第一届政府推选委员会，同时通过了澳门特区政府及公共行政机构的徽记、印章、旗帜问题的决定。5月15日，在有199名推委会成员出席的选举首任澳门特区行政长官大会上，何厚铧以163票当选。5月20日，朱镕基总理签署了国务院第264号令，任命何厚铧为中华人民共和国澳门特别行政区第一任行政长官。

1999年12月19日午夜至20日凌晨，在澳门文化中心交接仪式场馆，举行了澳门政权交接仪式。20日零时零分，中华人民共和国国旗和澳门特别行政区区旗，随着雄壮的中华人民共和国国歌声冉冉升起。经历了400多年沧桑的澳门，从此回到祖国的怀抱，中国政府恢复了对澳门行使主权。

全中国和全世界人民见证了这一举世瞩目的历史时刻。

2　0　0　0

西部大开发

人民日報

RENMIN RIBAO

2000年1月24日

统一思想明确任务不失时机实施西部大开发战略

西部地区开发会议在京召开

朱镕基强调，站在我国现代化建设全局和战略高度，把思想和行动统一到党中央的重大决策上来

李岚清出席会议并讲话　温家宝主持会议并作工作报告

重大的战略抉择

《邓小平外交思想学习纲要》出版

江泽民题写书名

①

西部地区，在地理概念上指中国西北地区的陕西、甘肃、宁夏、青海、新疆五省区和西南地区的重庆、四川、贵州、云南、西藏五省区市。2000年1月19日至22日，西部地区开发会议在北京召开，1月24日《人民日报》予以报道。2000年10月26日，国务院发出《关于实施西部大开发若干政策措施的通知》，明确了西部开发的政策适用范围包括西北、西南地区的十个省区市，还包括内蒙古和广西。国务院还先后批准，对湖南湘西土家族苗族自治州、湖北恩施土家族苗族自治州、吉林延边朝鲜族自治州等地区，在实际工作中比照有关政策措施予以实施。2020年5月18日《人民日报》刊发《中共中央国务院关于新时代推进西部大开发形成新格局的指导意见》。

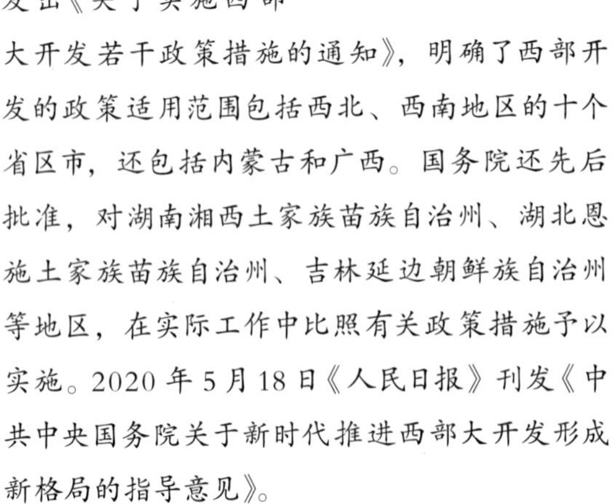

① 2000年1月24日《人民日报》。

②《国务院关于实施西部大开发若干政策措施的通知》(2000年10月26日)。

526

国务院关于实施西部大开发若干政策措施的通知

（二〇〇〇年十月二十六日）

各省、自治区、直辖市人民政府，国务院各部委、各直属机构：

实施西部大开发战略，加快中西部地区发展，是我国现代化战略的重要组成部分，是党中央高瞻远瞩、总揽全局、面向新世纪作出的重大决策，具有十分重大的经济和政治意义。为体现国家对西部地区的重点支持，国务院制定了实施西部大开发的若干政策措施。现将有关问题通知如下：

一、制定政策的原则和支持的重点

（一）制定政策的原则。实施西部大开发是一项宏大的系统工程和艰巨的历史任务，既要有紧迫感，又要充分做好长期艰苦奋斗的思想准备。要坚持从实际出发，按客观规律办事，积极进取、量力而行，立足当前、着眼长远，统筹规划、科学论证，突出重点、分步实施，防止一哄而起，反对铺张浪费，不搞“大呼隆”。要加快转变观念，加大改革开放力度，贯彻科教兴国和可持续发展战略，把发挥市场机制作用同搞好宏观调控结合起来，把西部地区广大干部群众发扬自力更生精神同

国务院关于实施西部大开发若干政策措施的通知　527

各方面支持结合起来。

（二）重点任务和战略目标。当前和今后一段时期，实施西部大开发的重点任务是：加快基础设施建设；加强生态环境保护和建设；巩固农业基础地位，调整工业结构，发展特色旅游业；发展科技教育和文化卫生事业。力争用五到十年时间，使西部地区基础设施和生态环境建设取得突破性进展，西部开发有一个良好的开局。到二十一世纪中叶，要将西部地区建成一个经济繁荣、社会进步、生活安定、民族团结、山川秀美的新西部。

（三）重点区域。西部开发的政策适用范围，包括重庆市、四川省、贵州省、云南省、西藏自治区、陕西省、甘肃省、宁夏回族自治区、青海省、新疆维吾尔自治区和内蒙古自治区、广西壮族自治区。实施西部大开发，要依托亚欧大陆桥、长江水道、西南出海通道等交通干线，发挥中心城市作用，以线串点，以点带面，逐步形成我国西部有特色的西陇海兰新线、长江上游、南（宁）贵（阳）昆（明）等跨行政区域的经济带，带动其他地区发展，有步骤、有重点地推进西部大开发。

二、增加资金投入的政策

（一）加大建设资金投入力度。提高中央财政性建设资金用于西部地区的比例。国家政策性银行贷款、国际金融组织和外国政府优惠贷款，在按贷款原则投放的条件下，尽可能多安排西部地区的项目。对国家新安排的西部地区重大基础设施建设项目，其投资主要由中央财政性建设资金、其他专项建设资金、银行贷款和利用外资解决，不留资金缺口。中央将采取多

②

③

西部大开发

③实施西部大开发战略，促进东西部地区协调发展。一批能源、交通重点工程相继开工。图为六盘山地区高等级公路。

RENMIN RIBAO

人民网网址：http://www.people.com.cn

2020年5月

18

星期一

庚子年四月廿六

人民日报社出版

国内统一连续出版物号 CN 11-0065

代号1-1

第26245期

今日20版

风雨无阻向前进

——写在全国疫情防控阻击战取得重大战略成果之际

新华社记者

大疫突袭，果敢出手，挽狂澜于既倒

（下转第二版）

中共中央国务院关于新时代推进西部大开发形成新格局的指导意见

一、总体要求

二、贯彻新发展理念，推动高质量发展

（下转第六版）

人大常委会举行第五十四次委员长会议

栗战书主持

艰苦卓绝的努力 来之不易的成绩

本报评论员

④

④ 2020 年 5 月 18 日《人民日报》刊发《中共中央国务院关于新时代推进西部大开发形成新格局的指导意见》。

在新世纪即将来临之际，根据邓小平20世纪80年代末和90年代初多次论述的现代化建设“两个大局”战略思想，党中央适时作出了实施西部大开发战略重大决策。

邓小平提出“两个大局”战略思想

1988年，邓小平正式提出了沿海内地、东西部共富的两个大局战略构想。他指出：沿海地区要加快对外开放，使这个拥有2亿人口的广大地带较快地先发展起来，从而带动内地更好地发展，这是一个事关大局的问题。内地要顾全这个大局。反过来，发展到一定的时候，又要求沿海拿出更多力量来帮助内地发展，这也是个大局。那时沿海也要服从这个大局。

邓小平在1992年南方谈话中进一步提出了时间表。他说，走社会主义道路，就是要逐步实现共同富裕。共同富裕的构想是这样提出的：一部分地区有条件先发展起来，一部分地区发展慢点，先发展起来的地区带动后发展的地区，最终达到共同富裕……什么时候突出地解决这个问题，在什么基础上提出和解决这个问题，要研究。可以设想，在本世纪末达到小康水平的时候，就要突出地提出和解决这个问题。

江泽民提出西部大开发战略

1995年陕西、甘肃两省遭受了严重的旱灾。年终岁末之际，江泽民专程到陕西商州、丹凤和甘肃榆中、定西等地考察和慰问群众。定西是有名的干旱和贫困区，那里的农民群众靠积雨水窖维持全家一年的生计。为了节约用水，有些上了年纪的人很少洗脸，成了半拉“黑人”。看到这些，江泽民心情很沉重。他反复说，群众贫苦，我们当干部的应该寝食难安啊！关于西部地区的建设问题，他指出：

> 西部地区历史文化悠久，为缔造辉煌的中国古代文明作出过巨大贡献。近代以来，为实现祖国独立，西部地区人民为中国人民的解放事业也作出过巨大的历史性贡献。我国很多民族聚居在西部，长期的文化交流与和睦相处，形成了民族大团结和共同进步的优良传统。西部地区蕴藏着各种丰富的自然资源，是我国有待全面开发的重要资源基地，也是我国下个世纪经济全面振兴的

重要依托，还是我们巩固国防的军事战略要地。

江泽民深情地说：“到了包括西部在内的全国各个地区都基本实现了现代化，我们这几代人就为祖国为民族立下了不朽的历史之功，就无愧于我们的先人，无愧于我们的革命前辈，也无愧于我们的后人。”[①]

虽然这时江泽民还没有像后来那样使用“西部大开发”的提法，但在他的脑海中，促进西部地区加快发展已经成为重大的任务。此后，他在不同场合多次谈到加快西部地区发展问题。1997年8月，他在一份关于西北地区治理水土流失、改善生态环境调查报告上作出重要批示：对“历史遗留下来的这种恶劣的生态环境，要靠我们发挥社会主义制度的优越性，发扬艰苦创业的精神，齐心协力地大抓植树造林，绿化荒漠，建设生态农业去加以根本的改观。经过一代一代人长期的、持续的奋斗，再造一个山川秀美的西北地区，应该是可以实现的”。

1999年3月，在全国“两会”党员负责同志会议上，江泽民谈到西部地区大开发问题。他说：

西部地区迟早是要大开发的，不开发，我们怎么实现全国的现代化？中国怎么能成为经济强国？美国当年如果不开发西部，它能发展到今天这个样子？实施西部地区大开发，是全国发展的一个大战略、大思路。对此，全党全国上下要提高和统一认识，同时要精心研究、统筹规划，科学地提出大开发的政策、办法、实施步骤和组织形式等。

6月9日，在中央扶贫开发工作会议上，江泽民又讲了这个问题。他说：

加快中西部地区发展步伐的条件已经基本具备，时机已经成熟。我们如果看不到这些条件，不抓住这个时机，不把该做的事情努力做好，就会犯历史性错误。从现在起，这要作为党和国家一项重大战略任务，摆到更加突出的位置。

6月17日，在西安主持召开西北地区国有企业改革和发展座谈会时，江泽民指出，我们正处在世纪之交，应该向全

① 1995年12月27日《人民日报》；曾培炎著：《西部大开发决策回顾》，中共党史出版社、新华出版社2010年版，第6—7页。

党全国人民明确提出，必须不失时机地加快中西部地区发展，特别是要抓紧研究实施西部地区大开发。他说：

> ……现在，加快中西部地区开发的时机已经到来。中西部地区范围很大，如何加快开发，要有通盘考虑。我所以用“西部大开发”，就是说，不是小打小闹，而是在过去发展的基础上经过周密规划和精心组织，迈开更大的开发步伐，形成全面推进的新局面。实施西部大开发，对于推进全国的改革和建设，对于国家的长治久安，具有重大的经济意义和社会政治意义。

江泽民指出，加快开发西部地区是一个巨大的系统工程，也是一项空前艰难的历史任务。既要有紧迫感，抓紧研究方案、步骤和政策措施，又要做好长期奋斗的思想准备。西部各地区广大干部群众要抓住这个历史机遇，坚持发扬自力更生、艰苦奋斗的光荣传统，利用自己的比较优势，创造新的业绩。他说：

> 我们要下决心通过几十年乃至整个下世纪的艰苦努力，建设一个经济繁荣、社会进步、生活安定、民族团结、山川秀美的西部地区。经过我们一代又一代人持续不懈的奋斗，使从唐代安史之乱以后1200年来逐渐衰落的西部地区，从生态环境到经济、文化、社会发展来一个天翻地覆的根本改变，来一个旧貌换新颜。这将是中华民族发展史上一项惊天动地的伟业，也将是世界开发史上一个空前的壮举！①

在十五届四中全会上，江泽民再次强调：实施西部大开发和加快小城镇建设，都是关系中国经济和社会发展的重大战略问题，应该提上议事日程，进行全面的调查研究，拿出方案，加紧实施。

制定措施，加紧实施

对于西部大开发，有的同志提出，现在实施西部大开发战略，条件是否具备、时机是否成熟？有的同志认为，西部地区基础差，投入产出率低，国家对西部地区投入五元的产出

① 以上参见《江泽民文选》第2卷，人民出版社2006年版，第340—346页。

效益，不如对沿海地区投入一元的产出效益。有的同志担心，实施西部大开发会不会影响东部沿海地区经济进一步发展?

2000 年 1 月，国务院西部地区开发领导小组召开会议，专门研究西部地区开发问题，强调统一思想，明确任务，不失时机实施西部地区大开发战略。会议指出，实施西部大开发战略，是一个规模宏大的工程，也是一项长期、艰巨的任务，既要有紧迫感，又要从长计议。要统筹规划，突出重点，分步实施，分阶段地达到目标。

2000 年 3 月 15 日，时任国务院总理朱镕基在人民大会堂会见了前来采访九届全国人大三次会议的中外记者并回答记者提问时说：

关于我国西部的开发，早在 80 年代就是邓小平“两个大局”战略思想的内容。去年以来，江泽民总书记多次强调西部大开发，在开发前加了一个“大”字。这个战略思想现在已经有了实施的机遇，因为中国的经济发展已经到了这样一个阶段：沿海地区经济的发展，特别是传统产业的发展已经趋于饱和，它要寻找新的市场，而西部地区的开发，现在也迫在眉睫。

……

西部要实行与东部相似的对外开放政策，我们欢迎外国的投资家，银行、证券、保险业都可以到西部去发展。何时见效呢? 我想基础设施建设已经在见效，中国修公路、铁路是拿手好戏，修这条 4200 公里的管道，分段施工，我认为两年就可以建成；至于说种树，时间要长一点，但是我亲自考察过四川阿坝藏族羌族自治州的森林，植树以后 8 年到 10 年就可以成林，因此我认为西部地区的开发见效可能是很快的。当然这是一个非常艰巨的事业，不是一代人能够完成的，西部地区真正的开发恐怕需要一代人、两代人，甚至几代人的努力。[①]

① 《国务院公报》2000 年第 13 号，中华人民共和国中央人民政府网站。

2000年10月26日国务院发出的《关于实施西部大开发若干政策措施的通知》规定了制定政策的原则和支持的重点，增加
资金投入的政策，改善投资环境的政策，扩大对外对内开放的政 0
策，吸引人才和发展科技教育的政策等。通知要求国务院西部开发办要会同有关部门，根据所规定的政策措施，在2000年内抓紧研究制定有关政策细则或实施意见，经国务院批准后发布实施。西部地区各级政府，要按照国家规定，执行统一的西部大开
发政策。以上政策措施，主要适用于当前和今后10年（2001— 0
2010年）。随着西部大开发战略的实施，将作进一步完善。所规定的各项政策措施及其细则，自2001年1月1日起开始实施。

2020年5月，党中央、国务院从全局出发，顺应中国特色社
会主义进入新时代、区域协调发展进入新阶段的新要求，为加快 0
形成西部大开发新格局，推动西部地区高质量发展，提出《中共中央国务院关于新时代推进西部大开发形成新格局的指导意见》。

西部大开发将不断创造发展新奇迹！

2　0　0　1

加入世界贸易组织

朱镕基："黑头发都谈成了白头发，该结束这个谈判了。"在长达15年的谈判中，双边谈判的核心问题是确保中国以发展中国家地位加入，多边谈判的核心问题是确保权利与义务的平衡，具体内容包括关税、非关税措施、农业、知识产权、服务业开放等一系列问题，而农业和服务业又是双方相持不下的难点。2001年12月11日，中国正式成为世界贸易组织成员，中国对外开放进入新的阶段。

世界贸易组织（WTO，简称世贸组织）成立于1995年，其前身是成立于1947年的关贸总协定（GATT）。世贸组织是当代最重要的国际经济组织之一，有"经济联合国"之称。加入世贸组织，是党中央、国务院作出的重大战略决策，是改革开放进程中具有历史意义的一件大事，也是进一步推进全方位、多层次、宽领域对外开放的重要契机，对于我国扩大对外开放、促进国内发展具有十分重大的意义。

漫长的过程

自1986年7月10日中国正式递交复关（恢复关贸总协定缔约国地

① 2001年11月中国外经贸部部长石广生签署中国加入世界贸易组织议定书。

①

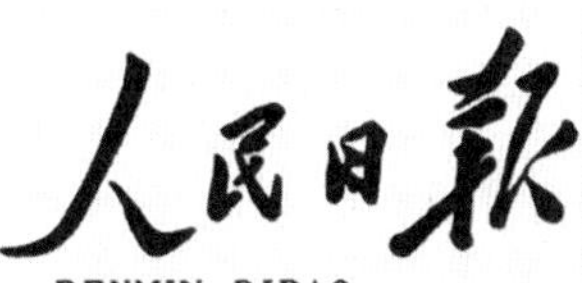

中国代表团向世贸组织秘书处递交授权书

中国加入世贸组织议定书签字仪式今天下午举行

世界贸易组织第四届部长级会议协商一致

中国加入世贸组织决定获通过

加入世贸组织，是党中央、国务院作出的重大战略决策，是改革开放进程中具有历史意义的一件大事，标志着我国对外开放进入一个新的阶段

社论

中国改革开放进程中具有历史意义的一件大事

——祝贺我国加入世界贸易组织

胡锦涛与施罗德举行会谈

双方就共同关心的问题深入交谈并达成广泛共识

李瑞环离开北京

应邀访问斐济、巴新和新加坡三国

钱其琛等前往人民大会堂送行

②

② 2001年11月11日《人民日报》关于中国加入世界贸易组织的相关报道。

位）申请起，国内外无数次预测这场谈判的时间表。但谁也不曾料到，由于谈判逐步被“政治化”及其本身的艰巨性、复杂性、特殊性和敏感性，这一谈就是 15 个春秋。中国代表团换了四任团长，美国换了五位首席谈判代表，欧盟（欧共体）换了四位。

中国复关和入世（加入世贸组织）谈判大致可分为三大阶段：第一阶段从 20 世纪 80 年代初到 1986 年 7 月，主要是酝酿、准备复关事宜；第二阶段从 1987 年 2 月到 1992 年 10 月，主要是审议中国经贸体制，中方要回答的中心题目是到底要搞市场经济还是计划经济；第三阶段从 1992 年 10 月到 2001 年 9 月，中方进入实质性谈判，即双边市场准入谈判和围绕起草中国入世法律文件的多边谈判。

1995 年 1 月，WTO 取代 GATT；同年，中方决定申请入世，并根据要求，与 WTO 的 37 个成员开始了拉锯式的双边谈判。从 1997 年 5 月与匈牙利最先达成协议，到 2001 年 9 月 13 日与最后一个谈判对手墨西哥达成协议，直至 2001 年 9 月 17 日 WTO 中国工作组第十八次会议通过中国入世法律文件，这期间起伏跌宕、山重水复。

1999 年 3 月 15 日，朱镕基总理在中外记者招待会上说：现在存在这种机遇。第一，WTO 成员已经知道没有中国的参加，WTO 就没有代表性，就是忽视了中国这个潜在的最大市场。第二，中国改革开放的深入和经验的积累，使我们对加入 WTO 可能带来的问题提高了监管能力和承受能力。因此，中国准备为加入 WTO 作出最大的让步。

中国入世谈判的整个历程，充分体现了第三代中央领导集体的高瞻远瞩和正确决策。江泽民亲自给这场谈判确定了三条原则：第一，WTO 没有中国参与是不完整的；第二，中国必须作为发展中国家加入；第三，坚持权利和义务的平衡。这些原则对入世谈判具有重大深远的指导意义。

打赢中美、中欧谈判这两个硬仗

在中国入世谈判中，最难打的硬仗，莫过于中美谈判，其次是中欧谈判，其中中美谈判进行了 25 轮，中欧谈判进行了 15 轮。

备受瞩目的中美谈判范围广、内容多、难度大，美国凭借其经济实力，要价高，立场强硬，谈判又不时受到各种政治因素干扰。1999 年 4 月 6 日至 13 日，朱镕基访美。4 月 10 日，中美签署“中美农业合作协议”，并就中国加入 WTO 发表联合声明。美方承诺“坚定地支持中国于 1999 年加入 WTO”。

1999 年 5 月 8 日，以美国为首的北约袭击中国驻南联盟大使馆，中国政府被迫中断了“入世”谈判。

1999 年 9 月 6 日，中美恢复谈判。在最后一轮中美谈判中，朱镕基亲临现场，坐镇指挥。中方代表坚持原则，经过 6 天 6 夜的艰苦谈判，这场最关键的战役取得了双赢的结果。1999 年 11 月 15 日，中美两国政府在北京签署了关于中国加入世界贸易组织的双边协议，标志着中美就中国加入全球最大贸易组织长达 13 年的双边谈判正式结束，从而为中国“入世”扫除了最大障碍，迈出了最关键性的一步。

2000 年 5 月 19 日，中国和欧盟在北京就中国加入世贸组织达成双边协议，这标志着中国加入世贸组织的双边谈判即将结束，中国加入世贸组织进入最后的加入程序阶段。

固守底线，决不妥协

面对一个又一个 WTO 成员，中方力争的焦点是什么？尽管经过二十多年的改革开放，中国综合国力和企业抗风险能力日益增强，但总体上国内产业素质和竞争力与国外差距甚大。所以，谈判的核心，就是市场开放的速度和力度必须与中国的经济发展水平相一致，这是中国的底线。

经过艰苦斗争，美欧等发达国家不得不同意“以灵活务实的态度解决中国的发展中国家地位问题”，中方最终与所有 WTO 成员就中国加入 WTO 后若干年市场开放的领域、时间和程度等达成了协议。双边谈判的结果是平衡的，符合 WTO 的规定和中国经济发展的水平。

2000 年 8 月 25 日，第九届全国人民代表大会常务委员会第十五次会议听取审议了对外贸易经济合作部受国务院委托所作的《关于我国加入世界贸易组织进展情况的报告》，对中国政府为中国加入世界贸易组织所作的努力予以充分肯定。根据中国加入世界贸易组织谈判的新的进展情况，本次会议决定：同意国务院根据上述原则完成加入世界贸易组织的谈判和委派代表签署的中国加入世界贸易组织议定书，经国家主席批准后，完成中国加入世界贸易组织的程序。

2001 年 11 月 10 日，世界贸易组织第四届部长级会议在卡塔尔首都多哈以全体协商一致的方式，审议并通过了中国加入世贸组织的决定。在中国政府代表签署中国加入世贸组织议定书，并向世贸组织秘书处递交中国加入世贸组织批准书 30 天后，中国将正式成为世贸组织成员。这标志着中国长达 15 年复关和加入世贸组织进程的结束，宣告了一个历史性时刻的诞生。

12 月 11 日，中国正式成为世贸组织成员，标志着中国对外开放进入新的阶段。

2　0　0　2

中共十六大新党章对党的性质两个“先锋队”的新概括

2002年，中共十六大修改后的党章，将党的性质进一步表述为：中国共产党是中国工人阶级的先锋队，同时是中国人民和中华民族的先锋队，是中国特色社会主义事业的领导核心，代表中国先进生产力的发展要求，代表中国先进文化的前进方向，代表中国最广大人民的根本利益。党的最高理想和最终目标是实现共产主义。

中国共产党章程

（中国共产党第十六次全国代表大会部分修改，2002年11月14日通过）

总　纲

中国共产党是中国工人阶级的先锋队，同时是中国人民和中华民族的先锋队，是中国特色社会主义事业的领导核心，代表中国先进生产力的发展要求，代表中国先进文化的前进方向，代表中国最广大人民的根本利益。党的最高理想和最终目标是实现共产主义。

中国共产党以马克思列宁主义、毛泽东思想、邓小平理论和“三个代表”重要思想作为自己的行动指南。

马克思列宁主义揭示了人类社会历史发展的规律，它的基本原理是正确的，具有强大的生命力。中国共产党人追求的共产主义最高理想，只有在社会主义社会充分发展和高度发达的基础上才能实现。社会主义制度的发展和完善是一个长期的历史过程。坚持马克思列宁主义的基本原理，走中国人民自愿选择的适合中国国情的道路，中国的社会主义事业必将取得最终的胜利。

以毛泽东同志为主要代表的中国共产党人，把马克思列宁主义的基本原理同中国革命的具体实践结合起来，创立了毛泽东思

①

②

①中共十六大党章。

②中共十六大新闻中心举行新闻发布会。

2002年11月8日至14日，中国共产党第十六次全国代表大会举行。大会正式代表2114人，特邀代表40人，代表全国6600多万党员。江泽民作《全面建设小康社会，开创中国特色社会主义事业新局面》报告。十六大是中国共产党在新世纪召开的第一次全国代表大会。大会总结过去5年的工作和13年的基本经验，阐述全面贯彻“三个代表”重要思想的根本要求，提出全面建设小康社会的奋斗目标。大会选举产生新一届中央委员会，党的中央领导集体顺利实现新老交替和平稳过渡。大会通过关于《中国共产党章程（修正案）》的决议，确立“三个代表”重要思想为党的指导思想。

十六大党章对党的性质的新表述，切合党的历史发展和现实状况，符合时代要求，有利于我们党始终坚持工人阶级先锋队的性质，增强党的阶级基础，有利于拓展党的工作的覆盖面，扩大党的群众基础，有利于全党同志更加深刻地认识和落实党所肩负的历史责任，团结和带领全国各族人民万众一心地建设中国特色社会主义。

为了适应我国新世纪新阶段经济和社会发展的需要，党章总纲部分还补充了如下新的内容：

一是确立了本世纪头20年全面建设小康社会的奋斗目标。到建国100年时，我国人均国内生产总值达到中等发达国家水平，基本实现现代化。

二是增写了我国社会主义初级阶段的基本经济制度和经济建设方面的内容。我国正处于并将长期处于社会主义初级阶段，必须坚持和完善公有制为主体、多种所有制经济共同发展的基本经济制度，坚持和完善按劳分配为主体、多种分配方式并存的分配制度。

三是增写了依法治国，建设社会主义法治国家的内容。进一步提出了发展社会主义民主政治，建设社会主义政治文明；明确了党的领导、人民当家作主和依法治国的统一性，强调要坚持这三者的有机结合和辩证统一，不断把社会主义民主政治建设推向前进。

四是增写了中国共产党领导人民在建设物质文明、政治文明的同时，努力建设社会主义精神文明，实行依法治国与以德治国相结合的内容。

另外，十六大通过的党章增写了“党徽党旗”一章，对于维护党徽党旗的严肃性，发挥党徽党旗的感召力，增强党员的光荣感、使命感，增强党的凝聚力和影响力，都将起到重要的作用。[①]

中共十六大新党章对党的性质两个“先锋队”的新概括

① 参见《中国共产党第十六次全国代表大会文件汇编》，人民出版社2002年版，第91—104页。

2　0　0　3

抗击非典

2003年春，我国遭遇一场过去从未出现过的非典型肺炎重大疫情。全党全国人民在党中央、国务院的坚强领导下，坚持一手抓防治非典，一手抓经济建设，夺取了防治非典工作胜利。

2002年底，一种类似肺炎的新传染病恐怖地突降中国广东。2003年初，又很快蔓延至北京、香港、台湾。4月16日，世界卫生组织正式确认，冠状病毒的一个变种是引起非典型肺炎的病原体，正式将其命名为SARS病毒。

一种新型传染病突现广东

2002年11月16日晚，广东佛山市一乡民，身体一向健康，突然出现发热、头疼等症状，起初以为是一般感冒，在自己服用了一些感冒药后，病情非但未见减轻，体温还上升到39度以上，周身出现不适，高烧持续不退。20日，他住进当地医院治疗。当时，医生和护士并不知道这是传染病，在治疗过程中没有采取特别防护措施，连口罩都没有戴！随后，在医院看护他的亲属也相继发烧。经过同广州专家们的会诊，医院得出结论：这个病人及其家属先后发病，证实这个病传染性强；佛山医院已使用了多种抗生素，但是效果不明显，病人白细胞没有明显增多，病情引发

②

①《奋战在抗非典第一线》，2003 年 4 月 30 日《人民日报》关于非典防治工作的相关报道。

②《向非典宣战!》宣传画。

人民日报

全力以赴做好北京非典防治工作

吴仪在北京检查指导防治工作时强调

回良玉在农业部调研时强调

切实抓好农村非典型肺炎防治工作

众志成城 战胜疫病

广东多管齐下严防非典疫情反弹

江苏完善防治非典监测系统

危难中挺起民族的脊梁

——记奋战在抗击非典第一线的共产党员

卫生部公布非典型肺炎疫情

至4月29日我国内地累计报告3303例

卫生部发布公众预防传染性非典型肺炎指导原则

财政部卫生部联合发出紧急通知

确保农民和城镇困难群众治疗非典

奋战在抗非典第一线

①

③

③ 2003 年 8 月 16 日北京地坛医院举行“告别非典，走向明天”仪式，欢送最后一批非典合并症患者出院。新华社记者王呈选摄。

2003

抗击非典

原因很可能为某种病毒。

2003年1月20日，中山市接到报告，当地3家医院先后收治15例病因不明但病症相同的病人，3家医院一共有13个医务人员被感染发病，中山市发现了20多例类似病例。

2月8日，一条手机短信在广州迅速流传：春节期间，从中山等地传入广州一种怪病，该病潜伏期极短，一天发病，很快发展为呼吸衰竭，当天死亡。该病现在并无药物医治，已经造成多名病人死亡。最令人可怕的则是这种病的传播途径，只需和病人打个照面，或者是同乘了一辆公交车都可能被传染。更恐怖的说法是某医院的十几名接触过该病人的医护人员全被传染，上午得病，下午透视显示肺部全是白点，晚上抢救无效死亡。禽流感、鼠疫、炭疽等猜测，说得有板有眼，并通过手机短信、电子邮件等形式迅速传播开来。

到2月上旬，广东进入发病高峰期。截至2月9日，广东省报告共发现305例非典型肺炎病例，死亡5例。

从广东蔓延至北京、香港、台湾

3月5日上午，中国北京，军方最著名的传染病医院——302医院，突然接到301医院的紧急电话，称此前一天来该院急诊室观察的山西三患者病情怪异，怀疑是非典，需要转到302医院医治。

3月10日，香港最大的两家电视机构——无线和亚视，同时播报一条消息：位于沙田的威尔斯亲王医院透露，在过去的几天内，有10多名医护人员出现发烧及上呼吸道感染症状，并发现该病具有传染性。至3月13日，全港患非典的医务人员增至115人。3月20日，非典闯入社区，有5名年龄在2至15岁的儿童被证实染病。此后，非典迅速闯入办公楼、学校和各处公共场所，最高峰日增病例60例以上，香港医管局局长何兆炜也被感染。

3月14日，台湾发现首例非典疑似病例。5月21日，台北市SARS通报病例再创新高，达64例。5月22日，世界卫生组织决定，将原来对台北市的旅游警告，扩大至全台湾。5月28日，台湾公布岛内SARS疫情最新数字，累计610例，已突破600大关；死亡病例新增5例，累计81例。

5月10日，澳门当地政府宣布发现首例非典病例。

在北京，病毒蔓延到了北方交通大学（现名北京交通大学）。交大计算机系一名同学，4月1日在军训时得了感冒，之后多次到医院治疗。4月17日，他被确诊为非典。到4月18日，其隔壁宿舍又有8人发烧。到4月19日，该楼12层一个宿舍学生出现发烧症状。到4月20日，人数骤增至20多人。到4月25日为止，一共出现了65例发烧者，确诊10例，疑似9例，分布在不同的楼层，可能是电梯感染。

勇敢面对，众志成城

面对非典这个传染性极强的病魔，起初，个别部门隐瞒疫情，企图通过静悄悄的方式来歼灭它，但这只能加剧形势的恶化。党中央和国务院及时认清严峻形势，决心打一场科学的人民战争，来消灭这个恶魔！一系列行之有效的举措紧急出台：

——党和国家领导人亲临抗非前线，认真布置抗击非典工作；

——惩治失职官员；

——建立每日疫情报告制度；

——设立定点医院，建立严格的防治制度；

——药物研究；

——保障物资供应；

——采取及时的隔离措施；

……

6月19日，北京绝大多数医院恢复正常医疗秩序。

6月20日，北京小汤山医院送走了最后18名治愈患者。小汤山医院共收治680名非典患者，672名痊愈出院，8人死亡，治愈率超过98.8%。1383名医护人员无一感染。

6月23日，北京住院非典确诊病例仅剩46人，已经达到世界卫生组织对一个地区撤销旅游警告所需条件之一“住院非典病人少于60人”的标准。24日，世界卫生组织宣布撤销对北京的旅游警告，并将北京从非典疫区名单中删除。

为了战胜非典，北京市、区两级财政共投入10.0654亿元人民币，这个数字还不包括海内外捐助的钱和物资，而全国各级财政共消耗资金100多亿人民币。实践证明了中国政府是合格的，中国的医务工作者是崇高的，中国民众是伟大的！

2004

改革开放和现代化建设的总设计师

——邓小平诞辰100周年纪念大会召开

2004年8月22日，邓小平诞辰100周年纪念大会在北京人民大会堂隆重召开。胡锦涛发表讲话，高度评价邓小平的生平业绩和思想风范。在邓小平的一生中，他最常说的是“实事求是”四个字；在邓小平的心里，人民一直占据着至高的位置。他说：“比较实际地说，我是实事求是派。”他还说：“我是中国人民的儿子，我深情地爱着我的祖国和人民。”邓小平用行动践行了自己的誓言。

②

②邓小平题词“实事求是”。

①《在邓小平同志诞辰一百周年纪念大会上的讲话》(2004 年 8 月 22 日)(《胡锦涛文选》第 2 卷)。

148

在邓小平同志诞辰一百周年纪念大会上的讲话

（二〇〇四年八月二十二日）

胡 锦 涛

同志们，朋友们：

今天，我们在这里隆重集会，纪念敬爱的邓小平同志诞辰一百周年，深切缅怀他为民族独立、人民解放和国家富强、人民幸福建立的不朽功勋，追思和学习他为党和人民的事业不懈奋斗的崇高风范，进一步激励全党全国各族人民把中国特色社会主义事业推向前进。

邓小平同志是全党、全军、全国各族人民公认的享有崇高威望的卓越领导人，伟大的马克思主义者，伟大的无产阶级革命家、政治家、军事家、外交家，久经考验的共产主义战士，中国社会主义改革开放和现代化建设的总设计师，邓小平理论的创立者。

一百年前的今天，邓小平同志出生在四川省广安县。那个年代，中华民族遭受着封建压迫和列强侵略的深重苦难，中国的志士仁人正在黑暗中寻找救国救亡的正确道路。邓小平同志自少年时代起就立志匡扶社稷，救国救民。他早年赴欧洲勤工俭学，并在那里成为中国共产党党员，开始了自己的革命生涯。归国后，他全身心地投入党领导的争取民族独立和人民解

在邓小平同志诞辰一百周年纪念大会上的讲话 149

放的革命斗争。从土地革命、抗日战争到解放战争，邓小平同志作为毛泽东同志的亲密战友，始终坚持正确路线，始终充满革命热情，不畏艰险，勇挑重担，先后担任党和军队的许多重要领导职务，以超人的胆识和卓著的战功，为党中央一系列重大战略决策的实施，为新民主主义革命的胜利和新中国的诞生，建立了赫赫功勋，成为中华人民共和国的开国元勋。

新中国成立后，邓小平同志领导了西南全区的政权建设、社会改造和经济恢复，不久就参加中央领导工作，先后担任中共中央秘书长、中共中央政治局委员。在党的八届一中全会上，他当选为中共中央政治局常务委员会委员、中共中央总书记，成为以毛泽东同志为核心的党的第一代中央领导集体的重要成员，为社会主义制度的建立和社会主义建设的展开，为党的建设的加强和改进，作出了重大贡献。“文化大革命”中，邓小平同志受到错误批判和斗争，被剥夺一切职务。他于一九七三年复出，一九七五年担任中共中央副主席、国务院副总理、中央军委副主席、中国人民解放军总参谋长，主持党、国家和军队的日常工作。不久，由于同“四人帮”进行针锋相对的斗争，他再次被错误地撤职、批判。

粉碎“四人帮”、结束“文化大革命”后，中国面临着重大历史关头。邓小平同志再度恢复工作后，面对“文化大革命”造成的严峻局面，以他的远见卓识、丰富政治经验和高超领导艺术，在千头万绪中首先抓住决定性环节，从端正思想路线入手进行拨乱反正，强调实事求是是毛泽东思想的精髓，旗帜鲜明地反对“两个凡是”的错误观点，支持和领导开展真理标准问题的讨论。在邓小平同志指导下，一九七八年十二月召开的党的十一届三中全会，重新确立了解放思想、实事求是的思想路线，确定把党和国家的工作重点转移到社会主义现代化

①

③

③1984 年 10 月 1 日参加国庆游行的大学生队伍通过天安门时突然展出“小平您好”的横幅。

④

④北京群众自发为邓小平送行。

2004年8月，在邓小平诞辰100周年纪念大会上，胡锦涛发表讲话，高度评价邓小平为民族独立、人民解放和国家富强、人民幸福建立的不朽功勋。

胡锦涛在讲话中指出："邓小平同志是全党全军全国各族人民公认的享有崇高威望的卓越领导人，伟大的马克思主义者，伟大的无产阶级革命家、政治家、军事家、外交家，久经考验的共产主义战士，中国社会主义改革开放和现代化建设的总设计师，邓小平理论的创立者。"

胡锦涛回顾了邓小平为中国人民不懈奋斗的光辉一生。特别指出：

党的十一届三中全会，标志着邓小平同志成为党的第二代中央领导集体的核心。邓小平同志同中央领导集体一起，顺应时代要求和人民愿望，指导我们党系统总结建国以来的历史经验，解决了科学评价毛泽东同志的历史地位和毛泽东思想的科学体系、根据新的实际和发展要求确立中国社会主义现代化建设的正确道路这样两个相互联系的重大历史课题，根本否定了“文化大革命”的错误实践和理论，为我们党和国家发展确定了正确方向。邓小平同志响亮提出了走自己的路、建设有中国特色社会主义的伟大号召，领导我们党在新中国成立以来革命、建设实践的基础上，成功走出了一条建设中国特色社会主义新道路。

胡锦涛总结了邓小平作为一位伟大领袖的崇高品德、博大胸怀、卓越胆识、革命风格：解放思想、实事求是，始终坚持一切从实际出发，以巨大的政治勇气和理论勇气，不断开拓马克思主义和中国特色社会主义事业发展新境界；热爱人民、心系人民，始终对人民群众怀着无比深厚的感情，把为中国人民谋幸福作为毕生奋斗的目标；目光远大、襟怀宽广，始终站在国际大局和国内大局相互联系的高度审视中国和世界的发展问题，思考和制定中国发展战略；无私无畏、光明磊落，始终把为党和人民事业顽强奋斗作为执着的人生追求，把自己的一切献给了党和人民。

总之，邓小平同志七十多年波澜壮阔的革命生涯，是同中国共产党、中国人民解放军、中华人民共和国的创建和发展紧密联系在一起的，是同我们祖国和中华民族的面貌发生翻天覆地变化的历史进程紧密联系在一起的。他把毕生心血和精力都贡献给了党和人民事业，贡献给了中国人民，赢得了全党全国人民衷心爱戴，也赢得了各国人民普遍尊敬。

1997 年 2 月 19 日邓小平逝世，时任联合国秘书长的安南说：“邓小平在中国这个朝气蓬勃的时期留下了不可磨灭的印记。”美国前总统克林顿得知邓小平逝世的消息后，说的第一句话是：“邓小平是过去 20 年里世界舞台上的杰出人物。”

江泽民同志也深刻指出：如果没有邓小平同志，中国人民就不可能有今天的新生活，中国就不可能有今天改革开放的新局面和社会主义现代化的光明前景。

是的，难以想象，如果没有邓小平，中国的崛起之路还会平添多少坎坷与困难。

让我们从心底，向伟人再道一声：“小平您好”！

2005

飞天中国

——“这一刻，我们都是幸福的追梦人”

继2003年杨利伟首次遨游太空后，2005年10月12日至17日，神舟六号载人飞船首次将两名航天员送上太空，完成了中国真正意义上有人参与的空间飞行试验。2019年1月3日，嫦娥四号成功登陆月球背面，传回世界第一张近距离拍摄月背影像图。2020年6月23日，北斗三号全球卫星导航系统最后一颗组网卫星成功发射，完成全球系统星座部署，这是“我国从航天大国迈向航天强国的重要标志”。

②

①2003 年 10 月 15 日中国第一位航天员杨利伟从太空向世界各国人民问好，并在神舟五号飞船舱内展示联合国旗帜和中国国旗。
②2005 年 10 月神舟六号飞船发射成功。

①

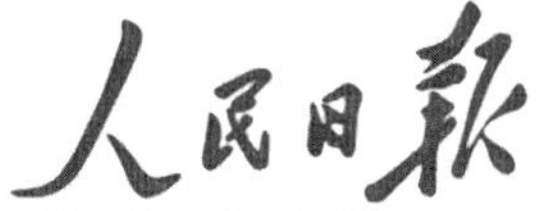

人民日报 号外

PEOPLE'S DAILY 2019年1月3日

人类首次！嫦娥四号成功登陆月球背面

传回世界第一张近距离拍摄月背影像图

嫦娥四号·月球背面

③

③2019 年 1 月 3 日《人民日报》号外。

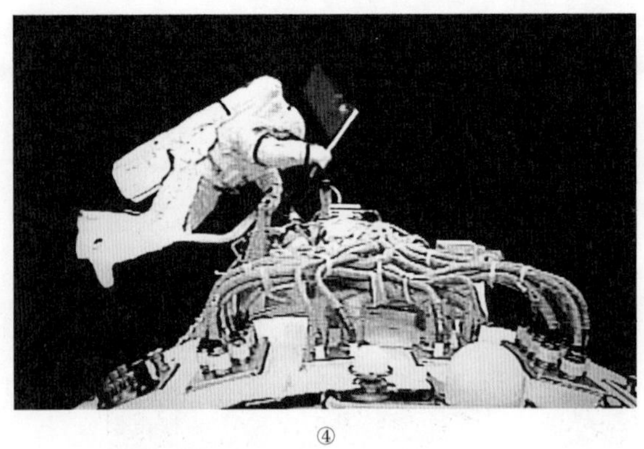

④

人民日报 2020年6月24日 星期三 11 文化

核心阅读

来之不易 继续奋斗

众星汇齐 北斗聚力

⑤

④ 2008 年 9 月神舟七号载人航天飞行圆满成功，航天员翟志刚实现了太空行走，中国成为世界上第三个独立掌握空间出舱关键技术的国家。图为 9 月 27 日翟志刚出舱后挥动中国国旗。

⑤ 2020 年 6 月 24 日《人民日报》。

2005

探索浩瀚宇宙，发展航天事业，建设航天强国，是中国不懈追求的航天梦。经过几代航天人的接续奋斗，继“两弹一星”后，中国航天事业又创造了以载人航天、月球探测、卫星导航等为代表的辉煌成就，走出了一条自力更生、自主创新的发展道路，积淀了深厚博大的航天精神。

从“神五”到“神十一”

2003 年 10 月 15 日上午 9 时整，中国自主研制的神舟五号载人飞船在酒泉卫星发射中心用“长征”二号 F 型运载火箭发射升空。9 时 9 分 50 秒，飞船准确进入预定轨道，将中国首位航天员杨利伟成功送上太空。10 月 16 日，神舟五号载人飞船绕地球飞行 14 圈后，按预定时间在内蒙古主着陆场成功着陆，与理论着陆点仅相差 4.8 公里，与飞船一起平安回来的还有中国航天第一人杨利伟。短暂的 21 小时，创造了中国历史上首次载人航天的完美旅程。

11 月 7 日，中共中央、国务院、中央军委在人民大会堂举行庆祝中国首次载人航天飞行圆满成功大会。中共中央总书记、国家主席胡锦涛发表重要讲话。他指出：

> 神舟五号载人飞船首次把我国航天员成功送入浩瀚的太空并安全返回，这一举世瞩目的重大科技活动向世界庄严宣告，中国已成为世界上第三个独立掌握载人航天技术的国家。……
>
> 我国首次载人航天飞行圆满成功充分表明，中华民族是具有非凡智慧和伟大创造力的民族，是勤劳勇敢、自强不息的民族。我们有志气、有信心、有能力屹立于世界民族之林，为人类和平与发展的崇高事业作出自己的贡献。[①]

2005 年 10 月 12 日，神舟再度飞天，中华续写辉煌。9 时 9 分 52 秒，中国自主研制的神舟六号载人飞船，在酒泉卫星发射中心发射升空后，准确进入预定轨道。神舟六号载人飞船的飞行，是中国第二次进行载人航天飞行，也是中国第一次将两名航天员同时送上太空。17 日凌晨 4 时 33 分，在经过 115 小时 32 分钟的太空飞行，完成中国真正意义上有人参与的空间科学实验后，神舟六号载人飞船返回舱顺利

① 《胡锦涛文选》第 2 卷，人民出版社 2016 年版，第 109—110 页。

着陆，航天员费俊龙、聂海胜安全返回。

2008年9月27日16时41分00秒，中国航天员翟志刚打开神舟七号载人飞船轨道舱舱门，首度实施空间出舱活动，实现了中国空间技术发展具有里程碑意义的重大跨越，标志着中国成为世界上第三个独立掌握空间出舱关键技术的国家，茫茫太空第一次留下中国人的身影。

2012年6月18日、24日，神舟九号载人飞船与天宫一号目标飞行器先后成功进行自动交会对接和航天员手控交会对接。

2016年10月17日，神舟十一号飞船发射升空，在轨飞行期间，2名航天员在天宫二号与神舟十一号组合体内开展了为期30天的驻留，完成一系列空间科学实验和技术试验，11月18日成功返回。

改革开放四十多年来，中国的综合国力得到了极大提升，这是中国载人航天工程在比较短的时间里不断取得历史性突破的重要保障。自1992年中国启动载人航天工程以来，神舟飞船已经10余次出征。中国载人航天事业一步一个脚印，走得坚定而从容：从无人到多人，从舱内到舱外……这是中国航天人的新高度，是中国航天事业的新高度，是中华民族的新高度。

嫦娥奔月

从绕月探测工程正式立项，到“中国第一幅月图”完美亮相，这项浩大的科技工程仅仅经过了3年多时间。

2004年1月23日，国家正式批准了嫦娥一号计划的实施方案。2007年10月24日18时，世界的目光再次对准了位于大凉山腹地的西昌卫星发射场。再过5分钟，中国首颗绕月卫星嫦娥一号将在此升空，国际探月舞台上将增添一名新成员。

为提高嫦娥一号入轨成功率，此次发射提出了“零发射窗口”的目标，即在预先计算好的发射时间段内，分秒不差地将火箭点火升空。经专家严密测算，嫦娥一号的“零发射窗口”为18时05分。随着一声令下，有“金手指”之称的操作手皮水兵果断地按下红色“点火”按钮。数秒钟之后，烈焰四起，声震山谷，长征三号甲运载火箭如一条白色的巨龙拔地而起，直冲云霄。起飞约10秒后，火箭按程序转弯，向东南方向飞去，很快钻入云层，隆隆巨响在天地间回荡。

18时24分，卫星成功入轨的消息从北京航天飞行控制中心传来，指挥控制大厅内顿时爆发出热烈的掌声。18 时 30 分，北京航天飞行控制中心成功将嫦娥一号卫星近地点从 200 公里抬升到 600 公里，顺利完成了第一次变轨控制。10 月 26 日 17 时 44 分，北京航天飞行控制中心向嫦娥一号卫星发出指令，开始实施第二次变轨。11 分钟后，远望三号测量船传来消息，卫星变轨成功。10 月 29 日 18 时 01 分，嫦娥一号成功实施了第三次变轨。10 月 31 日 17 时 28 分，嫦娥一号卫星成功实施第四次变轨，顺利进入地月转移轨道，开始飞向月球。11 月 5 日 11 时 37 分，北京航天飞行控制中心对嫦娥一号卫星成功实施了第一次近月制动，顺利完成第一次“太空刹车”动作。卫星被月球捕获，进入环月轨道，成为中国第一颗月球卫星。

11 月 26 日，国家航天局正式公布嫦娥一号传回的第一幅月面图像，这标志着中国首次月球探测工程取得圆满成功。该幅月球表面图，拍摄于距离月球 200 公里的飞行轨道上，成像区域面积为 128800 平方公里，相当于近 8 个北京市大小。12 月 9 日，国家航天局公布嫦娥一号传回的最新一批月球图片，其中包括中国首张月球三维立体图片。12 月 11 日，国家航天局向媒体发布信息，嫦娥一号卫星 CCD 相机已对月球背面进行成像探测，并获取了月球背面部分区域的影像图。

12 月 12 日上午，庆祝我国首次月球探测工程圆满成功大会在北京人民大会堂举行。胡锦涛在大会上发表讲话强调：

> 我国首次月球探测工程的成功，是继人造地球卫星、载人航天飞行取得成功之后我国航天事业发展的又一座里程碑，实现了中华民族的千年奔月梦想，开启了中国人走向深空探索宇宙奥秘的时代，标志着我国已经进入世界具有深空探测能力的国家行列。这是我国推进自主创新、建设创新型国家取得的又一标志性成果，是中华民族在攀登世界科技高峰征程上实现的又一历史性跨越，是中华民族为人类和平开发利用外层空间作出的又一重大贡献。全体中华儿女都为我们伟大祖国取得的这一辉煌成就感到骄傲和自豪！

2009 年 3 月 1 日 16 时 13 分 10 秒，嫦娥一号卫星在北京航天飞行控制中心科技人员的精确控制下，准确受控撞击在月球东经 52.36 度、南纬 1.50 度的月球丰富海区域，为中国探月一期工程画上圆满的句号。

2013 年 12 月 14 日，嫦娥三号着陆月球虹湾区域。15 日，嫦娥三号着陆器和巡视器“玉兔”号月球车互拍成像。中国探月工程第二步战略目标圆满完成，成为世界上第三个拥有月球软着陆和巡视探测技术的国家。

2018 年 12 月 8 日 2 时 23 分，中国在西昌卫星发射中心用长征三号乙运载火箭成功发射嫦娥四号探测器，开启了月球探测的新旅程。

2019 年 1 月 3 日 10 时 26 分，嫦娥四号探测器成功自主着陆在月球背面南极——艾特肯盆地内的冯·卡门撞击坑内，实现人类探测器首次月背软着陆。嫦娥四号的成功着陆，是人类又一个航天梦想的成功“落地”。

3 日 11 时 40 分，通过“鹊桥”中继星的“牵线搭桥”，嫦娥四号着陆器获取了月背影像图并传回地面。这是人类探测器在月球背面拍摄的第一张图片。年近九旬的“两弹一星”功勋科学家孙家栋院士说：“这一刻，我们都是幸福的追梦人!”

“世界的北斗”

2007 年 4 月 14 日，中国成功发射第一颗北斗二号导航卫星，正式开始独立自主建设我国第二代卫星导航系统。

2017 年 11 月 5 日，北斗三号第一、二颗组网卫星以“一箭双星”方式成功发射，标志着北斗卫星导航系统全球组网的开始。这是和美国全球定位系统（GPS）、俄罗斯格洛纳斯系统、欧洲伽利略系统并列的全球卫星导航系统。

2018 年 12 月 27 日，北斗三号基本系统宣告建成，并开始提供全球服务。

2020 年 6 月 23 日 9 时 43 分，我国在西昌卫星发射中心用长征三号乙运载火箭，成功发射北斗三号最后一颗全球组网卫星，至此北斗三号全球卫星导航系统星座部署比原计划提前半年全面完成。

完成星座部署的北斗三号全球系统，是我国迄今为止规模最大、覆盖范围最广、服务性能最高、与百姓生活关联最紧密的巨型复杂航天系统，也是我国第一个面向全球提供公共服务的重大空间基础设施。

从 1994 年北斗卫星导航系统启动建设以来，20 多年间，西昌卫星发射中心完成 44 次北斗发射，先后将 4 颗北斗一号试验卫星、55 颗北斗二号和北斗三号组网卫星送入预定轨道，任务成功率 100%。2017 年开启全球组网以来，两年半时间，连续成功实施 18 次北斗系统组网发射，将 30 颗北斗三号导航卫星精准送入预定轨道，创造了全球卫星导航系统发射组网速度新纪录。

此次发射的北斗三号全球系统收官之星是第 30 颗北斗三号卫星，是一颗地球静止轨道卫星。经过一系列在轨测试入网后，它将和其他北斗卫星一起提供定位导航授时和其他特色服务，北斗系统也将真正成为“世界的北斗”。

联合国外空司专门发来视频，祝贺北斗系统完成全球组网部署，肯定北斗系统正在推动全球经济社会发展，赞赏北斗系统在和平利用外太空、参与联合国空间活动国际合作等方面作出的巨大贡献。

北斗三号全球系统星座部署完成，是我国从航天大国迈向航天强国的重要标志。

2006

全面取消农业税

2005年12月29日，十届全国人大常委会第十九次会议决定，全国人大常委会于1958年6月3日通过的《中华人民共和国农业税条例》，自2006年1月1日起废止。在中国延续两千多年的农业税正式成为历史。2006年2月22日，国家邮政局发行了一张面值80分的《全面取消农业税》纪念邮票一套一枚。邮票被设计成日历的格式，充满深意：上面一页大大的“税”字正在被撕掉，寓意取消农业税；露出半面的后一页，则是庄稼在彩虹下葱郁生长，寓意取消农业税后农村农业大发展的前景。

②

①

①2006年1月1日起中国停止征收农业税，这一延续两千多年的税种宣告终止。图为2005年12月29日十届全国人大常委会第十九次会议通过废止农业税条例的决定。

②《全面取消农业税》纪念邮票。

1990年2月，国务院发出《关于切实减轻农民负担的通知》，农村税费改革由此拉开序幕。

2000年3月，中共中央、国务院下发《关于进行农村税费改革试点工作的通知》，并在自愿的前提下，在安徽全省进行改革试点。农村税费改革试点的主要内容为“三取消、两调整、一改革”：取消乡统筹费、农村教育集资等专门面向农民征收的行政事业性收费和政府性基金、集资；取消屠宰税；取消统一规定的劳动积累工和义务工；调整农业税和农业特产税政策；改革村提留征收使用办法。此后，农村税费改革试点由点到面稳步推进。

从2004年起，中央连续颁发有关“三农”问题的“一号文件”，提出一系列支农、惠农政策。

2005年12月，十届全国人大常委会第十九次会议通过关于自2006年1月1日起废止《中华人民共和国农业税条例》的决定，从2006年起全面取消农业税，延续两千多年的农业税正式成为历史。农村税费改革减轻了农民负担，使农村税赋制度更加合理，为全面深化农村改革奠定了基础。

2006年10月，中共十六届六中全会作出《中共中央关于构建社会主义和谐社会若干重大问题的决定》，明确提出构建社会主义和谐社会的指导思想、奋斗目标、主要任务，并作出全面部署。

“三农”向好，全局主动。2020年1月2日，中共中央、国务院印发《关于抓好“三农”领域重点工作确保如期实现全面小康的意见》。这份2020年“一号文件”对标对表全面建成小康社会目标，强调坚决打赢脱贫攻坚战，加快补上全面小康“三农”领域突出短板，对做好“三农”工作，确保脱贫攻坚战圆满收官，确保农村同步全面建成小康社会具有十分重要的指导意义。

2007

中共十七大首次网络全球同步直播党代会

2007年10月15日，8时30分，中共十七大首批现场图片传到网上，文字直播同步开始；9时，十七大开幕，人民大会堂国歌响起。伴随着网友们的一次次点击，十七大开幕式的图文和音视频直播信号同步传遍全球……对如此重要的政治活动进行网络全球同步直播，这在党的全国代表大会历史上还是第一次。

②

②中共十七大会场。

①《“大会越来越开放了”》(2007年10月17日《人民日报》)。

2007年10月17日 星期三 第八版 人民日报 时代风采

图说新闻

中国“嫦娥”月底奔月

“大会越来越开放了”

从中央7部门建立新闻发言人制度、中国共产党新闻网开通，到在党的全国代表大会前公布代表名单，从党的十六届四中全会首次提出“逐步推进党务公开”的重大决策，到十七大报告提出“推进党务公开”……中国共产党以更加开放、更加自信的姿态，走到世界面前。

党代会首次网上直播

中国的透明度正在加强

互联网让党群心连心

自信的底气在哪里

沉稳大度的中国、坚定自信的中国、开放透明的中国，将不断给世界新的惊喜

观潮 GUAN CHAO

声音

“把人民群众的新要求和新期待当做执政的第一信号。”

“通过政策杠杆，引导城市医疗人才向农村流动。”

“青年要有崇高理想，永远坚信党，跟党走。”

印象十七大

“詹特派”的大手机

十七大代表

让中国“山鹰”翱翔

①

中共十七大首次网络全球同步直播党代会

2007

③

④

③中共十七大新闻中心。
④读者在北京秋季书市上选购中共十七大相关图书资料。

2007年10月15日至21日，中国共产党第十七次全国代表大会举行。大会正式代表2213人，特邀代表57人，代表全国7300多万党员。胡锦涛作《高举中国特色社会主义伟大旗帜，为夺取全面建设小康社会新胜利而奋斗》报告。大会总结过去五年的工作和改革开放以来的宝贵经验；强调要坚定不移地高举中国特色社会主义伟大旗帜，坚持中国特色社会主义道路和中国特色社会主义理论体系；全面阐述科学发展观的科学内涵、精神实质和根本要求；提出实现全面建设小康社会奋斗目标的新要求。大会通过关于《中国共产党章程（修正案）》的决议，将科学发展观写入党章。

笔记本电脑、数码相机、录音笔、网线、电源……10月15日7时，人民网技术工作人员背着鼓鼓囊囊的大背包赶到了人民大会堂。

人民网设在大会堂现场的直播间里一片忙碌。

除了开幕式，人民网还将实时报道十七大期间的各场新闻发布会、记者招待会、代表团开放讨论等，并现场直播新一届中央政治局常委与中外记者见面会。新华网、中国网、央视国际也都将进行现场直播。

网络，正在成为党代会开放的渠道、沟通的平台。

开幕当天，人民网强国论坛开辟“直播同步评”板块，网民踊跃发帖，对十七大报告中的多个热点问题展开了热烈的讨论。10月16日下午，人民网手机强国论坛发起的“千万手机网友提问党代表”大型联合访谈开始刚一个小时，手机网友就提出近200个问题。参会代表们纷纷表示：“在手机网络上与网友们相见，真是一件新鲜事儿!”

10月16日上午，人民大会堂河南厅内座无虚席，气氛热烈，照相机、摄像机齐齐将焦点对准了正在这里讨论政治报告的河南代表团。这天是大会安排的河南团开放日，开放的河南再度吸引了中外媒体的目光。人民网的记者、编辑更是早早地来到了现场。互联网对党代会代表团的讨论进行现场直播，这还是第一次。

开放的心态，带来开放的形象。十七大，处处都能感受到“开放”两字。

大会上的“新闻大战”，随处可见。十七大新闻中心提供的数据显示：有来自55个国家和地区的310家媒体共1135名记者报名参加了十七大的报道，近700名境外记者在人民大会堂报道十七大的开幕式。

在忙着“捕捉”目标代表的记者人群中，身穿红色马甲的中国少年报小记者和身穿绿色外套的中央电视台小记者引人注目。作为大会开放措施之一，十七大新闻中心批准了这两家媒体派遣6名中小学生到会采访。

“党代会越来越开放了。”“无论是政府层面还是党的层面，中国的开放度与透明度都在日益增强。”采访中，许多记者都这样表示。①

① 以上参见2007年10月17日《人民日报》。

2　0　0　8

汶川抗震救灾，北京梦圆奥运

2008年"5·12"特大地震第二天，三岁男孩郎铮从北川废墟中获救后，向解救他的解放军战士敬礼；地处重灾区的北川中学新区废墟上，红艳艳的五星红旗迎风飘扬……这些画面深深地感动了大家……3个月后，灾难中磨砺的中国，为世界呈现了一届无与伦比的奥运会。

①

① 2008年5月13日三岁男孩郎铮从北川废墟中获救后，向解救他的解放军战士敬礼。

2

0

0

8

②地处重灾区的北川中学新区废墟。

②

③

汶川抗震救灾，

北京梦圆奥运

③北京奥运会上中国代表团入场。

2008年5月12日14时28分，四川汶川发生特大地震。在中共中央、国务院和中央军委坚强领导下，中国组织开展了历史上救援速度最快、动员范围最广、投入力量最大的抗震救灾斗争，夺取了抗震救灾斗争的重大胜利。同年8月8日至24日，第29届夏季奥运会在北京成功举办。这是中国首次举办奥运会。

争分夺秒抗震救灾

这次汶川地震强度烈度高，震级达里氏8.0级，最大烈度达11度，均超过唐山大地震，相当于数百颗原子弹的能量在10万平方公里的区域瞬间释放；影响范围广，波及四川、甘肃、陕西、重庆等16个省（区、市），417个县、4624个乡（镇）、46574个村庄受灾，灾区总面积44万平方公里，受灾人口4561万人；救灾难度大，重灾区多为交通不便的高山峡谷地带，加上地震造成交通、通信中断，河道阻塞，天气恶劣，救援人员、物资、车辆和大型救援设备无法及时进入现场。

地震造成极大破坏，人员伤亡惨重。截至6月27日12时，四川汶川地震已造成69186人遇难，374174人受伤，18457人失踪。倒塌房屋652.5万间，损坏房屋2314.3万间，北川县城、汶川县映秀镇等部分城镇夷为平地。

灾情就是命令，时间就是生命。在第一时间，党中央、国务院果断决策，紧急号令。中共中央总书记、国家主席、中央军委主席胡锦涛立即作出重要指示：尽快抢救伤员，保证灾区人民生命安全。中共中央政治局常委会连夜召开会议，全面部署抗震救灾工作。由国务院总理温家宝任总指挥的抗震救灾总指挥部迅速成立，指挥机构高效运转。主题只有一个："第一位是救人!""一线希望，百倍努力!"

人民生命高于一切！在第一时间，解放军、武警、公安快速反应。震后13分钟，全军启动应急机制。到12日24时，近2万名解放军和武警部队官兵已到达灾区开展救援。24000名官兵紧急空运到重灾区，1万名官兵通过铁路向灾区进发。在第一时间，受灾地区省委、省政府部署救灾，各级干部奔赴现场指挥。在第一时间，国家减灾委、中国地震局、民政部等启动应急预案，派遣救援队伍，调拨救灾物资。在第一时间，中国红十字会、中华慈善总会等发出紧急呼吁，号召全社会伸出援手。

中华大地奔涌空前规模的爱心热流。许许多多城市，献血长龙将血站“挤爆”；7300多万名共产党员以67亿多元的“特殊党费”，表达了对灾区人民的真情牵挂；全国宣传文化系统《爱的奉献》募捐现场，短短4小时募集15亿元；各式衣着各方口音，近20万志愿者奔向灾区；大江南北长城内外，全国各族人民伸出援手。

血脉相通，骨肉相连，全球华人结成空前亲密的生命整体。香港特区搜救队、台湾红十字会搜救队赶赴灾区，港澳台同胞、海外华侨华人遥寄哀思、慷慨解囊。

截至6月27日12时，全国共接收国内外社会各界捐赠款物总计541.31亿元，实际到账款物536.52亿元，已向灾区拨付捐赠款物合计191.61亿元。

再建家园，法制是保障。6月9日，国务院公布《汶川地震灾后恢复重建条例》。这是中国首个专门针对一个地方地震灾后恢复重建的条例，为灾后过渡性安置、调查评估、恢复重建规划、恢复重建等不同阶段提供了行动指南和法律依据。

举全国之力，支援灾区重建。

5月26日，党中央作出了“建立对口支援机制”的决定。

5月27日，国务院明确提出：实行一省帮一重灾县，几省帮一重灾市（州），举全国之力，加快恢复重建。

面对灾难，从大风大浪中走来的拥有五千年历史的中华民族，不会屈服于任何灾难，不会被任何艰难困苦所压倒。正是这种伟大力量，推动着中华民族生生不息，开拓前进。

一届无与伦比的奥运会

北京奥运，百年梦圆。45亿不同肤色、不同语言、不同国家和地区的观众共同分享北京奥运会的快乐。来自204个国家和地区的一万多名运动员挑战极限、攀越新高，刷新了38项世界纪录、85项奥运会纪录。

中国健儿以51枚金牌、100枚奖牌的优异成绩和崭新风貌令世界瞩目；百万志愿者以他们的亲切微笑和周到服务令世人称颂。

“两个奥运，同样精彩”。北京残奥会上，残疾运动员自强不息、奋勇拼搏，为世人诠释了“同一个世界、同一个梦想”的主题，传播了“超越、融合、共享”的理念，展现了人类坚忍不拔的精神。

北京，呈现给世人一届无与伦比的奥运会。

北京奥运会场馆和相关设施令人赞叹，实施“三大理念”成果显著。北京奥运会计划使用37个比赛场馆，56个训练场馆。比赛场馆中，在京31个，其中新建12个，改扩建11个，临建8个。其余6个分别为：青岛的帆船赛场、香港的马术赛场以及天津、上海、沈阳、秦皇岛4个城市的足球赛场。在奥运场馆建设中，落实“三个奥运”理念，实施了600多个项目，在技术保障、生态环境、人文环境等方面取得了重要成果。在所有奥运场馆建设中广泛采用建筑节能、数字模拟、体育工艺等先进技术。同时建成了第一个智能光传送网络，使北京奥运会成为第一个宽带奥运会。

北京奥运会会徽、吉祥物、奖牌、口号成为特色。筹办奥运以来，先后发布了北京奥运会会徽、吉祥物、主题口号等主要标志，得到了国内外的广泛好评。这些标志有三个特点：一是突出中国文化的特色；二是与奥运标志巧妙结合；三是突出了体育运动的特点。火炬采用了如意的造型，装饰了祥云图案。金、银、铜三种奖牌都采用了“金玉良缘”的设计。把玉用在奥运奖牌上，这在奥运史上是第一次。

火炬接力为展示中华文明，传播和谐世界的理念搭建了巨大平台。2007年4月26日，发布了北京奥运会火炬接力计划路线。火炬接力于2008年3月下旬至8月8日举行，历时130天。共有21880名火炬手参加接力活动。火炬接力分为境内、境外两部分，以境内传递为主。境外传递以“和谐之旅”为主题，丝绸之路为主线，立足亚洲，前往五大洲19个国家的19个城市。境内传递的口号是“点燃激情，传递梦想”。历时97天，经过31个省、自治区和直辖市的113个城市，并抵达珠穆朗玛峰。

这是一届消除隔阂、充满友善的奥运会。

8月20日晚上，博尔特创造了新的世界纪录。第二天是他的22岁生日，“鸟巢”9万余观众为他唱起“祝你生日快乐”。全世界几十亿电视观众目睹这一幕。还有比这更豪华气派的生日会吗?

在开幕式上，日本代表团入场，每个人手持日中两国国旗。这在北京奥运会上是唯一，在奥运会历史上也属罕见。各国代表团的旗手，通常是身材高大的、获得过世界冠军的明星担任，如果按照这个思维，日本代表团的旗手应该是世界蛙王北岛康介。但日本代表团的出场旗手是身高 1.55 米、没有拿过金牌的小姑娘福原爱。福原爱在中国学打乒乓球，会讲带东北味的普通话，一个清纯可爱的“瓷娃娃”，她对中国有感情，中日两国人民都喜欢她。她就是一位中日两国人民友善的大使。我们有理由相信，这是日本人民向中国人民释放的友善信号。

闭幕式的前一天，美国花样游泳队在“水立方”入场时，用中英文打出一个巨大的条幅：“谢谢你，中国。”

这是一届奋力拼搏、屡创佳绩的奥运会。

蒙古、多哥、阿富汗、塔吉克斯坦等代表团实现了各自国家金牌、奖牌的历史性突破；菲尔普斯独得 8 金并打破 7 项世界纪录；博尔特包揽男子 100 米、200 米这两颗奥运会“皇冠上的明珠”并双破世界纪录；中国代表团历史上首次跃居金牌榜首位……一项项优异的成绩，一个个辉煌的瞬间，让人类骄傲，让世界沸腾。

这是一届彰显人性、迸发真情的奥运会。

俄罗斯选手帕杰林娜和格鲁吉亚选手萨鲁克瓦泽在女子气手枪决赛结束后相拥相吻，让人类追求和平的天性尽情展现；从一群年龄只有自己一半的小女孩手中夺得一枚银牌，德国体操女选手丘索维金娜“高龄”参赛，为自己的儿子筹措治病费用，伟大的母爱感天动地；颁奖仪式上，德国举重选手施泰纳眼含热泪把亡妻苏珊的照片和奥运金牌高高举起，现场和电视机前的观众无不动容；南非残疾姑娘杜托伊特在游完 10 公里游泳马拉松后直言“我从来没想到过自己少一条腿”，激情四射，豪气冲天。

2008 年 8 月 8 日至 24 日，人类文明史将收录、珍藏、传颂这辉煌的日子！

没有一个春天不会花开，没有一个秋天不结硕果。

2008 年，这一年，很难。但是，我们中国人，挺过来了！在灾难中奋起，创造奇迹，超越梦想！

历史已经证明并且将继续证明：“任何困难都难不倒英雄的中国人民！”

2009

两岸一家亲

——从两岸实现全面直接双向“三通”到两岸领导人首次会面

1979年新年伊始，全国人大常委会发表《告台湾同胞书》，呼吁海峡两岸和平统一，标志着祖国大陆对台政策的重大发展。2009年6月30日，台湾当局开放大陆资本赴台投资。2015年11月7日，中共中央总书记、国家主席习近平同台湾方面领导人马英九在新加坡会面，这是新中国成立66年来两岸领导人首次会晤，开创了两岸领导人直接对话沟通的先河，翻开了两岸关系历史性的一页。

RENMIN RIBAO

中华人民共和国全国人大常委会

告台湾同胞书

（一九七九年一月一日）

①

①1979年1月1日《人民日报》刊登《告台湾同胞书》。

②2008 年 12 月 18 日两岸空中直航福州至台北首航。图为乘坐两岸直航包机赴台湾的乘客在福州长乐国际机场登机。

②

4 2009年4月27日 星期一 要 闻 人民日报

中国木偶艺术剧院有限责任公司

转企改制两年多净资产增长48%

王毅会见江丙坤时提出

互信为重 逐步破解难题 经济为先 循序全面发展

海协会与海基会签署三项协议

- 《海峡两岸金融合作协议》
- 《海峡两岸空运补充协议》
- 《海峡两岸共同打击犯罪及司法互助协议》

两会就陆资赴台投资事宜达成共识

海协会海基会举行第三次会谈

人民论坛

驶向"深蓝"的中国海军

③

③2009 年 4 月 26 日海协会会长陈云林与台湾海基会董事长江丙坤在南京紫金山庄签署协议，宣布将开通两岸定期航班、就大陆资本赴台投资达成共识（2009 年 4 月 27 日《人民日报》）。

2008年3月，在台湾地区举行的选举中，国民党重新执政。2009年7月4日，两岸正式开通周末包机直航。8月31日，两岸定期航班正式开通。至此，两岸实现全面直接双向“三通”。

2015年11月7日下午，中共中央总书记、国家主席习近平同台湾地区领导人马英九在新加坡会面，就进一步推进两岸关系和平发展交换意见。这是新中国成立66年来两岸领导人的首次会面，翻开了两岸关系历史性的一页。

习近平总书记强调，我们今天坐在一起，是为了让历史悲剧不再重演，让两岸关系和平发展成果不得而复失，让两岸同胞继续开创和平安宁的生活，让我们的子孙后代共享美好的未来。面对新形势，站在两岸关系发展的新起点上，两岸双方应该胸怀民族整体利益、紧跟时代前进步伐，携手巩固两岸关系和平发展大格局，共同实现中华民族伟大复兴。习近平就此提出4点意见：

第一，坚持两岸共同政治基础不动摇。7年来两岸关系能够实现和平发展，关键在于双方确立了坚持“九二共识”、反对“台独”的共同政治基础。没有这个定海神针，和平发展之舟就会遭遇惊涛骇浪，甚至彻底倾覆。

第二，坚持巩固深化两岸关系和平发展。近30多年来，两岸关系总体面貌发生了历史性变化。2008年后，两岸关系走上和平发展道路，处于1949年以来最好的时期。要和平不要冲突、要交流不要隔绝、要协商合作不要零和对抗，成为两岸同胞的共同心声。两岸关系已经不再处于以前那种激烈冲突、尖锐对抗的敌对状态。

第三，坚持为两岸同胞多谋福祉。两岸一家亲，家和万事兴。我们推动两岸关系和平发展，着眼点和落脚点是要增进同胞的亲情和福祉，让两岸同胞过上更加美好的生活。只要是有利于增进两岸同胞的亲情和福祉的事，只要是有利于推动两岸关系和平发展的事，只要是有利于维护中华民族整体利益的事，两岸双方都应该尽最大努力去做，并把好事办好。

第四，坚持同心实现中华民族伟大复兴。中华民族有延绵5000多年的灿烂文明，但近代以来却屡遭列强欺凌。120年前，台湾惨遭外族侵占，成为全民族的剜心之痛。1945年抗战胜利，台湾光复，才洗刷了半个世纪的民族耻辱。透过历史风云变幻，可以深切体会到，两岸是不可分割的命运共同体。民族强盛，是两岸同胞之福；民族弱乱，是两岸同胞之祸。实现中华民族伟大复兴，与两岸同胞前途命运息息相关。当前，我们比以往任何时候都更加接近、更有能力实现这个伟大梦想。我们在几 0
十年的时间内走完了世界上很多国家几百年的发展历程。我相信，实现中华民族伟大复兴，台湾同胞定然不会缺席。

马英九表示，2008 年以来，两岸共同创造和平稳定的台海局势，获得两岸及国际社会普遍赞扬，要善加珍惜。“九二共识”是实现两岸关系和平发展的共同政治基础，两岸要巩固 0
“九二共识”，扩大深化交流合作，增进互利双赢，拉近两岸心理距离，对外展现两岸关系可以由海峡两岸和平处理，同心协力，为两岸下一代创造更美好的未来。

正如习近平总书记多次强调的，两岸同胞是打断骨头连着 9
筋的同胞兄弟，是血浓于水的一家人。我们应该以行动向世人表明：两岸中国人完全有能力、有智慧解决好自己的问题，并共同为世界与地区和平稳定、发展繁荣作出更大贡献。

2010

上海世博会

——丹麦小美人鱼96年来第一次离开家乡来到中国

“我们尊重中国，愿意与中国人民一起分享丹麦最好的珍宝。”丹麦馆参展总代表白慕申表示。这是丹麦小美人鱼96年来第一次离开家乡，来到世博会。8年筹办、6个月举办，建设世博史上最大园区，聚合246个国家和地区参展。7300万参观者，不但兑现申博承诺，也为世博会历史增添了一项前无古人的新纪录——上海世博会不断创造惊喜。

人民日报
RENMIN RIBAO
人民网 网址：http://www.people.com.cn
手机：http://wap.people.com.cn

2010年10月
31
星期日
庚寅年九月廿四
人民日报社出版
国内统一连续出版物号
CN 11-0065
第22758期（代号1-1）
今日8版

九州向洋 文明盛典

——写在上海世博会闭幕前夕

本报记者 郝 洪 曹玲娟 王有佳

10月30日，上海世博园满溢依依之情。上海交大的“小白菜”们守在出口，一声声地向离园游客道别——10月31日，上海黄浦江两岸延续了半年之久的世博盛会，就要谢幕了。

东道主邀约五湖四海共赴上海世博盛会。8年筹办、6个月举办，建设世博史上最大园区，聚合246个国家和地区参展。在挥别世博的前夕，参观者一举突破7000万人次，不但提前兑现申博承诺，也为世博会历史增添了一项前无古人的新纪录——上海世博会不断创造惊喜。

国际展览局秘书长洛塞泰斯不久前在世博会公众参与馆，高度评价本届世博会：“世博会组织方努力而卓越的工作为世界树立了典范。上海世博会为世博会事业注入了新鲜血液和活力，取得了巨大成功，世界各国媒体给予了积极评价，各国参与世博会的热情也日益高涨。上海世博会是世博历史上的一次重要转折点，必将有力促进世博会事业的发展。”

在手指轻点就能遍览全球的今天，曾被一些人悲观地认为过时的展示方式——世界博览会，在中国获得新生。7000余万人次的游客，见证了上海世博会的成功、精彩、难忘。

回顾办博历程，托举精彩的，是一个国家的远见，一座城市的创新；是一个民族的进取意识，也是人类社会对和平发展、对“城市，让生活更美好”的一份执着。

一个国家的远见

中央的鼎力支持，让世博生根开花结果

2002年12月3日，摩纳哥蒙特卡洛，当地时间下午3时40分。国际展览局主席诺盖斯宣布：中国上海市获得2010年世界博览会举办权！

格林马迪会议宫瞬时掌声如潮。中华民族百年梦想，终于实现。

这一刻，距中国商人徐荣村参展首次召开的伦敦世博会151年，距晚清小说家陆士谔在《新中国》杂志上预言万国博览会将在上海浦东召开92年，距新中国首次参加的美国诺克斯维尔世博会20年。

历史掀开新的篇章，中国进入了改革开放新时期。举全国之力，集世界智慧，世博筹办工作全面展开。

上海世博会的举办凝聚着党中央、国务院的心血。

党的十六大以来，以胡锦涛同志为总书记的党中央，始终把上海世博会筹办工作放在重要位置。胡锦涛先后4次主持召开中央政治局常务委员会会议，专题研究上海世博会筹办工作……

早在20世纪90年代初，以江泽民同志为核心的党的第三代中央领导集体，高度重视中国申办世博工作。中国举办世博会的国梦之旅从此稳步向前迈进。

在党中央的亲切关怀和悉心指导下，上海世博会各项筹办工作始终在有条不紊进行。

2009年是上海世博会筹办的关键之年。中共中央政治局常委会两次听取了筹办工作汇报。2009年年初举行的国务院常务会议强调，必须坚持科学办博、勤俭办博、廉洁办博、安全办博，做深、做细、做实各项工作。

2010年是上海世博会的决战之年。胡锦涛、吴邦国、温家宝、贾庆林、李长春、习近平、李克强、贺国强、周永康等中央领导同志不仅专门听取上海世博会组委会的专题汇报，审看中国馆的设计方案，还非常关心上海世博会筹办的每一个重要节点和进程，作出了一系列明确指示，使上海世博会筹办工作顺利推进。

2010年4月30日晚上，举世瞩目的上海世界博览会开幕式在世博文化中心隆重举行，全世界的目光聚焦中国，聚焦上海……

国家主席胡锦涛出席开幕式并宣布上海世博会开幕。党和国家领导人李长春、习近平、李克强、贺国强、周永康等出席开幕式，他们走进一个个展馆，边看边听边问，亲身感受每个展馆的独特魅力，勉励大家做好展馆管理和服务工作，真正把上海世博会办成一届成功、精彩、难忘的世博会。

上海世博会举办期间，党中央、国务院始终在深情关注着上海世博会，就世博会工作作出一项项新的部署。

（下转第五版）

①

① 2010年10月31日《人民日报》头版关于上海世博会的报道。

②丹麦国家的骄傲——美人鱼在上海世博会上亮相。

②

③

③夜幕下的上海世博会中国馆。

夜幕下的上海世博园区“一轴四馆”全景。《新民晚报》记者孙中钦摄。

2010年4月30日，上海世界博览会举行开幕式。10月31日，博览会闭幕。上海世博会是新中国成立以来中国举办的规模最大、持续时间最长的国际活动。

面对艰巨繁重的任务和前所未有的挑战，中国举全国之力、集世界智慧，坚持发挥社会主义制度能够集中力量办大事的政治优势，紧紧依靠人民群众，深入开展园区党的建设，主动加强国际合作，为上海世博会取得成功提供了有力保障。

上海世博会围绕“城市，让生活更美好”的主题，秉承和弘扬理解、沟通、欢聚、合作的世博理念，创造和演绎了一场精彩纷呈、美轮美奂的世界文明大展示，以一届成功、精彩、难忘的世博会胜利载入世博会史册。

曾经战火纷飞的伊拉克和阿富汗排除万难，终于出现在上海世博园；尽管融资和建馆一波三折，美国馆最后圆满亮相；外形简洁，创意无限，英国的“种子圣殿”惊艳于众；第一次参展世博的朝鲜，拥有1000平方米的独立展馆，每天接待近2万名观众；智利馆火速运来解救矿难工人的“功臣”“凤凰一号”救生舱，吸引大批中国游客特地前往；马里总统在参观非洲联合馆之后，立刻指示增派该国最优秀的舞蹈演员，数天后，舞蹈演员博卡里、易卜拉欣带着马里人民的祝福，在非洲联合馆上演激情四溢、热烈奔放的舞蹈……

闪亮的“中国红”周围，全国31个省区市及港澳台展馆，都拿出了自己的看家绝活儿，备受追捧。呈现鸟巢、水立方、国家大剧院、

天坛四个标志性建筑的北京馆；三面外墙采用1600盏LED灯的天津“竹立方”；以基因方式展现“京畿之地、魅力河北”的河北馆；展现灾后重建场景的四川馆；由5000多块曲线钢板连接而成的世博园最酷钢结构“湖北馆”；还原港人“智能生活”的香港馆……各省区市馆日接待观众9万多人，接近国家馆接待能力的两倍，最高一天接待过14万观众。

7300多万参观者井喷般的热情，缓缓排队的耐心，令世界感动。更有甚者，不止一个海外展馆，被中国人异乎寻常的排队耐心与热情所打动，开始更新、充实自己的展示，来表示对游客漫长等待的尊重。

德国媒体《欧洲新报》在头版发表题为《中国，请跳个舞》的文章，指出，中国上海投入巨大力量承接这场世界上最重大的超级展会，其功用与意义不言而喻。现在，中国做东的“舞蹈”缓缓落幕，一个新的历史时刻却在中国诞生——正如作家王蒙所说：100多年过去，60年过去，现在终于可以比较明朗、比较大步与大度地走向世界与邀请世界走向我们了……[①]

① 参见郝洪、曹玲娟、王有佳：《九州向洋　文明盛典——写在上海世博会闭幕前夕》，《人民日报》2010年10月31日。

利比亚撤侨

——“感谢祖国！祖国是我们的坚强后盾！”

2011年2月22日至3月5日，因利比亚国内形势发生重大变化，中国政府分批组织船舶、飞机，安全有序撤离中国在利比亚人员（包括港澳台同胞）35860人。这是新中国成立以来最大规模的有组织撤离海外中国公民行动。《人民日报》进行了相关报道。

人民日报　视点　2011年2月24日 星期四　9

千方百计保障我人员安全　千方百计保障我财产安全

首架撤离在利人员包机起飞

核心提示

鉴于近日利比亚安全形势发生重大变化，党中央、国务院十分关心我驻利人员安全，要求有关方面迅即采取切实有效措施，全力保障我驻利人员生命财产安全。国务院决定成立应急指挥部，负责组织协调我驻利人员撤离及有关安全保障工作。23日下午，首架民航包机从北京首都国际机场出发。

热点解读

车船税法草案进入二审

近九成车主名义税负未增加

①

①2011年2月24日《人民日报》关于中国组织从利比亚撤侨的相关报道。

鉴于北非国家利比亚安全形势发生重大变化，党中央、国务院十分关心中国驻利人员安全，要求有关方面迅即采取切实有效措施，全力保障中国驻利人员生命财产安全。中国政府决定立即调派民航包机和附近海域的运输船只，并就近租用大型邮轮和大客车赶赴利比亚附近，随时准备进入利比亚，分批组织包括港澳台同胞在内的中国在利比亚人员撤离。

2011年2月22日，根据国务院应急指挥部的统一部署，交通运输部立即成立人员撤离、船舶安全保障两个工作组并派出一名船长参加国务院应急指挥部前方工作组，全力协助中国在利比亚人员撤离及有关安全保障工作。

截至23日下午，交通运输部已经调派在附近海域的中远集团、中海集团各两艘货轮抵达利比亚班加西港接应。在外交部和中国驻希腊大使馆的指导下，中国船级社已协调希腊4艘渡船并派员随船抵达班加西港，另外3艘希腊渡船也将于24日抵达。

截至23日下午，从利比亚撤到埃及边境口岸萨卢姆的83名中建公司工人，已经顺利抵达埃及北部沿海城市亚历山大，其中有23人已经顺利登机返回祖国。

23日，中国驻埃及大使馆还帮助撤离了为中国公司工作的两名外籍员工。

北京时间3月5日23时15分，中国政府协调派出的上海航空公司包机抵达上海，从马耳他接回最后一批中国从利比亚撤出人员149人。至此，中国撤离在利比亚人员行动圆满结束。2月22日至3月5日，中国政府协调派出91架次民航包机、12架次军机，5艘货轮、1艘护卫舰，租用35架次外国包机、11艘次外籍邮轮和100余班次客车，海、陆、空联动，完成了新中国成立以来最大规模的有组织撤离海外中国公民行动。

这次行动首创了四个第一次：第一次发挥海、陆、空联动的组合优势；第一次大规模动用民航飞机和租用外航及他国邮轮；第一次发明设计了中国公民紧急旅行证件；第一次采用摆渡方式同步撤离。

有工作组成员回忆说，当工作组历经艰难通过50多个检查站关卡，来到利比亚与突尼斯交界的拉斯杰迪尔口岸时，已经有600多名中国工人聚集在附近的沙漠地带等候出关。看到中国国旗，不少工人热泪盈眶。这批工人中有580多人的护照搁置在利比亚移民局，工作组和中国驻利比亚使馆工作人员在一天一夜内办好了最新出国证明，及时将他们送到了突尼斯。

感谢祖国！祖国是我们的坚强后盾！——这是35860人发自内心的感叹。

2　0　1　2

中共十八大和提出中国梦

——中国特色社会主义进入新时代

2012年11月15日上午，习近平总书记率刚刚当选的十八届中央政治局常委在热烈的掌声中同中外记者亲切见面。习近平总书记表示：责任重于泰山，事业任重道远。我们一定要始终与人民心心相印、与人民同甘共苦、与人民团结奋斗，夙夜在公，勤勉工作，努力向历史、向人民交出一份合格的答卷。11月29日，习近平总书记在国家博物馆参观《复兴之路》展览时首次提出为实现中国梦而奋斗。他指出，实现中华民族伟大复兴，就是中华民族近代以来最伟大的梦想。2017年“砥砺奋进的五年”大型成就展在北京展览馆举办。

②

①中共十八大代表入场。新华社记者李鑫摄。
②中国梦。

①

③

③"砥砺奋进的五年"大型成就展在北京展览馆举办。作者摄于2017年10月。

④

④ 2018 年 11 月 5 日以“新时代，共享未来”为主题的首届中国国际进口商品博览会在上海开幕。

2012 年 11 月 8 日至 14 日，中国共产党第十八次全国代表大会举行。大会正式代表 2268 人，特邀代表 57 人，代表全国 8200 多万党员。胡锦涛作《坚定不移沿着中国特色社会主义道路前进，为全面建成小康社会而奋斗》报告。大会回顾和总结过去五年的工作和中共十六大以来的奋斗历程及取得的历史性成就，把科学发展观确立为党的指导思想，选举产生党中央新的领导集体，开启了开创中国人民和中华民族更加美好未来的崭新征程。

中国特色社会主义进入新时代

中共十八大的召开，标志着中国特色社会主义进入新时代。它意味着近代以来久经磨难的中华民族迎来了从站起来、富起来到强起来的伟大飞跃，迎来了实现中华民族伟大复兴的光明前景；意味着科学社会主义在 21 世纪的中国焕发出强大生机活力，在世界上高高举起了中国特色社会主义伟大旗帜；意味着中国特色社会主义道路、理论、制度、文化不断发展，拓展了发展中国家走向现代化的途径，给世界上那些既希望加快发展又希望保持自身独立性的国家和民族提供了全新选择，为解决人类问题贡献了中国智慧和中国方案。

这个新时代，是承前启后、继往开来、在新的历史条件下继续夺取中国特色社会主义伟大胜利的时代，是决胜全面建成小康社会、进而全面建设社会主义现代化强国的时代，是全国各族人民团结奋斗、不断创造美好生活、逐步实现全体人民共同富裕的时代，是全体中华儿女勠力同心、奋力实现中华民族伟大复兴中国梦的时代，是中国日益走近世界舞台中央、不断为人类作出更大贡献的时代。

总之，中国特色社会主义进入新时代，在中华人民共和国发展史上、中华民族发展史上具有重大意义，在世界社会主义发展史上、人类社会发展史上也具有重大意义。中国特色社会主义必将在新时代展现出更加强大的生命力！

习近平：努力向历史、向人民交出一份合格的答卷

2012 年 11 月 15 日，中共十八届一中全会选举习近平、李克强、张德江、俞正声、刘云山、王岐山、张高丽为中央政治局常委，选举习近平为中央委员会总书记，决定习近平为中央军委主席，批准王岐山为中央纪委书记。11 时 53 分，刚刚当选的十八届中央政治局常委在热烈的掌声中，同中外记者亲切见面。

习近平总书记逐一介绍了新当选的其他 6 位中央政治局常委，代表新一届中央领导机构成员感谢全党同志的信任，并表示定当不负重托，不辱使命。他说，全党同志的重托，全国各族人民的期望，是对我们做好工作的巨大鼓舞，也是我们肩上的重大责任。

习近平总书记强调，人民是历史的创造者，群众是真正的英雄。人民群众是我们力量的源泉。我们深深知道，每个人的力量是有限的，但只要我们万众一心、众志成城，就没有克服不了的困难；每个人的工作时间是有限的，但全心全意为人民服务是无限的。

2013

推动构建人类命运共同体

——习近平总书记提出共建“一带一路”重大国际合作倡议

①

2013 年 9 月 7 日、10 月 3 日，习近平分别在哈萨克斯坦纳扎尔巴耶夫大学、印度尼西亚国会发表演讲，先后提出共同建设“丝绸之路经济带”与“21 世纪海上丝绸之路”，即“一带一路”倡议。2017 年 5 月 14 日至 15 日，首届“一带一路”国际合作高峰论坛在北京举行，习近平出席开幕式并发表主旨演讲。

① 2014 年 11 月 18 日义新欧（义乌—马德里）班列正式运行。

携手推进“一带一路”建设 *

（2017 年 5 月 14 日）

尊敬的各位国家元首、政府首脑，

各位国际组织负责人，

女士们、先生们、朋友们：

“孟夏之日，万物并秀。”[1] 在这美好时节，来自 100 多个国家的各界嘉宾齐聚北京，共商“一带一路”建设合作大计，具有十分重要的意义。今天，群贤毕至，少长咸集，我期待着大家集思广益、畅所欲言，为推动“一带一路”建设献计献策，让这一世纪工程造福各国人民。

女士们、先生们、朋友们！

2000 多年前，我们的先辈筚路蓝缕，穿越草原沙漠，开辟出联通亚欧非的陆上丝绸之路；我们的先辈扬帆远航，穿越惊涛骇浪，闯荡出连接东西方的海上丝绸之路。古丝绸之路打开了各国友好交往的新窗口，书写了人类发展进步的新篇章。中国陕西历史博物馆珍藏的千年“鎏金铜蚕”，在印度尼西亚发现的千年沉船“黑石号”等，见证了这段历史。

古丝绸之路绵亘万里，延续千年，积淀了以和平合作、开放包容、互学互鉴、互利共赢为核心的丝路精神。这是人类文明的宝贵遗产。

——和平合作。公元前 130 多年的中国汉代，一支从长安出发的和平使团，开始打通东方通往西方的道路，完成了“凿空之旅”[2]，这就是著名的张骞出使西域。中国唐宋元时期，陆上和海上丝绸之路同步发展，中国、意大利、摩洛哥的旅行家杜环、马可·波罗、伊本·白图泰都在陆上和海上丝绸之路留下了历史印记。15 世纪初的明代，中国著名航海家郑和七次远洋航海，留下千古佳话。这些开拓事业之所以名垂青史，是因为使用的不是战马和长矛，而是驼队和善意；依靠的不是坚船和利炮，而是宝船和友谊。一代又一代“丝路人”架起了东西方合作的纽带、和平的桥梁。

——开放包容。古丝绸之路跨越尼罗河流域、底格里斯河和幼发拉底河流域、印度河和恒河流域、黄河和长江流域，跨越埃及文明、巴比伦文明、印度文明、中华文明的发祥地，跨越佛教、基督教、伊斯兰教信众的汇集地，跨越不同国度和肤色人民的聚居地。不同文明、宗教、种族求同存异、开放包容，并肩书写相互尊重的壮丽诗篇，携手绘就共同发展的美好画卷。酒泉、敦煌、吐鲁番、喀什、撒马尔罕、巴格达、君士坦丁堡等古城，宁波、泉州、广州、北海、科伦坡、吉达、亚历山大等地的古港，就是记载这段历史的“活化石”。历史告诉我们：文明在开放中发展，民族在融合中共存。

——互学互鉴。古丝绸之路不仅是一条通商易货之道，更是一条知识交流之路。沿着古丝绸之路，中国将丝绸、瓷器、漆器、铁器传到西方，也为中国带来了胡椒、亚麻、香

* 这是习近平在“一带一路”国际合作高峰论坛开幕式上的演讲。

②

② 2017 年 5 月 14 日习近平总书记在“一带一路”国际高峰论坛开幕式上的演讲。

2013年，习近平总书记总览世界大势，着眼构建中国全方位对外开放新格局，推动构建人类命运共同体，提出了共建“一带一路”这一重大国际合作倡议。倡议旨在聚焦互联互通，深化务实合作，携手应对人类面临的各种挑战，实现互利共赢、共同发展。

2019年4月25日至27日，第二届“一带一路”国际合作高峰论坛在北京成功举办。这是新中国成立70周年之际中国举办的最重要的外交盛会。习近平总书记出席开幕式并发表重要主旨演讲，全程主持领导人圆桌峰会、举行系列外事活动并面向中外媒体介绍峰会成果。40位国家元首、政府首脑等领导人和国际组织负责人齐聚一堂，150个国家、92个国际组织的6000多名外宾共襄盛举。论坛期间召开了高级别会议，举办了12场分论坛和企业家大会。高峰论坛成功举行，开启高质量共建“一带一路”新征程，奏响中国开放发展新乐章，发出维护多边主义的时代强音，树立了中国与世界携手构建人类命运共同体的又一座里程碑。

国务委员、外交部部长王毅在2019年《求是》第9期发表《开启“一带一路”高质量发展新征程》一文，凝练地总结了“一带一路”提出6年来的实践成果：

6年来，中国同“一带一路”国家贸易总额超过6万亿美元，对“一带一路”国家直接投资超过900亿美元，“六廊六路多国多港”的互联互通架构基本形成，一大批合作项目落地生根，首届高峰论坛各项成果顺利落实。“一带一路”国际合作的成功实践，为国际贸易和投资搭建了新平台，为世界经济增长开辟了新空间。

6年来，“一带一路”秉承和平合作、开放包容、互学互鉴、互利共赢的丝路精神，倡导共商共建共享的全球治理观，以实际行动迈出建设开放型世界经济的坚定步伐，为构建更加公正合理的全球治理体系勾画了新愿景。联合国秘书长古特雷斯指出，“一带一路”倡议使全球化更加健康。

6年来，中国同“一带一路”国家共建82个境外合作园区，上缴东道国税费20多亿美元，带动当地就业近30万人，为各国民众带来了更便利生活条件、更良好营商环境、更多样发展机遇。得益于共建“一带一路”，有的国家建起第一条高速公路、第一条现代化铁路，有的国家第一次发展起自己的汽车制造业，有的国家解决了困扰多年的电力紧缺问题。共建“一带一路”成果有力改善了各国民众的衣食住行，也为推动联合国 2030 年可持续发展议程作出了重要贡献。世界银行认为，“一带一路”建设使全球减贫“提速”。 0

“人类命运共同体”“一带一路”“共商、共建、共享”……这些耳熟能详的词汇，随着中国自身发展和对全球治理贡献的增多，被陆续写进联合国决议文件，成为彰显东方智慧的联合
国官方词汇。中巴经济走廊、中老铁路、中泰铁路、匈塞铁路、 1
雅万高铁等一大批标志性项目稳步推进，多个发达国家主动与我开展合作，“一带一路”国际商事争端解决机制启动建立。

6 年来的成功实践充分证明，共建“一带一路”倡议虽源
于中国，但机会和成果属于世界，已经成为最受欢迎的国际公 3
共产品和最大规模的国际合作平台，是中国大国外交谋篇布局的“大写意”。共建“一带一路”的成果越来越多，人气越聚越旺，道路越走越宽，展现出更加广阔的发展前景。

2014

中国特色强军之路

——新古田会议召开

2014年10月30日至11月2日，全军政治工作会议在古田召开。10月31日，习近平在讲话中阐明新的历史条件下党从思想上政治上建设军队的重大问题。这是新世纪举行的第一次全军政治工作会议。12月30日，中共中央转发《关于新形势下军队政治工作若干问题的决定》。2015年11月23日，中央军委印发《领导指挥体制改革实施方案》。

要闻 6 2015年2月2日 星期一 人民日报

《关于新形势下军队政治工作若干问题的决定》诞生记

时代呼唤 战略举措

②

①《在古田会议光芒照耀下继续前进——习近平主席出席全军政治工作会议侧记》(2014 年 11 月 3 日《人民日报》)。 2

②《〈关于新形势下军队政治工作若干问题的决定〉诞生记》(2015 年 2 月 2 日《人民日报》)。

0

2 2014年11月3日 星期一 要闻 人民日报

在古田会议光芒照耀下继续前进

——习近平主席出席全军政治工作会议侧记

①

1

4

③

③解放军某部进行改革强军主题教育。作者摄于 2017 年北京“砥砺奋进的五年”大型成就展。

④

④“听党指挥、能打胜仗、作风优良”宣传板。

中共十八大以来，习近平总书记在新时代坚持和发展中国特色社会主义历史进程中，着眼实现中华民族伟大复兴的中国梦，围绕新时代建设一支什么样的强大人民军队、怎样建设强大人民军队，深入进行理论探索和实践创造，鲜明提出政治建军、改革强军、科技兴军、依法治军，形成了习近平强军思想。

政治建军是立军之本。2014 年全军政治工作会议在福建古田举行。习近平同志在讲话中强调军队政治工作的时代主题是紧紧围绕实现中华民族伟大复兴的中国梦，为实现党在新形势下的强军目标提供坚强政治保证；当前最紧要的是把理想信念、党性原则、战斗力标准、政治工作威信四个带根本性的东西在全军牢固立起来。

2015 年 11 月 24 日，习近平同志在中央军委改革工作会议上讲话指出，要全面实施改革强军战略，坚定不移走中国特色强军之路，建设同中国国际地位相称、同国家安全和发展利益相适应的巩固国防和强大军队。11 月 28 日，中央军委印发《关于深化国防和军队改革的意见》，指出：牢牢把握军委管总、战区主战、军种主建的原则，以领导管理体制、联合作战指挥体制改革为重点，协调推进规模结构、政策制度和军民融合深度发展改革。12 月 31 日，习近平向中国人民解放军陆军、火箭军、战略支援部队授予军旗并致训词。此后，习近平又先后向东部战区、南部战区、西部战区、北部战区、中部战区授予军旗并发布训令，向武汉联勤保障基地和无锡、桂林、西宁、沈阳、郑州联勤保障中心授予军旗并致训词，接见新调整组建的 84 个军级单位主官并发布训令，向军事科学院、国防大学、国防科技大学等授予军旗并致训词，向武警部队授旗并致训词，向国家综合性消防救援队伍授旗并致训词。2016 年 2 月 29 日，全军按新的领导指挥体制运行。

2017 年 11 月，习近平总书记在中共十九大报告中提出全面推进国防 0
和军队现代化建设目标：

适应世界新军事革命发展趋势和国家安全需求，提高建设质量和效益，确保到 2020 年基本实现机械化，信息化建设取得重大进展，战略能
力有大的提升。同国家现代化进程相一致，全面推进军事理论现代化、军 1
队组织形态现代化、军事人员现代化、武器装备现代化，力争到 2035 年基本实现国防和军队现代化，到本世纪中叶把人民军队全面建成世界一流军队。

加强军队党的建设，开展“传承红色基因、担当强军重任”主题教育， 4
推进军人荣誉体系建设，培养有灵魂、有本事、有血性、有品德的新时代革命军人，永葆人民军队性质、宗旨、本色。继续深化国防和军队改革，深化军官职业化制度、文职人员制度、兵役制度等重大政策制度改革，推进军事管理革命，完善和发展中国特色社会主义军事制度。树立科技是核心战斗力的思想，推进重大技术创新、自主创新，加强军事人才培养体系建设，建设创新型人民军队。全面从严治军，推动治军方式根本性转变，提高国防和军队建设法治化水平。

军队是要准备打仗的，一切工作都必须坚持战斗力标准，向能打仗、打胜仗聚焦。扎实做好各战略方向军事斗争准备，统筹推进传统安全领域和新型安全领域军事斗争准备，发展新型作战力量和保障力量，开展实战化军事训练，加强军事力量运用，加快军事智能化发展，提高基于网络信息体系的联合作战能力、全域作战能力，有效塑造态势、管控危机、遏制战争、打赢战争。

坚持富国和强军相统一，强化统一领导、顶层设计、改革创新和重大项目落实，深化国防科技工业改革，形成军民融合深度发展格局，构建一体化的国家战略体系和能力。完善国防动员体系，建设强大稳固的现代边海空防。组建退役军人管理保障机构，维护军人军属合法权益，让军人成为全社会尊崇的职业。深化武警部队改革，建设现代化武装警察部队。

“听党指挥、能打胜仗、作风优良”——人民军队向着党在新时代强军目标奋勇前进。

2015

“抓铁有痕”反腐败

——“百名红通人员”陆续归案

2015年3月26日，中央反腐败协调小组国际追逃追赃工作办公室首次启动针对外逃腐败分子的“天网行动”。4月22日，国际刑警组织中国国家中心局集中公布100名涉嫌犯罪外逃国家工作人员、重要腐败案件涉案人等人员的红色通缉令。外逃分子们纷纷主动归国投案。以习近平同志为核心的党中央以“抓铁有痕”的决心根治腐败。反腐败斗争取得压倒性胜利。

要闻 4 2015年3月27日 星期五 人民日报

国际追逃追赃启动“天网”行动

决不能让腐败分子躲进“避罪天堂”、逍遥法外

今年4月开始——
▶抓捕一批腐败分子
▶清理一批违规证照
▶打击一批地下钱庄
▶追缴一批涉案资产
▶劝返一批外逃人员

孙春兰在河北调研时强调

为协调推进“四个全面”凝心聚力

贯彻落实《关于加快构建现代公共文化服务体系的意见》电视电话会议要求

把“要文化”“送文化”“种文化”结合起来

人民论坛

『笔杆子』永远不能丢

海南国际旅游岛建设发展综合评估报告发布

87.5%指标进展顺利

《习近平用典》海南热销

《人民日报评论年编2014》出版

①

①《国际追逃追赃启动“天网”行动——决不能让腐败分子躲进“避罪天堂”逍遥法外》（2015 年 3 月 27 日《人民日报》）。

②《布下反腐败追逃追赃天罗地网——中央追逃办成立五周年工作回眸》（2019 年 6 月 27 日《人民日报》）。

2015

人民日报　2019年6月27日 星期四　7 要闻

布下反腐败追逃追赃天罗地网

——中央追逃办成立五周年工作回眸

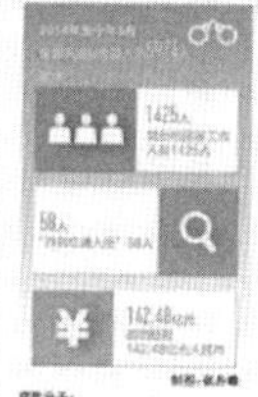

坚定不移推进反腐败追逃追赃工作，为全球反腐败治理作出重要贡献

推动监察体制改革制度优势转化为治理效能，追逃追赃工作成为亮丽名片

织密反腐败国际追逃追赃网络，推动追逃追赃工作高质量发展

国权威发布

38%

334个深度贫困县2018年减贫480万人，占全国减贫总数的38%

4.9

334个深度贫困县贫困发生率比2017年下降4.9个百分点

深度贫困县去年减贫四百八十万人

聚焦脱贫攻坚最突出的短板

“不忘初心、牢记使命”主题教育官方网站和微信公众号正式上线

我国首次实现8K超高清内容5G远程传输

②

③

“抓铁有痕” 反腐败

③2014 年 4 月上海松江方塔园廉政教育基地“清风”志愿者服务队成立。

2019年9月11日，在中央反腐败协调小组国际追逃追赃工作办公室统筹协调下，经广东省追逃办和汕头市监委不懈努力，“百名红通人员”、职务犯罪嫌疑人黄平回国投案自首并积极退赃。这是中共十九大以来第12名归案的“百名红通人员”，也是开展“天网行动”以来第60名归案的“百名红通人员”。

2019年5月29日深夜，经过近20个小时的跨洋飞行，云南锡业集团有限责任公司原董事长、云南省人大常委会财政经济委员会原副主任委员肖建明走下昆明长水国际机场的舷梯，成为第58名归案的“百名红通人员”；而在此前一天，“百名红通人员”、浙江省外逃犯罪嫌疑人莫佩芬选择回国投案并积极退赃，表示“不希望在国外了此残生”。

两天内两名“百名红通人员”归案，是近年来反腐败国际追逃追赃工作取得重大突破的一个缩影。一段时间，外逃贪腐分子“贪了就跑、跑了就了”的现象令广大群众切齿痛恨；而中共十八大以来短短几年，外逃分子们缘何纷纷主动归国投案？

巨大的转变，源自以习近平同志为核心的党中央以“抓铁有痕”的决心根治腐败。从中共十八大到十九大召开5年间，经党中央批准立案审查的省军级以上党员干部及其他中管干部440人。其中，十八届中央委员、候补委员43人，中央纪委委员9人。严肃查处了周永康、薄熙来、郭伯雄、徐才厚、孙政才、令计划等严重违纪违法案件。全国纪检监察机关共接受信访举报1218.6万件（次），处置问题线索267.4万件，立案154.5万件，处分153.7万人，其中厅局级干部8900余人，县处级干部6.3万人，涉嫌犯罪被移送司法机关处理5.8万人。各级纪检监察机关共查处违反中央八项规定精神问题18.9万起，处理党员干部25.6万人。从中共十九大闭幕到2018年底，先后有77名中管干部被立案审查。[①]

2019年，全国纪检监察机关共接受信访举报329.4万件次，处置问题线索170.5万件，谈话函询37.7万件次，立案61.9万件，处分58.7万人。[②]

“不管腐败分子逃到哪里，都要缉拿归案、绳之以法。”习近平总书记高度重视反腐败国际追逃追赃工作，在多个场合就此发表重要讲话。特别是经党中央批准，中央反腐

① 《十八届中央纪律检查委员会向中国共产党第十九次全国代表大会的工作报告》（2017年10月24日中国共产党第十九次全国代表大会通过），《中国共产党第十九次全国代表大会文件汇编》，人民出版社2017年版，第137—138、129页；中共中央党史和文献研究院编：《中华人民共和国大事记》（1949年10月—2019年9月），人民出版社2019年版，第134页。

② 2020年5月28日《人民日报》。

败协调小组于2014年6月27日建立追逃追赃工作协调机制，设立国际追逃追赃工作办公室（以下简称"中央追逃办"）。2019年6月27日《人民日报》发表姜洁、江琳、张丹峰《布下反腐败追逃追赃天罗地网——中央追逃办成立五周年工作回眸》一文，对中央追逃办成立5年来反腐败国际追逃追赃工作取得的成绩进行了回顾总结。

2014年至2019年5月，全国共追回外逃人员5974人，其中党员和国家工作人员1425人。通过追逃追赃布下天罗地网，切断腐败分子后路，有效遏制住了外逃多发势头，为反腐败斗争取得压倒性胜利提供了有力支撑。

集中统一、高效顺畅的协调机制，整合了国内外资源力量，改变了过去"九龙治水"，责任不清、协调不力的局面，一系列重点案件捷报频传：

2014年12月22日，涉嫌严重违纪违法潜逃美国两年半的辽宁省凤城市原市委书记王国强回国投案自首，这是中央追逃办成立后，第一个从美国主动投案的职务犯罪嫌疑人，也是十余年来从美国归案的首名外逃腐败分子；

2015年5月9日，伙同他人侵吞9400万元公款、潜逃新加坡4年之久的"百名红通人员"二号嫌犯李华波被遣返回国；

2016年11月12日，潜逃海外15年之久的"百名红通人员"闫永明退还巨额赃款，缴纳巨额罚金并回国投案自首，实现"人赃俱获、罪罚兼备"的目标；

2016年11月16日，"百名红通人员"头号嫌犯、浙江省建设厅原副厅长杨秀珠归国投案；

2017年10月12日，原胜利油田青岛石油实业有限公司总经理兼临沂中孚天然气开发利用有限公司总经理孔广生投案自首；

2018年7月11日，外逃17年的中国银行开平支行案主犯许超凡被从美国强制遣返回中国；

……

习近平总书记的话语斩钉截铁："不得罪成百上千的腐败分子，就要得罪13亿人民。这是一笔再明白不过的政治账，人心向背的账。"在"打虎""拍蝇""猎狐"的同时，中央用巡视派驻、机制创新、法规建设，构筑起一道道制度的"防火墙"；用科学理论、优秀文化、良好家风，建立起一座座理想信念的精神家园；用群众路线教育实践活动、"三严三实"专题教育、"两学一做"学习教育、"不忘初心、牢记使命"主题教育，营造出风清气正的政治生态。

2 0 1 6

十八届六中全会明确习近平总书记的核心地位

2016年中共十八届六中全会召开后，《人民日报》连续刊发5篇评论员文章，指明：“党的十八大以来的实践充分证明，习近平总书记作为党中央的核心、全党的核心，是众望所归、实至名归，是党心所向、民心所向。明确习近平总书记的核心地位，反映了全党的共同意志，反映了全党全军全国各族人民的共同心愿。”

人民日报
RENMIN RIBAO
2016年10月
30
星期日

增强“四个意识” 维护党中央权威
——二论学习贯彻党的十八届六中全会精神
本报评论员

严肃党内政治生活 净化党内政治生态
各地干部群众热议十八届六中全会

让庄严的法律更有温度

中共十八届六中全会召开后《人民日报》连续刊发5篇评论员文章。

2016

2016 年，金秋北京。在锤头镰刀的巨大党徽前，中央委员会以举手表决的方式，一致通过了党的十八届六中全会公报，这份举世瞩目的公报中正式提出“以习近平同志为核心的党中央”。

一个国家、一个政党，领导核心至关重要。回顾世界社会主义发展的历史，维护权威历来是马克思主义政党建设的重大课题。在总结巴黎公社失败教训时，马克思恩格斯曾深刻指出：“巴黎公社遭到灭亡，就是由于缺乏集中和权威。”列宁也高度重视维护党的权威和革命领袖的权威。他指出：“造就一批有经验、有极高威望的党的领袖是一件长期的艰难的事情。但是做不到这一点，无产阶级专政、无产阶级的‘意志统一’就只能是一句空话。”

从中国共产党历史看，形成坚强的中央领导核心，并维护这个核心的权威，对我们这样的大党、大国尤为重要。毛泽东说：“一个桃子剖开来有几个核心吗？只有一个核心”，“要建立领导核心，反对‘一国三公’”。邓小平也多次阐释中央领导核心问题，强调“要以高度的自觉性来理解和处理”这个问题。1935 年遵义会议前，由于没有形成成熟的党中央，党的事业几经挫折，甚至面临失败危险。遵义会议确立了毛泽东在红军和党中央的领导地位，我们党开始形成坚强的领导核心，从此中国革命便焕然一新。正是在党中央坚强有力的领导下，经过一代又一代中国共产党人团结带领人民接续奋斗，中国革命、建设、改革事业才取得举世瞩目的伟大成就。

当前，我们正处在世界格局深刻调整、国际竞争日趋激烈的时代条件下，正处在国内改革全面深化、发展全面推进的重要时期，党内“四大考验”“四种危险”现实地摆在面前，治国理政担子之重、难度之大超乎想象，我们比任何时候都更需要一个坚强的领导核心。

习近平总书记成为党中央的核心、全党的核心，是在伟大斗争中形成的。中共十八大以来，习近平总书记带领全党全军全国各族人民开创了中国特色社会主义伟大事业和党的建设新的伟大工程新局面，在改革发展稳定、内政外交国防、治党治国治军等方面取得了一系列具有重大现实意义和深远历史意义的成就，实现了党和国家事业的继往开来，赢得了全党全军全国各族人民衷心拥护，受到了国际社会高度赞誉。

中共十八大以来，习近平总书记事实上已经成为党中央的核心、全党的核心。确立习近平总书记为党中央的核心、全党的核心，是我们党的郑重选择，是众望所归、名副其实、当之无愧。

十八届六中全会明确习近平总书记的核心地位

全党必须牢固树立政治意识、大局意识、核心意识、看齐意识，自觉在思想上政治上行动上同以习近平同志为核心的党中央保持高度一致。党的各级组织、全体党员特别是高级干部都要向党中央看齐，向党的理论和路线方针政策看齐，向党中央决策部署看齐，做到党中央提倡的坚决响应、党中央决定的坚决执行、党中央禁止的坚决不做。

2 0 1 7

中共十九大和决胜全面建成小康社会

——确立习近平新时代中国特色社会主义思想为党的指导思想

中共十九大作出中国特色社会主义进入新时代、我国社会主要矛盾已经转化为人民日益增长的美好生活需要和不平衡不充分的发展之间的矛盾等重大政治论断，确立习近平新时代中国特色社会主义思想的历史地位，提出新时代坚持和发展中国特色社会主义的基本方略，确定决胜全面建成小康社会、开启全面建设社会主义现代化国家新征程的目标。

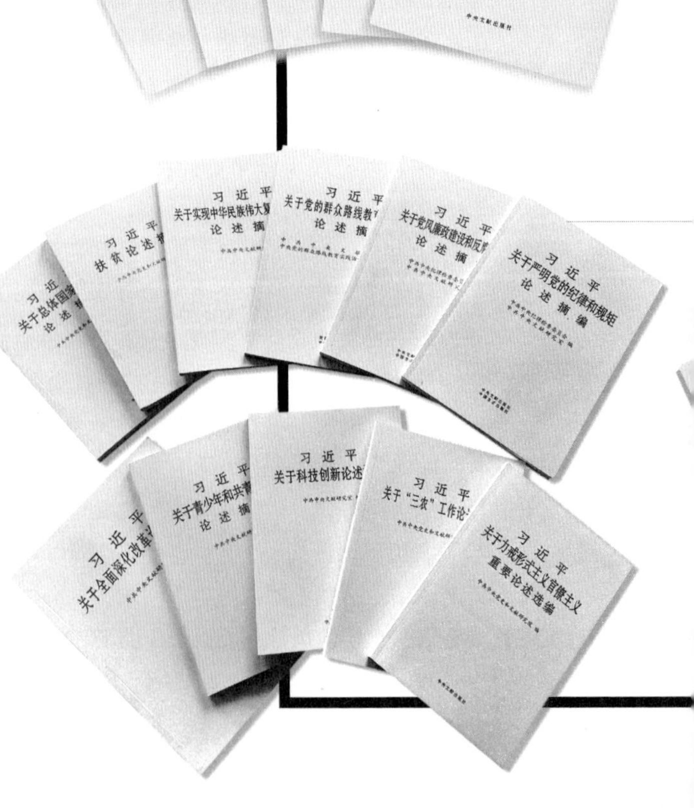

①中共十九大会场。

①

②

②习近平总书记著作。

2017年10月18日至24日，中国共产党第十九次全国代表大会举行。大会应出席正式代表2280人，特邀代表74人，代表全国8900多万党员。习近平作《决胜全面建成小康社会，夺取新时代中国特色社会主义伟大胜利》报告。大会指出，从十九大到二十大，是“两个一百年”奋斗目标的历史交汇期。我们既要全面建成小康社会、实现第一个百年奋斗目标，又要乘势而上，开启全面建设社会主义现代化国家新征程，向第二个一百年奋斗目标进军。

10月25日，中共十九届一中全会选举习近平、李克强、栗战书、汪洋、王沪宁、赵乐际、韩正为中央政治局常委，选举习近平为中央委员会总书记，决定习近平为中央军委主席，批准赵乐际为中央纪委书记。

习近平新时代中国特色社会主义思想是一个博大精深、内涵丰富的科学理论体系，但其中最重要、最核心的内容是中共十九大报告概括的“8个明确”和“14个坚持”。

“8个明确”是：明确坚持和发展中国特色社会主义，总任务是实现社会主义现代化和中华民族伟大复兴，在全面建成小康社会的基础上，分两步走在本世纪中叶建成富强民主文明和谐美丽的社会主义现代化强国；明确新时代我国社会主要矛盾是人民日益增长的美好生活需要和不平衡不充分的发展之间的矛盾，必须坚持以人民为中心的发展思想，不断促进人的全面发展、全体人民共同富裕；明确中国特色社会主义事业总体布局是“五位一体”、战略布局是“四个全面”，强调坚定道路自信、理论自信、制度自信、文化自信；明确全面深化改革总目标是完善和发展中国特色社会主义制度、推进国家治理体系和治理能力现代化；明确全面推进依法治国总目标是建设中国特色社会主义法治体系、建设社会主义法治国家；明确党在新时代的强军目标是建设一支听党指挥、能打胜仗、作风优良的人民军队，把人民军队建设成为世界一流军队；明确中国特色大国外交要推动构建新型国际关系，推动构建人类命运共同体；明确中国特色社会主义最本质的特征是中国共产党领导，中国特色社会主义制度的最大优势是中国共产党领导，党是最高政治领导力量，提出新时代党的建设总要求，突出政治建设在党的建设中的重要地位。

“14个坚持”是：一是坚持党对一切工作的领导；二是坚持以人民为中心；三是坚持全面深化改革；四是坚持新发展理

念；五是坚持人民当家作主；六是坚持全面依法治国；七是坚持社会主义核心价值体系；八是坚持在发展中保障和改善民生；九是坚持人与自然和谐共生；十是坚持总体国家安全观；十一是坚持党对人民军队的绝对领导；十二是坚持“一国两制”和推进祖国统一；十三是坚持推动构建人类命运共同体；十四是坚持全面从严治党。这十四条，构成新时代坚持和发展中国特色社会主义的基本方略。

“8 个明确”和“14 个坚持”二者有机融合、有机统一，相互补充、相互贯通，共同构成了习近平新时代中国特色社会主义思想的基本内涵。

正如恩格斯指出的：“我们党有个很大的优点，就是有一个新的科学的世界观作为理论的基础。”[①]恩格斯这里讲的党，指的是工人阶级政党。中国共产党的优势，正是通过党的全国代表大会不断把马克思主义中国化的创新理论成果确立为党的指导思想，从中共七大、十五大、十六大、十八大到十九大，分别阐明了毛泽东思想、邓小平理论、“三个代表”重要思想、科学发展观和习近平新时代中国特色社会主义思想的时代背景、理论渊源、实践依据、核心要义、丰富内涵、精神实质、理论特色，将其确立为党的指导思想并载入党章，从而引领承载着中国人民伟大梦想的航船破浪前进，胜利驶向光辉的彼岸。

将习近平新时代中国特色社会主义思想确立为党的指导思想，是中国特色社会主义进入新时代的必然要求，是符合党心民意的重大决策，对全党把思想和行动统一到习近平新时代中国特色社会主义思想上来、以习近平新时代中国特色社会主义思想指导我国社会主义现代化建设和党的建设新的伟大工程，必将产生重大而深远的影响。全党同志必须切实增强学习贯彻习近平新时代中国特色社会主义思想的自觉性和坚定性，深刻领会习近平新时代中国特色社会主义思想的科学体系、精神实质、实践要求，把握好贯穿其中的马克思主义立场观点方法，更加自觉地为实现党的历史使命不懈奋斗。

① 《马克思恩格斯文集》第 2 卷，人民出版社 2009 年版，第 599 页。

2　0　1　8

“绿水青山就是金山银山”

2018年5月18日至19日，全国生态环境保护大会在北京召开，这是中国生态文明建设史上一次十分重要的会议，习近平总书记在大会上发表重要讲话，深入分析中国生态文明建设面临的形势任务，深刻阐述加强生态文明建设的重大意义、重要原则，对全面加强党对生态文明建设的领导，坚决打好污染防治攻坚战作出了全面部署。这篇重要讲话，全面系统概括了习近平生态文明思想，具有重大的政治意义、理论意义和实践意义。

推动我国生态文明建设迈上新台阶

第一，加快构建生态文明体系。加快解决历史交汇期的生态环境问题，必须加快建立健全以生态价值观念为准则的生态文化体系，以产业生态化和生态产业化为主体的生态经济体系，以改善生态环境质量为核心的目标责任体系，以治理体系和治理能力现代化为保障的生态文明制度体系，以生态系统良性循环和环境风险有效防控为重点的生态安全体系。

要通过加快构建生态文明体系，使我国经济发展质量和效益显著提升，确保到2035年节约资源和保护环境的空间格局、产业结构、生产方式、生活方式总体形成，生态环境质量实现根本好转，生态环境领域国家治理体系和治理能力现代化基本实现，美丽中国目标基本实现。到本世纪中叶，建成富强民主文明和谐美丽的社会主义现代化强国，物质文明、政治文明、精神文明、社会文明、生态文明全面提升，绿色发展方式和生活方式全面形成，人与自然和谐共生，生态环境领域国家治理体系和治理能力现代化全面实现，建成美丽中国。

第二，全面推动绿色发展。绿色是生命的象征、大自然的底色，更是美好生活的

推动我国生态文明建设迈上新台阶※

习近平

一、深刻认识加强生态文明建设的重大意义

生态文明建设是关系中华民族永续发展的根本大计。中华民族向来尊重自然、热爱自然，绵延5000多年的中华文明孕育着丰富的生态文化。《易经》中说，“观乎天文，以察时变；观乎人文，以化成天下”，“财成天地之道，辅相天地之宜”。《老子》中说：“人法地，地法天，天法道，道法自然。”《孟子》中说：“不违农时，谷不可胜食也；数罟不入洿池，鱼鳖不可胜食也；斧斤以时入山林，材木不可胜用也。”《荀子》中说：“草木荣华滋硕之时，则斧斤不入山林，不夭其生，不绝其长也。”《齐民要术》中有“顺天时，量地利，则用力少而成功多”的记述。这些观念都强调要把天地人统一起来、把自然生态同人类文明联系起来，按照大自然规律活动，取之有时，用之有度，表达了我们的先人对处理人与自然关系的重要认识。

同时，我国古代很早就把关于自然生态的观念上升为国家管理制度，专门设立掌管山林川泽的机构，制定政策法令，这就是虞衡制度。《周礼》记载，设立“山虞掌山林之政令，物为之厉而为之守禁”，“林衡掌巡林麓之禁令，而平其守”。秦汉时期，虞衡制度分为林官、湖官、陂官、苑官、畴官等。虞衡制度一直延续到清代。我国不少朝代都有保护自然的律令并对违令者重惩，比如，周文王颁布的《伐崇令》规定：“毋坏室，毋填井，毋伐树木，毋动六畜。有不如令者，死无赦。”

※这是习近平总书记2018年5月18日在全国生态环境保护大会上的讲话。

求是 QIUSHI 2019-03　4

①

②

①2018年5月18日至19日全国生态环境保护大会在北京召开，习近平总书记发表重要讲话《推动我国生态文明建设迈上新台阶》(《求是》2019年第3期)。

②庆祝新中国成立70周年之际北京沿路“绿水青山就是金山银山”宣传标语。作者摄于2019年9月。

“绿水青山就是金山银山!”2005 年 8 月 15 日，时任中共浙江省委书记习近平在浙江省湖州市安吉县首次提出了这一关系文明兴衰、人民福祉的发展理念。

习近平对生态环境工作历来看得很重。在河北正定，福建厦门、宁德和福建、浙江、上海等地工作期间，都把这项工作作为一项重大工作来抓。中共十八大以来，习近平总书记分别就严重破坏生态环境事件以及长江经济带“共抓大保护、不搞大开发”作出指示批示，要求严肃查处，扭住不放，一抓到底，不彻底解决决不松手，确保绿水青山常在、各类自然生态系统安全稳定。

中共十八大以来，党中央把生态文明建设作为统筹推进“五位一体”总体布局和协调推进“四个全面”战略布局的重要内容，开展一系列根本性、开创性、长远性工作，提出一系列新理念新思想新战略，生态文明理念日益深入人心，污染治理力度之大、制度出台频度之密、监管执法尺度之严、环境质量改善速度之快前所未有，推动生态环境保护发生历史性、转折性、全局性变化。

2018 年习近平总书记在全国生态环境保护大会上发表重要讲话指出：

生态文明建设是关系中华民族永续发展的根本大计。中华民族向来尊重自然、热爱自然，绵延 5000 多年的中华文明孕育着丰富的生态文化。这些观念都强调要把天地人统一起来、把自然生态同人类文明联系起来，按照大自然规律活动，取之有时，用之有度，表达了我们的先人对处理人与自然关系的重要认识。

生态兴则文明兴，生态衰则文明衰。生态环境是人类生存和发展的根基，生态环境变化直接影响文明兴衰演替。

以史为鉴，可以知兴替。我之所以反复强调要高度重视和正确处理生态文明建设问题，就是因为我国环境容量有限，生态系统脆弱，污染重、损失大、风险高的生态环境状况还没有根本扭转，并且独特的地理环境加剧了地区间的不平衡。“胡焕庸线”东南方 43%的国土，居住着全国 94%左右的人口，以平原、水网、低山丘陵和喀斯特地貌为主，生态环境压力巨大；该线西北方 57%的国土，供养大约全国 6%的人口，以草原、戈壁沙漠、绿洲和雪域高原为主，生态系统非常脆弱。说基本国情，这就是其中很重要的内容。

中共十八大以来，经过全党同志和社会各方的共同努力，中国生态文明建设取得历史性成就。包括：

一是通过全面深化改革，加快推进生态文明顶层设计和制度体系建设。相继出台《关于加快推进生态文明建设的意见》《生态文明体制改革总体方案》，制定了40多项涉及生态文明建设的改革方案，从总体目标、基本理念、主要原则、重点任务、制度保障等方面对生态文明建设进行全面系统部署安排。全国人大常委会、最高人民法院、最高人民检察院对环境污染和生态破坏界定入罪标准，加大惩治力度，形成高压态势。

二是大力推动绿色发展，取得明显成效。国土空间布局得到优化，京津冀、长江经济带省区市和宁夏等15个省区市的生态保护红线已经划定。供给侧结构性改革深入推进，产业结构不断优化，一大批高污染企业有序退出，京津冀及周边地区“散乱污”企业整治力度空前。能源消费结构发生积极变化，中国成为世界利用新能源和可再生能源第一大国。全面节约资源有效推进，资源消耗强度大幅下降。

三是深入实施大气、水、土壤污染防治三大行动计划。中国是世界上第一个大规模开展PM2.5治理的发展中大国，形成全世界最大的污水处理能力。作为发展中大国、全球第二大经济体，中国近年来强力推进蓝天保卫战的举措和成果，举世瞩目。中国在大气污染防治方面重视程度之高、工作力度之大、环境质量改善速度之快，在世界上也是罕见的。自2013年以来，中国相继实施《大气污染防治行动计划》和《打赢蓝天保卫战三年行动计划》，把蓝天保卫战作为污染防治攻坚战的重中之重。越来越多的地方党委政府负责人扛起生态文明建设的政治责任，通过推动绿色发展“一微克一微克地降PM2.5”。越来越多的企业经营者看清了“企业不能消灭污染，污染就可能毁掉企业”，加大治污设备和运行的投入。越来越多的公众认识到“同呼吸”就得“共奋斗”，从绿色出行、随手关灯等点滴小事做起，呵护清新空气。经过持续努力，天空湛蓝、繁星闪烁的动人景象日益增加。2018年，全国首批实施新空气质量标准的74个城市，PM2.5年均浓度比2013年下降41.7%；北京市PM2.5浓度从2013年的89.5微克/立方米，降到2018年的51微克/立方米；珠三角PM2.5浓度连续4年达标，浙江省也迈入总体达标行列；重污染天气的发生频次、影响范围、污染程度都大幅减少。同时，地表水国控断面Ⅰ—Ⅲ类水体比例增加到67.9%，劣Ⅴ类水体比例下降到8.3%。森林覆盖率由本世纪初的16.6%提高到22%左右。

四是中国率先发布《中国落实2030年可持续发展议程国别方

案》，实施《国家应对气候变化规划（2014—2020年）》，向联合国交存《巴黎协定》批准文书。中国消耗臭氧层物质的淘汰量占发展中国家总量的50%以上，成为对全球臭氧层保护贡献最大的国家。2017年，同联合国环境署等国际机构一道发起，建立“一带一路”绿色发展国际联盟。

总之，经过不懈努力，中国生态环境质量持续改善。同时，必须清醒看到，中国生态文明建设挑战重重、压力巨大、矛盾突出，推进生态文明建设还有不少难关要过，还有不少硬骨头要啃，还有不少顽瘴痼疾要治，形势仍然十分严峻。

习近平总书记语重心长地强调：

> 到2020年全面建成小康社会，是我们党向人民作出的庄严承诺。不能一边宣布全面建成小康社会，一边生态环境质量仍然很差，这样人民不会认可，也经不起历史检验。不管有多么艰难，都不可犹豫、不能退缩，要以壮士断腕的决心、背水一战的勇气、攻城拔寨的拼劲，坚决打好污染防治攻坚战。各级党委和政府要自觉把经济社会发展同生态文明建设统筹起来，坚持党委领导、政府主导、企业主体、公众参与，坚决摒弃“先污染、后治理”的老路，坚决摒弃损害甚至破坏生态环境的增长模式。要充分发挥党的领导和中国社会主义制度能够集中力量办大事的政治优势，充分利用改革开放40年来积累的坚实物质基础，加大力度推进生态文明建设、解决生态环境问题。

我们相信，正如习近平总书记指出的，“中国生态文明建设进入了快车道，天更蓝、山更绿、水更清将不断展现在世人面前”。

2 0 1 9

国庆70周年庆典

——“致敬”方阵首辆礼宾车向老一辈革命家敬礼

2019年是中华人民共和国成立70周年大庆之年。盛世颂歌，更需要致敬英雄。为铭记老一辈革命家、社会主义建设者和军队英模的丰功伟绩，缅怀他们的精神和风范，表达人民群众的爱戴和崇敬之情，激励年轻一代将革命理想、优良传统、时代精神代代相传，2019年国庆70周年群众游行序幕部分设置了一个重要方阵——“致敬”方阵。一曲深情的《红旗颂》奏响，紧随着由300余名青年执旗手组成的旗阵，21辆礼宾车呈“品”字形队列徐徐驶入天安门广场核心区。第一辆礼宾车上，就是高举老一辈革命家照片荣誉牌的亲属代表。“致敬”方阵昭示我们将继承和弘扬老一辈革命家精神风范，齐心开创美好未来。

①“国旗”方阵和“国庆年号和国徽”方阵。新华社记者申宏摄。

①

②

②“致敬”方阵。新华社记者殷刚摄。

③

③“武警部队”方阵。新华社记者王建华摄。

习近平总书记多次强调，要深入系统地研究和大力宣传老一辈革命家的崇高精神风范。中共十八大以来，习近平总书记先后参加毛泽东、邓小平、陈云、朱德、周恩来、刘少奇等老一辈革命家诞辰纪念座谈会并发表重要讲话，高度概括和评价了老一辈革命家精神风范，并号召全党同志以他们为“榜样”和“楷模”。在庆祝中华人民共和国成立70周年之际，9月30日，习近平等党和国家领导人来到天安门广场，按惯例出席向人民英雄敬献花篮仪式前，专门来到毛主席纪念堂，向毛泽东同志坐像三鞠躬，瞻仰毛泽东同志遗容，表达对毛泽东同志等老一辈革命家的深切缅怀。10月1日，习近平总书记在庆祝中华人民共和国成立70周年大会上的讲话中鲜明指出：“70年前的今天，毛泽东同志在这里向世界庄严宣告了中华人民共和国的成立，中国人民从此站起来了。这一伟大事件，彻底改变了近代以后100多年中国积贫积弱、受人欺凌的悲惨命运，中华民族走上了实现伟大复兴的壮阔道路。”在新的时代条件下，研究和宣传老一辈革命家精神风范，挖掘和弘扬其时代价值，具有十分重大而深远的意义。

老一辈革命家精神风范是我们党的优良传统和优良作风的集中体现

老一辈革命家在为党和人民事业不懈奋斗的征程中形成的崇高精神风范，主要表现为坚定不移的理想信念、无限忠诚的坚强党性、勤政为民的公仆情怀、实事求是的思想方法、开拓创新的领导魄力、敢于担当的政治勇气、高瞻远瞩的战略思维、坦荡无私的博大胸襟、清正廉洁的道德操守、勤于学习的优秀品格等。这些宝贵的精神财富，体现了党的性质，代表了党的形象，影响和教育了几代共产党人。

在新中国成立70周年之际，老一辈革命家“宜将剩勇追穷寇，不可沽名学霸王”的革命到底精神，坚持立党为公、执政为民的革命情怀，谦虚谨慎、不骄不躁、艰苦奋斗的优良作风，对中国共产党人来讲，是不断增强“四个意识”，坚定“四个自信”，做到“两个维护”，始终保持同人民群众的血肉联系，始终保持奋发有为的进取精神，夺取新时代中国特色社会主义伟大胜利的强大精神动力。

老一辈革命家精神风范是修好共产党人“心学”的生动教材

在党的作风建设问题上，习近平总书记指出：“我们党作为马克思主义执政党，不但要有强大的真理力量，而且要有强大的人格力量。”老一辈革命家精神风范，正是将马克思主义政党的强大人格力量，以一个又一个鲜活的个体生动具体地展现出来。

在保持党同人民群众血肉联系这一作风建设的核心问题上，毛泽东始终坚持群众路线，在总结历史经验时，他感慨地说：“人民，只有人民，才是创造世界历史的动力。”周恩来把自己看成是人民的“总服务员”，他深情地说：“革命就是为了使全国人民不再过苦日子，要过上好的生活。”刘少奇把自己看作是人民的勤务员，他对子女说：“爸爸是人民的儿子。你们也一定要做人民的好儿女。”朱德是人民公仆的典范，始终把人民安危冷暖放在心中，始终保持艰苦朴素的本色。任弼时一生勤勤恳恳，埋头苦干，没有休息，没有享受，没有个人的任何计较，被称为“我们党的骆驼，中国人民的骆驼”。热爱人民也是邓小平一生最深厚的情感寄托，正如他的质朴表白：“我是中国人民的儿子，我深情地爱着我的祖国和人民。”陈云始终把老百姓的吃饭穿衣问题放在心中最高的位置，他反复强调，要用90%的时间去弄清事实，去调查研究，用10%的时间来决策。

习近平总书记还多次强调，“在培育良好家风方面，老一辈革命家为我们作出了榜样”。他以毛泽东的“念亲但不为亲徇私、念旧但不为旧谋利、济亲但不以公济私”的“三原则”和周恩来的“十条家规”等为例，教育领导干部把家风建设摆在重要位置，廉洁修身、廉洁齐家。老一辈革命家精神风范是弘扬主旋律，传播正能量，修好共产党人“心学”的生动教材。

老一辈革命家精神风范是反对历史虚无主义的有力武器

当前，在意识形态领域，污蔑和诋毁老一辈革命家的噪音杂音还不时出现。国内外敌对势力常常拿中国革命史、新中国历史来做文章，攻击、丑化、污蔑革命领袖。有的是对老一辈革命家的攻击谩骂；有的是无中生有、胡编乱造、移花接木、造谣污蔑；有的是打着回忆、研究的幌子贩卖重新包装过的歪曲言论。

因此，我们一方面要把党的领袖人物维护好，就是要对这些歪曲和抹黑言论进行清理和反驳；另一方面要把党的领袖人物宣传好，不仅要正面宣传老一辈革命家生平业绩、思想理论，还要正面宣传老一辈革命家精神风范，更好地发挥澄清事实、引导舆论的作用，从而更好地巩固马克思主义在意识形态领域的指导地位，更好地反对历史虚无主义。

伟大的事业需要伟大的精神，伟大的精神托举伟大的梦想。10月1日上午，天安门广场盛大的阅兵分列式结束后，成千群众自发聚集在长安街沿线路口，等待从天安门广场撤离的受阅战车和官兵。当战车由远向近驶来，车内指战员隔着车窗挥手，路口群众挥动国旗欢呼。置身于这一片军民互动的欢乐海洋中，每个人都会强烈感受到中华民族强大的凝聚力，人民群众对祖国发自内心的热爱。正如习近平总书记在庆祝中华人民共和国成立70周年大会上的讲话中指出的：“此时此刻，全国各族人民、海内外中华儿女，都怀着无比喜悦的心情，都为我们伟大的祖国感到自豪，都为我们伟大的祖国衷心祝福。”这种伟大的凝聚力，这种昂扬向上的精神，这种团结奋斗的信心和力量，是中国走过昨天、走在今天、走向明天的动力基础。而老一辈革命家精神风范，正是这种动力基础的不竭源泉。

新时代新征程，我们要继续学习、研究、宣传、弘扬老一辈革命家精神风范，在以习近平同志为核心的党中央坚强领导下，齐心开创人民共和国的美好未来！

2 0 2 0

办好中国的事情，关键在党

——习近平："让党旗在疫情防控斗争第一线高高飘扬"

2020年是决胜全面小康、决战脱贫攻坚之年，但让人不曾料到的是，农历鼠年来临之际，新冠肺炎疫情肆虐。病毒，前所未见；形势，空前严峻。2月23日，习近平总书记在统筹推进新冠肺炎疫情防控和经济社会发展工作部署会议上的讲话指出："能不能打好、打赢这场疫情防控的人民战争、总体战、阻击战，是对各级党组织和党员、干部的重大考验。"他号召"让党旗在疫情防控斗争第一线高高飘扬"。[①]9月8日，习近平总书记在全国抗击新冠肺炎疫情表彰大会上的讲话指出："在抗疫斗争中，广大共产党员不忘初心、牢记使命，充分发挥先锋模范作用，2.5万多名优秀分子在火线上宣誓入党。"总书记强调：历史和现实都告诉我们，只要毫不动摇坚持和加强党的全面领导，永远保持党同人民群众的血肉联系，我们就一定能够形成强大合力，从容应对各种复杂局面和风险挑战。[②]

① 习近平：《在统筹推进新冠肺炎疫情防控和经济社会发展工作部署会议上的讲话》（2020年2月23日），人民出版社2020年版，第23—24页。

② 习近平：《在全国抗击新冠肺炎疫情表彰大会上的讲话》（2020年9月8日），人民出版社2020年版，第17—18页。

①《同心协力，八方支援》版画，作者湖北美术学院夏妍。

②2020年2月25日《中央战“疫”日志》。

①

2020年2月25日

中央战"疫"日志

人民网·中国共产党新闻网出品

习近平对全国春季农业生产工作作出重要指示

据新华社2月25日消息，习近平近日对全国春季农业生产工作作出重要指示强调：

· 越是面对风险挑战，越要稳住农业，越要确保粮食和重要副食品安全。

· 把农业基础打得更牢，把“三农”领域短板补得更实，为打赢疫情防控阻击战、实现全年经济社会发展目标任务提供有力支撑。

· 要在严格落实分区分级差异化疫情防控措施的同时，全力组织春耕生产，确保不误农时，保障夏粮丰收。

国家主席习近平25日应约同阿联酋阿布扎比王储穆罕默德和埃塞俄比亚总理阿比通电话。

②

要闻 6　2020年9月9日　星期三　人民日报

英雄的人民，人民的英雄

——全国抗击新冠肺炎疫情表彰大会侧记

致敬伟大抗疫精神

“共和国勋章”获得者钟南山

大医精诚写大爱

一线抗疫群英谱

伟大抗疫精神是中国精神的生动诠释，丰富了民族精神和时代精神的内涵

③

③2020年9月9日《人民日报》关于抗疫的相关报道。

2020

办好中国的事情，关键在党

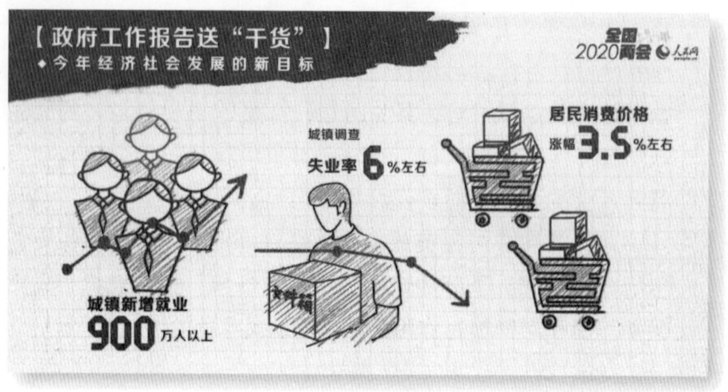

④

两会特刊 12 2020年5月28日 星期四 人民日报

代表委员谈坚决夺取脱贫攻坚战全面胜利

决胜全面小康 决战脱贫攻坚

⑤

④《今年经济社会发展的新目标》(2020 年 5 月 29 日人民网"全国 2020 两会"专栏报道)。

⑤《决胜全面小康，决战脱贫攻坚》(2020 年 5 月 28 日《人民日报》两会特刊)。

2020年初发生的新冠肺炎疫情，是1949年以来在中国发生的传播速度最快、感染范围最广、防控难度最大的一次重大突发公共卫生事件。对中国来说，这是一次危机，也是一次大考。在以习近平同志为核心的党中央坚强领导下，全国各族人民万众一心，共克时艰，打赢这场疫情防控的人民战争、总体战、阻击战，再次彰显了中国共产党领导和中国特色社会主义制度的显著优势。

沧海横流，方显英雄本色。在这场严峻斗争中，各级党组织和广大党员干部冲锋在前、顽强拼搏，充分发挥了战斗堡垒作用和先锋模范作用，经受了重大斗争的考验。

千磨万击还坚劲，越是艰险越向前。

习近平总书记指出，“办好中国的事情，关键在党。”“中国共产党的领导，是中国革命、建设、改革不断取得胜利最根本的保证，是中国特色社会主义最本质的特征，也是中国特色社会主义的最大优势，必须毫不动摇坚持和完善。”

1921年7月中国共产党成立后，带领人民浴血奋战28年，取得新民主义革命的伟大胜利。新中国成立以来，在中国共产党领导下，全国各族人民团结一心，艰苦奋斗，完成社会主义革命，推进社会主义建设，加速发展改革开放和社会主义现代化建设事业，人民生活得到根本改善，中国社会主义制度极大巩固和发展，迎来了中华民族伟大复兴的光明前景。

中国共产党在带领人民进行伟大的社会革命的同时，也不断进行伟大的自我革命。世人在惊叹中国理论创新、实践创新、制度创新步伐之快，惊叹中国社会面貌变化之大的同时，也看到了这些发展变化背后是中国共产党永不自满、永不懈怠的品格，是中国共产党不断自我净化、自我完善、自我革命、自我提高的精神。在应对国内外各种风险和考验的历史进程中，中国共产党始终成为全国人民的主心骨，在坚持和发展中国特色社会主义的历史进程中始终成为坚强领导核心。

2020年七一前夕，中央组织部公布了截至2019年底的最新统计数据：

> 中国共产党党员总数为9191.4万名，比上年净增132.0万名。党的基层组织468.1万个，比上年净增7.1万个。中国

共产党的凝聚力和战斗力不断增强，党的组织体系更加健全，党的执政根基进一步夯实。

……

党员队伍结构持续优化。女党员2559.9万名，占27.9%，比上年提高0.7个百分点；少数民族党员680.3万名，占7.4%，比上年提高0.1个百分点。40岁以下党员超过总数的1/3，队伍年龄结构有所改善。工人和农民仍占主体，占比为34.8%。党员队伍文化程度继续提高，大专及以上学历党员超过半数，达4661.5万名。

……

基层党组织建设不断加强。全国共设立基层党委24.9万个、总支部30.5万个、支部412.7万个，分别比上年增加1.0万个、0.6万个、5.5万个，组织设置更加科学规范。[①]

数字是令人振奋的，也是催人奋进的。习近平总书记指出，中国共产党是世界上最大的政党，大就要有大的样子。“中国特色社会主义进入新时代，我们党一定要有新气象新作为。打铁必须自身硬。党要团结带领人民进行伟大斗争、推进伟大事业、实现伟大梦想，必须毫不动摇坚持和完善党的领导，毫不动摇把党建设得更加坚强有力。”

① 2020年7月1日《人民日报》。

喜迎

百年华诞

引航

复兴伟业

①

① 西柏坡纪念馆“两个务必”展牌。

2021 年是中国共产党成立 100 周年。

100 年前，中国人民对争取民族独立、人民解放和实现国家富强、人民幸福的渴望是多么强烈，但前途又是多么渺茫。100 年来，中国共产党初心不改、矢志不渝，“坚信党的根基在人民、党的力量在人民，坚持一切为了人民、一切依靠人民”，坚守信念，寻找道路，奔向梦想，团结带领人民历经千难万险，付出巨大牺牲，敢于面对曲折，勇于修正错误，攻克了一个又一个看似不可攻克的难关，创造了一个又一个彪炳史册的人间奇迹。今天，我们比历史上任何时期都更接近中华民族伟大复兴的目标，比历史上任何时期都更有信心、有能力实现这个目标。

1949 年 3 月 23 日上午，中共中央从西柏坡动身前往北京时，毛泽东说：“今天是进京赶考的日子。”70 多年的实践证明，我们党在这场历史性考试中取得了优异成绩。同时，这场考试还没有结束，还在继续。今天，我们党团结带领人民所做的一切工作，就是这场考试的继续。

路漫漫其修远兮，吾将上下而求索。在以习近平同志为核心的党中央坚强领导下，全党同志一定要不忘初心，牢记使命，永远保持谦虚、谨慎、不骄、不躁的作风，永远保持艰苦奋斗的作风，勇于变革、勇于创新，永不僵化、永不停滞，继续在这场历史性考试中经受考验，努力向历史、向人民交出新的更加优异的答卷！

图书在版编目(CIP)数据

文献中的百年党史/李颖著.—上海:学林出版社,2020
ISBN 978-7-5486-1678-8

Ⅰ.①文… Ⅱ.①李… Ⅲ.①中国共产党-党史
Ⅳ.①D23

中国版本图书馆 CIP 数据核字(2020)第 162995 号

责任编辑 楼岚岚 许苏宜
特约审读 虞信棠 王瑞祥 陆秉熙
技术编辑 徐雅清 王佳天
装帧设计 姜 明 今亮后声
图片处理 上海商务数码图像技术有限公司

文献中的百年党史
李 颖 著

出　　版 学林出版社
（200001 上海福建中路 193 号）
发　　行 上海人民出版社发行中心
（200001 上海福建中路 193 号）
制版印刷 上海中华印刷有限公司
上海商务数码图像技术有限公司
开　　本 700×1020 1/16
印　　张 34.75
字　　数 67 万
版　　次 2020 年 11 月第 1 版
印　　次 2021 年 1 月第 2 次印刷
ISBN 978-7-5486-1678-8/K·184
定　　价 98.00 元